马克思主义发展史

第 九 卷

邓小平理论的形成发展与
社会主义改革进程中的马克思主义
（1978—21 世纪初）

总主编 庄福龄 杨瑞森 梁树发 郝立新 张 新

本卷主编 侯衍社 副主编 郗 戈

人 民 出 版 社

中国人民大学科学研究基金项目成果

（批准号：15XNLG03 ）

总　序

　　19 世纪 40 年代，马克思和恩格斯创立了他们的伟大科学学说——马克思主义。马克思主义的产生是人类思想史上的伟大变革。它对自然界、人类社会和人的思维的本质与规律作了科学回答，使社会主义由空想发展为科学，无产阶级革命实践从此有了科学理论的指导。

　　马克思主义自形成以来，在世界历史、人类生活、科学和思想文化的发展中，在指导无产阶级实现自身解放的伟大斗争中，留下了深刻的印记，形成了一部内容极其丰富、壮观，既充满曲折又创新不止的历史画卷。正如习近平总书记所说："一部马克思主义发展史就是马克思、恩格斯以及他们的后继者们不断根据时代、实践、认识发展而发展的历史，是不断吸收人类历史上一切优秀思想文化成果丰富自己的历史。"①

　　马克思主义发展史是马克思主义理论研究的基础。马克思主义发展的经验和规律、关于什么是马克思主义和怎样对待马克思主义的确切答案，就在马克思主义发展的历史中，需要通过对马克思主义发展史的研究获得。

　　一旦我们进入马克思主义发展史研究，就会发现以下事实：

　　第一，无论是两位马克思主义伟大创始人，还是他们的战友、学生和后继者中的严格的马克思主义理论家，无不重视对马克思主义发展史的研究，无不是马克思主义理论和马克思主义发展史修养兼备的理论家。

　　第二，马克思主义发展史作为历史进程中发展着的马克思主义，是马克思主义理论发展史和实践发展史的有机统一。也就是说，完整意义上的马克思主义发展史，既不是单纯的马克思主义理论史，也不是单纯的马克思主义实践

①　习近平：《在纪念马克思诞辰 200 周年大会上的讲话》，人民出版社 2018 年版，第 9 页。

史。这决定了马克思主义发展史研究和书写的基本方法论原则是理论与实践的统一。

第三，马克思主义发展史的存在形式是具体的和多样的，有实践的也有理论的，有文本性的也有非文本性的。马克思主义创始人和马克思主义理论家们始终在利用一切可能的形式进行他们的马克思主义理论研究、创造、阐释和传播。一部在内容上充分而且准确地反映马克思主义实际发展过程的马克思主义史，必定是对它的尽可能多的存在形式研究的结果。

第四，以马克思和恩格斯的战友、学生为主体的早期的马克思主义研究，其主要形式和成就正是马克思主义发展史研究。具体表现为：

（1）多种版本的马克思主义创始人传记问世。马克思主义创始人、其他马克思主义经典作家和无产阶级革命领袖的传记，是马克思主义发展史的存在形式之一，因而也是它的研究形式之一。它是在关于马克思主义创始人、其他马克思主义经典作家和无产阶级革命领袖的生平、事业、思想、著作的生成、演变与发展的历史记忆和追述中展示马克思主义形成与发展的过程。恩格斯是马克思传记的第一位作者。他的《卡尔·马克思》和其他未出版的马克思传记作品，在详尽介绍马克思作为伟大无产阶级革命家和理论家如何为无产阶级和全人类的解放而斗争一生的同时，阐述了以唯物史观、剩余价值学说为标志的他的理论、思想形成与发展过程。《弗里德里希·恩格斯》是列宁在 1895 年恩格斯逝世一个月后写的一篇悼文，它向读者介绍了恩格斯的生平、活动，特别是他实现哲学和政治转变的过程。《卡尔·马克思》是 1914 年列宁应邀为《格拉纳特百科词典》撰写的一个词条，在这里他提出马克思主义"是马克思的观点和学说的体系"[1]命题，强调了马克思主义的整体性；把阶级斗争和无产阶级使命的理论纳入"新的世界观"范畴，凸显马克思主义哲学的实践性；阐明无产阶级斗争策略是马克思主义理论体系中不可忽视的内容，凸显马克思主义的现实性。

（2）初步提出马克思主义发展规律问题。当考茨基还是一位马克思主义者的时候，他发表了一篇题为《马克思主义的三次危机》的文章，以纪念马克思逝世 20 周年。在这篇文章中，他用 19 世纪中叶以来欧洲发生的"三个事件"的命运——1848 年欧洲革命的失败、1871 年巴黎公社的失败和 19 世纪末修正

---

[1] 《列宁选集》第 2 卷，人民出版社 2012 年版，第 418 页。

主义的出现——说明所谓马克思主义"危机"的发生。在他看来，"危机"虽然不是马克思主义发展中的积极现象，但是也不必把它看作威胁到马克思主义命运的现象。它只是表现了马克思主义发展的曲折性。他认为，在上述每一事件发生的前后，马克思主义其实都经历过一个由高潮到危机、再由危机到高潮的过程，并且在危机被克服之后，马克思主义"总是赢得了新的基地"①。这种关于马克思主义"高潮—危机—高潮"的周期性变化、发展的认识，表明考茨基已经有了关于马克思主义发展规律的意识。同时期德国另一位著名马克思主义理论家罗莎·卢森堡善于在马克思主义发展的历史经验中理解马克思主义发展规律。在《马克思主义的停滞和进步》一文中，她通过对造成马克思主义发展中"停滞"现象的原因的分析而阐明了实质说来是马克思主义理论与实践的关系的独特见解。她认为，一定时期和一定地区的马克思主义发展中的"停滞"，原因往往不在于马克思的理论落后于工人阶级的"现阶段斗争"，而在于"现阶段斗争"以及"作为实际斗争政党的我们"的行为落后于马克思的理论。她说："如果我们现在因此而觉察出运动中存在理论停滞状况，这并不是由于我们赖以生存的马克思理论无力向前发展或是它本身已经'过时'，相反，是由于我们已经把现阶段斗争必须的思想武器从马克思的武库取来却又不充分运用；这并不是由于我们在实际斗争中'超越'了马克思，相反，是由于马克思在科学创造中事先已经超越了作为实际斗争政党的我们；这并不是由于马克思不再能满足我们的需要，而是由于我们的需要还没有达到运用马克思思想的程度。"②这就是说，在理论与实践的关系上，虽然一般说来实践是主要的决定的方面，理论来源于实践，接受实践的检验。但就19世纪末20世纪初这一时期的马克思主义发展来说，在卢森堡看来，则是实践落后于理论，落后于马克思的"科学创造"。卢森堡的这个观点在马克思主义理论家中引起了争议。曾是德国共产党理论家的卡尔·柯尔施在题为《关于"马克思主义和哲学"问题的现状（1930年）》中谈到"马克思的马克思主义理论同后来工人阶级运动的表现形式的关系"问题时，对卢森堡的这个观点提出了批评，认为它"头足倒置地改变了理论对实践的关系"③，并把它"变为一种体系"，然后再用这个体

---

① [德] 卡·考茨基：《马克思主义的三次危机》，载《国际共运史研究资料》第3辑，人民出版社1981年版，第238页。

② 《卢森堡文选》上卷，人民出版社1984年版，第476页。

③ [德] 卡尔·柯尔施：《马克思主义和哲学》，重庆出版社1989年版，第67页注⑪。

系解释马克思主义"停滞"的原因。他说，马克思主义"不是一种能够神话般地预见将来一个长时期里工人运动的未来发展的理论。因而不能说随后的无产阶级的实际进步，实际上落在了它自己的理论后面，或者它只能逐渐充实由理论给它规定的构架"①。列宁是把马克思主义发展史研究推向新的高度的马克思主义理论家。《马克思主义和修正主义》、《论马克思主义历史发展中的几个特点》、《马克思学说的历史命运》等是关于马克思主义发展史问题的著名篇章，它们从不同方面阐述了马克思主义发展规律。在《马克思主义和修正主义》中，列宁根据马克思主义发展的经验，得出马克思主义"在其生命的途程中每走一步都得经过战斗"②的结论。在《论马克思主义历史发展中的几个特点》中，列宁提出在"具体的社会政治形势改变了，迫切的直接行动的任务也有了极大的改变"的情况下，"马克思主义这一活的学说的各个不同方面也就不能不分别提到首要地位"。③

(3) 阐述了马克思主义发展阶段思想。在《马克思主义的三次危机》中，考茨基关于马克思主义在危机与高潮交替中运行与发展的认识实际包含了马克思主义发展阶段思想。他是把马克思主义发展的高潮时期的起点理解为马克思主义发展新阶段的起点。他认为，马克思主义发展的第一个时期是1848年革命失败以前；第二个时期的开端是新高潮在60年代初到来的时候，止于1871年巴黎公社的失败；第三个时期是"1874年德国社会民主党在选举中赢得了辉煌的胜利"和1875年在抵抗普鲁士政府对它的迫害中"敌对的弟兄们"联合起来的时候，止于19世纪末由于修正主义的产生导致的马克思主义的"第三次危机"。考茨基指出，在马克思逝世20周年的时候，马克思主义正处于这次危机的结尾，意味着马克思主义的一个新的发展时期的到来。列宁总是"从世界各国的革命经验和革命思想的总和中"④理解马克思主义的形成和发展，理解马克思主义发展的阶段性。在《马克思学说的历史命运》中，他按照世界历史的"三个主要时期"的划分，即从1848年革命到巴黎公社（1871年），从巴黎公社到俄国革命（1905年），从这次俄国革命至1913年撰写该文时，阐述马克思主义在每一时期的发展状况，并从中得出总的结论："自马克思主

---

① [德] 卡尔·柯尔施：《马克思主义和哲学》，重庆出版社1989年版，第67页。
② 《列宁选集》第2卷，人民出版社2012年版，第1页。
③ 《列宁选集》第2卷，人民出版社2012年版，第279页。
④ 《列宁全集》第27卷，人民出版社2017年版，第15页。

义出现以后，世界历史的这三大时期中的每一个时期，都使它获得了新的证明和新的胜利。"①

（4）提出正确对待马克思主义的问题。马克思主义发展的经验表明，正确认识马克思主义和正确对待马克思主义是实现马克思主义对于实践的正确指导和在实践中获得发展的两个密切联系的基本原则。就其对于实践的指导和马克思主义的自身发展来说，它们具有同等重要的意义。在马克思主义经典著作研读和马克思主义理论学习中，我们会发现马克思主义经典作家对于正确对待马克思主义问题的强调，较之如何认识马克思主义问题来得更多更为迫切。马克思主义发展史的这一现象其实是有来自现实生活的根据的。首先，它是问题本身与具体的无产阶级实践的关联。这个关联就是如何正确对待马克思主义的问题往往是在具体的实践中提出的，是实践中的问题。在这个意义上，我们说，怎样对待马克思主义的问题，直接地是一个理论与实践的关系问题。其次，它是马克思主义在发展中发生曲折的主要原因。这个原因往往不在于关于马克思主义的认识，而在于对待马克思主义的方式、态度。前面曾经提到的卢森堡关于马克思主义发展中"停滞"问题的分析，"停滞"的原因在卢森堡看来，就是德国共产党人对待马克思主义的方式与态度不正确。列宁关于正确对待马克思主义的思想则更为充分、鲜明。他认为马克思主义者从马克思的理论中"只是借用了宝贵的方法"②；强调"在分析任何一个社会问题时，马克思主义理论的绝对要求，就是要把问题提到一定的历史范围之内"③；主张要保卫马克思主义，使之"不被歪曲，并使之继续发展"④。

俄国十月社会主义革命胜利以后，世界范围的马克思主义发展史研究形势发生了根本性变化，特别表现在研究领域、主题的广泛拓展，研究的科学性和系统性的极大提升，研究中心有了强大的社会主义制度的支撑。这里首先应该提到的是俄国马克思主义科学研究中心的建立。这个中心的基础是于1918年成立的俄国社会主义学院，特别是它所属的成立于1919年的马克思主义理论、历史和实践研究室，在该室基础上1921年1月成立了马克思恩格斯研究院。该院在列宁的支持和协助下开始了马克思和恩格斯的遗著、遗稿和专用藏

① 《列宁选集》第2卷，人民出版社2012年版，第308页。
② 《列宁全集》第1卷，人民出版社2013年版，第166页。
③ 《列宁全集》第25卷，人民出版社2017年版，第232页。
④ 《列宁全集》第6卷，人民出版社2013年版，第251页。

书的搜集、出版，并开展了主题明确的马克思主义发展史研究。此后苏联红色教授学院、斯维尔德洛夫共产主义大学、莫斯科大学和苏维埃共和国其他城市的大学和研究机构也都开展了马克思主义发展史的研究和教学。至第二次世界大战前，苏联在马克思主义发展史研究方面值得提到的主要成就有：马克思和恩格斯的大量著作、文献的发现和系统发表，特别是《马克思恩格斯全集》、《列宁全集》、马克思诞辰和逝世周年纪念文集的出版，以及俄共（布）中央主办的理论刊物《在马克思主义旗帜下》的创刊、马克思恩格斯研究院机关刊物《马克思恩格斯文库》和《马克思主义年鉴》这两个"马克思学"文献的发表。马克思主义经典著作和纪念性书刊和文献的出版，标志着俄国马克思主义从普及到科学研究的过渡；马克思主义发展的列宁主义阶段的提出与共识；马克思主义与其之前优秀思想成果的关系问题的提出和科学阐释，包括马克思的哲学先驱者黑格尔、费尔巴哈和空想社会主义代表人物的著作的出版和研究；关于《西欧哲学史》的讨论使马克思主义哲学的起源和马克思哲学变革的实质问题成为苏联哲学界和理论界注意的中心；"三大重要手稿"（《黑格尔法哲学批判》、《1844 年经济学哲学手稿》、《德意志意识形态》）得到集中而深入的研究；马克思主义政治经济学思想的形成与发展、《资本论》创作史研究，以及恩格斯经济学思想研究得到重视；继卢那察尔斯基、梁赞诺夫、阿多拉茨基、波格罗夫斯基、德波林之后，亚历山大罗夫、伊利切夫、康斯坦丁诺夫、米丁、尤金等一批新的马克思主义理论家成长起来，马克思主义史的学者队伍不断形成；《马克思主义形成与发展史略》、《马克思主义哲学的形成（19 世纪 30 年代中期至 1848 年)》等著作出版。

法国著名马克思主义研究者奥古斯特·科尔纽从 20 世纪 50 年代初开始撰写的多卷本的《马克思恩格斯传》，其实是一部马克思和恩格斯思想史著作，特别是马克思主义形成史著作。50 年代以后，一批综合性的马克思主义发展史研究著作陆续出版，如 A.G. 迈耶的《共产党宣言以来的马克思主义》（1954）、R.N.C. 亨特的《马克思主义的过去和现在》（1963）、B.D. 沃尔夫的《马克思主义学说百年历程》（1971）、S. 阿维内里的《马克思主义的不同流派》（1978）。

这里，我们特别要提到国外马克思主义发展史研究的几部著作。第一部是南斯拉夫著名马克思主义哲学家普雷德腊格·弗兰尼茨基的《马克思主义史》，该书先后出了四版。第一版于 1961 年问世，第二版于 1970 年出版，1975 年发行的第三版是第二版的重印，1977 年出了第四版。1963 年我国三联书店曾分上下卷出版了该书中文版。1986 年和 1988 年根据该书 1977 年版人民出版社先后出版了中文版第一、二卷，1992 年出版了中文版第三卷。弗兰尼茨基的《马克思主义史》（三卷本）是国外较早出版的论述马克思主义发展史的多卷本著作，曾被译成多国文字，在我国和世界其他国家的理论界产生过较大影响。

第二部是英国肯特大学政治学教授、国际著名马克思主义研究者戴维·麦克莱伦的《马克思以后的马克思主义》。该书于 1979 年由伦敦和巴辛斯托克麦克米兰出版公司出版。1980 年和 1998 年先后出了第二、三版。1984 年该书根据 1979 年版译成中文，1986 年由中国社会科学出版社出版。著名马克思主义哲学家、马克思主义哲学史家黄枬森教授写了《〈马克思以后的马克思主义〉一书评介》，载于该书。黄枬森教授指出该书有三个特点：它所涉及的范围十分广泛，几乎包括了马克思主义哲学、政治经济学和科学社会主义在马克思逝世后近百年来在世界各国的传播和发展；它用比较客观的态度提供了丰富的思想材料，对作者显然不同意的观点也能如实地进行介绍；它不仅提供了马克思主义发展史的丰富材料，而且提供了进一步研究的线索。2008 年中国人民大学出版社出版了该书第三版。

第三部是英国著名马克思主义史学家埃里克·霍布斯鲍姆的《如何改变世界——马克思和马克思主义的传奇》。该书收录了霍布斯鲍姆 1956—2009 年间在马克思主义发展史领域所写的部分作品，它们"实质上是对马克思（和不可分开的恩格斯）思想发展及其后世影响的研究"[①]。全书分两个部分，共 16章。第一部分是"马克思和恩格斯"，从"今日的马克思"谈起，涉及"马克思、恩格斯与马克思之前的社会主义"、"马克思、恩格斯与政治"等专题，然后是"论"马克思和恩格斯的几部代表性著作文章，但这个论述已经不限于对著作内容、结构和知识点的介绍，而涉及更广泛的内容，特别是它们在国际共产主义运动史和马克思主义发展史上的影响、它们的文献学意义等。第二部分是"马克思主义"。从每一章的标题可以看出，其主题是马克思主义发展史各个时期的重要问题。所以，严格来说，它不是一部我们印象中的系统的马克

---

① [英] 埃里克·霍布斯鲍姆：《如何改变世界——马克思和马克思主义的传奇》，中央编译出版社 2014 年版，"前言"第 1 页。

思主义发展史著作，而是关于马克思主义发展史重要问题的研究性著作。但是，这并不影响它的实际的系统性，因为作者讨论的问题所在时期是连贯的。霍布斯鲍姆还乐观地谈到 21 世纪马克思主义前景，指出："经济自由主义和政治自由主义，无论是单独还是结合起来，都不可能为 21 世纪的种种问题提供解决的方案。现在又是应该认真地对待马克思的时候了。"① 从占有材料的规范性、问题分析的透彻与精到、见解的鲜明与深刻来看，这是一部难得的马克思主义发展史著作。

第四部是莱泽克·科拉科夫斯基的三卷本的《马克思主义的主要流派》。这是一部大部头的马克思主义发展史著作，也是一部颇有争议的著作。该书第一卷写于 1968 年，第二卷和第三卷分别写于 1976 年和 1978 年。全书在英国出版于 1978 年。莱泽克·科拉科夫斯基 1927 年 10 月 23 日出生于波兰，曾担任华沙大学哲学系教授、系主任，系"东欧新马克思主义"代表人物。1968 年被解除华沙大学教职后，先后去了德国、加拿大、美国，最后定居英国，在牛津大学任教。《马克思主义的主要流派》的结构特征是，除个别章节是理论专题外，其他均按人物排列。这些人物都是重要的马克思主义发展史人物，在科拉科夫斯基看来，他们还是某一马克思主义流派的代表。这些人在政治上和理论上当然有其个性，并具有较大影响力，但其中有的硬被说成某一马克思主义流派的代表，或者为其硬要搞出一个所谓马克思主义流派，实属牵强，表明他关于马克思主义流派的划分具有很大的随意性。作为"东欧新马克思主义"代表人物，他的观点与"西方马克思主义"的人本主义流派和西方"马克思学"的观点基本一致，但对于同样坚持人道主义立场的某些"西方马克思主义"人物，如马尔库塞、萨特等，他还是进行了严厉批评，原因很大程度不在于其理论观点，而在于他们与苏联的关系。科拉科夫斯基对社会主义国家的马克思主义和经济、政治体制的认识有很大片面性，许多观点是错误的。但该书在马克思主义发展史研究方面还是提供了丰富的资料，也使我们能够更广泛地了解国外马克思主义发展史研究的动态。

1978—1982 年，意大利埃伊纳乌迪（Einaudi）出版社出版了一部多卷本的《马克思主义史》，霍布斯鲍姆称其是一项"最雄心勃勃的马克思主义史计

① ［英］埃里克·霍布斯鲍姆：《如何改变世界——马克思和马克思主义的传奇》，中央编译出版社 2014 年版，第 385 页。

划"。他是该书的联合策划者和联合主编，并参加了第一卷的写作。该书没有中文版。

　　总的来说，我国的马克思主义发展史研究起步较晚。1964 年 6 月，原高等教育部根据中共中央决定批准中国人民大学成立马列主义发展史研究所，标志着我国系统的马克思主义发展史研究的开始。建所之初，马列主义发展史研究所的干部和教师以饱满的热情积极投入到马克思主义发展史资料的搜集、翻译和整理工作中。由于"十年动乱"和中国人民大学解散，还没有进入实际过程的马克思主义发展史研究不得不停步。实际的系统的马克思主义发展史研究是在 1978 年中国人民大学复校后马列主义发展史研究所由外校迁回后开始的。70 年代末至整个 80 年代，马列主义发展史研究所在不太长的时间内发表了一批在学术界有较大影响的研究成果。先后有马列主义发展史研究所组编的《马克思恩格斯思想史》和《列宁思想史》出版；有在国内最早开启的马克思早期思想研究著作《马克思早期思想研究》和《〈资本论〉创作史》的出版，特别是在《马克思主义哲学史纲要》和《科学社会主义史纲》编写基础上，完成并出版了国内第一部综合性的马克思主义发展史著作《马克思主义发展史》，有《马克思主义与当代辞典》的编写和出版。20 世纪 90 年代是研究所的高产期，仅在前半期就有《被肢解的马克思》、《新视野：〈资本论〉哲学新探》、《毛泽东哲学思想史》（三卷本）、《马克思主义经济思想史》、《〈资本论〉方法论研究》、《马克思"不惑之年"的思考》、《恩格斯与现时代》、《第二国际若干人物的思想研究》、《20 世纪马克思主义史——从十月革命到中共十四大》、《马克思主义哲学史辞典》和几部马克思主义经典作家传记的出版。这些著作的出版为 90 年代初启动的四卷本《马克思主义史》的编写做了理论上的准备。四卷本的《马克思主义史》由中国人民大学马列主义发展史研究所组织编写，庄福龄教授主编，人民出版社 1995 年、1996 年出版。这是由国内学者编写的第一部较大部头的马克思主义发展史著作，出版后获中宣部"五个一工程"奖和国家图书奖提名奖。

　　《马克思主义史》（四卷本）的出版距今已近 30 年，其间经历了世纪交替，马克思主义逐渐从苏联东欧社会主义制度解体造成的冲击和困境中走出并重新活跃起来，马克思主义研究在更广范围内和更深层次上展开并取得重要成果。一方面对马克思主义理论和马克思主义发展史有了新的认识；另一方面积累了马克思主义创新发展的丰富经验，尤其是马克思主义中国化时代化的经验，从而凸显编写一部反映马克思主义发展最新理论成果、内容更加充实、更高质量的马克思主义发展史著作的必要性。参加十卷本《马克思主义发展史》编写者们对完成这一任务的意义有自觉的意识：

第一，它是适应21世纪变化了的世界历史形势和这一形势下无产阶级认识世界和改变世界的伟大实践，特别是当代中国特色社会主义实践需要的。马克思主义的创新发展是在对客观历史形势的正确反映和根据这种反映对世界的积极改造中实现的，是在马克思主义基本原理同各国实际的结合中实现的。马克思主义发展史著作对这个过程的研究、书写，特别是对它的经验和规律的揭示，将为我们正确认识和面对新世纪客观形势的变化，并根据这种变化确定我们的实践主题、发展道路、发展战略提供启示。

第二，它是发展当代中国马克思主义、二十一世纪马克思主义的需要。一般地说，马克思主义发展史的研究对象是历史上的和世界性的马克思主义发展过程，是马克思主义发展的基本经验和规律。但是，从马克思主义的实践的和理论的发展目的出发，这种研究方法又必须是面对现实和面向未来的，因此是"大历史"的，是历史主义与现实主义的统一。而从这一原则和视野出发，我们的马克思主义发展史的研究和书写，一是要特别关注"我们自己正在做的事情"，从理论方面讲，就是要特别关注中国马克思主义的发展，关注马克思主义中国化时代化的历史进程；二是要关注马克思主义的当下发展状况和未来发展趋势。就研究者身在21世纪的现实来说，就是要研究二十一世纪马克思主义。关于"二十一世纪马克思主义"这个命题，我们还是要从总体上认识，即要看到它所表征的总的精神是面向马克思主义的未来发展。它既表明二十一世纪马克思主义主体对未来马克思主义发展、马克思主义命运信心满满，又表征对未来马克思主义发展提出更高要求，即它是能够回答新的时代之问的马克思主义发展新境界。

第三，它是对中国人民大学优良传统的继承和发扬。中国人民大学是中国共产党创办的第一所新型正规大学，有着用马克思主义指导办学的传统和经验。这个传统和经验，首先是坚持政治性与学理性的统一。坚持这个统一，既表现在办学方针，教育和教学的指导思想和根本方法上，也表现在科学研究所应坚持的根本方向、目标和方法上。对于马克思主义研究来说，就是为无产阶级革命、社会主义建设和改革的实践服务。这是我们从事马克思主义教育与研究的宗旨。这个宗旨在马列主义发展史研究所成立时就明确了。

1964 年前后，中央强调系统的马克思主义发展史研究，其直接原因在于当时国际政治形势的变化、国际的和社会主义阵营内部的意识形态斗争。中央批准成立中国人民大学马列主义发展史研究所的直接意图就是为了适应这一需要。对此，马列主义发展史研究所的干部和教师的认识是十分明确的。其次是始终坚持用马克思主义指导学校全面工作，把马克思主义贯彻教书育人的全过程，积极打造和夯实马克思主义教学与研究高地，为推进马克思主义中国化时代化进程贡献力量。这个传统是用中国人民大学师生的具体行动铸成的。中国人民大学为国家输送的马克思主义理论人才、为其他高校和教育单位输送的马克思主义理论教育人才、为高校马克思主义理论教学编写的教材、出版的各类马克思主义理论著作，特别是不同版本的马克思主义发展史著作，发挥了极其重要的作用。继四卷本的《马克思主义史》之后，我们今天编写十卷本的《马克思主义发展史》，既是对中国人民大学传统的继承和发扬，也是作为"人大人"的我们这一代马克思主义理论教育者和研究者的责任。

第四，它是适应马克思主义理论学科发展的需要。马克思主义理论学科有七个二级学科，马克思主义发展史是其中之一。相较于其他六个学科的发展现状，马克思主义发展史学科相对薄弱，这与马克思主义中国化研究和国外马克思主义研究从马克思主义发展史的结构中独立出来有关。原来的学科内容变窄了，但研究难度增加了（特别是马克思、恩格斯和列宁著作的研究难度）；马克思主义中国化研究和国外马克思主义研究这两门离我们时间和空间较近的学科从传统的马克思主义发展史体系中划分出来，使之具有的现实性受到一定程度的影响，降低了学科对学生的吸引力。但是，主要原因在于在马克思主义理论学科建立前国内学界缺乏对马克思主义发展史的研究，以致于在马克思主义理论学科建立后，出现许多学校开不出马克思主义发展史课程，甚至在其学校的马克思主义理论学科中排除马克思主义发展史学科的局面。马克思主义理论学科的专家们没有不说马克思主义发展史学科重要的，但真正从事这一学科研究的学者则相对较少。我们希望《马克思主义发展史》（十卷本）的编写能够对这一学科的发展起到推动作用。

根据 20 余年来我们的作者们关于马克思主义发展史研究成果与研究经验的积累，根据中国人民大学现有研究力量，我们认为完成这一编写任务的条件已经成熟。首先是四卷本《马克思主义史》的主编庄福龄教授提议，然后是学校和学院两级领导的支持和学院广大教师的积极响应，2014年元月正式启动了十卷本《马克思主义发展史》的编写。

经讨论，我们对《马克思主义发展史》（十卷本）的编写主旨取得共识：在客观准确地反映和阐述马克思主义形成与发展的全过程的基础上，特别着眼于对马克思主义发展的新主题的发掘、新材料的吸收、新观点新思想的阐发和新经验的总结，反映和吸收国内和国际马克思主义发展的最新成果，为时代、为人民、为我们的伟大事业贡献一部高质量的马克思主义发展史著作。

为此，我们对《马克思主义发展史》（十卷本）编写提出以下具体要求：

第一，强化马克思主义形成史研究。在对马克思主义形成过程的研究中，实现对尽可能丰富的马克思主义来源的深刻认识，在将马克思主义的产生放到整个欧洲文化乃至人类文化传统中认识时，注意区分马克思主义的来源与对马克思主义的产生发生影响的文化因素，强化对马克思主义形成中马克思和恩格斯与同时代思想家的关系的研究，着力揭示特定历史条件下新思潮产生和思想变革的规律。为实现这一要求，第一卷的编写在深化对马克思主义的"三个来源"的研究的同时，增加了马克思和恩格斯同时代人鲍威尔、赫斯、卢格、施蒂纳、契希考夫斯基和科本等对他们早期思想发生影响的内容。

第二，坚持以无产阶级革命和社会主义建设与改革的重大实践为主导线索。坚持以问题为中心，贯彻理论与实践、历史与现实相统一的原则。要注意认识和总结中国特色社会主义建设和改革开放过程中取得的马克思主义理论创新成果，特别是新时代中国特色社会主义建设实践中取得的马克思主义理论创新最新成果，还要善于从各个历史时期取得的马克思主义理论创新成果中认识和总结马克思主义发展的经验和规律。习近平总书记在党的二十大报告中指出："坚持和发展马克思主义，必须同中国具体实际相结合。我们坚持以马克思主义为指导，是要运用其科学的世界观和方法论解决中国的问题，而不是要背诵和重复其具体结论和词句，更不能把马克思主义当成一成不变的教条。我们必须坚持解放思想、实事求是、与时俱进、求真务实，一切从实际出发，着眼解决新时代改革开放和社会主义现代化建设的实际问题，不断回答中国之问、世界之问、人民之问、时代之问，作出符合中国实际和时代要求的正确回答，得出符合客观规律的科学认识，形成与时俱进的理论成果，更好指导中国实践。"① 习近平总书记在这里提出的坚持和发展马克思主义的根本的方法论原则，也是指导我们从事马克思主义发展史研究的根本的方法论原则，只有坚持这个原则，我们才能写出一部反映马克思主义发展真实过程，适应无产阶级革命和社会主义建设与改革实践要求，适应不断开辟当代中国马克思主义、二十一世纪马克思主义新境界要求的马克思主义发展史。

第三，根据俄国十月社会主义革命胜利后马克思主义发展主题的转换，着重研究社会主义建设和改革的理论及其发展历程，高度重视和阐发中国特色社会主义理论体系的形成与发展对于马克思主义发展的意义，特别是习近平新时代中国特色社会主义思想对马克思主义发展的重大意义。习近平新时代中国特色社会主义思想是马克思主义中国化时代化的最新理论成果。为此，第十卷用主要篇幅充分阐释了习近平新时代中国特色社会主义思想形成、发展过程及其对马克思主义发展的重大贡献。

第四，着眼于国内外马克思主义研究最新成果的发现与研究，尤其是关于马克思主义基础理论、马克思主义文本文献、当代资本主义、当代社会主义、新科技革命、世界发展趋势、当代社会思潮等问题上的研究成果。本来的和完整意义的马克思主义发展史研究是关于马克思主义的过去、现在和未来发展的研究。21 世纪以来的马克思主义实践和理论发展自然应该进入我们的研究视野，并成为理解总体的马克思主义发展史的坐标。

第五，立足于马克思主义整体发展的研究，但不忽略对马克思主义的各个组成部分、各个学科发展的研究。马克思主义主要由它的哲学、政治经济学和科学社会主义三大部分构成，马克思主义发展史研究和书写给予其较多关注是应该的，但是不能由此而忽略马克思主义多学科发展事实。例如，第二卷注意揭示"马克思主义的全面拓展过程"，在关注马克思和恩格斯的自然观和科学观形成与发展的同时，也考察了他们在伦理观、宗教观、美学和文艺观、军事理论等方面的发展。第六卷在系统考察马克思主义在哲学、政治经济学方面的发展的同时，还考察了马克思主义在文艺学、史学方面的发展。

第六，在着重认识与阐释马克思主义在革命、建设和改革的实践中发展的

---

① 习近平：《高举中国特色社会主义伟大旗帜 为全面建设社会主义现代化国家而团结奋斗——在中国共产党第二十次全国代表大会上的报告》，人民出版社 2022 年版，第 17—18 页。

同时，也对专业性的马克思主义理论研究成果给予必要关注。注意总结不同类型的主体的马克思主义创新经验，注意从不同形式的马克思主义文本中认识马克思主义的新发展。例如，根据包括本卷作者在内的学界最新研究成果，第三卷增加了马克思和恩格斯关于科学技术的社会性质和社会功能、从自然运动向社会运动过渡的理论内容。

第七，关注当代世界马克思主义思潮，在总体的马克思主义发展历史进程中认识国外马克思主义。为此，第七、八、九卷对各国共产党和进步组织、国外各马克思主义研究流派、世界社会主义运动的马克思主义研究等进行了深入考察。要求对它们要有分析、有鉴别，既不能采取一概排斥的态度，也不能搞全盘照搬。

第八，不回避马克思主义研究中的理论难题，敢于以鲜明的态度在重大理论问题上发声。检视在重大问题上的传统认识，善于结合新的实际作出新的判断。既注意总结正确认识马克思主义的经验，也注意总结正确对待马克思主义的经验。着力分清哪些是必须长期坚持的马克思主义基本原理，哪些是需要结合新的实际加以丰富发展的理论判断，哪些是必须破除的对马克思主义的教条式的理解，哪些是必须澄清的附加在马克思主义名下的错误观点。为此，第五卷特别设置了"马克思主义基本原理、本质特征和历史命运的科学阐述"一章，系统阐释列宁的马克思主义观，展示列宁科学认识和对待马克思主义的经验。

本书的卷次划分遵循实践逻辑、历史逻辑和理论逻辑的统一。这个统一特别表现为马克思主义在无产阶级革命和社会主义运动实践中实现发展的若干重要阶段之间的关系。因此，每一卷次标示的时间阶段实质说来不是自然时间，而是历史时间，表征马克思主义发展的一定的阶段性。

阶段的划分是相对的，并且是分层次的。有大阶段，也有大阶段包含的小阶段、次级阶段。马克思主义发展史的大阶段是马克思和恩格斯对马克思主义的创立与发展、列宁主义的形成与发展、以中国马克思主义为标志的当代马克思主义发展。它们分别包含若干小阶段。比如，第一个大阶段包括马克思主义的创立、马克思主义的丰富与系统化、马克思和恩格斯晚年对马克思主义的深化三个小阶段。这三个阶段构成本书的第一至三卷。第二国际马克思主义（1889—1914年）是马克思和恩格斯创立的原初马克思主义与列宁主义之间的过渡。虽然这一时期马克思主义缺乏突出发展，但是由于这个时

期的人物、思潮和流派之间的复杂关系以及马克思主义多向演变与发展的可
能而凸显其对于马克思主义发展史的特殊意义。基于此，马克思主义在这一
时期的发展与演变被设置为独立的一卷（第四卷）。马克思主义发展的列宁主
义阶段以俄国十月社会主义革命胜利为界划分为两个阶段，时间段分别为：19
世纪末—1917 年、1917—1945 年。前一阶段是列宁主义的形成及其在十月革
命前的发展，后一阶段是列宁主义在十月革命胜利后的发展。这个阶段的内容
包括列宁晚年关于社会主义发展道路的探索、苏联社会主义模式的形成。这两
个阶段还分别包括马克思主义在中国的初期、早期传播和马克思主义中国化的
第一个伟大理论成果——毛泽东思想的形成。这就是本书第五、六卷的内容。
第七、九、十卷的内容是马克思主义在第二次世界大战后的发展。它们的时
间段分别是：1945—1978 年、1978—21 世纪初、1989 年以来。每一卷所包含
的内容都是在相应时间段内马克思主义的发展状况，其中主要是苏联和东欧
各国对社会主义的探索、中国共产党人和马克思主义者对中国社会主义发展
道路的探索，特别是改革开放以来邓小平理论、"三个代表"重要思想、科学
发展观和习近平新时代中国特色社会主义思想的形成与发展。为了体现马克
思主义发展的连续性，第九卷在着重阐述邓小平理论形成发展过程外，用适
当篇幅阐述了苏东剧变过程中及之后非资本主义国家马克思主义的曲折发展
和理论反思，时间延续到 21 世纪初。为了完整地和集中地阐释马克思主义中
国化时代化最新理论成果，第十卷聚焦中国特色社会主义理论体系的跨世纪
发展，对当代中国马克思主义、二十一世纪马克思主义做了重点阐释。马克
思主义在非社会主义国家的研究情况比较复杂，时间跨度比较长，为方便读
者阅读和了解社会主义国家之外的非社会主义国家的马克思主义研究和发展
状况，安排第八卷为 1923 年以来"马克思主义在非社会主义国家的传播与发
展"专卷。

　　"实践没有止境，理论创新也没有止境。"[①] 理论创新没有止境，马克思主
义发展史研究就不能停滞不前。十卷本《马克思主义发展史》的出版，不是我
们的马克思主义发展史研究的结束，而是新的研究的起点。我们需要根据马克
思主义在新的时期新的实践中的发展把马克思主义发展史研究继续下去。

---

① 习近平：《高举中国特色社会主义伟大旗帜　为全面建设社会主义现代化国家而团结奋
　斗——在中国共产党第二十次全国代表大会上的报告》，人民出版社 2022 年版，第 18 页。

《马克思主义发展史》（十卷本）的作者们对编写工作提出了很高要求，力求为推动二十一世纪马克思主义发展、开辟马克思主义中国化时代化新境界，奉献一部能够经得起时间考验的马克思主义发展史著作。但是，由于我们的水平有限，马克思主义发展史的有些方面和问题还未完全掌握和深入研究，呈现在广大读者面前的这份研究成果是否能够承担起它应承担的这样一个使命，是否能够为广大读者满意，我们心怀忐忑。我们愿意听到读者的批评意见。

本书总主编

2023 年 9 月 15 日

（梁树发执笔）

目　录

Contents

Chapter Six: Marxism in the Reflection on the Socialist Practice after the Drastic Changes in the Soviet Union and Eastern Europe

卷 首 语

　　马克思主义不是僵死的教条或终结了真理的绝对体系，而是随着时代变化和实践发展而不断丰富发展的开放理论，是在不断总结各国革命、建设和改革经验教训的基础上不断创新发展的，是在与各国革命、建设和改革的具体实际相结合过程中不断彰显其真理魅力和理论威力的。马克思主义中国化是马克思主义不断发展创新的广阔舞台和生动例证。"自从中国人学会了马克思列宁主义以后，中国人在精神上就由被动转入主动。"[①]中国共产党人把马克思列宁主义写在自己的旗帜上之后，马克思主义中国化便成为中国共产党人历史活动的主题。马克思主义中国化的过程，就是中国共产党人带领中国人民在新民主主义革命、社会主义革命和建设、改革开放和社会主义现代化建设以及中国特色社会主义新时代的伟大实践过程中，自觉将马克思主义普遍真理与中国具体实际相结合的过程，也是马克思主义在实践中进一步深化和丰富发展的过程，这是一个双向互动的螺旋式上升的过程。以毛泽东同志为主要代表的中国共产党人，在新民主主义革命波澜壮阔的历史进程中，经过长期艰难探索和大胆开拓，成功把马克思主义基本原理与中国革命具体实际相结合，形成了马克思主义中国化的第一个伟大理论成果——毛泽东思想，指导中国新民主主义革命取得胜利，建立起社会主义基本制度，成功实现了中国历史上最伟大最深刻的社会变革，为当代中国一切发展进步奠定了根本政治前提和制度基础。在中国探索社会主义建设过程中，虽然经历了严重曲折，但党在社会主义建设中取得的独创性理论成果和巨大成就，为新的历史时期开创中国特色社会主义提供了宝

---

① 《毛泽东选集》第4卷，人民出版社1991年版，第1516页。

贵经验、理论准备和物质基础。

在我国这样一个经济文化十分落后的国家如何建设社会主义、如何巩固和发展社会主义，在马克思主义发展史上是一个崭新的时代课题，必须依靠自己的力量独立探索从社会主义必然王国走向自由王国的道路，需要经历一个从实践探索中不断积累经验并上升到理论高度的曲折过程，有可能犯这样那样的甚至严重的错误。"文化大革命"结束后，党内外强烈要求纠正"文化大革命"的错误，使党和国家从危难中重新奋起。邓小平同志作为中国共产党第二代中央领导集体的核心，在我国面临着何去何从的历史转折关头，在拨乱反正、推动我国走向改革开放和社会主义现代化建设的正确轨道上发挥了关键作用。

邓小平在"中国的社会主义应该如何走、应该向何处去"的历史转折关头，深刻回答了"什么是马克思主义，怎样对待马克思主义；什么是社会主义，怎样建设社会主义"这两个重大的根本理论问题。他对这两个重大问题的回答聚焦在对毛泽东历史地位和毛泽东思想的科学评价这两个既有重要区别又有密切联系的重要问题上来。针对当时对毛泽东历史地位评价方面存在的教条主义和历史虚无主义两种错误倾向，他旗帜鲜明地指出：毛泽东同志的功劳是第一位的，错误是第二位的。毛泽东同志的错误，决不能归结为个人品质问题。如果不是这样看问题，那就不是马克思主义的态度，不是历史唯物主义的态度。①

邓小平作为毛泽东思想的继承和发展者，在我国改革开放和社会主义现代化建设新时期，坚持了马克思主义的基本立场、观点和方法，牢牢抓住了毛泽东思想的活的灵魂，坚持了实事求是、群众路线和独立自主这三个基本方面，并结合新的时代特征和新的实践要求创造性运用和发展了毛泽东思想，形成了邓小平理论，开拓了马克思主义中国化的新境界。

邓小平理论的产生和发展，是马克思主义中国化理论自身发展的理论逻辑和中国社会主义发展的实践逻辑、历史逻辑的有机统一，是马克思主义基本原理和中国具体实际相结合的产物，是诞生于并服务于我国改革开放和社会主义现代化建设实践的伟大理论成果。

邓小平理论是集体智慧的结晶，邓小平在这一理论创立过程中发挥了关键

---

① 《邓小平文选》第 2 卷，人民出版社 1994 年版，第 366 页。

作用。他具有"三落三起"的传奇经历，具有多年从事党、政、军工作的丰厚经验，是党的第一代中央领导集体的重要成员、第二代中央领导集体的核心。作为伟大的实践家和理论家，他在我国改革开放和社会主义现代化建设的理论创新和实践创新方面都作出了杰出贡献，赢得了我国人民和世界正义人士的普遍好评。以邓小平同志为核心的党的第二代中央领导集体，基于对党和国家前途命运的深沉思考，基于对社会主义革命和建设实践经验的深刻总结，基于对时代潮流的深刻洞察，基于对党和人民热切期盼的深刻体悟，基于对其他社会主义国家建设经验教训的深刻汲取作出了把党和国家工作中心转移到经济建设上来、实行改革开放的历史性决策，在实践中明确提出了走自己的路、建设有中国特色社会主义的论断，确立了社会主义初级阶段的基本路线，深刻揭示了社会主义的本质，在新的历史时期科学回答了生产力与生产关系、经济基础与上层建筑之间的关系，效率与公平的关系，发展活力与社会秩序的关系，"摸着石头过河"与顶层设计的关系，社会主义与资本主义的关系，自力更生与对外开放的关系等一系列重要关系，第一次比较系统地科学回答了"什么是社会主义，怎样建设社会主义"这一根本问题，成功开创了中国特色社会主义。正如习近平所指出的："如果没有邓小平同志，中国人民就不可能有今天的新生活，中国就不可能有今天改革开放的新局面和社会主义现代化的光明前景。"①美国哈佛大学教授傅高义指出："邓小平于 1992 年退出政治舞台时，完成了一项过去 150 年里中国所有领导人都没有完成的使命：他和同事们找到了一条富民强国的道路。"②

邓小平理论作为马克思主义中国化的重要理论创新成果，第一次比较系统地初步回答了在中国怎样建设中国特色社会主义的一系列基本问题，回答了包括发展道路、发展阶段、发展战略问题，思想路线、政治路线、组织路线问题，社会主义本质理论、社会主义市场经济理论、"三个有利于"标准等重大问题。这些内容集中体现在本卷的第一至四章。邓小平理论不仅是马克思主义中国化的伟大理论创新成果，而且是对马克思主义的丰富和发展，代表了社会主义国家在改革开放时期理论创新和实践创新的标志性成果，在一定意义上也可以说，代表了社会主义国家进行建设和改革实践的现代形态，即社会主义国

---

① 习近平：《在纪念邓小平同志诞辰 110 周年座谈会上的讲话》，《人民日报》2014 年 8 月 21 日。
② ［美］傅高义：《邓小平时代》，冯克利译，生活·读书·新知三联书店 2013 年版，第 641 页。

家推进现代化实践探索的多样化形态。

20世纪70年代中后期到90年代初期，是世界范围内社会主义国家开始探索如何走出传统的单一模式社会主义的改革时期，既是中国实行改革开放的波澜壮阔时期，也是苏东社会主义国家纷纷进行改革探索的重要时期。这种探索和改革不仅是必要的，而且是马克思主义不断深化发展的内在逻辑要求，因而是必然的要求。十分遗憾的是，由于各种错综复杂的主客观因素，除了中国等极少数社会主义国家的改革取得明显成效以外，包括苏联在内的苏东社会主义国家在探索过程中，最后无一例外地从"改革"走到了"转向"，背离了社会主义方向和道路，背离了马克思主义的基本原则，给社会主义运动和马克思主义发展带来了严重挫折，教训十分深刻而惨痛。这些内容集中体现在本书第五章中。苏东剧变后，世界社会主义进入低潮，马克思主义饱受质疑，并在逆境中经受严峻考验。但苏东剧变决不是社会主义运动的终结，更不是马克思主义的失败。苏东剧变之后，在世界范围内社会主义在经历低潮后又在积蓄力量，马克思主义在世界上重新展示了强大的理论魅力和实践威力。特别令人欣喜的事实是：即使在苏东剧变的波谲云诡时期，中国的社会主义不仅屹然挺立，而且"风景这边独好"，中国特色社会主义展示了现代形态社会主义的强大生命力，充分说明了科学的、真正的马克思主义的真理力量。这些内容具体体现在本书第六章中。为了比较系统地呈现苏东剧变后世界范围内马克思主义实践探索和理论反思的全貌，第六章内容延伸到了21世纪初期。

中国特色社会主义是科学社会主义理论逻辑和中国社会历史逻辑的有机统一，不仅具有突出的中国特色，而且具有重要的世界意义和普遍价值，为世界社会主义国家如何在经济全球化的新形势下实行改革开放、如何走上现代化道路指出了一条富有启发性的成功道路，大大提高了社会主义的声誉，大大提高了马克思主义的声誉，在经济全球化的宏大背景下丰富和发展了马克思主义。同时，邓小平理论中蕴含的经济文化落后国家实现现代化的一系列理论成果，对于广大第三世界国家成功走上现代化道路，也具有重要启发和借鉴意义。正如习近平所指出的："邓小平同志的贡献，不仅改变了中国人民的历史命运，而且改变了世界的历史进程。"[1]

以邓小平同志为代表的老一辈革命家倡导的改革开放和社会主义现代化建

---

[1] 《十八大以来重要文献选编》（中），中央文献出版社2016年版，第39页。

设事业已经顺利实行四十多年了，展现在中国人民面前的四十多年是在理论上有重大创新、实践上有重大突破、事业上有重大成就的辉煌历史画卷。中国特色社会主义伟大事业取得了举世瞩目的成就，向着实现社会主义现代化强国、实现中华民族伟大复兴的目标砥砺奋进，马克思主义在这一历史进程中得到了进一步丰富和发展。

第一章　改革开放和社会主义现代化建设新时期对新理论的呼唤与伟大历史转折

　　历时十年的"文化大革命"，在"无产阶级专政下继续革命"错误理论引导下，严重扰乱了我国社会主义现代化建设的经济、政治、文化和社会生活秩序，给国家和人民造成了深重灾难。"文化大革命"结束后，在中国面临着"向何处去"的历史关头，以邓小平同志为代表的老一辈革命家从党和人民的根本利益出发，以远见卓识抵制"两个凡是"错误思想，强调完整准确地理解毛泽东思想，领导了关于真理标准问题的大讨论，重新确立了"解放思想，实事求是"的思想路线，作出实行改革开放的重大决策，领导制定并通过了《关于建国以来党的若干历史问题的决议》，科学评价了毛泽东功过是非和毛泽东思想的历史地位，为实现具有深远意义的伟大历史转折奠定了思想基础。在和平与发展逐步成为时代主题的国际背景下，在我国改革开放和社会主义现代化建设蓬勃开展的伟大实践中，邓小平理论应运而生。

第一节　中国处在重要历史转折关头

　　20世纪六七十年代，在蓬勃兴起的新科技革命的强力推动下，西方发达国家与亚洲一些国家和地区都经历了一段高速发展的时期，世界上其他社会主义国家也大都开启了新一轮的探索和改革，这个时期的中国却在探求建设社会主义道路的进程中经历了严重的曲折，深陷"文化大革命"的内乱之中，丧失了宝贵的历史机遇。"文化大革命"持续十年，充分暴露了党和国家在体制机制、理论方针政策和工作等方面存在的严重缺陷。"文化大革命"的后果是严重的，给我们的教训是深刻的。最终中国共产党依靠广大人民的支持，自觉纠正了这一错误。"文化大革命"结束后，党和国家面临"向何处去"的迷茫，处在历史转折关头。以邓小平同志为主要代表的中国共产党人正确判断形势，以巨大的政治勇气冲破"两个凡是"的思想禁锢，积极推动拨乱反正向纵深方向发展，为实现伟大历史转折积累条件。

一、"文化大革命"后中国面临着新的重大选择

（一）粉碎"四人帮"，结束"文化大革命"

"文化大革命"长达十年的动乱，使党、国家和人民遭受严重挫折。党的组织和国家政权受到极大削弱，大批干部和群众遭受残酷迫害，民主和法制被肆意践踏，整个国家陷入严重的内乱之中。"'文化大革命'不是任何意义上的革命和社会进步，它是一场由领导者错误发动，被反革命集团利用，给党、国家和各族人民带来严重灾难的内乱，留下了极其惨痛的教训"。[①]"文化大革命"对我们党、国家和人民造成的危害是全面而严重的，在政治、思想、文化、经济和党的建设等方面都产生了严重后果。"文化大革命"是自上而下发动的，它虽然号称"群众运动"，但违背了群众的意愿和利益，实际上是一场浩劫，给党和国家造成了严重内乱和巨大损失。实践证明，"文化大革命"不是也不可能是任何意义上的革命或社会进步，因而没有也不可能由"天下大乱"达到"天下大治"。但是，"文化大革命"的惨痛教训却深刻教育了党和人民，使得改革开放成为广大人民的迫切呼唤。正如邓小平所指出："二十年的经验尤其是'文化大革命'的教训告诉我们，不改革不行，不制定新的政治的、经济的、社会的政策

---

① 中共中央党史研究室：《中国共产党的九十年：社会主义革命和建设时期》，中共党史出版社、党建读物出版社 2016 年版，第 630 页。

不行。"① 十年浩劫后，对"文化大革命"的强烈不满催生了一场真正的、来自人民的群众运动，这场运动的矛头对准了"文化大革命"本身。

1976年1月8日，长期担任国务院总理的周恩来逝世，引起全党和全国各族人民的无限悲痛，群众自发组织起来悼念这位优秀领导人。但是，在为周恩来治丧期间，"四人帮"却发出种种禁令，阻挠群众性的悼念活动，诬陷邓小平，并加紧了篡党夺权的阴谋活动，激起了广大干部群众的极大愤怒，最终演变为"天安门事件"。"天安门事件"又称"四五运动"，是指1976年清明节前后发生的，悼念周恩来、反对"四人帮"、支持邓小平的群众性活动，是广大群众的自发性活动。事件后来被错误地定性为反革命暴乱。"天安门事件"使广大群众对"四人帮"产生更加强烈的怒火，以此事件为中心爆发了全国性抗议运动，这一运动鲜明地体现了"文化大革命"后期的人心向背，其实质是拥护以邓小平同志为主要代表的党的正确领导，为后来粉碎"四人帮"奠定了深厚的群众基础。

1976年9月9日，中共中央主席、中央军委主席毛泽东逝世，"四人帮"加紧了夺取党和国家最高领导权的活动。"四人帮"篡党夺权的露骨举动，使老一辈革命家们深感忧虑，他们虽然深处困境，但是却在关键时候挺身而出，通过共同研究和反复商量，决定对"四人帮"采取断然措施。10月6日，华国锋、叶剑英代表中共中央政治局，决定对王洪文、张春桥、江青、姚文元及其在北京的帮派骨干实行隔离审查。当晚，党中央召开政治局紧急会议，商讨粉碎"四人帮"后党和国家的重大问题。10月7日至14日，中央政治局在北京分批召开中央党、政、军机关，各省、自治区、直辖市，各大军区负责人参加的打招呼会议，通报对"四人帮"采取断然措施的决议，部署粉碎"四人帮"后党和国家的重要工作。粉碎"四人帮"的消息一经公布，举国上下一片欢腾，各地群众举行盛大集会和游行，庆祝粉碎"四人帮"的重大胜利。党和人民在经历十年的磨难和挫折之后，最终依靠自己的力量结束了"文化大革命"这场严重内乱，在总结正反两方面经验教训基础上，义无反顾地走上社会主义改革之路。"文化大革命"的结束和"四人帮"被粉碎说明：我们的人民是伟大的人民，我们的党和社会主义制度具有伟大而顽强的生命力。我们的党勇于自我革命，能够继续领导中国的社会主义建设走向成功。"文化大革命"结束后，探索社

---

① 《邓小平文选》第3卷，人民出版社1993年版，第266页。

会主义的新的历史征程开始了。

（二）"文化大革命"结束后的国家状况

粉碎"四人帮"的胜利，把我们党和国家从危难中拯救出来。广大干部群众强烈要求纠正"文化大革命"的错误理论、方针、政策，纠正"文化大革命"导致的大量冤假错案，彻底扭转十年内乱造成的严重局势，在政治、经济、思想、文化、组织等各个领域进行拨乱反正。而当时的情况是，"文化大革命"带来的思想、政治、文化、经济和党的建设方面的后遗症还很严重，要想在短期内消除它在各领域各方面造成的混乱并非易事。这种混乱的形成，固然与林彪、江青反革命集团兴风作浪有直接关系，但也与错误方针指导下作出的一系列决定和采取的措施有关，与党内长期存在的"左"倾错误有关。因此，"文化大革命"结束后的一个重大任务就是尽快纠正"文化大革命"的错误理论和实践，彻底扭转十年内乱造成的严重局面，使中国社会主义建设事业走上正确的轨道。但是，如何处理各种复杂的现实问题，如何开拓新的局面，人们的看法却不尽相同。争论的焦点是如何看待"以阶级斗争为纲"，以及在这个"纲"指导之下发动的历次政治运动，特别是"文化大革命"的错误理论，以及与此密切相关的如何评价毛泽东历史地位和毛泽东思想的问题。

十年"文化大革命"时期，正是世界经济快速发展、科技进步日新月异的时期。按照邓小平的说法："这十多年，正是世界蓬勃发展的时期，世界经济和科技的进步，不是按年来计算，甚至于不是按月来计算，而是按天来计算。"① 邓小平认为，"文化大革命"的十年是"耽误的十年"，他在"文化大革命"结束后的一次会见中指出："中国六十年代初期同世界上有差距，但不太大。六十年代末期到七十年代这十一二年，我们同世界的差距拉得太大了。"② 国内外发展大势都要求中国共产党顺应时代潮流和人民愿望，尽快就关系党和国家前途命运的大政方针作出正确的政治决断和战略抉择，为中国社会主义的发展找到一条正确道路。面对这些复杂问题，此时的中国实际上面临着三条道路的选择：其一，坚持"以阶级斗争为纲"，继续走"无产阶级专政下继续革命"的老路；其二，全盘否定毛泽东思想，否定中国共产党的领导，否定社会主义

---

① 《邓小平文选》第 2 卷，人民出版社 1994 年版，第 232 页。
② 《邓小平文选》第 2 卷，人民出版社 1994 年版，第 231—232 页。

道路，奉行资产阶级自由化，将社会主义中国的旗帜改变颜色，改走资本主义的歧路；其三，立足基本国情、立足时代形势，既坚持毛泽东思想，又摒弃毛泽东晚年错误，开辟出一条具有中国特色的社会主义新路。显然，中国当时的正确选择应该是尽快纠正"文化大革命"的错误，在坚持中国共产党领导下，开辟出一条社会主义现代化建设的新道路。但是，由于当时党内主要负责人存在着一种"抓纲治国"的思路，使得"文化大革命"后，我们国家的前途并不明朗。

（三）"两个凡是"提出与社会主义事业徘徊

"文化大革命"期间，唯心主义盛行，教条主义、形而上学大行其道，严重背离了马克思列宁主义、毛泽东思想的正确理论。粉碎"四人帮"之后，人民群众迫切要求彻底纠正"文化大革命"的极左路线，对林彪、"四人帮"制造的包括"天安门事件"在内的大批冤、假、错案进行平反，希望以邓小平同志为代表的被压制的老一辈革命家尽快复出参加中央的领导工作，使社会主义建设尽快步入正轨。但是当时的党中央主要负责人推行"两个凡是"来"抓纲治国"，阻滞了"文化大革命"结束后我国社会的发展，从而使"中国将走向何处"的问题蒙上了迷雾，中国社会出现了彷徨的局面。这种情况的出现，客观上是由于长达十年的"文化大革命"所造成的政治上思想上的混乱不容易在短期内清除；主观上是由于当时党中央主要负责人在指导思想上继续犯了"左"的错误，成为党重新确立实事求是正确思想路线的严重障碍。

1977年1月，在周恩来逝世一周年前后，一些群众自发举行各种纪念活动，并强烈要求为"天安门事件"平反和让邓小平复出工作。然而，2月6日晚，中央人民广播电台全文播发了"学好文件抓好纲"的文稿。第二天，代表当时政治气候的"两报一刊"（《人民日报》、《解放军报》和《红旗》杂志）刊出题为《学好文件抓住纲》的社论。社论指出："毛主席的旗帜，就是胜利的旗帜，毛主席在世的时候，我们团结战斗在毛主席的伟大旗帜下。现在，毛主席逝世了，我们更要高高举起和坚决捍卫毛主席的伟大旗帜……凡是毛主席作出的决策，我们都坚决维护，凡是毛主席的指示，我们都始终不渝地遵循。"社论的这段话后来被称为"两个凡是"。"两个凡是"是以传达党中央声音的权威方式公布的，得到普遍宣传，不仅给揭批"四人帮"划定了界限，也使得"天安门事件"平反和邓小平复出工作这两个重要问题的解决增加了障碍。1977年4月，中共中央发出的关于在全国学习《毛泽东选集》第五卷的决定强调："在社会主义革命和社会主义建设时期，毛主席在马克思主义理论上最伟大的贡献，就是创立了无产阶级专政下继续革命的伟大理论。"① 把"无产阶级专政下继续革命"的错误理论规定为学习和宣传《毛泽东选集》第五卷的重点内容。5月1日华国锋在《人民日报》发表《把无产阶级专政下的继续革命进行到底——学习〈毛泽东选集〉第五卷》一文，把"无产阶级专政下继续革命的理论"当作贯穿在《毛泽东选集》第五卷中的根本指导思想，显示出将"两个凡是"作为"文化大革命"后党和国家的基本原则的明显倾向。1977年3月10日至22日，中共中央召开工作会议。陈云在13日向上海代表团提交的书面发言中提出：邓小平与"天安门事件"无关，让邓小平重新参加党中央的领导工作，是完全必要的。王震等人在会上也作了有类似内容的发言。14日，华国锋在全体会议讲话中，强调当前工作的方针是捍卫毛泽东思想，高举毛主席的伟大旗帜，指出："在揭批'四人帮'的斗争中，一定要注意，凡是毛主席作出的决策，都必须维护；凡是损害毛主席形象的言行，都必须制止。"② 坚持认为确有极少数反革命分子，制造了天安门广场反革命事件，指出："批邓、反击右倾翻案风，是伟大领袖毛主席决定的，批是必要的。'四人帮'批邓另搞一套，对邓小平同志进行打击、诬陷，这是他们篡党夺权阴谋的重要组成部分。"③ 虽然，华国锋也指出群众到天安门悼念周总理，是合乎情理的，经过调查邓小平根本没有插手天安门事件，但是又指出邓小平问题的解决要有步骤地逐步进行，只能在适当的时机让邓小平出来工作。④ 他认为"天安门事件"的实际问题已经解决了，希望人们不要在这样一些问题上再争论了。可以看出，在"两个凡是"的影响下，"毛主席定的"成为当时认识和实践的根本依据。

　　"两个凡是"表面上看是坚持毛泽东思想，但实质上是固守毛泽东晚年的

① 中共中央党史研究室：《中国共产党历史》第二卷（下册），中共党史出版社2011年版，第993页。

② 中共中央党史研究室：《中国共产党历史》第二卷（下册），中共党史出版社2011年版，第992页。

③ 中共中央党史研究室：《中国共产党历史》第二卷（下册），中共党史出版社2011年版，第992页。

④ 参见中共中央文献研究室编：《邓小平年谱（一九七五——一九九七）》（上），中央文献出版社2004年版，第156页。

错误，延续以"文化大革命"为主要标志的"左"的错误。"两个凡是"违背了马克思主义的认识论和辩证法，这种拒绝对事物作辩证分析、对事物绝对肯定的教条主义做法，在理论上违背了马克思主义的辩证法和与时俱进的精神，在实践上给"天安门事件"平反和邓小平出来工作制造了障碍。显然，不打破"两个凡是"的禁锢，不冲破"左"倾错误的束缚，就不能把人们从教条主义的束缚中解放出来，就不能继续推进马克思主义中国化进程、开创中国社会主义现代化建设新局面。

"两个凡是"的提出也延缓了我们党从根本上反思和否定"文化大革命"的步伐。1977年8月12日至18日，党的第十一次全国代表大会召开，这是"文化大革命"结束后我们党召开的一次十分重要的会议，是在揭批江青反革命集团活动不断深入、各方面工作得以恢复和整顿、广大干部群众渴望对"文化大革命"及以前的"左"倾错误进行全面清理、期待拨乱反正的情况下召开的。华国锋代表党中央在会上作了政治报告，报告总结了同"四人帮"的斗争，宣告历时十年的"文化大革命"结束，重申在20世纪内把我国建设成为伟大的社会主义现代化强国的根本任务。党的十一大在揭批"四人帮"和动员全国人民进行现代化建设方面发挥了积极的促进作用。但是，报告继续强调"以阶级斗争为纲"，仍然错误地肯定"文化大革命"期间召开的党的十大的政治路线和组织路线，高度赞扬"文化大革命"对于巩固无产阶级专政、防止资本主义复辟、建设社会主义社会的意义。报告在干部问题上，强调三个正确对待，即"受过审查的同志，一定要注意正确对待无产阶级文化大革命，正确对待群众，正确对待自己"。这实际上是阻挠广大党员、干部深入批判"文化大革命"的"左"倾错误，阻挠对冤假错案的平反工作。报告提出了"抓纲治国"的八项具体任务：第一，一定要把揭批"四人帮"的伟大斗争进行到底；第二，一定要搞好整党整风，加强党的建设；第三，一定要把党的各级领导班子整顿好、建设好；第四，一定要抓革命促生产，把国民经济搞上去；第五，一定要搞好文化教育领域的革命，大力发展社会主义的文化教育事业；第六，一定要强化人民的国家机器；第七，一定要发扬民主，健全民主集中制；第八，一定要贯彻执行统筹兼顾、全面安排的方针。其中虽然提出了一些正确的举措，但是因为受制于"阶级斗争"这个纲，未能实现大的突破。可见，这次会议没有能够承担起纠正"文化大革命"的错误、为实现历史转折制定正确的路线方针这一重大任务。人们急切地期待着中国迅速摆脱困境，迈开大步前进。但是实践发展却步履维艰。揭批"四人帮"运动受到"两个凡是"的限制；平反冤假错案，一遇到毛泽东批准的、定了的案子，便不准触动；在科学、教育、文化领域进行拨乱反正，也有人拿出毛泽东批过的文件进行阻挠。在生产上，混乱状况有所好转，国民经济得到较快的恢复，人民生活水平也有所提高，但又发生了急于求成的冒进倾向，加剧了国民经济的比例失调。[1] 正是因为没有实质性的进展，因此"文化大革命"结束后的两年时间，被称为党和国家的两年徘徊时期。

二、党和国家事业在徘徊中前进

"两个凡是"的提出使"文化大革命"浩劫后渐趋明朗的政治氛围又笼罩上了一层阴云。按照"两个凡是"的方针，"无产阶级专政下继续革命"的错误理论及一系列极左政策就不能被克服，尽管粉碎了"四人帮"，但僵化的体制机制和"左"的思想观念仍将继续，党和国家仍有可能陷入政治动乱之中。"两个凡是"不仅是错误的政治主张，而且是一条僵化的形而上学的错误方针。如何正确对待"文化大革命"，如何正确对待毛泽东晚年错误，如何正确看待毛泽东思想？是盲目遵循"两个凡是"，还是坚持实事求是，冲破"两个凡是"的禁锢，使社会主义事业步入健康发展的正轨？成为摆在党和人民面前的重大原则问题。面对"文化大革命"结束后党和国家的徘徊局面，以邓小平为代表的老一辈革命家，以巨大的政治勇气和理论勇气冲破"两个凡是"的思想禁锢，推动拨乱反正向纵深方向发展。与此同时，坚持把马克思主义普遍原理与中国具体实际相结合，开始在理论上开拓马克思主义中国化的新境界，在实践中奋力开拓建设有中国特色社会主义的新道路。

（一）邓小平强调完整地准确地理解毛泽东思想，冲破"两个凡是"的思想藩篱

"两个凡是"错误方针的提出表明，"文化大革命"虽然结束了，但是党内

---

[1]　中共中央党史研究室：《中国共产党的九十年：改革开放和社会主义现代化建设新时期》，中共党史出版社、党建读物出版社 2016 年版，第 649—650 页。

仍然存在着严重的僵化教条的"左"的思想，这些思想严重阻碍着马克思主义中国化和社会主义现代化建设的进程。这一错误方针违背党心民意，必然遭到广大干部群众的强烈反对。以邓小平为代表的老一辈革命家更是深刻认识到它的实质和危害性，在不同时间和场合不断对其进行严厉批评，这对突破"两个凡是"错误方针的思想束缚起到了关键性作用。1977 年 2 月，在《学好文件抓住纲》的社论发表后，邓小平同前来看望他的王震谈话时，对"两个凡是"的提法提出了异议，认为这不是马克思主义，不是毛泽东思想。① 在 1977 年 3 月召开的中央工作会议上，陈云、王震等提议让邓小平重新参加党中央的领导工作，他们的要求反映了广大干部群众的强烈愿望，在社会上产生了重要影响。1977 年 4 月，在同前来看望的汪东兴等人谈话时，邓小平明确向他们表示："'两个凡是'不行。"②5 月 24 日，邓小平在同王震、邓力群谈话时，再次强调："'两个凡是'不符合马克思主义"，他阐述道："前些日子，中央办公厅两位负责同志来看我，我对他们讲，'两个凡是'不行。按照'两个凡是'，就说不通为我平反的问题，也说不通肯定一九七六年广大群众在天安门广场的活动'合乎情理'的问题。"③ 他指出"两个凡是"是不符合实际的，它的错误在于："把毛泽东同志在这个问题上讲的移到另外的问题上，在这个地点讲的移到另外的地点，在这个时间讲的移到另外的时间，在这个条件下讲的移到另外的条件下"④。每一理论都有它的适用范围和发挥作用的具体场景，特别是有其适用的具体的时间、地点和场合。每一个人的言行，包括领袖人物的言行，都不可能是百分之百的正确，都不可能不犯任何错误。一个人讲的每句话都对，一个人绝对正确，没有这回事情。邓小平指出，毛泽东同志自己多次说过，他有些话讲错了。他强调："马克思、恩格斯没有说过'凡是'，列宁、斯大林没有说过'凡是'，毛泽东同志自己也没有说过'凡是'。"⑤ 对领袖人物的话采取实事求是的态度，还是采取"两个凡是"的态度，不是一个小问题，因为"这是个

① 中共中央文献研究室编：《邓小平年谱（一九七五———一九九七）》（上），中央文献出版社 2004 年版，第 155 页。

② 中共中央文献研究室编：《邓小平年谱（一九七五———一九九七）》（上），中央文献出版社 2004 年版，第 157 页。

③ 《邓小平文选》第 2 卷，人民出版社 1994 年版，第 38 页。

④ 《邓小平文选》第 2 卷，人民出版社 1994 年版，第 38 页。

⑤ 《邓小平文选》第 2 卷，人民出版社 1994 年版，第 39 页。

重要的理论问题，是个是否坚持历史唯物主义的问题"①。彻底的唯物主义者，应该像毛泽东同志说的那样对待这个问题。1977 年 7 月，党的十届三中全会通过了《关于恢复邓小平同志职务的决议》，决定恢复邓小平中共中央副主席、中央军委副主席、国务院副总理、中国人民解放军总参谋长的职务，邓小平正式复出工作。1977 年 8 月，邓小平在讨论党的十一大讲话稿时又强调："'两个凡是'不行。形而上学多了，害死人。"②1978 年 9 月 16 日，邓小平在吉林视察工作时再次尖锐地批评"两个凡是"的错误观点："怎么样高举毛泽东思想旗帜，是个大问题。现在党内外、国内外很多人都赞成高举毛泽东思想旗帜。什么叫高举？怎么样高举？大家知道，有一种议论，叫做'两个凡是'，不是很出名吗？凡是毛泽东同志圈阅的文件都不能动，凡是毛泽东同志做过的、说过的都不能动。这是不是叫高举毛泽东思想的旗帜呢？不是！这样搞下去，要损害毛泽东思想。"③1982 年 9 月，邓小平在同金日成谈话时指出："粉碎'四人帮'后，当时主持中央工作的同志坚持'左'的政治路线，又提出了错误的思想路线，叫做'两个凡是'。我说过，如果毛主席在世，他也不会承认'两个凡是'，因为那不是马列主义、毛泽东思想。"④1983 年 11 月，邓小平在会见澳大利亚共产党主席希尔时指出："一九七七年二月我住在西山，看到有关'两个凡是'的提法，就感到不对，认为这不是马克思主义，不是毛泽东思想。我的文选中那篇文章很短，题目是《'两个凡是'不符合马克思主义》。我讲的意思很简单，按照'两个凡是'办事，我就不可能出来工作。"⑤ 表明了邓小平对"两个凡是"错误观点彻底否定和坚决抵制的态度。以邓小平同志为代表的老一辈革命家对"两个凡是"的批判，开了解放思想的先河，具有深远的意义。

邓小平对"两个凡是"的批判，其实质是对"左"的教条主义所依托的唯心主义观点和形而上学方法等错误哲学基础的批判，旨在重新确立我们党实事

① 《邓小平文选》第 2 卷，人民出版社 1994 年版，第 38 页。
② 中共中央文献研究室编：《邓小平年谱（一九七五——一九九七）》（上），中央文献出版社 2004 年版，第 170 页。
③ 《邓小平文选》第 2 卷，人民出版社 1994 年版，第 126 页。
④ 中共中央文献研究室邓小平研究组编：《邓小平自述》，国际文化出版公司 2009 年版，第 154 页。
⑤ 中共中央文献研究室邓小平研究组编：《邓小平自述》，国际文化出版公司 2009 年版，第 154—155 页。

求是的正确思想路线传统。陈云、叶剑英、聂荣臻、徐向前等老一辈革命家们也在不同场合，通过不同形式反复强调我们党实事求是的优良传统，抵制"两个凡是"错误方针的推行。对"两个凡是"错误方针的抵制，就不得不涉及如何认识和评价毛泽东思想这一根本问题。邓小平针对"两个凡是"的错误观点，鲜明地提出"完整地准确地理解毛泽东思想"的要求，推动全党深入思考如何对待毛泽东思想这个根本问题，为全面反思和纠正"左"的错误方针创造了思想条件。

如何正确对待马克思列宁主义、毛泽东思想，这是一个大的理论原则问题。早在 1960 年，邓小平就鲜明地提出了"正确地宣传毛泽东思想"的问题，批评把毛泽东思想庸俗化和把毛泽东思想同马克思列宁主义普遍真理割裂开来这两种错误倾向，指出在宣传毛泽东思想的时候，一定要把"学习马克思列宁主义"和"学习毛泽东同志的著作"并提，一定要把毛泽东思想这个旗帜掌握好。他还强调了正确看待毛泽东与党的集体领导的关系："我们党是集体领导，毛泽东同志是这个集体领导的代表人，是我们党的领袖，他的地位和作用同一般的集体领导成员是不同的。但是，切不可因此把毛泽东同志和党中央分开，应该把毛泽东同志看作是党的集体领导中的一个成员，把他在我们党里头的作用说得合乎实际。"[1] 指出应该本着"合乎实际"的精神去做好毛泽东思想的宣传工作。

1975 年 9 月 10 日，在讨论《毛泽东选集》第五卷篇目的会议上，邓小平又强调了"全面宣传毛泽东思想"的问题，指出：现在的宣传有很大的片面性，对毛主席的思想各取所需，把毛泽东思想割裂了。只有基本路线还不够，还要有各项具体路线和政策，不然基本路线是空的。[2] 强调重新宣传毛泽东在党的七大报告中提出的三大作风和延安整风时所讲的反对主观主义、反对宗派主义、反对党八股，以及反对工作中的派性和新八股。9 月 27 日，在全国农村工作座谈会上，他再次强调正确宣传毛泽东思想，批判林彪等人把毛泽东思想庸俗化的做法，指出在实际工作中存在很多割裂毛泽东思想的问题，比如文艺方针，毛泽东同志说要古为今用，洋为中用，百花齐放，推陈出新。但现在百

---

①　《邓小平文选》第 1 卷，人民出版社 1994 年版，第 284 页。

②　中共中央文献研究室编：《邓小平年谱（一九七五——一九九七）》（上），中央文献出版社 2004 年版，第 94—95 页。

花齐放不提了。毛泽东同志反对教育脱离实际、脱离群众、脱离劳动，并不是不要读书，而是要读得更好。毛泽东同志给少年儿童的题词就是"好好学习，天天向上"，但现在相当多的学校学生不读书。毛泽东同志讲了四个现代化，还讲过阶级斗争、生产斗争、科学实验是三项基本社会实践，现在却把科学实验割裂出来了，而且讲都怕讲，讲了就是罪。他尖锐地指出："毛泽东思想有丰富的内容，是完整的一套，怎么能够只把'老三篇'、'老五篇'叫做毛泽东思想，而把毛泽东同志的其他著作都抛开呢？怎么能够抓住一两句话，一两个观点，就片面地进行宣传呢？"① 他强调：毛泽东思想紧密联系着各个领域的实践，紧密联系着各个方面工作的方针、政策和方法，一定要全面学习、宣传和实行毛泽东思想，对如何对待毛泽东思想从方法论上作了正确的阐释。

1977年4月，邓小平致信华国锋、叶剑英和中共中央，强调：我们必须世世代代地用准确的完整的毛泽东思想来指导我们全党、全军和全国人民，把党和社会主义的事业，把国际共产主义运动的事业，胜利地推向前进。② 这是对割裂毛泽东思想错误行为的批判，也是对"两个凡是"错误方针的批判，阐明了对待毛泽东思想的科学态度和方法。5月3日，中共中央转发了邓小平的这封信，邓小平针对"两个凡是"错误方针提出的"准确的完整的毛泽东思想"的观点，得到广大干部群众的热烈拥护。其后，邓小平多次重申要准确地完整地对待毛泽东思想，批评把毛泽东思想庸俗化的做法，强调要把毛泽东思想当作一个思想体系来看待，指出："我们要高举旗帜，就是要学习和运用这个思想体系。"③ 1977年7月，邓小平在党的十届三中全会上作了《完整地准确地理解毛泽东思想》的重要讲话，系统地论述了完整地准确地理解毛泽东思想这个重大问题。他指出，这个问题是非常迫切和重要的，因为马克思列宁主义、毛泽东思想，是我们党的指导思想，毛泽东思想继承和发展了马克思列宁主义。但以林彪为代表的极"左"路线否定毛泽东思想，说"老三篇"就代表了毛泽东思想，还把毛泽东思想同马克思列宁主义割裂开来，造成对毛泽东思想的严重歪曲，极不利于我们的党和社会主义事业，极不利于国际共产主义运动，正本清源是非常必要的。邓小平强调："要用准确的完整的毛泽东思想来指导我们全党、全军和全国人

---

① 《邓小平文选》第2卷，人民出版社1994年版，第36—37页。
② 中共中央文献研究室编：《邓小平年谱（一九七五——一九九七）》（上），中央文献出版社2004年版，第157页。
③ 《邓小平文选》第2卷，人民出版社1994年版，第39页。

民，把我们党的事业、社会主义的事业和国际共产主义运动的事业推向前进。我说要用准确的完整的毛泽东思想作指导的意思是，要对毛泽东思想有一个完整的准确的认识，要善于学习、掌握和运用毛泽东思想的体系来指导我们各项工作。只有这样，才不至于割裂、歪曲毛泽东思想，损害毛泽东思想。"①

邓小平认为，要准确地完整地理解毛泽东思想，需要把握以下两方面。首先，要把毛泽东思想作为一个科学体系来把握。"毛泽东思想不是在个别的方面，而是在许多领域发展了马克思列宁主义。毛泽东思想是个体系，是发展了的马克思主义。"②邓小平指出，毛泽东同志在这一个时间、这一个条件，对某一个问题所讲的话是正确的，在另外一个时间、另外一个条件，对同样的问题讲的话也是正确的；但是在不同的时间、条件对同样的问题讲的话，有时分寸不同，着重点不同，甚至一些提法也不同。所以我们不能够只从个别词句来理解毛泽东思想，而必须从毛泽东思想的整个体系去获得正确的理解。为此，他建议除了做好毛泽东著作的整理出版工作之外，做理论工作的同志，要花相当多的功夫，从各个领域阐明毛泽东思想的体系。要用毛泽东思想的体系来教育我们的党，来引导我们前进。邓小平对毛泽东思想的理解，把握了毛泽东思想的完整性、系统性和有机统一性，是对毛泽东思想的正确反映。其次，就一个领域、一个方面的问题来说，也要准确地完整地理解毛泽东思想。比如，在关于知识分子问题、关于领袖和群众的关系等问题上，我们要准确地完整地理解毛泽东同志关于知识分子问题的思想和政策，关于人民与领导人或领袖的关系的思想。对毛泽东同志的话，一定要把它放到具体条件下去理解，不能随意照搬。不能把毛泽东同志在这个问题上讲的移到另外的问题上，在这个地点讲的移到另外的地点，在这个时间讲的移到另外的时间，在这个条件下讲的移到另外的条件下。通过这些具体深入的论述，邓小平实际上强调了真理的具体性、条件性、适用性，要求在学习理解毛泽东思想时必须注意它的具体条件、具体针对性及适用的范围，不能简单地照搬照套，犯教条主义、形式主义的错误。实质上阐述了正确对待马克思列宁主义、毛泽东思想的态度和方法论原则。

邓小平进一步突出强调了准确地完整地理解毛泽东思想中的建党学说的重要性。指出，把列宁的建党学说发展得最完备的是毛泽东同志，他在延安整风

---

① 《邓小平文选》第2卷，人民出版社1994年版，第42页。
② 《邓小平文选》第2卷，人民出版社1994年版，第43页。

中建立了完整的建党学说，对于建立一个什么样的党，党的指导思想是什么，党的作风是什么，形成了完整的学说，并且用这个学说来教育我们全党、全军和人民，取得了抗日战争、解放战争的彻底胜利。正是根据毛泽东同志的建党学说，我们党既能够充分发扬民主，充分发挥下级部门遵守纪律的自觉性，又能够在这样的基础上建立高度的集中，形成生气勃勃、生动活泼、心情舒畅、团结一致的政治局面。"四人帮"反对毛泽东同志的建党学说，给党的建设、党的作风带来了很大的损害。为了恢复健康的政治局面，需要完整地学习和理解毛泽东的建党思想，比如高度民主与高度集中相结合，正确区分和处理两类不同性质的矛盾，"团结——批评——团结"的公式，惩前毖后、治病救人的方法，群众路线，等等。邓小平指出，毛泽东同志倡导的党的作风中的群众路线和实事求是这两条是最根本的东西。毛泽东同志是彻底的唯物主义者，他充分信任群众，历来反对不信任群众、不依靠群众。他一向非常注意群众的议论、群众的思想、群众的问题，善于从群众这样的议论当中发现问题，提出解决问题的方针和政策。邓小平特别强调了实事求是对恢复毛泽东建党学说和党的作风的重要性，指出"四人帮"把党风搞坏了，使党内同志不敢讲话，尤其不敢讲老实话，弄虚作假。只有充分信任群众，实事求是，发扬民主，才能恢复和发扬毛泽东建党学说和党的一整套作风。他指出："在延安中央党校，毛泽东同志亲笔题的四个大字，叫'实事求是'。我看大庆讲'三老'，做老实人，说老实话，干老实事，就是实事求是。"① 只有坚持实事求是的原则，才能真正高举毛泽东思想的伟大旗帜，实现毛泽东同志倡导的又有集中又有民主，又有纪律又有自由，又有统一意志又有个人心情舒畅、生动活泼那样一种政治局面，调动一切积极因素，使我们的社会主义国家兴旺起来。

邓小平这些论述为全党和全国人民完整地准确地理解和把握毛泽东思想提供了基本的方法论指导，为冲破"两个凡是"错误方针的藩篱提供了有力的思想武器，也为"文化大革命"结束后中国走向正确的社会主义建设道路提供了正确的思想先导。其他老一辈革命家也一致强调毛泽东思想的精神实质，呼吁恢复和发扬实事求是的优良传统和作风。1977 年 9 月，为纪念毛泽东同志逝世一周年，《人民日报》转载了聂荣臻在《红旗》杂志上发表的《恢复和发扬党的优良作风》一文，提出坚持用正确的态度对待马克思列宁主义、毛泽东思

---

① 《邓小平文选》第 2 卷，人民出版社 1994 年版，第 45 页。

想，强调实事求是的思想是毛主席留给我们党的最宝贵的理论遗产。我们的一切正确思想，归根结底只能从实践中来，从实际经验中来，并且必须回到实践中去，通过实际经验的检验。我们学习和运用马克思列宁主义、毛泽东思想，一定要掌握精神实质，学习它的立场、观点和方法，把基本原理当作行动指南。坚决反对把马克思列宁主义、毛泽东思想的一些词句当作脱离时间、地点和条件的教条。9 月 19 日，徐向前在《人民日报》发表《永远坚持党指挥枪的原则》一文，强调要恢复和发扬理论联系实际的革命学风，完整地、准确地领会和掌握马克思列宁主义、毛泽东思想，识别正确路线和错误路线，指出："我们一定要恢复和发扬我们党的实事求是的优良作风，做老实人，说老实话，办老实事，永远对党忠诚老实。"[1]9 月 28 日，陈云在《人民日报》发表《坚持实事求是的革命作风》一文，强调："实事求是，这不是一个普通的作风问题，这是马克思主义唯物主义的根本思想路线问题。我们要坚持马克思列宁主义，坚持毛泽东思想，就必须坚持实事求是。如果我们离开了实事求是的革命作风，那么，我们就离开了马列主义、毛泽东思想，而成为脱离实际的唯心主义者，那么，我们的革命工作就要陷于失败。所以，是否坚持实事求是的革命作风，实际上是区别真假马列主义、真假毛泽东思想的根本标志之一。"[2]他尖锐地指出：由于"四人帮"的影响，在一些领导机关和党员干部中间，主观主义、形式主义的作风不是少了，而是多了；毛主席长期倡导的深入群众进行调查研究、根据实际情况解决具体问题的实事求是精神不是多了，而是少了。此外，张鼎丞发表了《整风在延安中央党校》一文，重点阐述了在延安整风中，树立了马克思列宁主义普遍真理和中国革命具体实践相结合的、调查研究、实事求是、以客观实践的效果为标准的思想和作风。

邓小平等老一辈革命家强调完整地准确地理解毛泽东思想，恢复和发扬实事求是优良作风，推动广大党员群众突破"两个凡是"教条的禁锢，深刻反思"文化大革命"的错误，揭开了全国解放思想、拨乱反正运动的序幕。1983 年 7 月，秦基伟在《人民日报》撰文指出："六年前当小平同志提出完整地准确地理解毛泽东思想这个问题，尖锐地批判'两个凡是'的错误的时候，我们虽然

---

① 柳建辉主编：《十一届三中全会前后的邓小平》，中共中央党校出版社 2004 年版，第 52 页。

② 刘杰、徐绿山：《邓小平和陈云在十一届三中全会前后》，中央文献出版社 2009 年版，第 173 页。

也感到非常重要，非常深刻，针对性很强，但毕竟只是从指导当时工作的现实意义上考虑得多，对他的理论意义和深远影响认识得很肤浅。经过反复的学习和多年的实践，尤其是联系十一届三中全会以来形势的迅速发展和巨大变化，认真加以思考，才逐步意识到小平同志当时提出这个问题，是透过复杂的现象，一针见血地点破了多年来存在于我国政治生活中的症结，高屋建瓴地抓住了十年内乱中最关键、最根本的问题。这确如一声霹雳，起到了振聋发聩的作用，使大家茅塞顿开，成为全国解放思想、拨乱反正的先声。"①

（二）平反冤假错案和推动科教文化经济等领域的拨乱反正

邓小平在批评"两个凡是"错误方针、纠正"文化大革命"错误的同时，也开始推动在我国多个领域进行拨乱反正。所谓拨乱反正，主要是指拨林彪、"四人帮"破坏之乱，纠正"文化大革命"的"左"的错误，改变当时国内混乱局面，实现国内团结、稳定和发展的良好局面。这一时期的拨乱反正主要集中在平反冤假错案、在科学教育文化经济领域拨乱反正等层面。

1. 平反冤假错案的初步开展

长期"左"的错误，特别是"文化大革命"时期林彪、江青反革命集团的破坏，制造了大批冤假错案。"文化大革命"结束后，及时妥善地为大批遭受冤假错案的干部群众平反，不仅是关系广大干部群众切身利益的大事，也是恢复党的正确组织路线和干部路线，促进和巩固安定团结政治局面的迫切之举。其实，早在"文化大革命"结束前，邓小平在1975年主持党中央日常工作期间，就积极推动了一系列冤假错案的平反工作。"文化大革命"结束后的一段时间里，邓小平尚未复出工作，但是仍然关心着这一问题。其他老一辈革命家也非常关心平反冤假错案的问题。1977年3月14日，邓小平同前来看望他的胡耀邦就粉碎"四人帮"后平反冤假错案等问题深入交换了意见。②1977年3月召开的中央工作会议上，陈云以及其他老同志就提出要为"天安门事件"平反，并提议邓小平出来主持工作。同年7月召开的十届三中全会决定恢复邓小平原来担任的一切领导职务，这不仅标志着对邓小平的平反，也预示着全党和

---

① 刘杰、徐绿山：《邓小平和陈云在十一届三中全会前后》，中央文献出版社2009年版，第137页。

② 参见中共中央文献研究室编：《邓小平年谱（一九七五——一九九七）》（上），中央文献出版社2004年版，第156页。

全国开始平反冤假错案。其后，在邓小平和陈云等老一辈革命家的支持和推动下，中共中央组织部由胡耀邦在一线指挥，在全国范围内开启了一场平反冤假错案的大战役。平反冤假错案工作的顺利展开，不仅安排了一大批在"文化大革命"中受到迫害的干部和老同志，平反了一大批在"文化大革命"中形成的在全国有重大影响的冤假错案，而且为十一届三中全会后彻底平反"文化大革命"中的冤假错案和解决众多历史遗留问题打下了坚实基础。

2. 科学教育文化领域的拨乱反正

科学教育文化事业是社会主义国家的上层建筑，是社会主义事业的重要组成部分。"文化大革命"的导火索正是从文化领域开始的，而且以"无产阶级文化大革命"命名，因此内乱爆发后首当其冲的就是对科教文化事业的严重破坏。十年动乱中，很大一部分教育、科学、文化等领域的知识分子被错误地定为"反动学术权威"、"特务"、"反革命修正主义分子"等，受到严重冲击和迫害，许多科研单位停止工作甚至被撤销。高等学校和中等专业学校的教学也被长期中断，"耽误了一代人，其实还不止一代"①。"文化大革命"结束后对这些领域的拨乱反正被提上重要议事日程。邓小平反复强调准确地完整地学习和运用毛泽东思想体系，贯彻实事求是原则，推动文化教育领域的拨乱反正工作。1977年5月12日，邓小平在与方毅、李昌交流科学和教育工作问题时指出：抓科研就要抓教育。抓教育，关键在中学，中学又以小学教育为基础。②并且批评"四人帮"在科学研究方面搞闭关自守，不懂得借鉴人类先进文明成果。1977年7月邓小平恢复领导职务后，主动提出协助华国锋、叶剑英主管教育和科学工作③，并积极推动了科学教育文化领域的拨乱反正工作。

1977年7月27日，邓小平约方毅和李昌交流科研工作，提出了包括科研单位的任务、制定科研规划、科研队伍建设等9条意见④，为"文化大革命"后的科研工作指明了方向。两天后，邓小平再次约见方毅，在谈话中他提出

① 《邓小平文选》第2卷，人民出版社1994年版，第303页。
② 参见中共中央文献研究室编：《邓小平年谱（一九七五———九九七）》（上），中央文献出版社2004年版，第158页。
③ 参见中共中央文献研究室编：《邓小平年谱（一九七五———九九七）》（上），中央文献出版社2004年版，第164页。
④ 参见中共中央文献研究室编：《邓小平年谱（一九七五———九九七）》（上），中央文献出版社2004年版，第166页。

要开一个科学和教育工作座谈会的设想。该座谈会最终于 1977 年 8 月 4 日至 8 日召开，邓小平亲自主持，并在会上强调了科学和教育对于实现四个现代化的重要性，分析了科学和教育的关系，指出了科学教育领域存在的一系列问题并提出了解决措施，这对打破当时束缚科学发展的"紧箍咒"起到重要作用。1977 年 9 月 19 日，他和方毅等人谈教育系统拨乱反正问题时指出：1971 年张春桥、姚文元在《全国教育工作会议纪要》里提出所谓"两个估计"，即"文化大革命"前十七年教育战线是"资产阶级专了无产阶级的政"，是"黑线专政"；知识分子的大多数"世界观基本上是资产阶级的"，"是资产阶级知识分子"。这两个估计是不符合实际的，把几百万、上千万知识分子一棍子打死。这个《纪要》是毛泽东同志画了圈的。但是，毛泽东同志画了圈，不等于说里面就没有是非问题了。他强调：我们要准确地完整地理解毛泽东思想的体系。毛泽东同志在延安为中央党校题词，就是"实事求是"四个大字，这是毛泽东哲学思想的精髓。① 他要求教育部要思想解放，坚持实事求是原则，开展教育战线的拨乱反正工作。

　1978 年 3 月召开的全国科学大会，进一步推进了科学领域的拨乱反正。在这次大会上，邓小平发表重要讲话，驳斥了"四人帮"关于科学技术的错误论调，痛惜"文化大革命"使得我国的科学技术与世界先进水平愈拉愈大。他深刻指出：四个现代化，关键是科学技术的现代化，没有现代化科学技术，就不可能建设现代农业、现代工业、现代国防。没有科学技术的高速发展，也就不可能有国民经济的高速度发展。他还重申了召开这次全国科学大会的目的，"就是动员全党全国重视科学技术，制订规划，表彰先进，研究加速发展科学技术的措施"②。会上，邓小平提出了"科学技术是生产力"这一影响深远的重要论断，他强调指出："科学技术是生产力，这是马克思主义历来的观点。"③ 同时，邓小平还回应了人们对科学技术工作者是不是劳动者的质疑，强调"科学技术工作者是与体力劳动者处于同等地位的脑力劳动者"，明确了科学技术工作者的劳动者身份。此外，邓小平还强调了建设一批科学技术队伍的重要性和迫切性。全国科学技术大会的成功召开，纠正了过去人们在科学技术领域许

① 参见中共中央文献研究室编：《邓小平年谱（一九七五——一九九七）》（上），中央文献出版社 2004 年版，第 204 页。
② 《邓小平文选》第 2 卷，人民出版社 1994 年版，第 86 页。
③ 《邓小平文选》第 2 卷，人民出版社 1994 年版，第 87 页。

多认识上的错误，为接下来的科学技术工作的有序开展奠定了基础，指明了方向。

在教育方面，"文化大革命"期间，"四人帮"修改定稿的《全国教育工作会议纪要》提出了所谓"两个估计"的错误观点，给教育领域造成了严重的危害，成为压在知识分子头上的两座大山。尽管邓小平较早意识到教育领域拨乱反正的重要性，并积极进行整顿，但是邓小平也坦言"一九七五年教育战线的整顿搞不动"①。"文化大革命"后邓小平恢复工作，先后多次与时任中共中央委员、中国科学院副院长方毅，时任中共中央候补委员、教育部部长刘西尧等人讨论研究教育科学方面的工作。"文化大革命"结束后当时的教育部仍然坚持"两个估计"的错误观点，广大教育工作者对此颇有意见。1977 年 8 月 8 日，邓小平在科学和教育座谈会上提出："对全国教育战线十七年的工作怎样估计？我看，主导方面是红线。"②从而肯定了教育工作者的成绩，初步否定了"两个估计"。同年 9 月，邓小平同教育部主要负责同志谈话中提出要对《全国教育工作会议纪要》"进行批判，划清是非界限"，明确指出："'两个估计'是不符合实际的。怎么能把几百万、上千万知识分子一棍子打死呢？我们现在的人才，大部分还不是十七年培养出来的？"③邓小平还告诫教育部主要负责人："你们管教育的不为广大知识分子说话，还背着'两个估计'的包袱，将来要摔筋斗的。现在教育工作者对你们教育部有议论，你们要心中有数。要敢于大胆讲话。"④其后，邓小平又多次批评"两个估计"，并最终推动批判"两个估计"高潮的到来。

对教育战线拨乱反正的一个重大举措是高考制度的恢复。在邓小平的支持下，1977 年 10 月全国高等学校招生工作会议顺利召开，通过了《关于一九七七年高等学校招生工作意见》，从此改变了"文化大革命"期间高等学校只招生不考试的做法，恢复了高考制度。邓小平在 1978 年全国教育工作会议上对教育战线的拨乱反正进行了总结。他指出："粉碎'四人帮'以来，特别是改革高等学校招生制度和批判'两个估计'之后，教育战线出现了许多新

① 中共中央文献研究室编：《邓小平年谱（一九七五——一九九七）》（上），中央文献出版社 2004 年版，第 165 页。
② 《邓小平文选》第 2 卷，人民出版社 1994 年版，第 49 页。
③ 《邓小平文选》第 2 卷，人民出版社 1994 年版，第 67 页。
④ 《邓小平文选》第 2 卷，人民出版社 1994 年版，第 67 页。

气象。成绩应当充分肯定。"① 正如邓小平所言，批判"两个估计"，改革高校招生制度，有力解放了广大教育工作者的思想，充分调动了他们的积极性和创造性，开创了教育战线的新气象、新局面。

3. 文艺领域的拨乱反正

文艺是社会主义国家上层建筑的重要组成部分，是受经济基础决定的，并积极服务于社会主义国家的经济基础。"文化大革命"期间，"四人帮"推行文化专制主义，全国文艺报刊几近停刊，古今中外许多优秀文艺作品被查禁和焚毁，许多文艺家遭到批斗迫害，整个文学艺术领域一片萧条。邓小平 1975 年开始整顿的时候就关注文化问题，不仅重提"双百"方针，还关注几部重要影片的放映这样的具体问题。"文化大革命"结束后，在教育和科学领域拨乱反正的带动下，文学艺术界也开启了拨乱反正。1977 年 10 月，《人民文学》编辑部召开座谈会，提出要贯彻"百花齐放"方针，允许文艺创作的题材和风格的多样化，这是对"文化大革命"期间文艺领域万马齐喑状态的突破。12 月，《人民文学》编辑部又邀请 100 多位文学界人士，批判"文艺黑线专政论"。其后，一大批受"四人帮"迫害的文艺工作者得以平反，文艺工作相关机构得以重建，特别是 1979 年中国文学艺术工作者第四次代表大会的召开，进一步推进了文艺领域的拨乱反正。在这次会议上，邓小平深刻指出："文艺这种复杂的精神劳动，非常需要文艺家发挥个人的创造精神。写什么和怎样写，只能由文艺家在艺术实践中去探索和逐步求得解决。在这方面，不要横加干涉。"② 这些拨乱反正的努力，为文艺领域"百花齐放、百家争鸣"局面的回归奠定了基础。

4. 经济领域的拨乱反正

经济是各项事业的基础，经济发展水平制约着社会主义国家各项事业的发展水平。"文化大革命"结束后，许多人的注意力还集中在政治领域，但是邓小平一开始就意识到摆在面前的最大难题是经济问题。经济问题的难点在于如何尽快恢复"面临崩溃的边缘的经济"，加快"四个现代化"建设步伐，改善人民的生活状况。对这个难题的深入思考推动了经济领域拨乱反正的开启。1977 年、1978 年经济领域的拨乱反正涉及的重大问题主要有四个：一是纠正否定商品生产和商品交换的错误观点，重新肯定社会主义社会必须大力发展商

---

① 《邓小平文选》第 2 卷，人民出版社 1994 年版，第 103 页。

② 《邓小平文选》第 2 卷，人民出版社 1994 年版，第 213 页。

品生产和商品交换，重视价值规律的作用；二是批判对所谓"资产阶级法权"和按劳分配原则的错误批判，重新强调按劳分配原则和物质利益问题；三是批判对"唯生产力论"的错误批判，强调生产力发展在社会主义发展中的重要地位，事实上提出了体制评价的生产力标准；四是提出按经济规律办事，提高经济管理水平。[①] 面对这些经济领域拨乱反正的重要问题，党和国家推出了一系列举措，如 1977 年 2 月，全国铁路工作会议召开；同年 3 月，全国计划会议在北京召开。这些会议的召开对澄清被"四人帮"搞乱了的一些基本经济原则，起到了重要作用。在此时期，邓小平还明确提出按劳分配是社会主义的原则，他在同国务院政治研究室负责同志谈话中讲道："我们一定要坚持按劳分配的社会主义原则。按劳分配就是按劳动的数量和质量进行分配。根据这个原则，评定职工工资级别时，主要是看他的劳动好坏、技术高低、贡献大小。"[②] 这一原则的明确提出不仅回击了过去将按劳分配看作是资本主义发生的土壤和条件的错误认识，而且为接下来改革开放决策的提出提供了分配方面的理论基础。1978 年 4 月，中央发布了《工业三十条》，对如何整顿企业提出了具体标准，同时国家计委、国家建委等相关部委联合颁发了 5 个关于基本建设工作的管理办法，要求整顿基本建设领域的混乱现象。同时，1978 年开始的比较密集的出国考察，也为当时的邓小平以及其他领导人重新认识和了解外部世界打开了大门。这些出访既包括对社会主义国家南斯拉夫、朝鲜等国的访问，也包括对日本、欧洲等资本主义国家的访问。除了出国考察，还有对香港、澳门地区的访问。这些出访使中国了解了世界，也使中国看到了自身在现代化建设层面与其他国家、地区之间存在的巨大差距。正如邓小平 1978 年 9 月访问朝鲜时对金日成讲的那样：最近我们同志出去看了一下，越看越感到我们落后，什么叫现代化？五十年代一个样，六十年代不一样了，七十年代就更不一样了。[③] 这些论述深刻揭示了当时世界各国的建设发展日新月异，而中国却因"文化大革命"而错失机遇导致落后这一现实。正是在鲜明对比和巨大差距的冲击下，党和国家更加强烈地认识到中国必须改革，认识到不改革不行、不改革没有出路。

---

① 参见中共中央党史研究室第三研究部编：《邓小平与改革开放的起步》，中共党史出版社 2005 年版，第 65 页。

② 《邓小平文选》第 2 卷，人民出版社 1994 年版，第 101 页。

③ 参见中共中央文献研究室编：《邓小平年谱（一九七五———九九七）》（上），中央文献出版社 2004 年版，第 372—373 页。

5.国防和军队等领域的整顿

"文化大革命"结束后的第二年，中央军委即召开会议，会上通过了包括"整顿领导班子、加强干部队伍建设"等内容的"十项战斗任务"，通过了《关于加强部队教育训练的决定》、《关于办好军队院校的决定》等九个决定、条例。① 这些任务的明确以及相关决定条例的制定，及时纠正了"四人帮"横行时期国防和军队领域的错误做法，结束了当时国防和军队领域的混乱局面。

这一系列重要领域的整顿和拨乱反正，充分表明"文化大革命"结束后的两年多时间里，虽然我们国家处于徘徊之中，但是党和国家的工作仍有所前进，"一些领域的拨乱反正已经开始，经济建设、社会各项事业和外交工作在一定程度上有所恢复和发展，但由于'左'的指导思想没有得到根本纠正，党和国家工作出现了在徘徊中前进的局面"②。这种在徘徊中前进的局面，也预示着"文化大革命"结束后，党和国家的工作中心和主要任务与以往已经有了很大不同，但还受着"左"的错误思想理论的严重制约，党和国家面临着一次重大的历史性转折。1978年12月十一届三中全会的成功召开，最终实现了这一转折，开启了改革开放和社会主义现代化建设的新时期，开始了建设有中国特色社会主义的理论探索和实践创新。关于真理标准问题的大讨论则为这一伟大历史转折创造了思想条件和舆论先导，成为伟大变革的思想先声。

第二节　实事求是思想路线重新确立与伟大历史转折

在我国面临着重大转折的历史关头，关于真理标准问题的大讨论突破了"文化大革命"遗留的极左思想对人们的严重束缚，改变了沉闷的政治氛围，

① 《邓小平文选》第2卷，人民出版社1994年版，第425页注释40、41。
② 中共中央党史研究室：《中国共产党的九十年：社会主义革命和建设时期》，中共党史出版社、党建读物出版社2016年版，第650页。

确立了实践的理论权威，使我们党从思想和理论上系统反思"文化大革命"的错误，重新确立了实事求是的思想路线。党的十一届三中全会结束了粉碎"四人帮"后党和国家工作在徘徊中前进的局面，作出了把全党的工作重点和全国人民的注意力转移到社会主义现代化建设上来的重大决策，并且在一系列重大历史和现实问题上作出了重大决策，实现了我们党历史上具有深远意义的伟大转折，对中国化马克思主义的发展和创新产生了深远的影响。

一、真理标准问题的大讨论

邓小平对"两个凡是"错误观点的批评和"准确地完整地理解毛泽东思想"的倡导得到广大党员干部和理论工作者的热烈拥护，并推动人们批判极左理论观点。经济理论界从 1977 年 2 月开始讨论按劳分配、"资产阶级法权"、政治和经济、革命和生产等问题，批判"四人帮"把按劳分配说成是产生"资产阶级法权"的经济基础、把发展生产说成是"唯生产力论"的谬论，并通过《人民日报》、《光明日报》等报刊的转载把讨论成果推向社会。

中央党校在胡耀邦主持工作后，勇于对一些根本性的理论问题进行探讨，其中对于真理标准问题的讨论具有特别重要的意义。1977 年 7 月，胡耀邦指导和创办了一份供省军级以上领导干部和理论工作部门参阅的内部刊物《理论动态》，就一些重大问题组织文章，以帮助澄清"文化大革命"以来存在的理论混乱。[1] 1977 年 8 月，《理论动态》第 9 期发表了《理论工作必须恢复和发扬实事求是的作风》一文，批评了一些人对待是非不以客观实际为准，而是以小道消息为准、以权威意见为准、以报刊提法为准的错误倾向。1978 年 1 月 9 日，《人民日报》刊登文章《文风和认识路线》，首次提及检验真理标准问题。3 月 26 日，《人民日报》发表短评文章《标准只有一个》，鲜明地指出：检验真理的标准只有一个，就是社会实践。真理和检验真理的标准是两个不同的概念，马克思主义是真理，但不是检验真理的标准。检验真理的标准只有一个，就是实践。文章率先提出社会实践是检验真理的唯一标准，将矛头直指"文化

---

① 参见中共中央党史研究室：《中国共产党历史》第二卷（下册），中共党史出版社 2011 年版，第 994—995 页。

大革命"之后仍然禁锢着人们思想的"两个凡是",具有重要理论价值和现实意义。

1978年5月10日,《理论动态》第60期发表《实践是检验真理的唯一标准》一文,1978年5月11日,《光明日报》以"本报特约评论员"名义全文发表了这篇文章,文章强调检验真理的标准只能是社会实践,因为辩证唯物主义所说的真理是客观真理,是人的思想对于客观世界及其规律的正确反映。"因此,作为检验真理的标准,就不能到主观领域内去寻找,思想、理论自身不能成为检验自身是否符合客观实际的标准,正如在法律上原告是否属实,不能依他自己的起诉一样。"[①]凡是科学的理论都不会害怕实践的检验。相反,只有坚持实践是检验真理的唯一标准,才能使伪科学、伪理论现出原形,从而捍卫真正的科学与理论。文章指出:客观世界是不断发展的,实践是不断发展的。新事物新问题层出不穷,需要在马克思主义一般原理指导下研究新事物新问题,不断作出新的概括,把理论推向前进。这些新的理论概括正确与否只能用实践来检验。革命导师是坚持用实践检验真理的榜样,他们并不认为自己提出的理论是已经完成的绝对真理或"顶峰",可以不受实践的检验;并不认为只要是他们作出的结论不管实际情况如何都不能改变。文章指出:马克思主义的理论宝库并不是一堆僵死不变的教条,它要在实践中不断增加新的观点、新的结论,抛弃那些不再适合新情况的个别旧观点、旧结论。文章强调:"任何思想、理论,即使是已经在一定的实践阶段上证明是真理,在其发展过程中仍然要接受新的实践的检验而得到补充、丰富或纠正。"[②]文章呼吁打破"四人帮"设置的禁锢人们思想的禁区,指出凡是宣称有超越于实践并自奉为绝对禁区的地方,就没有科学,就没有真正的马列主义、毛泽东思想,而只有蒙昧主义、唯心主义、文化专制主义。躺在马列主义、毛泽东思想的现成条文上,甚至拿现成的公式去限制、宰割、剪裁无限丰富的飞速发展的革命实践,这种态度是错误的。真正的共产党人应当勇于研究生动的实际生活,研究现实的确切事实,研究新的实践中提出的问题,这才是对待马克思主义的正确态度,才能够逐步地由必然王国向自由王国前进。

《实践是检验真理的唯一标准》一文发表后在全国引起强烈反响,正式拉

---

① 《实践是检验真理的唯一标准》,《光明日报》1978年5月11日。

② 《实践是检验真理的唯一标准》,《光明日报》1978年5月11日。

开了真理标准问题讨论的大幕。1978 年 5 月 12 日，《人民日报》、《解放军报》、《解放日报》、《新华日报》等重要报刊全文转载，到 5 月底，先后有 30 多家报纸转载，反映了新闻和理论界对这篇文章的高度重视。这篇文章同时也受到持"两个凡是"观点的一些人的尖锐指责和压制，文章发表当天就有人打电话给《人民日报》负责人胡绩伟说：这篇文章犯了方向性的错误，理论上是错误的，政治上问题更大，很坏很坏。并说文章是借反对教条主义为名，"向马列主义开战，向毛泽东思想开战"。当时一位中共中央负责人认为这篇文章在理论上是荒谬的，在思想上是反动的，在政治上是砍旗帜的。① 他在一个小范围会议上点名批评了《实践是检验真理的唯一标准》一文和 5 月 5 日《人民日报》发表的《贯彻按劳分配的社会主义原则》一文，说理论问题要慎重。特别是《实践是检验真理的唯一标准》和《贯彻按劳分配的社会主义原则》两篇文章，他们都没有看过。党内议论纷纷，实际上是把矛头指向毛泽东思想。我们的党报不能这样干。表示要查一查，接受教训，统一认识，下不为例。并要求中宣部要把好关。党内外希望纠正"左"倾错误、开创社会主义现代化建设新局面的迫切愿望受到坚持"两个凡是"观点的一些人的阻挠和压制。

在关键时刻，邓小平在中央领导人中是最早站出来明确表态的，如他后来所说："实践是检验真理标准的问题不是我提出来的。关于检验真理标准的文章，是在《光明日报》登的，开始我没有注意。后来越争论越大，引起了我的兴趣。解决了这个问题，实现四个现代化，才有真正的思想基础。这个问题意义太大了。"② 当他得知全军政治工作会议在筹备过程中，有的人不同意会议文件中某些符合实际的新提法时，当即表示："这是一种思潮，我一定要讲话。"③ 1978 年 6 月 2 日，邓小平在全军政治工作会议上作了重要讲话，重申实践是检验真理唯一标准的观点是一个马克思主义观点，他强调："同志们请想一想，实事求是，一切从实际出发，理论和实践相结合，这是不是毛泽东思想的根本观点呢？这种根本观点有没有过时，会不会过时呢？如果反对实事求是，反对从实际出发，反对理论和实践相结合，那还说得上什么马克思列宁主义、毛泽东思想呢？那会把我们引导到什么地方去呢？很明显，那只能引导到唯心

① 参见程中原：《转折年代：邓小平在 1975—1982》，当代中国出版社 2014 年版，第 205 页。
② 中共中央文献研究室邓小平研究组编：《邓小平自述》，国际文化出版公司 2009 年版，第 154 页。
③ 刘金田主编：《邓小平的历程》，人民出版社 2014 年版，第 578 页。

主义和形而上学，只能引导到工作的损失和革命的失败。"① 他批评某些人天天讲毛泽东思想，却往往忘记、抛弃甚至反对毛泽东同志的实事求是、一切从实际出发、理论与实践相结合这样一个马克思主义的根本观点、根本方法。不但如此，有的人还认为谁要是坚持实事求是，从实际出发，理论和实践相结合，谁就是犯了弥天大罪。他们的观点，实质上是主张只要照抄照搬马克思、列宁、毛泽东同志的原话，不然，就说这是违反了马列主义、毛泽东思想，违反了中央精神。邓小平认为，这个问题不是小问题，而是涉及怎么看待马列主义、毛泽东思想的原则问题。他引述了毛泽东从建党初期到 1963 年关于理论和实践关系的论述，指出毛泽东从参加共产主义运动、缔造我们党的最初年代开始，就一直提倡和实行对于社会客观情况的调查研究，就一直同理论脱离实际、一切只从主观愿望出发、一切只从本本和上级指示出发而不联系具体实际的错误倾向作坚决的斗争。毛泽东同志历来坚持要用马列主义的立场、观点、方法来提出问题，分析问题，解决问题，坚持按照不同的时间、地点、条件讲问题。邓小平强调：马列主义、毛泽东思想的基本原则，我们任何时候都不能违背，这是毫无疑义的。但是，一定要和实际相结合，要分析研究实际情况，解决实际问题。按照实际情况决定工作方针，这是一切共产党员所必须牢牢记住的最基本的思想方法、工作方法。由此他得出结论：实事求是，是毛泽东思想的出发点、根本点。这是唯物主义。不然，我们开会就只能讲空话，不能解决任何问题。② 正如邓小平所言，我们开会，作报告，作决议，做任何工作，都是为了解决问题，而解决问题究竟是否正确，正确到什么程度，还需要今后的实践来检验。

　　1978 年 7 月 21 日，邓小平在同中宣部负责同志谈话时，就真理标准问题的讨论指出：不要再下禁令、设禁区了，不要再把刚刚开始的生动活泼的政治局面向后拉。③7 月 22 日，邓小平在与胡耀邦的谈话中明确肯定和支持真理标准问题的讨论，他明确指出：《实践是检验真理的唯一标准》这篇文章是马克思主义的。争论不可避免，争得好。引起争论的根源就是"两个凡是"。④1978

---

① 《邓小平文选》第 2 卷，人民出版社 1994 年版，第 118 页。

② 参见《邓小平文选》第 2 卷，人民出版社 1994 年版，第 114 页。

③ 参见中共中央文献研究室编：《邓小平年谱（一九七五——一九九七）》（上），中央文献出版社 2004 年版，第 345 页。

④ 参见中共中央文献研究室编：《邓小平年谱（一九七五——一九九七）》（上），中央文献出版社 2004 年版，第 345—346 页。

年 8 月，邓小平在同相关人员谈话时再次强调：实践是检验真理的唯一标准，是马克思主义的。实践标准那篇文章是对的，现在的主要问题是解放思想。他还指出：文化、学术和思想理论战线正在开始执行"双百"方针，但空气还不够浓，不要从"两个凡是"出发，不要设禁区，要鼓励破除框框。① 他在同文化部负责同志谈话时指出：我说过《实践是检验真理的唯一标准》这篇文章是马克思主义的，是驳不倒的，我是同意这篇文章的观点的，但有人反对，说是反对毛主席的，帽子可大啦。②

陈云也赞赏"实践是检验真理的唯一标准"这个提法，并多次将这句话写成条幅送人。③1978 年 8 月，谭震林应《红旗》杂志约稿，写了《井冈山斗争的实践与毛泽东思想的发展》一文，文章第四部分是关于实践是检验真理的唯一标准问题。《红旗》杂志编辑部审稿后建议删除这一部分。谭震林拒绝了这一要求，表示：文章的材料可以动，观点不能动。实践标准的讨论是全党的大事。对这篇文章我想了两个月，想出了两句话：凡是实践证明是正确的，就要坚持；凡是实践证明是错误的，就要改正。④11 月，邓小平对此作出批示：我看这篇文章好，至少没有错误。我改了一下，如《红旗》不愿登，可以送《人民日报》登。为什么《红旗》不卷入？应该卷入。可以发表不同观点的文章。看来不卷入本身可能就是卷入。⑤ 李先念也支持谭震林的观点，认为他讲的是历史事实，《红旗》杂志应当刊登。1978 年 9 月，李先念在国务院务虚会议上指出："实践是检验真理的唯一标准。凡是经过长期社会实践证明是符合客观规律、符合大多数人利益的事，就坚决地办、坚持到底，我们一切政策计划措施是否正确，都要以能否为人民群众谋利益作为标准来检验。"⑥ 时任中央军委秘书长罗瑞卿也旗帜鲜明地反对"两个凡是"，称赞《实践是检验真理的唯一

① 参见中共中央文献研究室编：《邓小平年谱（一九七五——一九九七）》（上），中央文献出版社 2004 年版，第 357 页。

② 参见中共中央文献研究室编：《邓小平年谱（一九七五——一九九七）》（上），中央文献出版社 2004 年版，第 359 页。

③ 参见沈宝祥：《真理标准问题讨论始末》，中共中央党校出版社 2015 年版，第 86 页。

④ 参见柳建辉主编：《十一届三中全会前后的邓小平》，中共中央党校出版社 2004 年版，第 57 页。

⑤ 参见中共中央文献研究室编：《邓小平年谱（一九七五——一九九七）》（上），中央文献出版社 2004 年版，第 444 页。

⑥ 柳建辉主编：《十一届三中全会前后的邓小平》，中共中央党校出版社 2004 年版，第 58 页。

标准》是一篇坚持马列主义、毛泽东思想的好文章，它提出了一个牵一发而动全身的大问题，并根据邓小平在全军政治工作会议上的讲话精神，指示《解放军报》于 6 月 24 日发表了特约评论员文章《马克思主义的一个最基本的原则》，这篇文章被称为《实践是检验真理的唯一标准》的姊妹篇。《人民日报》也在同一天全文刊登这篇文章。文章首先指出：理论与实践的统一是马克思主义的一个最基本的原则。并针对坚持"两个凡是"观点的那些人对《实践是检验真理的唯一标准》的指责，进一步阐明了实践与理论的关系问题，特别是理论要接受实践检验的道理，强调要恢复《实践论》的权威、实事求是的权威、实践标准的权威。文章批驳了那种认为讲实践标准就是散布怀疑论，就是要"砍旗"等指责，指出有些人一听到实践标准就如临大敌，这是一种很值得注意的思潮，是同实事求是、凭事实讲话、敢于提出和研究新问题的优良作风站在对立面。文章指出，邓小平在全军政治工作会议上的讲话中提出的实事求是、一切从实际出发、理论与实践相结合的思想，尖锐地提出了是真捍卫还是假捍卫毛泽东思想的问题。指出要尊重实践、尊重科学、破除迷信、解放思想，在实践中学习、学习、再学习，在实践中不断地把马列主义、毛泽东思想推向前进。[1]《马克思主义的一个最基本的原则》是继《实践是检验真理的唯一标准》之后又一篇重要文章，是第一篇全面批驳实践标准反对者观点的文章，有力地支持和推动了真理标准问题的讨论。

在邓小平、陈云等老一辈革命家的大力支持下，理论探讨、思想解放的禁区被打破，广大理论工作者积极参与真理标准问题的大讨论。1978 年 6 月 20 日至 21 日，中国社会科学院《哲学研究》编辑部组织召开了真理标准问题座谈会，来自中国社会科学院、中共中央党校、北京大学、中国人民大学、北京师范大学、人民日报社、光明日报社、新华社、石油部、冶金部、轻工业部等单位的 60 多位代表参加了会议。与会人员指出：检验真理的标准只能是社会实践，实践标准问题、实践第一的观点是辩证唯物主义认识论的基本观点。坚持实践观点就是坚持马克思主义的思想路线，背离实践观点就是背离马克思主义的思想路线。

1978 年 7 月 17 日至 24 日，中国社会科学院哲学研究所和《哲学研究》编辑部召开全国性的真理标准问题讨论会，来自全国 29 个省、市、自治区的

---

① 参见沈宝祥：《真理标准问题讨论始末》，中共中央党校出版社 2015 年版，第 112 页。

理论工作者及中央国家机关、新闻出版单位的代表共 160 多人参加了会议。时任中国社会科学院副院长邓力群在开幕式上讲话，他指出：这个讨论会主要讨论理论和实践的关系、坚持实事求是、一切从实际出发、实践是检验真理的唯一标准等问题，在讨论中一定要坚持实事求是的根本态度和民主集中制的基本原则。他表示：完全同意发表在《光明日报》的《实践是检验真理的唯一标准》和发表在《解放军报》的《马克思主义的一个最基本的原则》这两篇文章。他强调：过去 28 年的历史证明，只要路线对头、方针对头、办法对头就可以把国民经济搞上去。理论工作者应该积极研究和探索新问题，如果回避这些问题，研究工作就不能搞好。理论上已经达到了的东西，已经为过去的实践检验过的东西也还需要在新的实践中继续进行检验。我们必须贯彻实事求是的原则，在新的历史条件下研究新的问题，解决新的问题。这对搞实际工作的同志和对搞理论工作的同志都极为重要。① 时任中国社会科学院顾问周扬在闭幕式上讲话，他指出，真理标准问题的讨论，不单单是个哲学问题，而且是个思想政治问题。这个问题的讨论关系到我们的思想路线、政治路线，也关系到我们党和国家的前途。如果我们放弃了实践是检验真理的标准这一马克思主义的基本观点，我们就会离开马克思主义的轨道。他明确肯定《实践是检验真理的唯一标准》这篇文章的命题和基本观点都是正确的，站得住脚的。针对一些指责这篇文章"砍毛泽东思想旗帜"的观点，他指出这是林彪、"四人帮"的思想流毒阴魂不散的表现，真理标准问题的讨论就是要做驱散林彪、"四人帮"阴魂的工作。为什么有些人要反对实践是检验真理的标准呢？是因为他们在运动中办了一些错事，讲了一些错话，又不肯认错，不肯按照实际情况来改正错误。实践和他们的主观意见相违反，他们不愿放弃自己的主观意见，却硬要反对实践这个客观标准。周扬坚决反对给科学研究设置禁区，指出设置禁区就是承认某些客观事物的领域是科学所不能接触和探索的，就是扼杀科学，必然导向不可知论、怀疑论、神秘主义、迷信和宗教，所以必须反对禁区。学术研究特别需要有民主空气和自由讨论的空气，要反对对学术问题采取粗暴态度，坚决反对乱扣帽子、乱打棍子。② 这个理论研讨会是关于真理标准问题的第一个全国性的大型研讨会，规模大、规格高、影响大，有力地推动了全国范围内真

① 参见沈宝祥：《真理标准问题讨论始末》，中共中央党校出版社 2015 年版，第 125—126 页。
② 参见沈宝祥：《真理标准问题讨论始末》，中共中央党校出版社 2015 年版，第 126—127 页。

理标准问题的讨论。据不完全统计，1978 年全国各地举办了 70 多个关于真理
标准问题的比较大型的讨论会、座谈会，理论工作者以极大的热情和勇气投入
真理标准问题的研究和讨论。截至 1978 年年底，全国的报纸和刊物发表关于
真理标准问题的文章 600 多篇，有力地推动了思想理论界的拨乱反正。

真理标准问题的讨论不断走向深入。1978 年 7 月下旬，黑龙江省委在第
一书记杨易辰主持下，召开常委扩大会议讨论真理标准和民主集中制问题，与
会人员学习讨论了邓小平在全军政治工作会议上的讲话和《实践是检验真理的
唯一标准》等文章，认识到只有坚持实践是检验真理的唯一标准，在实践中检
验真理、发展真理，才能辨别真伪、分清是非，才能完整准确地掌握毛泽东思
想体系，使马列主义、毛泽东思想永葆青春。1978 年八九月份，新疆维吾尔
自治区党委及福建、广东、浙江、江西四个省委的负责人发表讲话明确支持实
践是检验真理的唯一标准的讨论。截至 1978 年 11 月中央工作会议召开前，共
有 27 个省、自治区、直辖市党委负责人发表讲话或文章明确支持真理标准问
题的讨论，充分肯定这一讨论的重大意义。一致认为，不管谁作出的决定，都
要坚持从实际出发，实事求是，实践证明是正确的才算是真理。坚持还是反对
实践是检验真理的唯一标准，是对马列主义、毛泽东思想的根本态度问题。坚
持实践是检验真理的唯一标准，对搞好本地区的工作具有重要意义。对一切
工作，都必须坚持实践第一的观点，用实践来检验我们的理论、路线、方针、
政策，从而研究新情况、解决新问题、创造新事物，促进四个现代化的实现。
1978 年 10 月至 11 月，人民解放军各大军区、主要兵种和中央军委直属单位
的领导干部也组织讨论或发表讲话支持实践是检验真理的唯一标准。各地党政
军负责人的明确立场和态度表明真理标准问题的讨论不断深入，已使广大干部
群众逐步摆脱"文化大革命"极左思潮和"两个凡是"错误思想的束缚，深刻
改变了政治形势，为重新确立实事求是的思想路线奠定了思想理论基础。1979
年 5 月 21 日，《解放军报》发表评论员文章《坚定不移地贯彻三中全会精神》。
22 日，《人民日报》以《重新学习三中全会文件，补上真理标准问题讨论一课》
的标题加以转载，强调要好好学习十一届三中全会文件，继续解放思想，全国
未认真开展真理标准问题讨论的地区和部门进行了"补课"，使得实践是检验
真理唯一标准的观念逐步深入人心。

二、实事求是思想路线的重新确立

随着全国范围内真理标准问题的讨论和拨乱反正工作的开展，"文化大革命"的极"左"错误逐步得到纠正，实事求是的思想路线逐渐开始恢复。如邓小平后来所指出："就全国范围来说，就大的方面来说，通过实践是检验真理唯一标准和'两个凡是'的争论，已经比较明确地解决了我们的思想路线问题，重新恢复和发展了毛泽东同志倡导的实事求是、理论联系实际、一切从实际出发的思想路线。这是很重要的。"[①]1978 年 9 月中旬，邓小平赴黑龙江、吉林、辽宁、河北、天津等地视察工作，发表一系列重要讲话，强调解放思想，突破禁区，恢复实事求是的正确思想路线。这一系列讲话又被称为"北方谈话"，与 14 年后发表的"南方谈话"相映生辉。邓小平鲜明地指出：现在摆在我们面前的问题，关键还是实事求是、理论与实际相结合、一切从实际出发。这是政治问题，是思想问题，也是我们实现四个现代化的现实问题。[②]重新把实事求是提高到政治路线和思想路线的高度加以强调。他认为理论联系实际就是从实际出发，把实践经验加以概括，因地制宜。一个县、一个公社都要根据自己的实际情况开展工作。不论搞工业、农业、科学研究还是搞现代化，都要实事求是、老老实实。世界天天发生变化，新的事物、新的问题不断出现，思想僵化就不能实现四个现代化，必须要实事求是、开动脑筋。他强调：毛泽东思想的基本点就是实事求是，就是把马列主义的普遍原理同中国革命的具体实践相结合。毛泽东思想的精髓就是实事求是。毛泽东同志之所以伟大，能把中国革命引导到胜利，归根到底，就是靠这个。[③]并进一步指出：毛泽东同志坚持实事求是原则，根据中国的具体条件指明了革命的具体道路，运用农村包围城市，武装夺取政权的策略取得新民主主义革命的胜利。中华人民共和国成立以后，毛泽东同志运用实事求是这一真理领导我们继续前进。真正高举毛泽东思想的旗帜，就要在每一时期，处理各种方针政策问题时，都坚持从实际出发。就是从现在的实际出发，充分利用各种有利条件，实现毛泽东同志提出、周恩

① 《邓小平文选》第 2 卷，人民出版社 1994 年版，第 190 页。
② 参见中共中央文献研究室编：《邓小平年谱（一九七五——一九九七）》（上），中央文献出版社 2004 年版，第 377—378 页。
③ 参见《邓小平文选》第 2 卷，人民出版社 1994 年版，第 126 页。

来同志宣布的四个现代化的目标。邓小平指出，社会主义制度优越性的根本表现就是能够允许社会生产力以旧社会所没有的速度迅速发展，使人民不断增长的物质文化生活需要能够逐步得到满足。按照历史唯物主义的观点，正确的政治领导的成果归根结底要表现在社会生产力的发展上，表现在人民物质文化生活的改善上。邓小平的"北方谈话"与真理标准问题的讨论相呼应，推进了实事求是思想路线重新确立的步伐。1978 年 12 月 13 日，邓小平在中央工作会议闭幕会上所作的《解放思想，实事求是，团结一致向前看》的重要讲话，标志着党的实事求是思想路线的重新确立。

重新确立实事求是的思想路线具有重大现实意义和深远历史意义。从思想发展的历史进程看，毛泽东运用马克思主义的立场、观点和方法，批判地继承中国传统思想遗产，赋予"实事求是"以新的科学内涵，指出："'实事'就是客观存在着的一切事物，'是'就是客观事物的内部联系，即规律性，'求'就是我们去研究。"①精辟地回答了主观和客观、理论和实践的关系问题，实现了辩证唯物论和历史唯物论的有机统一，唯物论、辩证法和认识论的有机统一，是对马克思主义哲学的创造性运用和发展。在延安整风运动中毛泽东反复阐述了实事求是、一切从实际出发、理论与实践相结合的原则，强调能否将马克思列宁主义的基本原理和中国革命的具体实践相结合，是关系到中国革命事业成败的关键，马克思列宁主义和中国革命的关系，就是箭和靶的关系，应当做到"有的放矢"，与此相反的是主观主义的态度。毛泽东深刻批判和揭露了主观主义、宗派主义和党八股的种种表现及危害，清算了给党的事业造成极大危害的教条主义和机会主义路线，克服了种种妨碍正确路线的非无产阶级思想，大力提倡调查研究和群众路线，确立了以实事求是为核心的思想路线，使全党在马列主义、毛泽东思想的基础上达到了空前的团结统一，为新民主主义革命的最终胜利奠定了牢固的思想基础。新中国成立以来的 17 年间，由于坚持和发展了实事求是的思想路线，党领导人民取得了社会主义改造和社会主义建设的伟大成就。"文化大革命"正是由于背离了实事求是的思想路线，导致教条主义、唯心主义、蒙昧主义和个人崇拜横行，给党和人民带来一场浩劫。恢复实事求是的思想路线是中国社会发展和社会主义事业兴旺发达的内在要求。

从马克思主义中国化的逻辑进程看，实事求是思想路线的重新确立不是单

① 《毛泽东选集》第 3 卷，人民出版社 1991 年版，第 801 页。

纯的重复，而是经历过否定之否定的发展过程之后，在更高层面上的螺旋式上升，包含了由新时期的历史使命所赋予的新的内涵和要求。毛泽东在延安整风时期确立的实事求是思想路线面临的主要历史使命是统一全党全军思想，以取得抗日战争和新民主主义革命的胜利；在新的历史条件下，以邓小平为代表的老一辈革命家在反对个人崇拜和教条主义的过程中，在总结国内外社会主义历史经验教训的基础上，重新确立并发展了实事求是的思想路线，承担着创造性地发展马列主义、毛泽东思想，全面推进社会主义现代化建设的伟大使命。正如邓小平后来所说："我是个马克思主义者。我一直遵循马克思主义的基本原则。马克思主义，另一个词叫共产主义。我们过去干革命，打天下，建立中华人民共和国，就因为有这个信念，有这个理想。我们有理想，把马克思主义基本原则同中国实际相结合，所以我们才能取得胜利。革命胜利以后搞建设，我们也是把马克思主义的基本原则同中国实际相结合。"[①] 他强调了不论是新民主主义革命还是社会主义革命和建设，如果要取得成功，都必须遵循实事求是的思想路线。

是从客观实际出发，还是从主观出发、从本本出发？这是两条思想路线根本对立的重要表现。实事求是的思想路线从认识论角度讲就是辩证唯物论的认识路线，实质是按照客观事物的本来面目及其内在规律去认识世界和改造世界。邓小平在新时期坚持和发展了毛泽东确立的实事求是思想路线，他反复强调"实事求是"是"毛泽东哲学思想的精髓"、"毛泽东思想的精髓"、"毛泽东思想的出发点、根本点"。并且进一步指出，"实事求是"是"无产阶级世界观的基础，是马克思主义的思想基础"，是"马克思主义的根本观点，根本方法"，强调它是马克思主义科学体系的有机组成部分，提倡实事求是绝不能离开马列主义、毛泽东思想的基本原理，绝不能忽视毛泽东同志在这个问题上的伟大功绩。我们说的做的究竟能不能解决问题，问题解决得是否正确，关键在于我们是否能够理论联系实际，是否善于总结经验，针对客观现实，采取实事求是的态度，揭示客观事物内在本质及其发展规律。在学习和运用毛泽东思想体系指导我们各项工作的时候，一定要牢牢掌握这个"基本点"。高举毛泽东思想旗帜就要在每个时期，制定各种方针政策问题时，都坚持这个思想原则，从客观实际出发，分析研究新问题，解决新问题，创造新理论。这才是真正地继承和

---

① 《邓小平文选》第3卷，人民出版社1993年版，第173页。

发展马列主义、毛泽东思想。

邓小平从思想路线与政治路线的关系深刻揭示实事求是的重大政治意义，指出，思想路线问题是关系到党和国家的前途命运的重大政治问题。没有实事求是的科学态度，毛泽东不可能开辟出农村包围城市的革命道路。过去我们搞革命所取得的一切胜利，是靠实事求是；现在要实现四个现代化，同样要靠实事求是。"只有解放思想，坚持实事求是，一切从实际出发，理论联系实际，我们的社会主义现代化建设才能顺利进行，我们党的马列主义、毛泽东思想的理论也才能顺利发展。从这个意义上说，关于真理标准问题的争论，的确是个思想路线问题，是个政治问题，是个关系到党和国家的前途和命运的问题。"① 他强调实现四个现代化是我们的政治路线，而思想路线是确定政治路线的基础。不解决思想路线问题，不解放思想，正确的政治路线就制定不出来，制定出来也贯彻不下去。正确的政治路线能不能贯彻执行，关键是思想路线对不对头。

邓小平强调了实事求是与解放思想、一切从实际出发、理论联系实际、坚持实践是检验真理标准的统一性。他精辟地指出："实事求是，一切从实际出发，理论联系实际，坚持实践是检验真理的标准，这就是我们党的思想路线。"② 这一概括丰富和发展了党的思想路线的基本内容。解放思想与实事求是的统一性是邓小平在新的历史条件下对党的思想路线的发展，具有重要的理论和现实意义。邓小平特别强调解放思想对于实事求是思想路线的重要意义，在他看来，在当时的历史条件下，如果不做到解放思想，实事求是就很难落到实处。他指出：我讲的是真正解放思想，也就是实事求是。当时我提出解放思想时，是指任何单位、地区都应该从实际出发，小到生产队，也应该根据自己的实际情况来发展自己的经济，搞多种经营。不解放思想，什么事情只搬马克思、列宁和毛主席的词句和语言，我们进行的事业就不可能得到提高和发展。③ 1978 年 12 月 13 日，邓小平在中央工作会议闭幕会上讲话的主题就是"解放思想、实事求是、团结一致向前看"。据参加讲话起草的人们回忆，讲话的题目是邓小平亲自定的，开始是"解放思想，开动脑筋，实事求是，团结一致

---

① 《邓小平文选》第 2 卷，人民出版社 1994 年版，第 143 页。

② 《邓小平文选》第 2 卷，人民出版社 1994 年版，第 278 页。

③ 参见中共中央文献研究室邓小平研究组编：《邓小平自述》，国际文化出版公司 2009 年版，第 155—156 页。

向前看"，最后在标题中省略了"开动脑筋"四个字，把今后工作中最重要的三点概括起来，完全不落俗套。① 他充分认识到"文化大革命"十年林彪、"四人帮"把马列主义、毛泽东思想的科学体系变成脱离实践的僵化的教条，大搞禁区、禁令，制造迷信，把人们的思想封闭在他们假马克思主义的禁锢圈内，给党和国家造成的严重危害。他指出一个党，一个国家，一个民族，如果一切从本本出发，思想僵化，迷信盛行，那它就不能前进，它的生机就停止了，会引起亡党亡国的严重后果。在新的历史时期，党和人民只有解放思想，才能正确地以马列主义、毛泽东思想为指导，解决过去遗留的问题和新出现的一系列问题，正确地改革同生产力迅速发展不相适应的生产关系和上层建筑，根据我国的实际情况，确定实现四个现代化的具体道路、方针、方法和措施。邓小平强调解放思想是针对"文化大革命"后党员群众所受的思想束缚而言的，但解放思想并非只适用于特定的时间地点，而是具有普遍的效用。邓小平指出："解放思想，就是使思想和实际相符合，使主观和客观相符合，就是实事求是。今后，在一切工作中要真正坚持实事求是，就必须继续解放思想。认为解放思想已经到头了，甚至过头了，显然是不对的。"② 因此，解放思想是实事求是的前提，实事求是是解放思想的目的。无论什么时候、什么地方，只有解放思想，破除各种习惯势力和主观偏见的束缚，才能做到实事求是。正如邓小平所强调的："什么叫解放思想？我们讲解放思想，是指在马克思主义指导下打破习惯势力和主观偏见的束缚，研究新情况，解决新问题。"③ 解放思想不是主观随意的个人发挥，而是必须从客观实际出发，运用科学认识揭示事物的内在规律，来指导我们的行动，并在实践中检验认识的真理性。同时必须把解放思想与党和国家的利益和政治大局紧密结合起来，"解放思想决不能够偏离四项基本原则的轨道，不能损害安定团结、生动活泼的政治局面"④。最终达到主观与客观、认识与实践、个人与集体的统一。因此，解放思想与实事求是在实质上是一致的。

① 参见鹿海啸、钟文编：《百年小平》下卷，中央文献出版社 2004 年版，第 509—510 页。
② 《邓小平文选》第 2 卷，人民出版社 1994 年版，第 364 页。
③ 中共中央文献研究室编：《邓小平年谱（一九七五——一九九七）》（上），中央文献出版社 2004 年版，第 605 页。
④ 中共中央文献研究室编：《邓小平年谱（一九七五——一九九七）》（上），中央文献出版社 2004 年版，第 605 页。

邓小平坚持毛泽东提倡的一切从实际出发的思想，指出马列主义、毛泽东思想的基本原则，我们任何时候都不能违背，这是毫无疑义的。但是，一定要和实际相结合，要分析研究实际情况，解决实际问题。按照实际情况决定工作方针，这是一切共产党员必须牢牢记住的最基本的思想方法、工作方法。他一方面深刻批判了脱离实际的唯心主义和照抄照搬马克思、列宁、毛泽东原话的教条主义思想路线的实质，另一方面揭示了从实际出发是实事求是的必要条件，强调不从实际出发，实事求是就会成为一句空话，实事求是和从实际出发是不可分割的统一体。邓小平在重新确立实事求是的思想路线时，坚持和深化了理论联系实际的思想，明确把"理论联系实际"规定为党的思想路线不可缺少的组成部分，并说明理论联系实际是实事求是的必然要求。理论和实践的统一，是在发展过程中逐步实现的历史的统一。从实际出发揭示客观事物的规律性需要有正确的理论指导；而理论只有深入实际，才能不断丰富和发展。如果没有正确的理论指导，从实际出发就有可能陷入片面性和盲目性，不可能做到实事求是；反之，如果把理论当作神圣不可侵犯的教条，不考虑现实情况的发展变化，理论就会成为脱离实际的教条，也不会有实事求是。邓小平总结历史经验，强调理论联系实际是党的思想路线的基本点和必然要求，对于解放思想、突破禁区，研究新情况，解决新问题具有重要的现实意义。

在新的历史条件下，邓小平把"实践是检验真理的标准"作为党的思想路线的重要内容，充分肯定了真理标准问题讨论的重大意义，恢复了实践的权威。1982年9月18日，邓小平在与来访的金日成谈话时说："我出来以后，提出毛泽东思想的精髓是实事求是，从此开始了实践是检验真理的唯一标准问题的讨论。当时有一些人抵制这个讨论。一九七八年六月我在全军政治工作会议上讲了一篇话。以后我从你们那里访问回来，在东北三省沿途又讲这个思想路线问题。经过差不多一年的讨论，到一九七八年底我们召开了十一届三中全会，批评了'两个凡是'，提出了'解放思想，开动脑筋'的口号，提倡理论联系实际，一切从实际出发，肯定了实践是检验真理的唯一标准，重新确立了实事求是的思想路线。"① 通过实践才能发现真理，通过实践才能证实真理和发展真理，实践是检验真理的唯一标准，也是实事求是的重要保证。

实事求是思想路线的重新确立是关系到党和国家生死存亡和社会主义现代

———————————
① 《邓小平文选》第3卷，人民出版社1993年版，第10页。

化建设成败的重大问题，为我们党全面纠正"以阶级斗争为纲"的"左"的错误，把工作重心转移到经济建设上来，形成改革开放的战略决策，把社会主义建设事业推向前进提供了有力的思想保障。

三、党的十一届三中全会与伟大历史转折

真理标准大讨论和实事求是思想路线的重新确立为拨乱反正工作的深入开展提供了正确的思想理论指导，广大干部群众在实际工作中不满足于"以揭批'四人帮'为纲"的要求，迫切要求纠正"文化大革命"中提出的"以阶级斗争为纲"的根本错误，把主要精力投入到社会主义现代化建设中去。1978年11月在北京京西宾馆召开的中共中央工作会议和12月召开的党的十一届三中全会集中研究和讨论了这一时期党和国家的一系列重大问题，统一了思想认识，作出了具有深远历史转折意义的伟大战略决策。

（一）邓小平的"第一个宣言书"与全党工作重心转移

1978年11月10日，具有重要历史意义的中央工作会议在北京京西宾馆召开，共有212人出席会议。华国锋主持会议并发表讲话。陈云在东北组的发言中强调：完全同意中央关于把工作重点转移到社会主义现代化建设上来的意见。同时指出"安定团结也是全党和全国人民关心的事"。为此，要解决"文化大革命"中遗留的一大批重大问题和一些重要领导人的功过是非问题。他率先提出迫切需要解决的六个问题，即薄一波等六十一人所谓叛徒集团案问题、对"文化大革命"中被错划为叛徒的同志恢复党籍问题、陶铸同志的问题、彭德怀同志的问题、"天安门事件"问题、康生的问题，[①] 向"文化大革命"的极左错误发起攻击，得到了与会代表的广泛支持和赞同，会议很快脱离了事先设置的议题，形成了全面纠正"左"的错误的历史潮流。原定20天的会期几度延长，最后开了36天才闭幕。在老一辈革命家的推动和绝大多数与会者的共同努力下，这次会议终于打破"两个凡是"方针的束缚，把原本准备讨论经济工作的会议，开成了一次为全面拨乱反正和开创社会主义现代化建设新局面做

---

① 参见《三中全会以来重要文献选编》（上），人民出版社1982年版，第15—17页。

准备的重要会议，使彻底摒弃"以阶级斗争为纲"、实现党的工作重心战略转移、确立以经济建设为中心成为会议最重要的议题。

会议初期，与会者的发言集中在平反冤假错案，特别是为"天安门事件"平反问题上，还涉及"二月逆流"、"反击右倾翻案风"等错案的平反问题，提议中央在工作重点转移之前先把这些问题讲清楚。在大家的强烈要求下，中央政治局常委会讨论了上述意见并作出决定。11 月 25 日，华国锋代表中央政治局在中央工作会议第三次全体会议上宣布："天安门事件"是革命的群众运动，应该为"天安门事件"公开彻底平反；为因所谓"二月逆流"受到冤屈的所有同志一律恢复名誉，受到牵连和处分的所有同志一律平反；"薄一波等六十一人案件"问题是一起重大错案，应予平反；怀疑彭德怀里通外国是没有根据的，应予否定；将陶铸定为叛徒是不对的，应予平反；将杨尚昆定为阴谋反党、里通外国是不对的，应予平反；康生、谢富治有很大民愤，对他们进行揭发批判是合情合理的；一些地方性的重大事件，一律由各省、市、自治区党委根据情况实事求是地予以处理。后根据与会者为"反击右倾翻案风"平反的强烈要求，于 12 月 14 日印发的定稿本中增加了一条内容：实践证明，"反击右倾翻案风"是错误的，将 1975 年至 1976 年连续下发的 12 个有关"反击右倾翻案风"的中央文件全部予以撤销。[①] 会议讨论解决了"文化大革命"结束以来广大干部群众反映强烈的一批重大问题和一些重要领导人的功过是非问题。

中央工作会议还就真理标准问题讨论中暴露的意见分歧进行了热烈讨论，多数人认为这种分歧实质上是两种指导思想的分歧，这个问题不解决，工作重点转移就无法顺利进行。大家要求党中央对真理标准问题的讨论表明态度，彻底解决思想路线问题。针对少数人强调搞建设仍然要坚持"以阶级斗争为纲"的思想，大家也要求重新认识社会主义建设时期的阶级斗争问题，澄清错误观念，切实把党的工作重点转移到社会主义现代化建设上来。很多人赞成改革经济管理体制，大胆引进国外先进技术设备。会议的讨论还涉及党的建设、民主法制建设等问题，与会者要求健全党的民主集中制，加强党的建设；尽快制定各种法律，保障人民的民主权利。

---

① 参见中共中央党史研究室：《中国共产党历史》第二卷（下册），中共党史出版社 2011 年版，第 1055 页。

12 月 13 日，邓小平在中央工作会议闭幕会上发表了题为《解放思想，实事求是，团结一致向前看》的重要讲话，在这篇后来被称为"冲破'两个凡是'的禁锢，开辟新时期新道路、开创建设有中国特色社会主义新理论的宣言书"的重要讲话中，邓小平提出了实现历史转折和进行现代化建设所面临的最重大、最关键的问题，为即将召开的党的十一届三中全会明确了指导思想，指明了党和国家今后的努力方向和工作任务。

邓小平在讲话中突出强调，解放思想是一个重大的政治问题，只有思想解放了才能正确地以马列主义、毛泽东思想为指导，解决过去遗留的问题和新出现的一系列问题，正确地改革同生产力迅速发展不相适应的生产关系和上层建筑，根据我国的实际情况确定实现四个现代化的具体道路、方针、方法和措施。思想不解放就会导致思想僵化、本本主义严重，书上没有的，文件上没有的，领导人没有讲过的，就不敢多说一句话，多做一件事，一切照抄照搬照转，四个现代化就没有希望。他充分肯定了真理标准问题讨论的重大意义，强调："目前进行的关于实践是检验真理的唯一标准问题的讨论，实际上也是要不要解放思想的争论。大家认为进行这个争论很有必要，意义很大。"① 强调实事求是是无产阶级世界观的基础，是马克思主义的思想基础。新民主主义革命所取得的一切胜利靠实事求是；要实现四个现代化同样要靠实事求是。

邓小平强调了社会主义民主问题，指出，在过去一个相当长的时间内，民主集中制受到破坏，党内确实存在权力过分集中的官僚主义，这种官僚主义常常以"党的领导"、"党的指示"、"党的利益"、"党的纪律"的面貌出现，许多重大问题往往是一两个人说了算，别人只能奉命行事。民主集中制没有真正实行，离开民主讲集中，民主太少。他强调："解放思想，开动脑筋，一个十分重要的条件就是要真正实行无产阶级的民主集中制。我们需要集中统一的领导，但是必须有充分的民主，才能做到正确的集中。"② 他提出要创造民主的条件，要重申"三不主义"：不抓辫子，不扣帽子，不打棍子。在党内和人民内部的政治生活中，只能采取民主手段，不能采取压制、打击的手段。必须坚决保障宪法和党章规定的公民权利、党员权利、党委委员的权利，任何人不得侵

① 《邓小平文选》第 2 卷，人民出版社 1994 年版，第 143 页。
② 《邓小平文选》第 2 卷，人民出版社 1994 年版，第 144 页。

犯。党的领导就要善于集中人民群众的正确意见，对不正确的意见给以适当解释。对于思想问题，无论如何不能用压服的办法，要真正实行"双百"方针。

邓小平重点阐述了发扬经济民主的问题，指出，现在我国的经济管理体制权力过于集中，应该有计划地大胆下放，否则不利于充分发挥国家、地方、企业和劳动者个人四个方面的积极性，也不利于实行现代化的经济管理和提高劳动生产率。应该让地方和企业、生产队有更多的经营管理的自主权。有必要在统一认识、统一政策、统一计划、统一指挥、统一行动之下，在经济计划和财政、外贸等方面给予各省、市、自治区更多的自主权。当前最迫切的是扩大厂矿企业和生产队的自主权，使每一个工厂和生产队能够千方百计地发挥主动创造精神，为国家创造更多财富，也增加个人和集体的收入，鼓励多劳多得。同时要切实保障工人农民个人的民主权利，包括民主选举、民主管理和民主监督，使每个工人农民都对生产负责任、想办法。

邓小平阐发了社会主义法制建设的重要性，指出，为了保障人民民主，必须加强法制，必须使民主制度化、法律化，使这种制度和法律不因领导人的改变而改变，不因领导人的看法和注意力的改变而改变。现在的法律很不完备，应该集中力量制定刑法、民法、诉讼法和其他各种必要的法律，经过一定的民主程序讨论通过，并且加强检察机关和司法机关，做到有法可依，有法必依，执法必严，违法必究。国家和企业、企业和企业、企业和个人等之间的关系，也要用法律的形式来确定；它们之间的矛盾，也有不少要通过法律来解决。强调国要有国法，党要有党规党法。党章是最根本的党规党法。没有党规党法，国法就很难保障。各级纪律检查委员会和组织部门的任务不只是处理案件，更重要的是维护党规党法，切实把我们的党风搞好。对于违反党纪的，不管是什么人，都要执行纪律，做到功过分明，赏罚分明，伸张正气，打击邪气。通过社会主义民主和法制建设，创造又有集中又有民主，又有纪律又有自由，又有统一意志又有个人心情舒畅、生动活泼的政治局面。

邓小平强调了全党工作重心转移问题的重要性，指出，解决过去遗留的问题，纠正一批重大的冤假错案，是解放思想的需要，也是安定团结的需要，目的是为了向前看，是为了顺利实现全党工作重心的转变。安定团结十分重要，加强全国各族人民的团结，首先要加强全党的团结，特别是要加强党的领导核心的团结。我们党的团结，是建立在马列主义、毛泽东思想基础上的团结。党内要分清理论是非、路线是非，要开展批评和自我批评，互相帮助，互相监督，克服各种错误思想。要向前看，就要及时地研究新情况和解决新问题，否则就不可能顺利前进。他特别强调要注意研究和解决管理方法、管理制度、经济政策这三方面的问题。在管理方法上，当前要特别注意克服官僚主义。官僚主义是小生产的产物，同社会化的大生产是根本不相容的。要搞四个现代化，把社会主义经济全面地转到大生产的技术基础上来，就一定要克服官僚主义这个祸害。在管理制度上，当前要特别注意加强责任制。在经济政策上，要允许一部分地区、一部分企业、一部分工人农民，由于辛勤努力成绩大而收入先多一些，生活先好起来。一部分人生活先好起来，就必然产生极大的示范力量，影响左邻右舍，带动其他地区、其他单位的人们向他们学习。这样，就会使整个国民经济不断地波浪式地向前发展，使全国各族人民都能比较快地富裕起来。邓小平强调："今后，政治路线已经解决了，看一个经济部门的党委善不善于领导，领导得好不好，应该主要看这个经济部门实行了先进的管理方法没有，技术革新进行得怎么样，劳动生产率提高了多少，利润增长了多少，劳动者的个人收入和集体福利增加了多少。各条战线的各级党委的领导，也都要用类似这样的标准来衡量。这就是今后主要的政治。离开这个主要的内容，政治就变成空头政治，就离开了党和人民的最大利益。"[1] 邓小平这篇重要讲话提出了实现历史转折和进行现代化建设所面临的最重大、最关键的问题，明确了党在今后的主要任务和前进方向，实际上成为即将召开的党的十一届三中全会的主题报告。

1978 年 12 月 18 日至 22 日，中国共产党第十一届中央委员会第三次全体会议在北京举行，在中央工作会议充分讨论并取得共识的基础上，顺利完成了各项议程。全会决定，鉴于中央在十一届二中全会以来的工作进展顺利，全国范围大规模的揭批林彪、"四人帮"的群众运动已经基本上胜利完成，全党工作的着重点应该从 1979 年起转移到社会主义现代化建设上来。社会主义现代化建设是我们党提出的新时期的总任务，反映了历史的要求和人民的愿望，代表了人民的根本利益。能否实现新时期的总任务，能否加快社会主义现代化建设，并在生产迅速发展的基础上显著地改善人民生活，加强国防，是全国人民最为关心的大事，对于世界的和平和进步事业也具有重大意义。

这次会议回顾了新中国成立以来经济建设的经验教训，阐明了党的工作

---

① 《邓小平文选》第 2 卷，人民出版社 1994 年版，第 150 页。

重心转移的必要性。指出毛泽东同志早在新中国成立初期，特别是在社会主义改造基本完成以后，就再三指示全党要把工作中心转到经济方面和技术革命方面来，毛泽东同志在《论十大关系》的报告中提出的基本方针既是经济规律的客观反映，也是社会政治安定的重要保证，仍然保持着重要的指导意义。实践证明，保持必要的社会政治安定，按照客观经济规律办事，我们的国民经济就高速度地、稳定地向前发展，反之，国民经济就发展缓慢甚至停滞倒退。现在，我们实现了安定团结的政治局面，恢复和坚持了长时期行之有效的各项经济政策，又根据新的历史条件和实践经验，采取一系列新的重大的经济措施，对经济管理体制和经营管理方法着手认真的改革，在自力更生的基础上积极发展同世界各国平等互利的经济合作，努力采用世界先进技术和先进设备，并大力加强实现现代化所必需的科学和教育工作。因此，我国经济建设必将重新高速度地、稳定地向前发展。伴随着全国范围内揭批林彪、"四人帮"的群众运动基本上胜利完成，实行全党工作重心转移的条件已经具备。应当适应国内外形势的发展，及时结束全国范围的大规模的揭批林彪、"四人帮"的群众运动，把全党工作着重点和全国人民注意力转移到社会主义现代化建设上来。

根据党在新时期的总任务，全会讨论和原则同意 1979 年、1980 年两年的国民经济计划安排，并深入讨论了农业问题，认为全党目前必须集中主要精力把农业尽快搞上去，因为农业是国民经济的基础，只有大力恢复和加快发展农业生产，坚决地、完整地执行农林牧副渔并举和"以粮为纲，全面发展，因地制宜，适当集中"的方针，逐步实现农业现代化，才能保证整个国民经济的迅速发展，才能不断提高全国人民的生活水平。全会提出了发展农业的指导思想，即"必须首先调动我国几亿农民的社会主义积极性，必须在经济上充分关心他们的物质利益，在政治上切实保障他们的民主权利"[1]。并制定发展农业生产的一系列政策措施和经济措施，其中最重要的包括：人民公社、生产大队和生产队的所有权和自主权必须受到国家法律的切实保护；不允许无偿调用和占有生产队的劳力、资金、产品和物资；公社各级经济组织必须认真执行按劳分配的社会主义原则，按照劳动数量和质量计算报酬，克服平均主义；社员自留地、家庭副业和集市贸易是社会主义经济的必要补充，任何人不得乱加干涉；

---

[1] 《三中全会以来重要文献选编》（上），中央文献出版社 2011 年版，第 6 页。

人民公社要坚决实行"三级所有、队为基础"的制度，稳定不变；人民公社各级组织都要坚决实行民主管理、干部选举、账目公开。会议还讨论了加强农业科学教育、制定发展农林牧业的区域规划、建立现代化的农林牧渔业基地、积极发展农村社队工副业等重要问题。全会强调，城乡人民的生活必须在生产发展的基础上逐步改善，必须坚决反对对人民生活中的迫切问题漠不关心的官僚主义态度。为了进一步巩固安定团结的局面，实现全党工作中心的转变，使全党、全军、全国各族人民万众一心向前看，调动一切积极因素为四个现代化努力，会议认真讨论了"文化大革命"中发生的一些重大政治事件和"文化大革命"前遗留下来的某些历史问题。为所谓"反击右倾翻案风"和"天安门事件"彻底平反，并审查和纠正了过去对彭德怀、陶铸、薄一波、杨尚昆等所作的错误结论，肯定了他们对党和人民的贡献。

会议对民主和法制问题进行了认真的讨论，认为社会主义现代化建设需要集中统一的领导，需要严格执行各种规章制度和劳动纪律，必须坚决反对资产阶级派性和无政府主义。但是必须有充分的民主，才能做到正确的集中。由于在过去一个时期内，民主集中制没有真正实行，离开民主讲集中，民主太少，当前这个时期特别需要强调民主，强调民主和集中的辩证统一关系，使党的统一领导和各个生产组织的有效指挥建立在群众路线的基础上。在人民内部的思想政治生活中，只能实行民主方法，不能采取压制、打击手段。要重申不抓辫子、不扣帽子、不打棍子的"三不主义"。各级领导要善于集中人民群众的正确意见，对不正确的意见进行适当的解释说服。宪法规定的公民权利，必须坚决保障，任何人不得侵犯。为了保障人民民主，必须加强社会主义法制，使民主制度化、法律化，使这种制度和法律具有稳定性、连续性和极大的权威，做到有法可依，有法必依，执法必严，违法必究。要保证人民在自己的法律面前人人平等，不允许任何人有超越于法律之上的特权。

会议高度评价了关于实践是检验真理的唯一标准问题的讨论，认为这对于促进全党和全国人民解放思想，端正思想路线具有深远的历史意义。会议重新确立了实事求是的思想路线，一致认为："只有全党同志和全国人民在马列主义、毛泽东思想的指导下，解放思想，努力研究新情况新事物新问题，坚持实事求是、一切从实际出发、理论联系实际的原则，我们党才能顺利地实现工作中心的转变，才能正确解决实现四个现代化的具体道路、方针、方法和措施，正确改革同生产力迅速发展不相适应的生产关系和上层建筑。"① 会议充分肯定了毛泽东在长期革命斗争中立下的伟大功勋，强调要完整地、准确地掌握毛泽东思想的科学体系，把马列主义、毛泽东思想的普遍原理同我国社会主义现代化建设的具体实践结合起来，并在新的历史条件下加以发展，以及历史地、科学地、实事求是地看待"文化大革命"的必要性。会议强调对于社会主义社会的阶级斗争，应该按照严格区别和正确处理两类不同性质的矛盾的方针去解决，按照宪法和法律规定的程序去解决，决不允许混淆两类不同性质矛盾的界限，决不允许损害社会主义现代化建设所需要的安定团结的政治局面。

党的十一届三中全会作出的最重大的战略决策是彻底否定"以阶级斗争为纲"，把党的工作重点转移到社会主义现代化建设上来，正如邓小平后来所说：我强调提出，要迅速地把工作重点转移到经济建设上来。党的十一届三中全会解决了这个问题，这是一个重要转折。② 十一届三中全会使我们党重新确立了马克思主义的思想路线、政治路线和组织路线，实现了新中国成立以来党的历史上具有深远意义的伟大转折，开创了中国社会主义现代化建设新的历史时期，并开始形成以邓小平同志为核心的第二代中央领导集体。③

（二）作出实行改革开放的重大决策

依据马克思主义哲学的社会基本矛盾理论，生产力与生产关系、经济基础与上层建筑之间的关系需要根据社会基本矛盾运行的实际情况不断进行变革和调整，由此决定了改革的经常性和普遍性。党的十一届三中全会的另一个具有历史意义的重大决策是决定实行社会主义的改革开放，决定改变同生产力发展不相适应的生产关系和上层建筑，改变一切不适应的管理方式、活动方式和思想方式，这是把国家工作重点转移到经济建设上来的必然要求。实行社会主义改革是以邓小平同志为核心的党中央根据国内外形势变化和新的时代特点，在总结国内外社会主义建设经验教训基础上，审时度势作出的重大决策，从而实

---

① 《三中全会以来重要文献选编》（上），中央文献出版社 2011 年版，第 10 页。
② 参见中共中央文献研究室编：《邓小平年谱（一九七五——一九九七）》（下），中央文献出版社 2004 年版，第 850 页。
③ 参见中共中央文献研究室编：《邓小平年谱（一九七五——一九九七）》（上），中央文献出版社 2004 年版，第 456 页。

现了党的历史上具有深远意义的伟大转折。

随着邓小平复出后社会主义现代化建设工作的逐步恢复、对外交往的增加和对世界经济政治发展状况的逐步了解，人们强烈感受到我国在经济和科学技术上同世界发达国家之间的巨大差距以及进行经济体制和管理体制改革的必要性。1978 年 7 月至 9 月，国务院务虚会议召开，研究如何加快我国现代化建设速度的问题。与会的有关部门负责人纷纷提出改革经济管理体制的要求，几乎涵盖了我国经济建设的各个领域：国家计委提出加快引进国外先进技术和设备的建议；外贸部门提出积极扩大出进口、增加对外贸易口岸的建议；国务院财贸小组提出适当提高农产品价格、调动农民生产积极性的建议；国家劳动总局提出改革工资制度、调动职工积极性的建议；等等。李先念在总结讲话中指出：实现四个现代化是一场根本改变我国经济和技术落后面貌的伟大革命，这场革命既要大幅度地改变目前落后的生产力，也必然要多方面地改变生产关系和上层建筑。为此，在经济领导工作中要坚决地摆脱墨守行政层次、行政方式而不讲经济核算、经济效果、经济责任的老框框，打破小生产的狭隘眼界，改变手工业式、小农经济式甚至封建衙门式的管理方法，掌握领导和管理现代化工农业大生产的本领。他指出，过去二十年中，我们已经不止一次改革经济体制，但是在企业管理体制方面往往从行政权力的转移着眼多，在放了收、收了放的老套路中循环，难以符合经济发展的要求。这次改革一定要给予企业以必要的独立地位，一定要兼顾中央、地方和企业的积极性，一定要考虑大企业和大专业公司的经济利益和发展前途，努力用现代化的管理方法来管理现代化的经济。目前的国际形势对我国非常有利，我们应该有魄力、有能力利用国外的先进技术、设备、资金和组织经验加快现代化建设，不能错过难得的时机。①

国务院务虚会后不久，全国计划会议又提出，经济工作必须实行"三个转变"：一是从上到下都要把注意力转到生产斗争和技术革命上来。企业和各级经济管理部门的中心任务是搞好生产，一切工作都要服从这个中心。二是从那种不计经济效果、不讲工作效率的官僚主义管理制度和管理方法转到按照经济规律办事的科学管理的轨道上来。改变经济管理体制上集中过多的毛病，扩大地方和企业的权力，充分发挥地方和企业的主动性、积极性。三是从那种不同

---

① 参见中共中央党史研究室：《中国共产党历史》第二卷（下册），中共党史出版社 2011 年版，第 1047—1048 页。

资本主义国家进行经济技术交流的闭关自守或半闭关自守状态转到积极引进国外先进技术、利用国外资金、大胆进入国际市场的开放政策上来。在坚持独立自主、自力更生方针基础上，采取各种国际上通行而又对我有利的方式缩短赶上世界先进水平的时间。① 反映"三个转变"思想的《一九七九、一九八〇两年经济计划的安排（草案）》被提交即将召开的中央工作会议审议。

1978 年 9 月，邓小平在北方视察时反复强调学习世界先进经验、改革经济管理体制的重要性。9 月 14 日在本溪时说：现在就是要好好向世界先进经验学习，不然老是在人家后面爬行。你们国内是比较好的，但是同发达国家比，还是落后的。要到发达国家去看看，应当看看人家是怎样搞的。② 9 月 15 日在哈尔滨听取黑龙江省委领导汇报时强调：要研究按劳分配政策，不能搞平均主义。企业管理得好，为国家贡献大的应给予奖励，刺激技术水平、管理水平的提高。他深刻指出了管理体制的弊端：从总的状况来说，我们国家的体制，包括机构体制等，基本上是从苏联来的，人浮于事，机构重叠，官僚主义发展。"文化大革命"以前就这样。办一件事，人多了，转圈子。有好多体制问题要重新考虑。总的说来，我们的体制不适应现代化，上层建筑不适应新的要求。③ 9 月 16 日在长春听取正在建设的霍林河煤矿引进联邦德国技术的汇报时指出，要引进它的技术，就要学习它的管理方法，完全按它的管理方式生产。要组织一个领导班子，从头到尾负责，根据联邦德国的管理办法组织生产。他强调：对这样的企业，不要搞改良主义，要彻底革命。所有的引进，必须坚持这一点，否则就没有资格引进，我们就永远落后。④ 9 月 18 日在鞍山钢铁公司视察时指出，引进技术改造企业，第一要学会，第二要提高创新。凡是引进的技术设备都应该是现代化的，我们要以世界先进的科学技术成果作为我们发展的起点。要按照国际先进的管理方法、先进的经营方法、先进的定额来

---

① 参见中共中央党史研究室：《中国共产党历史》第二卷（下册），中共党史出版社 2011 年版，第 1048—1049 页。

② 参见中共中央文献研究室编：《邓小平年谱（一九七五——一九九七）》（上），中央文献出版社 2004 年版，第 373 页。

③ 参见中共中央文献研究室编：《邓小平年谱（一九七五——一九九七）》（上），中央文献出版社 2004 年版，第 376 页。

④ 参见中共中央文献研究室编：《邓小平年谱（一九七五——一九九七）》（上），中央文献出版社 2004 年版，第 377 页。

管理，也就是按照经济规律管理经济。他强调：一句话，就是要革命，不要改良，不要修修补补。……现在我们的上层建筑非改不行。[①] 邓小平指出在改造企业时，为了保证应有的技术水平、管理水平，要有合格的管理人员和合格的工人，否则不能操作新技术、新工艺和新设备。我们要在技术上、管理上都来个革命，发展生产，增加职工收入。并提出要加大地方的权力，特别是企业的权力。企业在用人多少、产量增减、外汇支配、对外交流等方面应该有一定的主动权、机动权。9 月 20 日在天津视察时谈到引进技术和改革企业管理问题时说：凡是这样的工厂，管理要按人家的方法，这个对我们来说叫革命。[②] 并要求从上海、天津、广东开始大批组织来料加工、引进新技术，搞活搞富大量独立经营的企业。邓小平的"北方谈话"深刻揭示了经济社会发展中的突出问题，强调了彻底改革的必要性，对于在国民经济领域突破禁区、解放思想，启动改革起到了有力的推动作用。

1978 年 10 月，邓小平在中国工会第九次全国代表大会上再次强调了改革的必要性和重要性，他指出：为了加快实现四个现代化的步伐，党中央、国务院提出了一系列政策和组织措施，这是一场根本改变我国经济和技术落后面貌，进一步巩固无产阶级专政的伟大革命。这场革命既要大幅度地改变目前落后的生产力，就必然要多方面地改变生产关系，改变上层建筑，改变工农业企业的管理方式和国家对工农业企业的管理方式，使之适应于现代化大经济的需要。为了提高经济发展速度，就必须大大加强企业的专业化，大大提高全体职工的技术水平并且认真实行培训和考核，大大加强企业的经济核算，大大提高劳动生产率和资金利润率。因此，"各个经济战线不仅需要进行技术上的重大改革，而且需要进行制度上、组织上的重大改革。进行这些改革，是全国人民的长远利益所在，否则，我们不能摆脱目前生产技术和生产管理的落后状态"[③]。他还提出了企业改革的一些具体措施，比如实行党委领导下的厂长或经理负责制，建立强有力的生产指挥系统，维护生产指挥系统的高度权威，有效地克服现在普遍存在的无人负责现象，正常地、有秩序地组织生产。只有

---

① 参见中共中央文献研究室编：《邓小平年谱（一九七五——一九九七）》（上），中央文献出版社 2004 年版，第 384 页。

② 参见中共中央文献研究室编：《邓小平年谱（一九七五——一九九七）》（上），中央文献出版社 2004 年版，第 387 页。

③ 《邓小平文选》第 2 卷，人民出版社 1994 年版，第 136 页。

这样，才能不断地扩大再生产，增加利润，同时不断地改善职工生活，确保国家利益、集体利益和个人利益的统一。所有的企业必须毫无例外地实行民主管理，使集中领导和民主管理结合起来。企业的车间主任、工段长、班组长要由本车间、工段和班组的工人选举产生，企业的重大问题要经过职工代表大会或职工大会讨论。企业的领导干部要在大会上听取职工意见，接受职工的批评和监督。对某些严重失职或作风恶劣的领导人员和管理人员，大会有权向上级建议给以处分或撤换。各企业的工会，将成为职工代表大会和职工大会的工作机构。充分发挥职工代表大会的职能，保障工人行使当家作主的权利。坚持落实按劳分配原则，鼓励工人阶级用最大的努力来掌握现代化的技术知识和现代化的管理知识，为实现四个现代化作出优异的贡献。任何人对四个现代化贡献得越多，国家和社会给他的荣誉和奖励就越多。努力保障工人的福利，使工人的福利在劳动生产率增长的基础上逐步增长。工会组织要督促和帮助企业行政和地方行政在可能的范围内，努力改善工人的劳动条件、居住条件、饮食条件和卫生条件，同时要在工人中间积极开展各种形式的互助活动。

邓小平继承了毛泽东的社会基本矛盾理论，并据此逐步形成了关于我国社会主义的改革理论。他在 1978 年中央工作会议闭幕会上的讲话中，又提出了一系列与改革有关的重要思想，把改革提升到关乎社会主义事业生死存亡的高度。他严厉批评了僵化体制的弊端，指出经济管理工作中存在的诸如机构臃肿、层次重叠、手续繁杂、效率极低、政治空谈盛行等严重弊端。他认为主要原因在于过去没有及时提出改革。他严肃地指出："如果现在再不实行改革，我们的现代化事业和社会主义事业就会被葬送。"[①]他把改革提升到关乎现代化能否实现和社会主义事业生死存亡的高度，指出生产关系和上层建筑的改革不会一帆风顺，由于它涉及面很广，涉及众多人的切身利益，必然会出现各种各样的复杂情况和问题，必然会遇到重重障碍。例如，企业的改组、国家机关的改革都会面临人员的去留问题，有些人就会有意见，等等。他指出，实现四个现代化是一场深刻的伟大革命。在这场伟大革命中，我们是在不断解决新的矛盾中前进的。

为了把经济改革真正落到实处，邓小平强调必须学习先进管理方法、改革经济管理制度、调整经济政策。在管理方法上，要求各级领导学会用经济方法

---

① 《邓小平文选》第 2 卷，人民出版社 1994 年版，第 150 页。

管理经济，学习和引进国外先进管理方法，采用先进方法改造原有企业，把是否在经济部门实行了先进管理方法和技术革新，是否提高了劳动生产率，是否增长了利润，是否增加了劳动者的个人收入和集体福利作为评价经济部门的党委善不善于领导的标准，各条战线各级党委的领导都要用类似的标准来衡量。他强调："这就是今后主要的政治。离开这个主要的内容，政治就变成空头政治，就离开了党和人民的最大利益。"① 他已经把改革作为政治路线的主要内容。在管理制度上，针对当时各级机关、企业事业单位中名曰集体负责，实际上等于无人负责的现象，他特别强调要建立严格的责任制，并引用列宁说过的："借口集体领导而无人负责，是最危险的祸害"，"这种祸害无论如何要不顾一切地尽量迅速地予以根除"。② 表明落实责任制的决心。指出任何一项任务、一个建设项目都要实行定任务、定人员、定数量、定质量、定时间等几定制度，责任必须落实到具体人。同样，奖励也必须落实到具体的集体和个人。实行党委领导下的厂长负责制，要切实做到职责分明。他具体强调了落实责任制所必须采取的措施：一要扩大管理人员的权限。责任到人就要权力到人，当厂长的、当工程师的、当技术员的、当会计出纳的，各有各的责任，也各有各的权力，别人不能侵犯。"只交责任，不交权力，责任制非落空不可。"③ 二要善于选用人员，量才授予职责。要发现专家、培养专家、重用专家，提高各种专家的政治地位和物质待遇。把为人民造福，为发展生产力、为社会主义事业作出积极贡献作为用人的主要政治标准。三要严格考核，赏罚分明。所有的企业、学校、研究单位、机关，都要有对工作的评比和考核，要有学术职称、技术职称和荣誉称号。要根据工作成绩大小、好坏，有赏有罚，有升有降。而且这种赏罚、升降必须同物质利益联系起来。总之，通过加强责任制，通过赏罚严明，在各条战线上形成你追我赶、争当先进、奋发向上的风气。在经济政策上，邓小平提出要打破平均主义，允许一部分地区、一部分企业、一部分工人农民，由于辛勤努力成绩大而收入先多一些，生活先好起来，产生示范力量，影响左邻右舍，带动其他地区、其他单位的人们向他们学习。由此使整个国民经济不断地波浪式地向前发展，使全国各族人民都能比较快地富裕起来。这是

---

① 《邓小平文选》第 2 卷，人民出版社 1994 年版，第 150 页。
② 《邓小平文选》第 2 卷，人民出版社 1994 年版，第 151 页。
③ 《邓小平文选》第 2 卷，人民出版社 1994 年版，第 151 页。

一个能够影响和带动整个国民经济的重大的政策调整。

邓小平的讲话引起了与会者的深入讨论，大家一致认为邓小平的讲话提出了实现历史转折和进行社会主义建设面临的最重大、最关键的问题。在中央工作会议充分讨论并取得共识基础上，党的十一届三中全会作出了实行改革开放的重大决策。会议指出，粉碎"四人帮"以后，我国国民经济恢复和发展步子很快，1978 年工农业总产值和财政收入都有较大幅度增长，但国民经济中还存在不少问题。一些重大的比例失调状况没有完全改变过来，生产、建设、流通、分配中的一些混乱现象没有完全消除，城乡人民生活中多年积累下来的一系列问题必须妥善解决。为了加快社会主义现代化建设，在生产迅速发展的基础上显著地改善人民生活，必须对不适应生产力发展的生产关系和上层建筑实行深刻的变革，实质上是社会主义条件下一场新的革命。党的十一届三中全会公报强调指出："实现四个现代化，要求大幅度地提高生产力，也就必然要求多方面地改变同生产力发展不适应的生产关系和上层建筑，改变一切不适应的管理方式、活动方式和思想方式，因而是一场广泛、深刻的革命。"① 并指出了改革的主要措施：有领导地大胆下放，让地方和工农业企业在国家统一计划的指导下有更多的经营管理自主权，改变现在经济管理体制权力过于集中的严重缺点；大力精简各级经济行政机构，把它们的大部分职权转交给企业性的专业公司或联合公司；坚决实行按经济规律办事，重视价值规律的作用，注意把思想政治工作和经济手段结合起来，充分调动干部和劳动者的生产积极性；在党的一元化领导之下，认真解决党政企不分、以党代政、以政代企的现象，实行分级分工分人负责，加强管理机构和管理人员的权限和责任，减少会议公文，提高工作效率，认真实行考核、奖惩、升降等制度。通过这些措施充分发挥中央部门、地方、企业和劳动者个人四个方面的主动性、积极性、创造性，使社会主义经济的各个部门各个环节普遍地蓬蓬勃勃地发展起来。

党的十一届三中全会确立了实行改革的基本方针，并开始与对外开放相联系，为突破僵化体制的束缚，解放和发展社会生产力，提高全国人民的生活水平创造了条件，开辟了改革开放和社会主义现代化建设的新时期，是对中国特色社会主义发展具有里程碑意义的重要会议。

---

① 《三中全会以来重要文献选编》（上），中央文献出版社 2011 年版，第 4 页。

（三）党的十一届三中全会的重要理论贡献

党的十一届三中全会在历史的转折关头，实现了我党在路线、方针、政策上具有深远意义的伟大转折，在党的历史上具有重大意义，正如邓小平所说："党的十一届三中全会和全会以前的中央工作会议，肯定了党中央在粉碎'四人帮'以来所进行的巨大工作，认为揭批林彪、'四人帮'的群众运动就全国范围来说已经可以胜利结束，决定把全党的工作的着重点从今年起转移到社会主义现代化建设方面来。三中全会解决了党的历史上所遗留的一系列重大问题，以便团结全党、全军和全国各族人民，向着四个现代化的宏伟目标前进。这两次会议在党的历史上是有重大意义的。"① 在马克思主义中国化的历程中，党的十一届三中全会作出了重大的理论贡献。

全会最重大的理论贡献是重新确立了以实事求是为核心的马克思主义的思想路线，恢复了马克思主义认识论和辩证法的理论本质。党的思想路线的理论基础是马克思主义实践观，实践的观点是马克思主义认识论的首要的和基本的观点。毛泽东继承和发展了马克思主义实践观，强调马克思列宁主义并没有结束真理，而是在实践中不断开辟认识真理的道路。他深刻揭示了人类认识活动中从实践到认识，再从认识到实践，如此实践、认识，再实践、再认识，循环往复以至无穷的辩证运动过程。他把实践的观点同群众的观点统一起来，提出认识的辩证运动过程是辩证法的普遍规律在人的思维和认识活动中的体现，落实到实际工作中就是无产阶级政党的"从群众中来，到群众中去"的群众路线，实现了马克思主义的物质观、辩证法、认识论和历史观的统一，成为无产阶级政党全部实践活动的理论基础和取得新民主主义革命胜利与社会主义革命和建设伟大成就的有力思想武器。"文化大革命"期间，林彪、"四人帮"篡改辩证唯物主义的认识论，大肆宣扬"精神万能论"，否定实践在认识中的决定作用，否定唯物主义反映论和辩证法，割裂毛泽东思想同马克思列宁主义的内在联系，否定系统学习马克思列宁主义的必要性，大肆宣扬唯心主义先验论、形而上学和教条主义，根本颠倒了物质和精神、理论和实践的关系，把领袖言论和理论权威看作至高无上的东西，否定了实践标准，导致了思想文化领域长期的混乱，在理论上和实践上都造成了严重危害。粉碎"四人帮"后，由于"两个凡是"

---

① 《邓小平文选》第 2 卷，人民出版社 1994 年版，第 158 页。

的错误观点，党的工作不能突破极"左"路线的束缚，处于在徘徊中前进的局面。

党的十一届三中全会和此前的中央工作会议，在关乎中国社会主义前途命运的关键时刻，对进一步继承和发扬毛泽东所倡导的马克思主义学风即坚持辩证唯物主义的思想路线问题展开了深入讨论。与会者解放思想，畅所欲言，真正实现了毛泽东所提倡的"又有集中又有民主，又有纪律又有自由，又有统一意志又有个人心情舒畅、生动活泼，那样一种政治局面"。会议高度评价了关于实践是检验真理的唯一标准问题的讨论，重新确立了以实事求是为核心的正确思想路线，并且把实事求是和解放思想统一起来，体现了毛泽东强调的"按照辩证法办事"的要求，实现了马克思主义的唯物论、认识论与辩证法的统一，是在新的历史条件下对实事求是的思想路线的恢复和发展。正确的思想路线是政治路线和组织路线的前提，正如邓小平所说："真理标准问题的讨论是基本建设，不解决思想路线问题，不解放思想，正确的政治路线就制定不出来，制定了也贯彻不下去。我们的政治路线就是搞社会主义现代化建设……不解放思想，不实事求是，不从实际出发，理论与实践不相结合，不可能有现在的一套方针、政策，不可能把人民的积极性统统调动起来，也就不可能搞好现代化建设，显示出社会主义制度的优越性。"①在充分恢复和发扬党内民主和党的实事求是、群众路线、批评和自我批评的优良作风基础上，全会坚决批判了"两个凡是"的错误方针，彻底否定了"以阶级斗争为纲"的错误理论，强调必须完整地、准确地掌握毛泽东思想的科学体系，开始全面地认真地纠正"文化大革命"中及以前的"左"倾错误，为我们党顺利地实现工作重心的转变，正确解决实现四个现代化的具体道路、方针和措施奠定了思想理论基础。全会重新确立的实事求是的思想路线成为指导拨乱反正、推进国民经济调整等一系列工作的基本原则。

党的十一届三中全会的另一个重要理论贡献是恢复了唯物史观一系列基本原理的科学内涵，重申了生产力在社会发展中起着决定性作用等基本原理，为社会主义改革和推进民主法制建设奠定了理论基础。"文化大革命"期间，林彪、"四人帮"反革命集团对唯物史观进行了全面的篡改和歪曲，否认生产力是社会发展的根本决定力量这一唯物史观的基本原理，鼓吹上层建筑决定论，以唯心主义的全面专政论取代唯物史观。在"文化大革命"初期，林彪就鼓吹

---

① 《邓小平文选》第 2 卷，人民出版社 1994 年版，第 191 页。

用"革命"统率生产，促进生产，强调"革命"是生产发展的唯一决定因素。康生污蔑将经济建设作为党的中心工作和根本任务的八大路线是"唯生产力论"，把所谓"唯生产力论"与庸俗唯物主义混为一谈，称"唯生产力论"只把发展生产作为唯一决定性的东西，不搞阶级斗争，不搞生产关系和上层建筑的社会主义革命。试图借口否定庸俗唯物主义而否定生产力对社会发展的最终决定作用。"四人帮"一伙鼓吹在社会主义历史时期，生产关系对生产力、上层建筑对经济基础始终起着主要的决定作用，还肆意攻击生产关系一定要适合生产力性质的规律是形而上学。张春桥鼓吹八亿人民主要是抓上层建筑，而政权是个决定一切的大问题，谁有政权谁就有了一切，并声称自己的兴趣在领导权问题，要寸权必争。1975年4月，张春桥在《红旗》杂志发表《论对资产阶级的全面专政》一文，抛出"全面专政论"，宣称所谓"资产阶级法权"已渗透于社会主义生产关系各方面和上层建筑各领域，甚至在有些方面和领域还占统治地位。无产阶级要战胜资产阶级，就必须在一切领域、在革命发展的一切阶段始终坚持对资产阶级遗留下来的"一切阶级差别"、"一切生产关系"、"一切社会关系"和"一切观念"实行全面专政。"四人帮"为了推行其"全面专政论"，把社会主义阶段的社会矛盾和阶级斗争无限夸大和绝对化，鼓吹"宁愿两年不搞生产，也不能一时不抓阶级斗争"，"不斗则退，不斗则垮"，"斗争就是生活，斗争就是政策"，肆意煽动无政府主义情绪，提出"造反有理"、"文攻武卫"、"向走资派夺权"、"踢开党委闹革命"、"砸烂公检法"等煽动性口号，对群众路线歪曲利用，鼓吹"群众运动天然合理"，怂恿群众冲击党政部门，揪斗各级干部，制造社会动乱；人为激化矛盾，煽动派性，对反对他们的干部群众残酷斗争、无情打击；鼓吹否定一切的虚无主义，破除一切所谓"旧思想、旧文化、旧风俗、旧习惯"，大搞"打、砸、抢"，破坏社会主义生产，致使无政府主义泛滥，社会风气全面恶化，国民经济濒临崩溃。他们宣扬的"全面专政"实际上全面否定了唯物史观的基本原理，无视生产力的发展水平和要求，鼓吹在所有制关系上的"穷过渡"和上层建筑上的不停变革。他们鼓吹的对一切社会关系实行专政，实质是否定和破坏社会主义的政治、经济、文化和家庭生活，否定和颠覆无产阶级专政的国家政权。所谓对一切观念实行专政，其实质是压制思想自由，压制真理，实行文化专制主义。"全面专政论"是对马克思主义无产阶级专政学说的根本篡改，实质是对老一辈无产阶级革命家和广大群众实行法西斯专政，为其篡党夺权扫清障碍。粉碎"四人帮"后，受"两个凡是"错误观点影响，极"左"思潮没有被肃清，对所谓"唯生产力论"、"资产阶级法权"的批判仍然有相当的影响，严重干扰着国民经济的恢复和社会主义现代化建设的进行。党的十一届三中全会恢复了被极"左"路线扭曲的唯物史观的科学内涵，运用唯物史观基本原理对社会主义时期的主要矛盾作出了科学判断，恢复了党的八大的正确路线，作出了党和国家的工作重点转移到社会主义建设上来，改革一切与生产力发展不相适合的生产关系和上层建筑的重大战略决策。正如邓小平后来在党的十一届五中全会第三次会议上强调的：三中全会以后，党中央考虑，不进一步解决党的组织路线问题，政治路线、思想路线就得不到可靠的保证。我们党在现阶段的政治路线，概括地说，就是一心一意地搞四个现代化。这件事情，任何时候都不要受干扰，必须坚定不移地、一心一意地干下去。①

　　党的十一届三中全会彻底否定了"以阶级斗争为纲"的错误理论和实践。邓小平指出："我们国内现在还存在着极少数敌视和破坏我国社会主义现代化建设的反革命分子和刑事犯罪分子，我们决不能放松同他们的阶级斗争，决不能削弱无产阶级专政。但是正如毛泽东同志所说，大规模的急风暴雨式的群众阶级斗争已经基本结束，对于社会主义社会的阶级斗争，应该按照严格区别和正确处理两类不同性质的矛盾的方针去解决，按照宪法和法律规定的程序去解决，决不允许混淆两类不同性质矛盾的界限，决不允许损害社会主义现代化建设所需要的安定团结的政治局面。"② 这是在新时期对唯物史观科学理论的恢复和发展，为全面拨乱反正、在改革开放中推进社会主义现代化建设奠定了思想基础。党的十一届三中全会使大批干部和群众从过去盛行的个人崇拜和教条主义的精神枷锁中解脱出来，给社会主义事业带来了勃勃生机。正如胡锦涛在纪念十一届三中全会召开 30 周年大会上的讲话中所指出："党的十一届三中全会标志着我们党重新确立了马克思主义的思想路线、政治路线、组织路线，标志着中国共产党人在新的时代条件下的伟大觉醒，显示了我们党顺应时代潮流和人民愿望、勇敢开辟建设社会主义新路的坚强决心……我们伟大的祖国迎来了思想的解放、经济的发展、政治的昌明、教育的勃兴、文艺的

---

① 中共中央文献研究室编：《邓小平年谱（一九七五——一九九七）》（上），中央文献出版社 2004 年版，第 605 页。
② 《三中全会以来重要文献选编》（上），中央文献出版社 2011 年版，第 4 页。

繁荣、科学的春天。党和国家又充满希望、充满活力地踏上了实现社会主义现代化的伟大征程。"①

党的十一届三中全会推动了马克思主义理论与哲学社会科学研究的繁荣和发展。思想解放运动的兴起和实事求是思想路线的恢复，使广大理论工作者在对历史深刻反思的基础上，结合改革开放的生动实践与现代科学的发展和新技术革命的浪潮，积极研究新情况、思考解决新问题。从多方面突破了教条主义的束缚，开拓了新的研究领域，出现了"百家争鸣"的局面，关于实践标准、人道主义和异化、传统文化与现代化、实践唯物主义、主体性问题、市场经济与道德进步、人学理论、文化价值观等问题的讨论在理论界产生了广泛和深入的影响，新观点、新思路、新的研究方法不断涌现，显示了鲜明的时代特征和创新意识，是 20 世纪马克思主义理论研究最为活跃的时期之一，对中国化马克思主义的发展产生了重要影响。

党的十一届三中全会是中国共产党历史上具有重大意义和深远影响的一次里程碑式的会议。它以其特有成就和巨大建树，成为中国共产党和中华人民共和国历史发展进程中一个伟大的转折点。邓小平也以其推动伟大历史转折和开拓中国特色社会主义新道路的伟大历史功绩载入史册。美国《时代周刊》将邓小平评为 1978 年度世界风云人物。该刊 1979 年第 1 期序言如是写道："一个崭新中国的梦想者——邓小平向世界打开了'中央之国'的大门。这是人类历史上气势恢宏、绝无仅有的一个壮举！"②

第三节 《决议》形成与新中国成立以来历史经验全面总结

党的十一届三中全会以后，为了大力推进改革开放和社会主义现代化建设

---

① 胡锦涛：《在纪念党的十一届三中全会召开 30 周年大会上的讲话》，《求是》2008 年第 24 期。
② 转引自中共中央文献研究室编：《邓小平年谱（一九七五——一九九七）》（上），中央文献出版社 2004 年版，第 468 页。

步伐，迫切要求中国共产党完成拨乱反正的历史任务，全面反思和纠正"文化大革命"的错误理论、方针和政策，全面总结新中国成立以来的历史经验，以便动员和团结广大干部群众同心同德，群策群力，共同开创社会主义建设的新局面。为此，邓小平推动和指导了《关于建国以来党的若干历史问题的决议》（以下简称《决议》）的整个起草过程。《决议》正确运用历史唯物主义的基本观点和方法，对新中国成立以来三十二年历史作了实事求是的评价，是一篇马克思主义的文献，在党的历史上具有重要地位和影响。

一、拨乱反正深入开展与《决议》起草

对历史和历史人物的评价问题，是历史唯物主义的重要理论问题，也是世界社会主义运动史上的重要问题。如何正确评价新中国成立以来的历史，尤其是"文化大革命"十年的历史，如何科学评价毛泽东的功过是非，如何正确评价毛泽东思想？这些问题都是粉碎"四人帮"后党和国家面临的重大问题，如果解决得不好，会造成广大干部群众思想混乱、力量涣散，无法保持安定团结的政治局面，影响社会主义现代化建设的顺利进行。但是，这一系列重大问题又是十分敏感、牵涉面很广的问题，回答这些问题需要一定的时代条件和思想基础。以邓小平同志为核心的党的第二代中央领导集体在拨乱反正不断深入开展的过程中"水到渠成"地解决了这一系列重大问题。

以邓小平为代表的老一辈革命家坚定地主张完整地准确地理解毛泽东思想，特别是要把毛泽东晚年的错误与毛泽东思想区别开来。"天安门事件"平反后，北京等大城市出现了一些自发的群众集会，有极少数人提出了全盘否定毛泽东思想的错误意见，在一定范围内造成思想的分歧和混乱。针对这一错误动向，邓小平指示：我们一定要高举毛主席的伟大旗帜，毛主席的旗帜是全党全军全国各族人民团结的旗帜，也是国际共产主义运动的旗帜。[①] 他富有远见地强调要辩证地看待历史问题，有些历史问题要解决，不解决就会使很多人背

---

① 参见中共中央文献研究室编：《邓小平年谱（一九七五——一九九七）》（上），中央文献出版社 2004 年版，第 435 页。

包袱，不能轻装前进；有些历史问题在一定的历史时期内不能勉强去解决，有些事件我们这一代人解决不了，让下一代人去解决，时间越远越看得清楚；有些问题可以讲清楚，有些问题一下子不容易讲清楚，硬要去扯，分散党和人民的注意力，不符合党和人民的根本利益。毛主席的伟大功勋是不可磨灭的，我们不能要求伟大领袖、伟大人物、思想家没有错误，那样要求不是马克思主义者的态度。他指出：外国人问我，对毛主席的评价，可不可以像对斯大林评价那样三七开？我肯定地回答，不能这样讲。党中央、中国人民永远不会干赫鲁晓夫那样的事。① 旗帜鲜明地表达了对毛泽东思想和对毛泽东历史地位的肯定态度。

在 1978 年中央工作会议闭幕会上的讲话中，邓小平强调，毛泽东在长期革命斗争中立下的伟大功勋是永远不可磨灭的，如果没有毛泽东的卓越领导，中国革命有极大的可能到现在还没有胜利，那样，中国各族人民就还处在帝国主义、封建主义、官僚资本主义的反动统治之下，我们党就还在黑暗中苦斗，"所以说没有毛主席就没有新中国，这丝毫不是什么夸张。毛泽东思想培育了我们整整一代人。我们在座的同志，可以说都是毛泽东思想教导出来的。没有毛泽东思想，就没有今天的中国共产党，这也丝毫不是什么夸张。毛泽东思想永远是我们全党、全军、全国各族人民的最宝贵的精神财富。我们要完整地准确地理解和掌握毛泽东思想的科学原理，并在新的历史条件下加以发展"②。1979 年 3 月，邓小平再次强调："我们必须坚决地维护毛主席这面伟大旗帜，这是我们安定团结的一个十分重要的问题，也是一个很重要的国际影响问题。我们写文章，一定要注意维护毛主席这面伟大旗帜，决不能用这样那样的方式伤害这面旗帜。否定毛主席，就是否定了中华人民共和国，否定了整个这一段历史。"③同时指出，现在的关键是安定团结，处理遗留问题为的是集中力量向前看，像评价"文化大革命"这样的问题，可以暂时放下；有些账讲不清楚就不要讲，要向前看。

1979 年 1 月至 4 月，为了贯彻落实党的十一届三中全会精神，讨论清楚

① 参见中共中央文献研究室编：《邓小平年谱（一九七五———一九九七）》（上），中央文献出版社 2004 年版，第 435 页。
② 《邓小平文选》第 2 卷，人民出版社 1994 年版，第 148—149 页。
③ 中共中央文献研究室编：《邓小平年谱（一九七五———一九九七）》（上），中央文献出版社 2004 年版，第 493 页。

思想理论上的重大原则问题，统一全党的思想认识，中共中央召开理论工作务虚会，与会者讨论了社会主义建设各个领域中的重大问题，邓小平3月30日作了《坚持四项基本原则》的重要讲话，重申了党的十一届三中全会确定的路线方针政策，表明了党中央在关乎社会主义前途命运重大问题上的根本原则。邓小平代表党中央明确指出，要在中国实现四个现代化，必须在思想上政治上坚持四项基本原则，第一，必须坚持社会主义道路；第二，必须坚持无产阶级专政；第三，必须坚持共产党的领导；第四，必须坚持马列主义、毛泽东思想。邓小平充分说明了坚持四项基本原则的必要性，强调坚持四项基本原则是现代化建设的必然要求，他指出："社会主义现代化建设是我们当前最大的政治，因为它代表着人民的最大的利益、最根本的利益。"① 我党当前以及今后相当长一个历史时期的主要任务是现代化建设，能否实现四个现代化决定着我们国家的命运、民族的命运。在中国的现实条件下，搞好社会主义的四个现代化，就是坚持马克思主义，就是高举毛泽东思想伟大旗帜，否则就是脱离马克思主义，就是空谈马克思主义。

必须坚持社会主义道路。邓小平指出，五四运动以来的历史经验证明，只有社会主义才能救中国，中国离开社会主义就必然退回到半封建半殖民地，中国绝大多数人决不允许历史倒退。社会主义的中国在经济、技术、文化等方面与发达资本主义国家的差距不是社会主义制度造成的，从根本上说，是解放以前的帝国主义和封建主义造成的。社会主义革命已经使我国大大缩短了同发达资本主义国家在经济发展方面的差距，在三十年间取得了旧中国几百年、几千年所没有取得过的进步。社会主义国家在某些情况下也犯严重错误，但是，我们依靠社会主义制度，坚持社会主义公有制和按劳分配的原则；坚持自力更生为主、争取外援为辅、学习和引进外国先进技术发展我国社会主义经济建设的方针；努力按照客观经济规律办事，使国家很快又走上了安定团结、健康发展的道路。社会主义制度具有的经济是以公有制为基础的，生产是为了最大限度地满足人民的物质、文化需要，而不是为了剥削。社会主义国家的人民有共同的政治经济社会理想，共同的道德标准，社会主义制度具有自身的优越性。

必须坚持无产阶级专政。在邓小平看来，为了坚持和巩固社会主义制度，必须坚持无产阶级专政，没有无产阶级专政就不可能保卫也不可能建设社会主

---

① 《邓小平文选》第2卷，人民出版社1994年版，第163页。

义。无产阶级专政对于人民来说就是社会主义民主，是工人、农民、知识分子和其他劳动者所共同享受的民主，是历史上最广泛的民主。没有民主就没有社会主义，就没有社会主义的现代化。社会主义愈发展，民主也愈发展。但是发展社会主义民主与对敌视社会主义的势力实行无产阶级专政是辩证统一的，不对他们专政，就不可能有社会主义民主。这种专政的存在同社会主义国家的民主化并不矛盾，它们的正确有效的工作不是妨碍而是保证社会主义国家的民主化。

必须坚持共产党的领导。坚持共产党的领导才有无产阶级专政和社会主义建设，这是国际共产主义运动和五四运动后中国的历史经验证明的。没有中国共产党，就没有社会主义的新中国。邓小平强调："在今天的中国，决不应该离开党的领导而歌颂群众的自发性。党的领导当然不会没有错误，而党如何才能密切联系群众，实施正确的和有效的领导，也还是一个必须认真考虑和努力解决的问题，但是这决不能成为要求削弱和取消党的领导的理由。"[1] 削弱甚至取消党的领导事实上只能导致无政府主义，导致社会主义事业的瓦解和覆灭。

必须坚持马列主义、毛泽东思想。马列主义、毛泽东思想是中国共产党的行动指南，必须坚持马列主义、毛泽东思想的基本原理或者说由这些基本原理构成的科学体系，而不是个别的论断。邓小平着重强调了坚持毛泽东思想的问题，充分肯定了毛泽东的伟大功绩，指出毛泽东思想使中国人民找到正确的革命道路，完成社会主义改造，根本改变了中国的命运，也改变了世界的形势。他强调："毛泽东思想过去是中国革命的旗帜，今后将永远是中国社会主义事业和反霸权主义事业的旗帜，我们将永远高举毛泽东思想的旗帜前进。"[2] 毛泽东的事业和思想不只是他个人的事业和思想，同时是他的战友、是党、是人民的事业和思想，是半个多世纪中国人民革命斗争经验的结晶。对毛泽东的缺点和错误应该做具体的历史的分析，用马克思主义对待历史和历史人物立场的观点做公正、科学的评价。

邓小平还阐述了坚持四项基本原则和社会主义民主的关系。他指出社会主义道路、无产阶级专政、共产党的领导、马列主义毛泽东思想都同民主问题有关，中国人民今天所需要的民主只能是社会主义民主或称人民民主，而不是资

---

① 《邓小平文选》第 2 卷，人民出版社 1994 年版，第 170 页。
② 《邓小平文选》第 2 卷，人民出版社 1994 年版，第 172 页。

产阶级的个人主义的民主。人民的民主同对敌人的专政分不开，同民主基础上的集中也分不开。我们实行的是民主集中制，这就是民主基础上的集中和集中指导下的民主相结合。民主集中制是社会主义制度的一个不可分割的组成部分。在社会主义制度之下，归根结底，个人利益和集体利益、局部利益和整体利益、暂时利益和长远利益是统一的，我们必须按照统筹兼顾的原则来调节各种利益的相互关系。民主和集中的关系，权利和义务的关系，归根结底，就是以上所说的各种利益的相互关系在政治上和法律上的表现。他强调在宣传民主的时候，一定要把社会主义民主同资产阶级民主、个人主义民主严格地区别开来，一定要把对人民的民主和对敌人的专政结合起来，把民主和集中、民主和法制、民主和纪律、民主和党的领导结合起来。如果离开四项基本原则抽象地空谈民主，那就必然会造成极端民主化和无政府主义的严重泛滥，造成安定团结政治局面的彻底破坏，造成四个现代化的彻底失败。

邓小平要求思想理论工作者运用马列主义、毛泽东思想的基本原理，深入研究我国实现四个现代化所遇到的新情况、新问题，并且作出有重大指导意义的答案，根据新的丰富的事实对四项基本原则作出新的有充分说服力的论证，阐发新的意义，并深入研究和解决社会主义建设各个领域的重要问题。

邓小平重申毛泽东在《关于正确处理人民内部矛盾的问题》一文中的论断，强调在社会主义社会中，基本的矛盾仍然是生产关系和生产力之间的矛盾，上层建筑和经济基础之间的矛盾。全党和全国目前时期的主要矛盾或中心任务是社会主义现代化建设。社会主义社会中的阶级斗争是一个客观存在，不应该缩小，也不应该夸大。实践证明，无论缩小或者夸大，两者都要犯严重的错误，无产阶级专政下继续革命的提法是错误的。思想理论问题的研究和讨论，一定要坚决执行"百花齐放、百家争鸣"的方针，一定要坚决执行不抓辫子、不戴帽子、不打棍子的"三不主义"的方针，一定要坚决执行解放思想、破除迷信、一切从实际出发的方针。

邓小平坚持四项基本原则的讲话及时澄清了政治思想领域的大是大非问题，有力地驳斥了当时在一小部分人中间蔓延的极"左"和极右思潮，对统一全党全国人民思想，维护安定团结的政治局面起到了非常重要的作用，正如邓小平后来所说："我们在改革开放初期就提出'四个坚持'。没有这'四个坚持'，特别是党的领导，什么事情也搞不好，会出问题。出问题就不是小问题。……四个坚持是'成套设备'。在改革开放的同时，搞好四个坚持，我是打下个基础，这个话不是空的。"① 邓小平关于四项基本原则的精辟论述同时为科学地总结和评价新中国成立以来党的若干重要历史问题提供了基本遵循。

随着形势的不断发展，邓小平认为正式起草一份关于新中国成立以来党的若干重要历史问题的决议已经成为当时中国政治生活中迫切需要解决的重大问题，通过对新中国成立以来党的历史，对"文化大革命"，对毛泽东的历史地位和毛泽东思想作出实事求是的科学评价，以便统一人们的思想，团结一致向前看。正如邓小平后来所指出："这个决议，过去也有同志提出，是不是不急于搞？不行，都在等。从国内来说，党内党外都在等，你不拿出一个东西来，重大的问题就没有一个统一的看法。国际上也在等。人们看中国，怀疑我们安定团结的局面，其中也包括这个文件拿得出来拿不出来，早拿出来晚拿出来。所以，不能再晚了，晚了不利。"②

1979 年 9 月 4 日，邓小平针对为叶剑英准备的庆祝中华人民共和国成立三十周年大会讲话稿的修改问题时强调："还是要讲在三十年的历史上毛主席是有伟大功绩的，我们的一切成就是在毛泽东思想照耀下取得的。我们的党、军队和人民是受毛泽东思想的教育，在毛主席领导下建立功勋的。要讲我们有了正面经验，也有了反面经验，两方面的经验经过总结，教育了我们人民，教育了我们党。说明马列主义、毛泽东思想是我们前进的指南，正是因为这样，我们党就站住了，我们社会主义制度也站住了。"③ 他指出：要把坚持四项基本原则同三十年的整个历史衔接起来，要在坚持四项基本原则的大前提下写这个讲话。要使人看了这个讲话以后得出一个总的印象，我们的党和人民现在是真正坚持毛泽东思想，是完整、准确地学习、运用毛泽东思想，是真正将毛主席为我们制定的路线、方针、政策付之实现，不是搞片言只语，并强调这是个非常大的问题。

1979 年 9 月下旬，在党的十一届四中全会期间，邓小平与陈云谈话时都认为毛泽东思想不能丢，要实行改革开放、平反冤假错案，就必须对历史问题

---

① 中共中央文献研究室邓小平研究组编：《邓小平自述》，国际文化出版公司 2009 年版，第179 页。

② 《邓小平文选》第 2 卷，人民出版社 1994 年版，第 305—306 页。

③ 中共中央文献研究室编：《邓小平年谱（一九七五——一九九七）》（上），中央文献出版社2004 年版，第 552 页。

有一个科学评价，一个全面的交代，应像延安时期搞一个决议那样，一次性地把一些问题定下来，统一全党的思想。① 1979 年 9 月 29 日，叶剑英代表中共中央、全国人大常委会、国务院在庆祝中华人民共和国成立三十周年大会上的讲话中，全面回顾了新中国成立三十年来的战斗历程，初步总结了社会主义革命和社会主义建设的基本经验，并明确提出："我们要从中国的实际出发，认真研究经济规律和自然规律，努力走出一条适合我国情况和特点的实现现代化的道路。"② 讲话对毛泽东历史地位和毛泽东思想的指导作用，对新中国成立三十年来作为历史的主要方面的成绩给予了充分肯定。作为党的文件，第一次明确否定了"文化大革命"的错误，指出：发动"文化大革命"的出发点是反修防修。对一个执政的无产阶级政党来说，当然必须时刻警惕和防止走上对内压迫人民、对外追求霸权的修正主义道路。"问题在于发动'文化大革命'的时候，对党内和国内的形势作了违反实际的估计，对什么是修正主义没有作出准确的解释，并且离开了民主集中制的原则，采取了错误的斗争方针和方法。"③ 林彪、"四人帮"之流出于他们的反革命目的，利用这个错误，把它推向极端，制造和推行了一条极左路线。他们进行的长达十年的反革命大破坏，使我国人民遭到一场大灾难，使我国社会主义事业受到新中国成立以来最严重的挫折。叶剑英在讲话中代表党中央对"文化大革命"和极左路线在思想上、政治上、经济上、文化上、组织上的主要特征以及带给全党全国人民的深刻教训进行了总结，并宣布我们党准备对历史问题，特别是"文化大革命"的问题作出一个正式的结论，拉开了起草《决议》的序幕。

从 1980 年 3 月开始，在中共中央政治局、中央书记处领导下，由邓小平、胡耀邦主持，展开了《决议》的起草工作。邓小平自始至终密切关注工作的进展并确立了起草工作的指导思想，强调要坚持三条基本原则：第一，"确立毛泽东同志的历史地位，坚持和发展毛泽东思想。这是最核心的一条。不仅今天，而且今后，我们都要高举毛泽东思想的旗帜"④。他指示要写毛泽东思想历史、毛

① 参见刘杰、徐绿山：《邓小平和陈云在十一届三中全会前后》，中央文献出版社 2009 年版，第 312 页。
② 《三中全会以来重要文献选编》（上），中央文献出版社 2011 年版，第 203 页。
③ 《三中全会以来重要文献选编》（上），中央文献出版社 2011 年版，第 191 页。
④ 《邓小平文选》第 2 卷，人民出版社 1994 年版，第 291 页。

泽东思想形成过程，特别是毛泽东思想中关于新民主主义革命理论形成的延安时期，要把毛泽东思想的主要内容，特别是今后还要继续贯彻执行的内容，用比较概括的语言写出来。对毛泽东在"文化大革命"时期的错误进行实事求是的分析。第二，"对建国三十年来历史上的大事，哪些是正确的，哪些是错误的，要进行实事求是的分析，包括一些负责同志的功过是非，要做出公正的评价"。第三，"通过这个决议对过去的事情做个基本的总结"①。他强调最重要、最根本、最关键的是第一条。这体现了邓小平在评价毛泽东思想问题上的一贯立场和鲜明态度。1980 年 2 月，在讨论《中国共产党章程（修改草案）》时，邓小平强调必须旗帜鲜明地维护毛泽东思想在我党的指导地位，他针对总纲中没有出现毛泽东的名字这一问题严肃地指出："这个问题是总纲中最大的问题。作为一种科学的语言，马克思主义是可以包括列宁主义和毛泽东思想的，但如果我们的党章中只提马克思主义，不提列宁主义和毛泽东思想，国际上就会有人说我们党的性质变了，国内就牵涉到一个毛泽东思想的问题。"② 他要求在总纲中写上中国共产党以马克思列宁主义、毛泽东思想的科学理论作为自己的行动指南。

1980 年 4 月，针对《决议》的起草工作，邓小平再次强调："决议中最核心、最根本的问题，还是坚持和发展毛泽东思想。党内党外、国内国外都需要我们对这一问题加以论证，加以阐述，加以概括。"③ 1980 年 6 月，他审阅《决议》草稿后，认为没有很好地体现确立毛泽东同志的历史地位、坚持和发展毛泽东思想的原则，并提出了重要修改意见，要求把重点放在毛泽东思想是什么、毛泽东同志正确的东西是什么这些方面，要说清楚毛泽东关于社会主义革命和社会主义建设有哪些贡献，他的思想还在发展中，要把这些思想充分地表达出来，这都是我们今天要继续坚持和发展的。他强调："要给人一个很清楚的印象，究竟我们高举毛泽东思想旗帜、坚持毛泽东思想，指的是些什么内容。"④ 并指出单单讲毛泽东同志本人的错误不能解决问题，最重要的是一个制度问题。1980 年 10 月，在同中央负责同志

① 《邓小平文选》第 2 卷，人民出版社 1994 年版，第 292 页。
② 中共中央文献研究室编：《邓小平年谱（一九七五——一九九七）》（上），中央文献出版社 2004 年版，第 600 页。
③ 《邓小平文选》第 2 卷，人民出版社 1994 年版，第 296 页。
④ 《邓小平文选》第 2 卷，人民出版社 1994 年版，第 297 页。

谈论《决议》起草和修改时，他指出，毛泽东功过和毛泽东思想的评价是个非常重要的问题，强调："毛泽东思想这个旗帜丢不得。丢掉了这个旗帜，实际上就否定了我们党的光辉历史。"①对毛泽东的评价，对毛泽东思想的阐述不仅涉及毛泽东个人的问题，而且是与党和国家的整个历史分不开的。七大确定毛泽东思想为全党的指导思想，我们党用毛泽东思想教育了整整一代人，使我们赢得了革命战争的胜利，建立了中华人民共和国。他指出："总之，不把毛泽东思想，即经过实践检验证明是正确的、应该作为我们今后工作指南的东西，写到决议里去，我们过去和今后进行的革命、建设的分量，它的历史意义，都要削弱。不写或不坚持毛泽东思想，我们要犯历史性的大错误。"②并强调，对于错误，包括毛泽东同志的错误，一定要毫不含糊地进行批评，但是一定要实事求是，分析各种不同的情况，不能把所有的问题都归结到个人品质上。对于毛泽东同志的错误，不能写过头。写过头，给毛泽东同志抹黑，也就是给我们党、我们国家抹黑。这是违背历史事实的。

同时，针对一段时期以来国外对中国搞所谓"非毛化"的议论，邓小平向外界明确表明了我们党对毛泽东思想和新中国成立以来的历史经验的肯定态度。1981年1月，邓小平在会见澳大利亚外交部部长安东尼·奥斯汀·斯特里特时，明确指出："我们没有搞'非毛化'，我们坚持毛泽东思想。毛主席在晚年确实有很大的错误，也要讲清楚。讲清楚的好处是可以教育我们的人民和后代，也教育我们自己。但毛主席的历史功绩不能抹煞。毛泽东思想是历史形成的，是在四十年代我们党的全国代表大会上肯定的，是以毛主席为代表的老一辈无产阶级革命家集体智慧的结晶。毛泽东思想指导中国革命取得了胜利，这个财富我们不能丢。既然我们坚持毛泽东思想，怎么能说是'非毛化'？"③他进一步指出："我们要写个文件，主要是总结建国以来的历史经验，肯定要坚持毛泽东思想，肯定毛主席的功绩是第一位、错误是第二位。要把过去的问题讲清楚。要有一个统一的认识。通过这次审判'四人帮'和这个文件的公布，把过去的问题了结了，不再纠缠。我们十亿人民一心一意向前看，向实现四个

---

① 《邓小平文选》第2卷，人民出版社1994年版，第298页。
② 《邓小平文选》第2卷，人民出版社1994年版，第300页。
③ 中共中央文献研究室编：《邓小平年谱（一九七五——一九九七）》（下），中央文献出版社2004年版，第709页。

现代化的目标努力。"①

陈云也非常关心《决议》的起草问题，先后与胡乔木、邓力群作了多次谈话，建议在写新中国成立以来历史的基础上，增加回顾新中国成立以前28年历史的段落。有了党的整个历史，把毛泽东在60年中重要关头的作用写清楚，毛泽东的功绩和贡献就会概括得更全面，进而确立毛泽东同志的历史地位、坚持和发展毛泽东思想也就有了全面的根据。并强调一定要把毛泽东同志的功过敲定，讲清楚，讲透彻。对新中国成立以来党的工作中的错误"一定要写得很准确，论断要合乎实际，要把它'敲定'下来"②。对于正确与错误不混淆、不掩盖、不夸大也不缩小，这就是实事求是。"敲定"毛泽东的功过，党的思想才会统一，人民的思想才会统一。1981年3月，邓小平与陈云就《决议》修改稿交换意见，陈云又提出两条建议：第一，专门加一篇话，讲讲解放前党的历史，写党的六十年，这样，毛泽东同志的功绩、贡献就会概括得更全面，确立毛泽东的历史地位，坚持和发展毛泽东思想就有了全面的依据。第二，建议中央提倡学习，重点是学习毛泽东的哲学著作。③陈云的意见很快由邓小平转达给《决议》起草小组。同时邓小平要求，《决议》中关于毛泽东对马克思主义哲学的贡献要写得更丰富更充实，结束语中也要加上提倡学习的意思。④1980年10月中旬开始，党内4000多位干部对《决议》草案稿进行了为期一个月的讨论，其中包括中共中央直属机关、国家机关（包括全国人大、国务院、最高人民法院、最高人民检察院）、军队（总政）干部约1000人；地方和省军级干部约3000人，分成35个组。当时在中央党校学习的约1500人同时参加讨论，实际参加讨论的高级干部达5000多人。大家围绕《决议》草案，以事实为依据，以实践为标准，对党的历史和毛泽东的功过进行了热烈而深入的讨论。1981年5月，中共中央政治局扩大会议对《决议》草案进行了深入的讨论。《决议》草案根据多方意见和建议做了多次修改，1981年6月，党的十一届六中全会一致通过了《中国共产党中央委员会关于建国以来党的若干历

---

① 中共中央文献研究室编：《邓小平年谱（一九七五——一九九七）》（下），中央文献出版社2004年版，第709—710页。

② 《陈云文选》第3卷，人民出版社1995年版，第283页。

③ 参见中共中央文献研究室：《邓小平年谱（一九七五——一九九七）》（下），中央文献出版社2004年版，第725—726页。

④ 参见《邓小平文选》第2卷，人民出版社1994年版，第303—304页。

史问题的决议》。《决议》全文 38 段，共分 8 个部分：新中国成立以前 28 年历史的回顾；新中国成立以来 32 年历史的基本估计；基本完成社会主义改造的七年；开始全面建设社会主义的十年；"文化大革命"的十年；历史的伟大转折；毛泽东同志的历史地位和毛泽东思想；团结起来，为建设社会主义现代化强国而奋斗。《决议》的通过，标志着中国共产党在新中国成立以来一系列重大历史问题上达成了共识。这对于正确评价我们党和人民的奋斗历史，对于促进我国的改革开放和经济社会发展，对于推进马克思主义中国化的历史进程，具有重大而深远的意义。[1]

二、《决议》对新中国成立 32 年历史的基本评价

《决议》运用历史唯物主义的分析方法首先回顾了新中国成立以前中国共产党 28 年革命斗争的光辉历史，阐明了中国革命胜利的原因和重要意义，特别强调了毛泽东在中国新民主主义革命胜利中所发挥的重要作用，明确指出："我们不应该把一切功劳归于革命的领袖们，但也不应该低估领袖们的重要作用。在党的许多杰出领袖中，毛泽东同志居于首要地位。""如果没有毛泽东同志多次从危机中挽救中国革命，如果没有以他为首的党中央给全党、全国各族人民和人民军队指明坚定正确的政治方向，我们党和人民可能还要在黑暗中摸索更长时间。同中国共产党被公认为全国各族人民的领导核心一样，毛泽东同志被公认为中国共产党和中国各族人民的伟大领袖，在党和人民集体奋斗中产生的毛泽东思想被公认为党的指导思想，这是中华人民共和国建国以前二十八年历史发展的必然结果。"[2] 这段对毛泽东历史地位和毛泽东思想的高度评价不仅充分说明了毛泽东和毛泽东思想的历史地位，也彰显了毛泽东思想的当代价值，而且为后面全面评价毛泽东的历史地位和强调在新时期继续坚持毛泽东思想定下了基调。

在此基础上，《决议》对新中国成立以来中国共产党 32 年的奋斗历史作了总体的估计，给予了唯物辩证的分析，充分肯定了其巨大成就："总的说来，

---

① 杨瑞森：《毛泽东哲学思想的当代价值》，南开大学出版社 2019 年版，第 161 页。
② 《三中全会以来重要文献选编》（下），中央文献出版社 2011 年版，第 128—129 页。

是我们党在马克思列宁主义、毛泽东思想指导下，领导全国各族人民进行社会主义革命和社会主义建设并取得巨大成就的历史。"①《决议》从十个方面概括总结了新中国成立 32 年来所取得的重要成就，包括：一、建立和巩固了工人阶级领导的、以工农联盟为基础的人民民主专政即无产阶级专政的国家政权。二、实现和巩固了全国范围（除台湾等岛屿以外）的国家统一，根本改变了旧中国四分五裂的局面。三、战胜了帝国主义、霸权主义的侵略、破坏和武装挑衅，维护了国家的安全和独立，胜利地进行了保卫祖国边疆的斗争。四、建立和发展了社会主义经济，基本上完成了对生产资料私有制的社会主义改造，基本上实现了生产资料公有制和按劳分配。五、在工业建设中取得重大成就，逐步建立了独立的比较完整的工业体系和国民经济体系。六、农业生产条件发生显著改变，生产水平有了很大提高。七、城乡商业和对外贸易都有很大增长。八、教育、科学、文化、卫生、体育事业有很大发展。九、人民解放军在新的历史条件下得到壮大和提高，由单一的陆军发展成为包括海军、空军和其他技术兵种在内的合成军队。十、在国际上，始终不渝地奉行社会主义的独立自主的外交方针，倡导和坚持了和平共处五项原则，同全世界 124 个国家建立了外交关系，同更多的国家和地区发展了经济、贸易和文化往来。②同时，实事求是地指出，由于新中国成立的时间不长，我们取得的成就只是初步的。由于我们党领导社会主义事业的经验不多，党的领导对形势的分析和对国情的认识有主观主义的偏差，"文化大革命"前就有过把阶级斗争扩大化和在经济建设上急躁冒进的错误。但是，32 年来我们取得的成就还是主要的，"忽视或否认我们的成就，忽视或否认取得这些成就的成功经验，同样是严重的错误"③。《决议》指出，"坚持真理，修正错误"是我们党必须采取的辩证唯物主义的根本立场。过去采取这个立场，曾使我们的事业转危为安、转败为胜。今后继续采取这个立场，必将引导我们取得更大的胜利。《决议》对新中国成立以来中国共产党 32 年奋斗历史的基本估计和科学评价，为后面具体分析各个历史时期的功过得失提供了基本依据，奠定了基础。

针对邓小平要求《决议》解决的一个中心问题："我们三十二年，特别是'文

---

① 《三中全会以来重要文献选编》（下），中央文献出版社 2011 年版，第 129 页。
② 参见《三中全会以来重要文献选编》（下），中央文献出版社 2011 年版，第 129—132 页。
③ 《三中全会以来重要文献选编》（下），中央文献出版社 2011 年版，第 132 页。

化大革命'前十年，成绩是主要的，还是错误是主要的？是漆黑一团，还是光明是主要的？"①《决议》依据唯物史观基本原理和方法，总结了新中国成立 32 年来的奋斗历程、主要成就和存在的问题，对这一时期的历史经验作了总结。《决议》将新中国成立以后的历史具体划分为四个时期，分别作了具体的、历史的分析和评价。

（一）基本完成社会主义改造的七年

《决议》首先总结了从 1949 年新中国成立到 1952 年这三年的主要工作和取得成就。指出在这三年中，我们党领导革命军队和各族人民肃清了国民党反动派在大陆的残余武装力量和土匪，实现了西藏和平解放，建立了各地各级人民政府，没收了官僚资本企业并把它们改造成为社会主义国营企业，统一了全国财政经济工作，稳定了物价，完成了新解放区土地制度改革；镇压了反革命，开展了"三反"、"五反"运动；对旧中国教育科学文化事业进行了卓有成效的改造；胜利完成繁重的社会改革任务，进行了伟大的抗美援朝、保家卫国战争，迅速恢复了在旧中国遭到严重破坏的国民经济，全国工农业生产 1952 年底达到历史最高水平。

《决议》科学评价了 1952 年至 1956 年的社会主义改造运动。指出 1952 年党中央按照毛泽东建议，提出了过渡时期总路线：要在一个相当长的时期内，逐步实现国家的社会主义工业化，并逐步实现国家对农业、手工业和资本主义工商业的社会主义改造。过渡时期总路线反映了历史的必然性。国家的社会主义工业化是国家独立和富强的当然要求和必要条件，新民主主义革命在全国胜利和土地制度改革在全国完成以后，国内的主要矛盾已经转化为工人阶级和资产阶级之间、社会主义道路和资本主义道路之间的矛盾，社会主义改造是由社会主要矛盾的变化决定的。就资本主义工商业而言，国家需要有利于国计民生的资本主义工商业有一定的发展，但资本主义企业追逐剩余价值的本性使它们和国家的各项经济政策之间、社会主义国营经济之间、本企业职工及全国各族人民之间的利益冲突越来越明显，把原来落后、混乱、畸形发展、唯利是图的资本主义工商业逐步引上社会主义改造的道路是社会发展的内在要求。就农业而言，在个体农民特别是在土地改革中新获得土地而缺少其他生产资料的贫农

---

① 《邓小平文选》第 2 卷，人民出版社 1994 年版，第 306 页。

下中农中出现了典让和出卖土地的现象，产生了新的两极分化；兴修水利、抗御自然灾害、采用农业机械和其他新技术以发展生产也需要走互助合作的道路；工业化的发展一方面对农产品的需要日益增大，另一方面对农业技术改造的支援日益增强，也促进个体农业向合作化方向发展。

《决议》充分肯定了党提出的过渡时期的总路线。明确指出，在过渡时期中，我们党创造性地开辟了一条适合中国特点的社会主义改造的道路，并总结了适合中国特点的社会主义改造经验：对资本主义工商业，我们党创造了委托加工、计划订货、统购包销、委托经销代销、全行业公私合营等一系列从低级到高级的国家资本主义的过渡形式，实现了马克思和列宁曾经设想过的对资产阶级的和平赎买。对个体农业，我们党遵循自愿互利、典型示范和国家帮助的原则，创造了从临时互助组和常年互助组，发展到半社会主义性质的初级农业生产合作社，再发展到社会主义性质的高级农业生产合作社的过渡形式。对个体手工业的改造，也采取了类似的方法，在改造过程中，国家资本主义经济和合作经济表现了明显的优越性。到1956年，全国绝大部分地区基本上完成了对生产资料私有制的社会主义改造。《决议》同时实事求是地指出了社会主义改造工作中存在的缺点和偏差，比如，在1955年夏季以后，农业合作化以及对手工业和个体商业的改造要求过急过快，工作过粗，形式过于简单划一，以致长期遗留了一些问题；1956年资本主义工商业改造基本完成以后，对于一部分原工商业者的使用和处理也不很适当。《决议》总体上充分肯定了社会主义改造的伟大成就："整个来说，在一个几亿人口的大国中比较顺利地实现了如此复杂、困难和深刻的社会变革，促进了工农业和整个国民经济的发展，这的确是伟大的历史性胜利。"[1]在此期间，我国第一个五年计划取得了经济建设的重大成就，建立起一批为国家工业化所必需而过去又非常薄弱的基础工业。从1953年到1956年，全国工业总产值平均每年递增百分之十九点六，农业总产值平均每年递增百分之四点八。经济发展比较快，经济效果比较好，重要经济部门之间的比例比较协调。人民生活显著改善。1956年4月，毛泽东发表《论十大关系》的讲话，针对当时形势初步总结了我国社会主义建设的经验，提出了探索适合我国国情的社会主义建设道路的任务。其间社会主义法制建设和教育科学文化事业也取得重大成就。1954年9月，召开了第一届全国人民代表大

---

[1] 《三中全会以来重要文献选编》（下），中央文献出版社2011年版，第135页。

会第一次会议，制定了《中华人民共和国宪法》。1956 年 1 月，党中央召开了知识分子问题会议，随后提出了"百花齐放、百家争鸣"的方针，规定了对知识分子和教育科学文化工作的正确政策，促进了教育科学文化事业的繁荣。

《决议》充分肯定了党的第八次全国代表大会确立的正确路线。指出，党的八大对社会主义制度在我国基本建立、社会主义改造基本完成后国内的主要矛盾和全国人民的主要任务作出了正确判断，认为国内主要矛盾已经不再是工人阶级和资产阶级的矛盾，而是人民对于经济文化迅速发展的需要同当前经济文化不能满足人民需要的状况之间的矛盾；全国人民的主要任务是集中力量发展社会生产力，实现国家工业化，逐步满足人民日益增长的物质和文化需要；虽然还有阶级斗争，还要加强人民民主专政，但其根本任务已经是在新的生产关系下面保护和发展生产力。《决议》充分肯定党的八大坚持了 1956 年 5 月党中央提出的既反保守又反冒进即在综合平衡中稳步前进的经济建设方针，肯定了党的八大提出的诸如执政党建设问题，强调要坚持民主集中制和集体领导制度，反对个人崇拜，发展党内民主和人民民主，加强党和群众的联系。总之，党的八大的路线是正确的，"它为新时期社会主义事业的发展和党的建设指明了方向"①。

《决议》对新中国成立头七年党领导各族人民取得的伟大成就作了充分肯定："在这个历史阶段中，党确定的指导方针和基本政策是正确的，取得的胜利是辉煌的。"② 对这一时期的评价体现了邓小平对起草工作的指导意见："建国头七年的成绩是大家一致公认的。我们的社会主义改造是搞得成功的，很了不起。这是毛泽东同志对马克思列宁主义的一个重大贡献。"③《决议》指出这一时期，党领导全国各族人民有步骤地实现从新民主主义社会到社会主义社会的转变，迅速恢复了国民经济并开展了有计划的经济建设，在全国绝大部分地区基本上完成了对生产资料私有制的社会主义改造。

（二）开始全面建设社会主义的十年

社会主义改造基本完成以后，我们党领导全国各族人民开始全面的大规模的建设社会主义的十年是在曲折中发展的十年。《决议》坚持历史唯物主义的

---

① 《三中全会以来重要文献选编》（下），中央文献出版社 2011 年版，第 136 页。
② 《三中全会以来重要文献选编》（下），中央文献出版社 2011 年版，第 133 页。
③ 《邓小平文选》第 2 卷，人民出版社 1994 年版，第 302 页。

基本立场和方法，对这一时期取得的成就和存在的问题作出了实事求是的分析和总结。指出这一时期虽然遭到过严重挫折，但仍然取得了很大的成就，体现了邓小平对《决议》起草工作的指导意见："'文化大革命'前的十年，应当肯定，总的是好的，基本上是在健康的道路上发展的。这中间有过曲折，犯过错误，但成绩是主要的。"[①]1966 年与 1956 年相比，全国工业固定资产按原价计算增长了三倍。棉纱、原煤、发电量、原油、钢和机械设备等主要工业产品的产量都有巨大的增长。从 1965 年起实现了石油全部自给。建立了电子工业、石油化工等一批新兴工业部门，工业布局有了改善。农业的基本建设和技术改造开始大规模地展开，并逐渐收到成效。全国农业用拖拉机和化肥施用量都增长六倍以上，农村用电量增长七十倍。高等学校的毕业生为前七年的四点九倍。经过整顿，教育质量得到显著提高。科学技术工作也有比较突出的成果。党在这十年中积累了领导社会主义建设的重要经验。毛泽东在 1957 年提出必须正确区分和处理社会主义社会两类不同性质的社会矛盾，把正确处理人民内部矛盾作为国家政治生活的主题，提出要"造成一个又有集中又有民主，又有纪律又有自由，又有统一意志又有个人心情舒畅、生动活泼，那样一种政治局面"的要求。1958 年，他又提出要把党和国家的工作重点转移到技术革命和社会主义建设上来。这些都是八大路线的继续发展，具有长远的指导意义。全党和全国各族人民的主要注意力从 1960 年冬以后一直是在贯彻执行调整经济的正确方针，社会主义建设逐步地重新出现欣欣向荣的景象。党和人民团结一致，同甘共苦，对内克服了自己的困难，对外顶住了苏联领导集团的压力，还清了对苏联的全部债款（主要是抗美援朝中的军火债款），并且大力支援了许多国家人民的革命斗争和建设事业。1964 年底到 1965 年初召开的第三届全国人民代表大会宣布：调整国民经济的任务已经基本完成，整个国民经济将进入一个新的发展时期，要努力把我国逐步建设成为一个具有现代农业、现代工业、现代国防和现代科学技术的社会主义强国。《决议》强调："总之，我们现在赖以进行现代化建设的物质技术基础，很大一部分是这个期间建设起来的；全国经济文化建设等方面的骨干力量和他们的工作经验，大部分也是在这个期间培养和积累起来的。这是这个期间党的工作的主导方面。"[②]对这一时期社会主义建

① 《邓小平文选》第 2 卷，人民出版社 1994 年版，第 302 页。
② 《三中全会以来重要文献选编》（下），中央文献出版社 2011 年版，第 138 页。

设的成就作了充分肯定。

《决议》同时客观地总结了因党的工作在指导方针上有过严重失误导致社会主义建设出现曲折的发展过程，指出主要原因在于"左"倾错误逐渐形成和发展，并且没有得到及时的纠正。1957年全党开展整风运动，针对极少数资产阶级右派分子对党和社会主义制度的进攻进行反击是完全正确和必要的，但是反右派斗争被严重地扩大化了，把一批知识分子、爱国人士和党内干部错划为"右派分子"，造成了不幸的后果。1958年，党的八大二次会议通过了"鼓足干劲，力争上游，多快好省地建设社会主义"的社会主义建设总路线，反映了广大人民群众迫切要求改变我国经济文化落后状况的普遍愿望，但存在忽视客观经济规律的缺点。在这次会议前后，全党和全国各族人民在生产建设中发挥了高度的社会主义积极性和创造精神，并取得了一定的成果。但是，由于对社会主义建设经验不足，对经济发展规律和中国基本国情认识不足，特别是由于毛泽东、中央和地方不少领导在胜利面前滋长了骄傲自满情绪，夸大了主观意志和主观努力的作用，没有经过认真的调查研究和试点，就在总路线提出后发动了"大跃进"运动和农村人民公社化运动，使得以高指标、瞎指挥、浮夸风和"共产风"为主要标志的"左"倾错误严重地泛滥开来。在庐山会议后期，毛泽东错误地发动了对彭德怀的批判，进而在全党错误地开展了"反右倾"斗争。八届八中全会关于所谓"彭德怀、黄克诚、张闻天、周小舟反党集团"的决议是完全错误的。这场斗争在政治上使党内从中央到基层的民主生活遭到严重损害，在经济上打断了纠正"左"倾错误的进程，使错误延续了更长时间。

《决议》充分肯定了党中央纠正"左"倾错误的努力，指出1960年冬，党中央和毛泽东开始纠正农村工作中的"左"倾错误，决定对国民经济实行"调整、巩固、充实、提高"的八字方针。在刘少奇、周恩来、陈云、邓小平等人主持下，制定和执行了一系列正确政策和果断措施，是这个历史阶段中的重要转变。1962年1月召开的七千人大会，初步总结了"大跃进"中的经验教训，开展了批评和自我批评。会议前后为"反右倾"运动中被错误批判的大多数同志进行了甄别平反，给被划为"右派分子"的大多数人摘掉了"右派分子"帽子。通过采取这些经济政治措施，从1962年到1966年我国国民经济得到比较顺利的恢复和发展。但是"左"倾错误在经济工作的指导思想上并未得到彻底纠正，同时在政治和思想文化方面还有发展。在1962年9月召开的八届十中全会上，毛泽东把社会主义社会中一定范围内存在的阶级斗争扩大化和绝对化，发展了他在 1957 年反右派斗争以后提出的无产阶级同资产阶级的矛盾仍然是我国社会主要矛盾的观点，断言在整个社会主义历史阶段资产阶级都将存在和企图复辟，并成为党内产生修正主义的根源。《决议》指出，1963 年至 1965 年间开展的社会主义教育运动，对于解决干部作风和经济管理等方面的问题发挥了一定的积极作用，但却把这些不同性质的问题都认为是阶级斗争或阶级斗争在党内的反映，致使 1964 年下半年不少基层干部受到不应有打击，1965 年初，又错误地提出了运动的重点是整所谓"党内走资本主义道路的当权派"。此外，在意识形态领域，对一些文艺作品、学术观点和文艺界学术界的一些代表人物进行了错误的政治批判，在对待知识分子和教育科学文化问题上发生了愈来愈严重的"左"的偏差，在后来发展成为"文化大革命"的导火线。不过，这些错误当时还没有达到支配全局的程度。

《决议》正确揭示了十年社会主义建设时期"左"倾错误形成发展的历史轨迹及其与"文化大革命"的内在关系，同时强调："这十年中的一切成就，是在以毛泽东同志为首的党中央集体领导下取得的。这个期间工作中的错误，责任同样也在党中央的领导集体。毛泽东同志负有主要责任，但也不能把所有错误归咎于毛泽东同志个人。"[1] 这个期间，毛泽东在关于社会主义社会阶级斗争的理论和实践上的错误发展得越来越严重，他的个人专断作风逐步损害党的民主集中制，个人崇拜现象逐步发展。党中央未能及时纠正这些错误，林彪、江青、康生等人又别有用心地利用和助长了这些错误，从而导致了"文化大革命"的发生。

（三）"文化大革命"的十年

《决议》全面深刻地分析了"文化大革命"十年的历史过程、严重危害、错误实质和深刻根源，为统一人们思想、全盘否定"文化大革命"提供了充足的理论依据。《决议》将 1966 年 5 月中央政治局扩大会议和同年 8 月八届十一中全会的召开作为"文化大革命"全面发动的标志。这两次会议相继通过了《五·一六通知》和《关于无产阶级文化大革命的决定》，对所谓"彭真、罗瑞卿、陆定一、杨尚昆反党集团"和所谓"刘少奇、邓小平司令部"进行了错误的斗争，对党中央领导机构进行了错误的改组，成立了所谓"中央文革小组"并让它掌

---

[1] 《三中全会以来重要文献选编》（下），中央文献出版社 2011 年版，第 141 页。

握了中央的很大部分权力。毛泽东的"左"倾错误的个人领导实际上取代了党中央的集体领导，对毛泽东的个人崇拜被鼓吹到了狂热的程度。《决议》将"文化大革命"十年划分为三个阶段：

第一阶段从"文化大革命"发动到 1969 年 4 月党的第九次全国代表大会召开。其间林彪、江青、康生、张春桥等人主要利用所谓"中央文革小组"的名义，乘机煽动"打倒一切、全面内战"。一大批老一辈无产阶级革命家受到压制和打击，各部门各地方的党政领导机构几乎都被夺权或改组。《决议》彻底否定了党的九大路线，指出它使"文化大革命"的错误理论和实践合法化，加强了林彪、江青、康生等人在党中央的地位，在思想上、政治上和组织上的指导方针都是错误的。

第二阶段从党的九大到 1973 年 8 月党的十大。1970 年至 1971 年发生了林彪反革命集团阴谋夺取最高权力、策动反革命武装政变的事件。《决议》指出，这是"文化大革命"推翻党的一系列基本原则的结果，客观上宣告了"文化大革命"理论和实践的失败。周恩来在毛泽东支持下主持党中央日常工作，使各方面工作有了转机。在批判林彪过程中，周恩来正确地提出要批判极左思潮，这是 1967 年 2 月前后许多中央领导人要求纠正"文化大革命"错误这一正确主张的继续。毛泽东却错误地认为当时的任务仍然是反对极右。《决议》指出：党的十大继续了九大的"左"倾错误，并且使王洪文当上了党中央副主席。江青、张春桥、王洪文、姚文元在中央政治局内结成"四人帮"，江青反革命集团的势力得到加强。

第三阶段从党的十大到 1976 年 10 月。1974 年初，江青、王洪文等人提出开展所谓"批林批孔"运动，把斗争矛头指向周恩来。1975 年，周恩来病重，邓小平在毛泽东支持下主持党中央日常工作，召开了军委扩大会议和解决工业、农业、交通、科技等方面问题的一系列重要会议，着手对许多方面工作进行整顿，使形势有了明显好转。但毛泽东不能容忍邓小平系统地纠正"文化大革命"的错误，又发动了所谓"批邓、反击右倾翻案风"运动，全国因而再度陷入混乱。1976 年 1 月周恩来逝世，引起了全党全国各族人民无限悲痛。同年 4 月，在全国范围内掀起了以"天安门事件"为代表的悼念周总理、反对"四人帮"的强大抗议运动。《决议》充分肯定了这个运动，指出它实质上是拥护以邓小平为代表的党的正确领导，为后来粉碎江青反革命集团奠定了深厚的群众基础。但中央政治局和毛泽东对"天安门事件"的性质作出了错误判断，并错误地撤销了邓小平党内外一切职务。毛泽东逝世后，江青反革命集团加紧夺取党和国家最高领导权的阴谋活动。同年 10 月上旬，党中央政治局执行党和人民的意志，毅然粉碎了江青反革命集团，结束了"文化大革命"这场灾难。

《决议》对"文化大革命"的性质作了科学判断，指出："历史已经判明，'文化大革命'是一场由领导者错误发动，被反革命集团利用，给党、国家和各族人民带来严重灾难的内乱。"① 并深刻分析了"文化大革命"错误的原因，指出"文化大革命"是毛泽东发动和领导的，毛泽东负有主要责任，他基于对国际国内形势的错误判断形成的所谓"无产阶级专政下继续革命的理论"是"文化大革命"发生的直接原因。毛泽东错误地认为一大批资产阶级代表人物、反革命修正主义分子已经混进党里、政府里、军队里和文化领域的各界里，相当多单位的领导权已经不在马克思主义者和人民群众手里。党内走资本主义道路的当权派在中央形成了一个资产阶级司令部，它有一条修正主义的政治路线和组织路线，在各省、市、自治区和中央各部门都有代理人。过去的各种斗争都不能解决问题，只有实行"文化大革命"，公开地、全面地、自下而上地发动广大群众来揭发上述的黑暗面，才能把被走资派篡夺的权力重新夺回来。这实质上是一个阶级推翻一个阶级的政治大革命，以后还要进行多次。这些论点主要出现在作为"文化大革命"纲领性文件的《五·一六通知》和党的九大的政治报告中，并被概括为"无产阶级专政下继续革命的理论"，成为"文化大革命"的指导思想和理论基础。

《决议》系统而深刻地揭示了"无产阶级专政下继续革命的理论"的谬误，指出所谓同修正主义路线或资本主义道路的斗争的说法根本没有事实根据，并且在一系列重大理论和政策问题上混淆了是非。"文化大革命"中被当作修正主义或资本主义批判的许多东西实际上正是马克思主义原理和社会主义原则，其中很多是毛泽东自己提出或支持过的。"文化大革命"否定了新中国成立十七年来大量的正确方针政策和成就，实际上也就在很大程度上否定了包括毛泽东自己在内的党中央和人民政府的工作，否定了全国各族人民建设社会主义的艰苦卓绝的奋斗。这种是非混淆必然导致敌我混淆。"文化大革命"所打倒的"走资派"是党和国家各级组织中的领导干部，是社会主义事业的骨干力量。党内根本不存在所谓以刘少奇、邓小平为首的"资产阶级司令部"，"文化大革命"对所谓"反动学术权威"的批判使许多有才能、有成就的知识分子遭到打击和

① 《三中全会以来重要文献选编》(下)，中央文献出版社 2011 年版，第 144 页。

迫害，也严重地混淆了敌我。"无产阶级专政下继续革命的理论"提倡的发动群众"夺权"名义上是直接依靠群众，实际上既脱离了党组织，又脱离了广大群众，使党的各级组织普遍受到冲击并陷于瘫痪、半瘫痪状态，党的各级领导干部普遍受到批判和斗争，广大党员被停止了组织生活，党长期依靠的许多积极分子和基本群众受到排斥。《决议》深刻指出，在社会主义条件下进行所谓"一个阶级推翻一个阶级"的政治大革命，既没有经济基础，也没有政治基础。它必然提不出任何建设性的纲领，而只能造成严重的混乱、破坏和倒退。在我国人民民主专政的国家政权建立，尤其是社会主义改造基本完成、剥削阶级作为阶级已经消灭以后，虽然社会主义革命的任务还没有最后完成，但是革命的内容和方法已经同过去根本不同。对于党和国家肌体中确实存在的某些阴暗面，当然需要作出恰当的估计并运用符合宪法、法律和党章的正确措施加以解决，但绝不应该采取"文化大革命"的理论和方法。实践证明，毛泽东发动"文化大革命"的主要论点，既不符合马克思列宁主义，也不符合中国实际，这些论点对当时我国阶级形势以及党和国家政治状况的估计，是完全错误的。因此，"文化大革命"不是也不可能是任何意义上的革命或社会进步。

《决议》进而系统揭示了"文化大革命"发生的复杂的社会历史原因。"文化大革命"之所以会发生并且持续十年之久，除了毛泽东领导上的错误这个直接原因外，还有复杂的社会历史原因。

从社会主义运动的发展规律看，社会主义运动的历史不长，社会主义国家的历史更短，我们对于社会主义社会的发展规律有些已经比较清楚，更多的还有待于继续探索。我们党过去长期处于战争和激烈阶级斗争的环境中，对于迅速到来的新生的社会主义社会和全国规模的社会主义建设事业，缺乏充分的思想准备和科学研究。马克思、恩格斯、列宁的科学著作是我们行动的指针，但不可能给我国社会主义事业中的各种问题提供现成答案。

从领导思想上来看，由于我们党的历史特点，在社会主义改造基本完成以后，在观察和处理社会主义社会发展进程中出现的政治、经济、文化等方面的新矛盾新问题时，容易把已经不属于阶级斗争的问题仍然看作是阶级斗争，习惯于沿用过去熟悉的进行大规模急风暴雨式群众性斗争的旧方法和旧经验，从而导致阶级斗争的严重扩大化。与此同时，这种脱离实际的主观主义的思想和做法，由于把马克思主义经典作家著作中的某些设想和论点加以误解或教条化地运用，反而似乎显得有理有据，使得把阶级斗争扩大化的迷误当成保卫马克思主义的纯洁性。

从国际背景看，苏联领导人挑起中苏论战，并把两党之间的原则争论变为国家争端，对我国施加政治上、经济上和军事上的巨大压力，迫使我们不得不进行反对苏联大国沙文主义的正义斗争。在这种情况下，我们在国内进行了反修防修运动，使阶级斗争扩大化的迷误日益深入到党内，以致党内不同意见的正常争论也被当作是所谓修正主义路线的表现或所谓路线斗争的表现。这样，党就很难抵制毛泽东等人提出的一些"左"倾观点，这些"左"倾观点的发展就导致"文化大革命"的发生和持续。

从党的领导机制看，随着毛泽东在党和国家的威望达到高峰，他逐渐骄傲起来，主观主义和个人专断作风日益严重，逐渐凌驾于党中央之上，使党和国家政治生活中的集体领导原则和民主集中制不断受到削弱以至破坏。从马克思主义的观点看来，这个复杂现象是一定历史条件的产物，如果仅仅归咎于某个人或若干人，就不能使全党得到深刻教训，并找出切实有效的改革步骤。

从历史传统看，中国具有很长的封建历史，封建专制主义在思想政治方面的遗毒不是很容易肃清，各种复杂的历史原因又使我们没有能把党内民主和国家政治社会生活的民主加以制度化。这就提供了一种条件，使党的权力过分集中于个人，党内个人专断和个人崇拜现象滋长起来，使得党和国家难以防止和制止"文化大革命"的发动和发展。

《决议》明确指出：毛泽东发动"文化大革命"的"左"倾错误论点，明显地脱离了作为马克思列宁主义普遍原理和中国革命具体实践相结合的毛泽东思想的轨道，必须把它们同毛泽东思想完全区别开来。但是，毛泽东的错误终究是一个伟大的无产阶级革命家所犯的错误。他虽然在全局上一直坚持"文化大革命"的错误，但也制止和纠正过一些具体错误，保护过一些党的领导干部和党外著名人士，使一些负责干部重新回到重要领导岗位。他领导了粉碎林彪反革命集团的斗争，对江青、张春桥等人也进行过重要的批评和揭露。这些都对后来我们党顺利地粉碎"四人帮"起了重要作用。他晚年仍然警觉地注意维护国家安全，执行了正确的对外政策，坚决支援各国人民正义斗争，创造性地提出了划分"三个世界"的正确战略和我国永远不称霸的重要思想。

《决议》对党和人民在"文化大革命"中同"左"倾错误和林彪、江青反革命集团的斗争作了充分肯定和高度评价，指出："正是由于全党和广大工人、农民、解放军指战员、知识分子、知识青年和干部的共同斗争，使'文化大革命'的破坏受到了一定程度的限制。我国国民经济虽然遭到巨大损失，仍然取得了进展。粮食生产保持了比较稳定的增长。工业交通、基本建设和科学技术方面取得了一批重要成就，其中包括一些新铁路和南京长江大桥的建成，一些技术先进的大型企业的投产，氢弹试验和人造卫星发射回收的成功，籼型杂交水稻的育成和推广，等等。"①党、人民政权、人民军队和整个社会的性质都没有改变。历史再一次表明，我们的人民是伟大的人民，我们的党和社会主义制度具有伟大而顽强的生命力。

（四）党的十一届三中全会实现了历史的伟大转折

《决议》高度评价了党的十一届三中全会以来的工作。指出，从1976年10月粉碎江青反革命集团的胜利到十一届三中全会之前的两年，党的工作处于在徘徊中前进的局面。一方面，党和国家组织的整顿，冤假错案的平反，开始部分地进行；工农业生产得到比较快的恢复；教育科学文化工作也开始走向正常。另一方面，"两个凡是"的错误方针严重阻碍了对"文化大革命"错误的纠正。党的十一届三中全会开始全面地认真地纠正"文化大革命"中及其以前的"左"倾错误，《决议》把十一届三中全会称为新中国成立以来我们党历史上具有深远意义的伟大转折。全会坚决批判了"两个凡是"的错误方针，充分肯定了必须完整地、准确地掌握毛泽东思想的科学体系；高度评价了关于真理标准问题的讨论，确定了解放思想、开动脑筋、实事求是、团结一致向前看的指导方针；果断地停止使用"以阶级斗争为纲"的口号，作出了把工作重点转移到社会主义现代化建设上来的战略决策；提出了要注意解决好国民经济重大比例严重失调的要求，制订了关于加快农业发展的决定；着重提出了健全社会主义民主和加强社会主义法制的任务；审查和解决了党的历史上一批重大冤假错案和一些重要领导人的功过是非问题。"这些在领导工作中具有重大意义的转变，标志着党重新确立了马克思主义的思想路线、政治路线和组织路线。"②《决议》指出，在十一届三中全会提出的解放思想、实事求是的号召下，广大干部和群众从过去盛行的个人崇拜和教条主义的精神枷锁中解脱出来，党内外思想活跃，出现了努力研究新情况解决新问题的生动景象。党有步骤地解

---

① 《三中全会以来重要文献选编》（下），中央文献出版社2011年版，第148页。
② 《三中全会以来重要文献选编》（下），中央文献出版社2011年版，第152页。

决了新中国成立以来的许多历史遗留问题和实际生活中出现的新问题，进行了繁重的建设和改革工作，使我们国家在经济上和政治上都出现了很好的形势。各个领域认真落实党的各项政策，取得了重要的成就，毛泽东思想的科学原理和党的正确政策在新的条件下得到了恢复和发展，党和国家的各项工作重新蒸蒸日上。《决议》如是评价十一届三中全会的重要贡献："总之，三中全会以来，毛泽东思想的科学原理和党的正确政策在新的条件下得到了恢复和发展，党和国家的各项工作重新蒸蒸日上……胜利前进的航道已经打通。"[1]

三、科学评价毛泽东和毛泽东思想

对毛泽东和毛泽东思想的评价是《决议》的最重要内容，邓小平在指导《决议》起草工作时高屋建瓴地强调："对毛泽东同志的评价，对毛泽东思想的阐述，不是仅仅涉及毛泽东同志个人的问题，这同我们党、我们国家的整个历史是分不开的。要看到这个全局。这是我们从决议起草工作开始的时候就反复强调的。决议稿中阐述毛泽东思想的这一部分不能不要。这不只是个理论问题，尤其是个政治问题，是国际国内的很大的政治问题。如果不写或写不好这个部分，整个决议都不如不做。"[2]

（一）科学评价毛泽东的历史地位

《决议》实事求是地评价了毛泽东的功过是非，充分肯定了毛泽东为新民主主义革命胜利作出的伟大贡献，指出毛泽东是伟大的马克思主义者，是伟大的无产阶级革命家、战略家和理论家。早在 1927 年大革命失败以前，毛泽东就已经明确指出无产阶级领导农民斗争的极端重要性以及在这个问题上的右倾危险。1927 年大革命失败后，他是成功地把党的工作重点由城市转入农村，在农村保存、恢复和发展革命力量的主要代表。在 1927 年至 1949 年的 22 年中，毛泽东和党的其他领导人一道，克服重重困难，逐步制定和领导执行了使革命由惨重失败转为伟大胜利的总的战略和各项政策。《决议》高度评价了毛

---

[1] 《三中全会以来重要文献选编》（下），中央文献出版社 2011 年版，第 155 页。
[2] 《邓小平文选》第 2 卷，人民出版社 1994 年版，第 299 页。

泽东在新民主主义革命和建立新中国过程中立下的丰功伟绩，认为毛泽东被公认为中国共产党和中国各族人民的伟大领袖，毛泽东思想被公认为党的指导思想，这是新中国成立以前 28 年历史发展的必然结果。毛泽东虽然在"文化大革命"中犯了严重错误，但是就他的一生来看，他对中国革命的功绩远远大于他的过失。他的功绩是第一位的，错误是第二位的。"他为我们党和中国人民解放军的创立和发展，为中国各族人民解放事业的胜利，为中华人民共和国的缔造和我国社会主义事业的发展，建立了永远不可磨灭的功勋。他为世界被压迫民族的解放和人类进步事业作出了重大的贡献。"[①] 对毛泽东历史地位的科学评价，正确回应了国内外对毛泽东功过是非的各种议论和争议，对于在党内外统一思想，凝聚共识，团结一致向前看发挥了重要作用，不仅具有突出的现实意义，而且具有深远的历史意义，也为中国共产党正确评价历史人物提供了典范。

（二）科学评价毛泽东思想

毛泽东和毛泽东思想既有联系又具有很大不同。把评价毛泽东思想和评价毛泽东功过是非严格区分开来是《决议》的创造性贡献。《决议》依据历史与逻辑相统一的原则，对毛泽东思想的形成过程、主要内容、历史贡献和立场、观点、方法作了全面系统的总结和概括，体现了邓小平对起草工作的指导意见："要写毛泽东思想的历史，毛泽东思想形成的过程。"[②] 毛泽东思想是以毛泽东同志为主要代表的中国共产党人，根据马克思列宁主义的基本原理，通过对中国长期革命实践中的一系列独创性经验的理论概括形成的适合中国情况的科学的指导思想，是马克思列宁主义普遍原理和中国革命具体实践相结合的产物。毛泽东思想是在 20 世纪 20 年代后期和 30 年代前期，同我们党内盛行的把马克思主义教条化、把共产国际决议和苏联经验神圣化的错误倾向作斗争并深刻总结这方面的历史经验的过程中逐渐形成和发展起来的。它在土地革命战争后期和抗日战争时期得到系统总结和多方面展开而达到成熟，在解放战争时期和中华人民共和国成立以后继续得到发展。"毛泽东思想是马克思列宁主义在中国的运用和发展，是被实践证明了的关于中国革命的正确的理论原则和经验总结，是中国共产党集体智慧的结晶。我党许多卓越领导人对它的形成和发展都

---

① 《三中全会以来重要文献选编》（下），中央文献出版社 2011 年版，第 156 页。
② 《邓小平文选》第 2 卷，人民出版社 1994 年版，第 292 页。

作出了重要贡献，毛泽东同志的科学著作是它的集中概括。"①

《决议》对毛泽东思想中独创性地丰富和发展了马克思列宁主义的内容作了科学的总结和概括，体现了邓小平在起草工作中提出的要求："六届七中全会通过的若干历史问题决议，主要是批判三次'左'倾路线，对照着讲以毛泽东同志为代表的正确路线，没有专门讲毛泽东思想的全部内容。现在这一次，要正确地评价毛泽东思想，科学地确立毛泽东思想的指导地位，就要把毛泽东思想的主要内容，特别是今后还要继续贯彻执行的内容，用比较概括的语言写出来。"②《决议》从六方面概括了毛泽东思想的主要内容。

1.关于新民主主义革命的思想

《决议》指出，毛泽东从中国的历史状况和社会状况出发，深刻研究中国革命特点和中国革命规律，发展了马克思列宁主义关于无产阶级在民主革命中的领导权思想，创立了无产阶级领导的、以工农联盟为基础的、人民大众的，反对帝国主义、封建主义和官僚资本主义的新民主主义革命理论。并概括总结了其基本点和理论创见：一是创造性地把中国资产阶级分为两个部分，一部分是依附于帝国主义的大资产阶级，即买办资产阶级和官僚资产阶级；另一部分是既有革命要求又有动摇性的民族资产阶级。无产阶级领导的统一战线要争取民族资产阶级参加，并且在特殊条件下把一部分大资产阶级也包括在内，以求最大限度地孤立最主要的敌人。在同资产阶级结成统一战线时，要保持无产阶级的独立性，实行又团结又斗争、以斗争求团结的政策；在被迫同资产阶级、主要是同大资产阶级分裂时，要敢于并善于同大资产阶级进行坚决的武装斗争，同时要继续争取民族资产阶级的同情或中立。二是创造性地认为由于中国没有资产阶级民主，反动统治阶级凭借武装力量对人民实行独裁恐怖统治，因此革命只能以长期的武装斗争为主要形式。中国的武装斗争，是无产阶级领导的以农民为主体的革命战争，农民是无产阶级最可靠的同盟军。无产阶级要通过自己的先锋队用先进思想、组织性和纪律性来提高农民群众的觉悟水平，建立农村根据地，进行长期革命战争，发展和壮大革命力量。《决议》强调：毛泽东指出的民主革命的"三个法宝"即统一战线、武装斗争和党本身的建设，就是中国共产党之所以能够成为全民族的领导核心，并且创造出一条以农村包

① 《三中全会以来重要文献选编》（下），中央文献出版社2011年版，第156页。
② 《邓小平文选》第2卷，人民出版社1994年版，第292页。

围城市，最后夺取全国革命胜利的道路的基本依据。

2. 关于社会主义革命和社会主义建设的思想

毛泽东思想不仅是关于新民主主义革命的正确理论，而且包含了关于社会主义革命和社会主义建设的一系列宝贵思想。《决议》指出，毛泽东和中国共产党，依据新民主主义革命胜利所创造的向社会主义过渡的经济政治条件，采取社会主义工业化和社会主义改造同时并举的方针，实行逐步改造生产资料私有制的具体政策措施，从理论和实践上创造性地解决了在中国这样一个占世界人口近四分之一、经济文化落后的大国如何建立社会主义制度的艰难任务。毛泽东提出的对人民民主和对反动派实行专政互相结合起来就是人民民主专政的理论，丰富了马克思列宁主义关于无产阶级专政的学说。在社会主义制度建立以后，毛泽东揭示了严格区分和正确处理敌我矛盾和人民内部矛盾的必要性。他提出人民内部要实行"团结——批评——团结"，在党与民主党派关系上实行"长期共存、互相监督"，在科学文化工作中实行"百花齐放、百家争鸣"，在经济工作中实行对全国城乡各阶层统筹安排和兼顾国家、集体、个人三者利益等一系列正确方针。他强调不要机械搬用外国经验，要从中国是农业大国的具体情况出发，以农业为基础，正确处理重工业同农业、轻工业的关系，从而走出一条适合我国国情的中国工业化道路。他强调在社会主义建设中要正确处理好经济建设和国防建设，大型企业和中型小型企业，汉族和少数民族，沿海和内地，中央和地方，自力更生和学习外国等各种关系，处理好积累和消费的关系，注意综合平衡等思想。他还强调工人是企业的主人，要实行干部参加劳动、工人参加管理、改革不合理的规章制度和技术人员、工人、干部"三结合"。此外，他提出了调动一切积极因素，团结全国各族人民建设社会主义强大国家的战略思想。①

3. 关于革命军队建设和军事战略的思想

毛泽东军事思想是毛泽东思想的瑰宝之一。《决议》指出，毛泽东系统地解决了以农民为主要成分的革命军队如何建设成为一支无产阶级性质的新型人民军队的问题。他规定了全心全意为人民服务是人民军队的唯一宗旨，规定了是党指挥枪而不是枪指挥党的原则，制定了三大纪律八项注意，主张实行政治、经济、军事三大民主，提出了官兵一致、军民一致和瓦解敌军的原则，总

---

① 参见《三中全会以来重要文献选编》（下），中央文献出版社 2011 年版，第 158 页。

结了一套军队政治工作的方针和方法。他总结了中国长期革命战争的经验，系统地提出了建设人民军队的思想，提出了以人民军队为骨干，依靠广大人民群众，建立农村根据地，进行人民战争的思想。他把游击战争提到了战略地位，认为中国革命战争在长时期内的主要作战形式是游击战和带游击战性质的运动战。他阐述了要随着敌我力量对比变化和战争发展进程，适时地实行军事战略的转变。他为革命军队制定了在敌强我弱的形势下实行战略的持久战和战役、战斗的速决战，把战略上的劣势转变为战役、战斗上的优势，集中优势兵力、各个歼灭敌人等一系列人民战争的战略战术，并且在解放战争中总结出著名的十大军事原则。所有这些都是毛泽东对马克思列宁主义军事理论作出的杰出贡献。在新中国成立以后，毛泽东又提出必须加强国防，建设包括海军、空军以及其他技术兵种的现代化革命武装力量，以及发展包括用于自卫的核武器的现代化国防技术的重要指导思想。

4. 关于政策和策略的思想

政策和策略是党的生命。毛泽东精辟地论证了革命斗争中政策和策略问题的极端重要性，认为政策和策略是革命政党一切实际行动的出发点和归宿，必须根据政治形势、阶级关系和实际情况及其变化制定党的政策，把原则性和灵活性结合起来。他在对敌斗争和统一战线等方面，提出了许多重要的政策和策略思想。主要包括：弱小的革命力量在变化着的主客观条件下能够最终战胜强大的反动力量；战略上要藐视敌人，战术上要重视敌人；要掌握斗争的主要方向，不要四面出击；对敌人要区别对待、分化瓦解，实行利用矛盾、争取多数、反对少数、各个击破的策略；在反动统治地区，把合法斗争和非法斗争结合起来，在组织上采取隐蔽精干的方针；对被打倒的反动阶级成员和反动分子，只要他们不造反、不捣乱，都给以生活出路，让他们在劳动中改造成为自食其力的劳动者；无产阶级及其政党要实现自己对同盟者的领导，必须具备两个条件：一是率领被领导者向着共同的敌人作坚决斗争并取得胜利；二是对被领导者给以物质利益，至少不损害其利益，同时给以政治教育；等等。①

5. 关于思想政治工作和文化工作的思想

毛泽东正确揭示了一定的文化是一定社会的政治和经济的反映，又给予伟大影响和作用于一定社会的政治和经济；经济是基础，政治是经济的集中表现。

---

① 参见《三中全会以来重要文献选编》（下），中央文献出版社2011年版，第160页。

他根据这个基本观点，提出了许多具有长远意义的重要思想。例如，关于思想政治工作是经济工作和其他一切工作的生命线，要实行政治和经济的统一、政治和技术的统一、又红又专的方针；关于发展民族的、科学的、大众的文化，实行百花齐放、推陈出新、古为今用、洋为中用的方针；关于知识分子在革命和建设中具有重要作用，要同工农相结合，通过学习马克思列宁主义、通过学习和实践树立无产阶级世界观的思想；等等。他指出"为什么人的问题，是一个根本的问题，原则的问题"，强调要全心全意为人民服务，对革命工作要极端负责，要艰苦奋斗和不怕牺牲。这些思想至今仍然具有重要意义。[①]

6. 关于党的建设的思想

毛泽东的建党学说成功地解决了在无产阶级人数很少而战斗力很强，农民和其他小资产阶级占人口大多数的国家建设一个具有广泛群众性的、马克思主义的无产阶级政党的极其艰巨的问题。他特别着重于从思想上建设党，强调党员不但要在组织上入党，而且要在思想上入党，经常注意以无产阶级思想改造和克服各种非无产阶级思想。他指出理论和实践相结合的作风、密切联系群众的作风以及自我批评的作风这"三大作风"，是中国共产党区别于其他任何政党的显著标志。他提出"惩前毖后、治病救人"的正确方针，强调在党内斗争中要达到既弄清思想又团结同志的目的。他创造了在全党通过批评与自我批评进行马克思列宁主义思想教育的整风形式。新中国成立前后，他鉴于我们党成为领导全国政权的党，多次提出要继续保持谦虚谨慎、戒骄戒躁、艰苦奋斗的作风，警惕资产阶级思想的侵蚀，反对脱离群众的官僚主义。

《决议》在具体分析基础上，把贯穿毛泽东思想主要内容的立场、观点和方法即毛泽东思想的活的灵魂，总结为实事求是、群众路线、独立自主三个基本方面。认为它们是毛泽东把辩证唯物主义和历史唯物主义运用于无产阶级政党的全部工作，在中国革命的长期艰苦斗争中形成的具有中国共产党人特色的立场、观点和方法，"丰富和发展了马克思列宁主义"。《决议》具体阐述了实事求是、群众路线、独立自主的科学内涵及其内在关系。

实事求是就是从实际出发，理论联系实际，把马克思列宁主义普遍原理同中国革命具体实践相结合。毛泽东一贯反对离开中国社会和中国革命实际研究马克思主义。早在1930年他就提出反对本本主义，强调调查研究是一切工作

---

① 参见《三中全会以来重要文献选编》（下），中央文献出版社2011年版，第160—161页。

的第一步，没有调查就没有发言权。他在延安整风运动前夕严厉批评主观主义是共产党的大敌，是党性不纯的表现。这些精辟论断使人们的思想得到一大解放。实事求是的思想理论基础是马克思主义的认识论和辩证法，毛泽东通过总结中国革命经验教训又深刻地论述和丰富了马克思主义的认识论和辩证法：他着重阐明辩证唯物主义认识论是能动的革命的反映论，特别强调充分发扬符合客观实际的自觉的能动性；以社会实践为基础，全面系统地论述了辩证唯物主义关于认识的源泉、发展过程、目的、真理标准理论；阐述了马克思主义辩证法的核心——对立统一规律，指出不仅要研究客观事物的矛盾的普遍性，尤其要研究它的特殊性，对于不同性质的矛盾，要用不同的方法去解决；不能把辩证法看作是可以死背硬套的公式，而必须把它同实践、同调查研究密切结合，在此基础上加以灵活运用。毛泽东使哲学真正成为无产阶级和人民群众认识世界和改造世界的锐利武器，尤其是他论述中国革命战争问题的重要著作，提供了在实践中运用和发展马克思主义认识论和辩证法的最光辉的范例。"毛泽东同志的上述的思想路线，我们党必须永远坚持。"①

群众路线就是一切为了群众，一切依靠群众，从群众中来，到群众中去。这是毛泽东对唯物史观基本原理在党的全部活动中的系统运用，是对我们党长时期在艰难环境里进行革命活动的宝贵历史经验的总结。他强调，只要我们依靠人民，相信人民，和人民打成一片，任何困难都有可能克服，任何敌人最终都将被我们所压倒。他指出，要取得正确的领导意见，必须从群众中来、到群众中去，实行领导和群众相结合，一般号召和个别指导相结合，即把群众的意见集中起来，化为系统的意见，又到群众中坚持下去，在群众的行动中检验这些意见是否正确。如此循环往复，使领导的认识更正确、更生动、更丰富，实现了马克思主义的认识论同党的群众路线的统一。

独立自主、自力更生是从中国实际出发、依靠群众进行革命和建设的必然结论，是与实事求是、群众路线密切联系的。无产阶级革命是国际性的事业，需要各国无产阶级互相支援，首先需要各国无产阶级立足于本国实际，依靠本国人民努力，把马克思列宁主义普遍原理同本国革命具体实践相结合，把本国的革命事业做好。毛泽东一贯主张，我们的方针要放在自己力量的基点上，从而找出适合我国情况的前进道路。在我们这样一个经济文化落后的大国，必须

---

① 《三中全会以来重要文献选编》（下），中央文献出版社2011年版，第163页。

依靠自己的力量发展革命和建设事业，要有奋斗到底的决心，要信任和依靠本国亿万人民的智慧和力量。否则，无论革命和建设都不可能取得胜利，胜利了也不可能巩固。同时，我国的革命和建设不可能孤立于世界之外，在任何时候都需要争取外援，特别需要学习外国一切对我们有益的先进事物。闭关自守、盲目排外以及任何大国主义的思想行为都是完全错误的。独立自主、自力更生是我们党领导人民进行革命和建设、处理国际关系、参与国际交往的基本原则。"在今后的国际交往中，我们将永远坚持这样的原则立场。"①

《决议》强调，"毛泽东思想是我们党的宝贵的精神财富，它将长期指导我们的行动"。毛泽东重要著作中包含的许多基本原理、原则和科学方法具有普遍意义，现在和今后都具有重要的指导作用。因此，"我们必须继续坚持毛泽东思想，认真学习和运用它的立场、观点和方法来研究实践中出现的新情况，解决新问题"②。一定要把作为科学理论的毛泽东思想同毛泽东晚年所犯的错误区别开来，要避免对待毛泽东思想的两种错误倾向：一种是以毛泽东晚年的错误为借口否认毛泽东思想的科学价值，否认毛泽东思想对我国革命和建设的指导作用；另一种是对毛泽东的言论采取教条主义的态度，以为凡是毛泽东说过的话都是不可移易的真理，只能照抄照搬，甚至不愿实事求是地承认毛泽东晚年的错误，并且还企图在新的实践中继续坚持这些错误，这两种态度都是完全错误的，会给党和人民的事业造成极大危害。《决议》强调：我们必须珍视半个多世纪以来在中国革命和建设过程中把马克思列宁主义普遍原理和中国实际相结合的一切积极成果，在新的实践中运用和发展这些成果，以符合实际的新原理和新结论丰富和发展我们党的理论，"保证我们的事业沿着马克思列宁主义、毛泽东思想的科学轨道继续前进"③。

《决议》对毛泽东思想主要内容的系统阐释和对毛泽东思想活的灵魂的精辟阐述，实现了邓小平一再强调的要完整地、准确地理解毛泽东思想的深刻见解，不仅有助于人们从整体上认识和把握毛泽东思想的科学理论体系，有助于人们从整体上认识和把握马克思列宁主义和毛泽东思想一脉相承的继承发展关系，有助于从理论高度上统一人们的思想，为新时期进一步继承和发展马克思

① 《三中全会以来重要文献选编》（下），中央文献出版社 2011 年版，第 165 页。
② 《三中全会以来重要文献选编》（下），中央文献出版社 2011 年版，第 165 页。
③ 《三中全会以来重要文献选编》（下），中央文献出版社 2011 年版，第 166 页。

列宁主义、毛泽东思想提供理论基础和方法论指导；而且具有重大现实意义，有助于人们在思想统一基础上凝聚力量，群策群力，从而在实践中开创改革开放和社会主义现代化建设的新局面。

四、基本经验总结和面向新时期的宣言

总结历史是为了更好地开辟未来。《决议》对新中国成立 32 年来正反两方面的基本经验，特别是"文化大革命"的教训作了科学的总结，在此基础上比较全面地总结了十一届三中全会三年来我们党逐步确立的适合我国情况的社会主义现代化建设正确道路的基本经验，提出了十个"主要点"，这是改革开放以来对我国社会主义现代化建设基本经验的第一次比较全面的总结，标志着对我国改革开放和社会主义现代化建设规律的认识上取得了重要成果。此后我党在重大历史事件的时间节点上不断深入进行的经验总结，成为一种治国理政的常态和经验性做法。

第一，在社会主义改造基本完成以后，我国所要解决的主要矛盾，是人民日益增长的物质文化需要同落后的社会生产之间的矛盾。《决议》继承和发展了党的八大对社会主要矛盾的正确判断，明确提出在社会主义改造基本完成以后，我国主要矛盾"是人民日益增长的物质文化需要同落后的社会生产之间的矛盾"。党和国家工作的重点必须转移到以经济建设为中心的社会主义现代化建设上来，大力发展社会生产力，并在这个基础上逐步改善人民的物质文化生活。指出我们过去所犯的错误，归根到底就是没有坚定不移地实现这个战略转移，在"文化大革命"期间竟然提出了反对所谓"唯生产力论"这样一种根本违反历史唯物主义的荒谬观点。《决议》强调："今后，除了发生大规模外敌入侵（那时仍然必须进行为战争所需要和容许的经济建设），决不能再离开这个重点。"[①]党的各项工作都必须服从和服务于经济建设这个中心，全党干部特别是经济部门的干部要努力学习经济理论、经济工作和科学技术。

第二，社会主义经济建设必须从我国国情出发，量力而行，积极奋斗，有步骤分阶段地实现现代化的目标。《决议》对过去经济工作中长期存在的"左"

---

① 《三中全会以来重要文献选编》（下），中央文献出版社 2011 年版，第 168 页。

倾错误进行了深刻反思，指出"左"倾错误的主要表现就是离开了我国国情，超越了实际可能性，忽视生产建设、经营管理的经济效果和各项经济计划、经济政策、经济措施的科学论证，从而造成大量浪费和损失。强调："社会主义经济建设必须从我国国情出发，量力而行，积极奋斗，有步骤分阶段地实现现代化的目标。"[①] 要求在今后的工作中必须采取科学态度，深入了解和分析情况，努力按照客观经济规律和自然规律办事，努力做到各经济部门按比例地协调发展。必须看到我国经济文化还比较落后这个基本事实，又必须看到我国经济建设已经取得的成就和经验，以及国际经济技术交流的扩大等国内国际的有利条件，充分利用这些有利条件。既反对急于求成，也反对消极情绪。

第三，社会主义生产关系的变革和完善必须适应于生产力的状况，有利于生产的发展。《决议》指出，社会主义生产关系的发展并不存在一套固定的模式，我们的任务是要根据我国生产力发展的要求，在每一个阶段上创造出与之相适应和便于继续前进的生产关系的具体形式。强调指出社会主义生产关系的变革和完善必须适应生产力的状况，有利于生产的发展。《决议》在肯定国营经济和集体经济是我国基本经济形式的基础上，创造性地提出：个体经济是公有制经济的必要补充，必须实行适合于各种经济成分的具体管理制度和分配制度，必须在公有制基础上实行计划经济，同时发挥市场调节的辅助作用，大力发展社会主义商品生产和商品交换。

第四，在剥削阶级作为阶级消灭以后，阶级斗争已经不是主要矛盾。《决议》深刻总结了新中国成立以来我们党在阶级斗争问题上的经验教训，指出在剥削阶级作为阶级消灭以后，阶级斗争已经不是主要矛盾。由于国内因素和国际影响，阶级斗争还将在一定范围内长期存在，在某种条件下还有可能激化。因此必须既要反对把阶级斗争扩大化的观点，又要反对认为阶级斗争已经熄灭的观点。必须正确认识我国社会内部大量存在的不属于阶级斗争范围的各种社会矛盾，采取不同于阶级斗争的方法来正确地加以解决。必须毫不动摇地团结一切可以团结的力量，巩固和扩大爱国统一战线。

第五，逐步建设高度民主的社会主义政治制度，是社会主义革命的根本任务之一。《决议》总结了新中国成立以来由于忽视社会主义民主法制建设导致"文化大革命"发生的沉痛教训，强调："逐步建设高度民主的社会主义政治制度，

---

① 《三中全会以来重要文献选编》（下），中央文献出版社 2011 年版，第 168 页。

是社会主义革命的根本任务之一。"① 指出必须根据民主集中制的原则加强各级国家机关的建设，使各级人民代表大会及其常设机构成为有权威的人民权力机关，在基层政权和基层社会生活中逐步实现人民的直接民主。必须巩固人民民主专政，完善国家的宪法和法律，使社会主义法制成为维护人民权利，保障生产秩序、工作秩序、生活秩序，制裁犯罪行为，打击阶级敌人破坏活动的强大武器，决不能让类似"文化大革命"的混乱局面在任何范围内重演。

第六，社会主义必须有高度的精神文明。《决议》批判了新中国成立以来长期存在而在"文化大革命"期间达到登峰造极的那种轻视教育科学文化和歧视知识分子的错误观念，强调社会主义必须有高度的精神文明。要求努力提高对教育科学文化在现代化建设中地位和作用重要性的认识，明确肯定知识分子同工人、农民一样是社会主义事业的依靠力量，强调没有文化和知识分子是不可能建设社会主义的。要求在全党大力加强对理论和哲学社会科学的研究，包括加强对马克思主义理论、对中外历史和现状、对各门社会科学和自然科学的研究。加强和改善思想政治工作，用马克思主义世界观和共产主义道德教育人民和青年，坚持德智体全面发展、又红又专、知识分子与工人农民相结合、脑力劳动与体力劳动相结合的教育方针，抵制腐朽的资产阶级思想和封建残余思想影响，发扬爱国主义精神和为现代化建设贡献一切的艰苦创业精神。

第七，改善和发展社会主义民族关系，加强民族团结。《决议》指出要吸取新中国成立以来特别是在"文化大革命"中，我们在民族问题所犯的把阶级斗争扩大化的严重错误以及对少数民族自治权利尊重不够的教训。指出改善和发展社会主义民族关系，加强民族团结对于我们这个多民族国家具有重大意义。指出我国的民族关系本质上是各族劳动人民之间的关系，必须坚持实行民族区域自治，加强民族区域自治的法制建设，保障各少数民族地区根据本地实际情况贯彻执行党和国家政策的自主权。切实帮助少数民族地区发展经济文化，努力培养和提拔少数民族干部。坚决反对一切破坏民族团结和民族平等的言论和行为，继续贯彻执行宗教信仰自由的政策，要求宗教不得干预政治和干预教育。

第八，在战争危险依然存在的国际条件下，必须加强现代化国防建设。《决

---

① 《三中全会以来重要文献选编》（下），中央文献出版社 2011 年版，第 169 页。

议》指出在战争危险依然存在的国际条件下加强现代化国防建设的必要性，要求国防建设同国家的经济建设相适应。人民解放军要加强军事训练、政治工作、后勤工作和军事科学研究，进一步提高战斗力，逐步建设一支强大的现代化的革命军队。要求恢复和发扬军队内部和军政之间、军民之间紧密团结的优良传统，进一步加强民兵建设。

第九，在对外关系上，继续坚持反对帝国主义、霸权主义、殖民主义和种族主义，维护世界和平。强调在和平共处五项原则基础上，积极发展同世界各国关系和经济文化往来。坚持无产阶级国际主义原则，支持被压迫民族解放事业、新独立国家建设事业和各国人民正义斗争。

第十，必须把我们党建设成为具有健全的民主集中制的党。《决议》总结了新中国成立以来党的建设经验和"文化大革命"的沉痛教训，强调指出执政党的党风问题是关系到党的生死存亡的大问题。强调一定要把我们党建设成为具有健全的民主集中制的党，在高度民主的基础上实行高度的集中，坚持少数服从多数、个人服从组织、下级服从上级、全党服从中央的原则。一定要树立党必须由在群众斗争中产生的德才兼备的领袖们实行集体领导的马克思主义观点，禁止任何形式的个人崇拜。一定要维护党的领袖人物的威信，同时保证他们的活动处于党和人民的监督之下。要求各级党组织和全体党员干部必须深入群众，深入实际，坚决克服官僚主义。必须正确运用批评和自我批评的武器，克服离开党的正确原则的各种错误思想，根除派性，反对无政府主义和极端个人主义，纠正特殊化等不正之风。必须整顿党的组织，纯洁党的队伍，清除那些欺压人民的腐化变质分子。必须正确处理党同其他组织的关系，保证国家权力机关、行政机关、司法机关和各种经济文化组织有效地行使自己的职权。党要加强同党外人士的合作共事，发挥人民政协的作用，在国家事务的重大问题上同民主党派和无党派人士认真协商，尊重他们和各方面专家的意见。党的各级组织同其他社会组织一样，都必须在宪法和法律的范围内活动。①

《决议》总结指出，新中国成立32年来最基本的历史经验就是："只有社会主义才能救中国"，"这是中国各族人民从一百多年来的切身体验中得出的不可动摇的结论，也是建国三十二年来最基本的历史经验"。② 尽管我们的社会

---

① 参见《三中全会以来重要文献选编》（下），中央文献出版社2011年版，第171—172页。
② 《三中全会以来重要文献选编》（下），中央文献出版社2011年版，第166页。

主义制度还是处于初级的阶段，但是我国已经建立了社会主义制度，进入了社会主义社会，这个基本事实是任何人都不能否认的。我们在社会主义条件下取得了旧中国根本不可能达到的成就，初步地但又有力地显示了社会主义制度的优越性。当然，我们的社会主义制度由比较不完善到比较完善，必然要经历一个长久的过程。这就要求在坚持社会主义基本制度前提下，努力改革那些不适应生产力发展需要和人民利益的具体制度，社会主义的巨大优越性必将越来越充分地显示出来。《决议》指出，新中国成立 32 年来成功和失败、正确和错误的反复比较，特别是经过十一届三中全会以来思考和总结，越来越充分地显示出"没有中国共产党就没有新中国，同样，没有中国共产党也就不会有现代化的社会主义中国"①。如果没有党的领导，没有党在长期斗争中同人民群众形成的血肉联系，没有党在人民中间所进行的艰苦细致的有成效的工作和由此而享有的崇高威信，那么我们的国家就必然由于种种内外原因而四分五裂，我们民族和人民的前途就只能被断送。党的领导不会没有错误，但是党和人民的亲密团结能够纠正这种错误，任何人都不能用党曾犯过错误作为削弱、摆脱甚至破坏党的领导的理由。削弱、摆脱和破坏党的领导，只会犯更大的错误，并且招致严重的灾难。《决议》深刻指出，为了坚持党的领导，必须改善党的领导。中国共产党在思想作风、组织状况、领导制度以及同群众的联系等方面仍然存在不少缺点，必须坚决加以克服。只要认真坚持和不断改善党的领导，党就一定能够更好地担负起历史所赋予的巨大责任。

《决议》最后一部分，发出了"团结起来，为建设社会主义现代化强国而奋斗"的号召，明确指出我们党在新的历史时期的奋斗目标是要把我们的国家逐步建设成为具有现代农业、现代工业、现代国防和现代科学技术的，具有高度民主和高度文明的社会主义强国。强调我们总结新中国成立 32 年历史经验的根本目的，就是要在坚持四项基本原则的基础上，"把全党、全军和全国各族人民的意志和力量进一步集中到建设社会主义现代化强国这个伟大目标上来"②。深刻指出党的团结，党同人民的团结，是进行社会主义现代化建设、夺取新的胜利的根本保证。只要全党紧密地团结一致，并且同人民群众紧密地团结一致，那么，我们党和党所领导的社会主义事业虽然还会遇到这样那样的困

---

① 《三中全会以来重要文献选编》（下），中央文献出版社 2011 年版，第 167 页。
② 《三中全会以来重要文献选编》（下），中央文献出版社 2011 年版，第 166 页。

难，但总的趋势必然会日益兴旺发达。《决议》最后指出，正如 1945 年党的六届七中全会一致通过的《关于若干历史问题的决议》，统一了全党的认识，加强了全党的团结，促进了人民革命事业的迅猛前进和伟大胜利。十一届六中全会一致通过的《关于建国以来党的若干历史问题的决议》，对于新时期总结经验、统一思想、团结一致向前看，也必将起到同样的历史作用。

五、具有重大意义的划时代文献

《决议》坚持历史唯物主义的基本立场、观点和方法，系统地分析了新中国成立以来党带领人民团结奋斗的历程和取得的成就，初步总结了改革开放以来进行社会主义现代化建设的基本经验，恢复了马克思主义理论的权威和毛泽东思想的精髓，是一篇中国化马克思主义的重要文献，在马克思主义发展史上具有重要意义。"文化大革命"期间，林彪、"四人帮"集团利用毛泽东晚年的错误，大肆篡改和扭曲马列主义、毛泽东思想的基本原理，污蔑唯物史观是"唯生产力论"、资产阶级法权观念，鼓吹"捷径论"、"天才论"、"顶峰论"、"绝对权威论"、"全面专政论"，造成思想领域的极大混乱，唯心主义、形而上学和个人崇拜盛行，给社会主义事业造成极大危害。党的十一届三中全会对进一步继承和发扬毛泽东所倡导的马克思主义学风展开了深入的讨论，重新确立了以实事求是为核心的辩证唯物主义的思想路线，认真讨论了"文化大革命"中发生的一系列重大政治事件和"文化大革命"前遗留下来的一些历史问题，毛泽东思想的科学原理和党的正确政策在新的条件下得到了恢复和发展，实现了具有深远意义的伟大转折。但由于条件不成熟，没有对新中国成立以来在"文化大革命"期间达到顶峰的"左"倾错误理论和实践以及"两个凡是"错误观点作系统的批判，没有对毛泽东的功过是非和毛泽东思想进行全面的评价和总结，"左"倾错误思想没有被肃清，因而在社会上仍然具有较大影响，干扰了社会主义现代化建设事业的全面展开。邓小平曾经指出："大家都知道，现在'四人帮'的残余和一些别有用心的人，打谁的旗帜？过去是打'四人帮'的旗帜，现在打谁的旗帜？就是打华国锋的旗帜，就是拥护华国锋。所以，这种动态很值得注意。当然，我们应该说，我跟好多同志也说过，这些事华国锋同志本人没有责任，他自己并没有搞什么活动。但是，这种社会动态值得注意。"①《决议》对新中国成立以来"左"倾错误形成和发展为"文化大革命"全局性错误的历史过程作了全面的考察，对"左"倾错误复杂的历史原因、社会根源、体制因素和认识根源作了科学的分析，恢复了马克思主义理论的权威。

《决议》对毛泽东思想作了系统科学的总结，对毛泽东晚年的错误观点与毛泽东思想的科学体系作了本质的区分，对毛泽东思想活的灵魂三个基本方面的概括、揭示和阐发在马克思主义中国化的历史进程中和在马克思主义发展史上具有十分重要的理论意义和实践意义：一是对中国共产党领导的中国革命和建设的新的历史经验作了全面深刻的理论总结，强调指出实事求是是马克思主义和毛泽东思想的精髓。二是对毛泽东思想的科学内涵、主要内容和历史地位等重要理论问题，作了集中概括、揭示和阐发。三是对毛泽东思想的当代价值和长远指导意义，它的传承与创新，作了哲学上的论述和阐发。所有这些，既是对毛泽东思想历史地位的深刻总结，也是对毛泽东思想当代价值和长远指导意义的科学揭示与阐发。②《决议》强调毛泽东思想是马克思列宁主义在中国的应用和发展，是被实践证明了的关于中国革命的正确的理论原则和经验总结，是中国共产党集体智慧的结晶，从而有力地驳斥了以"文化大革命"的错误为借口怀疑乃至否定毛泽东思想的历史虚无主义倾向和以维护毛泽东思想权威为借口推行"两个凡是"观点的教条主义倾向，论证了毛泽东思想科学体系和毛泽东本人思想的区别，客观地评价了毛泽东的历史地位，使全党在如何对待毛泽东历史地位与毛泽东思想的问题上取得了共识，为继续推进马克思主义中国化指明了前进的方向，为中国特色社会主义理论体系的形成提供了科学的理论基础。《决议》对新中国成立 32 年来的重大事件和重要历史人物作了客观评价，对 32 年的基本经验和教训、成就和错误、主流和支流进行了科学分析，作出了科学论断，为认识和研究当代中国史奠定了理论基础，提供了指导思想和基本原则。

《决议》运用马克思主义的观点和方法，对新中国成立以来的历史经验教训作出了深刻总结，对三十多年的重大历史是非作出了明确结论，在党的历史上

① 《邓小平文选》第 2 卷，人民出版社 1994 年版，第 309—310 页。
② 参见杨瑞森：《两大理论成果关系的哲学揭示与阐发——兼论毛泽东哲学思想的当代价值》，《教学与研究》2013 年第 11 期。

具有极其重要的地位。邓小平认为它和 1945 年党的六届七中全会通过的《关于若干历史问题的决议》具有同样的历史地位和重要意义,他指出:"总的来说,这个决议是个好决议,现在这个稿子是个好稿子。我们原来设想,这个决议要举毛泽东思想的伟大旗帜,实事求是地、恰如其分地评价'文化大革命',评价毛泽东同志的功过是非,使这个决议起到像一九四五年那次历史决议所起的作用,就是总结经验,统一思想,团结一致向前看。我想,现在这个稿子能够实现这样的要求。"① 英国的理查德·伊文思从西方政治立场出发,认为《决议》具有一定的局限性,但总体上对它作出了积极评价,承认"它至少取得了同 1945 年党的历史决议一样的成功。它结束了党内对过去一些问题的争论,正确解释了一些问题,为党今后的正常生活提供了依据"②。1945 年《关于若干历史问题的决议》追溯了中国共产党成立之后至抗日战争时期的发展历史,总结了"左"倾和右倾错误在政治、军事、组织、思想方面的表现及其严重危害,高度评价了毛泽东对中国革命的杰出贡献,指出:"毛泽东同志代表中国无产阶级和中国人民,将人类最高智慧——马克思列宁主义的科学理论,创造性地应用于中国这样的以农民为主要群众、以反帝反封建为直接任务而又地广人众、情况极复杂、斗争极困难的半封建半殖民地的大国,光辉地发展了列宁斯大林关于殖民地半殖民地问题的学说和斯大林关于中国革命问题的学说。"③《关于若干历史问题的决议》总结并澄清了中国共产党成立以来重大的历史问题和路线斗争,在马克思列宁主义思想一致的基础上团结了全党同志,为党的第七次全国代表大会的召开和毛泽东思想的形成奠定了基础,为抗日战争的彻底胜利和中国人民的完全解放准备了思想条件。《关于建国以来党的若干历史问题的决议》巩固了十一届三中全会重新确立的马克思主义思想路线、政治路线、组织路线,为进一步巩固安定团结的局面,推进全党工作中心的转变,集中精力开展社会主义现代化建设奠定了牢固的思想基础,为我国改革开放和社会主义现代化建设顺利推进提供了政治和思想保障。时至今日,《决议》对于我们正确看待新中国成立以来的历史和改革开放以来的历史仍然具有重要的指

---

① 《邓小平文选》第 2 卷,人民出版社 1994 年版,第 307 页。
② [英] 理查德·伊文思:《邓小平传》,田山译,国际文化出版公司 2014 年版,第 338—339 页。
③ 中共中央党史研究室:《〈关于若干历史问题的决议〉和〈关于建国以来党的若干历史问题的决议〉》,中共党史出版社 2010 年版,第 1 页。

导意义，它以充分的事实和严密的逻辑揭示了改革开放前后两个历史时期的内在统一性，是批判把改革开放前后两个时期割裂和对立起来的错误倾向的有力武器，也是我们继续深化改革，夺取中国特色社会主义新胜利，实现中华民族伟大复兴的重要思想保障。

随着《决议》的形成及其精神的贯彻，一个朝气蓬勃的改革开放和社会主义现代化建设的新局面即将到来。改革开放是我国社会主义建设的新的伟大实践，这个伟大实践离不开新的科学理论的指导。正如列宁指出："没有革命的理论，就不会有革命的运动。"[1]同样，没有正确的改革开放理论，也不可能有成功的改革开放的实践。我国已经开展的改革开放和社会主义现代化建设的伟大实践，热切呼唤着马克思主义中国化新理论的指导。

第四节　时代主题转变与邓小平的新思考

时代主题指的是人类社会某一发展阶段中带有世界性、战略性和关乎全局的核心问题，是世界范围内在一个较长时段里所面临的主要课题和主要任务。对时代主题的把握根本上是对客观实际和客观规律的把握，而能不能正确认识和把握时代主题，不仅关系着一个国家能否科学地制定路线、纲领、方针、政策，也影响着一个国家、一个民族的发展走向，乃至影响着人类社会整体的发展趋势和前进方向。时代主题不是一成不变的，它会随着时代的发展变化而呈现出不同的特征。不同的时代具有不同的时代主题，不同的时代主题体现着不同的时代。因此，当时代主题变化了的时候，我们尤其要把握好变化了的时代主题。邓小平以战略家的高远视野和深邃眼光，对时代主题始终保持敏锐的认识和把握。这是他能够不断推动我国改革开放和社会主义现代化建设顺利进行的关键所在。从国内视野看，"文化大革命"结束后党和国家的一系列整改措施和拨乱反正，是为了纠正"文化大革命"自身的错误及其导致的混乱局面，

---

[1] 《列宁选集》第1卷，人民出版社2012年版，第153页。

探索社会主义现代化建设的新道路。从更宽广的视野看，对"文化大革命"错误的纠正顺应了当时逐步转变了的世界形势和时代主题，逐步实现了党和国家的理论、路线、方针、政策由战争与革命主题，到和平与发展主题的转变。这即是邓小平等老一辈革命家极力推动的"文化大革命"后党和国家工作重心转折的实质和深刻内涵。历史已经表明，粉碎"四人帮"，结束"文化大革命"，不仅挽救了党，挽救了国家，挽救了中国社会主义事业，而且为实现新时期的伟大转变创造了重要前提，为马克思主义中国化沿着正确方向发展提供了前提条件。

一、和平与发展逐步成为时代的主题

在探索中国特色社会主义过程中，在对国际政治经济形势正确判断基础上，邓小平逐步作出了"世界现在存在两个最根本的问题"；[①]"现在世界上的问题可以概括为两大问题，就是东西问题和南北问题"；[②]"和平和发展是当代世界的两大问题"[③] 等一系列科学判断，从而科学揭示了时代主题由"战争与革命"向"和平与发展"的巨大转变。而邓小平之所以能够揭示这种转变，离不开他对战争和革命时代的深刻认识和对第二次世界大战后国际政治经济形势的正确判断。

（一）作为旧时代主题的"战争与革命"

20 世纪上半叶，整个世界战争与革命相互交织，国与国之间多是剑拔弩张的对抗局面，这种对抗既有社会主义国家与资本主义国家之间的对抗，也有资本主义国家之间因发展不平衡而产生的对抗，更有殖民地、半殖民地国家与宗主国之间的对抗。战争频仍、革命不断，"战争与革命"成为那个时代最鲜

① 中共中央文献研究室编：《邓小平思想年编（一九七五——一九九七）》，中央文献出版社 2011 年版，第 497 页。

② 中共中央文献研究室编：《邓小平思想年编（一九七五——一九九七）》，中央文献出版社 2011 年版，第 525 页。

③ 中共中央文献研究室编：《邓小平思想年编（一九七五——一九九七）》，中央文献出版社 2011 年版，第 531 页。

明的时代主题。

　　战争是 20 世纪上半叶的主旋律，人类正是伴随着美西战争（1898 年）、英布战争（1899 年）和日俄战争（1904 年）的硝烟迈入 20 世纪的。尽管在人类历史长河中，战争从未间断过，但是像 20 世纪那样在短短几十年内便爆发两次世界规模的大战却是前所未有的。两次世界大战造成了不可计量的损失和破坏，给全人类造成了沉重灾难。第一次世界大战前后持续 4 年多，参战国多达 30 多个，涉及约 15 亿人口，占当时世界人口总数的 67%。战争造成了严重的人员伤亡和经济损失，大约有 6000 万人参战。战后，昔日强大的欧洲走向没落，世界的中心逐渐转向美国。第二次世界大战持续时间长，战火遍及亚洲、欧洲、非洲的国家和地区。据不完全统计，仅在欧洲，战争破坏造成的经济损失即达 2600 亿美元。① 法西斯侵略者给世界带来巨大灾难，给人类文明造成空前浩劫。

　　伴随着两次世界大战的战火，亚非拉国家的民族独立、民族解放运动风起云涌，民主革命接连不断。第一次世界大战期间，帝国主义宗主国忙于战争，无暇顾及其殖民地和半殖民地，给这些国家和地区带来了难得的发展机遇，使得这些国家地区的资本主义得到短暂发展，资产阶级得以快速壮大，促进了这些地区民族解放运动的兴起。继俄国 1905 年爆发革命后，土耳其、印度等殖民地半殖民地国家相继爆发资产阶级革命。这些革命运动虽然由于各国资本主义发展不充分和资产阶级自身软弱性走向失败，但是揭开了第一次世界大战后民族解放运动的序幕。正如列宁指出："帝国主义战争也唤醒了东方，把东方各族人民卷入了国际政治生活。……东方各民族正在纷纷觉醒，采取实际行动，使每一个民族都参与决定全人类命运的问题"②。第二次世界大战后，亚、非、拉地区掀起了更大规模的民族解放斗争风暴，殖民地半殖民地国家纷纷获得独立。据统计，截至 1990 年，全世界 180 多个国家中有近 100 个国家是在第二次世界大战后宣布独立的。仅在第二次世界大战结束后的 20 世纪 40 年代中期至 50 年代中期，亚洲和北非宣布独立的国家就有印度尼西亚、越南、利比亚等 20 多个国家。

　　邓小平作为中国共产党第一代中央领导集体的重要成员，是人民军队创始人之一和重要领导者，亲历硝烟弥漫的战争岁月，对战争与革命的重要意义有着深

---

① 马克、吴育群等：《百科知识数据库》，河北教育出版社 1989 年版，第 101—102 页。
② 《列宁选集》第 4 卷，人民出版社 2012 年版，第 78 页。

刻的认识。但是他具有实事求是的精神和求真务实的品格，因而能够突破长期以来强调"战争与革命"时代主题的禁锢，随着时代形势的变化逐步提出了"和平与发展"是新的时代主题这一科学判断，不仅继承发展了马克思列宁主义、毛泽东思想中有关时代主题的思想，也为开启中国特色社会主义伟大实践提供了国际背景、外部条件和发展环境方面的理论依据。邓小平之所以能够看到和平与发展主题的凸显，离不开他对变化着的国际政治经济形势的正确认识和深刻把握。

（二）国际政治经济形势的新变化

相较于战争频仍、革命不断的 20 世纪上半叶，第二次世界大战后的世界形势出现一系列新变化，这些变化深刻改变了世界政治经济形势，为"和平与发展"时代的到来创造了条件。

美苏争霸与两极格局的形成。第二次世界大战削弱了英法德三个帝国主义国家实力，以欧洲为中心的国际关系舞台逐渐成为历史，世界的中心转向美国和苏联。正如邓小平所判断："现在世界上有两个超级大国，即美国和苏联。"[1] 面对以苏联为中心的社会主义阵营力量的不断壮大，美国推出冷战政策，对苏联等社会主义国家采取除战争以外的一切敌对活动和对抗方式。此后，美国采用"马歇尔计划"恢复西欧经济，而苏联则成立经互会恢复东欧经济；在军事层面，美国及西欧成立了北大西洋公约组织，而苏联则联合东欧社会主义国家成立了华沙条约组织，两极格局逐渐形成，世界进入冷战阶段。冷战阶段的到来表明世界找到了"热战"之外的对抗形式。在冷战态势下，美苏双方为了控制整个世界，展开全方位竞赛，美苏关系进一步发展到争霸阶段。美苏两国之间的争霸使得两国成为世界大战的最大策源地。邓小平深刻认识到这一点，指出："今天，要真的发动第三次世界大战，别人都没有这个本领，只有美国和苏联有这个本领，没有第三家。"[2] 在邓小平看来，战争的根源在于霸权主义，而有能力搞霸权主义的就是苏联和美国两国。但是，由于美苏争霸经历了此消彼长的几个阶段，双方关系最终走向缓和，世界性大战得以延缓。

西欧和日本的崛起。第二次世界大战结束后，西欧和日本快速崛起，成为

---

① 中共中央文献研究室编：《邓小平思想年编（一九七五——一九九七）》，中央文献出版社2011 年版，第 6 页。

② 中共中央文献研究室编：《邓小平思想年编（一九七五——一九九七）》，中央文献出版社2011 年版，第 10 页。

影响国际局势的重要力量。第二次世界大战后，美国为在两极对抗中取得优势，实行"马歇尔计划"以扶持西欧经济，客观上为西欧经济发展创造了有利条件。加之战后欧洲各国不甘心在国际舞台中沦为次要角色，开始走向联合自强之路，于 1965 年组成的"欧洲共同体"不断壮大，逐渐发展成为一支影响世界的巨大力量。就日本而言，第二次世界大战后美国一方面对日本实行非军事化政策，另一方面又对其经济积极扶植，这为日本的发展创造了良好的外部环境；日本也抓住机遇制定符合本国实际的经济政策，积极引进科技革命的最新成就，发展教育和科技，实现了经济的快速发展。这些力量的发展壮大，不仅冲击了两极格局，也有效促进了世界的和平形势。邓小平充分认识到了这些力量对于反对霸权主义的意义，他在 1975 年 5 月同法国总统德斯坦会谈时指出："美苏不夺取欧洲是称霸不了世界的。欧洲在政治、经济上的作用和力量，包括在军事上的力量是不可忽视的，条件是欧洲自己能团结起来、强大起来。"[1] 邓小平还看到了团结这股力量对于延缓战争，维护和平的价值。1977 年 9 月，在会见德意志联邦共和国联邦议院国防委员会主席韦尔纳一行时，他指出："我们面临共同的威胁。我们不相信有持久和平，战争不可避免，但可以推迟。发动新的世界战争只有美苏两家有资格。如果采取正确的政策，建立广泛的统一战线，这样就可以延缓战争。"[2]

第三世界国家力量壮大和社会主义国家阵营扩大。第二次世界大战前后，亚非拉地区历经两次民族解放运动浪潮，许多国家实现民族独立，建立新国家，使得"第三世界国家"[3] 力量也得以发展壮大。国际社会主义运动出现高潮，建立社会主义制度的国家由一国扩大为多国，一些欧洲和亚洲国家相继走上社会主义道路。在第二次世界大战结束前后的一段时间中，欧亚国家的共产党领导人因势利导，领导本国群众将反法西斯斗争发展成为人民民主革命运

---

① 中共中央文献研究室编：《邓小平思想年编（一九七五——一九九七）》，中央文献出版社 2011 年版，第 16 页。

② 中共中央文献研究室编：《邓小平思想年编（一九七五——一九九七）》，中央文献出版社 2011 年版，第 76 页。

③ 毛泽东在 1972 年会见赞比亚总统卡翁达时指出："美国、苏联是第一世界。中间派，日本、欧洲、澳大利亚、加拿大，是第二世界。咱们是第三世界。""亚洲除了日本，都是第三世界。整个非洲都是第三世界，拉丁美洲也是第三世界。"参见《毛泽东外交文选》，中央文献出版社 1994 年版，第 600—601 页。

动，从 1944 年到 1949 年先后有 12 个国家相继走上社会主义道路。社会主义国家迅速成长为世界上一支重要力量。邓小平敏锐地看到了第三世界国家和社会主义国家阵营对于反对霸权主义维护世界和平的意义，大力赞扬并积极支持这一力量的团结统一。1975 年，邓小平在同泰国总理克立会谈时指出："当前国际形势的根本问题是两霸争夺。许多问题的产生都是美苏争霸的结果。这是一方面。世界形势的另一方面，也可以说是主要的一面，是第三世界的兴起。觉醒了的第三世界国家和人民不把希望寄托在美苏两霸势力的平衡，而是寄托在自己的团结和斗争上面。"① 1978 年 2 月，在访问尼泊尔时邓小平又指出："当前，一个反对超级大国的侵略政策和战争政策的反霸统一战线，正在不断扩大。南亚地区的形势也正朝着有利于各国人民而不利于霸权主义的方向发展。"②

科技革命浪潮的到来。第二次世界大战中，各国争相研发和采用新式武器，极大地影响了战争局面，如美国成功研制出核武器并在广岛和长崎进行投放加速了日本法西斯的投降。战后，这些科学技术在军事和民用领域的广泛应用，进一步推动了相关科学技术领域的创新和发展，并最终导致第三次科技革命浪潮的到来。第三次科技革命影响深远而广泛，它不仅大大提高了生产力水平，而且深刻改变了世界政治经济格局。邓小平看到了科学技术发展的巨大作用，并且看到了我国与西方发达国家之间科技水平上的差距。他指出："拿中国来说，五十年代在技术方面与日本差距也不是那么大。但是我们封闭了二十年，没有把国际市场竞争摆在议事日程上，而日本却在这个期间变成了经济大国。"③ 更可贵的是，邓小平还创造性地提出"科学技术是第一生产力"④ 的论断，发展了马克思主义生产力理论。"文化大革命"后期，他就强调"科研工作要走在前面"⑤，"文化大革命"结束后，他更是大力支持教育和科技发展，为我国短时间内提升科技水平作出了重要贡献。

经济全球化程度不断加深。第二次世界大战后，在生产力发展和新科技革

---

① 中共中央文献研究室编：《邓小平思想年编（一九七五——一九九七）》，中央文献出版社 2011 年版，第 22 页。

② 中共中央文献研究室编：《邓小平年谱（一九七五——一九九七）》（上），中共文献出版社 2004 年版，第 264 页。

③ 《邓小平文选》第 3 卷，人民出版社 1993 年版，第 274 页。

④ 《邓小平文选》第 3 卷，人民出版社 1993 年版，第 274 页。

⑤ 《邓小平文选》第 2 卷，人民出版社 1994 年版，第 32 页。

命影响下，经济全球化进程不断加速，世界经济一体化趋势愈加明显，经济全球化成为历史大势，它"促成了贸易大繁荣、投资大便利、人员大流动、技术大发展"[1]。在经济全球化背景下，世界各国经济相互依存、相互渗透的情况不断增强，各国之间政治联系也日益紧密。邓小平较早就认识到经济全球化背景下国与国之间加强合作的重要性及其对和平发展的重要意义。1978 年 12 月 4 日，邓小平在会见法国外贸部部长德尼奥时指出："中国同法国等西欧国家间的合作，不是一个纯粹的经济问题，而是一个政治问题。我们需要与欧洲合作，也可以说，欧洲也需要与我们合作，相互需要。当然放宽一点说，如果中国、欧洲、日本、美国几家合作好一点的话，对世界和平和世界稳定就很有益处。"[2]表面上，经济全球化会加剧各国之间的竞争，但是竞争的核心是经济问题和发展问题，而非军事层面的竞争。而且，随着经济全球化程度愈深，世界各国经济相互依存、相互依赖的情况便愈强，依靠军事手段展开竞争的可能性也就越小。经济全球化程度的不断加深成为影响世界格局的重要力量。

（三）"和平与发展成为时代主题"命题的逐步提出

1. 提出的背景

第二次世界大战后世界政治经济格局发生的这一系列新变化，归结起来就是两点：一是维护和平的因素越来越强；二是谋求发展的呼声越来越高。邓小平关于和平与发展逐渐成为时代主题的论断就是在这种背景下提出的。

维护和平的因素越来越强。首先，和平成为民心所向。两次世界大战给人类带来了沉重灾难，也带来了惨痛教训。战争结束后，世界各国人民看到了和平的可贵，主观上对和平的追求十分强烈，谋求和平成为世界的潮流。其次，维护和平的力量不断壮大。社会主义国家和第三世界国家的发展壮大，对世界和平与发展起着不可低估的作用，成为反对帝国主义和霸权主义、维护世界和平的一支重要力量。再次，和平具有了一定的体系保障。第二次世界大战后形成的雅尔塔体系为战后秩序确立了基本原则，有利于各方保持势均力敌的态势，一定程度上避免了新的世界大战的爆发；联合国等国际机构的建立和发

[1] 习近平：《共同构建人类命运共同体——在联合国日内瓦总部的演讲》，《人民日报》2017年1月20日。

[2] 中共中央文献研究室编：《邓小平思想年编（一九七五——一九九七）》，中央文献出版社2011年版，第198页。

展，也在维护世界和平，缓和国际紧张局势，解决地区冲突等方面发挥了积极作用。冷战结束后，多极化进程使世界各种主要力量彼此制衡，对霸权主义战争政策的牵制力量在增强，成为制约战争的又一个重要因素。最后，科学技术进步对战争爆发产生了一定的抑制作用。现代科技发展不仅大大提高了人类改造自然的能力，提升了人类生活水平，同时也提供了毁灭人类自身的能力，许多国家借助科学技术的大发展，研制出核武器等具有极大杀伤力的武器，成为悬在全人类头上的"达摩克利斯之剑"，使人们对战争有所畏惧和忌惮，也在一定程度上抑制了大规模世界性战争的发生。

谋求发展的呼声越来越高。两次世界大战给参战各国造成了巨大创伤，恢复生产、发展经济是摆在战后各国面前的首要任务；对内图稳、对外思和是多数国家战后的政策取向。刚刚取得政治独立的发展中国家需要快速发展经济，提升综合国力；发达资本主义国家需要不断发展以保持优势。要发展就离不开竞争，但是经由战争的洗礼，越来越多的国家逐渐认识到，在新的时代背景下，国与国之间的竞争更重要的是以科技和经济发展为中心的综合国力的竞争，而不是过去那种单纯的暴力战争，以经济和科技竞争为中心的和平竞争取代武力对抗逐渐成为许多人的共识。同时，世界经济的发展进一步加速了各国利益的相互交织和相互依赖，经济全球化深入发展，科技革命加速推进，全球和区域合作方兴未艾，国与国之间相互依存日益紧密，加强合作、共谋发展成为不可阻挡的时代潮流。

邓小平密切关注着世界形势的变化，并在此基础上谋划着中国的发展。中国作为一个从半殖民地半封建社会基础上发展而来的社会主义国家，"又是大国又是小国，大就是地方大、人口多，小就是穷、经济落后"①。面对如此的国情，中国尤其渴望和平，渴求发展。对此，邓小平有着深刻认识，他不止一次地强调要积极争取和平的环境发展我们的社会主义事业。1978 年 2 月，在中共中央政治局会议讨论《政府工作报告（草稿）》时，他指出："要注意国际动态，现在是对我们最有利的时机。总之，要抓紧时间，多争取一年时间都合算。"② 他在同阿拉伯利比亚代表团会谈时指出："我们希望有二十年的和平时

① 中共中央文献研究室编：《邓小平思想年编（一九七五——一九九七）》，中央文献出版社2011 年版，第 46 页。

② 中共中央文献研究室编：《邓小平思想年编（一九七五——一九九七）》，中央文献出版社2011 年版，第 105 页。

期，好好搞建设。我们希望安定二十年，有一个安定的国际环境，来发展我们的经济，增加人民的收入。"① 他在会见泰国立法议员代表团时指出："就中国来说，我们至少还需要二十二年的和平时间。因为我们需要这个时间来实现我们已经制定的政策，实现四个现代化。一打仗，实现四个现代化就困难了。"② 他在第五次驻外使节会议上的讲话中指出："现在我们要争取一个比较长的和平时间，并要利用这个时间，抢这个时间，来建设自己的国家。这个时间可不能丧失。"③ 面对短暂的和平环境，邓小平的思路是要积极采取措施延缓战争的爆发，争取更长时间的和平。1980 年 10 月 15 日，他在中国人民解放军总参谋部召开的会议上指出："多争取一点时间，延缓战争的爆发，是可能的。延缓这个战争的爆发，这样对我们有利，也符合世界绝大多数国家和人民的愿望。我国的军事战略方针，我赞成就是'积极防御'四个字。"④

邓小平越来越清醒地认识到，在因第二次世界大战后国际政治经济形势等一系列新变化的综合作用影响下，尽管世界并不太平，局部地区的战争仍在发生，但制止战争的因素在逐步增长，大规模世界大战在较长时间内不可能会发生；加强合作、维护和平，推动本国发展和进步越来越成为世界各国人民的共识，要和平，要发展，逐步成为时代的主流。由此邓小平明确提出："许多老的概念、老的公式已不能反映现实，过去老的战略规定也不符合现实了。"⑤ 因此，他以其敏锐洞察力和远见卓识明确揭示出时代主题正由战争与革命转变为和平与发展，明确提出"和平与发展成为当今世界主要问题"这一科学命题，为我们党最终作出"和平与发展成为当今时代主题"奠定了思想基础。

---

① 中共中央文献研究室编：《邓小平思想年编（一九七五———一九九七）》，中央文献出版社 2011 年版，第 153 页。

② 中共中央文献研究室编：《邓小平思想年编（一九七五———一九九七）》，中央文献出版社 2011 年版，第 157 页。

③ 中共中央文献研究室编：《邓小平思想年编（一九七五———一九九七）》，中央文献出版社 2011 年版，第 248 页。

④ 中共中央文献研究室编：《邓小平思想年编（一九七五———一九九七）》，中央文献出版社 2011 年版，第 334 页。

⑤ 中共中央文献研究室编：《邓小平思想年编（一九七五———一九九七）》，中央文献出版社 2011 年版，第 73 页。

2.提出的过程

"文化大革命"开始后不久，邓小平受到错误批判，被免去一切职务。1973 年 3 月 10 日，中共中央作出《关于恢复邓小平同志的党组织生活和国务院副总理的职务的决定》；同年 12 月，根据中共中央决定，邓小平被任命为中央政治局委员、中央军委委员。1975 年 1 月 5 日，根据毛泽东的提议，中共中央发出 1975 年一号文件，任命邓小平为中共中央军委副主席兼中国人民解放军总参谋长；1 月 13 日至 17 日，在第四届全国人民代表大会第一次会议上，邓小平被任命为国务院副总理。在邓小平逐渐恢复相关职务和承担相关具体工作的过程中，邓小平不仅积极研究解决国内问题，也非常重视对第二次世界大战后世界新格局的分析和时代新主题的认识。在对 20 世纪 70 年代以来国际环境和时代特征进行冷静观察和长时间思考的基础上，他逐步提出了"和平与发展成为当今世界主要问题"的科学判断。

事实上，在较早时期，包括邓小平在内的我国党和国家领导人对和平并没有寄予太多的期望。如 1975 年 1 月 4 日，邓小平在会见荷兰外交大臣马·范德斯图尔时指出："欧洲朋友见到我们就说希望和平，其实我们比你们还需要和平。有一个和平的环境，我们的建设就更顺利一些。不过，这由不得我们，是不以人的意志为转移的。从世界战略形势来看，从某种意义上说，美国是处于防御地位，而苏联则处于进攻地位。苏联的战略重点在欧洲，这是它自己决定的，谁也没有办法把它引到哪个方向去。我们希望欧洲团结起来。"[①] 邓小平这段阐述表明，尽管深刻认识到了和平与发展的紧密关系，但是对于和平形势的获得，他认为这是很难做到的，只能寄希望于欧洲自身和其他国家的团结。

基于对当时国际形势的判断，邓小平认为战争的危险，甚至世界大战的危险一直存在。1975 年 1 月 15 日，邓小平在会见德意志联邦共和国基督教社会联盟主席弗兰茨—约瑟夫·施特劳斯及其夫人时认为："这个世界是不安宁的，确实存在着战争的危险。不能被现在的所谓缓和和裁军所迷惑。天天讲裁军，实际上是天天在扩军。扩军，就是为了争夺世界霸权，就是为了准备世界战争。"[②] 1975 年 10 月 8 日，在会见南斯拉夫社会主义联邦共和国联邦执行委

---

① 中共中央文献研究室编：《邓小平年谱（一九七五——一九九七）》（上），中共中央文献出版社 2004 年版，第 2 页。

② 中共中央文献研究室编：《邓小平年谱（一九七五——一九九七）》（上），中共中央文献出版社 2004 年版，第 7 页。

员会主席杰马尔·比耶迪奇时，邓小平指出第一世界和第二世界的关系是复杂的，第二世界和第三世界的关系也是复杂的，并表示："战争的危险是增加了，而不是减少了。"①

虽然认为存在着战争的危险，但是邓小平也一直在强调着和平环境的重要性，并且积极思索延缓战争的可能性。在 1975 年 2 月 1 日出席国务院各部委负责人会议时，针对周恩来《政府工作报告》中提出的"革命和战争的因素都在增长"这一新提法，邓小平指出："世界大战的危险是个现实问题，但是可不可以争取几年之内不打？我们利用这段时间把我们的力量加强，把社会主义经济基础加强，也包含军事力量特别是装备的加强。所以，我们要好好地把建设抓一下。"②1975 年 8 月 6 日，在会见美国访问团时他又指出：我们是不希望打仗的。我们需要有一个比较好的国际环境来发展我们自己。同时，我们认为，如果世界人民清醒地认识到战争危险的话，也许对延缓、推迟战争有益处。他同时强调，我们支持世界上一切被压迫民族争取民族独立和解放、发展自己国家的经济，这是我们一贯的坚决立场，这同世界战争是两回事。③1975 年 2 月 8 日，在听取杨成武、张才千、向仲华汇报军队工作时指出："总参工作，第一抓压缩定额问题，第二抓装备问题，第三抓作战问题。作战问题稍放后一点。"④ 这表明邓小平思想中对于战争有两种考虑：一方面还是考虑战争发生的可能性，另一方面又隐约觉得战争暂时不会发生。而且已经开始思考和探索和平的可能性方法。但是后来由于受到"批邓、反击右倾翻案风"运动的影响，邓小平再次被打倒。邓小平在"文化大革命"结束后复出，主抓教育和外交工作，这为他分析和把握国际政治经济形势提供了条件，正是在会见接待国外政要团体的过程中，邓小平进一步表达了战争可以延缓的思想。

1977 年 9 月 27 日，邓小平会见美国前驻华联络处主任乔治·布什，在

---

① 中共中央文献研究室编：《邓小平年谱（一九七五——一九九七）》（上），中共文献出版社 2004 年版，第 112 页。

② 中共中央文献研究室编：《邓小平年谱（一九七五——一九九七）》（上），中共文献出版社 2004 年版，第 15 页。

③ 中共中央文献研究室编：《邓小平年谱（一九七五——一九九七）》（上），中共文献出版社 2004 年版，第 77 页。

④ 中共中央文献研究室编：《邓小平年谱（一九七五——一九九七）》（上），中共文献出版社 2004 年版，第 17 页。

谈到战争与和平问题时指出："我们总的认为，战争总要来的，没有什么持久和平，但战争可以延缓。延缓战争的办法就是不要放松警惕，不要搞绥靖主义。"①1977 年 10 月 7 日，在会见日本访问团时他指出："我们对战争的态度，首先是反对，我们希望战争晚一点来。第二是不怕。早打不怕，大打也不怕，就是使用现有的装备打也不怕。我们实现了四个现代化，装备更好些，那就更不怕了。最重要的是使人民都知道，要加强战备，人民要有精神准备。对战争有了准备，就有可能延缓战争。"②1977 年 10 月 19 日，在会见英国前首相爱德华·希思的谈话中他指出："战争的危险始终存在，这是不以人们意志为转移的，因此要足够地认识战争的危险。如果搞得好，可以延缓战争。"③1977 年 12 月 18 日，在接待巴基斯坦军法管制首席执行官、政府首脑齐亚·哈克时指出："第二次世界大战后小的战争不断，说明战争不可避免。这是由帝国主义和社会帝国主义的本性决定的，是不以人们的意志为转移的。根据毛主席三个世界划分的战略规定，我们以第三世界为主力军，团结一切可能团结的力量，包括第二世界的力量，反对两霸的霸权主义和战争政策。对于世界上大多数人来说，能把战争推迟一点有好处。如果第三世界和第二世界的统一战线搞好了，战争就可以延缓。现在值得注意的是，不仅在战略上有绥靖主义，而且在经济上也有绥靖主义。要延缓战争爆发，就不能搞绥靖主义。"④1977 年 12 月 28 日，邓小平在中央军委全体会议上对当时国际形势作出明确判断，他指出："国际形势也是好的。我们有可能争取多一点时间不打仗。因为我们有毛泽东同志的关于划分三个世界的战略和外交路线，可以搞好国际的反霸斗争。另一方面，苏联的全球战略部署还没有准备好。美国在东南亚失败后，全球战略目前是防守的，打世界大战也没有准备好。所以，可以争取延缓战争的爆发。"⑤1982 年 8 月，邓小平在会见联合国秘书长德奎利亚尔时就中国与第

---

① 中共中央文献研究室编：《邓小平年谱（一九七五——一九九七）》（上），中共文献出版社2004 年版，第 207 页。

② 中共中央文献研究室编：《邓小平年谱（一九七五——一九九七）》（上），中共文献出版社2004 年版，第 217 页。

③ 中共中央文献研究室编：《邓小平年谱（一九七五——一九九七）》（上），中共文献出版社2004 年版，第 224 页。

④ 中共中央文献研究室编：《邓小平年谱（一九七五——一九九七）》（上），中共文献出版社2004 年版，第 247 页。

⑤ 《邓小平文选》第 2 卷，人民出版社 1994 年版，第 77 页。

三世界和平的渴望等重大问题作了详细论述，他指出："我们不是悲观主义者，我们只是提出战争的危险性。我们说，战争的因素在增长，但制止战争的因素也在增长。从联合国的角度可以看出，第二次世界大战以后，国际政治中积极的因素是第三世界的兴起。在联合国中，第三世界的成员增加了。对这个变化的价值要给予充分的估量。霸权主义还要继续横行下去。但是，他们像过去那样随意主宰世界人民命运的时代已经过去。"①

　　20世纪80年代之后，邓小平对战争和国际形势的认识不断深化，明确指出在短时间内，大规模战争是不会发生的，因此当前最重要的任务是争取时间、利用好和平机遇进行建设。这是非常重大的战略新判断。1983年3月，邓小平在同几位中央负责同志谈话时明确提出："现在的问题是要注意争取时间，该上的要上。大战打不起来，不要怕，不存在什么冒险的问题。以前总是担心打仗，每年总要说一次。现在看，担心得过分了。我看至少十年打不起来。"② 由战争不可避免的笼统判断，到认识到短时间内世界大战打不起来，这是邓小平有关战争问题认识的一大进步，充分体现了邓小平坚持马克思列宁主义、善用辩证法的精神特质。对战争有关问题的思考其实就是对和平有关问题的思考，大规模世界大战既然短时间内打不起来，那么和平的机遇期就会更长久，而之所以需要和平是为了更好地发展。1983年11月23日，在会见罗马尼亚共产党中央政治执行委员会委员、政府总理德斯克列斯库时邓小平指出："战争的危险确实存在，这个问题我们讲了多少年了。但我看至少五年内打不起来。我们要利用这样的有利条件来发展自己，如果争取到十年不发生战争，那对我们是最有利的，看来还是有可能的。不管国际风云如何变幻，我们总是利用时间发展自己。"③

　　在这一重要新论断引导下，邓小平对解决世界争端的手段也有了新的认识。1984年2月22日，他在会见美国战略与国际问题研究中心代表团时指出："世界上有许多争端，总要找个解决问题的出路。我多年来一直在想，找个什么办法，不用战争手段而用和平方式，来解决这种问题。"④1984年9月8日，

① 《邓小平文选》第2卷，人民出版社1994年版，第416页。
② 《邓小平文选》第3卷，人民出版社1993年版，第25页。
③ 中共中央文献研究室编：《邓小平思想年编（一九七五——一九九七）》，中央文献出版社2011年版，第485页。
④ 中共中央文献研究室编：《邓小平思想年编（一九七五——一九九七）》，中央文献出版社2011年版，第490—491页。

在会见意大利参议院议长科西加时他进一步强调:"现在世界上有好多潜在的爆发点,还有一些地方存在着两国之间的主权争端问题。如果不根据新的问题采取新的方法,就不可能解决这些问题。"① 通过不断的思考和探索,邓小平找到了谈判这个新方法。1985 年 11 月 26 日,在同金日成会谈时他指出:"看来,国际上的所有问题只能通过谈判解决。不管大国也好,中等国家也好,小国也好,谁要发动战争,自己倒霉,而且这样的战争谁也得不到胜利。"② 邓小平不仅提出了通过谈判解决问题的新方法,还创造性地提出了"一国两制"这个具体实践方法。1987 年 4 月 13 日,在会见葡萄牙总理席尔瓦,谈到香港、澳门和台湾问题时他指出:"用'一国两制'方式解决这类问题是成功的,为解决国际争端、消除热点问题提供了经验。"③ 不仅如此,邓小平还强调我们要用和平共处五项原则来建立国际政治新秩序,从根本上结束霸权主义,解决战争与和平问题。1988 年 9 月 21 日,在会见斯里兰卡总理普雷马达萨时他指出:"现在需要建立国际经济新秩序,也需要建立国际政治新秩序。新的政治秩序就是要结束霸权主义,实行和平共处五项原则。最经得住考验的不是霸权政治,不是集团政治,而是和平共处五项原则。我们要经过几十年的努力,在和平共处五项原则的基础上建立国与国之间的关系,特别是邻国之间的关系。解决战争与和平的问题,建立国际新秩序的问题,都需要这些原则。"④

随着世界形势发展和认识不断深入,邓小平逐步将和平与发展这两个问题并列起来进行思考,逐步提出了和平与发展这两个世界性的主要问题。邓小平在 1984 年 5 月 17 日会见厄瓜多尔总统奥斯瓦尔多·乌尔塔多时指出:"我看世界现在存在两个最根本的问题。第一是反对霸权主义,维护世界和平","第二是南北问题。这是今后国际问题中一个十分重要的方面。发达国家尽管也

① 中共中央文献研究室编:《邓小平思想年编(一九七五———一九九七)》,中央文献出版社 2011 年版,第 508 页。
② 中共中央文献研究室编:《邓小平思想年编(一九七五———一九九七)》,中央文献出版社 2011 年版,第 566 页。
③ 中共中央文献研究室编:《邓小平思想年编(一九七五———一九九七)》,中央文献出版社 2011 年版,第 613 页。
④ 中共中央文献研究室编:《邓小平思想年编(一九七五———一九九七)》,中央文献出版社 2011 年版,第 655 页。

有其经济困难，总的说是越来越富，而第三世界是越来越穷。解决南北问题是实现国际局势稳定的一个长时间、很重要的问题"。① 这表明邓小平对世界主要问题的认识又进了一步，他不仅看到了世界和平的可能性，而且看到了世界不同国家寻求自身发展的重要性。之后，邓小平对和平与发展作为世界主要问题的认识越来越成熟，在 1984 年 5 月 29 日会见巴西总统菲格雷多时开始明确表明和平问题与发展问题是世界上突出问题的观点，他谈道："现在世界上问题很多，有两个比较突出。一是和平问题，现在有核武器，一旦发生战争，核武器就会给人类带来巨大的损失。要争取和平就必须反对霸权主义，反对强权政治。二是南北问题。这个问题在目前十分突出。发达国家越来越富，相对的是发展中国家越来越穷。南北问题不解决，就会对世界经济的发展带来障碍。"② 1984 年 12 月 13 日，他在会见苏丹总统尼迈里时，在谈到国际问题时指出："现在世界上的问题可以概括为两大问题，就是东西问题和南北问题。东西问题也就是和平问题。和平有利于世界人民，特别有利于第三世界。战争是同霸权主义连在一起的，所以中国对外政策第一条就是反对霸权主义，维护世界和平。世界各国人民，特别是第三世界人民最希望和平，即使是发达国家也不希望打仗。当前国际形势是，战争的危险依然存在，但总的说来，和平力量在发展。南北问题对第三世界国家是个非常现实的问题，南方国家首先要摆脱贫困。发达国家要继续发展，也面临着南北问题，占世界人口百分之八十的南方国家不发展起来，发达国家就难找到市场。南南合作很重要，进行南南合作的条件是存在的。南南合作可以推动南北合作。"③ 1985 年 3 月 4 日，邓小平在会见日本商工会议所访华团时，就再次谈到了"和平和发展是当代世界的两大问题"这一观点，并且进一步将和平与发展问题，与资本主义国家、社会主义国家，发达国家、发展中国家的关系联系起来，提出了更为形象的"东西南北"问题，他精辟地指出："现在世界上真正大的问题，带全球性的战略问题，一个是和平问题，一个是经济问题或者说发展问题。和平问题是东西问题，发展问题是南北问题。概括

---

① 中共中央文献研究室编：《邓小平年谱（一九七五——一九九七）》（下），中央文献出版社 2004 年版，第 974 页。
② 《邓小平文选》第 3 卷，人民出版社 1993 年版，第 56 页。
③ 中共中央文献研究室编：《邓小平思想年编（一九七五——一九九七）》，中央文献出版社 2011 年版，第 525 页。

起来，就是东西南北四个字。南北问题是核心问题。"①1987年10月，党的十三大报告明确提出"关于和平与发展是当代世界的主题的观点"是建设有中国特色社会主义理论的基本观点。②通过邓小平的阐述，我们可以看到，他不仅创造性地提出"东西南北"这样生动形象的概念，而且通过对和平与发展这两个问题的比较分析，进一步指出发展问题（南北问题）是更为核心的问题。再后来，邓小平在会见外国朋友和国内会议谈话中多次阐明"和平与发展"这两个世界主要问题。直到1992年的南方谈话中，邓小平不仅再次提及这个问题，而且指出"和平与发展"问题的真正解决任重道远，但是社会主义中国要用自身的改革发展向世界表明中国是维护世界和平的重要力量。他在南方谈话中强调："世界和平与发展这两大问题，至今一个也没有解决。社会主义中国应该用实践向世界表明，中国反对霸权主义、强权政治，永不称霸。中国是维护世界和平的坚定力量。"③

通过以上分析可以看出，邓小平关于和平与发展成为世界主要问题的认识经历了一个不断深化、不断完善的过程，从最初提出可以争取延缓战争的爆发，到认为世界大战短时间内不会发生，再到将和平问题与发展问题结合起来论述，最终明确提出和平和发展是世界性、全球性的主要问题，这是一个具有内在逻辑的历史发展过程。1985年6月4日，在中央军委扩大会议上的讲话中，邓小平对这一过程进行了总结："粉碎'四人帮'以后，特别是党的十一届三中全会以后，我们对国际形势的判断有变化，对外政策也有变化，这是两个重要的转变。第一个转变，是对战争与和平问题的认识。世界战争的危险还是存在的，但是世界和平力量的增长超过战争力量的增长。由此得出结论，在较长时间内不发生大规模的世界战争是有可能的，维护世界和平是有希望的。根据对世界大势的这些分析，以及对我们周围环境的分析，我们改变了原来认为战争的危险很迫近的看法。第二个转变，是我们的对外政策。过去有一段时间，针对苏联霸权主义的威胁，我们搞了'一条线'的战略，就是从日本到欧洲一直到美国这样的'一条线'。现在我们改变了这个战略，这是一个重大的转变。我们奉行独立自主的正确的外交路线和对外政策，高举反对霸权主义、

---

①　《邓小平文选》第3卷，人民出版社1993年版，第105页。

②　《十三大以来重要文献选编》（上），中央文献出版社2011年版，第48页。

③　《邓小平文选》第3卷，人民出版社1993年版，第383页。

维护世界和平的旗帜，坚定地站在和平力量一边，谁搞霸权主义就反对谁，谁搞战争就反对谁。所以，中国的发展是和平力量的发展，是制约战争力量的发展。"①1985 年 9 月 14 日，在会见奥地利总统基希施莱格时，邓小平再次总结了这一认识发展过程，他指出："现在我们对战争不可避免的看法有了变化。更大的原因是情况变了。我们现在的判断是战争是可以避免的。如果现在发生战争就不只是来自一家了。所以我们改变了'一条线'的战略。我们对战争的判断和采取的政策比过去更妥当一些。现在不仅西欧在一定范围内采取独立政策，东欧也在一定限度内采取独立政策，这是十分可喜的，是国际政治一个很重要的变化。我们现在观察国际战略形势，不仅把中国看作是维护和平、制约战争的因素，而且把西欧和东欧也视为维护和平、制约战争的力量。制约战争的最大力量是第三世界，这些国家占世界人口的四分之三。有这么大的维护和平的力量存在，尽管仍存在着战争的危险，但如果我们搞得好，战争是可以避免的。如果本世纪战争打不起来，下个世纪和平就更有希望。我们在战争问题上由悲观变为乐观。当然也不能掉以轻心，和平必须争取才能赢得。"②

同时，我们也看到，邓小平本人并没有明确提出过"和平与发展是当今时代的主题"的说法。他一般采用"两个比较突出的问题"、"两个最根本的问题"、"世界上真正大的问题"、"带全球性的战略问题"、"两大问题"等说法。邓小平关于"和平与发展是世界主要问题"的科学论断不仅是对中国发展所处的外在环境的一种把握，实质上深刻把握了当时国际关系中的核心问题，进而揭示出变化的时代主题。因此，"关于和平与发展是当代世界的主题的观点"作为"十一届三中全会以来，我们党在对社会主义再认识的过程中，在哲学、政治经济学和科学社会主义等方面，发挥和发展了一系列科学理论观点"被写入党的十三大报告。1992 年在党的十四大报告中，在继续强调"当代世界两大主题"和"当今世界两大主题"的同时，第一次出现了"和平与发展成为时代主题"的表述。

---

① 中共中央文献研究室编：《邓小平思想年编（一九七五——一九九七）》，中央文献出版社 2011 年版，第 543—544 页。

② 中共中央文献研究室编：《邓小平思想年编（一九七五——一九九七）》，中央文献出版社 2011 年版，第 556 页。

二、新的时代主题提出的创新意义

（一）新的时代主题的提出是理论与时俱进的结果

"和平与发展是当今时代的主题"这一论断的实质是对当今世界形势的正确判断和呼应，但是要将其明确揭示出来，绝非一日之功。它不仅受到现实环境的干扰，也会受到传统理论和思维方式的桎梏。一方面，尽管当时整个世界形势发生变化，矛盾逐渐出现缓和，但是"战争与革命"仍然是人们对于当时时代的主要判断。这是因为第二次世界大战虽然结束了，但是世界并不太平，美苏争霸一度不断升级，甚至一度出现过古巴导弹危机等影响世界和平的重大事件，新的世界大战甚至一触即发。局部来看，美国相继引发在朝鲜的战争和在越南的战争，苏联于1979年入侵阿富汗。美苏争霸和局部战争，严重影响着人们对形势的判断。正如前文所分析，即使是邓小平本人前期也一直关注着战争继续发生的危险，他在概括当时世界政治格局后认为："总起来说，世界和平的力量在发展，战争的危险还存在。"[①] 因此，要提出和平与发展已经成为时代新主题，离不开对战争与和平关系的唯物辩证的具体研究分析。同时，国际政治经济关系格局向来变幻莫测，要在当时复杂变幻的国际形势中敏锐地把握国际形势的新变化，进而发现时代主题的变化，不仅需要宏阔的国际视野和敏锐的政治眼光，也需要足够的政治勇气和战略定力。另一方面，作为社会主义国家领导人要发现并提出时代主题的转变，还需要突破关于时代主题的传统判断和理论视域。从马克思恩格斯经过列宁到毛泽东，马克思主义经典作家们虽然对世界形势有着不尽相同的判断，但是他们都坚持革命斗争是走上社会主义道路的不可逾越的手段，其提出的路线方针政策也都是建立在对时代主题是"战争与革命"认识的基础之上。社会主义国家产生发展的历史成就无疑证明了马克思主义经典作家关于时代主题判断的正确性，但是历史的车轮行驶到20世纪七八十年代，国际形势已经有了很大不同，要想对新的时代主题作出新的判断，马克思主义者首先要突破旧的理论束缚。邓小平的伟大之处在于，他在继承马克思主义的同时，又不把其当作教条，而是以解放思想、实事求是的态度着力解决在新的时代条件下社会主义面临的新课题，以新的思想、新的

---

① 《邓小平文选》第3卷，人民出版社1993年版，第105页。

观点不断丰富和发展马克思主义。正如他 1985 年 9 月在中国共产党全国代表会议上所说："马克思主义理论从来不是教条，而是行动的指南。它要求人们根据它的基本原则和基本方法，不断结合变化着的实际，探索解决新问题的答案，从而也发展马克思主义理论本身。"①

总之，和平与发展成为时代主题是建立在一系列科学分析判断基础之上而提出的崭新思想，即新的世界大战可以避免、世界多极化进程曲折而漫长、综合国力竞争日趋激烈等，这些判断与和平和发展的时代主题一同构成了邓小平对国际形势的科学判断。邓小平之所以能够突破长期以来人们将战争与革命看作时代主题的原有认识，作出"和平与发展是当今世界两大主要问题"的正确判断，一方面在于世界各国经济的发展进步，使得战争与革命的形势发生了变化，而维护和平的因素和力量不断增强，世界格局在对抗中形成一种新的平衡；另一方面也是中国共产党在"文化大革命"结束后，对"阶级斗争扩大化"错误深刻反思的结果。对时代主题的正确判断充分体现了邓小平的战略眼光和远见卓识，是他继承和发展马克思主义，坚持实事求是、一切从实际出发看问题的结果。

（二）提出新时代观意义重大而深远

邓小平关于和平与发展时代观的提出正确反映了时代新形势，不仅是对当时中国发展所处外部环境的正确判断，也是对世界整体形势的客观判断。它的提出具有重要而深远的理论意义和实践价值。

1. 理论意义

邓小平对于"和平与发展是当今世界两大主题"的判断不是对马克思主义时代观的背离，相反，他通过对时代主题转变的科学揭示，突破了对世界主要矛盾问题的传统认识，发展了从马克思到毛泽东"危机和战争引起革命"的社会主义发展战略，转变了国际共产主义运动中历来强调"国际联合"和"统一性"的传统战略，开拓了一条强调"独立自主"和"民族特色"的社会主义发展战略，为世界局势描绘了一幅新的图景。"和平与发展是当今世界两大主题"提出后，基于对国际形势的新判断，对党和国家的工作重心也有了新的认识，从而为其后的社会主义现代化建设实践提供了重要理论依据。对于这一点，邓

---

① 《邓小平文选》第 3 卷，人民出版社 1993 年版，第 146 页。

小平曾指出："讲战争危险，从毛主席那个时候讲起，讲了好多年了，粉碎'四人帮'后我们又讲了好久。现在我们应该真正冷静地做出新的判断。这个判断，对我们是非常重要的。首先就是我们能够安安心心地搞建设，把我们的重点转到建设上来。没有这个判断，一天诚惶诚恐的，怎么能够安心地搞建设？更不可能搞全面改革，也不能确定我们建军的正确原则和方向。"①

"和平与发展是当今世界两大主题"提出的理论意义还在于，它对于邓小平理论本身也是一种发展。邓小平关于和平与发展问题的科学判断，成为其后邓小平理论的一个重要时空背景和理论依据，包括社会主义根本任务论、社会主义本质论、"三步走"战略目标论、社会主义国家外部条件论等理论，都与"和平与发展是当今世界两大主题"的正确揭示密切相关。可以说，邓小平理论是在和平与发展成为时代主题的条件下逐步形成和发展起来的，和平与发展成为时代主题这一理论本身也融入到了邓小平理论的方方面面。

2. 实践意义

有关时代主题的问题，表面看关涉的是客观世界的客观事实，其背后反映的却是主观世界的问题，也就是人们对于时代主题的主观判断能不能与客观事实相符合的问题。一个国家如果在决策过程中背离客观事实，就会错误估计形势，犯主观主义的错误，因此只有正确把握了时代才能进一步制定符合实际的路线、方针、政策和策略。正像列宁指出的那样，"只有在这个基础上，即首先考虑到各个'时代'的不同的基本特征（而不是个别国家的个别历史事件），我们才能够正确地制定自己的策略；只有了解了某一时代的基本特征，才能在这一基础上去考虑这个国家或那个国家的更具体的特点"②。我们经常说马克思主义普遍原理与中国具体实际相结合，中国的具体实际是处在一个世界历史中的具体实际，是一个处在巨大的时间空间背景内的具体实际。如果离开世界局势单纯讲中国，那是不科学的。世情与国情是紧密联系的，尤其是在经济全球化趋势不断拓展加深的情况下更是如此。以邓小平同志为主要代表的中国共产党人通过对时代主题的正确判断，既科学地分析了"世情"，又深刻地把握了"国情"，实现了对世界形势特征的正确判断和对我国战略任务的正确判断，从

---

① 中共中央文献研究室编：《邓小平思想年编（一九七五——一九九七）》，中央文献出版社2011年版，第522页。

② 《列宁全集》第26卷，人民出版社2017年版，第143页。

而实现了时代主题与国内目标任务的统一。没有对时代主题的正确判断和对国内主要矛盾的准确把握，我党就不可能把工作重心彻底转移到经济建设上来，聚精会神搞建设，一心一意谋发展。正如邓小平在 1987 年会见荷兰首相吕贝尔斯时所指出："对于总的国际局势，我的看法是，争取比较长期的和平是可能的，战争是可以避免的。这一点，我们两国的观点一致。一九七八年我们制定一心一意搞建设的方针，就是建立在这样一个判断上的。"他进一步指出，"要建设，没有和平环境不行。"①

需要强调指出的是，必须准确理解邓小平以和平与发展代替战争与革命成为新的时代主题的科学内涵：第一，新的时代主题的科学揭示并不意味着战争与革命不再重要或者从此不再发生。我们说时代主题转变为和平与发展，是基于时代主要矛盾、主要任务的变化而作出的判断，它体现的是一个总体和平、局部战争，总体缓和、局部紧张，总体稳定、局部动荡的一个历史时段的总体的国际政治经济新形势。事实上，在局部地区，革命和战争仍然时有发生。第二，也不意味着一些人所谓的"告别革命"之类的说法。和平与发展成为时代的主题，并不是说不要革命，不要斗争，而是说战争和革命成为最后的手段。在和平年代，我们尤其要处理好改革、发展与革命之间的关系。把握时代主题的目的是为了在正确判断世界形势的基础上抓住机遇积极推进我们的各项建设事业。正是基于这样的认识，"文化大革命"结束后，在邓小平倡导下，我们国家果断停止了"以阶级斗争为纲"的错误方针，提出了"一个中心、两个基本点"的基本路线，从而实现了我国社会主义现代化建设的大发展，而中国的不断发展壮大反过来又成为进一步维护世界和平和促进共同发展的重要力量。同时，逐渐缓和的国际环境以及中国建设社会主义的成功经验也影响和激励了世界上其他社会主义国家和一些发展中国家的发展期盼，很快地许多第三世界国家的现代化建设也如火如荼地开展起来。

三、社会主义国家现代化建设面临新课题

时代主题反映的是一定时期内世界全局性和战略性的问题，而时代主题的

---

① 《邓小平文选》第 3 卷，人民出版社 1993 年版，第 233 页。

转变在本质上体现的是世界全局性和战略性问题的改变。在以战争和革命为时代主题的时代，人类面对着以战争与革命为特征的时代课题；在以和平与发展为主题的时代，人类面临着以和平与发展为时代特征的时代课题。新的时代主题蕴含着新的时代课题，这无论是对于资本主义国家还是社会主义国家来说都是一样的，问题的关键在于人们能不能认识和把握新的时代主题，进而认识和把握新的时代课题。一个国家对时代主题和时代课题认识和把握的正确程度，直接影响着其行动和实践的效果。正是在对新的时代主题正确把握的基础上，以邓小平同志为主要代表的中国共产党人带领中国人民走向了新的发展道路，开拓了改革开放和社会主义现代化建设的新局面。

（一）旧时代主题与旧时代课题

20 世纪上半叶，"战争与革命"是时代的主题，也是长时间里人们对自己所处时代的认识和把握。在"战争与革命"为主题的时代，世界各国对时代主要课题的判断显然也脱离不了"战争与革命"，它们不仅认为战争与革命不可避免，而且认为随时都会发生。在这样的认识下，无论是社会主义国家还是资本主义国家时刻处于准备战争或准备（或应对）革命之中，各国之间关系也很容易走向冲突和战争的极端。在这样的时代，即使有个别国家想摆脱战争的魔咒安心发展本国经济也很难实现，因为几乎没有国家能够"独善其身"，整个 20 世纪前半叶正是战争与革命交织的时代，战争与革命也就成为当时各个国家不得不面对的主要问题，两次世界大战卷入和波及如此多的国家就是例证。就社会主义国家而言也是如此，无论是从理论层面还是现实层面，都处处反映着战争与革命的时代主题。

一方面，无产阶级革命领袖历来重视对国际总体形势和时代主题的认识。马克思恩格斯在《共产党宣言》中指出："在过去的各个历史时代，我们几乎到处都可以看到社会完全划分为各个不同的等级，看到社会地位分成多种多样的层次。……但是，我们的时代，资产阶级时代，却有一个特点：它使阶级对立简单化了。整个社会日益分裂为两大敌对的阵营，分裂为两大相互直接对立的阶级：资产阶级和无产阶级。"[①] 这种对时代阶级结构的科学判断，为无产阶级登上历史舞台，推翻资本主义的伟大实践提供了思想武器。无产阶级革命领

---

① 《马克思恩格斯选集》第 1 卷，人民出版社 2012 年版，第 400—401 页。

袖中，最早揭示"战争与革命"这一时代主题的是列宁。他根据 20 世纪资本主义发展的新情况新特点，将资本主义的发展分为两个时代，即自由资本主义时代和帝国主义时代或垄断资本主义时代。在第一次世界大战期间，列宁正式提出并使用"帝国主义时代"这个概念，而且根据对帝国主义时代矛盾状况的分析，特别是对帝国主义时代政治经济发展不平衡规律的解释，指出帝国主义正处于"战争与革命"的阶段，并进一步揭示出这一主题。列宁是在深刻分析当时世界客观现实基础上得出这一结论的，他认为当时世界正处于帝国主义和无产阶级革命的时代，由于资本主义政治经济发展的不平衡规律的作用，帝国主义必然为争夺世界市场和瓜分势力范围而发动战争，帝国主义战争不可避免。列宁认为，战争必然引起革命，即必然激起无产阶级反对垄断资产阶级的斗争和被压迫民族的民主运动①。列宁对帝国主义时代战争和革命不可避免这一判断是符合时代特征的，具有重要意义，它不仅指引俄国十月革命取得胜利，并且回答了帝国主义时代无产阶级和被压迫民族人民革命的一系列理论和实践问题，第二次世界大战及其后的民族解放运动证明了列宁判断的正确性。第二次世界大战期间，毛泽东进一步丰富发展了马克思主义时代观，指出："现在的世界，是处在革命和战争的新时代，是资本主义决然死灭和社会主义决然兴盛的时代。"②他进一步明确指出："中国革命是世界革命的一部分"③，并且区分了旧的资产阶级革命与新的无产阶级革命的不同。基于对时代和战争与革命问题的正确判断，我们党最终领导中国人民取得新民主主义革命和社会主义革命的胜利。

另一方面，社会主义国家本身就是在战争与革命的时代中诞生和发展的。在某种意义上说，战争和革命对于社会主义国家的建立来说是机遇，是必要条件。社会主义之所以能够由一国发展到多国，成为与资本主义相抗衡的重要力量，正是因为较好地利用了第二次世界大战的形势。可以说，战后新建立的社会主义国家基本都是经由战火的洗礼，依靠枪杆子的暴力革命而走向世界历史舞台的，这些社会主义国家从建立之前就与战争与革命联系密切，战争是它们诞生的现实环境，而革命是它们诞生的最重要力量。社会主义国家大多是借助

---

① 参见邓剑秋、陈建华等：《邓小平治国方略》，武汉大学出版社 2004 年版，第 263 页。
② 《毛泽东选集》第 2 卷，人民出版社 1991 年版，第 680 页。
③ 《毛泽东选集》第 2 卷，人民出版社 1991 年版，第 668 页。

战争的形势，通过革命运动夺取政权、建立起社会主义制度的。这些国家建立起社会主义政权后，面对自身的弱小，面对复杂严峻的国际形势，无论是主观上还是客观上都需要正确认识和把握战争与革命的时代背景。在战争与革命的时代主题下，社会主义国家在发展过程中形成了与时代主题相对应的发展战略，但是当时代主题转变为和平与发展之后，过去在战争与革命时代主题下形成的旧思维旧观念的弊端日益凸显出来，社会主义国家现代化建设面临着新的时代课题。

（二）新的时代主题带来新的发展机遇

邓小平根据 20 世纪 70 年代后期国际形势发生变化的现实提出"和平与发展是当今世界两大主题"的科学论断，揭示了 20 世纪 70 年代后期开始国际政治格局主流由对抗转向缓和，由准备战争转向争取长久和平的世界趋势。这一时代主题向我们表明，和平、发展、合作等观念不仅成为世界各国人民共同的愿望和追求，也成为不可阻挡的时代潮流。这一时期，虽然社会主义必然取代资本主义的世界历史总趋势没有改变，时代的本质没有改变，但谋求和平发展成为各个国家的首要任务。一方面，社会主义国家在落后的经济基础上建立起来，急需一个和平稳定的环境进一步巩固政权，发展生产力，提升人民群众生活水平；另一方面，资本主义国家虽然经济发展水平相对较高，但是长期以来遭受战争巨大破坏和经济危机困扰，也在积极寻求新的改变。生存与发展是广大发展中国家的首要任务，继续发展和保持优势是发达国家面临的问题，对内图稳，对外思和，是多数国家的政策取向。在新的时代主题下，世界各国的主要任务转向谋求如何更好地维护和平、更好地实现发展，和平与发展的力量越来越强，求和平、求发展的呼声越来越高，全世界迎来了一个重要的发展机遇期。相较于已经取得长足发展的资本主义国家，时代主题的新变化尤其对社会主义国家提出了新课题新要求，主要体现在以下几个方面：

第一，新的时代课题要求社会主义国家转变通过"一次简单的突然袭击"就能实现社会主义、共产主义的思想认识，而是将社会主义的巩固和发展看作一个"长期的历史过程"；既要反对社会主义建设的"速成论"，又要反对社会主义建设的"渺茫论"；转变过去由于各种原因形成的长期脱离实际的路线、方针和政策，转而采取一切从本国实际情况出发，脚踏实地建设社会主义的新路子。

第二，新的时代课题要求社会主义国家改变过去对资本主义的片面性认识，不仅要看到社会主义与资本主义之间存在矛盾斗争的一面，又要看到二者之间在一定条件下存在合作互补的一面。深化对资本主义与社会主义长期并存、相互竞争、共同发展的认识，转变社会主义与资本主义水火不容的思想观念，进而确立"利用资本主义来建设社会主义并最终消灭资本主义"的战略思路。

第三，新的时代课题要求社会主义国家深化对社会主义本质的认识，认识到贫穷不是社会主义，必须大力解放生产力，发展生产力，通过长期努力最终实现共同富裕，依靠综合国力不断提升和人民生活不断改善来证明社会主义制度优越于资本主义制度。

第四，新的时代课题要求社会主义国家认识到，搞社会主义建设不能依靠别人，更不能关起门来搞，而是要把自力更生作为发展的根本，把对外开放作为发展的重要途径，把对内改革和对外开放结合起来，不断推进社会主义制度的自我完善和发展。

第五，新的时代课题要求社会主义国家在指导思想和发展模式上，应该尽快摆脱"苏联模式"和僵化体制机制的束缚，把马克思主义基本原理同本国实际相结合，开拓一条符合时代潮流，满足人民需要，符合本国国情的社会主义现代化建设和发展道路。

社会主义国家面临的新课题归根结底就是：充分利用好和平与发展这一时代主题，抓住和平与发展的时代机遇，冲破教条主义的束缚和僵化思想观念的禁锢，积极有效地推进本国的社会主义现代化建设事业，实现自身发展壮大，不断巩固和发展社会主义，从而在与资本主义世界的新的竞争和较量中占据有利地位并最终战而胜之。

（三）社会主义国家现代化建设的必要性及难题

现代化是一种思想潮流，更是一场现实的运动。它主要是指工业革命以来人类社会所发生的从传统社会向现代社会的深刻变革，包括从传统经济向现代经济、从传统政治向现代政治、从传统文明向现代文明等多方面的转变。现代化一般以国家为基本地理单元。西方资本主义国家是现代化进程中的先行者，它们在现代化进程中得到了充分发展，是现代化的最主要受益者。社会主义国家作为人类社会新的社会形态的承担者，多种原因决定了其迫切需要实现现代化。从内因层面看，推进社会主义现代化建设是社会主义社会的本质要求。社会主义国家大都是经济文化基础较差、底子较薄的落后国家，苏联后来虽被称为"超级大国"，但是它的起点和基础是比较落后的沙皇俄国；民主德国虽然是原来经济文化比较先进的国家，但在第二次世界大战中遭遇重大破坏，迫切需要一个重新现代化的过程；其他社会主义国家则大部分是经济文化比较落后的国家，现代化程度普遍低。实现社会主义国家经济、政治、文化等层面的现代化，不仅是这些国家现代化自身的要求，也是社会主义的本质要求。从外因层面看，在新的时代主题下，现代化成为一种潮流，无论是资本主义国家还是社会主义国家都被裹挟其中。社会主义作为终将要取代资本主义的社会形态，理应比资本主义国家在各方面更加现代化。现实情况却是，第二次世界大战后建立起来的社会主义国家现代化程度普遍不高，与西方资本主义国家现代化水平存在较大差距。现代化进程在第二次世界大战后发展速度越来越快，特别是在和平与发展逐渐成为时代主题的情况下，各个国家的现代化建设更是迎来了历史上发展较快的时期。因此，社会主义国家必须要把握好这个历史机遇，不断提高社会主义国家的现代化水平。

在和平与发展的时代主题下，社会主义国家的现代化建设必要而且迫切，时代环境为其提供了一个难得的历史机遇期。但是，面对如此历史机遇，社会主义国家的现代化建设仍然面临重重困难，这种困难主要体现为旧体制、旧模式、旧观念的束缚。

科学社会主义从空想发展为科学理论时，就有了一条明确的发展战略，那就是无产阶级革命事业应该从"国际性"出发，通过"统一性"和"国际联合"的方式来实现。1893 年，恩格斯在致拉法格的信中就指出："无产阶级的解放只能是国际的事业。如果你们想把它变成只是法国人的事业，那你们就会使它成为做不到的事了。"①恩格斯认为，社会主义要想取得胜利，就要在多个国家同时爆发革命，因为"共产主义革命将不是仅仅一个国家的革命，而是将在一切文明国家里，至少在英国、美国、法国、德国同时发生的革命……它是世界性的革命，所以将有世界性的活动场所"②。在马克思恩格斯看来，社会主义只能在多个国家或至少西方几个发达资本主义国家同时取得胜利。列宁根据帝国主义发展的新特点，将"数国同时革命论"发展为"一国首先革命论"，并最

---

① 《马克思恩格斯文集》第 10 卷，人民出版社 2009 年版，第 656 页。
② 《马克思恩格斯选集》第 1 卷，人民出版社 2012 年版，第 306 页。

终在帝国主义链条的薄弱环节打开局面，建立了世界上第一个社会主义国家。但是，他仍然强调苏联的最后胜利取决于世界革命高潮的到来和世界革命形势的发展，因此他主张去尽力发展、援助和激励世界各国的革命，以便互相策应、互相支持。因此，新诞生的社会主义国家苏联不仅指导世界上其他国家建立共产党组织，而且直接指导和扶持各国的革命运动。斯大林在列宁逝世后坚持并发展了列宁的世界社会主义战略思想，进一步提出了"世界资本主义体系总危机"的新概念，强调资本主义世界体系总危机必然导致战争，战争必然引起西方无产阶级革命。世界社会主义各国要以苏联为中心，联合各国人民组成反对帝国主义的国际阵线，同以美国为中心的帝国主义阵营对峙斗争，并支持资本主义各国共产党和其他革命斗争，待机推翻世界资本主义。斯大林的世界社会主义战略在 20 世纪 30 年代至 50 年代初对于巩固苏联起过积极作用，深受其影响的"苏联模式"，从制度、体制和建设社会主义的方针、政策等方方面面影响着其他社会主义政党和社会主义国家。社会主义国家苏联正是以社会主义"国际联合"的传统战略来帮助其他社会主义国家的，第二次世界大战后新成立的社会主义国家也必须要依靠苏联社会主义"老大哥"的保护来应对复杂的国际形势。社会主义国家抱团取暖对于新兴、弱小的社会主义国家无疑具有重要意义，它不仅节省了这些国家探索的时间，少走了弯路，而且形成对抗资本主义世界的合力。但是随着时间的推移，苏联模式的弊端日益显现，对于其他社会主义国家的发展越来越成为一种束缚，带来了许多问题和危害。

社会主义国家照搬苏联社会主义建设的模式，一个严重的后果就是形成了以"一条道路、一种模式、一个中心、一个阶段"为特征的发展战略。所谓"一条道路"就是暴力革命武装夺取政权的道路；"一种模式"就是建设社会主义的苏联模式或斯大林模式；"一个中心"就是认为社会主义运动似乎总要有个"头"，或至少在思想上和政治上要有一条共同的"国际总路线"；"一个阶段"就是忽视社会主义在不同国家发展的不同阶段性，似乎各国都处在同一发展阶段上，都要实行大体相同的方针、政策和措施，采取大体一致的搞法。[①] 这种旧的发展战略在和平与发展主题凸显的环境中其弊端越来越明显地暴露出来。

邓小平在 1987 年会见南斯拉夫共产主义者联盟中央主席团委员科罗舍茨时

---

① 《社会主义的历史·理论·前景："21 世纪社会主义"国际学术研讨会论文集》（上），社会科学文献出版社 2004 年版，第 122 页。

明确指出了这种照搬别国模式的问题和危害:"旧的那一套经过几十年的实践证明是不成功的。过去我们搬用别国的模式,结果阻碍了生产力的发展,在思想上导致僵化,妨碍人民和基层积极性的发挥。"①尽管认识到了照抄照搬的危害,但是在很长时间里,我们党和国家也犯了不少照抄照搬的错误。因此,邓小平在 1988 年会见莫桑比克总统希萨诺时深刻指出:"坦率地说,我们过去照搬苏联搞社会主义的模式,带来很多问题。我们很早就发现了,但没有解决好。我们现在要解决好这个问题,我们要建设的是具有中国自己特色的社会主义。"②

由于各种主客观因素影响,社会主义国家在相当长一段时期里,大都犯了脱离本国实际、脱离生产力实际,教条式地照抄照搬的问题,根本原因在于没有搞清楚究竟"什么是社会主义,怎样建设社会主义"这一根本问题。面对苏联模式的束缚,社会主义国家或主动或被动地进行了改革探索,并取得了一定成效,但是改革大都是在不触动高度集中统一体制的前提下进行的,没有根本上突破旧的政治经济体制,尤其是当时代主题转变之后,旧体制的弊端愈发凸显出来。创造性地开辟一条符合本国国情、具有本国特色的社会主义道路,推进社会主义现代化建设,巩固和发展社会主义制度,这是所有社会主义国家面临的共同时代课题。在长期实践探索的基础上,以邓小平同志为主要代表的中国共产党人在探索解答这个重大课题方面交出了一份比较圆满的答卷,从而使得中国特色社会主义在理论和实践的良性互动中不断巩固和发展。

第五节　新时期呼唤马克思主义中国化新理论

人类历史上的每一个时代都有着体现此一时代之客观本质和发展趋势的时代精神;而每一个历史时代的时代精神都最突出、最集中地体现在处于那个时代的人们所共同面临的时代主题的回答上。任何真正的哲学都是自己时代精神

---

① 《邓小平文选》第 3 卷,人民出版社 1993 年版,第 237 页。
② 《邓小平文选》第 3 卷,人民出版社 1993 年版,第 261 页。

的精华。马克思主义正是在适应实践的需要和反映时代的要求基础上产生的时代精神的精华。马克思主义作为一个开放发展的科学理论体系，在不同的时代、不同的国家表现为不同的理论形态，它只有与具体的时代和具体的实践相结合才能发挥出巨大的理论指导意义。马克思主义在我国的传播和发展表明，当其能够与时代主题、与我国具体实际紧密结合时，我们的社会主义事业便会不断取得胜利、不断前进；反之，当马克思主义不能够顺应时代形势，不能够结合具体实际的时候，我们的社会主义事业则会陷入困境，甚至走向失败。马克思主义在与中国革命时代和革命实践相结合的过程中，形成了毛泽东思想，指导我们取得了新民主主义革命的伟大胜利和社会主义建设事业的初步进展。而当"和平与发展"取代"战争与革命"成为新的时代主题之后，面对我国社会主义改革与发展的伟大实践，新形势新任务呼唤着与时俱进的马克思主义中国化理论。

以邓小平同志为核心的党的第二代中央领导集体立足我国实际，密切关注着世界形势发展和时代主题的变化，科学地分析了"文化大革命"产生的原因，果断地停止"以阶级斗争为纲"这个错误指导方针，坚持以经济建设为中心，大力推进改革开放和社会主义现代化建设，使生产力获得新的解放和巨大发展。在我国改革开放和社会主义现代化建设不断深入开展的过程中，以邓小平同志为主要代表的中国共产党人从深刻总结国内外社会主义建设的成功经验和失败教训中，不断深化对我国社会主义现代化建设规律的认识，把马列主义、毛泽东思想关于建设社会主义的理论不断推向前进，逐步形成了新的理论成果。这一与时俱进的马克思主义理论形态被冠名为邓小平理论。邓小平理论是在我国新的历史时期的新实践中，把马克思主义基本原理与中国具体实际相结合的重要理论成果，这一科学理论与我国改革开放和社会主义现代化建设的实践形成了双向互动的良性循环，在指导我国改革开放和社会主义现代化建设的伟大实践中自身也不断得到丰富和发展。

一、实践呼唤马克思主义中国化理论的与时俱进

（一）改革开放和社会主义现代化建设实践的客观需求

"文化大革命"结束后，以邓小平同志为主要代表的中国共产党人纠正了

"文化大革命"的错误，清除"文化大革命"的危害，通过批判"两个凡是"错误、拨乱反正等有力措施，将中国这艘巨轮调转到正确航道上来，开始了对新道路的探索和新事业的发展。新的道路新的事业，坚持以经济建设为中心，实行改革开放，这与"文化大革命"期间坚持"以阶级斗争为纲"的道路大不相同，这对我们的指导思想和理论武装提出了新的要求。"文化大革命"结束后，无论从国内还是从国际看，我们都面临着许多新情况新问题，必须从理论上作出有说服力的系统回答，在实践中不断解决新问题，并不断丰富和发展中国化马克思主义新理论。可以说，没有新的马克思主义中国化理论的科学指导，就不会有人民期盼、时代需要的新局面的出现。新的不同于以往的我国改革开放和社会主义现代化建设的实践，迫切呼唤着新的马克思主义中国化理论。

（二）时代主题变化的必然要求

时代化是马克思主义的内在要求和生命力之所在，马克思主义随着时代和实践不断发展进步始终是马克思主义诞生以来的现实历史过程。马克思主义时代化，就是马克思主义理论与不同国家民族的具体实践相结合，被不同国家民族以不同的途径付诸实践，既能回答时代课题和应对时代挑战，又能在新的实践及对实践经验的总结中实现自身的发展，形成具有时代特色的马克思主义最新理论形态。一部马克思主义发展史，就是马克思主义不断应用于实践又在实践中不断发展的历史。这个历史不是简单的从真理走向真理的历史，而是包含着以新的理论代替旧的论断，包括真理的不断丰富不断完善的历史，包括各个国家的马克思主义者根据自身面对的实际情况创造性地发展马克思主义的历史。马克思主义时代化是时代对马克思主义理论提出的客观要求。时代的发展、时代主题的变化决定了马克思主义必须要与时代的特征、时代的主要任务结合起来。具体来说，马克思主义时代化，一方面体现为一个时间的维度，就是马克思主义既要动态地反映时代发展的时间历程，也要动态地反映与时间历程相伴而行的时势和任务，还要以富有时代气息的形式回答和展现时代提出的新挑战，从而能够顺应时代主题、把握时代特征、回答好时代之问。另一方面，马克思主义时代化还内蕴着一个空间的维度，那就是马克思主义在与时代特征相结合的同时还要与每一个国家、每一个地区的具体情况相结合，从具体的地点、条件和群众的实际需要出发，运用马克思主义的基本立场、观点和方法，分析和解决一国一地的具体的革命、建设与改革的实际问题。

时代的不断发展、时代主题的转变，以及马克思主义理论的科学性和开放性决定了马克思主义必须要不断跟随时代和实践的发展而发展。正如恩格斯所强调的："每一个时代的理论思维，包括我们这个时代的理论思维，都是一种历史的产物，它在不同的时代具有完全不同的形式，同时具有完全不同的内容。"① 如果马克思主义不具有科学性，对各国的革命、建设和改革没有科学指导意义，如果马克思主义是一个封闭的理论形态，不能吸收新的实践成果发展自身，那么，马克思主义与不同国家民族的具体结合就是一句空话。正是在与不同时代主题和不同国情的具体结合之中，马克思主义发展出具有不同时代特征的理论成果，从马克思恩格斯"原生态的马克思主义"，到帝国主义时代的列宁主义，都是马克思主义准确把握时代主题和时代特征，勇于变革创新，不断发展进步的结果。在战争与革命的时代背景下，在长期的革命斗争实践中，以毛泽东同志为主要代表的中国共产党人立足于中国具体国情，围绕新民主主义革命的主要任务，把马克思列宁主义基本原理与中国革命的具体实践相结合，形成了适合中国情况的科学指导思想——毛泽东思想，实现了我党历史上马克思主义基本原理与中国具体国情相结合的第一次历史性飞跃。但是，在世界范围内，从 20 世纪 80 年代中期开始，战争与革命的时代主题逐步转变为和平与发展的时代主题。因此，我国的主要任务也要适应这个转变，从革命转变为改革和建设。变化的时代主题对马克思主义中国化和时代化提出了新的要求，呼唤着马克思主义中国化理论的进一步发展创新。

（三）马克思主义理论品质的内在追求

马克思主义中国化不仅是时代主题变化的客观要求，也是马克思主义理论品质的内在要求，马克思主义与时俱进的内在理论品质决定了它自身是一个不断发展和完善的理论体系。坚持一切从客观实际出发，理论联系实际，在实践中检验真理和发展真理，是马克思主义最重要的理论品质。这种与时俱进的理论品质，是 170 年来马克思主义始终保持蓬勃生命力的关键所在。马克思主义之所以具备与时俱进的理论品质，在于它的彻底的科学性、坚定的革命性和自觉的实践性。彻底的科学性体现在，马克思主义以辩证唯物主义和历史唯物主

---

① 《马克思恩格斯选集》第 3 卷，人民出版社 2012 年版，第 873 页。

义为理论基础，以事实为依据，以规律为对象，以实践为检验真理的唯一标准，通过概括自然科学、社会科学和思维科学的成果，科学揭示了自然界、人类社会和思维发展的普遍规律，形成了一个科学的真理体系。其基本立场、观点、方法指引着广大人民群众和人类的实践活动，对时代与社会发展提出的一系列重大问题，不断作出新的回答，得出新的科学结论。它的基本原理的正确性，不因历史的演变而过时，也不因条件环境的变化而迂腐，始终保持着新鲜的活力。社会发展的事实不断证明着马克思主义基本理论的科学性。坚定的革命性体现在，马克思主义是富有彻底批判精神的理论体系，它的产生和发展是对以往一切优秀理论成果继承和发展的结果；马克思主义一经诞生，就将理论批判活动和改造世界的实践活动作为自己的任务，将推翻一切剥削制度、推翻旧世界，争取全人类的解放作为自己的奋斗目标；世界无产阶级和劳动人民将马克思主义作为自己进行革命斗争的思想武器，指导自己的革命实践活动。自觉的实践性体现在，马克思主义是具有实践精神的科学体系，它从实践中产生，在实践中发展，又反过来为社会实践服务，指导人民群众改造自然、改造社会，也改造人们的主观世界。同时，马克思主义在实践中不断接受检验，不断被新的实践所补充、修正和完善。

二、马克思主义中国化新成果应运而生

在新的时代背景下，邓小平继承了毛泽东探索中国式社会主义建设道路的未竟之业，领导人民开启了改革开放这场"当代中国的第二次革命"，在不懈探索和创新实践中逐步找到了一条中国特色社会主义的新路，取得了改革开放和社会主义现代化建设的伟大成就，实现了马克思主义基本原理与我国社会主义建设具体实际的有机结合，取得了理论创新的巨大成果，把马克思主义在中国的发展推进到邓小平理论的崭新阶段。

（一）顺应国内外形势任务邓小平理论应运而生

党的十五大报告指出："邓小平理论形成了新的建设有中国特色社会主义理论的科学体系。它是在和平与发展成为时代主题的历史条件下，在我国改革开放和现代化建设的实践中，在总结我国社会主义胜利和挫折的历

史经验并借鉴其他社会主义国家兴衰成败历史经验的基础上，逐步形成和发展起来的。"① 这是对邓小平理论形成与发展时代背景和现实依据的高度概括。

第一，我国改革开放和社会主义现代化建设的实践是邓小平理论形成和发展的现实依据。实践决定认识，认识反映实践。实践是认识的来源，是认识发展的动力。正是我国改革开放和社会主义现代化建设的生动实践，为邓小平理论的形成提供了现实依据。具体来看，邓小平理论形成的现实依据主要体现为两个方面：一是新的社会实践的需要；二是人民群众迫切的理论需要。"文化大革命"结束后，中国开启了社会主义道路的新探索，随着这种探索不断深入，新的实践推进了马克思主义的创新和发展，加速了马克思主义新的理论形态的产生。另一方面，面对新的社会实践，面对"文化大革命"结束后国家和人民对于中国未来道路选择的徘徊和迷茫，党和国家以及人民群众都需要进一步解放思想，迫切需要新的科学理论的指导。邓小平直言："我们现在干的事业是全新的事业。"② 这一全新的事业取得了初步成绩后，推动着改革开放的继续深入，邓小平指出："成功的经验鼓励了我们，增加了我们的信心。因此，党的十三大要决定加快改革的步伐，不仅要加快经济体制改革的步伐，而且要把政治体制改革提到议事日程上来。"③ 针对不断深化的改革开放和不断推进的社会主义现代化建设进程，党和国家提出了一系列新思想，邓小平强调要对这些构想"从理论上进行深刻、实际的阐述"，这是因为"我们走的路还会有曲折，错误也是难免的"。④ 实践证明，我们党不仅及时对改革开放和社会主义现代化建设过程中的新构想进行了深刻而系统的阐述，而且以新的深刻而系统的理论指导着事业的不断前进，从而形成了理论创新和实践创新的良性互动。这种良性互动贯穿于改革开放和社会主义现代化建设过程的始终，成为改革开放取得成功的一条重要经验。

第二，"和平与发展"逐步成为时代主题的历史条件是邓小平理论形成的国际背景。和平与发展逐步成为时代的主题，世界大战可能性越来越小，发展问题变得越来越突出，各国都将谋求发展作为首要任务，这是世界发展的新趋

---

① 《十五大以来重要文献选编》（上），中央文献出版社 2011 年版，第 10 页。
② 《邓小平文选》第 3 卷，人民出版社 1993 年版，第 254 页。
③ 《邓小平文选》第 3 卷，人民出版社 1993 年版，第 256 页。
④ 《邓小平文选》第 3 卷，人民出版社 1993 年版，第 256 页。

势。邓小平深刻地认识到："现在的世界是开放的世界。"① 开放的世界就要有
开放的姿态、开放的实践。作为一个经济文化十分落后的社会主义国家，中国
主动顺应时代发展潮流、抓住机遇推进社会主义现代化建设，不断提升综合国
力，提高人民生活水平，这是摆在新的领导集体面前的迫切任务。邓小平总结
中国长期落后的原因时强调指出："中国长期处于停滞和落后状态的一个重要
原因是闭关自守。经验证明，关起门来搞建设是不能成功的，中国的发展离不
开世界。"② 和平与发展逐步成为时代主题作为邓小平理论形成的国际背景，不
仅在于邓小平看到"中国的发展离不开世界"，而且在于看到了世界的和平和
发展同样离不开中国。他不止一次地强调中国的发展对于世界和平与发展的
重要意义。1988 年 1 月 20 日，邓小平在会见挪威首相布伦特兰夫人时指出：
"中国争取和平的实际行动就是努力建设和发展，因为占世界人口五分之一的
中国每发展一步，就是为世界和平增加一分力量。我们发展自己不仅是为了改
善本国人民的生活，同时也是对整个国际和平的贡献，也就是中国对人类的贡
献。"③ 和平与发展时代主题的凸显，对时代主题与中国发展关系的深入思考，
成为邓小平理论形成和发展的最鲜明的时代特征。

　　第三，世界社会主义建设正反两方面的经验教训是邓小平理论形成和发展
的历史依据。一方面，20 世纪 50 年代开始，世界社会主义国家大都进行了建
设社会主义的探索，许多国家在探索中都将改革作为主要任务，虽然这些国家
的改革由于种种原因大多未能取得预期效果，但是它们在社会主义改革探索中
的经验教训却成为我们国家开拓中国特色社会主义道路的宝贵借鉴，对这些经
验教训的吸纳运用，让我国的社会主义改革探索少走了许多弯路。另一方面，
我国自身对建设社会主义的探索，特别是"文化大革命"的错误和教训为我国
的改革开放提供了最深刻最鲜明的鉴戒。邓小平在我国实行改革开放一段时间
后曾总结指出："为什么我们能在七十年代末和八十年代提出了现行的一系列
政策，就是总结了'文化大革命'的经验和教训。"④ 他明确指出："不过教训
总结起来很有益处。现在的方针政策，就是对'文化大革命'进行总结的结

---

① 《邓小平文选》第 3 卷，人民出版社 1993 年版，第 64 页。
② 《邓小平文选》第 3 卷，人民出版社 1993 年版，第 78 页。
③ 中共中央文献研究室编：《邓小平思想年编（一九七五——一九九七）》，中央文献出版社
　　2011 年版，第 640 页。
④ 《邓小平文选》第 3 卷，人民出版社 1993 年版，第 172 页。

果。"①邓小平认为，"文化大革命"直接推动了我国走向改革和开放的道路，"我们从一九五七年以后，耽误了二十年，而这二十年又是世界蓬勃发展的时期，这是非常可惜的。但另一方面也有一点好处，二十年的经验尤其是'文化大革命'的教训告诉我们，不改革不行，不制定新的政治的、经济的、社会的政策不行"②。"文化大革命"是我们国家和民族的一场灾难，但正是这场灾难把"左"的危害彻底暴露出来，使我们的国家和民族打破了思想的禁区，明白了许多道理，得以反省过去的历史，从而开拓新的未来。邓小平深刻指出："我们根本否定'文化大革命'，但应该说'文化大革命'也有一'功'，它提供了反面教训。没有'文化大革命'的教训，就不可能制定十一届三中全会以来的思想、政治、组织路线和一系列政策。三中全会确定将工作重点由以阶级斗争为纲转到以发展生产力、建设四个现代化为中心，受到全党和全国人民的拥护。为什么呢？就是因为有'文化大革命'作比较，'文化大革命'变成了我们的财富。"③有学者总结指出："20世纪80年代中国的发展政策首先是在70年代特殊的历史条件下形成的，也就是说，是在总结'文化大革命'教训后形成的，而'文化大革命'又是对20世纪五六十年代我国一些改革萌芽和世界范围内改革潮流的错误回应。从改革的曲折到'文革'，又因'文革'的失败而走向改革，这是我国走上改革之路的一个突出特点。"④

第四，邓小平个人丰富的社会阅历，在党内的重要领导地位，杰出的理论素养、战略眼光和思维品格等是邓小平理论形成的独特主观条件。不可否认，邓小平理论作为马克思主义中国化的重大理论创新成果，是集体智慧的结晶。1987年，邓小平在会见日本社会党委员长土井多贺子时指出："我们党的十三大报告是集体创作，集中了几千人的智慧，有许多内容并不是我提出来的。当然，其中也有我的看法和意见，但大部分是集体的意见。一九七八年党的十一届三中全会以来的路线、方针和政策的制定，我是出了力的，但不只是我一个人。"⑤但是，作为党的第二代中央领导集体的核心，作为我国社会主义改革开放和现代化建设的总设计师，邓小平对中国特色社会主义理论体系的创立作

---

① 《邓小平文选》第3卷，人民出版社1993年版，第223页。
② 《邓小平文选》第3卷，人民出版社1993年版，第266页。
③ 《邓小平文选》第3卷，人民出版社1993年版，第272页。
④ 郑谦：《中国是怎样从"文化大革命"走向改革的》，人民出版社2016年版，第435页。
⑤ 《邓小平文选》第3卷，人民出版社1993年版，第258页。

出了历史性的重大贡献。因此，邓小平理论必然带有邓小平自身的鲜明烙印。邓小平一生有着丰富的人生阅历，他自言自己是"三落三起"①。"三次被打倒，三次又复出"的传奇经历让他对马克思列宁主义、毛泽东思想有了更深刻的理解。更为可贵的是，面对逆境他不仅没有放弃，反而更加坚定了坚持真理和坚持建设社会主义的信念。邓小平从土地革命战争、抗日战争、解放战争，到新中国成立，先后担任党委、政府和军队的许多重要领导职务，1975 年第二次复出后他代替周恩来主管部分国务院工作，1977 年再次复出后他又主管教育、科学和外交工作，这些多领域领导工作的丰富阅历为他全面把握国际国内形势，创造新的理论创造了条件。邓小平早年即到法国勤工俭学，使他有机会尽早了解并接受马克思主义，后来又赴俄国比较系统学习了马列主义基本理论，这为他将马克思主义基本原理与中国新的实践相结合奠定了理论基础。同样重要的是，邓小平具有务实的作风和高度的辩证思维能力，这使他不仅能够坚持马列主义、毛泽东思想，而且能够根据时代的变化不断创新发展马克思主义理论。

总之，在新的历史条件下，邓小平站在时代潮流的前头，以马克思列宁主义、毛泽东思想为指导，不断总结人民群众的改革实践经验，总结我国社会主义建设过程中的经验教训和其他社会主义国家兴衰成败的经验教训，形成规律性的系统认识，并将其上升为理论，继而用于指导我国改革开放和社会主义现代化建设的实践，然后再总结新的实践经验，再上升为新的理论，从而实现了马克思主义基本原理与中国国情的有机结合，创立了建设有中国特色的社会主义理论。

（二）邓小平理论的形成发展过程

邓小平理论是在党的十一届三中全会以后逐步形成和发展起来的，继承了以毛泽东同志为核心的党的第一代中央领导集体对中国社会主义建设道路探索的理论成果，是对毛泽东思想的继承、发展和创新。1997 年 9 月党的十五大首次使用"邓小平理论"这个概念，把这一理论作为指引党继续前进的旗帜。邓小平理论的孕育形成大致经历了四个阶段：1978—1982 年为基本理论命题提出的阶段；1982—1987 年为理论基本形成阶段；1987—1992 年为理论走向成熟，

---

① 《邓小平文选》第 3 卷，人民出版社 1993 年版，第 255 页。

确立体系的阶段；1992—1997 年为理论进一步丰富和发展的阶段。

第一阶段（1978—1982 年），从中央工作会议到党的十二大，基本理论命题提出的阶段。1978 年 12 月召开的十一届三中全会，是中国社会主义现代化建设进程中一个具有深远历史意义的转折点。在这次会议之前，邓小平在中共中央工作会议闭幕会上作了重要讲话，题为《解放思想 实事求是 团结一致向前看》，讲话强调"解放思想是当前的一个重大政治问题"，实际上成为十一届三中全会的主题报告，也是邓小平理论的理论起点，为十一届三中全会实现党和国家工作重心的转移提供了思想理论指导，党的十五大报告把这篇重要讲话称为"开辟新时期新道路、开创建设有中国特色社会主义新理论的宣言书"。在改革开放和社会主义现代化建设继续深入进行的基础上，1982 年 9 月，党的十二大报告明确提出了"走自己的道路，建设有中国特色的社会主义"的科学命题，标志着邓小平理论的正式破题。

第二阶段（1982—1987 年），从党的十二大到十三大，基本内容形成阶段。1987 年 10 月召开的党的十三大，对十一届三中全会以来党的路线、方针、政策，以及与此相联系的理论观点作了科学概括，提出了社会主义初级阶段的理论，对党在社会主义初级阶段的"一个中心、两个基本点"的基本路线作了较为全面的阐述，对邓小平理论主要观点作了概括，从马克思主义哲学、政治经济学和科学社会主义等方面，把这一理论概括为十二个基本观点，初步回答了我国社会主义建设的阶段、任务、动力、条件、布局和国际环境等基本问题，构成了邓小平理论的基本内容。

第三阶段（1987—1992 年），从党的十三大到十四大，逐步走向成熟并形成科学体系的阶段。党的十三大以后，国际国内形势复杂多变，在国际大气候和国内小气候交互影响下，中国在 1989 年春夏之际发生了一场严重政治风波。随后不久，苏联和东欧社会主义国家陆续发生剧变，世界社会主义运动遭受严重挫折。1992 年年初，邓小平视察南方并发表一系列重要谈话，提出了许多重要创新论断，再一次推动了我国改革开放和社会主义现代化建设的历史进程，并为党的十四大召开确立了总的基调，南方谈话成为坚持十一届三中全会以来的理论和路线，把改革开放和社会主义现代化建设推进到新阶段的又一个解放思想、实事求是的宣言书。在此基础上，1992 年 10 月，党的十四大对邓小平建设有中国特色社会主义理论从九个主要方面作了更为全面的阐述，并提出要用这一科学理论武装全党。至此，邓小平理论在实践中逐步走向成熟，形成了具有内在逻辑联系的比较系统的科学理论体系。

第四阶段（1992—1997 年），进一步丰富和发展阶段。邓小平在党的十四大后继续关注着中国改革开放的进程，1993 年 9 月 16 日，他在同弟弟邓垦谈话时提出了解决两极分化问题的思路和措施。1997 年 9 月，党的十五大报告对邓小平理论的历史地位和指导意义等作了深入论述，从多方面进一步深化了邓小平理论。党的十五大通过的修改后的党章把邓小平理论作为党的指导思想写入党章，与马克思列宁主义、毛泽东思想一道确立为党长期坚持的指导思想。

三、邓小平理论对毛泽东思想的继承和发展创新

邓小平理论是在我国改革开放的历史新时期、社会主义现代化建设的新进程中形成和发展起来的，但不能忽略其形成和发展的历史渊源和理论基础。邓小平理论的基本内容不是凭空产生的，它是在以毛泽东同志为核心的党的第一代中央领导集体团结带领全党全国各族人民进行新民主主义革命、成立新中国、确立社会主义基本制度、取得社会主义建设一系列成就以及艰辛探索社会主义建设规律并取得宝贵经验基础上进一步探索创新的结果。作为中国特色社会主义理论体系开创者的邓小平不仅参与了毛泽东思想的形成和创立，而且在新时期坚持马克思列宁主义的基本立场、观点、方法，坚持"实事求是"这一马克思列宁主义、毛泽东思想的精髓，进一步继承和发展了毛泽东思想，从而把马克思主义中国化推进到一个新阶段。

谈邓小平对毛泽东思想的继承和发展，离不开一个思想前提，那就是"文化大革命"后邓小平推动的对毛泽东历史地位和毛泽东思想的正确认识和评价。没有这个思想前提，就不会有邓小平理论的诞生，也不会有邓小平理论对毛泽东思想的继承和发展。粉碎"四人帮"后，党内外都存在着如何看待毛泽东历史地位和如何评价毛泽东思想的重要问题，这个问题直接关系到党和国家能否及时纠正"文化大革命"的错误，进而探索出一条社会主义现代化建设的新路。邓小平针对试图以教条主义态度对待毛泽东历史地位和毛泽东思想的错误观点和做法，多次强调要"准确地完整地"理解毛泽东思想，批评了教条式对待毛泽东思想的错误，并通过支持真理标准问题大讨论从根本上否定了"两个凡是"的错误论断；针对片面夸大毛泽东晚年错误、全盘否定毛泽东和毛泽东思想的

错误观点和做法，他旗帜鲜明地多次强调："我们必须坚持马列主义、毛泽东思想。"① 明确批评了有些人"或者公然反对马列主义的基本原理，或者口头上拥护马列主义，但是反对马列主义普遍真理与中国革命实践相结合而产生的毛泽东思想"，以及有些人"只拥护'正确的毛泽东思想'，而不拥护'错误的毛泽东思想'"② 的错误论断。1980年，邓小平在回答意大利记者提问时指出："没有毛主席，至少我们中国人民还要在黑暗中摸索更长的时间。毛主席最伟大的功绩是把马列主义的原理同中国革命的实际结合起来，指出了中国夺取革命胜利的道路。"③ 他明确地充分肯定毛泽东的历史功绩和毛泽东思想的指导作用。同时，他又强调要对毛泽东晚年所犯错误进行实事求是的分析。指出毛泽东的错误不仅仅是涉及毛泽东个人的问题，而是要将其同当时不够完善的制度，同"我们党、我们国家的整个历史"④ 结合起来看待；强调不能"把所有的问题都归结到个人品质上"⑤，强调"应当把毛泽东思想和毛泽东同志晚年的错误区别开来"⑥。为正确评价毛泽东和毛泽东思想提供了根本态度和科学方法。正是在邓小平的全力支持和领导推动下，党的十一届六中全会一致通过了《关于建国以来党的若干历史问题的决议》，解决了当时迫切需要解决的既要坚持毛泽东思想又要否定毛泽东晚年错误的难题，为理直气壮地坚持毛泽东思想指明了正确方向。邓小平对毛泽东历史地位和毛泽东思想的正确评价，既纠正了"两个凡是"的错误，又纠正了党内外对待毛泽东功过是非和毛泽东思想科学性的各种错误认识，为党和国家坚持和发展毛泽东思想澄清了思想迷雾，也为在新时期更好地继承和发展毛泽东思想奠定了思想理论基础。

（一）邓小平理论是与毛泽东思想"一脉相承"的理论成果

毛泽东思想和邓小平理论作为马克思主义中国化的两大理论成果，具有不同的理论主题、内容和形态，但是二者在理论渊源、根本立场和奋斗目标上是相同的。

---

① 《邓小平文选》第2卷，人民出版社1994年版，第171页。
② 《邓小平文选》第2卷，人民出版社1994年版，第171页。
③ 《邓小平文选》第2卷，人民出版社1994年版，第345页。
④ 《邓小平文选》第2卷，人民出版社1994年版，第299页。
⑤ 《邓小平文选》第2卷，人民出版社1994年版，第301页。
⑥ 《邓小平文选》第2卷，人民出版社1994年版，第366页。

第一，二者在世界观和方法论上一脉相承，都贯穿了辩证唯物主义和历史唯物主义的灵魂。辩证唯物主义和历史唯物主义的世界观和方法论，是马克思主义的哲学基础。毛泽东思想和邓小平理论都是活学活用马克思主义哲学的典范，其理论基础正是马克思主义哲学。二者都以马克思主义作为指导思想，遵循马克思主义普遍原理与中国具体实际相结合的原则，坚持一切从实际出发、实事求是的思想路线。毛泽东多次指出："指导我们思想的理论基础是马克思列宁主义。"①"马克思列宁主义的普遍真理一经和中国革命的具体实践相结合，就使中国革命的面目为之一新"，"就成为中国人民百战百胜的武器"。② 邓小平也在不同场合多次强调："马克思列宁主义、毛泽东思想，是我们党的指导思想。"③"把马克思主义的普遍真理同我国的具体实际结合起来，走自己的道路，建设有中国特色的社会主义，这就是我们总结长期历史经验得出的基本结论。"④ 他指出，"搞社会主义一定要遵循马克思主义的辩证唯物主义和历史唯物主义"⑤。"我是个马克思主义者。我一直遵循马克思主义的基本原则。"⑥"我坚信，世界上赞成马克思主义的人会多起来的，因为马克思主义是科学。"⑦

第二，二者在出发点和根本立场上一脉相承，都坚持代表广大人民群众的根本利益。毛泽东思想和邓小平理论的出发点和根本立场是完全一致的，都是把广大人民群众的根本利益作为出发点和落脚点。早在 1939 年毛泽东就提出了"为人民服务"这一共产党人的根本宗旨，在《纪念白求恩》一文中更是要求每个党员都要学习白求恩做"一个高尚的人，一个纯粹的人，一个有道德的人，一个脱离了低级趣味的人，一个有益于人民的人"⑧。1944 年 9 月，毛泽东在张思德追悼会上发表题为《为人民服务》的著名演讲，系统地阐述了为人民服务的科学内涵，阐述了为人民服务的意义所在。毛泽东还特别强调尊重群众的首创精神，毛泽东思想中的许多优秀成果，就是人民群众最初探索创造结

---

① 《毛泽东文集》第 6 卷，人民出版社 1999 年版，第 350 页。
② 《毛泽东选集》第 3 卷，人民出版社 1991 年版，第 1093、1094 页。
③ 《邓小平文选》第 2 卷，人民出版社 1994 年版，第 42 页。
④ 《邓小平文选》第 3 卷，人民出版社 1993 年版，第 3 页。
⑤ 《邓小平文选》第 3 卷，人民出版社 1993 年版，第 118 页。
⑥ 《邓小平文选》第 3 卷，人民出版社 1993 年版，第 173 页。
⑦ 《邓小平文选》第 3 卷，人民出版社 1993 年版，第 382 页。
⑧ 《毛泽东选集》第 2 卷，人民出版社 1991 年版，第 660 页。

果的升华。邓小平同样将人民群众的利益放在一切工作首位，他说："我是中国人民的儿子，我深情地爱着我的祖国和人民。"邓小平理论的基本内容是围绕人民群众的根本利益展开的，他提出的建设小康社会，是建设"人民生活普遍提高的小康社会"①；他对社会主义本质的认识是"解放生产力，发展生产力，消灭剥削，消除两极分化，最终达到共同富裕"②。他认为改革成功的第一条就是"要同人民一起商量着办事"③。总之，毛泽东思想和邓小平理论根本立场上都是为了群众，依靠群众，热爱人民，关注广大人民群众利益和愿望；都是把人民群众拥护不拥护，赞成不赞成，高兴不高兴，答应不答应作为制定各项纲领方针政策的出发点和归宿。

第三，二者在奋斗目标上一脉相承，都坚持社会主义和共产主义发展方向和奋斗目标，都认为社会主义道路是中国唯一的正确选择。中国共产党成立之初，就把实现社会主义和共产主义作为自己的奋斗目标。毛泽东在《论联合政府》一文中指出："我们共产党人从来不隐瞒自己的政治主张。我们的将来纲领或最高纲领，是要将中国推进到社会主义社会和共产主义社会去的，这是确定的和毫无疑义的。我们党的名称和我们的马克思主义的宇宙观，明确地指明了这个将来的、无限光明的、无限美妙的最高理想。"④毛泽东一生把实现社会主义、共产主义作为孜孜以求的奋斗目标。邓小平不仅坚持共产主义奋斗目标，而且强调它作为理想信念的重要意义，他指出："我们多年奋斗就是为了共产主义，我们的信念理想就是要搞共产主义。在我们最困难的时期，共产主义的理想是我们的精神支柱，多少人牺牲就是为了实现这个理想。"⑤他指出："我们过去几十年艰苦奋斗，就是靠用坚定的信念把人民团结起来，为人民自己的利益而奋斗。没有这样的信念，就没有凝聚力。没有这样的信念，就没有一切。"⑥当然，邓小平也看到了实现共产主义的长期性、艰巨性和曲折性，他由此提出了社会主义初级阶段理论。但是，他从来没有怀疑过共产主义实现的必然性，在为实现这一奋斗目标的过程中没有

① 《邓小平文选》第3卷，人民出版社1993年版，第216页。
② 《邓小平文选》第3卷，人民出版社1993年版，第373页。
③ 《邓小平文选》第3卷，人民出版社1993年版，第268页。
④ 《毛泽东选集》第3卷，人民出版社1991年版，第1059页。
⑤ 《邓小平文选》第3卷，人民出版社1993年版，第137页。
⑥ 《邓小平文选》第3卷，人民出版社1993年版，第190页。

丝毫懈怠。

（二）邓小平理论与毛泽东思想"一脉相承"的核心内容是"实事求是"

早在新民主主义革命时期，毛泽东就注重坚持马克思主义基本原理和中国具体实际的结合，开创了农村包围城市、武装夺取政权的新民主主义革命道路。新中国成立后，在实事求是思想路线指引下，毛泽东领导党和人民进一步把马克思主义普遍原理与中国具体实际结合起来，创造性地找到了一条适合中国国情的社会主义改造道路。此后，毛泽东开始了对中国式社会主义建设道路的艰辛探索，其中既取得了宝贵经验，也有不少失误和教训。从 1958 年开始，毛泽东逐渐偏离了实事求是的思想路线，忽视经济建设和民主法制建设，甚至走到了"以阶级斗争为纲"，使党和国家遭受不可估量的损失。正反两方面的经验教训告诉我们，实事求是的思想路线，是我们党的根本，违背了它，就违背了马克思主义的基本原理，就会遭受挫折和失败。

在新的历史时期，邓小平是毛泽东所确立的实事求是思想路线的忠实继承者。首先，邓小平提出了实事求是是毛泽东思想的出发点、根本点和精髓的论断。邓小平在 1978 年全军政治工作会议上的讲话中指出："实事求是，是毛泽东思想的出发点、根本点。这是唯物主义。"① 在此之前的 1977 年 9 月 19 日，邓小平同教育部主要负责同志谈话时指出："毛泽东同志在延安为中央党校题词，就是'实事求是'四个大字，这是毛泽东哲学思想的精髓"。② 邓小平把毛泽东思想的精髓概括为"实事求是"，显示了邓小平对毛泽东思想的正确认识和准确把握。其次，邓小平是"实事求是"理论的真诚信奉者和实践者。在拨乱反正和改革开放过程中，他始终强调和践行"实事求是"这一毛泽东思想的精髓。在与苏共中央总书记戈尔巴乔夫谈话时他坦率地指出，中苏在过去都讲了不少空话，并强调："马克思去世以后一百多年，究竟发生了什么变化，在变化的条件下，如何认识和发展马克思主义，没有搞清楚。绝不能要求马克思为解决他去世之后上百年、几百年所产生的问题提供现成答案。列宁同样也不能承担为他去世以后五十年、一百年所产生的问题提供现成答案的任务。真正的马克思列宁主义者必须根据现在的情况，认识、继承和发展马克思列宁主

---

① 《邓小平文选》第 2 卷，人民出版社 1994 年版，第 114 页。
② 《邓小平文选》第 2 卷，人民出版社 1994 年版，第 67 页。

义。"① 他在 1992 年南方谈话中指出："我读的书并不多，就是一条，相信毛主席讲的实事求是。过去我们打仗靠这个，现在搞建设、搞改革也靠这个。"② 邓小平进而要求实事求是地分析马克思主义与中国社会主义现代化建设之间的关系："过去搞民主革命，要适合中国情况，走毛泽东同志开辟的农村包围城市的道路。现在搞建设，也要适合中国情况，走出一条中国式的现代化道路。"③ 他强调："马克思主义必须是同中国实际相结合的马克思主义，社会主义必须是切合中国实际的有中国特色的社会主义。"④ 在邓小平的积极推动和倡导下，"实事求是"的思想路线很快得到了恢复和发展，重新成为全党全国的思想路线，用邓小平的话来说就是：搞社会主义一定要遵循马克思主义的辩证法和历史唯物主义，也就是毛泽东同志概括的实事求是，或者说一切从实际出发的原则。再次，邓小平将"实事求是"提升到无产阶级世界观基础和马克思主义思想基础的高度。他在《解放思想，实事求是，团结一致向前看》的讲话中指出："实事求是，是无产阶级世界观的基础，是马克思主义的思想基础。过去我们搞革命所取得的一切胜利，是靠实事求是；现在我们要实现四个现代化，同样要靠实事求是。"⑤ 在 1992 年南方谈话中他又进一步指出："实事求是是马克思主义的精髓。要提倡这个，不要提倡本本。我们改革开放的成功，不是靠本本，而是靠实践，靠实事求是。"⑥ 这一论断，不仅是对毛泽东思想的重要发展，也是对马列主义、毛泽东思想精髓理论的高度概括和总结。

邓小平不仅科学地认识和把握了毛泽东提出的"实事求是"思想，而且在新时期对"实事求是"思想路线的基本内容和基本要求作了完整的表述。他指出，一切从实际出发，理论联系实际，实事求是，实践是检验真理的唯一标准，这就是实事求是思想路线的基本内容和基本要求。他还进一步阐发了解放思想和实事求是的内在统一的辩证关系："解放思想，就是使思想和实际相符合，使主观和客观相符合，就是实事求是。"⑦ 要实事求是，没有解放思想不

---

① 《邓小平文选》第 3 卷，人民出版社 1993 年版，第 291 页。
② 《邓小平文选》第 3 卷，人民出版社 1993 年版，第 382 页。
③ 《邓小平文选》第 2 卷，人民出版社 1994 年版，第 163 页。
④ 《邓小平文选》第 3 卷，人民出版社 1993 年版，第 63 页。
⑤ 《邓小平文选》第 2 卷，人民出版社 1994 年版，第 143 页。
⑥ 《邓小平文选》第 3 卷，人民出版社 1993 年版，第 382 页。
⑦ 《邓小平文选》第 2 卷，人民出版社 1994 年版，第 364 页。

行，"只有思想解放了，我们才能正确地以马列主义、毛泽东思想为指导，解决过去遗留的问题，解决新出现的一系列问题"①。

总之，"实事求是"是贯穿于邓小平建设有中国特色社会主义理论与实践的一根红线，是邓小平理论的精髓，他对"实事求是"思想的继承和发展，为开创一个新的历史时期奠定了坚实的思想基础。

（三）邓小平理论是对毛泽东思想的继承和发展

邓小平理论与毛泽东思想是"一脉相承"的"承"，不仅体现为邓小平理论在内容上对毛泽东思想的继承，也体现为在实践层面对建设社会主义现代化国家的推进。

从理论渊源来看，邓小平理论的许多观点直接来源于毛泽东思想，如关于中国社会的主要矛盾和生产力标准的思想；独立自主，走自己的路的思想；群众路线思想；坚持四项基本原则；等等。

从实践层面来看，邓小平是毛泽东未竟事业的继承者。邓小平理论和毛泽东思想的实践目标都是要把我国建设成为一个社会主义现代化强国。毛泽东在领导新民主主义革命时期，虽然以革命胜利为直接目的，但是其根本目的，就是让中国摆脱帝国主义、封建主义和官僚资本主义三座大山的束缚，实现国家富强、民族独立和人民富裕幸福的根本目标。新中国成立后，在探索社会主义建设时期，毛泽东更是直接将建设社会主义现代化强国作为直接任务。1954年，在第一届全国人民代表大会第一次会议上，毛泽东就提出，要将我们现在这样一个经济上文化上落后的国家，建设成为一个"工业化的具有高度现代文化程度的伟大的国家"。1964年，他又提出，要在不久的将来，把我国建设成为一个具有现代化农业、现代化工业、现代化国防和现代化科学技术的社会主义强国。这样，"四个现代化"思想初具雏形。1964年，根据毛泽东的提议，周恩来在第三届全国人民代表大会第一次会议上所作的《政府工作报告》中宣布了我国今后的战略目标："要在不太长的历史时期内，把我国建设成为一个具有现代农业、现代工业、现代国防和现代科学技术的社会主义强国"。②1975年，周恩来在第四届全国人民代表大会第一次会议上所作的《政府工作报告》

---

① 《邓小平文选》第2卷，人民出版社1994年版，第141页。
② 《周恩来选集》下卷，人民出版社1984年版，第439页。

中，提出我国实现社会主义现代化的两步走设想：第一步，在1980年以前，建成一个独立的比较完整的工业体系和国民经济体系；第二步，在20世纪内，全面实现农业、工业、国防和科学技术现代化，使我国国民经济走在世界前列。

邓小平不仅直接参与了这些重要思想理论政策的制定过程，而且在"文化大革命"期间，在社会主义现代化建设出现偏离和错误的时期，为纠正这些错误做过积极努力。1975年2月，周恩来病重住院，邓小平开始主持党和国家日常工作。他针对"文化大革命"使国民经济几乎达到了崩溃边缘以及国内严重的混乱局面，开始了全面整顿，并在短期内收到显著成效，得到了全党全国人民衷心拥护。"文化大革命"结束后，邓小平更是通过反对"两个凡是"和拨乱反正使党和国家的工作重心转移到经济建设上来。邓小平继承了毛泽东开启的关于社会主义现代化建设的有益探索，党的十一届三中全会后，他所推动的改革开放和社会主义现代化建设实践也绝不是对毛泽东思想的抛弃和否定，而是在新形势下的创造性继承和发展。正如邓小平所指出："三中全会以后，我们就是恢复毛泽东同志的那些正确的东西嘛，就是准确地、完整地学习和运用毛泽东思想嘛。基本点还是那些。从许多方面来说，现在我们还是把毛泽东同志已经提出、但是没有做的事情做起来，把他反对错了的改正过来，把他没有做好的事情做好。今后相当长的时期，还是做这件事。当然，我们也有发展，而且还要继续发展。"①

沿着继承发展的思路，邓小平不仅始终坚持毛泽东提出的社会主义现代化建设目标，而且将其具体化为把我国建设成为富强、民主、文明的社会主义现代化国家，并且从中国实际和时代特征出发，在毛泽东原来提出的两步走设想的基础上，提出了分三步走实现我国社会主义现代化的战略目标，制定了党在社会主义初级阶段的基本路线，以及与基本路线相适应的各项方针政策。毛泽东在社会主义现代化建设的探索过程中，制定的一些方针政策，有的是成熟的和比较成熟的，有的提出来却没有做好，有的提出了没有坚持甚至后退了。在邓小平的坚持和努力下，毛泽东提出的正确方针政策得以继续坚持，一些没有做好的得以继续开展，一些后退的得以纠正，进而开创了社会主义现代化建设的新时期。正是在这个意义上，我们将这先后相继的改革开放前后的两个历史时期加以

① 《邓小平文选》第2卷，人民出版社1994年版，第300页。

辩证地看待，既看到两个时期的巨大不同，又看到二者的内在联系——都是在党的领导下建设社会主义的历史过程，毛泽东思想和邓小平理论是探索中国社会主义现代化建设事业的同一历史过程的两个发展阶段的重要理论成果。

当然，邓小平理论对毛泽东思想的这种继承发展关系，不是简单地照抄照搬，而是在继承的同时实现了创造性发展，甚至是突破。没有这种发展和突破，也就不可能有所谓新理论的诞生，这种发展和突破是邓小平理论区别于毛泽东思想的根本所在。从具体理论内容来看，邓小平理论对毛泽东思想的发展创新是多方面的。邓小平理论作为马克思主义基本原理同当代中国实际和时代特征相结合的产物，作为毛泽东思想的继承和发展，它提出和回答了一系列马克思、恩格斯、列宁、毛泽东在当时历史条件下所未遇到或者还无法明确回答的重大问题，并在此基础上加以丰富和发展，提出了一系列新思想、新观点，大大丰富发展了马克思列宁主义、毛泽东思想，形成了一个包括改革发展稳定、内政外交国防、治党治国治军各方面内容的有机理论体系，比较系统地回答了"什么是社会主义，怎样建设社会主义"这个根本问题，奠定了中国特色社会主义理论体系之基，开启了马克思主义同中国实际继续结合的中国特色社会主义建设事业，是马克思主义中国化的重大理论创新成果，从而指导着新时期我国改革开放和社会主义现代化建设事业的不断发展。

第二章 邓小平理论的积极探索与基本形成

在全面完成拨乱反正的历史任务和改革开放取得良好开局的基础上，邓小平在 1982 年召开的中国共产党第十二次全国代表大会上明确提出了"建设有中国特色的社会主义"的重大命题，以此为开端，以邓小平同志为主要代表的中国共产党人在经济体制改革、政治体制改革、精神文明建设和党的建设等方面进行了比较全面的积极探索，推动着邓小平理论在实践中不断取得新成果。党的十二大坚持改革开放的总方针，确立了党在新的历史时期的总任务，制定了全面开创社会主义现代化建设新局面的奋斗纲领。1984 年，党的十二届三中全会开启了城市全面改革的大幕，创造性地提出了社会主义商品经济理论。1985 年，党的全国代表会议在中央领导干部新老交替方面迈出了重要步伐，党的建设取得重要成效。1986 年，党的十二届六中全会，就社会主义精神文明建设作出重要部署，提出了一系列新论断。在此基础上，1987 年，党的十三大比较全面地阐述了社会主义初级阶段理论，确立了社会主义初级阶段的基本路线和"三步走"发展战略，邓小平理论基本形成。

第一节 "建设有中国特色的社会主义"命题的提出

在改革开放和社会主义现代化持续四年探索的基础上，邓小平在 1982 年9 月召开的党的十二大开幕词中，思想认识有了新的飞跃，他首次明确提出了建设有中国特色的社会主义的重大命题，提出了全面开创社会主义现代化建设新局面的战略任务，并围绕着这一战略目标明确提出了我国在 20 世纪 80 年代的三大任务，即加紧社会主义现代化建设、争取实现祖国统一、反对霸权主义和维护世界和平；明确提出了今后近二十年包括机构改革和经济体制改革、精神文明建设、打击犯罪、整顿党的作风和组织在内的四项工作，标志着我国的改革开放和社会主义现代化建设开始全面展开。

一、首次提出"建设有中国特色的社会主义"的命题

新中国成立以来，我们在社会主义现代化建设方面之所以发生各种曲折和失误，最根本原因就是没能探索出一条适合自身特色的发展道路。因此，改革开放以来，以邓小平同志为主要代表的中国共产党人始终在认真思考如何才能走出一条实现国家富强、人民幸福、民族振兴的正确道路。这种情况在党的十二大时有了重要突破。1982 年 9 月 1 日，中国共产党第十二次全国代表大会在北京召开，邓小平在开幕词中明确提出了"建设有中国特色的社会主义"的崭新论断，他在总结我国现代化建设的历史经验时深刻指出："我们的现代化建设，必须从中国的实际出发。无论是革命还是建设，都要注意学习和借鉴外国经验。但是，照抄照搬别国经验、别国模式，从来不能得到成功。这方面我们有过不少教训。把马克思主义的普遍真理同我国的具体实际结合起来，走自己的道路，建设有中国特色的社会主义，这就是我们总结长期历史经验得出的基本结论。"[1]"基本结论"的提出是以邓小平同志为主要代表的中国共产党人对马克思主义认识的新升华，与毛泽东在《论十大关系》中提出的探索适合我国国情的社会主义建设道路的指导思想是一脉相承的，同时又具有重大的创新，是矛盾普遍性特殊性辩证关系原理的创造性运用。

在党的十二大开幕词中，邓小平首先对党的历史上两次重要的代表大会进行了精辟的概括，他指出：1945 年在毛泽东同志主持下召开的党的第七次全国代表大会，是建党以后民主革命时期我们党最重要的一次代表大会。那次大会总结了我国民主革命二十多年曲折发展的历史经验，制定了正确的纲领和策

---

[1]　《邓小平文选》第 3 卷，人民出版社 1993 年版，第 2—3 页。

略，克服了党内的错误思想，使全党的认识在马克思列宁主义、毛泽东思想的基础上统一起来，达到了全党的空前团结。那次代表大会，确立了毛泽东思想在全党的指导地位，是马克思主义中国化取得的一次划时代成果，为新民主主义革命在全国的胜利奠定了思想理论基础。1956年召开的党的第八次全国代表大会，分析了生产资料私有制的社会主义改造基本完成以后的形势，提出了全面开展社会主义建设的任务。八大的路线是正确的。但是，由于当时党对于全面建设社会主义的思想准备不足，八大提出的路线和许多正确意见没有能够在实践中坚持下去。八大以后，我们取得了社会主义建设的许多成就，同时也遭到了严重挫折。① 邓小平这段精辟的概括告诉我们，只有把马克思主义基本原理与中国的实际相结合，既要尊重理论，坚持以马克思主义为指导，不能背离马克思主义，又要把握好国情，尊重实践，将中国的革命与建设经验上升到理论高度，不断推动马克思主义中国化，不断进行理论创新，我们的革命、建设事业才能乘风破浪，不断取得胜利。反之，则要遭受挫折。

以毛泽东同志为主要代表的中国共产党人，以非凡的探索勇气和创新精神在1956年生产资料社会主义改造基本完成以后，便开始了对社会主义建设道路的艰苦探索。那时，一方面，基本照搬苏联社会主义建设模式，形成了我国社会主义建设的基本思路；另一方面，通过社会主义建设的初步实践，已经察觉到了照搬苏联建设模式的诸多弊端，并力图克服这些弊端，走一条符合中国实际的社会主义建设道路。党的八大对我国社会主要矛盾、主要任务的分析，毛泽东在《论十大关系》和《关于正确处理人民内部矛盾的问题》等文章中对社会主义建设一些重大问题的阐述，都表明我们党试图摆脱苏联模式的决心和勇气，开端是好的，方向是对的，也取得了一定的成效，积累了一些有利于社会主义建设的经验。但是1957年夏天以后，以反右扩大化为标志，我们对中国式社会主义建设道路的探索，没能继续沿着正确的方向坚持下去，由于受到国内国际各种因素的影响，没有严格地遵循把马克思主义基本原理同中国具体实际相结合的原则，比如，在对中国国情和阶级关系的判断上，以及对国际形势的估计上，出现了严重的失误，走上了一条坎坷曲折的发展道路。一方面，仍然形成了以苏联模式为基本内容的社会主义建设模式；另一方面，指导思想上"左"的倾向越来越严重，出现了诸如"大跃进"、"文化大革命"这样的严

---

① 《邓小平文选》第3卷，人民出版社1993年版，第1—2页。

重挫折，尤其是"文化大革命"，更使我国社会主义建设遭到史无前例的大破坏。在总结我国这段历史的经验教训时，邓小平深刻指出："过去我们搬用别国的模式，结果阻碍了生产力的发展，在思想上导致僵化，妨碍人民和基层积极性的发挥。我们还有其他错误，例如'大跃进'和'文化大革命'，这不是搬用别国模式的问题。可以说，从一九五七年开始我们的主要错误是'左'，'文化大革命'是极左。中国社会从一九五八年到一九七八年二十年时间，实际上处于停滞和徘徊的状态，国家的经济和人民的生活没有得到多大的发展和提高。"[1]

总结我国社会主义建设已有的经验教训，使我们对"什么是社会主义，怎样建设社会主义"这一根本问题有了比较科学的认识，并逐步作出了马克思主义的回答："正如七大以前，民主革命二十多年的曲折发展，教育全党掌握了我国民主革命的规律一样，八大以后社会主义革命和建设二十多年的曲折发展也深刻地教育了全党。从十一届三中全会以来，我们党在经济、政治、文化等各方面的工作中恢复了正确的政策，并且研究新情况、新经验，制定了一系列新的正确政策。"[2]

同时，邓小平也非常注重分析总结苏联和东欧社会主义国家兴衰成败的经验教训，他曾尖锐指出："苏联搞社会主义，从一九一七年十月革命算起，已经六十三年了，但是怎么搞社会主义，它也吹不起牛皮。"[3]后来他多次表达过类似的观点，如1985年他进一步分析指出："社会主义究竟是个什么样子，苏联搞了很多年，也并没有完全搞清楚。可能列宁的思路比较好，搞了个新经济政策，但是后来苏联的模式僵化了。"[4]

邓小平在党的十二大上提出的"建设有中国特色的社会主义"的命题具有开拓性的历史意义，它标志着我们党在进行社会主义建设近三十年的实践以后，终于明确了前进的正确方向，既不能照搬照抄，也不能墨守成规；既要坚持马克思主义的基本原则，不能离经叛道，又要尊重历史、尊重国情、尊重时代、尊重实践，勇于开拓创新，研究新情况，解决新问题，在中国特色社会主义理论的创立过程中迈出了关键的一步，从宏观上指明了我国改革开放和社会主义现代化建设的新路径，为我国的社会主义建设明确了主题和前进方向。

---

[1]　《邓小平文选》第3卷，人民出版社1993年版，第237页。
[2]　《邓小平文选》第3卷，人民出版社1993年版，第2页。
[3]　《邓小平文选》第2卷，人民出版社1994年版，第250页。
[4]　《邓小平文选》第3卷，人民出版社1993年版，第139页。

二、关系党和国家前途命运的目标任务

在党的十二大开幕词中，围绕着"建设有中国特色的社会主义"这一命题和全面开创社会主义现代化建设新局面的战略任务，邓小平明确提出了我国在 20 世纪 80 年代的三大任务四项工作，以及"中国事情要按照中国情况依靠中国人自己力量来办"的根本指针，这三大任务就是，"加紧社会主义现代化建设，争取实现包括台湾在内的祖国统一，反对霸权主义、维护世界和平，是我国人民在八十年代的三大任务。这三大任务中，核心是经济建设，它是解决国际国内问题的基础"[1]。邓小平提出的三大任务迄今依然具有重要意义。

我国自 1953 年开始实施第一个五年计划建设，1956 年完成社会主义改造，确立了社会主义基本经济制度，社会主义建设取得了重大成就，建成了比较完整的工业体系和国民经济体系。但是，由于 1957 年以后"左"倾思想的影响，特别是十年"文化大革命"的破坏，导致我国社会主义制度的优越性没有得到充分的发挥，国家的贫穷落后面貌没有从根本上改变。对此，1978 年年初邓小平曾尖锐地指出："什么叫社会主义，社会主义总是要表现它的优越性嘛。它比资本主义好在哪里？每个人平均六百几十斤粮食，好多人饭都不够吃，二十八年只搞了二千三百万吨钢，能叫社会主义优越性吗？干社会主义，要有具体体现，生产要真正发展起来，相应的全国人民的生活水平能够逐步提高，这才能表现社会主义制度的优越性。"[2]他直言不讳地说："我们太穷了，太落后了，老实说对不起人民。我们现在必须发展生产力，改善人民生活条件。"[3]

自 1978 年党的十一届三中全会将党的工作重心从阶级斗争转到社会主义现代化建设上以来，党中央在经济建设上确立了"调整、改革、整顿、提高"的方针，纠正急于求成的倾向，在农村逐步推行家庭联产承包责任制，确立了对外开放的方针并创办了经济特区。1981 年，党的十一届六中全会通过了《关于建国以来党的若干历史问题的决议》，明确指出，在社会主义改造基本完成

---

① 《邓小平文选》第 3 卷，人民出版社 1993 年版，第 3 页。

② 中共中央文献研究室编：《邓小平年谱（一九七五——一九九七）》（上），中央文献出版社 2004 年版，第 277 页。

③ 中共中央文献研究室编：《邓小平年谱（一九七五——一九九七）》（上），中央文献出版社 2004 年版，第 381 页。

以后，我国所要解决的主要矛盾，"是人民日益增长的物质文化需要同落后的社会生产之间的矛盾。党和国家工作的重点必须转移到以经济建设为中心的社会主义现代化建设上来，大大发展社会生产力，并在这个基础上逐步改善人民的物质文化生活"。强调，"党的各项工作都必须服从和服务于经济建设这个中心，全党干部特别是经济部门的干部要努力学习经济理论、经济工作和科学技术"。[①] 标志着全面完成了拨乱反正的任务，国家的政治生活、经济建设、社会关系、文化生活等都步入正常轨道，为社会主义现代化建设的加速发展奠定了良好的基础。

在此基础上，邓小平提出为了确保完成三大任务特别是第一项任务，必须抓好四件工作："今后一个长时期，至少是到本世纪末的近二十年内，我们要抓紧四件工作：进行机构改革和经济体制改革，实现干部队伍的革命化、年轻化、知识化、专业化；建设社会主义精神文明；打击经济领域和其他领域内破坏社会主义的犯罪活动；在认真学习新党章的基础上，整顿党的作风和组织。这是我们坚持社会主义道路，集中力量进行现代化建设的最重要的保证。"[②] 进行机构改革和经济体制改革，实质上是改革上层建筑与经济基础中与生产力发展不相适应的部分，以促进生产力发展，而实现干部队伍的革命化、年轻化、知识化、专业化，关系党的组织建设，是完成三大任务的人才保障；建设社会主义精神文明与打击犯罪，是提供社会主义建设的精神动力与确保社会主义建设的良好环境；整顿党的作风和组织，是实现所有这些工作与任务的组织保障。

那么，完成这三大任务、四项工作的指导思想是什么呢？邓小平提出，必须坚持独立自主、自力更生的方针，这个方针也是我国实行改革开放必须长期坚持的基本方针。他强调指出："中国的事情要按照中国的情况来办，要依靠中国人自己的力量来办。独立自主，自力更生，无论过去、现在和将来，都是我们的立足点。中国人民珍惜同其他国家和人民的友谊和合作，更加珍惜自己经过长期奋斗而得来的独立自主权利。任何外国不要指望中国做他们的附庸，不要指望中国会吞下损害我国利益的苦果。我们坚定不移地实行对外开放政策，在平等互利的基础上积极扩大对外交流。同时，我们保持清醒的头脑，坚决抵制外来腐朽思想的侵蚀，决不允许资产阶级生活方式在我国泛滥。中国人

---

① 《三中全会以来重要文献选编》（下），中央文献出版社 2011 年版，第 168 页。
② 《邓小平文选》第 3 卷，人民出版社 1993 年版，第 3 页。

民有自己的民族自尊心和自豪感，以热爱祖国、贡献全部力量建设社会主义祖国为最大光荣，以损害社会主义祖国利益、尊严和荣誉为最大耻辱。"①

在 20 世纪 60 至 70 年代，由于面临不同的外部威胁，我国曾主张建立反对帝国主义侵略和反对苏联霸权主义扩张的国际统一战线。随着形势的变化，这种外交战略需要进行调整，以邓小平同志为核心的党的第二代中央领导集体为独立自主的外交政策确立了一条新的原则，即不同任何大国结盟或建立战略关系，也不支持它们中一方去反对另一方。对一切国际问题，根据其本身的是非曲直和中国人民及世界人民的根本利益，按照是否有利于维护世界和平、有利于发展国家间的友好关系、促进共同发展的标准，独立自主地作出判断，决定自己的态度和政策。例如，在 1981 年针对美国有人认为，中国出于对抗苏联的需要可能会牺牲我国台湾的主权利益时，邓小平坚定地指出："认为如果美国政府对苏联采取强硬政策，像台湾这样的问题，中国可以吞下去。吞不下去，不会吞下去的。如果真的出现这样的情况，由于台湾问题迫使中美关系倒退的话，中国不会吞下去。中国肯定要做出相应的反应。我们说中美关系停滞不好，倒退更不好，但是一旦发生某种事情迫使我们的关系倒退的话，我们也只能正视现实。至于倒退到什么程度，那要看导致倒退的来势如何。这种话说多了并不好，但要明确一点，即在台湾问题上如果需要中美关系倒退的话，中国只能面对现实，不会像美国有些人所说的那样，中国出于反对苏联的战略会把台湾问题吞下去，这不可能。"②

第二节　党的十二大报告与全面开创社会主义现代化建设新局面

与邓小平的开幕词相呼应，党的十二大报告明确提出了马克思主义与中国实际相结合的社会主义现代化建设的指导方针，确立了党在新时期的总任务，并提出了具体的行动纲领，标志着正在孕育形成中的邓小平理论开始对我国改

① 《邓小平文选》第 3 卷，人民出版社 1993 年版，第 3 页。
② 《邓小平文选》第 2 卷，人民出版社 1994 年版，第 377 页。

革开放和社会主义现代化建设发挥指导作用，并在实践中接受检验和不断发展。

一、社会主义现代化建设的指导方针

把马克思主义的普遍原理同中国革命的具体实际结合起来，"坚持了马克思主义的理论和实际相结合的科学原理，坚持了马克思主义的人民创造历史的科学原理"[①]。这是 1982 年 9 月召开的党的十二大对党的历史经验的深刻总结，确立了社会主义现代化建设的指导方针，在探索具有中国特色的社会主义方面迈出了重要步伐。从马克思主义发展的历史来看，"马克思主义发展历史的一条根本经验，就是各国党要根据自己的实际，自己所处的国际地位和国内情况，自己决定自己的路线和政策，革命也好，建设也好，才能取得成功"[②]。从总结建党以来的历史经验看，"党的六十多年的历史经验告诉我们，党之所以能够领导中国人民取得一个又一个的伟大胜利，根本上就在于把马克思主义的普遍真理同中国革命的具体实际结合起来"。[③] 从粉碎"四人帮"、结束"文化大革命"以来的工作看，"党坚决相信人民，依靠人民，顺应了人民的要求和历史发展的潮流。在粉碎江青反革命集团之后，人民对党寄以很高的希望。人民要求拨乱反正，要求安定团结，要求集中力量进行社会主义现代化建设，要求社会主义物质文明和精神文明的提高。党正是集中了人民的意志，制定了正确的路线、方针和政策，才把祖国的社会主义事业重新引上康庄大道。人民对党的信任和支持，是我们的事业能够不断取得胜利的关键所在"。[④] 所以，必须坚持紧紧依靠人民的方针，把马克思主义普遍原理同中国革命、建设的具体实际结合起来。

二、党在新时期的总任务

党的十二大报告明确提出了党在新的历史时期的总任务："中国共产党在

---

① 《十二大以来重要文献选编》（上），中央文献出版社 2011 年版，第 9 页。
② 《十二大以来重要文献选编》（上），中央文献出版社 2011 年版，第 252 页。
③ 《十二大以来重要文献选编》（上），中央文献出版社 2011 年版，第 50 页。
④ 《十二大以来重要文献选编》（上），中央文献出版社 2011 年版，第 9—10 页。

新的历史时期的总任务是：团结全国各族人民，自力更生，艰苦奋斗，逐步实现工业、农业、国防和科学技术现代化，把我国建设成为高度文明、高度民主的社会主义国家。"①这是中国共产党在新的历史时期的总任务。其中四个现代化的目标是对以毛泽东同志为核心的党的第一代中央领导集体所提现代化目标的坚持、继承与发展，早在1954年一届全国人大一次会议上，周恩来就提出："如果我们不建设起强大的现代化的工业、现代化的农业、现代化的交通运输业和现代化的国防，我们就不能摆脱落后和贫困，我们的革命就不能达到目的。"②1959年年底到1960年年初，毛泽东在阅读苏联《政治经济学教科书》社会主义部分时说：建设社会主义，原来要求是工业现代化，农业现代化，科学文化现代化，现在要加上国防现代化。20世纪60年代初提出"农业是基础，工业是主导"的思想以后，在"四个现代化"的提法中，便把"农业现代化"放在"工业现代化"前面了。1963年1月，周恩来指出："我们要实现农业现代化、工业现代化、国防现代化和科学技术现代化，把我们祖国建设成为一个社会主义强国，关键在于实现科学技术现代化。"③此后，周恩来在1964年的三届全国人大、1975年的四届全国人大会议上都提出了实现四个现代化的目标。在三届全国人大的《政府工作报告》中，周恩来指出："今后发展国民经济的主要任务，总的说来，就是要在不太长的历史时期内，把我国建设成为一个具有现代农业、现代工业、现代国防和现代科学技术的社会主义强国，赶上和超过世界先进水平。"④在1975年四届全国人大的《政府工作报告》中，周恩来重申要"在本世纪内，全面实现农业、工业、国防和科学技术的现代化，使我国国民经济走在世界的前列"。⑤所以，实现四个现代化是我们一以贯之的奋斗目标。

　　根据新时期总任务的要求，从这次代表大会到下次代表大会的五年间的具体任务和主要工作是：从当前实际出发，大力推进社会主义物质文明和精神文明建设，继续健全社会主义民主和法制，认真整顿党的作风和组织，争取实现国家财政经济状况的根本好转，实现社会风气的根本好转，实现党风的根本好

---

① 《十二大以来重要文献选编》（上），中央文献出版社2011年版，第11页。
② 《周恩来选集》下卷，人民出版社1984年版，第132页。
③ 《周恩来选集》下卷，人民出版社1984年版，第412页。
④ 《周恩来选集》下卷，人民出版社1984年版，第439页。
⑤ 《周恩来选集》下卷，人民出版社1984年版，第479页。

转。在这同时，我们要同包括台湾同胞、港澳同胞和国外侨胞在内的全体爱国人民一道，努力促进祖国统一大业。同时，还要同全世界人民一道，继续为反对帝国主义、霸权主义和维护世界和平而斗争，"这就是摆在我们面前的全面开创新局面的伟大任务"。[1]

三、全面开创社会主义现代化建设新局面的行动纲领

党的十二大报告主题是"全面开创社会主义现代化建设的新局面"，并从经济、政治、文化、外交、党建等方面制定了全面开创社会主义现代化建设的行动纲领，提出了一系列建设中国特色社会主义的新认识、新观点。

（一）20世纪末实现"翻两番"的经济建设目标

党的十二大报告提出："从一九八一年到本世纪末的二十年，我国经济建设总的奋斗目标是，在不断提高经济效益的前提下，力争使全国工农业的年总产值翻两番，即由一九八〇年的七千一百亿元增加到二〇〇〇年的二万八千亿元左右。"[2]这个目标是坚持实事求是的产物，一方面认真纠正了长期以来经济建设中急于求成的"左"的倾向，另一方面又适应国家摆脱一穷二白面貌与人民群众迫切希望摆脱贫穷过上好日子的强烈愿望，可以说既有雄心壮志又实事求是、脚踏实地，经过努力是可以完成的。如期实现"翻两番"的经济建设目标意义是伟大的，"实现了这个目标，我国国民收入总额和主要工农业产品的产量将居于世界前列，整个国民经济的现代化过程将取得重大进展，城乡人民的收入将成倍增长，人民的物质文化生活可以达到小康水平"。[3]

对于如何实现上述目标，报告强调在综合平衡的基础上必须突出战略重点，包括农业问题、能源和交通问题、教育科学问题。党的十二大报告指出："通观全局，为实现上述经济发展目标，最重要的是要解决好农业问题，能源、交通问题和教育、科学问题。"[4]

---

① 《十二大以来重要文献选编》（上），中央文献出版社2011年版，第11页。
② 《十二大以来重要文献选编》（上），中央文献出版社2011年版，第11—12页。
③ 《十二大以来重要文献选编》（上），中央文献出版社2011年版，第12页。
④ 《十二大以来重要文献选编》（上），中央文献出版社2011年版，第12页。

　　农业是我国国民经济的基础。只要农业上去了，其他事情就比较好办了。农业稳定是整个社会稳定的基础，农村的富裕是整个社会富裕繁荣的基础，没有农村的稳定和全面进步，就没有整个社会繁荣富裕的基础。正如邓小平后来所指出的："中国人口的百分之八十在农村，如果不解决这百分之八十的人的生活问题，社会就不会是安定的。"① 当时我国可以称作一个拥有十亿人口的农业大国，其中人口大多数是农民，在这样一个人多地少的国家里，吃饭问题始终是全国的大事，它不单纯是一个经济问题，而且是一个政治问题。特别是粮食，作为最基本的生活资料，始终是我国的一种具有战略意义的特殊产品，直接关系着国家和人民的安危。而当时我国农业的劳动生产率和商品率都比较低，不少农村地区的吃饭问题还没有解决。1978 年的粮食产量只有 30475 万吨。按照中国政府的标准，1978 年，中国的农村贫困人口有 2.5 亿，占农村人口比例的 30.4%。虽然党的十一届三中全会以后，农业生产有了一定的发展，但未能根本改观，如 1982 年的粮食产量只有 35343 万吨，人均只有约 700 斤粮食。其次，农业抗御自然灾害的能力还很薄弱，特别是人多耕地少的矛盾越来越突出。农业是弱势产业，受自然条件影响大，农业对自然条件依赖性强，生产周期长，投资回收慢。所以，报告指出："今后必须在坚决控制人口增长、坚决保护各种农业资源、保持生态平衡的同时，加强农业基本建设，改善农业生产条件，实行科学种田，在有限的耕地上生产出更多的粮食和经济作物，并且全面发展林、牧、副、渔各业，以满足工业发展和人民生活提高的需要。"②

　　在这一方针指导下，1983 年，中共中央 1 号文件《当前农村经济政策的若干问题》，推动了以家庭联产承包责任制为主要形式的农村改革不断深化。这个文件把"包产到户"和"包干到户"正式概括为"联产承包责任制"，并从理论上对它进行了论证。指出它"采取了统一经营与分散经营相结合的原则"，"这是在党的领导下我国农民的伟大创造，是马克思主义农业合作化理论在我国实践中的新发展"；它"克服了管理过分集中、劳动'大呼隆'和平均主义的弊端"；这种"分户承包的家庭经营只不过是合作经济中的一个层次"，"它和过去小私有的个体经济有着本质的区别，不应混同"。这个文件传达后，进一步统一了全党对农村改革的不同意见，完成了对农业生产关系最好形式的

---

① 《邓小平文选》第 3 卷，人民出版社 1993 年版，第 117 页。
② 《十二大以来重要文献选编》（上），中央文献出版社 2011 年版，第 12 页。

选择。此后，各地除继续完成建立责任制的扫尾工作外，主要是大力进行巩固改革成果的工作，进行稳定和完善联产承包责任制的工作。1984 年 1 月 1 日，中共中央又一次下发 1 号文件《关于 1984 年农村工作的通知》，强调要继续稳定完善联产承包责任制，帮助农民在家庭经营的基础上扩大生产规模，提高经济效益；并明确规定土地承包期一般应在 15 年以上。到 1984 年年末，全国实行联产承包责任制的生产队占其总数的 99.96%，以大包干为主要形式的家庭联产承包责任制成为中国农村改革的基本内容。正如后来邓小平在南方谈话中指出："农村搞家庭联产承包，这个发明权是农民的。农村改革中的好多东西，都是基层创造出来，我们把它拿来加工提高作为全国的指导。"①

到 20 世纪 80 年代中期，中国广大农村普遍推行家庭联产承包责任制的最直接效果，就是促进了农村生产力的大发展，农产品的产量显著提高。1984 年与 1978 年相比，全国粮食产量达到创纪录的 40731 万吨，增长 33.6%；棉花总产量达到 625.8 万吨，增长 1.89 倍；油料总产量达到 1191 万吨，增长 1.28 倍；糖料总产量达到 4780 万吨，增长 1.01 倍。畜牧业和水产业也有了成倍增长。随着农产品的大幅度增长，农民的收入也有了大幅度增长，农村人均收入由 1978 年的 191.33 元增加到 1985 年的 397 元。农村的经济实力有了大幅度提高，1985 年农村总产值为 6340 亿元，比 1978 年的 1672 亿元增长了近 3 倍。

能源和交通是我国经济发展和现代化建设的第二个战略重点。邓小平早在 1980 年就提出能源和交通是发展经济的重要问题。"一是能源，包括煤、电、油、水利、沼气、太阳能、风力。要全面进行研究、规划。现在越来越看得清楚，能源问题是经济的首要问题，能源问题解决不好，经济建设很难前进。二是交通运输，包括铁路、公路、内河航运、海运、空运、港口、码头、货栈、飞机场，也包括邮电通讯。它们对整个经济的发展关系极大。"②这表明邓小平对能源和交通在我国现代化建设中的战略地位有了科学的认识与把握。能源是人们生产和生活所不可缺少的重要物质，是现代大生产不可缺少的动力。现代能源是社会生产发展的重要基础和条件。现代工业的发展不仅离不开能源，而且能源必须先行。整个工业能不能起步，能以多大的步子前进，在相当程度上

① 《邓小平文选》第 3 卷，人民出版社 1993 年版，第 382 页。
② 中共中央文献研究室编：《邓小平年谱（一九七五——一九九七）》（上），中央文献出版社 2004 年版，第 610—611 页。

取决于能源工业发展的规模和速度。另外，人们的日常生活也离不开能源。所以说，能源的开发和利用，能源的发展直接关系到国民经济的发展，关系到人民的生活，对整个社会发展具有全局性影响。与能源联系密切的就是交通运输业，首先，能源的开发与运输传送离不开交通业；其次，交通运输是联系生产与消费、流通的桥梁和纽带，只有交通运输发展同生产和流通发展相适应，才能促进生产专业化和协作，促进生产技术的交流和生产力的合理配置，扩大原料供应和产品的销售，促进国内商业和对外贸易的发展，加强各地区之间的联系。可见，交通运输犹如国民经济的循环系统，也是社会再生产的重要基础条件。所以，邓小平反复强调："基础工业，无非是原材料工业、交通、能源等，要加强这方面的投资，要坚持十到二十年，宁肯欠债，也要加强。"①

四个现代化的关键是科学技术的现代化。针对我国科学技术和教育落后的情况，党的十二大报告强调今后要有计划地推进大规模的技术改造；积极采用新技术、新设备、新工艺、新材料；加强应用科学研究，重视基础科学研究，组织力量对关键性科研项目进行"攻关"；大力普及初等教育，加强中等职业教育和高等教育，发展城乡各级各类教育事业，提高全民族的科学文化水平。

为了实现今后二十年"翻两番"的奋斗目标，党的十二大报告对我国发展的战略步骤进行了具体规划：总体上分两步走，前十年主要是打好基础，积蓄力量，创造条件，后十年要进入一个新的经济振兴时期。"这是党中央全面分析了我国经济情况和发展趋势之后作出的重要决策。"②具体讲，就是在1981—1985年的第六个五年计划期间，继续坚定不移地贯彻执行"调整、改革、整顿、提高"的方针，厉行节约，反对浪费，把全部经济工作转到以提高经济效益为中心的轨道上来。集中主要力量进行各方面经济结构的调整，进行现有企业的整顿、改组和联合，有重点地开展企业的技术改造，同时要巩固和完善经济管理体制方面已经实行的初步改革，抓紧制订改革的总体方案和实施步骤。在1986—1990年的第七个五年计划期间，要广泛进行企业的技术改造，逐步展开经济管理体制改革，同时继续完成企业组织结构和各方面经济结构的合理化。在20世纪80年代，必须在能源、交通等方面进行一系列必要的基本建设

① 《邓小平文选》第3卷，人民出版社1993年版，第307页。
② 《十二大以来重要文献选编》（上），中央文献出版社2011年版，第13页。

和一系列重大科技项目的"攻关"。因此,国民经济的发展不可能很快。但是,只要我们切实做好上述各项工作,就可以把历史遗留的问题解决好,并且为后十年的经济增长打下比较坚实的基础。到 20 世纪 90 年代中国经济会比 80 年代高得多,中国经济将进入全面高涨期。

（二）坚持国有经济主导地位和积极发展多种所有制形式

党的十二大报告明确指出:"社会主义国营经济在整个国民经济中居于主导地位。巩固和发展国营经济,是保障劳动群众集体所有制经济沿着社会主义方向前进,并且保障个体经济为社会主义服务的决定性条件。"[①]但要同时正确地认识到国情:由于我国生产力发展水平总的说来还比较低,又很不平衡,在很长时期内需要多种经济形式的同时并存。在农村,劳动人民集体所有制的合作经济是主要经济形式。城镇手工业、工业、建筑业、运输业、商业和服务业,现在都不应当也不可能由国营经济包办,有相当部分应当由集体举办。城镇青年和其他居民集资经营的合作经济,近几年在许多地方发展了起来,起了很好的作用。党和政府应当给以支持和指导,决不允许任何方面对它们排挤和打击。在农村和城市,都要鼓励劳动者个体经济在国家规定的范围内和工商行政管理下适当发展,作为公有制经济的必要的、有益的补充。只有多种经济形式的合理配置和发展,才能繁荣城乡经济,方便人民生活。[②]同时,借鉴在广大农村推广的取得很好效果的多种形式的责任制,"为了发挥企业和劳动者的积极性,无论在国营企业或集体企业中,都必须认真实行经营管理上的责任制"[③]。报告指出,在工商企业中最近开始推行的经济责任制,也取得了一定的效果。工商业同农业有很大不同,但是实行经济责任制,包括对一部分国营企业实行盈亏责任制,同样有利于贯彻马克思主义的物质利益原则,增强劳动者的主人翁责任感,推动生产的发展。我们应当采取积极的态度,认真总结经验,寻找和创造出一套适合工商企业特点的,既能保证国家统一领导又能发挥企业和职工积极性的具体制度和办法。

---

① 《十二大以来重要文献选编》（上）,中央文献出版社 2011 年版,第 17 页。
② 《十二大以来重要文献选编》（上）,中央文献出版社 2011 年版,第 17 页。
③ 《十二大以来重要文献选编》（上）,中央文献出版社 2011 年版,第 17 页。

（三）坚持"计划经济为主、市场调节为辅"的社会主义经济运行原则

1981 年，党的十一届六中全会通过的《关于建国以来党的若干历史问题的决议》中已经明确指出："必须在公有制基础上实行计划经济，同时发挥市场调节的辅助作用。"① 在党的十二大报告中对这个重大原则问题有了更加明确的认识，做了新的表述："我国在公有制基础上实行计划经济。有计划的生产和流通，是我国国民经济的主体。同时，允许对于部分产品的生产和流通不作计划，由市场来调节，也就是说，根据不同时期的具体情况，由国家统一计划划出一定的范围，由价值规律自发地起调节作用。这一部分是有计划生产和流通的补充，是从属的、次要的，但又是必需的、有益的。国家通过经济计划的综合平衡和市场调节的辅助作用，保证国民经济按比例地协调发展。"② 同时，为了搞好计划工作，将计划分为指令性计划和指导性计划，逐渐扩大市场调节的范围，使计划更加符合实际，以利于国民经济的健康发展和社会事业的有序运转。实行指令性计划的原因是，"为了使经济的发展既是集中统一的又是灵活多样的，在计划管理上需要根据不同情况采取不同的形式。对于国营经济中关系国计民生的生产资料和消费资料的生产和分配，尤其是对于关系经济全局的骨干企业，必须实行指令性计划，这是我国社会主义全民所有制在生产的组织和管理上的重要体现。对于集体所有制经济也应当根据需要下达一些具有指令性的指标，如对粮食和其他重要农副产品的征购派购"。③ 而指导性计划的作用是：由于我国还存在着多种经济形式，由于对社会的各种复杂需求和大量企业的生产能力难以作出精确计算等原因，除了指令性计划之外，对许多产品和企业要实行主要运用经济杠杆以保证其实现的指导性计划。无论是实行指令性计划还是指导性计划，都要力求符合客观实际，经常研究市场供需状况的变化，自觉利用价值规律，运用价格、税收、信贷等经济杠杆引导企业实现国家计划的要求，给企业以不同程度的机动权，这样才能使计划在执行中及时得到必要的补充和完善。④ 报告首次提出运用价格、税收、信贷等经济杠杆来引导企业的经济活动，这是认识上的重大突破，标志着向建立科学的社会主义宏观

---

① 《十一届三中全会以来重要文献选读》上册，人民出版社 1987 年版，第 347 页。
② 《十二大以来重要文献选编》（上），中央文献出版社 2011 年版，第 18 页。
③ 《十二大以来重要文献选编》（上），中央文献出版社 2011 年版，第 19 页。
④ 《十二大以来重要文献选编》（上），中央文献出版社 2011 年版，第 19 页。

调控迈出正确的第一步。

（四）社会主义精神文明是社会主义社会的重要特征和制度优越性的重要表现

党的十二大报告指出："我们在建设高度物质文明的同时，一定要努力建设高度的社会主义精神文明。这是建设社会主义的一个战略方针问题。社会主义的历史经验和我国当前的现实情况都告诉我们，是否坚持这样的方针，将关系到社会主义的兴衰和成败。"[①] 为此，报告深入论述和阐明了关于社会主义精神文明建设的一系列重大理论与实践问题。

第一，阐明了精神文明和物质文明在社会主义建设中既互为条件又互为目的。这是因为社会的改造和社会制度的进步，最终都将表现为物质文明和精神文明的发展。物质文明的建设是社会主义精神文明的建设不可缺少的条件。社会主义精神文明对物质文明的建设不但起巨大的推动作用，而且保证它的正确的发展方向。所以，两种文明的建设，既互为条件，又互为目的。

第二，阐明了精神文明建设的基本内容，指出了社会主义文化建设和思想建设的关系。社会主义精神文明建设大体分为文化建设和思想建设两个方面，这两个方面是相互渗透、相互促进的。文化建设主要指的是教育、科学、文学艺术、新闻出版、广播电视、图书馆、博物馆等各项文化事业的发展和人民群众知识水平的提高，它既是建设物质文明的重要条件，也是提高人民群众思想觉悟和道德水平的重要条件。文化建设也应当包括健康、愉快、生动活泼、丰富多彩的群众性娱乐活动，使人民在紧张劳动后的休息中，得到有高尚趣味的精神上的享受。思想建设决定着我们的精神文明的社会主义性质。它的主要内容，是工人阶级的、马克思主义的世界观和科学理论，是共产主义的思想、信念和道德，是同社会主义公有制相适应的主人翁思想和集体主义思想，是同社会主义政治制度相适应的权利义务观念和组织纪律观念，是为人民服务的献身精神和共产主义的劳动态度，是社会主义的爱国主义和国际主义，等等。概括地讲，最重要的就是革命的理想、道德和纪律。我们全党和全社会的先进分子，一定要不断地传播先进思想，在实际行动中发挥模范作用，带动越来越多的社会成员成为有理想、有道德、有文化、守纪律的劳动者。

---

① 《十二大以来重要文献选编》（上），中央文献出版社 2011 年版，第 21 页。

第三，阐明了社会主义精神文明是社会主义的重要特征，是社会主义制度优越性的重要表现。传统上讲社会主义的特征，人们往往强调剥削制度的消灭和生产资料的公有，按劳分配，国民经济有计划按比例的发展，以及工人阶级和劳动人民的政权。人们还强调，高度发达的生产力和比资本主义更高的劳动生产率，作为社会主义发展的必然要求和最终结果，也是它的特征。此外，社会主义还必须有一个重要特征，就是以共产主义思想为核心的社会主义精神文明。对此，邓小平指出："社会主义的经济是以公有制为基础的，生产是为了最大限度地满足人民的物质、文化需要，而不是为了剥削。由于社会主义制度的这些特点，我国人民能有共同的政治经济社会理想，共同的道德标准。以上这些，资本主义社会永远不可能有。"[①] 所以，没有这种精神文明，就不可能建设社会主义。

第四，提出了社会主义精神文明建设的任务。即不仅要努力提高每一个社会成员的精神境界，使之成为有理想、有道德、有文化、守纪律的劳动者，而且"要在全社会建立和发展体现社会主义精神文明的新型社会关系"[②]，强调"每一个劳动者都应当是社会主义精神文明的建设者"[③]。

(五) 大力加强社会主义民主与法制建设

党的十二大报告强调："社会主义的物质文明和精神文明建设，都要靠继续发展社会主义民主来保证和支持。建设高度的社会主义民主，是我们的根本目标和根本任务之一。"[④] 这就把努力建设社会主义民主提升到前所未有的认识与实践的高度。

从我国实行的人民民主专政的国家制度看，一方面保证占人口绝大多数的劳动人民当家作主，另一方面保证对极少数破坏社会主义的敌对分子实行专政。社会主义事业是全体人民的事业。只有建设高度的社会主义民主，才能使各项事业的发展符合人民的意志、利益和需要，使人民增强主人翁的责任感，充分发挥主动性和积极性，也才能对极少数敌对分子实行有效的专政，保障社会主义建设的顺利进行。针对中国的现实国情，要按照民主集中制的原则，继

---

① 《邓小平文选》第 2 卷，人民出版社 1994 年版，第 167 页。

② 《十二大以来重要文献选编》(上)，中央文献出版社 2011 年版，第 26 页。

③ 《十二大以来重要文献选编》(上)，中央文献出版社 2011 年版，第 27 页。

④ 《十二大以来重要文献选编》(上)，中央文献出版社 2011 年版，第 28 页。

续改革和完善国家的政治体制和领导体制，使人民能够更好地行使国家权力，使国家机关能够更有效地领导和组织社会主义建设。社会主义民主要扩展到政治生活、经济生活、文化生活和社会生活的各个方面，发展各个企业事业单位的民主管理，发展基层社会生活的群众自治。民主应当成为人民群众进行自我教育的方法。应当根据社会主义民主的原则，建立人与人之间的平等关系和个人与社会之间的正确关系。国家和社会保障公民正当的自由和权利，公民履行对国家和社会应尽的义务。公民在行使自己的自由和权利的时候，不得损害国家的、社会的、集体的利益以及他人的自由和权利。总之，在努力发展社会主义民主的过程中，所采取的一切措施都必须有利于社会主义制度的巩固，有利于促进社会生产和其他建设事业的发展。

从历史经验、现实需求及未来发展看，社会主义民主的建设必须同社会主义法制的建设紧密地结合起来，使社会主义民主制度化、法律化。其中最重要的步骤就是要制定和通过新宪法，使中国社会主义民主发展和法制建设进入一个新的阶段。针对民主法制建设中存在的问题与人民的期盼，要求党领导人民制订和完备各种法律。要实行普法教育，特别是"从中央到基层，一切党组织和党员的活动都不能同国家的宪法和法律相抵触。党是人民的一部分。党领导人民制定宪法和法律，一经国家权力机关通过，全党必须严格遵守"[①]。努力搞好社会主义民主与法制建设，就要正确认识和处理中国当前仍然存在的阶级斗争。这是保障最广大人民的民主权利，对极少数敌对分子实行有效专政的一个关键。要十分谨慎地区别和处理敌我矛盾和人民内部矛盾，既要防止重犯阶级斗争扩大化的错误，又要对少数敌对分子实行专政。在进行社会主义建设的新时期，从思想上到行动上一定要坚持两手：一手是坚持对外开放、对内搞活经济的政策；另一手是坚决打击经济领域和政治文化领域中危害社会主义的严重犯罪活动。

（六）坚持独立自主的对外政策

全面开创社会主义现代化建设的新局面，实行对外开放，不仅在国内需要确定新的方针政策，而且要有相应的外交方针政策。因为，对外政策的制定与实施，既是为全面开创社会主义现代化建设新局面提供必要的外部条件与环

---

① 《十二大以来重要文献选编》（上），中央文献出版社 2011 年版，第 29—30 页。

境，也是建设有中国特色社会主义的重要组成部分。党的十二大报告所确定的全面开创中国特色社会主义建设新局面的纲领中，将独立自主作为中国新时期外交的基本方针政策。在 1954 年第一届全国人民代表大会的开幕词中，毛泽东就指出："我们的总任务是：团结全国人民，争取一切国际朋友的支援，为了建设一个伟大的社会主义国家而奋斗，为了保卫国际和平和发展人类进步事业而奋斗。"[1] 自新中国成立以来，把爱国主义与国际主义结合起来，就一直是中国处理对外关系的根本出发点。党的十二大报告进一步指出："我们是爱国主义者，决不容忍中国的民族尊严和民族利益受到任何侵犯。我们是国际主义者，深深懂得中国民族利益的充分实现不能离开全人类的总体利益。我们坚持执行独立自主的对外政策，同我们履行维护世界和平、促进人类进步的崇高的国际义务是一致的。"[2] 中国的对外政策是以马克思列宁主义、毛泽东思想的科学理论为基础的，是从中国人民和世界人民的根本利益出发的。它有长远的、全局的战略考量，决不迁就一时的事变，不受任何人的唆使和挑动。中国用以指导自己同各国发展关系的基本原则是："互相尊重主权和领土完整、互不侵犯、互不干涉内政、平等互利、和平共处"即和平共处五项原则。社会主义中国属于第三世界。中国同大多数第三世界国家具有相似的苦难经历，面临共同的问题和任务。中国把坚决同第三世界其他国家一起为反对帝国主义、霸权主义、殖民主义而斗争，看作自己神圣的国际义务。同时，作为中国对外交往重要组成方面的党际交往方针是："坚持在马克思主义的基础上，按照独立自主、完全平等、互相尊重、互不干涉内部事务的原则，发展同各国共产党和其他工人阶级政党的关系。"[3] 我们坚持的原则是："世界各国的共产党是一律平等的。不论是大党还是小党，历史长的党还是历史短的党，执政的党还是没有执政的党，都不能有尊卑上下之分。"[4]

根据上述原则，确立了中日、中美、中苏关系的基本方针。关于中日关系，指出要同日本人民和日本朝野有识之士一起，排除一切妨害两国关系的因素，使中日两国人民世世代代友好下去。关于中美关系，要在切实履行中美建交公报和上海联合公报的基础上，继续促进中美关系的健康发展。关于中苏关

---

[1] 《毛泽东文集》第 6 卷，人民出版社 1999 年版，第 350 页。
[2] 《十二大以来重要文献选编》（上），中央文献出版社 2011 年版，第 33 页。
[3] 《十二大以来重要文献选编》（上），中央文献出版社 2011 年版，第 38 页。
[4] 《十二大以来重要文献选编》（上），中央文献出版社 2011 年版，第 38 页。

系，希望苏联改变对华政策，采取切实步骤解除对中国的安全威胁，努力促进中苏关系改善和走向两国关系正常化。

（七）把中国共产党建成社会主义现代化事业的坚强领导核心

不断加强党的建设是我国改革开放一以贯之的重要内容，也是邓小平理论的重要内容。为了加强新时期党的建设，使党成为领导社会主义现代化事业的坚强核心，党的十二大对党的十一大所通过的党章作了许多有重要意义的修改，清除了十一大党章中"左"的错误，继承和发展了党的七大和八大党章的优点。修改党章的总的原则是：适应新的历史时期的特点和需要，对党员提出了更严格的要求，提高党组织的战斗力，坚持和改善党的领导。邓小平在1980年年初就提出坚持党的领导和改善党的领导的问题，并强调为了坚持党的领导，必须改善党的领导。中国共产党的领导是通过长期艰苦卓绝的革命斗争的历史形成的。没有共产党的领导，就没有中国革命的胜利，更没有社会主义的新中国，也不可能实现四个现代化和使国家走上繁荣富强的道路。

党章是党的"根本大法"，中国共产党历来非常重视党章的修改制定。党的十二大修改制定的党章，是一部充实和完善的新党章，十二大党章的主要特点表现为以下几点：（1）总纲完整、科学、简明概括了党的性质和党在现阶段的总任务，对党在国家政治生活中如何正确地发挥领导作用，作了马克思主义的规定。（2）对党员和党的干部在思想上、政治上和组织上的要求，比过去历次党章的规定都更加严格。（3）根据历史的经验和教训，新党章强调从中央到基层的各级组织都必须严格遵守民主集中制和集体领导的原则，明确规定禁止任何形式的个人崇拜。（4）对改善党的中央和地方组织的体制，对加强党的纪律和纪律检查机关，对加强基层组织的建设，都作了许多新的规定。总之，党的十二大通过的新党章，是党的历史经验和集体智慧的宝贵结晶，是在新的历史时期把我们党建设得更加坚强有力的重要保证。

根据党的现状和新党章的精神，党的十二大特别强调了在党的建设上必须着重解决好以下几个问题：其一，健全党的民主集中制，使党内政治生活进一步正常化。总结历史经验，党内政治生活是否正常，是关系党和国家命运的根本问题。为此，全党特别是党的领导干部要牢固树立民主集中制观念，努力发展党内民主和加强党的纪律。其二，改革领导机构和干部制度，实现干部队伍的革命化、年轻化、知识化、专业化。党和国家领导体制、领导机构的改革，是顺利进行现代化建设、坚持社会主义道路的一项重要政治保证，意义是非常深远的；实现干部"四化"和新老干部的合作与交替，则是关系社会主义事业后继有人的大事。其三，加强党在工人、农民、知识分子中的工作，密切党同群众的联系。在新的历史时期和新的环境条件下，要求党更加自觉地保持和发扬党的群众路线的优良传统，切实加强党同各阶层人民的密切联系。其四，有计划有步骤地进行整党，使党风根本好转。针对当时十年内乱的流毒还没有完全肃清，加之在新的情况下各种剥削阶级思想的腐蚀作用有所增长，目前党确实存在思想不纯、作风不纯和组织不纯的问题，党风还没有根本好转的现状，将党风问题提高到关系到执政党生死存亡的高度来看待，决定用三年时间分期分批对党的作风和党的组织进行一次全面整顿。党的十二大要求，通过这次整党，使党内政治生活进一步正常化，切实纠正不正之风，大大加强党同群众的密切联系，实现党风的根本好转。

第三节 《中共中央关于经济体制改革的决定》与经济体制改革全面启动

改革是我国的第二次革命，是推动我国社会主义制度不断发展和完善的动力。在我国改革开放和社会主义现代化建设过程中，经济体制改革始终居于基础的地位和优先的顺序。这是唯物史观经济基础决定上层建筑原理的正确体现，是我国经济问题突出现状的必然反应，也是邓小平理论始终关注并致力于解决的一个重点领域。党的十二大之后，我国出现了全面推进社会主义现代化建设的崭新局面，在思想认识不断发展的基础上，1984年召开的党的十二届三中全会通过了一个十分重要的文件——《中共中央关于经济体制改革的决定》，明确提出了社会主义商品经济理论，确立了国有企业、价格、宏观管理、分配等方面改革的基本方针政策，标志着我国改革迈出了重大步伐，改革重心由农村转向了城市，由局部走向了全面，拉开了整个经济体制全方位改革的大幕。

一、旧经济体制弊端与城市经济体制改革前期试点

党的十一届三中全会决定把全党工作重点转移到经济建设上来之时就着重指出，为了实现社会主义现代化，必须对经济体制进行改革。党的十一届三中全会以后，全党在拨乱反正和农村改革的同时，在调整国民经济方面做了大量工作，城市配合调整国民经济进行了改革的试点。鉴于城市经济体制改革的重要性、复杂性和艰巨性，在推进城市经济体制改革过程中，采取了比农村改革更加慎重的思路、步骤和方法。

（一）我国经济体制的主要弊端

1978 年年底，党的十一届三中全会在总结我国经济建设历史经验教训的基础上，明确提出经济建设要根据新的历史条件，对指令性计划经济体制进行认真改革，认为"现在我国经济管理体制的一个严重缺点是权力过于集中，应该有领导地大胆下放，让地方和工农业企业在国家统一计划的指导下有更多的经营管理自主权；应该着手大力精简各级经济行政机构，把它们的大部分职权转交给企业性的专业公司或联合公司"。[①]1984 年通过的《中共中央关于经济体制改革的决定》对此作了系统的阐释，指出我国经济体制的主要弊端表现在以下几个方面：（1）政企职责不分，条块分割，国家对企业统得过多过死。所谓政企职责不分主要表现在两个方面，一方面是政府应该履行社会管理和公共服务的职能，而不能直接干预企业的经营管理，但在当时的体制下，企业的经营管理由政府控制，甚至生产多少产品，卖给谁都由政府说了算，这是政企不分的一个方面。另一个方面是，企业的职责应该是向社会提供产品和服务，但当时的许多国营大中型企业还办学校、医院等，行使了许多社会职能。条块分割，所谓条，是指从中央到地方垂直管理部门，或业务系统的上下级领导关系，所谓块，则是以地方行政当局统管的某一区域全部的行政行为；条块分割，是指按职能进行管理的系统与按属地进行管理的系统之间互不买账，两条管理系统之间各自封闭，互不联系和协调。（2）忽视商品生产、价值规律的作用。（3）分配中存在着严重的平均主义现象。（4）经济形式和经营方式单一化。

---

① 《三中全会以来重要文献选编》（上），中央文献出版社 2011 年版，第 6 页。

这就造成了企业缺乏应有的自主权，企业吃国家的"大锅饭"，职工吃企业的"大锅饭"，企业和职工都缺乏生产的积极性和创造性，使本来生机盎然的社会主义经济在很大程度上失去了活力。为了解决这些弊端，自党的十一届三中全会起，开始对这种僵化的经济体制进行有计划有步骤的改革。

(二) 城市经济体制改革初步进行试点

中共中央于1979年4月召开工作会议，确定了国民经济实行"调整、改革、整顿、提高"的方针，并对城市经济体制的原则、方向、步骤作了全面分析和探讨，提出在整个国民经济中，以计划经济为主，同时充分重视市场调节的辅助作用；扩大企业自主权，并把企业经营好坏同职工的物质利益挂起钩来；按照统一领导、分级管理的原则，明确中央与地方的管理权限；精简行政机构，更好地运用经济手段来管理经济等原则，改革被提到正式议程上。围绕扩大企业自主权，调动地方、企业积极性的城市经济体制改革试点正式拉开了序幕。主要包括：

在国家和企业关系方面进行改革。1979年7月，国务院在试点基础上发布了扩大国营企业经营管理自主权，实行利润留成、开征固定资产调节税，提高折旧率和改进折旧费使用办法，实行流动资金全额信贷等五个文件，要求地方、部门按照统一规定的办法选择少数企业试点。通过扩权，试点企业有了部分计划权、销售权、资金使用权和干部任免权，开始建立和增强了经营观念、市场观念，企业之间开展了社会主义竞争。

在中央和地方关系方面开始改革。从1980年起实行新的财政体制，主要做法是：北京、天津、上海仍实行统收统支；江苏省实行"比例包干"；广东、福建分别实行"定额上交"和"定额补贴"；云南、贵州、青海、新疆、宁夏、内蒙古、西藏、广西实行特殊照顾政策，中央补助数额每年递增10%；其余15个省实行"划分收支、分级包干"的新办法。这样，地方收入与支出挂钩，多收多支，少收少支，促使地方增收节支，自求平衡。同时，财政支出由"条条"下达为"块块"统筹使用，地方主动规划和安排地区经济的发展，极大调动了地方的积极性。

在对外经济关系方面进行改革。主要是：实行对外开放政策，设立经济特区，积极开展补偿贸易、来料来样加工、来件装配业务。对外贸易体制方面将由原对外贸易部统一出口的部分商品，下放到地方或分散到各部门经营，并实行了出口商品外汇分成等。改革调动了各方面的积极性，1980年与1978年相比，进出口总额增长了59.4%。

这些试点工作开始进展并不顺利，主要是在经济领域存在的"两个凡是"的禁区束缚着人们的思想和行动，诸如，由上而下形成的阻碍生产发展的条条、框框不敢破，有后顾之忧；历史上沿袭下来的不合理的传统做法不敢改，怕"改乱了"。针对这些问题和弊端，一些地方开始大胆地破除"两个凡是"的禁区，并通过一些有效措施使那些促进生产发展的"合理不合法"的事情合法化，推动企业扩权试点进一步展开。到1980年6月，全国试点企业发展到6600个，约占全国预算内工业企业总数的16%，产值的60%，利润的70%。通过扩权试点，企业有了部分的自主计划权、产品销售权、资金使用权、干部任免权等，初步改变了企业只能按照国家指令性计划生产，不了解市场需要，不关心产品销路，不关心盈利亏损的状况，增强了企业的经营观念和市场观念，使生产迅速发展，利润大幅度增加。这些方面的改革使中国经济体制发生了新的变化，统得过多、管得过死的状况开始改变，经济形势开始好转。

（三）扩大与深入城市改革试点

在初期试点取得明显成效的基础上，为了进一步把扩大企业自主权的试点工作引向深入，1980年9月，国务院又批转国家经委《关于扩大企业自主权试点工作情况和今后意见的报告》，提出了六点实施意见：要改进现行的利润留成办法；积极进行企业的独立核算、国家征税、自负盈亏的试点；试点企业在执行计划过程中，发现计划与实际情况不符合，有权进行调整，并报主管部门备案或批注；企业有权销售超产的产品和自己组织原料生产的产品，以及试制的产品，其中属于国家短缺的统购统销产品或统配产品，也允许企业按一定的比例自销一部分；企业可以对一些供过于求的产品实行向下价格浮动，企业对没有统一价格的自销产品，可以实行浮动价格，新产品试销价格由企业自定；企业对留成资金的使用，要有充分的权力。

1981年5月，国务院十部委联合印发了《贯彻落实国务院有关文件、巩固提高扩权工作的具体实施暂行办法》（即"六十条"）。在计划、利润留成和留成资金使用、产品销售、新产品扩大出口和外汇分成、价格、以税代利试点和有关税收、银行贷款、机构设置及人事、劳动、减轻企业额外负担、民主管理等12个方面进一步明确了企业的自主权，有力推动了改革的配套进行。

1982 年召开的党的十二大，客观分析了我国的经济和政治形势，提出了经济建设翻两番的宏伟目标，确定了我国经济体制改革的基本原则，进一步推动了我国城市经济体制改革的进程，并在经济体制的一些重要方面有了突破性认识和进展。

实行以利代税。1983 年 4 月，国务院批转了《关于国营企业利改税试行办法》，此办法规定：凡有盈利的国营大中型企业，按实现利润 55% 的税率缴纳所得税。剩余利润，一部分按照国家核定的留利水平给企业，一部分根据企业的不同情况，分别采取递增包干、固定比例、定额包干、调节税等办法上缴国家。凡有盈利的国营小企业，按八级超额累进税率缴纳所得税，缴税后企业自负盈亏。实行以利代税，保证了国家财政收入的稳定增长和及时入库。

发挥中心城市的作用。国务院在 1981 年 7 月确定湖北沙市试点后，又先后确定常州（1982 年 3 月）和重庆（1983 年 2 月）作为以城市为中心的综合改革试点，试行利改税、劳动工资、物资、外贸、银行等 14 个单项改革方案，并取得初步成效。为了更好地发挥中心城市的作用，一些省结合行政机构改革，实行了撤销专区行署，由市领导县的新体制。国务院还批准成立了上海经济区规划办公室、山西能源基地规划办公室和东北能源交通规划办公室，探索在更大范围内解决条块分割、合理组织经济活动的问题。

上述改革试点取得了很大成功，扩大了企业的自主权，调动了企业、地方的积极性，促进了经济发展，同时也暴露出了改革中一些亟待解决的新问题。首先，中国原有的经济体制存在的经济形式构成不合理、经营方式单一、政企不分、条块分割、企业自主权小、吃"大锅饭"等主要弊端在最初几年的改革中都不同程度地触及了，但还没有从根本上去克服。比如，对个体经济的发展方向、规模、性质及管理，还需要制定具体的政策；国家与企业实行利改税并没有解决政企合理分工，使企业真正实行一定条件下的自负盈亏；确定了企业与职工间的利益与经营成果、劳动贡献挂钩的原则，但没有真正打破"大锅饭"、"铁饭碗"；中央与部门与地区的关系，开始探索以城市为中心、按经济区域合理组织经济的新路子，但还要经过实践积累经验；国民经济管理确立了计划经济为主、市场调节为辅的原则，并在运用经济手段管理经济上作了一些尝试，但在控制积累与消费上，在指令性计划、指导性计划、市场调节范围的划分和相互衔接上，在灵活运用经济杠杆调节经济上，都有待创造新经验。其次，改革促进了经济的发展，但经济的发展不仅要有量的发展，还要有质的提高，即还要进一步解决提高经济效益的问题。这就要求进一步调动各方面的积极性，正确处理微观活动与宏观管理的关系，把调动积极性和促进经济发展结合起来，促进社会经济效益的提高。为此，必须进一步改革财税制度、工资制度，特别是调整、改革价格体系和管理体制，充分发挥经济杠杆的作用。这些问题的解决将为进一步开展以城市为重点的全面经济体制改革提供有益的借鉴和思路。实践呼唤思想的进一步解放和经济体制改革的进一步突破。

二、指导我国经济体制改革的纲领性文件

在农村改革取得重大突破、城市经济体制改革试点取得重要突破的形势下，1984 年 10 月，党的十二届三中全会通过的《中共中央关于经济体制改革的决定》（以下简称《决定》），是一个具有重要历史意义的文献，它要求围绕国有企业、价格、宏观管理、分配等方面展开城市经济体制改革，标志着中国改革重心由农村转向了城市，由局部走向了全面，开始了整个经济体制改革的新阶段。党的十二届三中全会公报指出："全会一致通过了《中共中央关于经济体制改革的决定》。这个决定，根据马克思主义基本原理同中国实际相结合的原则，阐明了加快以城市为重点的整个经济体制改革的必要性、紧迫性，规定了改革的方向、性质、任务和各项基本方针政策，是指导我国经济体制改革的纲领性文件。"[①]

（一）明确了改革的方向与性质

《决定》明确指出了我国经济体制改革的目的与方向："改革是为了建立充满生机的社会主义经济体制。"[②] 改革的性质是"社会主义制度的自我完善和发展"。[③] 这是自党的十一届三中全会揭开改革大幕以来首次对改革的性质作出的明确界定。这说明，改革的性质是为了进一步推进社会主义制度的自我完善和发展，改革的方向是为了建立充满生机活力的社会主义经济体制，而绝不是

---

① 《第十二届中央委员会第三次全体会议公报》，《人民日报》1984 年 10 月 21 日。
② 《十二大以来重要文献选编》（中），中央文献出版社 2011 年版，第 49 页。
③ 《十二大以来重要文献选编》（中），中央文献出版社 2011 年版，第 51 页。

要走资本主义道路。这说明，改革开放伊始，我们党对改革的性质和目的就有清醒的认识。《决定》指出："社会主义社会的基本矛盾仍然是生产关系和生产力、上层建筑和经济基础之间的矛盾。我们改革经济体制，是在坚持社会主义制度的前提下，改革生产关系和上层建筑中不适应生产力发展的一系列相互联系的环节和方面。这种改革，是在党和政府的领导下有计划、有步骤、有秩序地进行的，是社会主义制度的自我完善和发展。"①《决定》是以邓小平同志为核心的党的第二代中央领导集体对毛泽东所阐述的社会主义社会基本矛盾理论的坚持、继承与发展。早在1957年毛泽东在《关于正确处理人民内部矛盾的问题》的讲话中就明确指出："在社会主义社会中，基本的矛盾仍然是生产关系和生产力之间的矛盾，上层建筑和经济基础之间的矛盾。不过社会主义社会的这些矛盾，同旧社会的生产关系和生产力的矛盾、上层建筑和经济基础的矛盾，具有根本不同的性质和情况罢了。"② 毛泽东在马克思主义发展史上，第一次明确了社会主义社会的基本矛盾，明确了社会主义社会发展的动力问题，纠正了斯大林所谓"政治上和道义上的一致"是社会主义发展动力的认识误区。不仅如此，毛泽东还进一步分析指出："社会主义生产关系已经建立起来，它是和生产力的发展相适应的；但是，它又还很不完善，这些不完善的方面和生产力的发展又是相矛盾的。除了生产关系和生产力发展的这种又相适应又相矛盾的情况以外，还有上层建筑和经济基础的又相适应又相矛盾的情况。"③ 实际上，毛泽东在这里已经从理论上比较清楚地阐明了改革的必要性。党的十一届三中全会以后，邓小平指出："关于社会主义社会的基本矛盾，还是按照毛泽东同志在《关于正确处理人民内部矛盾的问题》一文中的提法比较好，即'在社会主义社会中，基本的矛盾仍然是生产关系和生产力之间的矛盾，上层建筑和经济基础之间的矛盾'。从二十多年的实践看来，这个提法比其他的一些提法妥当。"④

（二）明确了改革的中心环节是增强企业活力

针对我国企业普遍活力不足的问题，《决定》指出："增强企业的活力，特

① 《十二大以来重要文献选编》（中），中央文献出版社2011年版，第51页。

② 《毛泽东文集》第7卷，人民出版社1999年版，第214页。

③ 《毛泽东文集》第7卷，人民出版社1999年版，第215页。

④ 中共中央文献研究室编：《邓小平年谱（一九七五——一九九七）》（上），中央文献出版社2004年版，第503页。

别是增强全民所有制的大、中型企业的活力，是以城市为重点的整个经济体制改革的中心环节。"① 这是因为：首先，企业特别是大中型企业具有活力，是整个国民经济具有活力的核心。企业是社会经济运行最基本的单位，是社会财富的主要创造者，只有企业的经济活动充满生机和活力，才能认为已经建立了一个充满生机和活力的经济体制，这是改革的出发点和归宿。其次，党的十一届三中全会以来的改革实践已经证明，城市经济体制改革的中心环节是增强企业活力，国家的计划、财政、金融、劳动工资等各项管理制度都要为搞活企业服务，因此，以搞活企业为中心来统筹安排各项改革步骤，有利于国民经济的协调发展。第三，企业特别是大中型企业的活力如何，在很大程度上制约着四个现代化建设的进程。大中型企业是国家建设的主要财源，全国上万个大中型企业提供了全国财政收入的 80% 左右，它们在国民经济中起着举足轻重的作用；大中型企业是原材料、能源和为再生产提供技术装备的生产资料的基础工业基地，也是日用消费品供应的主要基地，搞活大中型企业对国民经济全局的发展起着巨大的作用；大中型企业是推动企业技术进步的主力军，设备精良、人才荟萃，在引进开拓新技术、提高管理水平方面有更多的优势。

《决定》提出主要从两个方面改革以增强企业活力，"主要应该解决好两个方面的关系问题，即确立国家和全民所有制企业之间的正确关系，扩大企业自主权；确立职工和企业之间的正确关系，保证劳动者在企业中的主人翁地位"。②

1. 使企业成为自主经营、自负盈亏的商品生产者和经营者

《决定》颇富创新地明确指出："要使企业真正成为相对独立的经济实体，成为自主经营、自负盈亏的社会主义商品生产者和经营者，具有自我改造和自我发展的能力，成为具有一定权利和义务的法人。"③ 生产资料公有制是社会主义的本质特征之一，而全民所有制是公有制的最主要形式，但是由于认识上的误区，以往把全民所有制同国家机构直接经营企业混为一谈，大力推动国有企业国营化。在传统的计划经济体制下，国有企业实际上是政府的附属物，企业的一切经济活动和经济联系基本上是通过各级政府和指令主要是中央政府的指

---

① 《十二大以来重要文献选编》（中），中央文献出版社 2011 年版，第 52 页。
② 《十二大以来重要文献选编》（中），中央文献出版社 2011 年版，第 53 页。
③ 《十二大以来重要文献选编》（中），中央文献出版社 2011 年版，第 53 页。

令来进行的。一方面,企业生产什么、怎样生产、为谁生产均通过中央计划来予以协调,它反映在企业购销活动上是"统购统销",反映在企业财务活动上是"统收统支"。这种传统体制下的国有企业必然缺乏生产经营自主权,企业以及劳动者个人必然因缺乏物质利益刺激而生产积极性不高。另一方面,由于社会需求十分复杂而且经常处于变动之中,企业条件千差万别,企业之间的经济联系错综复杂,任何国家机构都不可能完全了解和迅速适应这些情况。社会的生产、流通往往与社会、人民群众的总需求脱节,既会造成生产或供给不足,也会造成生产或供给过剩。对此,党的十一届三中全会以后,国家对企业实行了放权让利扩大企业自主权为导向的改革。邓小平指出:"权力不下放,企业没有自主权,也就没有责任,搞得好坏都是上面负责。全部由上面包起来,怎么能搞好工作,调动积极性?"[1]"扩大企业自主权,这一条无论如何要坚持,这有利于发展生产。"[2] 同时,他还指出:"要规定比较详细的法令,以防止对自主权的曲解和滥用。"[3] 在邓小平这一思想指导下,中国国有企业改革的最初设想是,针对计划经济体制下国家对国有企业实行国有国营的管理方式所带来的政企不分、束缚企业积极性的弊端,在不改变国家所有权的情况下,从调整国家与企业的利益分配关系入手,将部分生产经营权下放给企业,使企业在一定程度上扩大生产经营自主权。根据这一思路,从 1978 年开始,陆续对国有企业进行了"放权让利"的改革。以此为起点,国有企业经历了扩大企业自主权、实行经济责任制、两步"利改税"等不同阶段。

第一步,下放权力,扩大企业自主权。1978 年 9 月,邓小平指出:"要加大地方的权力,特别是企业的权力。企业要有主动权、机动权,如用人多少,要增加点什么,减少点什么,应该有权处理。企业应该有点外汇,自己可以订货,可以同国外交流技术。有些事情,办起来老是转圈,要经过省、部、国家计委,就太慢了。"[4] 同年 12 月,邓小平在中共中央工作会议上的讲话,进一步阐述了扩大企业自主权的问题。此后国有企业改革的基本思路是改变高度集中的计划经济管理体制,通过放权让利,即扩大企业自主权,特别是赋予国有企业更多的财权,增强企业活力。国务院制定并实施了一系列扩大企业自主权

① 《邓小平文选》第 3 卷,人民出版社 1993 年版,第 160 页。
② 《邓小平文选》第 2 卷,人民出版社 1994 年版,第 200 页。
③ 《邓小平文选》第 2 卷,人民出版社 1994 年版,第 362 页。
④ 《邓小平文选》第 2 卷,人民出版社 1994 年版,第 131 页。

的政策和法规，实现利润留成制度、企业基金制度和各种奖励制度。增加企业的生产经营自主权，大大调动起企业超额完成计划和增产增收的积极性。

第二步，明确权责，推行经济责任制。长期以来，我国国营企业在体制上是统一盈亏的"吃大锅饭"体制，缺乏明确的责任制，责与权脱节，责与利分离。实践证明，"吃大锅饭"是不利于调动企业生产积极性的。党的十一届三中全会以后，在全面总结中国过去经济管理中的经验教训的基础上，在农业生产责任制的启示下，一种崭新的经济管理形式——经济责任制产生和发展起来。这种责权利结合的经济责任制度一经出现，就是对于"吃大锅饭"的否定，就是要把责任和经济利益联系起来，真正做到权、责、利的统一。

邓小平认为，把权力下放和明确责任结合起来，才能保证企业改革的顺利推进和企业的健康发展。根据这样的改革思路，在20世纪80年代前期，国家在向企业放权让利的同时，制定并实施了一系列建立和完善经济责任制的政策，明确企业和企业管理者的职责，在一定程度上促进了企业责、权、利关系的结合。1981年12月和1982年11月，国务院批转了《关于实行工业企业经济责任制若干问题的意见》和《关于当前完善工业经济责任制问题的通知》等文件。这些文件表明，经济责任制是放权让利的继续和发展；是在国家计划指导下，以提高社会经济责任制为目的，实行责权利紧密结合的生产经营管理制度。文件提出了要着重解决的四个问题，即认真贯彻计划经济为主、市场调节为辅的原则；努力搞好企业内部的经济责任制；正确处理国家、企业、职工三者利益；把完善经济责任制和企业技术改造结合起来。经济责任制的推行，调整了国家与企业之间和企业内部的责、权、利关系，使企业改革在扩大自主权的基础上得到了新的发展。

第三步，实行两步"利改税"，进一步扩大企业自主权。以利润分成为主要内容的经济责任制，在短期内起到了刺激企业盈利动机的作用，但在没有从根本上解决国有企业自我约束问题的前提下，形成了企业盲目扩大职工收入分配的倾向，由此引发了社会消费基金的过度膨胀。为此，1983年年初，国务院决定停止全面利润分成，转而实行"利改税"。至此，企业改革进入了"利改税"的阶段。在经济体制改革中，最主要的问题就是如何尽快地把企业的经济责任制建立健全起来，把责权利密切结合起来，使企业外有压力，内有动力，从而使企业这个最基本的经济细胞发挥出更大的活力来。而实行"利改税"，正是为解决这一问题创造必要条件。1984年6月，开始实施第一步"利改税"，主要任务是：（1）把企业向国家缴纳纯收入以税利并存的形式，改为税收一种交纳形式，以进一步明确和强化企业经济责任。（2）按照发展和完善经济责任制的要求，全面改革税制，即通过税制改革，消除由外部因素给企业带来的利益上的不利影响，完善税收杠杆作用。（3）进行城市改革特别是财政体制改革，实行财源共享制的分税制要求，改革税制，使中央财政与地方财政利益结合起来，使企业从条条块块束缚中解脱出来。1984 年 10 月，开始实施第二步"利改税"改革，即国营企业的税后利润全部留给企业，由企业自负盈亏。伴随着"利改税"改革的推行，扩大企业自主权又前进了一大步。1984年 5 月，国务院发布了《关于进一步扩大国营企业自主权的暂行规定》，从生产经营计划、产品销售、产品价格、物质自选、资金使用、资产处理、机构设置、人事劳动管理、工资奖金和联合经营等共十个方面进一步扩大了工业企业的自主权。根据这些规定，企业在一定条件和范围内，有自行安排产品权、产品自销权、定价权、选择供货单位权，按照比例建立基金并可以自行支配权及安排技术改造项目权，闲置和固定资产出租或有偿转让权，处理确定机构设置和人员配置权，厂长对厂级行政副职提名权和对中层干部任免权，自选工资形式权、参与或组织跨部门、跨地区的联合经营权等。"利改税"第二步改革，把国家与企业的分配关系用税的形式固定下来，为进一步落实企业自主权提供了必要条件。

实行"以利代税"改革，有利于建立健全企业的经济责任制，使企业逐步做到"独立自主、自负盈亏"，把责权利紧密地结合起来。主要表现在：一是企业实现的利润通过税收形式上交国家，其税率要比利润留成比例严肃而稳定，一般情况下不予调整，这既能保证国家的财政收入，又能克服企业只负盈不负亏的包而不干的弊病。二是随着生产的发展，经营管理的改善，留给且要支配的财力也会稳定地增长，企业可以根据宏观经济决策的要求和市场需要，更自主地安排生产经营，特别是企业可以对发展进行较长时期的规划，从而有利于进一步把国民经济搞活。三是企业及职工的经济利益与企业经营的好坏直接挂钩，能够充分调动企业发展生产、革新技术、挖掘内部潜力、提高经济效益的积极性和创造性，增强企业内在的动力。经过几年改革的不断探索，终于彻底突破了计划经济条件下，企业处于政府附属地位的认识误区，将社会主义企业确立为"自主经营、自负盈亏的商品生产者和经营者"。实现了认识的升华和理论发展，大大增强了企业活力，促进了企业发展。

2. 确立职工和企业之间的正确关系，保证劳动者在企业中的主人翁地位

社会主义企业是全民所有，职工是企业的主人，国家、企业、职工的利益在根本上是一致的，这决定了职工以主人翁的姿态参与企业的劳动与管理。但是受"左"的思想的影响，长期以来片面强调职工的奉献精神，以及对职工的精神鼓励，忽视物质利益奖励。尤其在"文化大革命"时期，"四人帮"主张普遍贫穷的假社会主义，导致平均主义盛行，干多干少一个样，干好干坏一个样，严重影响了人民群众积极性的发挥，造成"一项工作布置之后，落实了没有，无人过问，结果好坏，谁也不管"①。对此，邓小平批评指出："不讲多劳多得，不重视物质利益，对少数先进分子可以，对广大群众不行，一段时间可以，长期不行。革命精神是非常宝贵的，没有革命精神就没有革命行动。但是，革命是在物质利益的基础上产生的，如果只讲牺牲精神，不讲物质利益，那就是唯心论。"②所以必须重视利用经济手段来调动广大职工的积极性，激发他们的创造力。由此，《决定》分析指出："企业活力的源泉，在于脑力劳动者和体力劳动者的积极性、智慧和创造力。当劳动者的主人翁地位在企业的各项制度中得到切实的保障，他们的劳动又与自身的物质利益紧密联系的时候，劳动者的积极性、智慧和创造力就能充分地发挥出来。"③

为了充分发挥出劳动者的积极性、智慧和创造力，务必做好两个方面的工作。第一，以物质利益和社会荣誉为抓手，确保劳动者的主人翁姿态。"城市经济体制改革中，必须正确解决职工和企业的关系，真正做到职工当家做主，做到每一个劳动者在各自的岗位上，以主人翁的姿态进行工作，人人关注企业的经营，人人重视企业的效益，人人的工作成果同他的社会荣誉和物质利益密切相联。"④第二，保障职工参加企业民主管理企业的权利。因为我们的企业是社会主义的，所以"必须坚决保证广大职工和他们选出的代表参加企业民主管理的权利。在社会主义条件下，企业领导者的权威同劳动者的主人翁地位是统一的，同劳动者的主动性创造性是统一的。这种统一，是劳动者的积极性能够正确地有效地发挥的必要前提"⑤。

---

① 《邓小平文选》第 2 卷，人民出版社 1994 年版，第 150—151 页。

② 《邓小平文选》第 2 卷，人民出版社 1994 年版，第 146 页。

③ 《十二大以来重要文献选编》（中），中央文献出版社 2011 年版，第 54 页。

④ 《十二大以来重要文献选编》（中），中央文献出版社 2011 年版，第 54 页。

⑤ 《十二大以来重要文献选编》（中），中央文献出版社 2011 年版，第 54 页。

（三）社会主义商品经济理论的确立

新中国成立以后，我国在对农业、手工业和资本主义工商业进行社会主义改造，以及有计划地开展大规模经济建设的过程中，逐步建立起了全国集中统一的计划经济体制。这种经济体制曾经起过重要的积极作用。我们现在赖以进行现代化建设的物质技术基础，有相当部分是那个时期建设起来的。在第一个五年计划期间，我们顺利开展了基本建设，建成了一大批重要工程。5年间，包括苏联援建的156个项目共有595个大中型项目全部建成并投入生产。我国过去所没有的一些工业部门，包括飞机、汽车制造业，重型和精密机器制造业，发电设备制造业，冶金和矿山设备制造业，以及高级合金钢和有色金属冶炼业等，从无到有地建设起来，大大增强了基础工业的实力。到改革开放前，我国已基本建成了比较完整的工业体系和国民经济体系。然而，随着经济规模不断扩大，经济联系日益复杂，计划经济体制统得过多过死、平均主义、"大锅饭"等许多弊端显露出来。同时，传统体制又把发挥市场调节作用、发展商品经济的一些正确做法当作"资本主义"加以反对，这就使得社会主义经济在很大程度上失去了应有的活力。

所以，在党的十一届三中全会以前的近三十年间，我们在计划经济和商品经济相对立的传统观念下及"左"的错误干扰下，实际上实行的是否认商品经济的以苏联模式为特征的严格计划管理体制。传统观念认为，在全民所有制经济内部，在国营企业之间，并不存在实质上的商品关系，国营企业之间买卖的产品实质上不是商品，而仅仅具有商品的外壳。价值规律对生产不起调节作用，只是计算的工具，对生产起决定作用的是计划。从这种观点出发，就全民所有制经济内部的关系来讲，价值规律对生产失去调节作用，最多起一点影响作用，产品价格的制定以及成本、盈利的核算，也不受价值规律的支配，各个国营企业也不是相对独立的商品生产者。在这种体制下，生产资料不通过市场，而是实行指令性计划调拨；消费品虽然通过市场，但其主要产品也完全是由计划加以调拨，收购、供应均由计划组织实施，因而，往往造成生产与需求脱钩、计划与市场脱节，甚至违背价值规律，如国营企业所有的生产资料全部由物资部门用计划调拨的形式分配，产品的价格和核定不一定以生产中耗费的社会必要劳动时间量为标准，有些产品价格大大高于社会必要劳动量，企业可以毫不费力地获得巨额盈利，有些产品价格则低于部门平均成本，以致许多企业尽管积极经营，仍不免亏损；国营企业在财务上实行统收统支，盈利全部上缴国家，亏损也全部由国家补贴。从而导致整个经济体制和运行机制的僵化、效率低下。所有这些已由实践证明不利于生产发展的做法，追本溯源，都是与理论上不承认国营企业是相对独立的商品生产者紧密联系着的。

全民所有制经济内部的商品关系，表明每一个国营企业都是相对独立的商品生产者，因而必须在企业管理的人、财、物、供、产、销等方面，都有一定的自主权，才能使企业经营管理积极性的发挥有施展的余地，使商品生产灵活地适应社会需要。但在计划经济体制下企业是政府机构的附属物，没有自主权，这样，国有企业就难以成为真正独立的商品生产者和经营者，难以成为真正的市场主体，从而也难以使市场机制发挥它应有的调节作用。这些理论和认识上的局限严重影响到中国企业的改革和发展。邓小平以超凡的理论勇气和魄力，在1979年时就明确指出："说市场经济只存在于资本主义社会，只有资本主义的市场经济，这肯定是不正确的。社会主义为什么不可以搞市场经济，这个不能说是资本主义。我们是计划经济为主，也结合市场经济，但这是社会主义的市场经济。"[①] 尽管当时还是讲计划经济为主，但已经突破了将市场经济与社会主义完全对立起来的认识禁区，把市场经济与社会主义联系起来，具有重大的突破意义。1980年1月16日，邓小平明确提出了"计划调节和市场调节相结合"的创新论断。这一新论断在1981年6月党的十一届六中全会通过的《关于建国以来党的若干历史问题的决议》中得到确认，"必须在公有制基础上实行计划经济，同时发挥市场调节的辅助作用"[②]。在1982年党的十二大报告中进一步提出："正确贯彻计划经济为主、市场调节为辅的原则，是经济体制改革中的一个根本性问题。"[③] 并比较详尽地阐述了计划与市场在社会主义经济中所调节的范畴与所起的作用，认识有了新突破，理论有了新发展。

随着思想的解放、认识的突破、政策的调整，社会主义现代化建设呈现出一派生机勃勃的景象，国民经济进入高速发展通道，从1979年到1983年全国的工农业生产总值年平均递增7.9%，城乡人民生活有了较大改善。实践的发展证明了商品经济是社会主义经济充满生机与活力的内生因素。鉴于此，《决

---

① 《邓小平文选》第2卷，人民出版社1994年版，第236页。
② 《十一届三中全会以来重要文献选读》上册，人民出版社1987年版，第347页。
③ 《十二大以来重要文献选编》（上），中央文献出版社2011年版，第19页。

定》提出了一系列创新论断，明确提出：社会主义经济是"在公有制基础上的有计划的商品经济"、"社会主义计划经济必须自觉依据和运用价值规律"、"商品经济的充分发展，是社会经济发展的不可逾越的阶段，是实现我国经济现代化的必要条件"。[1] 标志着社会主义商品经济理论正式提出并得到人们的普遍认可。实践证明，只有充分发展商品经济，才能把经济真正搞活，促使各个企业提高效率，灵活经营，灵敏地适应复杂多变的社会需求，而这是单纯依靠行政手段和指令性计划所不能做到的。

《决定》确立的社会主义商品经济理论，极大地促进了思想的解放和实践的发展，价值规律对生产和需求的促进和调节作用显著增强，长期以来形成的独家经营、多环节、封闭式的市场流通体系，向多种经济形式、多条流通渠道、多种经营方式、减少流通环节的市场流通体系转变。一是国家逐步减少了计划直接管理、按条块分配调拨的商品品种和数量，取消了工业品统购包销和农副产品统购派购制度，扩大了市场调节的范围，并筹建开放式、多渠道的商品流通市场，建立城市贸易中心和城乡贸易市场。二是实行开放式经营，打破现行批发层次和地区、行业界限，无论农民、集体、个体经济都能进入市场，建立起以国营商业为主体，合作社商业、集体商业、个体商业、私人商业并存的新商业结构。三是消费品价格以多种形式取代由国家定价的单一形式，实行议购议销价、浮动价或国家定价、最高限价等形式；生产资料价格实行"放调结合"、"双轨价格"。四是恢复供销合作社的合作商业性质并改革商业管理体制，推行经营责任制。

当然，受时代和实践的局限，《决定》对于社会主义商品经济理论中一些重要问题的认识还有局限，如对商品经济及商品种类还有许多限定，"在我国社会主义条件下，劳动力不是商品，土地、矿山、银行、铁路等等一切国有的企业和资源也都不是商品"。[2] 后来随着实践的深入，思想的解放，认识进一步深化，许多局限都被突破了。

（四）首次提出重视经济杠杆作用

在《决定》中首次提出重视经济杠杆的作用，"学会掌握经济杠杆，并且

① 《十二大以来重要文献选编》（中），中央文献出版社 2011 年版，第 56 页。
② 《十二大以来重要文献选编》（中），中央文献出版社 2011 年版，第 56 页。

把领导经济工作的重点放到这一方面来，应该成为各级经济部门特别是综合经济部门的重要任务"。① 这是一个重大的转变与突破，标志着管理经济的主导思想，由计划等行政措施开始转向价格、税收、信贷等经济杠杆这样的间接措施进行宏观调控的重大转变。《决定》提出进一步完善税收制度、改革财政体制和金融体制，指出："越是搞活经济，越要重视宏观调节，越要善于在及时掌握经济动态的基础上综合运用价格、税收、信贷等经济杠杆，以利于调节社会供应总量和需求总量、积累和消费等重大比例关系，调节财力、物力和人力的流向，调节产业结构和生产力的布局，调节市场供求，调节对外经济往来，等等。"②

而要搞好宏观调节，首先要建立合理价格体系。根据马克思主义政治经济学原理，价格是价值的市场体现，决定于价值和供求关系。价格是调节生产、促进流通、影响消费的最灵敏的因素。但是，由于过去长期忽视价值规律的作用和其他历史原因，存在着相当紊乱的现象，不少商品的价格既不反映价值，也不反映供求关系。当时我国价格体系不合理的主要表现是：同类商品的质量差价没有拉开；不同商品之间的比价不合理，特别是某些矿产品和原材料价格偏低；主要农副产品的购销价格倒挂，销价低于国家收购价。比如，国家供应城镇居民的粮油的价格就大大低于国家的收购价格，国家由此背上了沉重的财政补贴包袱。价格体系不合理的主要原因，是同价格管理体系不合理密切相关。所以，"在调整价格的同时，必须改革过分集中的价格管理体制，逐步缩小国家统一定价的范围，适当扩大有一定幅度的浮动价格和自由价格的范围，使价格能够比较灵敏地反映社会劳动生产率和市场供求关系的变化，比较好地符合国民经济发展的需要"。③ 同时，还确定了搞好价格改革的基本原则：第一，按照等价交换的要求和供求关系的变化，调整不合理的比价，该降的降，该升的升。第二，在提高部分矿产品和原材料价格的时候，加工企业必须大力降低消耗，使由于矿产品和原材料价格上涨而造成的成本增高基本上在企业内部抵消，少部分由国家减免税收来解决，避免因此提高工业消费品的市场销售价格。第三，在解决农副产品购销价格倒挂和调整消费品价格的时候，必须采

---

① 《十二大以来重要文献选编》（中），中央文献出版社 2011 年版，第 59 页。
② 《十二大以来重要文献选编》（中），中央文献出版社 2011 年版，第 59 页。
③ 《十二大以来重要文献选编》（中），中央文献出版社 2011 年版，第 58 页。

取切实的措施，确保广大城乡居民的实际收入不因价格的调整而降低。同时，随着生产的发展和经济效益的提高，逐步提高职工工资。①

（五）确立了"政企职责分开，简政放权"的改革原则

关于政府与国有企业的关系，《决定》确立了"政企职责分开，简政放权"的改革原则。领导和组织经济建设是无产阶级和全体人民掌握国家政权以后的一项基本职能。新中国成立以后，我们的国家机构认真地履行了这项职责。但是受计划经济理论制约和"左"的错误思想干扰，造成长期政企职责不分，企业实际上成了行政机构的附属物，中央和地方政府包揽了许多本来不应由它们管的事，而许多必须由它们管的事又未必能管好。加上条块分割，互相扯皮，使企业工作更加困难。这种状况不改变，就不可能发挥基层和企业的积极性，不可能有效地促进企业之间的合作、联合和竞争，也就不可能发展社会主义的统一市场，而且势必会严重削弱政府机构管理经济的应有作用。因此，按照政企职责分开、简政放权的原则进行改革，是搞活企业和整个国民经济的迫切需要。所以，《决定》指出："政府机构管理经济的主要职能应该是：制订经济和社会发展的战略、计划、方针和政策；制订资源开发、技术改造和智力开发的方案；协调地区、部门、企业之间的发展计划和经济关系；部署重点工程特别是能源、交通和原材料工业的建设；汇集和传布经济信息，掌握和运用经济调节手段；制订并监督执行经济法规；按规定的范围任免干部；管理对外经济技术交流和合作，等等。"②明确了政府不再直接管理企业的重要原则。为了贯彻好政企分开、简政放权的原则，《决定》具体指出要从三个方面予以配套贯彻落实。

第一，充分发挥城市的带动作用。实行政企职责分开以后，要充分发挥城市的中心作用，逐步形成以城市特别是大、中城市为依托的，不同规模、开放式、网络型的经济区。同时规定了城市政府的职责是，集中力量做好城市的规划、建设和管理，加强各种公用设施的建设，进行环境的综合整治，指导和促进企业的专业化协作、改组联合、技术改造和经营管理现代化，指导和促进物资和商品的合理流通，搞好文教、卫生、社会福利事业和各项服务事业，促进

---

① 《十二大以来重要文献选编》（中），中央文献出版社 2011 年版，第 58 页。
② 《十二大以来重要文献选编》（中），中央文献出版社 2011 年版，第 60 页。

精神文明建设和创造良好社会风气，搞好社会治安。此外，城市政府还应该根据国民经济发展的总体要求和当地的条件，做好中长期经济和社会发展规划，而不是直接管理企业，避免造成新的条块分割。

第二，明确了竞争是社会主义企业之间的正常关系，突破了排斥竞争的认识误区。社会主义企业之间的关系，首先是互相协作、互相支援的关系，但这种关系并不排斥竞争。长期以来，人们往往把竞争看成是资本主义特有的现象。其实，只要有商品生产，就必然会有竞争，只不过在不同的社会制度下竞争的目的、性质、范围和手段不同。社会主义企业之间的竞争，同资本主义条件下的弱肉强食根本不同，它是在公有制基础上，在国家计划和法令的管理下，在为社会主义现代化建设服务的前提下，让企业在市场上直接接受广大消费者的评判和检验，优胜劣汰。这样做，有利于打破阻碍生产发展的封锁和垄断，及时暴露企业的缺点，促使企业改进生产技术和经营管理，从而推动整个国民经济和社会主义事业的发展。

第三，运用法律手段管理经济。经济体制的改革和国民经济的发展，使越来越多的经济关系和经济活动准则需要用法律形式固定下来。《决定》明确指出："国家立法机关要加快经济立法，法院要加强经济案件的审判工作，检察院要加强对经济犯罪行为的检察工作，司法部门要积极为经济建设提供法律服务。"[1] 从而为经济体制改革和国民经济发展提供法律支持。

（六）提出建立多种形式经济责任制，明确提出"先富带后富"原则

《决定》在党的十二大提出的实行经营管理责任制的基础上，提出"建立多种形式的经济责任制，认真贯彻按劳分配原则"[2]。《决定》高度肯定了农村实行联产承包责任制的伟大创举，指出农村实行责任制的经验同样适用于城市。为了增强城市企业的活力，提高广大职工的责任心和充分发挥他们的主动性、积极性、创造性，必须在企业内部明确对每个岗位、每个职工的工作要求，建立以承包为主的多种形式的经济责任制。并确定了实施这种责任制的原则：责、权、利相结合，国家、集体、个人利益相统一，职工劳动所得同劳动成果相联系。这就再次肯定了以劳动者的劳动耗费作为按劳分配的依据，从原

---

① 《十二大以来重要文献选编》（中），中央文献出版社 2011 年版，第 61 页。
② 《十二大以来重要文献选编》（中），中央文献出版社 2011 年版，第 62 页。

则上要彻底解决"干与不干一个样"、"干多干少一个样"、"干好干坏一个样"的问题。同时《决定》还强调不能盲目照搬责任制，由于行业性质、企业规模和生产条件各不相同，城市企业实行责任制也不可能有划一的模式，不能搞一刀切，一个样。

为将经济责任制落实好、贯彻好，《决定》还明确了两项具体措施：第一，企业职工奖金由企业根据经营状况自行决定，国家只对企业适当征收超额奖金税。并且还明确将采取必要措施，使企业职工工资和奖金同企业经济效益的提高更好地挂起钩来。在企业内部，要扩大工资差距，拉开档次，以充分体现奖勤罚懒、奖优罚劣，充分体现多劳多得，少劳少得，充分体现脑力劳动和体力劳动、复杂劳动和简单劳动、熟练劳动和非熟练劳动、繁重劳动和非繁重劳动之间的差别。根据这个精神，1985年年初，国务院发出《关于国营企业工资改革问题的通知》，明确规定：企业职工工资的增长应依靠本企业经济效益的提高，国家不再统一安排企业职工的工资改革和工资调整，这就使职工工资同本人肩负的责任和业绩密切联系起来了。第二，实行厂长（经理）负责制。现代企业分工细密，生产具有高度的连续性，技术要求严格，协作关系复杂，必须建立统一的、强有力的、高效率的生产指挥和经营管理系统。只有实行厂长（经理）负责制，才能适应这种要求。这是对企业实行的党的一元化领导的重大改革，明确了企业中党的组织要积极支持厂长行使统一指挥生产经营活动的职权，保证和监督党和国家各项方针政策的贯彻执行，加强企业党的思想建设和组织建设，加强对企业工会、共青团组织的领导，做好职工思想政治工作，而不是直接领导企业的生产经营管理。

《决定》还首次明确提出了"先富带后富"的原则，"允许和鼓励一部分地区、一部分企业和一部分人依靠勤奋劳动先富起来，才能对大多数人产生强烈的吸引和鼓舞作用，并带动越来越多的人一浪接一浪地走向富裕。"[①]要纠正平均主义的认识误区，长期以来在消费资料的分配问题上存在一种误解，似乎社会主义就是要平均分配，如果一部分社会成员的劳动收入比较多，出现了较大的差别，就认为是两极分化，背离社会主义原则。这种平均主义思想，同马克思主义关于社会主义的科学观点是完全不相容的。历史的教训告诉我们：平均主义思想是贯彻执行按劳分配原则的一个严重障碍，平均主义的泛滥必然破坏

---

① 《十二大以来重要文献选编》（中），中央文献出版社2011年版，第64页。

社会生产力发展。当然，社会主义社会要保证社会成员物质、文化生活水平的逐步提高，经过长期努力逐步达到共同富裕的目标。但是，共同富裕决不等于也不可能是完全平均，决不等于也不可能是所有社会成员在同一时间以同等速度富裕起来。如果把共同富裕理解为完全平均和同步富裕，不但做不到，而且势必导致共同贫穷。只有允许和鼓励一部分地区、一部分企业和一部分人依靠勤奋劳动先富起来，才能对大多数人产生强烈的吸引和鼓舞作用，并带动越来越多的人一浪接一浪地走向富裕。"先富带后富"原则的提出，对于促进人们分配观念的解放，对于彻底打破平均主义和"大锅饭"发挥了至关重要的作用。

（七）鼓励发展多种经济形式，进一步实行对外开放

《决定》指出，在坚持全民所有制经济巩固和发展的前提下，鼓励其他所有制形式特别是个体经济发展，并在理论上为个体经济的性质进行了界定："我国现在的个体经济是和社会主义公有制相联系的，不同于和资本主义私有制相联系的个体经济，它对于发展社会生产、方便人民生活、扩大劳动就业具有不可代替的作用，是社会主义经济必要的有益的补充，是从属于社会主义经济的。"[1] 在实践上，要注意为城市和乡镇集体经济和个体经济的发展扫除障碍，创造条件，并给予法律保护。特别是在以劳务为主和适宜分散经营的经济活动中，个体经济应该大力发展。同时，要在自愿互利的基础上广泛发展全民、集体、个体经济相互之间灵活多样的合作经营和经济联合，有些小型全民所有制企业还可以租给或包给集体或劳动者个人经营。同时还明确了坚持多种经济形式和经营方式的共同发展，是我们长期的方针，是社会主义前进的需要，决不是退回到新中国成立初期那种社会主义公有制尚未在城乡占绝对优势的新民主主义经济，决不会动摇而只会有利于巩固和发展我国的社会主义经济制度。

《决定》重申坚持对外开放的基本国策，强调闭关自守是不可能实现现代化的，首次提出了两种资源、两个市场、两套本领的观点，即"充分利用国内和国外两种资源，开拓国内和国外两个市场，学会组织国内建设和发展对外经济关系两套本领"[2]。明确今后必须继续放宽对外开放政策，按照既要调动各方面积极性又要实行统一对外的原则改革外贸体制，积极扩大对外经济技术交流

---

① 《十二大以来重要文献选编》（中），中央文献出版社 2011 年版，第 65 页。
② 《十二大以来重要文献选编》（中），中央文献出版社 2011 年版，第 66 页。

和合作规模，努力办好经济特区，进一步开放沿海港口城市。《决定》特别指出，利用外资，吸引外商来我国举办合资经营企业、合作经营企业和独资企业，也是对我国社会主义经济必要的有益的补充。这些新观点大大促进了人们的观念变革，对于推进理论发展和实践创新都具有重要意义。

三、马克思主义基本原理和中国社会主义实践相结合的政治经济学

《决定》根据马克思主义基本原理同我国实际相结合的原则，比较系统地阐明了加快以城市为重点的整个经济体制改革的必要性、紧迫性，比较全面地阐述了改革的方向、性质、任务和各项方针政策，提出了一系列重要创新论断，进一步解放了人们的思想，是指导我国进行经济体制改革的纲领性文件。邓小平对于《决定》给予了高度评价："我的印象是写出了一个政治经济学的初稿，是马克思主义基本原理和中国社会主义实践相结合的政治经济学，我是这么个评价……这个文件，我没有写一个字，没有改一个字，但确实很好。"[1]

（一）坚持了改革的基本原则

经济体制改革是我国各项改革的基础和重点领域。《决定》坚持解放思想，实事求是，一切从实际出发，把马克思主义基本原理与中国实际结合起来，坚持建设有中国特色社会主义的总要求，把党的方针政策同各地区、各部门、各单位的实际密切结合起来，创造性地提出了一系列推进经济体制改革的新论断新举措。坚持改革的基本原则，既鼓励勇于实践，大胆改革，又坚持稳步前进，试点为先，逐步推广，提出改革中的一切做法都要接受实践的检验，并在实践中总结出新的经验。指出失误总是难以完全避免的，但是要尽一切努力去避免那些可以避免的失误。当发生失误的时候，必须力求及时发现，坚决纠正，吸取教训，继续前进。对于改革的步骤，强调要积极而稳妥，看准了的坚决改，看准一条改一条，看不准的先试点，不企图毕其功于一役。强调全国性重大改革的实施，由国务院统一部署。鼓励各地区、各部门和各单位进行改革的探索和试验，但一切涉及全局或广大范围的改革要经国务院批准才能进行。

---

① 《邓小平文选》第3卷，人民出版社1993年版，第83页。

这些原则性要求，保证了改革在实践中稳步推进，既促进了社会主义现代化各项建设事业的蓬勃发展，又避免了如"大跃进"等一哄而起的重大失误。

（二）推进了城市改革攻坚克难的进程

以党的十一届三中全会为标志，党领导全国各族人民通过拨乱反正和全面改革，勇敢地走自己的路，在探索建设中国特色社会主义道路的实践中开创了新局面。中国的经济发展出现了前所未有的活力，经济体制也逐步向管制更加宽松、更加适应生产力方向发展，尤其是农村改革的突破，极大地促进了农业生产，取得了在计划经济体制下从未有过的连年增产。1984 年，粮食产量更是达到创纪录的 40712 万吨，但粮食增产以后所需要的市场、销售渠道等与城市尚存的那套体制格格不入，农业生产所需要的生产资料也难以获得，对城市当中的经济体制的改革迫在眉睫。城市改革千头万绪，纷繁复杂，利益纠葛多，但又特别重要。《决定》抓住主要矛盾，统筹兼顾，以激发活力、提高积极性为抓手，义无反顾地开始了以城市为核心的经济体制改革，吹响了城市改革攻坚克难的号角，城市改革从此步入了快车道。

（三）实现了一系列重大理论突破

《决定》遵循把马克思主义基本原理与中国具体实际相结合的原则，坚持从中国的具体实际出发，解放思想、实事求是，在一系列重大理论问题上实现了突破，提出了一系列创新论断。

第一，对经济体制改革的性质等重要问题进行了明确界定。明确了经济体制改革的性质，是社会主义制度的自我完善和发展；经济体制改革的前提，是坚持社会主义制度；经济体制改革的内容，是改革社会主义生产关系和上层建筑中不适应生产力发展的一系列相互联系的环节和方面；经济体制改革的步骤，是在党和政府的领导下有计划、有步骤、有秩序地进行。改革的理论基础是社会主义社会的基本矛盾理论。这就为反对固守僵化体制、反对进行任何改革的"左"的倾向，也为反对以走资本主义道路为方向的资产阶级自由化的右的"改向"，奠定了充分的理论基础。

第二，明确了社会主义经济是在公有制基础上的有计划的商品经济。突破了把社会主义计划经济与商品经济对立起来的理论禁锢，承认商品经济的发展是社会主义发展不可逾越的阶段，强调社会主义计划经济必须自觉依据和运用价值规律。这为激发国有企业活力和激发市场调节经济的巨大潜力奠定了理论基础。

第三，鼓励发展多种所有制经济形式。《决定》明确了实行国家、集体、个人一起上的方针，坚持发展多种经济形式和多种经营方式，极大改变了只允许国营、集体经济发展，而对个体经济等歧视乃至禁止的状况，为广大非公有制经济形式的发展扫除了政策上的障碍，为之发展开辟了广阔的天地。

第四，提出政企职责分开，界定了政府管理经济的职能。《决定》明确了实行政企职责分开、简政放权的原则，规定今后各级政府部门原则上不再直接经营管理企业，而是通过制定法规等为企业服务，给企业更大的经营自主权，企业可以根据经营状况等自己决定本企业工资、奖金等。鼓励各类型企业进行良性竞争，以提高经济技术管理水平和效率。

第五，确立鼓励一部分人、一部分地区先富起来，先富带动后富的原则。《决定》提出认真贯彻按劳分配原则，建立各种形式的责任制，让劳动者的收益与其劳动的数量、质量与复杂程度，即与劳动者的奉献紧密挂钩，真正做到多劳多得、优劳优得。同时突破了社会主义就是平均主义的认识误区，允许一部分地区、一部分人依靠辛勤劳动先富起来，通过对其他人的吸引和鼓舞作用，带动越来越多的人走向富裕。这是分配领域的重大政策调整，鼓励先进鼓励发展，为整个社会激发空前活力与前进动力奠定了基础。同时，也为在实践中逐步实现共同富裕找到了一条行之有效的路径，解决了经济文化落后的社会主义国家如何实现共同富裕的普遍难题。

第四节　干部队伍建设深入开展与各项改革全面推进

随着党的思想路线和政治路线的确立，组织路线的问题凸显出来，适应新时期形势需要，干部队伍建设提上重要议事日程。事实上，在整个改革开放过程中，以邓小平同志为核心的党的第二代中央领导集体都特别重视党的建设，特别是高级领导干部队伍建设，并提出一系列重要理论。1985年9月召开的党的全国代表会议与十一届五中全会，在党的高级领导干部队伍新老交替方面进行了成功的改革实践。这一时期，科技、教育等领域也展开了深入的改革，我国的各项改革全面推进。

一、党的全国代表会议与干部队伍新老交替

1985 年 9 月 18 日召开的中国共产党全国代表会议，是一次非常重要的会议。这次会议讨论通过了《关于制定国民经济和社会发展第七个五年计划的建议》，并对党的中央委员会、候补中央委员会、中央纪律检查委员会、中央顾问委员会的组成人员进行了部分调整，在推进中央领导层的年轻化、专业化的进程中迈出了重要的步伐。在随后举行的党的十二届五中全会上，对中央政治局、书记处组成人员进行了调整。这是自党的十一届三中全会以来，以邓小平同志为核心的党的第二代中央领导集体大力倡导干部队伍"四化"，推动干部队伍新老交替取得的重大成就。

"文化大革命"结束以后，党的干部队伍存在着两个严重的问题：一是干部队伍的老化。当时党政军领导机关的主要干部都是"三八式"的，大多数在 60 岁以上，其中不少还是 70 岁以上的干部。这么大年龄的干部仍处在工作的第一线，其体力、精力与繁重的拨乱反正和社会主义现代化建设工作是很不适应的。二是干部队伍的知识水平与现代化建设的需要不相适应。这个问题过去就存在，但由于过去长期搞阶级斗争，干部队伍知识水平普遍较低的问题并不突出。党的十一届三中全会以后，全党的工作重心转移到经济建设上来，这个问题便一下子凸显出来了。解决干部队伍中存在的上述两个严重的问题，已经到了刻不容缓的地步。所以，在党的思想路线、政治路线已经转移到正确轨道后，党中央需要着力解决组织路线问题。邓小平在 1979 年 7 月指出："党的思想路线和政治路线，尽管有人不通，但总是已经确立了。现在我们还没有解决的问题是什么呢？是组织路线问题。这是一个很重要的问题。政治路线确立了，要由人来具体贯彻执行。由什么样的人来执行，是由赞成党的政治路线的人，还是由不赞成的人，或者是由持中间态度的人来执行，结果不一样。这就提出了一个要什么人来接班的问题。"[①] 这是一个关系到社会主义现代化建设

---

① 《邓小平文选》第 2 卷，人民出版社 1994 年版，第 191 页。

事业成败的战略问题。对此,邓小平指出:"现在我们国家面临的一个严重问题,不是四个现代化的路线、方针对不对,而是缺少一大批实现这个路线、方针的人才。道理很简单,任何事情都是人干的,没有大批的人才,我们的事业就不能成功。"① 从关系到党和国家前途命运的战略问题的角度来认识,"我们一定要认识到,认真选好接班人,这是一个战略问题,是关系到我们党和国家长远利益的大问题。如果我们在三几年内不解决好这个问题,十年后不晓得会出什么事。要忧国、忧民、忧党啊!要看到这是个带根本性质的问题"②。为此,党中央开始了大刀阔斧地培养选拔年轻干部,推动干部新老交替的工作。

首先,确定了老干部退下来、实行退休制度。新老交替、新陈代谢,是自然界的基本规律,社会主义建设事业自然也要遵循这一规律。老干部的逐步退出是社会主义事业兴旺发达的必然要求。考虑到"文化大革命"对人才培养机制的破坏,在老干部退休、提拔年轻干部的新老交替问题上,采取了循序渐进、稳步交班的方针。一是分批退,特别是高层领导机关。对此,邓小平提出:"高级一点的机关,可以考虑先解决选拔较年轻的同志当二、三把手的问题,老同志继续坐镇一段时间,还当第一把手。"③ 二是逐步退。考虑到工作的衔接、老同志的思想转变、年轻同志的成长培养等因素,解决干部老化的问题,要循序渐进。邓小平指出:"老同志是骨干,处理不能太急,太急了也行不通。"④ 所以,实行顾问制度是个可行的办法,当然顾问制度也是权宜之计,"顾问委员会,应该说是我们干部领导职务从终身制走向退休制的一种过渡。我们有意识地采取这个办法,使得过渡比较顺利"⑤。三是从上退。老干部退出领导岗位、退出一线,从上面做起,上面的问题不解决,下面的问题就解决不了。上面带了头,就能对下面产生表率和示范作用,推动整个干部队伍新老交替的顺利进行。对此,邓小平指出:"解决干部年轻化这样一个大问题,我们老同志要开明,要带头。不这样,解决不了问题。"⑥ 在邓小平的倡议下,中央高层领导率

① 《邓小平文选》第2卷,人民出版社1994年版,第220—221页。
② 《邓小平文选》第2卷,人民出版社1994年版,第222页。
③ 《邓小平文选》第2卷,人民出版社1994年版,第222页。
④ 《邓小平文选》第2卷,人民出版社1994年版,第413页。
⑤ 《邓小平文选》第2卷,人民出版社1994年版,第414页。
⑥ 《邓小平文选》第2卷,人民出版社1994年版,第385页。

先身体力行，多名老一辈革命家率先辞去了国务院副总理的职务，为干部队伍新老交替带了一个好头，从而推动了这项工作的顺利进行。1982年2月，中共中央下发了《关于建立老干部退休制度的决定》，明确指出：中央认为，把新老干部适当交替的问题提到全党的重要议事日程上来，有秩序有步骤地加以妥善解决的时机和条件，已经成熟了。为了使社会主义建设事业后继有人，建立老干部离休退休制度和退居二线的制度是必要的，"老干部离休退休和退居二线的制度，是保障党和国家政治生活正常进行和健全发展的一项极其重要的制度，必须立即着手有系统地建立和健全起来，使之经常化，并且严格地加以实行"①。文件还明确规定了担任中央以及省、市、自治区领导干部的任职年龄界限等。

其次，确定了选拔年轻干部的"四化"标准。"四化"标准的形成经历了一个提出、发展、完善的过程。1979年7月，邓小平提出选拔接班人的标准"主要是两条，一条是拥护三中全会的政治路线和思想路线，一条是讲党性，不搞派性"②。同年11月2日，邓小平进一步提出选拔干部的专业和身体方面的要求。他指出："做四个现代化的闯将，没有专业知识是不行的，没有干劲是不行的，没有精力是不行的。"③1980年8月，邓小平提出干部标准"年轻化、知识化、专业化"。1980年12月，邓小平又提出了"革命化"，并放在第一位，"在坚持社会主义道路的前提下，使我们的干部队伍年轻化、知识化、专业化，并且要逐步制定完善的干部制度来加以保证。提出年轻化、知识化、专业化这三个条件，当然首先是要革命化"④。在党的十二大开幕词中，邓小平正式提出要实现干部队伍的"四化"标准，即革命化、年轻化、知识化、专业化。这样就形成了选拔年轻干部的"四化"标准。

在上述标准与精神的指引下，干部新老交替积极而稳妥地推进。在1982年9月党的十二大上，成立了中央顾问委员会，一大批资历老、级别高的老同志从一线退下来，进入了中央顾问委员会，当选中顾委委员的基本条件是：必须具有40年以上的党龄，对党有过较大贡献，有较丰富的领导工作经验，在党内有较高声望。在党的十二大上选举产生了172名中顾委委员，其中抗日战

① 《三中全会以来重要文献选编》（下），中央文献出版社2011年版，第451—452页。
② 《邓小平文选》第2卷，人民出版社1994年版，第192页。
③ 《邓小平文选》第2卷，人民出版社1994年版，第222页。
④ 《邓小平文选》第2卷，人民出版社1994年版，第361页。

争以前入党的有 169 人，委员中年龄最大的 86 岁，最小的 63 岁，平均年龄 74 岁。① 而十二届中央委员会则从组织上实现了党的最高领导机构新老干部的合作和交替。一大批德才兼备、比较年轻的干部进入中央委员会。在中央委员会的 348 名成员中，有 211 人，即超过 60%，是第一次被选进中央委员会。在这 211 人中，有 140 多人，即三分之二以上，年龄在 60 岁以下，最小的仅 38 岁。新的中央委员会保留了 10 多位 70 岁以上德高望重、在国内外享有崇高威望的老一辈革命家。上一届中央委员会中的其他老干部，许多被选进中央顾问委员会和中央纪律检查委员会。从 1982 年 2 月《中共中央关于建立老干部退休制度的决定》发布，到 1985 年 12 月，有 1268000 名新中国成立前参加革命工作的老同志办理了离休手续。同时，全国已有 469000 名德才兼备、年富力强的中青年干部走上县级以上领导岗位，成为推进改革开放和社会主义现代化建设的中坚力量。②

党的十二大选举出的中央委员会、中央顾问委员会、中央纪律检查委员会，较好地实现了中央领导层的新老交替。在平稳领导我国社会主义现代化建设事业三年后，党中央又采取了重要措施，先后连续召开十二届三中全会、十二届四中全会和党的全国代表会议，进一步推动党中央领导层的新老交替。1985 年 9 月 16 日党的十二届四中全会讨论确定了关于进一步实现中央领导机构成员新老交替的原则。全会收到了一批老同志分别请求不再担任第十二届中央委员会委员和候补委员、中央顾问委员会委员、中央纪律检查委员会委员的信。全会高度评价这些老同志从党和人民利益出发，积极促进中央领导机构成员新老交替的表率行动，同意他们不再担任中央三个委员会成员的请求，并向党的全国代表会议报告。

随后，1985 年 9 月 18 日至 23 日，党的全国代表会议召开，会议分别批准 64 位老同志不再担任中央委员、候补中央委员，37 位老同志不再担任中顾委委员，30 位老同志不再担任中纪委委员，其中叶剑英、黄克诚分别辞去了中央政治局常委和中央纪委副书记的重要职务。同时，会议增选了中央委员 56 人、中央候补委员 35 人，一批符合"四化"标准的年轻干部进入了中央领

---

① 《我们认识的一波同志——薄一波百年诞辰纪念文集》，中共党史出版社 2009 年版，第 129 页。

② 参见《陈云传》（下），中央文献出版社 2005 年版，第 1716 页。

导层。在随后举行的党的十二届五中全会上，增选了五位较为年轻的同志担任政治局委员，同时调整了中央书记处成员，党的最高领导层年轻化又迈出实质性步伐。经过部分调整和增选后的中央政治局、中央书记处更富有朝气和活力，对于确保党的方针政策的连续性，具有重要的意义；对于进一步巩固和发展我国政治、经济形势，有力推进我国的改革开放和社会主义现代化建设事业产生了深远的影响。

二、科技体制改革与"科学技术是第一生产力"

党的十二大以后，随着建设有中国特色社会主义事业和改革开放进程的深入，科技体制的改革也逐步展开，并取得了重要进展。邓小平在 1988 年更作出了"科学技术是第一生产力"的著名论断，发展了马克思主义科学技术是生产力的思想。

（一）科技体制改革的紧迫性重要性

新中国成立后到党的十一届三中全会的近 30 年，我国的科技事业有了飞速发展，在核技术、人造卫星和运载火箭等尖端科学技术领域，取得了重大进展和明显成就，标志着我国科学技术水平有了很大提高。十年"文化大革命"，科技领域是重灾区。"文化大革命"结束以后，科技领域的拨乱反正在邓小平领导下较快开展。1978 年 3 月，全国科学大会在北京举行，邓小平在大会上致开幕词，并阐明了两个重要的观点：一是"科学技术是生产力是马克思主义的历来观点"；二是"为社会主义服务的脑力劳动者是劳动人民的一部分"。从此我国科技事业的发展逐步步入正轨，并将科技体制改革的任务提上重要议事日程。党的十二大确定在全国范围内迅速深化经济体制改革，与经济密不可分的科技体制改革也应运而生。因为国家原有的科技体制是在 20 世纪 50 年代至 70 年代特定的国内和国际环境下形成的，这种体制具有集中力量攻克一些重点科技问题的优势，在当时科技投资少、活动规模小、国力有限和国际封锁的条件下，为创造以"两弹一星"为代表的一系列重大科技成就提供了保障。然而随着国家经济社会的发展，特别是随着党的工作重心的转移和改革开放向纵深发展，这种体制阻碍科技生产力的发展，隔绝科技与经济联系的弊端就凸显出来了。这主要表现在三个方面：一是科技体制运行形式依靠行政手段，不受市场调节。经费靠国家拨款，任务靠上级下达，科技成果不能作为商品流通，科研单位缺乏自我运行、自我发展的能力。二是科研力量仪器属于政府所属的独立科研机构，企业技术开发能力薄弱，研究和生产严重脱节。研究成果常常只停留在样品和实验室阶段，很难转化为现实生产力。三是僵化的人事制度，人才不能流动、论资排辈，科技人员尤其是中青年科技人员很难脱颖而出，发挥应有的作用。这种体制既严重地阻碍经济的发展，又阻碍了科学技术的发展。1984 年，党的十二届三中全会通过的《中共中央关于经济体制改革的决定》明确指出，随着经济体制的改革，科技体制和教育体制的改革越来越成为迫切需要解决的战略性任务。中央将专门讨论这方面的问题，并作出相应的决定。

1985 年 3 月 2 日至 7 日，全国科学技术工作会议在北京召开，中心议题是研究科技体制改革问题。邓小平在闭幕式上作了题为《改革科技体制是为了解放生产力》的重要讲话。邓小平明确指出，"现在要进一步解决科技和经济结合的问题"，就是在方针问题和认识问题解决之后，现在"要解决体制问题"。明确科技体制改革与经济体制改革的根本任务与目的，"都是为了解放生产力"。同时，作为"新的经济体制，应该是有利于技术进步的体制"，而"新的科技体制，应该是有利于经济发展的体制"，只有"双管齐下，长期存在的科技与经济脱节的问题，有可能得到比较好的解决"。在科技体制改革中，核心问题是人才问题，"要创造一种环境，使拔尖人才能够脱颖而出。改革就是要创造这种环境"。[1] 邓小平的讲话，为科技体制改革指明了方向。

1985 年 3 月，《中共中央关于科学技术体制改革的决定》正式公布实施，标志着我国科技体制改革进入全面展开阶段。这个《决定》明确了科技体制改革的指导原则，即经济建设必须依靠科学技术、科学技术工作必须面向经济建设，尊重科学技术发展规律。强调从我国的实际出发，对科学技术体制进行坚决的有步骤的改革。[2]

依据科技体制改革的指导原则，我国科学技术体制改革的主要内容是：在

---

① 《邓小平文选》第 3 卷，人民出版社 1993 年版，第 108—109 页。

② 《十二大以来重要文献选编》（中），中央文献出版社 2011 年版，第 137 页。

运行机制方面，要改革拨款制度，开拓技术市场，克服单纯依靠行政手段管理科学技术工作，国家包得过多、统得过死的弊病；在对国家重点项目实行计划管理的同时，运用经济杠杆和市场调节，使科学技术机构具有自我发展的能力和自动为经济建设服务的活力。在组织结构方面，要改变过多的研究机构与企业相分离，研究、设计、教育、生产脱节，军民分割、部门分割、地区分割的状况；大力加强企业的技术吸收与开发能力和技术成果转化为生产能力的中间环节，促进研究机构、设计机构、高等学校、企业之间的协作和联合，并使各方面的科学技术力量形成合理的纵深配置。在人事制度方面，要克服"左"的影响，扭转对科学技术人员限制过多、人才不能合理流动、智力劳动得不到应有尊重的局面，造成人才辈出、人尽其才的良好环境。《决定》对科技体制各个环节的改革作了具体部署与安排。同时，《决定》强调，科技体制改革的目的，是使科学技术成果迅速地广泛地应用于生产，使科学技术人员的作用得到充分发挥，大大解放科学技术生产力，促进经济和社会的发展。一切改革都应有利于实现这个目的，而不应偏离这个目的。并强调，在改革中，要充分依靠科学技术人员的自觉行动，尊重基层单位的创造，认真总结经验，及时研究解决改革过程中出现的新问题。各种改革，都要区别不同情况，通过试验，逐步推广，不要急于求成，不能强制推行。带全局性的重大改革，由国务院统一部署。

（二）提出"科学技术是第一生产力"的创新论断

1977年，邓小平恢复领导职务以后，主动提出分管科技教育工作，他不止一次地说过："我是自告奋勇管科学、教育的。"[1] 要搞好科技教育，首先就要从理论上和思想上彻底解决对于科学技术的认识问题，砸碎长期以来"四人帮"套在人们身上特别是知识分子身上的枷锁，否则改革开放的步子就迈不开，这事关四个现代化建设的全局。所以，邓小平明确指出："我们国家要赶上世界先进水平，从何着手呢？我想，要从科学和教育着手。科学当然包括社会科学"[2]。"四个现代化，关键是科学技术的现代化。没有现代科学技术，就不可能建设现代农业、现代工业、现代国防。没有科学技术的高速度发展，也

---

① 中共中央文献研究室编：《邓小平年谱（一九七五——一九九七）》（上），中央文献出版社2004年版，第339页。

② 《邓小平文选》第2卷，人民出版社1994年版，第48页。

就不可能有国民经济的高速度发展。"① 同时，他又从历史唯物主义的高度对科技在生产中的作用进行了全面论述：科学技术同生产资料和劳动力是什么关系呢？历史上的生产资料，都是同一定的科学技术相结合的；同样，历史上的劳动力，也都是掌握了一定的科学技术知识的劳动力。我们常说，人是生产力中最活跃的因素。这里讲的人，是指有一定的科学知识、生产经验和劳动技能来使用生产工具、实现物质资料生产的人。石器时代，青铜器时代，铁器时代，17 世纪，18 世纪，19 世纪，人们使用的生产工具，掌握的科学知识、生产经验和劳动技能，都大不相同。今天，由于现代科学技术的日新月异，生产设备的更新，生产工艺的变革，都非常迅速。许多产品，往往不要几年的时间就有新一代的产品来代替。劳动者只有具备较高的科学文化水平，丰富的生产经验，先进的劳动技能，才能在现代化的生产中发挥更大的作用。② 邓小平的深刻论述从历史经验与现实经验的结合上，从理论与实践的高度，阐明了科学技术同其他生产力要素的内在关系，阐明了科学技术进步对于提高其他诸要素质量的关键性作用。1986 年，他又从人类发展的高度阐述了科学的巨大作用："实现人类的希望离不开科学，第三世界摆脱贫困离不开科学，维护世纪和平也离不开科学。"③ 对科学的认识进一步发展。

在不断思考的基础上，邓小平对于科学技术重要性的认识也更加深刻。1988 年 9 月 5 日，邓小平在会见来访的捷克斯洛伐克总统胡萨克时说：世界在变化，历史在前进，我们的思想和行动也要随之而变，如果停滞不前，就落后了，"马克思说过，科学技术是生产力，事实证明这话讲得很对。依我看，科学技术是第一生产力"④。同年 9 月 12 日，他在听取关于价格和工资改革初步方案的汇报时说："从长远看，要注意教育和科学技术。否则，我们已经耽误了二十年，影响了发展，还要再耽误二十年，后果不堪设想。""马克思讲过科学技术是生产力，这是非常正确的，现在看来这样说可能不够，恐怕是第一生产力。将来农业问题的出路，最终要由生物工程来解决，要靠尖端技术。对科学技术的重要性要充分认识。"⑤ 邓小平的这一系列论断，揭示了科学技术在现

---

① 《邓小平文选》第 2 卷，人民出版社 1994 年版，第 86 页。
② 《邓小平文选》第 2 卷，人民出版社 1994 年版，第 88 页。
③ 《邓小平文选》第 3 卷，人民出版社 1993 年版，第 183 页。
④ 《邓小平文选》第 3 卷，人民出版社 1993 年版，第 274 页。
⑤ 《邓小平文选》第 3 卷，人民出版社 1993 年版，第 274—275 页。

代经济发展中的第一位的变革作用，把马克思主义的科学技术学说和生产力理论提高到了一个新的高度。

邓小平围绕着"科学技术是第一生产力"的核心观点，阐发了他的科学技术观，包含着一系列相互联系的基本观点。主要包括：（1）科学技术是第一生产力。在当代，科学技术不仅是生产力的一般要素，而且是生产力诸要素中的第一要素，在生产力的发展中起着主要的、决定性的作用。与此同时，科学技术不仅是生产力诸要素中的第一要素，而且对其他生产力要素产生着深刻影响，从而达到对生产力发展的"倍加作用"。（2）社会主义的根本任务是发展生产力，而科学技术是第一生产力。科学技术水平不提高，国家实力得不到加强，人民的物质、文化生活得不到改善，我们的社会主义政治制度和经济制度就不能充分巩固，国家安全就没有可靠的保障。（3）四个现代化关键是科学技术现代化。没有科学技术现代化，就不可能有现代化的农业、现代化的工业、现代化的国防。没有科学技术的高速发展，也就不可能有国民经济的高速发展。（4）包括科技人员在内的知识分子是工人阶级的一部分，而且是工人阶级中掌握科学文化知识较多的一部分，是先进生产力的开拓者和发展科技事业的主力军。（5）尊重知识、尊重人才。我们要有一支浩浩荡荡的科学技术大军，要有一大批世界一流的科学家、工程技术专家，必须打破常规去发展、选拔和培养杰出人才。要创造一种环境，使拔尖人才能够脱颖而出。（6）要解放科技生产力，必须相应地改革科技体制和经济体制。新的经济体制，应该是有利于技术进步的体制；新的科技体制，应该是有利于经济发展的体制。只有双管齐下，长期存在的科技与经济脱节问题，才有可能得到比较好的解决。（7）基础研究是应用开发的先导和源泉，关系国家的长远发展利益。我们必须抓住时机，奋力在世界基础研究领域形成一定的优势。要确定重点，集中力量，取得突破，攀登高峰。这是我们民族能力的重要标志，是中国长远发展的希望所在。（8）21世纪是高科技发展的世纪。中国必须发展高科技，实现产业化，在世界高科技领域占有一席之地。发展高科技是关系到中华民族未来生存和兴旺发达的战略抉择，必须不失时机，尽管穷也要参与。高科技，越高越好，越新越好。（9）要通过对外开放，引进、利用外国的先进科学技术成果和科学管理方法，加快我国的现代化建设。对外开放，利用外国智力，不是一时的权宜之计，而是我们民族进步必须坚持的长远方针。（10）抓科技必须同时抓教育，经济发展快一点，必须依靠科技和教育。科学技术人才的培养，基础在教育。邓小平这些具有深刻洞见的宝贵思想，对深化我国科技体制改革、对推进我国科技事业发展、对充分发挥科学技术在经济社会发展中的重要作用指明了方向，产生了深远的积极影响。

三、教育体制全面改革与"三个面向"

（一）教育体制改革的紧迫性重要性

党的十二大以后，随着建设有中国特色社会主义事业和改革开放进程的深入，教育体制改革也逐步深入进行，并取得了重要的进展。

1985 年 5 月，中共中央发布的《关于教育体制改革的决定》，对教育体制改革作了精辟论述，成为推动我国教育体制改革的纲领性文件，也是中国教育事业进入全面改革阶段的标志。《决定》指明了教育体制改革的根本目的是提高民族素质，多出人才、出好人才。很显然，要实现社会主义现代化和极大地提高物质文明与精神文明，一个重要关键是人才问题，这就必须使教育事业在经济发展的基础上有一个大的发展。同时面对对外开放、对内搞活、经济体制改革全面展开的形势，面对世界范围新技术革命正在蓬勃兴起的形势，我国现有教育体制的弊端更加突出。我国教育体制存在的主要问题表现为：教育事业管理权限划分上，政府部门对学校统得过死，学校缺乏应有的活力，政府该管的事又没管好；教育结构上，基础教育薄弱，职业和技术教育发展不够，高等教育比例失调；教育方式上，培养学生独立生活和思考能力不够，为祖国富强的献身精神不够，对学生的思想教育不够，课程内容陈旧和教学方法死板；等等。总之，教育体制落后于经济和社会发展的需要，落后于当代科学文化的发展。因此，必须从根本上改变这种状况，从教育体制入手，系统地进行改革。主要内容包括：改革管理体制，在加强宏观管理的同时，坚持简政放权，扩大学校的办学自主权；调整教育结构，改革劳动人事制度；改革同社会主义现代化不相适应的教育思想、教育内容和教育方式。要通过不断改革，使基础教育能有切实加强，职业技术教育得以广泛发展，高等教育得到较大提高，使各类教育能够主动适应经济和社会发展的多方面需要。

《决定》明确提出了中国教育体制改革应遵循的方针。这就是，第一，把发展基础教育的责任交给地方，有步骤地实行九年制义务教育。实行基础教育由地方负责、分级管理的原则，这是发展教育事业、改革教育体制的基础环节，要求各地因地制宜分期分批实现九年制义务教育。第二，调整中等教育结构，大力发展中等职业技术教育。采取切实措施改变职业技术教育落后这一最薄弱环节，力争职业技术教育有大的发展，并提出了一系列相应的方针政策。第三，改革高等学校的招生计划和毕业生分配制度，扩大高等学校办学自主权。提出了高等教育今后发展的战略目标，即到 20 世纪末，建成科类齐全，层次、比例合理的体系，总规模达到与经济实力相当的水平；高级专门人才的培养基本立足国内；能为自主地进行科学技术开发和解决社会主义现代化建设中重大理论问题和实际问题作出较大贡献。为此，针对高等教育体制改革中的高校管理问题、招生问题、教育结构问题、研究生培养问题和学校后勤服务问题等提出了具体实施意见。

为了保证教育体制改革的顺利实施，党中央提出了进行教育改革的原则要求，强调，必须尊重教育工作的规律和特点，坚持实事求是，一切从实际出发；大政方针必须集中统一，具体办法应该灵活多样；决不可一哄而起，强制推行；改革既要坚决，又要谨慎，注意试验；涉及全局和广大范围的改革措施，要经上级批准。同时，教育体制改革要总结自身历史的和现实的经验，也要注意借鉴国外发展教育事业的正反两方面的经验，特别要关注新技术革命条件下发达国家发展教育方面的经验，要使中国的教育事业建立在当代世界文明成果的基础之上。为了进一步推动教育体制改革的进程，党和政府还采取了一系列具体措施。如 1986 年年初，党中央专门召开全国职称改革会议；同年 3 月，六届全国人大四次会议批准通过了《中华人民共和国义务教育法》；5 月，中共中央、国务院发出了《关于改进和加强出国留学人员工作若干问题的通知》；1987 年 5 月，中共中央作出了《关于改进和加强高等学校思想政治工作的决定》等。党的十二大尤其是中共中央作出教育体制改革决定以后，中国的教育体制进入全面改革的新阶段，教育事业呈现出前所未有的发展新局面。

（二）"教育要面向现代化、面向世界、面向未来"

邓小平始终十分关注我国的教育改革发展问题。1983 年 10 月，邓小平为北京景山学校题词："教育要面向现代化、面向世界、面向未来"，要求教育从现代化建设、当今世界的特点以及未来发展趋势出发，培养大批合格人才，使教育适应现代化、世界新潮流和未来发展需要的现状，为中国教育的改革发展指明了正确方向。

"教育要面向现代化",就是教育要适应、服务于社会主义现代化建设的需要。邓小平根据现代化—科技—教育的逻辑关系提出了教育要"面向现代化"的思想。早在 1977 年,邓小平就论述了这一逻辑关系:实现现代化,关键是科学技术要上去,抓科技必须抓教育。教育要"面向现代化",这是"三个面向"的基础,是全部教育改革工作的出发点和立足点。

"教育要面向世界",就是要向其他国家学习并吸取先进的科学技术和管理经验,吸取人类共同创造的优秀文明成果,特别是要吸收和借鉴世界各国教育发展和管理的成功经验,要有反映世界优秀文明成果以及当代科学技术文化新发展的教材、教学内容和教学方法。

"教育要面向未来",就是教育要有预见性,要以长远的、历史的战略眼光办好当前的教育,要从自身特点和社会主义现代化建设的长远目标出发,面向未来社会的发展和变化,尤其要面向未来科学技术和生产的发展,使今日的教育能够适应和满足未来社会发展的需要。

邓小平"三个面向"的思想是我国教育改革和发展的指导方针,冲破了保守狭隘的传统教育观念,使教育的改革和发展建立在科学理论的基础之上,对于从根本上改变我国教育事业的落后面貌,为社会主义现代化建设多出人才、快出人才、出好人才,对于发挥教育对我国改革开放和社会主义现代化建设的推动和支撑作用指明了方向。

第五节　社会主义精神文明建设理论的新发展

物质文明和精神文明,两手都要抓,两手都要硬。这是邓小平关于社会主义现代化建设的基本思路,是马克思主义的社会存在与社会意识辩证关系的具体运用。在我国改革开放和社会主义现代化建设的过程中,邓小平创造性地提出了关于社会主义精神文明建设的理论,集中体现在党的十二届六中全会通过的《中共中央关于社会主义精神文明建设指导方针的决议》和其他文献中。《决议》深刻阐述了社会主义精神文明建设的战略地位、根本任务和指导方针，丰富和发展了社会主义先进文化理论。

一、精神文明建设重要性凸显与《决议》诞生

党的十二大以后，随着改革开放和社会主义现代化建设的深入推进，社会主义精神文明建设也取得了重要进展。全党坚持解放思想、实事求是的思想路线，对社会主义的认识继续突破一系列僵化观念而提高到新水平；全国安定团结，民主法制逐步健全，广大干部和群众的积极性显著提高；群众性的精神文明创建活动广泛展开。积累了许多新鲜的经验；尊重知识、尊重人才的社会风尚开始树立，教育、科学、文化日趋繁荣；党的优良传统在发扬，党风和社会风气在好转，这是主流。同时，精神文明建设在许多方面同现代化建设、同改革开放的形势还不相适应，主要表现在：对精神文明建设的重要性还缺乏足够的认识，实际工作中指导方针的问题还没有完全解决，党内和社会上一些消极现象还需要很大的努力才能消除。只有全面估计精神文明建设的现状，充分认识加强精神文明建设的紧迫性和长期性，才能坚持不懈地把这方面工作抓上去，否则就会贻误全局。鉴于上述种种情况，党中央开始把制定精神文明建设的指导方针作为精神文明建设的重点，即从判定精神文明建设的指导方针入手，全面推进社会主义精神文明建设。

1984年10月通过的《中共中央关于经济体制改革的决定》，把精神文明建设同经济体制改革结合起来，要求在创立充满生机和活力的社会主义经济体制的同时，"要努力在全社会形成适应现代生产力发展和社会进步要求的，文明的、健康的、科学的生活方式，摒弃那些落后的、愚昧的、腐朽的东西；要努力在全社会振奋起积极的、向上的、进取的精神，克服那些安于现状、思想懒惰、惧怕变革、墨守陈规的习惯势力。这样的生活方式和精神状态，是社会主义精神文明建设的重要内容，是推进经济体制改革和物质文明建设的巨大力量"。① 这标志着党在社会主义精神文明建设问题上有了新认识、形成了新思路。

---

① 《十二大以来重要文献选编》（中），中央文献出版社2011年版，第70—71页。

1985 年 9 月，党中央召开全国代表会议，审议关于国民经济和社会发展的"七五"计划建议。会议从全面发挥社会主义制度优越性和保证社会主义事业正确发展方向的高度，突出强调了精神文明建设的意义，对忽视精神文明建设的现象提出了严肃的批评。邓小平在讲话中明确强调了在加强物质文明建设的同时，要进一步重视和加强精神文明建设。他认为，只有加强精神文明建设才能全面发挥社会主义的优越性："我们为社会主义奋斗，不但是因为社会主义有条件比资本主义更快地发展生产力，而且因为只有社会主义才能消除资本主义和其他剥削制度所必然产生的种种贪婪、腐败和不公正现象。"①

精神文明建设的发展实际，进一步要求从根本上解决社会主义精神文明建设的指导方针问题。为此，1986 年 9 月，中共中央召开十二届六中全会，这次会议根据党的十二大和全国代表会议的精神，回顾和讨论自党的十一届三中全会以来精神文明建设的成就和面临的问题，审议通过了《中共中央关于社会主义精神文明建设指导方针的决议》（以下简称《决议》），进一步从总体布局的高度深刻地论述了社会主义精神文明建设的战略地位、指导方针和根本任务。

二、社会主义精神文明的战略地位和指导方针

《决议》第一次明确提出了"我国社会主义现代化建设的总体布局"这一重要概念，成为今后长期沿用的一个重要概念，明确指出社会主义精神文明建设与物质文明建设一样，是社会主义现代化建设的基本组成部分，其战略地位非常重要："我国社会主义现代化建设的总体布局是：以经济建设为中心，坚定不移地进行经济体制改革，坚定不移地进行政治体制改革，坚定不移地加强精神文明建设，并且使这几个方面互相配合，互相促进。全党同志必须从这个总体布局的高度，正确认识社会主义精神文明建设的战略地位。"②这一精辟论述强调全党必须从社会主义现代化建设总体布局的高度，正确认识社会主义精神文明建设的战略地位。既体现了对我国社会主义现代化建设内在本质的唯物主义认识，又体现了从经济、政治、文化三个社会构成要素的全局把握的系统辩

---

① 《邓小平文选》第 3 卷，人民出版社 1993 年版，第 143 页。
② 《十二大以来重要文献选编》（下），中央文献出版社 2011 年版，第 121 页。

证观点，使社会主义的经济、政治、文化三大组成部分相互促进、相得益彰，实际上从社会主义现代化建设的经济建设、政治建设、文化建设"三位一体"总体布局的高度强调了精神文明建设的重要战略地位；既纠正了只注重经济建设而忽略思想文化建设的错误倾向，也防止诸如"文化大革命"等片面强调意识形态的错误重演，并且明确了社会主义精神文明建设与物质文明建设的关系。明确指出："以马克思主义为指导的社会主义精神文明是社会主义社会的重要特征。在社会主义时期，物质文明为精神文明的发展提供物质条件和实践经验，精神文明又为物质文明的发展提供精神动力和智力支持，为它的正确发展方向提供有力的思想保证。社会主义精神文明建设，是关系社会主义兴衰成败的大事。"①

《决议》在此基础上，明确提出了社会主义精神文明建设的指导方针："社会主义精神文明建设的战略地位，决定了它必须是推动社会主义现代化建设的精神文明建设，必须是促进全面改革和实行对外开放的精神文明建设，必须是坚持四项基本原则的精神文明建设。这就是社会主义精神文明建设的基本指导方针。"② 这三个"必须"构成一个统一整体，相互促进，缺一不可，客观反映着精神文明建设与党的基本理论和基本路线的一致性。

（一）社会主义精神文明建设必须推动和服务于社会主义现代化建设

从现阶段我国社会的主要矛盾来看，是否有利于发展社会主义社会的生产力应该成为执政党考虑一切问题的出发点和检验一切工作的根本标准。实践证明，精神文明建设必须围绕经济建设来进行，推动发展生产力这个社会主义根本任务的实现；否则，它就将失去自己应有的战略位置。正如邓小平早在 1980 年时所指出的："现代化建设的任务是多方面的，各个方面需要综合平衡，不能单打一。但是说到最后，还是要把经济建设当作中心。离开了经济建设这个中心，就有丧失物质基础的危险。其他一切任务都要服从这个中心，围绕这个中心，决不能干扰它，冲击它。过去二十多年，我们在这方面的教训太沉痛了。"③ 精神文明建设具有巨大的推动作用，能够为我国现代化建设提供智力支

---

① 《十二大以来重要文献选编》（下），中央文献出版社 2011 年版，第 121—122 页。
② 《十二大以来重要文献选编》（下），中央文献出版社 2011 年版，第 123 页。
③ 《邓小平文选》第 2 卷，人民出版社 1994 年版，第 250 页。

持和精神动力，并保证现代化建设的正确方向。具体说来，就是帮助人民群众树立共同的理想和信念、激发他们的主人翁责任感、发扬革命精神和自我牺牲精神，调动他们的积极性和创造精神，以旺盛的热情和干劲投身于社会主义现代化建设事业；就是积极发展教育、科学、文化事业，提高全民族的科学、文化水平，造就大批有理想、有道德、有文化、守纪律、掌握现代科学技术的劳动者，加快我国社会主义现代化建设的发展；就是坚决抵制各种消极和腐败现象的侵蚀，确保现代化建设的社会主义方向。

（二）社会主义精神文明建设必须促进全面改革和实行对外开放

改革是社会主义生产关系和上层建筑自我完善与发展的基本途径。"文化大革命"结束不久，面对国民经济处于崩溃边缘、党和国家政治生活处于不正常的状态，以邓小平同志为核心的党的第二代中央领导集体顺应党心、民意，提出了改革开放和社会主义现代化建设的历史性任务。历史实践证明，我国建立的旧体制有许多束缚生产力发展的东西；不改革，社会主义现代化就没有希望。改革是极其深刻的观念变革和体制变革，改革是实现现代化的必由之路。一切方面的工作都必须适应改革，配合改革，决不应该妨碍它，限制它。因此，精神文明建设也必须紧密配合改革的实践进行；要对人民进行坚持改革的教育，对于各个领域的改革事业给予积极的支持和引导；要努力研究和解决改革过程中出现的问题，对于人们思想上产生的疑惑要积极进行说服和解释工作，为改革创造有利的社会思想基础、有利的舆论支持和稳定的政治环境。对外开放是新时期党和国家确定的一项基本国策。为了实现社会主义现代化，必须面向世界、吸取世界范围内一切现代文明发展的积极成果，当然，对外开放不仅适用于物质文明建设，对于精神文明建设也具有重要的影响和作用。邓小平强调指出："我们要向资本主义发达国家学习先进的科学、技术、经营管理方法以及其他一切对我们有益的知识和文化，闭关自守、故步自封是愚蠢的。"[1]同时我们也必须克服对外开放带来的负面影响，"用法律和教育这两个手段来解决这个问题"，并认为"只要不放松，认真抓，就会有办法"。[2] 特别是对于西方文化思想的消极影响，对"属于文化领域的东西，一定要用马克思主义对它

---

[1] 《邓小平文选》第3卷，人民出版社1993年版，第44页。
[2] 《邓小平文选》第3卷，人民出版社1993年版，第156页。

们的思想内容和表现方法进行分析、鉴别和批判"①。

（三）社会主义精神文明建设必须坚持四项基本原则

邓小平在改革开放之初就强调，四项基本原则是我们的立国之本，决定着社会主义现代化建设的方向，也决定着精神文明建设的性质和方向。精神文明建设必须自觉维护这个根本。因此，精神文明建设就要坚持社会主义道路，宣传这条道路的正确性，宣传社会主义制度的优越性，宣传社会主义建设的光辉成就，坚定人们的社会主义信念；就要坚持人民民主专政，把社会主义民主建设与法制建设密切结合起来，相互促进，把教育和法治密切结合起来，搞好社会秩序，改善社会风气；就要坚持、加强和改善党的领导，通过一系列改革措施完善我国的经济、政治、教育、科学、文化等体制，进一步巩固党的领导地位；就要坚持马克思列宁主义、毛泽东思想，因为马克思列宁主义、毛泽东思想在精神文明建设中具有特殊重要作用："坚持以马列主义、毛泽东思想为指导，是我国社会主义现代化事业的根本，也是社会主义精神文明建设的根本。"② 马克思主义是社会主义意识形态的最重要的组成部分，对整个精神文明建设起着重大的指导作用，我们的理想建设、道德建设、文化建设、民主法制观念建设，都离不开马克思主义的指导，离不开马克思主义的理论建设。"对马克思主义的信仰，是中国革命胜利的一种精神动力。"③ 当然应该明确，"马克思主义理论从来不是教条，而是行动的指南。它要求人们根据它的基本原则和基本方法，不断结合变化着的实际，探索解决新问题的答案，从而也发展着马克思主义理论本身"④。这就要求我们运用马克思主义的基本原则和基本方法，创造性地解决新问题。要唯物辩证地看待马克思主义，发展马克思主义，要从经济、政治、文化、社会各方面，研究社会主义现代化建设和全面改革的新情况、新经验、新问题，探索建设具有中国特色的社会主义建设的规律；要注意研究当代世界的新变化，研究当代各种思潮，批判地吸取和概括各门科学发展的最新成果。只有坚持从实际出发，以实践作为检验真理的唯一标准，勇于突破那些已被实践证明是不正确的或不适合变化了的情况的判断和结论，而不是用僵

---

① 《邓小平文选》第 3 卷，人民出版社 1993 年版，第 44 页。
② 《十二大以来重要文献选编》（下），中央文献出版社 2011 年版，第 132 页。
③ 《邓小平文选》第 3 卷，人民出版社 1993 年版，第 63 页。
④ 《邓小平文选》第 3 卷，人民出版社 1993 年版，第 146 页。

化观念来裁判生活，马克思主义才能随着生活前进并指导生活前进。这既是坚持马克思主义，又是发展马克思主义，两者统一在革命、建设和改革的实践之中。《决议》强调："离开实践的观点，发展的观点，创造的观点，就谈不上坚持马克思主义。把马克思主义当作僵死的教条，是错误的；否定马克思主义的基本原则，认为马克思主义'过时'而盲目崇拜资产阶级某些哲学和社会学说，也是错误的。"①

三、社会主义精神文明建设的根本任务

《决定》明确了社会主义精神文明建设的根本任务是培养"四有公民"，提高整个中华民族的思想道德素质和科学文化素质，"社会主义精神文明建设的根本任务，是适应社会主义现代化建设的需要，培育有理想、有道德、有文化、有纪律的社会主义公民，提高整个中华民族的思想道德素质和科学文化素质"②。"有理想、有道德、有文化、有纪律"，简称"四有"。"四有"，是一个相互联系、相互制约、相互促进的辩证统一整体。其中，理想是精神支柱，道德是行为规范，文化是重要前提和基础，纪律是必要保证。四个方面都要落实到促进改革开放和社会主义现代化事业的不断发展，统一于建设中国特色社会主义的伟大实践。有理想、有道德、有纪律归结起来就是要提高人民的思想道德素质；有文化就是提高人民的科学文化素质。把培育"四有"新人、提高"两个素质"作为社会主义精神文明建设的根本任务，反映了我们党对社会主义现代化建设规律认识的深化。

《决定》指出，现阶段我国各族人民的共同理想就是建设有中国特色的社会主义，把我国建设成为高度文明、高度民主的社会主义现代化国家。到20世纪末，要使我国经济达到小康水平，到21世纪中叶，接近世界发达国家水平。这个共同理想，集中了我国工人、农民、知识分子和其他劳动者、爱国者的利益和愿望，是保证全体人民在政治上、道义上和精神上团结一致，克服任何困难，争取胜利的强大的精神武器。为了实现这个共同理想，一切有利于建

---

① 《十二大以来重要文献选编》（下），中央文献出版社2011年版，第133页。

② 《十二大以来重要文献选编》（下），中央文献出版社2011年版，第123页。

设"四化"、振兴中华、统一祖国的积极思想和精神，一切有利于民族团结、社会进步、人民幸福的积极思想和精神，一切用诚实劳动争取美好生活的积极思想和精神，都应当加以尊重、保护和发扬。这样，才能团结一切可能团结的力量来建设社会主义，使全体劳动者和爱国者，都紧密地团结起来，为实现共同理想而奋斗。党的最高理想是建立各尽所能、按需分配的共产主义社会，这是共产党人和先进分子的力量源泉和精神支柱。而建设有中国特色的社会主义，则是实现最高理想的必经阶段。对于共产党人来说，为建设有中国特色的社会主义而奋斗，也就是为党的最高理想而奋斗。中国特色社会主义共同理想与党的最高理想是统一的。

社会主义思想道德建设集中体现着文化建设的性质和方向，对社会政治经济的发展具有巨大的能动促进作用。在我国改革开放和社会主义现代化建设的整个过程中，思想道德建设的基本任务是：坚持爱国主义、集体主义、社会主义教育，加强社会公德、职业道德、家庭美德建设，引导人们树立建设有中国特色社会主义的共同理想和正确的世界观、人生观、价值观。我们现在建设和发展有中国特色的社会主义，最终目的是实现共产主义，应当在全社会认真提倡社会主义、共产主义思想道德，不断提高全民族的思想道德水平。道德是有阶级性的，同时，道德也有继承性的一面，即人类共同性的一面。社会主义道德是人类有史以来最进步的道德，就其内容来说，分为两个层次：一是反映社会主义性质要求的道德层次，即社会主义、共产主义道德；二是反映道德发展的共同性和继承性的道德层次，即社会公德、职业道德、家庭美德等。以为人民服务为核心、以集体主义为原则、以"五爱"为基本要求的社会主义道德，是党的性质和社会主义制度的体现。我们要努力实践社会主义道德的核心、原则和基本要求。

教育科学文化建设，作为社会主义精神文明建设的重要内容之一，是物质文明建设和精神文明建设的基本条件，它要解决的是提高整个民族的科学文化素质和为社会主义现代化建设提供智力支持的问题。教育发达、科学昌明、文化繁荣，既是物质文明建设的重要条件，也是提高人民群众思想道德水平的重要条件。教育是实现社会主义现代化的基础。教育担负着提高劳动者素质和培养专门人才的重要任务，是一个民族发展和振兴的最根本的事业。科学技术的现代化是实现社会主义现代化的关键。科学技术是第一生产力，是提高劳动生产率的决定性因素。文化的繁荣是社会主义现代化的重要内容。把我国建成富强、民主、文明的社会主义现代化国家，既包括经济的昌盛、政治的民主，也包括文化的繁荣。

纪律和民主、法制不可分。高度民主是社会主义的伟大目标之一，也是社会主义精神文明在国家和社会生活中的重要体现。社会主义法制，体现人民意志，保障人民合法权利和利益，调节人们之间的关系，制裁和打击各种危害社会的不法行为。只有大力加强以宪法为根本的社会主义法制，加强劳动纪律和工作纪律，同实际生活中种种压制和破坏民主的行为作斗争，才能推进并保证经济建设和全面改革的顺利发展，维护国家长治久安。加强社会主义民主和法制建设，根本问题是教育人。要从小学开始，在进行理想、道德、文明礼貌等教育的同时，进行民主、法制和纪律教育。在全体人民中坚持不懈地普及法律常识，增强社会主义公民意识，养成遵纪守法的良好习惯。公民都要遵守宪法，党员还要遵守党章。在法纪面前人人平等，绝不允许有任何超越法律和纪律的特殊人物，这应当成为我国政治和社会生活中不可动摇的准则。[1]

第六节　党的十三大报告与邓小平理论基本形成

1987 年 10 月召开的中国共产党第十三次全国代表大会对我国实行改革开放以来的实践经验和理论探索进行了理论总结，第一次比较系统地论述了社会主义初级阶段理论，明确提出了党在社会主义初级阶段建设中国特色社会主义的基本路线，第一次比较系统地论述了邓小平理论的十二个观点，为我国改革开放和社会主义现代化建设事业的长远发展提供了重要理论依据，大大推进了马克思主义中国化的历史进程，标志着邓小平理论的基本形成，具有重要理论意义和深远历史意义。

---

① 参见《十二大以来重要文献选编》（下），中央文献出版社 2011 年版，第 130 页。

一、社会主义初级阶段理论的形成和系统阐释

（一）关于社会主义发展阶段理论的探索

马克思恩格斯曾对未来新型社会的发展阶段提出过设想。在《哥达纲领批判》中，马克思将未来的共产主义按照成熟程度的不同，划分为共产主义第一阶段即社会主义阶段和共产主义的高级阶段。马克思的这一设想是在揭示资本主义的本质和发展趋势基础上得出的科学结论，是关于资本主义社会之后人类社会发展趋势的一般结论。列宁最早提到社会主义发展阶段问题。他对社会主义的发展阶段曾提出过"初级形式的社会主义"、"发达的社会主义"、"完备形式的社会主义"等概念。但是，列宁当时主要是回答俄国怎样过渡到社会主义的问题，还未来得及具体分析社会主义制度建立以后的发展阶段问题，因而对这一问题未作进一步的阐发。斯大林在 1936 年宣布苏联建立社会主义，1939 年认为苏联已进入完全社会主义并逐渐向共产主义过渡的阶段。第二次世界大战结束以后，经过一段时间的经济重建，1952 年苏联又宣布党的主要任务是从社会主义过渡到共产主义。这反映了斯大林把社会主义制度确立之日看成是向共产主义过渡之时的基本思想，而且他的这种思想影响到了后来的苏联领导人。苏联的这种脱离实际、高估自己发展水平与阶段的观点与做法，不仅给苏联本身，也给其他社会主义国家带来了十分消极的影响。

毛泽东曾正确地提出了我国社会主义发展的阶段问题。1956 年社会主义改造基本完成之后，毛泽东认为我国的社会主义制度还刚刚建立，还没有完全建成，需要一个继续巩固的过程。1957 年他又第一次提出了我国的社会主义社会已经进入、但尚未完成的思想。由于我国当时刚刚进入社会主义社会，没有足够的经验使我们能够对社会主义建设和社会主义社会的客观规律有清楚的认识，加之受苏联提出的赶超美国口号的影响，毛泽东思想上逐渐背离了实事求是的思想路线，社会主义发展阶段的正确思想没有能够坚持和得到进一步发展，对国情作了脱离实际的判断，产生了盲目乐观情绪。到了 1958 年，在"大跃进"和人民公社化运动中，全国刮起了"共产风"，产生了"共产主义的实现，已经不是什么遥远将来的事情了"和"跑步进入共产主义"的盲目乐观情绪，结果欲速则不达，遭受了严重的挫折。"大跃进"的失误，引起了毛泽东对社会主义发展阶段问题的再思考，1959 年底他在读

苏联《政治经济学教科书》时富有启发地提出："社会主义这个阶段，又可能分为两个阶段，第一个阶段是不发达的社会主义，第二个阶段是比较发达的社会主义。后一阶段可能比前一阶段需要更长的时间。""建设社会主义，原来要求是工业现代化，农业现代化，科学文化现代化，现在要加上国防现代化。在我们这样的国家，完成社会主义建设是一个艰巨任务，建成社会主义不要讲得过早了。"①但是，随着20世纪60年代党的指导思想方面"左"的倾向不断发展，进而把对社会主义理解为"从资本主义社会到共产主义社会的革命转变时期"，中断了探索我国社会主义发展阶段的正确道路。

党的十一届三中全会以后，全党开始了对中国国情的重新认识，力图解决从马克思到毛泽东都没有完全解决的疑难课题，即没有经历充分发展的资本主义阶段的社会主义国家，革命成功后经过"过渡时期"进入到的社会主义社会，该处于一种什么样的历史阶段。随着党的十一届三中全会重新确立了实事求是的思想路线，对社会主义发展阶段的认识逐渐客观、科学，主要经历了三次逐步深化的过程。第一次是1981年党的十一届六中全会通过的《中共中央关于建国以来党的若干历史问题的决议》。《决议》中使用的概念是"初级的阶段"，强调的是我们的社会主义制度由比较不完善到比较完善，必然要经历一个长久的过程。但也不能因为我国社会主义制度还处于初级的阶段，这一制度还不完善，在发展中经历过一些曲折，遭受到一些挫折而怀疑社会主义制度的优越性。第二次是1982年党的十二大报告，报告是在"努力建设高度的社会主义精神文明"这部分中提到初级阶段的，使用的概念是"初级发展阶段"。报告指出，我国的社会主义社会现在还处在初级发展阶段，物质文明还不发达。同党的十一届六中全会相比，党的十二大报告把初级阶段同物质文明还不发达相联系，这就为从生产力和生产关系的相互关系上展开分析社会主义初级阶段奠定了基础。第三次是1986年党的十二届六中全会通过的《中共中央关于社会主义精神文明建设指导方针的决议》。《决议》指出，我国还处在社会主义的初级阶段，不但必须实行按劳分配，发展社会主义的商品经济和竞争，而且在相当长历史时期内，还要在公有制为主体的前提下发展多种经济成分，在共同富裕的目标下鼓励一部分人先富起来。《决议》分析了社会主义初级阶段经济结构和精神文明的特点，明确提出了现阶段现代化建设的总体布局，标志着中国

① 《毛泽东文集》第8卷，人民出版社1999年版，第116页。

共产党已经自觉地把社会主义初级阶段作为考虑如何建设社会主义的根本依据。对社会主义发展阶段的认识越来越深入客观了。但是，在这三次会议上初级阶段理论都还没有作为关系全局的重大理论问题系统提出来。

在党的十三大召开前，我国的改革开放已经进行了十个年头，改革开放和社会主义现代化建设进入了一个重要时期，但是却存在"僵化思想"和资产阶级自由化两种倾向的干扰，迫切需要一个能够指导中国改革开放和社会主义现代化建设的基础理论，为党的十一届三中全会以来的路线、方针、政策提供一个坚实的理论依据。在筹备党的十三大过程中，邓小平对社会主义初级阶段理论进行了深入思考和纲领性阐述，对社会主义初级阶段理论的形成发挥了关键作用。1987 年 2 月 6 日，邓小平同中央负责同志谈话时提出："十三大报告要在理论上阐述什么是社会主义，讲清楚我们的改革是不是社会主义。"[1]1987年 3 月 21 日，在报给邓小平的《关于草拟十三大报告大纲的设想》中这样提出：十三大报告全篇拟以社会主义初级阶段作为立论的根据。十三大报告的起草工作准备循着这个思路加以展开，说明由此而来的经济建设的发展战略，由此而来的发展社会主义商品经济的任务和我国经济体制改革的方向，由此而来的建设社会主义民主政治的任务和我国政治体制改革的原则，由此而来的加强和改善党的领导的任务，由此而来的在理论和思想指导上避免"左"、右两种倾向的必要性。邓小平在当年 3 月 25 日对这个设想作了批示："这个设计好。"[2]

1987 年 4 月 26 日，邓小平在会见捷克斯洛伐克总理什特劳加尔时，围绕"社会主义必须摆脱贫穷"的主题，对中国社会主义的历史经验和现实状况进行了深刻分析，指出：中国社会主义建设最根本的一条经验教训，就是要弄清楚什么是社会主义和共产主义，怎样搞社会主义。"搞社会主义，一定要使生产力发达，贫穷不是社会主义。我们坚持社会主义，要建设对资本主义具有优越性的社会主义，首先必须摆脱贫穷。现在虽说我们也在搞社会主义，但事实上不够格。只有到了下世纪中叶，达到了中等发达国家的水平，才能说真的搞了社会主义，才能理直气壮地说社会主义优于资本主义。"[3]邓小平在这里说的"事实上不够格"，在于强调中国现在的社会主义是不成熟、不完善的社会主

①　《邓小平文选》第 3 卷，人民出版社 1993 年版，第 203 页。

②　中共中央文献研究室编：《邓小平年谱（一九七五———一九九七）》（下），中央文献出版社 2004 年版，第 1173—1174 页。

③　《邓小平文选》第 3 卷，人民出版社 1993 年版，第 225 页。

义。1987 年 8 月 29 日，邓小平在会见意大利共产党领导人时指出：今年十月我们党要召开十三大，十三大归根到底是改革开放的大会，"我们党的十三大要阐述中国社会主义是处在一个什么阶段，就是处在初级阶段，是初级阶段的社会主义。社会主义本身是共产主义的初级阶段，而我们中国又处在社会主义的初级阶段，就是不发达的阶段。一切都要从这个实际出发，根据这个实际来制订规划"[1]。党的十三大召开之前，邓小平对社会主义初级阶段的几次精辟论述，为社会主义初级阶段理论的形成奠定了理论基础，而改革开放十年来社会主义建设的巨大成就为社会主义初级阶段的提出奠定了丰富的实践基础。

（二）党的十三大报告对社会主义初级阶段理论的系统论述

1. 社会主义初级阶段的含义

党的十三大报告明确提出："我国正处在社会主义的初级阶段。这个论断，包括两层含义。第一，我国社会已经是社会主义社会。我们必须坚持而不能离开社会主义。第二，我国的社会主义社会还处在初级阶段。"[2]首先，我国已经是社会主义社会，已经建立起以生产资料公有制为基础的基本经济制度、劳动人民当家作主的人民民主专政制度，确立了马克思主义为指导的社会意识形态，社会主义制度已经显示出巨大生命力和优越性。所以，不能开历史的倒车，不能因为我国经济文化比较落后，就以此为借口搞资产阶级自由化，重新搞资本主义。其次，我国的社会主义社会的当前发展阶段是初级阶段，党的路线、方针、政策必须从这个实际出发，而不能超越这个阶段。在如何认识中国国情的问题上，必须坚持唯物辩证法：不承认半殖民地半封建中国可以不经过资本主义充分发展阶段而走上社会主义道路，是革命发展问题上的机械论，是右倾错误的重要认识论根源；以为在新民主主义革命胜利和社会主义革命胜利后，可以不经过生产力的巨大发展就可以越过社会主义初级阶段，是革命发展问题上的空想论，是"左"倾错误的重要认识论根源。社会主义初级阶段不是泛指任何国家进入社会主义都会经历的起始阶段，而是特指我国在生产力落后、商品经济不发达条件下建设社会主义必然要经历的特定阶段。我国从 20世纪 50 年代生产资料私有制的社会主义改造基本完成，到社会主义现代化的

---

[1] 《邓小平文选》第 3 卷，人民出版社 1993 年版，第 252 页。

[2] 《十三大以来重要文献选编》（上），中央文献出版社 2011 年版，第 8—9 页。

基本实现，至少需要上百年时间，都属于社会主义初级阶段。

2.社会主义初级阶段理论的历史和现实依据

我国社会主义初级阶段的产生是有复杂的历史和现实原因的。我国原来是一个半殖民地半封建的大国。从 19 世纪中叶以来的一百多年间，经过各派政治力量的反复较量，经过旧民主主义革命的多次失败和新民主主义革命的最终胜利，证明资本主义道路在中国走不通，唯一的出路是在中国共产党领导下推翻帝国主义、封建主义、官僚资本主义的反动统治，走上社会主义道路。但是，也正因为我们的社会主义是脱胎于半殖民地半封建社会，生产力水平远远落后于发达的资本主义国家，这就决定了我们必须经历一个很长的初级阶段，去实现别的许多国家在资本主义条件下实现的工业化和生产的商品化、社会化、现代化。经过三十多年来社会主义的发展，我国当前的基本国情是这样的：一方面，以生产资料公有制为基础的社会主义经济制度、人民民主专政的社会主义政治制度和马克思主义在意识形态领域中的指导地位已经确立，剥削制度和剥削阶级已经消灭，国家经济实力有了巨大增长，教育科学文化事业有了相当发展；另一方面，人口多，底子薄，人均国民生产总值仍居于世界后列。突出的现象是：十亿多人口，八亿在农村，基本上还是用手工工具搞饭吃；一部分现代化工业，同大量落后于现代水平几十年甚至上百年的工业，同时存在；一部分经济比较发达的地区，同广大不发达地区和贫困地区，同时存在；少量具有世界先进水平的科学技术，同普遍的科技水平不高，文盲半文盲还占人口近四分之一的状况，同时存在。生产力的落后，决定了在生产关系方面，发展社会主义公有制所必需的生产社会化程度还很低，商品经济和国内市场很不发达，自然经济和半自然经济占相当比重，社会主义经济制度还不成熟不完善；在上层建筑方面，建设高度社会主义民主政治所必需的一系列经济文化条件很不充分，封建主义、资本主义腐朽思想和小生产习惯势力在社会上还有广泛影响，并且经常侵袭党的干部和国家公务员队伍。这种状况说明，我们今天仍然远没有超出社会主义初级阶段。

从社会主义理论和社会主义实践的角度看，在中国这样落后的东方大国中建设社会主义，是马克思主义发展史上的新课题。我们面对的情况，既不是马克思主义创始人设想的在资本主义高度发展的基础上建设社会主义，也不完全相同于其他社会主义国家。照搬书本不行，照搬外国也不行，必须从国情出发，把马克思主义基本原理同中国具体实际结合起来，在实践中开辟有中国特色的社会主义道路。在这个问题上，我们党作过有益探索，取得过重要成就，也经历过多次曲折，付出了巨大代价。从 20 世纪 50 年代后期开始，由于"左"倾错误的影响，我们曾经急于求成，盲目求纯，以为单凭主观愿望，依靠群众运动，就可以使生产力急剧提高，以为社会主义所有制形式越大越公越好。我们还曾经长期把发展生产力的任务推到次要地位，在社会主义改造基本完成后还"以阶级斗争为纲"。许多束缚生产力发展的并不具有社会主义本质属性的东西，或者只适合于某种特殊历史条件的东西，被当作"社会主义原则"加以固守；许多在社会主义条件下有利于生产力发展和生产商品化、社会化、现代化的东西，被当作"资本主义复辟"加以反对。由此而形成的过分单一的所有制结构和僵化的经济体制，以及同这种经济体制相联系的权力过分集中的政治体制，严重束缚了生产力和社会主义商品经济的发展。这种情况教育我们，清醒地认识基本国情，认识我国社会主义所处的历史阶段，是极端重要的问题。

3. 社会主义初级阶段的主要矛盾、基本特征和基本方针

党的十三大报告明确指出，我国在社会主义初级阶段所面临的主要矛盾，是人民日益增长的物质文化需要同落后的社会生产之间的矛盾。阶级斗争在一定范围内还会长期存在，但已经不是主要矛盾。为了解决现阶段的主要矛盾，就必须大力发展商品经济，提高劳动生产率，逐步实现工业、农业、国防和科学技术的现代化，并且为此而改革生产关系和上层建筑中不适应生产力发展的部分。我国社会主义初级阶段的基本特征，是逐步摆脱贫穷、摆脱落后的阶段；是由农业人口占多数的手工劳动为基础的农业国，逐步变为非农业人口占多数的现代化的工业国的阶段；是由自然经济半自然经济占很大比重，变为商品经济高度发达的阶段；是通过改革和探索，建立和发展充满活力的社会主义经济、政治、文化体制的阶段；是全民奋起、艰苦创业、实现中华民族伟大复兴的阶段。

立足于社会主义初级阶段的基本国情，总结改革开放十个年头的成功经验，党的十三大报告还提出了在社会主义初级阶段我们必须坚持的基本方针。

第一，必须集中力量进行现代化建设。社会主义社会的根本任务是发展生产力。在初级阶段，为了摆脱贫穷和落后，尤其要把发展生产力作为全部工作的中心。是否有利于发展生产力，应当成为我们考虑一切问题的出发点和检验一切工作的根本标准。必须始终不渝地发扬艰苦奋斗精神，勤俭建国，勤俭办一切事业。

第二，必须坚持全面改革。社会主义是在改革中前进的社会。在初级阶段，特别在当前时期，由于长期形成的僵化体制严重束缚着生产力的发展，改革更成为迫切的历史要求。改革是社会主义生产关系和上层建筑的自我完善，是推进一切工作的动力。

第三，必须坚持对外开放。当代国际经济关系越来越密切，任何国家都不可能在封闭状态下求得发展。在落后基础上建设社会主义，尤其要发展对外经济技术交流和合作，努力吸收世界文明成果，逐步缩小同发达国家的差距。闭关自守只能越来越落后。

第四，必须以公有制为主体，大力发展有计划的商品经济。商品经济的充分发展，是社会经济发展不可逾越的阶段，是实现生产社会化、现代化的必不可少的基本条件。在所有制和分配上，社会主义社会并不要求纯而又纯，绝对平均。在初级阶段，尤其要在以公有制为主体的前提下发展多种经济成分，在以按劳分配为主体的前提下实行多种分配方式，在共同富裕的目标下鼓励一部分人通过诚实劳动和合法经营先富起来。

第五，必须以安定团结为前提，努力建设民主政治。社会主义应当有高度的民主，完备的法制和安定的社会环境。在初级阶段，不安定因素甚多，维护安定团结尤为重要。必须正确处理人民内部矛盾。人民民主专政不能削弱。社会主义民主政治的建设，既因为封建专制主义影响很深而具有特殊的迫切性，又因为受到历史的社会的条件限制，只能有秩序有步骤地进行。

第六，必须以马克思主义为指导，努力建设精神文明。要根据党的十二届六中全会关于精神文明建设的决议，按照"有理想、有道德、有文化、有纪律"的要求，提高整个民族的思想道德素质和科学文化素质。我们的现代化建设和改革开放，对社会主义精神文明建设是巨大的促进，同时也对它提出了很高的要求。要努力形成有利于现代化建设和改革开放的理论指导、舆论力量、价值观念、文化条件和社会环境，克服小生产的狭隘眼界和保守习气，抵制封建主义和资本主义的腐朽思想，振奋起全国各族人民献身于现代化事业的巨大热情和创造精神。

4. 社会主义初级阶段理论的重要理论价值和实践意义

党的十三大报告对社会主义初级阶段理论的系统阐述，具有特别重要的理论意义和现实意义，"正确认识我国社会现在所处的历史阶段，是建设有中国特色的社会主义的首要问题，是我们制定和执行正确的路线和政策的根本依据。"① 这既是坚持解放思想、实事求是思想路线所取得的重大理论突破，又是指导我们实事求是进行社会主义现代化建设、防止出现"左"与右的错误的重要理论武器。

第一，社会主义初级阶段理论，丰富和发展了马克思主义的科学社会主义理论。以邓小平同志为主要代表的中国共产党人依据马克思主义基本原理，认真分析了我国基本国情，科学总结了正反两方面的历史经验，作出了我国正处于社会主义初级阶段的科学论断，回答了建设有中国特色社会主义的一系列重要问题，从而使马克思主义关于未来社会发展阶段理论达到了一个新水平，拓展和深化了科学社会主义理论。

第二，社会主义初级阶段理论，是我国制定路线、方针、政策，确定战略目标和战略步骤的根本依据。社会主义初级阶段理论，不仅是中国国情再认识的理论成果，而且是社会主义再认识的理论成果。要讲清楚"什么是社会主义，怎样建设社会主义"，就必须讲清楚什么是初级阶段的社会主义，在初级阶段怎样建设社会主义。党的十一届三中全会以前，我们在社会主义建设中出现的种种失误的根本原因之一，就在于提出的一些任务和政策超越了社会主义初级阶段。改革开放和社会主义现代化建设取得成功的根本原因之一，就在于一切从社会主义初级阶段出发，制定了正确的路线、方针、政策以及发展战略。

第三，社会主义初级阶段理论，是克服超越阶段的错误观念和抵制抛弃社会主义基本制度错误主张的锐利武器。从中国正处于并将长期处于社会主义初级阶段的实际出发，一方面，必须坚持社会主义制度，反对回头走资本主义道路；另一方面，必须反对教条式地照搬社会主义成熟阶段的一些特征和原则，任何超越初级阶段实际的认识和做法都是错误的，因为，这些都会给社会主义事业带来损害。对"社会主义初级阶段"八个字必须统一起来认识和把握。

第四，社会主义初级阶段理论，有助于我们科学认识和把握种种矛盾和问题，澄清种种疑惑，正确认识和执行党的路线、方针和政策。当前，必须更进一步强调我国正处于社会主义初级阶段。因为面对改革攻坚和开创新局面的任务，对以社会主义初级阶段为立论基础的理论、路线和政策保持清醒、正确的认识，关键还在于对中国所处社会主义初级阶段的基本国情要有统一的认识和准确的把握。这样方能深刻理解党和国家提出的重大决策，方能正确对待改革

---

① 《十三大以来重要文献选编》（上），中央文献出版社 2011 年版，第 8 页。

中出现的新情况、新问题。

二、社会主义初级阶段基本路线的系统阐发

（一）社会主义初级阶段基本路线的提出过程

党的基本路线或总路线，是党在一定历史时期制定的行动总纲领，是总揽全局的根本指导方针，是党制定各项具体方针政策的依据，是全党统一思想、统一行动的指针。

在中国共产党的历史上，多次提出过总路线或基本路线。比如，在我国民主革命时期，在把马克思主义同中国实际相结合的过程中，中国共产党人深刻认识到中国处于半殖民地半封建社会这个基本国情，在此基础上提出了新民主主义革命时期的总路线："无产阶级领导的、人民大众的、反对帝国主义、封建主义和官僚资本主义的革命。"在这条总路线的指引下，党领导人民取得了新民主主义革命的伟大胜利。又如，在新中国成立后，1953 年提出了从新民主主义到社会主义过渡时期的总路线：在一个相当长的时期内，逐步实现国家的社会主义工业化，并逐步实现国家对农业、手工业和资本主义工商业的社会主义改造。尽管后来在执行过程中出现一些偏差，但总的来说，还是取得了社会主义改造的成功，建立了社会主义基本制度。再比如，在 1958 年提出了社会主义建设的总路线：鼓足干劲、力争上游、多快好省地建设社会主义。这条总路线，虽然反映了广大人民群众迫切要求改变我国贫穷落后面貌的强烈愿望，但是脱离实际，超越了历史阶段，结果导致了"大跃进"和"共产风"的严重失误。事实说明我党制定的总路线或基本路线，是否从实际出发，是否以国情为基本依据，事关国家的前途命运，影响重大而深远。① 在党的十三大上，中国共产党在深刻总结历史经验的基础上，在深刻认识现实国情的基础上，制定了一条社会主义初级阶段的正确路线，这对我国社会主义现代化建设事业的成功具有决定性意义。这条正确路线来之不易。

当我国社会主义改造完成之后，1956 年党的八大就已经提出，我国社会

---

① 参见庄福龄、张新主编：《马克思主义中国化研究》第二卷，人民出版社 2009 年版，第 51—52 页。

主义改造已经取得决定性胜利,我们国内主要矛盾,"已经是人民对于经济文化迅速发展的需要同当前经济文化不能满足人民需要的状况之间的矛盾","党和全国人民当前的主要任务,就是要集中力量来解决这个主要矛盾,把我国尽快从落后的农业国变为先进的工业国"。但是,后来在党内"左"倾思想的指导下,逐渐背离了党的八大关于主要矛盾的正确认识,作出了阶级斗争是我国社会主要矛盾的错误判断,提出了"以阶级斗争为纲",制定了无产阶级专政下继续革命的错误理论。

1978年12月党的十一届三中全会召开之后,我国在实践中经过长期积极探索,逐渐形成了党在社会主义初级阶段的基本路线。党的十一届三中全会认真总结了历史经验教训,毅然抛弃"以阶级斗争为纲"这个不适用社会主义社会的"左"倾错误方针,把党和国家工作中心转移到经济建设上来,旗帜鲜明地强调必须坚持四项基本原则,为社会主义初级阶段基本路线的形成奠定了思想基础。1980年2月29日,邓小平在党的十一届五中全会上的讲话中说,我们从党的十一大以来,特别是经过三中全会、四中全会,逐步确定了现阶段党的政治路线,"我们党在现阶段的政治路线,概括地说,就是一心一意地搞四个现代化"。① 党的十一届五中全会通过的《关于党内政治生活的若干准则》中,根据邓小平的讲话,对新时期党的政治路线第一次作出概括。《准则》指出党的政治路线的基本内容是:团结全国各族人民,调动一切积极因素,同心同德,鼓足干劲,力争上游,多快好省地建设现代化的社会主义强国。1981年6月,党的十一届六中全会通过的《中共中央关于建国以来党的若干历史问题的决议》指出:"我们党在新的历史时期的奋斗目标,就是要把我们的国家,逐步建设成为具有现代农业、现代工业、现代国防和现代科学技术的,具有高度民主和高度文明的社会主义强国。"② 1982年9月,邓小平在党的十二大开幕词中明确提出了"建设有中国特色的社会主义"这一重大命题。党的十二大报告指出:"中国共产党在新的历史时期的总任务是:团结全国各族人民,自力更生,艰苦奋斗,逐步实现工业、农业、国防和科学技术现代化,把我国建设成为高度文明、高度民主的社会主义国家。"③ 这是党的基本路线形成过程中的一个重要阶段。

---

① 《邓小平文选》第2卷,人民出版社1994年版,第276页。

② 《十一届三中全会以来重要文献选读》上册,人民出版社1987年版,第343页。

③ 《十二大以来重要文献选编》(上),人民出版社2011年版,第11页。

　　1985 年 8 月，邓小平开始把"一个中心、两个基本点"联系在一起进行阐述。8 月 28 日邓小平在会见外宾时指出："我们拨乱反正，就是要在坚持四项基本原则的基础上发展生产力。为了发展生产力，必须对我国的经济体制进行改革，实行对外开放的政策。"①1987 年 1 月 28 日《中共中央关于当前反对资产阶级自由化若干问题的通知》明确指出："全党同志必须清楚地意识到，党的十一届三中全会以来的路线有两个基本点：一是坚持四项基本原则，一是坚持改革、开放、搞活。两者互相联系，缺一不可。"②1987 年 4 月 30 日，邓小平在会见外宾时强调说："一九七八年底我们党的十一届三中全会，非常严肃和认真地总结了建国后的近三十年的经验。在这个基础上，我们提出了现在的一系列政策，主要是改革和开放，对内开放和对外开放；提出了我们的根本路线，就是把工作重点转到建设上来，不受任何干扰，一心一意、坚定不移地搞社会主义现代化建设。"③同年 7 月 4 日，邓小平在另一次会见外宾的谈话中又说："搞社会主义现代化建设是基本路线。要搞现代化建设使中国兴旺发达起来，第一，必须实行改革、开放政策；第二，必须坚持四项基本原则，主要是坚持党的领导，坚持社会主义道路，反对资产阶级自由化，反对走资本主义道路。这两个基本点是相互依存的。"④这意味着，社会主义初级阶段基本路线的主题内涵已经基本具备了。在此基础上，党的十三大报告对社会主义初级阶段的基本路线作了明确阐述。

　　（二）社会主义初级阶段基本路线的基本内容

　　1987 年 10 月，党的十三大报告对社会主义初级阶段的基本路线作了如下精辟概括："在社会主义初级阶段，我们党的建设有中国特色的社会主义的基本路线是：领导和团结全国各族人民，以经济建设为中心，坚持四项基本原则，坚持改革开放，自力更生，艰苦创业，为把我国建设成为富强、民主、文明的社会主义现代化国家而奋斗。"⑤"一个中心、两个基本点"是它的基本内容和简明概括。至此，党在社会主义初级阶段的基本路线完全形成。基本路线

---

①　《邓小平文选》第 3 卷，人民出版社 1993 年版，第 138 页。

②　《十一届三中全会以来重要文献选读》下册，人民出版社 1987 年版，第 1213 页。

③　《邓小平文选》第 3 卷，人民出版社 1993 年版，第 228 页。

④　《邓小平文选》第 3 卷，人民出版社 1993 年版，第 248 页。

⑤　《十三大以来重要文献选编》（上），中央文献出版社 2011 年版，第 13 页。

的主要内容包括五个要点：

第一，坚持以经济建设为中心。经济建设处于中心地位，党和国家的其他各项工作都必须服从和服务于这个中心，不能颠倒主次关系，不能干扰它、冲击它。社会主义阶段的根本任务是发展生产力。在社会主义初级阶段，生产力不发达的状况尤其突出，这是我国最基本的国情。坚持以经济建设为中心，大力解放和发展生产力，提高人民群众的物质文化生活水平，是全国人民的迫切要求和最大愿望。党在十一届三中全会以前，最大的失误就是忽视了发展生产力，没有把经济建设放在一切工作的首位，而是"以阶级斗争为纲"，吸取这一教训，就要横下心来，坚持以经济建设为中心毫不动摇。离开了经济建设这个中心，就有丧失物质基础的危险。

第二，坚持"两个基本点"。坚持四项基本原则，坚持改革开放，是党的基本路线的"两个基本点"。这两个基本点，相互贯通、相互依存，统一于建设有中国特色社会主义的实践，共同服务于经济建设这个中心。坚持四项基本原则是立国之本，它规定了我国走什么样的道路，实行什么样的经济和政治制度，由谁来领导和以什么作为指导思想等一系列最根本最重大的原则问题，决定着国家的性质和发展方向，关系着全国各族人民的利益和命运。坚持四项基本原则，是我们社会主义事业健康发展的根本前提和根本保障。坚持改革开放，是党的十一届三中全会以来党的路线、方针、政策的最重要内容之一，是强国之路，它赋予四项基本原则以新的时代内容。不能以僵化的观点看待四项基本原则，否则就会怀疑甚至否定改革开放；也不能以自由化的观点看待四项基本原则，否则就会离开社会主义的正确轨道。在社会主义初级阶段，在尚未摆脱不发达状态之前，否定社会主义制度、主张资本主义制度的资产阶级自由化思想将长期存在。如果思想僵化，不改革开放，就不能更好地显示社会主义制度的优越性和增强社会主义吸引力，也就会在实际上助长资产阶级自由化思想的滋长和蔓延。排除僵化和自由化这两种错误思想的干扰和影响，将贯穿社会主义初级阶段的全过程。

第三，坚持三项奋斗目标。建设富强、民主、文明的社会主义现代化国家，这是基本路线规定的党在社会主义初级阶段的奋斗目标，体现了社会主义社会的经济、政治和文化全面发展的要求。"富强"是社会经济领域的目标和要求；"民主"是社会政治领域的目标和要求；"文明"是社会思想文化领域的目标和要求。如果把广义的文明理解为人类物质文明和精神文明成果的总体进步，理解为社会进步和发展状况的标志，那么富强、民主、文明的奋斗目标就可以表现为物质文明、政治文明和精神文明建设的统一。

第四，坚持领导力量和依靠力量。实现现代化目标的领导力量是中国共产党，依靠力量是全国各族人民。有了这两者的结合，我们的社会主义现代化就有了胜利的主体力量。

第五，坚持自力更生，艰苦创业。它规定了实现社会主义现代化的基本方针。把这一方针包含在基本路线中，不仅体现了社会主义初级阶段的客观需要，也是我们十几亿人口的大国实现现代化的必然要求，这是进行社会主义现代化建设必须具有的精神状态。

（三）社会主义初级阶段基本路线提出的重要意义

建设中国特色社会主义必须从我国的实际出发，从我国正处于并将长期处于社会主义初级阶段这一最大的实际出发，而不能从主观愿望出发，不能从这样那样的外国模式出发，不能从对马克思主义著作中个别论断的教条式理解和附加到马克思主义名义下的某些错误观点出发。党的十一届三中全会前我们在建设社会主义过程中出现种种失误的根本原因之一，就在于提出的一些目标、任务和政策超越了社会主义初级阶段的基本国情。我国改革开放和社会主义现代化建设取得巨大成就的根本原因之一，就在于始终从社会主义初级阶段的实际出发脚踏实地地建设具有中国特色的社会主义，就在于制定的路线、方针、政策合乎社会主义初级阶段的实际，既克服了那些超越阶段的错误观点和政策，又抵制了抛弃社会主义基本制度的错误主张。

党的十三大报告提出社会主义初级阶段的基本路线具有重大的理论和实践意义。它是马克思主义关于社会主义发展阶段的新论断，是党制定和执行正确路线、方针、政策的基本依据。历史经验证明，在坚持社会主义的问题上，只讲性质和方向，不讲程度和水平；或者只讲程度和水平，不讲性质和方向，都会使人们陷入盲目、不清醒的状态，从而发生"左"或右的错误，使社会主义事业遭受严重挫折和损失。坚持社会主义初级阶段的基本路线是全面坚持中国特色社会主义的战略需要。对社会主义初级阶段基本内涵和过程性特征的深刻认识和精辟阐述，能够使我们更深刻地理解和掌握党在新时期新阶段的基本理论、路线、纲领、方针和政策的科学性和正确性，能够使党和人民始终保持清醒头脑，从而坚定、自觉地把中国特色社会主义事业不断推向前进。

三、我国社会主义现代化建设"三步走"战略目标的确立

发展战略是一个国家在较长时期内，为了保证实现战略目标而制定的发展规划和战略步骤。邓小平在改革开放的过程中，积极探索并逐步形成了实现我国社会主义现代化的"三步走"发展战略，为我国改革开放和社会主义现代化建设制定了长远目标、中期目标、近期目标和实施步骤，具有重要现实意义和深远历史意义。

（一）"三步走"战略目标的探索和提出过程

根据时代要求和人民需要制定和实施能够吸引广大人民群众积极参与的奋斗目标，是中国共产党的一门重要领导艺术，是中国共产党治国理政的一条重要经验，也是我国社会主义制度能够超前规划、集中力量办大事这一优越性的重要体现。中国共产党很早就把实现中国现代化作为重要目标提了出来。实现社会主义现代化是中国共产党人和中国人民梦寐以求的夙愿。新中国成立前夕，党的七届二中全会就提出了把我国由农业国变为工业国，实现国家现代化的构想。新中国成立以后，以毛泽东同志为核心的党的第一代中央领导集体提出，在20世纪内分两步走把我国建设成为"四个现代化"的社会主义国家的构想，并设想用100年时间赶上和超过世界上最先进的资本主义国家。1954年召开的第一届全国人民代表大会，第一次明确提出要实现工业、农业、交通运输业和国防四个现代化的任务，1956年又把这一任务列入党的八大所通过的党章中。经过多年的实践，在逐步提高了对科学技术在发展国民经济、实现现代化中的地位和作用的认识以后，1964年周恩来在三届全国人大一次会议的《政府工作报告》中第一次宣布："从第三个五年计划开始，我国的国民经济发展，可以按两步来考虑：第一步，建立一个独立的比较完整的工业体系和国民经济体系；第二步，全面实现农业、工业、国防和科学技术的现代化，使我国经济走在世界的前列。"[1] 并把它作为在20世纪内奋斗的目标。1975年，当人们对"文化大革命"中在阶级斗争名义下人为制造的无休无止的争斗十分不满、对中国的前途感到渺茫的时候，周恩来在四届全国人大一次会议的《政府工

---

[1] 《周恩来选集》下卷，人民出版社1984年版，第439页。

作报告》中重申了这一目标，极大地振奋了全国人民的精神，鼓舞了人民的斗志。但由于对我国社会主义社会所处的历史阶段、主要矛盾和根本任务等重大问题缺乏始终一贯的科学认识，使党的十一届三中全会前我国社会主义现代化建设经历了曲折的过程。

党的十一届三中全会以后，邓小平开始反思如何从我国具体国情出发实现四个现代化的进程问题。这时距 20 世纪末只剩 20 余年时间。邓小平在此期间访问了美国、日本，加深了对现代化的认识。他提出，实事求是问题涉及四个现代化。1979 年 3 月，他在党的理论工作务虚会上的讲话中强调指出："现在搞建设，也要适合中国情况，走出一条中国式的现代化道路。"[①]"中国式的现代化，必须从中国的特点出发。"[②] 邓小平关于"中国式的现代化"的新说法，意味着他已经开始思考 20 世纪末中国的现代化究竟可能达到什么水平的问题。同年 10 月，他在谈到实现现代化时第一次明确提出要修改原来关于现代化的具体目标。他说："我们开了大口，本世纪末实现四个现代化。后来改了个口，叫中国式的现代化，就是把标准放低一点。特别是国民生产总值，按人口平均来说不会很高。"[③] 同年 12 月，他第一次使用了"小康"的概念。1980 年 1 月，他把到 20 世纪末的 20 年分为两个 10 年，初步提出分"两步走"达到"小康水平"的战略构想。这个战略构想，后来在五届全国人大四次会议和党的十二大报告中得到肯定。党的十二大正式提出分两步走，到 20 世纪末在不断提高经济效益的前提下，工农业总产值翻两番，实现小康社会的经济发展战略，并确定了我国经济建设的战略目标、战略重点、战略步骤和一系列正确方针。到 20 世纪末，人民生活总体上达到小康水平以后，再往前发展的战略目标是什么？在党的十二大召开前夕，邓小平曾指出，如果能实现小康社会的目标，我们就取得了一个新的起点，再花 30 年到 50 年时间，接近发达国家的水平。我们不是说赶上，更不是说超过，而是接近。1987 年 2 月，邓小平更切合实际地把接近发达国家水平改为，到 21 世纪中叶我们建成中等发达水平的社会主义国家。1987 年 4 月，他在会见西班牙客人时，第一次使用"第一步"、"第二步"、"第三步"这样的提法，明确了分三步走、基本实现社会主义现代化的发展战略。

---

① 《邓小平文选》第 2 卷，人民出版社 1994 年版，第 163 页。

② 《邓小平文选》第 2 卷，人民出版社 1994 年版，第 164 页。

③ 《邓小平文选》第 2 卷，人民出版社 1994 年版，第 194 页。

（二）"三步走"战略目标的基本内容和重要影响

在邓小平长期探索基础上，1987年10月党的十三大报告中正式提出了"三步走"发展战略："党的十一届三中全会以后，我国经济建设的战略部署大体分三步走。第一步，实现国民生产总值比一九八〇年翻一番，解决人民的温饱问题。这个任务已经基本实现。第二步，到本世纪末，使国民生产总值再增长一倍，人民生活达到小康水平。第三步，到下个世纪中叶，人均国民生产总值达到中等发达国家水平，人民生活比较富裕，基本实现现代化。"[1]"三步走"发展战略明确指出：第一步，从1981年到1990年，实现国民生产总值翻一番，解决人民的温饱问题；第二步，从1991年到2000年，实现国民生产总值再翻一番，人民生活达到小康水平；第三步，从2001年到21世纪中叶，人均国民生产总值达到中等发达国家水平，基本实现现代化。

鉴于第一步战略目标已经基本完成，党的十三大报告着重展望了第二步战略目标完成后国家将发生的巨大变化：实现了第二步任务，我国现代化建设将取得新的巨大进展；社会经济效益、劳动生产率和产品质量明显提高，国民生产总值和主要工农业产品产量大幅度增长，人均国民生产总值在世界上所占位次明显上升。工业主要领域在技术方面大体接近经济发达国家20世纪70年代或80年代初的水平，农业和其他产业部门的技术水平也将有较大提高。城镇和绝大部分农村普及初中教育，大城市基本普及高中和相当于高中的职业技术教育。人民群众将能过上比较殷实的小康生活。在我们这样一个人口众多而又基础落后的国家，人民普遍丰衣足食，安居乐业，无疑是一项宏伟壮丽而又十分艰巨的事业。[2]

"三步走"发展战略，把我国社会主义现代化建设的奋斗目标具体化为切实可行的步骤，展现了美好的前景，统一了全党和全国人民的意志，成为全国人民为共同理想而努力奋斗的行动纲领，意义重大。我国经济发展战略目标的实现，将雄辩地向世人证明中国社会主义是成功的，社会主义是优越的。从"两步走"到"三步走"发展战略的确定，突出地体现了中国共产党对我国国情认识的深化，体现了党的十一届三中全会以来中国共产党人一切从实际出

---

① 《十三大以来重要文献选编》（上），中央文献出版社2011年版，第14页。

② 《十三大以来重要文献选编》（上），中央文献出版社2011年版，第15页。

发、实事求是、坚持在实践中检验真理和发展真理的优秀品格。我国"三步走"的社会主义现代化发展战略，是党的第二代中央领导集体参考了国外现代化发展历史经验，总结我国现代化建设历史经验的基础上提出的，是对我国国情和时代特征的深刻把握，是对我国社会主义现代化建设客观规律的正确反映。这一发展战略从社会主义初级阶段实际出发，坚持了雄心壮志与实事求是的统一；把经济发展和提高人民生活水平结合起来，坚持了经济发展和实现社会主义本质要求的统一；明确提出了把我国建设成为富强、民主、文明的社会主义现代化国家，坚持了经济与社会的全面协调发展，是今后长期指导全党和全国人民建设中国特色社会主义的行动纲领。

四、邓小平理论的基本形成

邓小平1982年在党的十二大开幕词中首次明确提出了"建设有中国特色的社会主义"这一重大命题，经过五年的丰富实践，1987年党的十三大报告对十一届三中全会以来我们党在对社会主义再认识过程中，在哲学、政治经济学和科学社会主义等方面的发展创新观点作了比较全面的概括和总结，主要包括十二个方面内容：关于解放思想，实事求是，以实践作为检验真理的唯一标准的观点；关于建设社会主义必须根据本国国情，走自己的路的观点；关于在经济文化落后的条件下，建设社会主义必须有一个很长的初级阶段的观点；关于社会主义社会的根本任务是发展生产力，集中力量实现现代化的观点；关于社会主义经济是有计划商品经济的观点；关于改革是社会主义社会发展的重要动力，对外开放是实现社会主义现代化的必要条件的观点；关于社会主义民主政治和社会主义精神文明是社会主义重要特征的观点；关于坚持四项基本原则同坚持改革开放的总方针这两个基本点相互结合、缺一不可的观点；关于用"一个国家、两种制度"来实现国家统一的观点；关于执政党的党风关系到党的生死存亡的观点；关于按照独立自主、完全平等、互相尊重、互不干涉内部事务的原则，发展同外国共产党和其他政党的关系的观点；关于和平与发展是当代世界的主题的观点。这些观点，构成了建设有中国特色社会主义理论的基本框架，初步回答了我国社会主义建设的阶段、任务、动力、条件、布局和国际环境等基本问题，规划了我国社会主义现代化建设的轨道路线和方针政策。① 标志着邓小平理论的基本形成。关于我国社会主义建设的阶段、任务、动力、条件、布局和国际环境等基本问题的观点分述如下。

关于我国社会主义建设的阶段。我国的社会主义还处在初级阶段，它包括两个方面的含义：第一，我国社会已经是社会主义社会，我们必须坚持而不能离开社会主义。第二，我国的社会主义社会还处在初级阶段，是特指我国在生产力落后、商品经济不发达条件下建设社会主义必然要经历的特定阶段。我们必须从这个实际出发，而不能超越这个阶段。

关于我国社会主义建设的任务。社会主义的根本任务是发展生产力，这既是历史唯物主义的必然要求，也是依据我国基本国情得出的必然结论。马克思主义的历史唯物主义认为，生产力是一切社会发展的最终决定力量。生产关系和上层建筑只有适应生产力的状况，才能促进生产力的发展。社会主义社会的产生，社会主义从一个阶段到另一个阶段的推进，以至共产主义的实现，都离不开生产力的发展。早在革命战争时期，毛泽东就明确指出："中国一切政党的政策及其实践在中国人民中所表现的作用的好坏、大小，归根到底，看它对于中国人民的生产力的发展是否有帮助及其帮助之大小，看它是束缚生产力的，还是解放生产力的。"② 随着社会主义制度的建立，剥削阶级已经消灭，劳动人民已经当家作主，我们已经进入社会主义建设时期，发展生产力已经成为直接的中心任务。国家的富强，人民的富裕，教育科学文化事业的繁荣，公有制和人民民主政权的巩固和发展，社会主义优越性的充分发挥和吸引力的不断增强，归根到底，都取决于生产力的发展。一切有利于生产力发展的东西，都是符合人民根本利益的，因而是社会主义所要求的，或者是社会主义所允许的。一切不利于生产力发展的东西，都是违反科学社会主义的，是社会主义所不允许的。在这样的历史条件下，生产力标准就更加具有直接的决定意义。

关于我国社会主义建设的动力。改革是社会主义发展的重要动力。邓小平作出了"改革是中国的第二次革命"③ 的重要论断。改革的实质就是从根本上改变束缚我国生产力发展和社会进步的经济体制、政治体制、科技体制、教育

① 《十三大以来重要文献选编》（上），中央文献出版社 2011 年版，第 48 页。

② 《毛泽东选集》第 3 卷，人民出版社 1991 年版，第 1079 页。

③ 《邓小平文选》第 3 卷，人民出版社 1993 年版，第 113 页。

体制、文化体制等各种具体制度和体制机制，建立充满生机和活力的社会主义新体制，以实现我国的社会主义现代化。邓小平分析指出："改革的性质同过去的革命一样，也是为了扫除发展社会生产力的障碍，使中国摆脱贫穷落后的状态。从这个意义上说，改革也可以叫革命性的变革。"① 对外开放是基本国策，当今世界是开放的世界，必须坚定不移地搞好对外开放。

关于我国社会主义建设的条件。进行社会主义现代化建设，必须保持安定团结的政治局面，必须坚持四项基本原则。我国自党的十一届三中全会以后彻底结束了社会动乱，实现了安定团结、生动活泼的政治局面。要搞好社会主义现代化建设，必须进一步健全社会主义民主和法制，必须进一步巩固和加强各民族平等团结互助的关系，必须巩固和扩大爱国统一战线。

关于我国社会主义建设的布局。社会主义现代化建设必须坚持经济、政治、文化全面发展。社会主义的根本任务是发展生产力，要按照"三步走"的战略，逐步实现国家的现代化。社会主义民主政治与社会主义精神文明是社会主义的重要特征，必须大力发展社会主义民主与法制，大力搞好社会主义精神文明建设。这里实际上提出了中国特色社会主义的物质文明、政治文明和精神文明全面发展的"三位一体"总体布局，具有重要现实意义和深远历史意义，既使我们明确了中国特色社会主义建设内容的具体性全面性丰富性，也成为后来我们党提出中国特色社会主义"四位一体"、"五位一体"总体布局的历史依据。

关于我国社会主义建设的国际环境。鉴于时代主题和任务的逐步变化，党的十二大重申我国坚持独立自主的外交政策，争取维护和平的国际环境，以利于我国对外开放和社会主义现代化事业顺利开展。邓小平纵观世界局势，高瞻远瞩提出和平问题与发展问题是当今世界的两大主要问题的重要观点。在此基础上他提出了自党的十一届三中全会以来的两个转变。第一个转变，是对战争与和平的认识，认为世界大战是可以避免的，"世界战争的危险还是存在的，但是世界和平力量的增长超过战争力量的增长。……在较长时间内不发生大规模的世界战争是有可能的，维护世界和平是有希望的。根据对世界大势的这些分析，以及对我们周围环境的分析，我们改变了原来认为战争的危险很迫近的

_____

① 《邓小平文选》第 3 卷，人民出版社 1993 年版，第 135 页。

看法"①。第二个转变，是中国的对外政策改变了过去反对苏联霸权主义的"一条线"战略，奉行独立自主的和平外交政策。对此，邓小平总结指出，这两个转变："一个是对国际形势的判断，一个是根据这个判断相应地调整对外政策，这是我们的两个大变化。现在看来，这两个变化是正确的，对我们是有益的，我们要坚持下去。只要坚持这样的判断和这样的政策，我们就能放胆地一心一意地好好地搞我们的四个现代化建设。"②党的十三大报告明确提出了"关于和平与发展是当代世界的主题"的观点，是对邓小平以往论述的进一步深化，标志着对我国社会主义建设国际环境的认识达到了新高度。

概言之，党的十三大报告明确提出了社会主义初级阶段理论，提出了社会主义初级阶段的基本路线，进一步明确了实现社会主义现代化的"三步走"发展战略，第一次比较完整地概括了邓小平理论的基本内容，初步回答了建设有中国特色社会主义的一系列基本问题，为我国全面推进改革开放和社会主义现代化建设提供了坚实的理论基础，标志着邓小平理论的初步形成，在我国改革开放的历史进程中已经发挥了并将继续发挥重要的理论指导作用。

邓小平对党的十三大报告给予了很高评价。1987 年 11 月邓小平在会见朝鲜政务院总理李根模时充分肯定了十三大报告："我们十三大报告肯定这九年是搞对了，对过去作了一个很好的总结。我认为这个报告是一个很好的报告，解答了一系列根本性问题，使十一届三中全会以来制定的一系列方针、政策能够持久地延续下去。"③1989 年 5 月 16 日，邓小平在同苏共中央总书记戈尔巴乔夫会谈时总结了自己一生所作的主要工作，包括对外关系方面的工作和对国内工作的贡献，他指出，对国内工作的参与，主要包括"确定了党的基本路线，确定了以四个现代化建设为中心，确定了改革开放政策，确定了坚持四项基本原则"④。邓小平所提"四个确定"的核心内容就是第一个"确定"，即"确定了党的基本路线"，其他内容都是该内容的具体化和延伸。由此可见，党的十三大报告提出的社会主义初级阶段的基本路线在邓小平心目中占有的巨大分量。1989 年 5 月 31 日，邓小平在同两位中央负责同志谈话时强调，要继续贯彻执行十一届三中全会以来的路线、方针、政策，连语言都不变，"十三大政

① 《邓小平文选》第 3 卷，人民出版社 1993 年版，第 127 页。
② 《邓小平文选》第 3 卷，人民出版社 1993 年版，第 128 页。
③ 《十三大以来重要文献选编》（上），中央文献出版社 2011 年版，第 2 页。
④ 《邓小平文选》第 3 卷，人民出版社 1993 年版，第 295 页。

治报告是经过党的代表大会通过的，一个字都不能动"。[①] 在 1992 年初的南方谈话中，他强调："基本路线要管一百年，动摇不得。"[②] 事实正是如此。党的十三大报告提出的社会主义初级阶段理论及据此提出的社会主义初级阶段的基本路线，是集体智慧的结晶，是党和人民在总结提炼新中国成立以来各方面经验教训的基础上，特别是总结提炼改革开放近十年实践经验基础上获得的重大理论成果，在我国改革开放和社会主义现代化建设中长期发挥着重要作用。

---

① 《邓小平文选》第 3 卷，人民出版社 1993 年版，第 296 页。
② 《邓小平文选》第 3 卷，人民出版社 1993 年版，第 370—371 页。

第三章　南方谈话与邓小平理论的新发展

　　20世纪80年代末90年代初，苏东社会主义国家发生剧变，国际上持续多年的冷战格局解体，国际局势波谲云诡，我国在1989年政治风波后出现一些新情况新问题，改革开放和社会主义现代化建设事业面临新形势新挑战。诸如：中国今后怎么办？现代化路子怎样走，持续十多年的改革开放怎样深化下去，中国能否把握世纪之交的发展机遇？社会主义的前途命运将会如何？等等。为了回答和解决这些重大的理论和实践难题，1992年1月18日至2月21日，88岁高龄的邓小平从北京出发，先后到武昌、深圳、珠海、上海等地视察，并发表了一系列谈话，围绕着"什么是社会主义、怎样建设社会主义"这一根本问题，进一步总结升华了我国改革开放的各方面经验，明确回答了中国向何处去、中国的改革开放向何处去、社会主义运动向何处去、世界向何处去等一系列重大问题，特别是深入论述和明确回答了诸如社会主义本质问题、社会主义与市场经济的关系问题、判断社会主义改革得失成败的标准问题等，提出了社会主义本质理论、社会主义市场经济理论、"三个有利于"标准等一系列具有重大创新意义的理论，史称"南方谈话"。南方谈话贯穿了一个鲜明的中心思想，即必须坚定不移地全面贯彻执行党的"一个中心、两个基本点"的基本路线，解放思想、实事求是、放开手脚、大胆试验，抓住有利时机，加快改革开放步伐，集中精力把经济建设搞上去，全面推进中国特色社会主义事业。南方谈话是党的十一届三中全会以来邓小平理论的新发展，为我国改革开放和社会主义建设事业进入新的历史阶段提供了坚实的理论基础。

第一节　国内外形势变化与我国面临的新挑战新任务

20 世纪 90 年代初，我国社会主义事业面临严峻的国际国内形势，社会主义现代化建设进入关键时期，第一步战略目标已经实现，能否顺利实现第二步战略目标并为第三步战略目标实施做好充分准备，关系到我国社会主义事业的前途和命运，关系到国家的长治久安。总的来说，国际国内的严峻形势不仅是一个巨大的挑战，也蕴含着难得的发展机遇，挑战与机遇并存。如何应对挑战，如何抓住机遇？需要党和国家审时度势，有针对性地作出科学回答和战略谋划。邓小平作为我国社会主义改革开放和现代化建设的总设计师进行了深入思考和明确回答。

一、国际国内形势的新变化新挑战

马克思指出："一切划时代的体系的真正的内容都是由于产生这些体系的那个时期的需要而形成起来的。"① 邓小平南方谈话的发表具有复杂的时代背景，它是在国际共产主义运动陷入低潮，国内经济发展速度放缓甚至出现一定程度的停滞，改革开放面临很大的"左"的阻碍和右的干扰等复杂形势下发表的，反映了那个时期的迫切需要和人民的呼唤。

（一）国际形势复杂，面临挑战严峻

从国际形势看，20 世纪 80 年代末 90 年代初，国际风云变幻，经济全球化浪潮席卷世界，犹如一把"双刃剑"，给发展中国家带来难得的机遇，也带来了严峻的挑战，尤其是对发展中国家的经济安全、国家主权和意识形态安全构成前所未有的威胁；随着苏联东欧发生剧变，社会主义阵营随之解体，国际

① 《马克思恩格斯全集》第 3 卷，人民出版社 1960 年版，第 544 页。

共产主义运动遭受空前的挫折，所谓"马克思主义失败了"、"共产主义失败了"的论调甚嚣尘上，我国的社会主义制度面临着巨大的国际压力；世界格局呈现多极化发展趋势，有利于促进世界政治经济文化的发展，但是强权政治、霸权主义依然存在，局部冲突时有发生。面对如此复杂和严峻的国际形势，我国必须把握社会主义的前途命运，避免"和平演变"的危险，同时又要抓住机遇，排除干扰，加快推进改革开放和社会主义现代化建设的步伐。

第一，经济全球化浪潮席卷世界，发展的良好机遇与严峻挑战并存。第二次世界大战结束后，科学技术蓬勃发展，高新技术在各个领域得到广泛应用，尤其是 20 世纪 70 年代以后的信息技术革命，进一步打破了地域和国界的限制，世界各国在经济上的联系日益紧密。跨国公司的发展促进了各种生产要素在世界范围内的流动和国际分工合作的加强，商品在全世界销售，资本跨国界流动，信息跨国界共享，世界市场和国际贸易不断扩大，世界各国都被纳入了"你中有我、我中有你"的紧密联系网络之中。但是，经济全球化犹如一把"双刃剑"，给发展中国家既带来了发展机遇，也带来了严峻挑战。在经济全球化过程中，发达国家处于主导地位，是最大受益者，它们不仅在资金、技术和管理等生产要素方面占据优势，而且通过其在世界政治经济格局中的优势地位，主导整个经济格局和经济秩序，致使发展中国家处于被动地位，许多国家成为发达国家的商品市场和原料基地。发达国家通过跨国公司和国际经济组织，在世界范围内争夺资源和市场，并强力推行它们的发展模式、政治制度和价值观念，对发展中国家尤其是社会主义国家实施"西化"、"分化"图谋，致使发展中国家的经济安全、国家主权和意识形态安全受到严重威胁。此外，经济全球化进一步加剧了发达国家之间、发展中国家之间、发达国家与发展中国家之间在资源、市场、技术等方面的竞争，使世界局势更加不稳定。与此同时，经济全球化也为发展中国家带来了新的历史机遇，比如相对宽松的国际环境为经济发展创造了有利条件，经济交流与合作有利于发展中国家学习和借鉴发达国家的先进技术和管理经验，有利于吸收国外资金，有助于增加社会就业，有助于发展中国家发挥"后发优势"，增强竞争力，等等。因此，在经济全球化过程中，发展中国家，尤其是社会主义国家必须正确认清形势，清醒认识与发达国家的关系，警惕西方敌对势力的文化价值观渗透和政治颠覆活动，采取积极的战略策略应对经济全球化的机遇和挑战，抓住有利时机，趋利避害，大力发展经济，快速提高综合国力和国际竞争力。

第二，苏联解体、东欧剧变，世界社会主义运动陷入低潮。20世纪80年代末90年代初期，国际风云变幻，苏东社会主义阵营发生了空前剧烈的变化和动荡，世界社会主义运动遭受到空前的严重挫折。1989年至1991年，短短两三年的时间，东欧各社会主义国家的共产党纷纷丧失政权，存在了40多年的东欧社会主义国家纷纷走上资本主义轨道。苏东剧变导致世界范围内极大的政治震荡，国际敌对势力乘机大肆攻击马克思主义和社会主义制度，世界社会主义运动全面陷入低潮，国际共产主义和工人运动陷入危机。苏东剧变使社会主义国家从原来的15个减少为5个，陆地面积从占全球的24%缩小为7%，人口从占世界人口的32%减少为23%，共产党组织从180个减少为120多个，党员人数从9100万减少为6000万[①]。苏联解体、东欧剧变是多方面原因造成的，但最主要的是没有解决好自己的问题、没有把经济搞上去，执政的共产党严重脱离了人民群众，因而在西方国家的和平演变下丧失了政权。对此，邓小平在说明苏联犯下的错误时指出，苏联没有及时推进经济改革，高层领导人没有坚定维护共产党；相反，苏联与美国搞军备比赛，没有把钱用于改善人民群众的生活，失去了人民群众的拥护和支持。

苏东剧变后，国内外许多人对社会主义的前途命运产生了疑虑和困惑，对社会主义的前途失去了信心；西方舆论大肆宣扬"历史已经终结"，"资本主义的自由民主制度已经取得最终胜利"，"21世纪是资本主义的一统天下"等论调。在这一严峻形势下，一些国家的共产党人甚至认为，"共产党的时代已经结束"，社会主义已经"走进了绝路"，共产党已经没有存在的必要，以致有些国家的共产党组织取消了马列主义的指导，放弃了共产主义目标，或者加入了其他左翼组织，或者自行解散。美国布热津斯基的"大失败论"、弗兰西斯·福山的"历史终结论"，以及形形色色的"马克思主义死亡论"、"社会主义失败论"、"中国崩溃论"等种种否定马克思主义和社会主义的论调相继出现，造成国内相当一部分人的思想混乱，甚至动摇了共产主义理想、信念。毋庸讳言，东欧剧变、苏联解体给我国的经济发展、制度信心、意识形态建设等方面带来了很大的压力，对中国特色社会主义事业的发展前景产生了严重消极影响。社会主义的前途命运如何？中国将向何处去？成为人们普遍关心和思考的问题。

第三，西方一些国家推行强权政治，加强意识形态渗透。随着苏联解体，

---

① 参见范希春：《邓小平思想评传（1977—1997）》，人民出版社2010年版，第290页。

美国成为世界上唯一的超级大国，更加肆无忌惮推行单边主义和强权政治，霸权主义行径愈益明显，动辄干涉发展中国家内政，致使局部冲突时有发生；通过采取"和平演变"策略，在政治、经济、意识形态等方面对发展中国家，尤其是对社会主义国家进行渗透，并施加各方面压力，以迫使社会主义国家改旗易帜。冷战期间，西方国家主要诉诸传统媒体，如广播、电视、电影、书刊等对社会主义国家进行意识形态和价值观渗透，企图颠覆其政权。冷战结束后，西方敌对势力大肆通过网络传媒"分化"、"西化"社会主义国家，尤其是美国，凭借其经济、科技、军事等方面的优势，通过互联网向全世界推销它的政治理念、思想文化和价值观念等，借"民主问题"、"人权问题"等攻击社会主义政治制度，掀起一场无硝烟的战争，破坏力极强。时至今日，人权问题依然是中美争论冲突的焦点之一，美国以中国践踏人权为由，对中国大肆施加压力，并实行政治、经济制裁，使中国外交面临前所未有的严峻挑战，国际环境相对紧张，非常不利于我国的现代化建设。对我国来说，必须时刻警惕西方敌对势力以任何借口颠覆国家政权的行为，有效应对西方"和平演变"的图谋，为推进改革开放、发展经济创造良好的国际环境。

（二）国内政治经济形势比较严峻，一些人对改革开放产生疑虑

我国自实行改革开放以来取得了巨大成就，但在新旧体制的转轨过程中必然会遇到这样那样的困难。尤其是，在 20 世纪 80 年代以来的一段时期，党的建设、思想政治工作、精神文明建设未受到应有的重视，党内外一些搞资产阶级自由化的人借政治体制改革之名向党进攻，企图推翻中国共产党的领导，改变中国的社会主义制度，最终酿成了 1989 年的政治风波，这场风波严重影响了我国改革开放和社会主义现代化建设的进程。政治风波发生后，"左"、右思想倾向此起彼伏，他们要么否定改革开放，认为改革开放导致了资产阶级自由化和政治风波，甚至提出"以反和平演变为中心"、"以阶级斗争为纲"来分析和解决问题；要么否定四项基本原则，企图改变改革开放的正确方向，甚至制造政治动乱，企图推翻我国的社会主义制度。这两种思想倾向都严重阻碍了我国改革开放的步伐，致使国内政治经济形势严峻，改革开放迈不开步子，党的十一届三中全会以来确立的正确路线、方针、政策的实施遇到了很大阻力。

第一，政治经济形势较严峻，社会矛盾较突出。政治方面，1989 年的政治风波致使党内外"左"、右思想倾向纷纷涌现，尽管他们主张歧异，但都会

严重危害党的事业，甚至葬送社会主义前途。"左"的思想把马克思主义理论庸俗化、教条化，完全拘泥于一些原则、本本，怀疑甚至否定改革开放，反对以经济建设为中心，甚至认为实行改革开放就是走资本主义道路；右的思想否定四项基本原则，动摇改革开放的正确方向，甚至企图制造政治动乱，乃至推翻中国共产党的领导和社会主义制度。经济方面，十一届三中全会以后至党的十三大召开，我国经济一直保持持续稳定的增长，成绩斐然，国民生产总值、国家财政收入和城乡居民平均收入总体翻了一番。尽管如此，我国生产力发展水平和经济实力与发达国家仍相差甚远；虽然邓小平提出的第一步战略目标已经实现，但第二步和第三步战略目标的实现面临不少困难。1988 年的通货膨胀和 1989 年的政治风波后，我国经济增长出现减缓趋势，改革在有些方面甚至处于停滞状态。1984 年到 1988 年，我国国内生产总值 5 年平均增长率为 12.08%，1989 年则下降至 4.2%，1990 年更下降至 3.9%。经济结构性矛盾日益突出，国家财政出现困难。[①] 此时，我国周边一些国家和地区经济发展迅速，亚洲"四小龙"已经把中国抛在后面，甚至个别后起国家的经济发展速度，如马来西亚、泰国、印度尼西亚等亦赶超了中国。1991 年韩国经济增长率 8.8%，泰国增长率 8.1%，马来西亚增长率 8.1%，都比中国增幅大。对此，邓小平担心如果中国经济继续滑坡，会丧失良好的发展机遇和人民群众的拥护支持，他指出，"世界上一些国家发生问题，从根本上说，都是因为经济上不去，没有饭吃，没有衣穿，工资增长被通货膨胀抵消，生活水平下降，长期过紧日子。如果经济发展老是停留在低速度，生活水平就很难提高。人民现在为什么拥护我们？就是这十年有发展，发展很明显。假设我们有五年不发展，或者是低速度发展，例如百分之四、百分之五，甚至百分之二、百分之三，会发生什么影响？这不只是经济问题，实际上是个政治问题"[②]。中国广大农村出现新情况新问题。20 世纪 80 年代中后期，粮棉油等大宗农产品大幅滑坡，农民人均收入年均增幅降至 2%—3%，甚至出现改革开放后的首次徘徊，1989 年至 1991 年，年均增幅仅为 1.2%，农民实际收入明显下降。在推行家庭联产承包责任制的过程中，出现了一些新问题，尤其是单一的家庭分散经营已经开始制约农村生产力的发展，造成各种资源的浪费。其三，居民收入差距和区域经济差距

---

① 参见尹广泰：《邓小平晚年思想研究》，四川人民出版社 2014 年版，第 57 页。

② 《邓小平文选》第 3 卷，人民出版社 1993 年版，第 354 页。

日益明显。根据国家统计局的预算，改革开放前，我国居民收入分配的基尼系数小于 0.2，1988 年为 0.341，1990 年为 0.343，1995 年为 0.389。1981 年城市20% 高收入群体与 20% 低收入群体的人均收入差距为 1.7 倍，1992 年为 2.8 倍；1978 年农村人口收入差距为 2.9 倍，1994 年为 5 倍左右 [1]，收入差距日益显著。所以，我国必须抓住时机，继续深化改革开放，不断解放生产力，大力发展经济，提高综合国力和人民的生活水平。

第二，围绕计划与市场、计划经济与市场经济的关系等问题，人们的意见分歧很大，严重影响着改革开放的深入进行。党的十一届三中全会以来，围绕市场经济与计划经济的关系问题，我国展开了深入讨论，形成了许多新的认识，理论上有了不少突破，例如党的十二大提出计划经济为主，市场调节为辅；十二届三中全会提出社会主义经济是建立在公有制基础之上的"有计划的商品经济"；党的十三大报告提出有计划的社会主义商品经济是计划与市场的内在统一等新论断。不少人思想上进一步解放，不再认为市场经济是资本主义特有的，计划经济才是社会主义经济的基本特征。但是，1988 年的通货膨胀和 1989 年的政治风波后，中国的经济发展和改革形势困难重重，一些似乎已经解决的思想理论问题又引起了人们的争论，其中，最为重要的问题就是，如何正确认识和处理计划经济与市场经济的关系，这个问题当时严重制约着人们的头脑，严重制约着改革开放的深入开展。1991 年 1 月 28 日至 2 月 18 日，邓小平在视察上海时，在听取了朱镕基汇报和进行视察的过程中反复强调，"改革开放还要讲，我们的党还要讲几十年"，"不要以为，一说计划经济就是社会主义，一说市场经济就是资本主义，不是那么回事，两者都是手段，市场也可以为社会主义服务"，"要克服一个怕字，要有勇气"，"希望上海人民思想更解放一点，胆子更大一点，步子更快一点"。[2] 根据邓小平讲话精神，1991年 2 月 15 日至 4 月 12 日，上海《解放日报》先后发表了署名"皇甫平"的系列评论：《做改革开放的"带头羊"》、《改革开放要有新思路》、《扩大开放的意识要更强些》、《改革开放需要大批德才兼备的干部》，这四篇文章即是有名的"羊年四论"。然而，皇甫平的文章发表后受到一些人的批评和责难，他们认为，"市场经济就是取消公有制……否定社会主义制度，搞资本主义"，还有

---

① 参见尹广泰：《邓小平晚年思想研究》，四川人民出版社 2014 年版，第 58 页。

② 《邓小平文选》第 3 卷，人民出版社 1993 年版，第 367 页。

人说，多一份外资就多一份资本主义，"三资"企业是和平演变的温床，"我国40年社会主义经济建设取得举世瞩目的成就，充分说明了在我国实行计划经济的优越性"①，等等。鉴于此，国内一些人对改革开放产生了困惑和怀疑，担心它会滑向资本主义，主张对改革开放的政策和措施要问一问姓"社"还是姓"资"。事实上，如果一味囿于姓"资"还是姓"社"的抽象争论，就会严重影响人们的思想和行动，就可能错失改革开放的良机。

第三，国内一些人囿于传统社会主义的教条式认识，对改革开放的性质产生了怀疑。因此正确回答究竟"什么是社会主义，怎样建设社会主义"这一根本问题，已经迫在眉睫。虽然邓小平曾经多次深刻论述过这一重大问题，譬如贫穷不是社会主义，更不是共产主义；社会主义的根本任务是发展生产力等等。但是有些人仍然坚持"社会主义不清楚论"，质疑社会主义的科学性，这一观点很容易被西方反动势力蛊惑和利用，走上改旗易帜的邪路。十一届三中全会以后，党和国家的工作重心已经转移到经济建设上来，以经济建设为中心。但是，苏东剧变的严重影响和国内政治风波的出现，使得不少人对我国的改革开放产生了疑问。1991年6月，《人民日报》发表长文《坚持人民民主专政，反对和防止和平演变》提出，全国人民面临着阶级斗争与全面建设双重任务，只有正确估量和开展阶级斗争才能保证现代化建设事业的社会主义性质和方向②。该文把基本路线规定的"以经济建设为中心"变成了两个中心，阶级斗争还排在经济建设的前面。文中观点没有正确分析和认识我国的社会现实和主要矛盾，实质上是"以阶级斗争为纲"的变形和延续。随后，一些杂志声援这篇长文批判皇甫平。

事实上，当时的社会现实和主要矛盾决定了中国必须坚持以经济建设为中心，坚定不移地继续推进改革开放，正如邓小平所说，"不坚持社会主义，不改革开放，不发展经济，不改善人民生活，只能是死路一条。……只有坚持这条路线，人民才会相信你，拥护你"③。但是人们的思想疑虑和困惑严重阻碍着改革开放和社会主义现代化事业的深入进行。对此必须作出正确而有力的回答，才能为我国的改革开放和社会主义现代化建设提供正确的理论指向和舆论导向，指明正确方向。

---

① 官力、周敬青、张曙：《邓小平在重大历史关头》，中共中央党校出版社2000年版，第435页。

② 参见尹广泰：《邓小平晚年思想研究》，四川人民出版社2014年版，第65页。

③ 《邓小平文选》第3卷，人民出版社1993年版，第370—371页。

二、抓住有利时机，加快推进改革开放和社会主义现代化建设步伐

20 世纪 90 年代初，苏东剧变之后，旧的世界格局被打破，新的世界格局尚未形成，世界正处于新旧格局交替的过程中，形势错综复杂，异常严峻。当然，在看到形势复杂的同时，也要看到，国际形势既有严峻挑战，更是一个难得的机遇，挑战与机遇并存。对此，邓小平如是分析："世界上矛盾多得很，大得很，一些深刻的矛盾刚刚暴露出来。我们可利用的矛盾存在着，对我们有利的条件存在着，机遇存在着，问题是要善于把握。"[1] 在此形势下，中国必须抓住有利时机，集中力量把经济搞上去，力争经济隔几年上一个台阶，加快改革开放和社会主义现代化建设步伐。

（一）国际有利条件

纵观整个国际形势，虽然国际环境错综复杂，我国的经济发展面临严峻挑战，但亦存在诸多有利于我国深化改革开放、大力发展经济的有利条件[2]。

第一，美国经济实力削弱，推行霸权力不从心。"二战"之后的几十年，美苏两个超级大国为了争夺世界霸权，激烈角逐，竭尽全力发展军事力量，耗尽了大量资源。随着东欧剧变、苏联解体，世界格局发生重大变化。虽然美国力图独霸世界，力图在"世界新秩序"中起"领导作用"，但是它的实力已大为削弱，独霸世界已力不从心，霸权主义和强权政治遇到很多障碍。美国的实力削弱主要表现在经济上，即国内外的巨额债务和财政赤字、外贸赤字。美国财政赤字 1991 年已达 2822 亿美元，1992 年增加到 3500 亿美元；外贸逆差不断扩大，有的年份超过 1000 亿美元。虽然美国是超级大国，但它沉疴缠身，实力远不如前。旧的世界格局已被打破，新的世界格局尚未形成，尽管霸权主义和强权政治依然存在，和平与发展问题尚未解决，但是世界格局已朝向多极化转变，经济全球化浪潮席卷世界，各国在政治、经济、文化等方面的交流合

---

① 《邓小平文选》第 3 卷，人民出版社 1993 年版，第 354 页。

② 参见马绍孟、许征帆、周新城等编：《学习邓小平南巡重要谈话讲座》，中国人民大学出版社 1992 年版，第 14—17 页。

作日益频繁。中国面临着相对稳定的国际环境，少受外来的压力和干扰，有利于大力发展经济。

第二，美、日、德等发达国家内部矛盾日益激化。日本和德国的经济实力不断加强，美、日、德三足鼎立的经济局面逐渐形成。日本的经济增长速度远超美国，20世纪80年代，日本的国民生产总值年均增长4%，美国只有2.8%；日本的人均国民生产总值已赶上甚至超过美国；日本对外直接投资额也已超过美国。德国的出口额已与美国不相上下，贸易顺差仅次于日本。资本主义政治、经济发展不平衡必然激化美、日、德等发达国家的内部矛盾和斗争。苏联的解体使美日欧联盟失去了基础，离心倾向日益严重。发达国家之间矛盾的加深和激化，使我国在发展对外经济关系中，具有更多空间、机会和灵活性。

第三，发达国家与发展中国家的经济差距和矛盾日益突出。20世纪80年代以来，除东亚地区以外，多数发展中国家陷入前所未有的困境：债务沉重、出口价格下跌、通货膨胀恶性发展、经济发展严重受挫。发展中国家的国民生产总值增长率远低于发达国家，人均国民生产总值增长率更低。1980—1989年，发达国家人均国民生产总值年均增长率为2.3%，发展中国家则只有1.6%。究其原因，很大程度上源于发达国家对发展中国家的掠夺和剥削。发达国家与发展中国家的经济差距越来越大，世界两极分化严重，激起了多数发展中国家为生存和发展的斗争，更加反对外来的干涉和控制。这一形势有利于我国积极开展与第三世界的交流合作，提升我国的国际影响力和国际地位。

第四，亚太地区经济崛起，世界经济增长中心东移。东亚地区的经济增长速度连续十多年高于世界平均水平，而且继续保持较强的活力，逐渐成为世界经济增长的中心。这一现象对于中国，不仅是一种压力和挑战，也是一种机遇和有利条件。因为随着日本和亚洲"四小龙"的发展以及产业结构的升级，一些劳动密集型产业和传统产业逐渐转移，对外投资愈益增加，这是我国引进资金和技术、扩大出口和加强经贸合作的大好时机。

第五，科技革命的周期加快。20世纪八九十年代，科技革命的进程进一步加快，西方发达国家大约70%的新增产值来源于科技创新和新产业、新工艺，西方各国调整了发展战略，加快发展高技术产业。这为中国引进先进科学技术，解放和发展生产力创造了有利条件。我国是社会主义国家，具有集中力量办大事的优势，可以充分利用这种发展机遇，引进先进科学技术，努力把经济搞上去，加快追赶发达国家的步伐。

总之，整个国际环境存在着许多对中国有利的条件。中国应当抓住有利时机，充分利用国外资金和技术，调整经济结构，大力发展经济。

（二）国内有利条件

纵观国内形势，在面临诸多问题挑战的同时，也存在诸多加快发展的有利条件。

第一，党的十三届四中全会以来以江泽民同志为核心的第三代中央领导集体，坚决贯彻执行十一届三中全会以来的路线、方针、政策，成绩斐然。党中央对党员、干部和人民群众开展了广泛深入的社会主义思想教育，旗帜鲜明地反对资产阶级自由化，维护了国家政局稳定和社会安定团结。在改革开放、经济建设等重大问题上，思想认识上进一步凝聚大多数人的共识，目标更加明确。

第二，治理整顿的主要目标基本实现，国民经济各方面出现协调发展的势头。1989年11月，党的十三届五中全会作出《关于进一步治理整顿和深化改革的决定》，经过治理整顿，通货膨胀得到有效控制，全国物价基本稳定，经济秩序明显好转，经济结构不合理状况有所改善，经济发展后劲增强，国民经济各方面大体上协调发展。主要工业产品产量明显增加，国家经济实力进一步增强。党的十一届三中全会以来国民经济的持续稳定发展，为我国加快经济发展和改革开放步伐创造了良好物质基础和宽松经济环境。到1991年年底，治理整顿工作以取得明显成绩而基本结束。

第三，经济体制不断完善，对外开放继续扩大。农业方面，进一步巩固和完善了家庭联产承包责任制，发展了农业社会化服务和农产品市场。工业方面，进一步完善了企业承包经营责任制，采取了一系列改善外部环境、转换内部机制、增强大中型企业活力的改革措施。计划体制、金融体制和流通体制的改革成效明显，对外开放继续扩大，逐步实行了外贸企业自主经营、自负盈亏的新体制。经过十多年改革开放，初步形成了以公有制为主体、多种经济成分并存的所有制结构，以按劳分配为主体、其他分配形式为补充的分配制度，探索计划与市场相结合的运行机制获得重要进展。这为我国加快经济发展和改革开放步伐提供了强大动力和体制基础。

第四，十多年的改革开放实践，积累了比较丰富的经验和一定的物质基础。经过十多年改革开放，我国经济实力和人民生活水平大幅提升，党的基本路线逐步深入人心。解放思想，实事求是，成为大多数人的共识，人民群众参与改革开放和社会主义现代化建设的积极性较高。这为我国加快经济发展和改革开放步伐提供了思想基础。

在邓小平看来，面对国内外有利条件，我国必须抓住有利时机，集中力量加快改革开放，大力发展经济，"总要力争隔几年上一个台阶"。邓小平1991年8月20日同几位中央负责同志谈话时指出，"强调稳是对的，但强调得过分就可能丧失时机"；"可能我们经济发展规律还是波浪式前进。过几年有一个飞跃，跳一个台阶，跳了以后，发现问题及时调整一下，再前进"；"特别要注意，根本的一条是改革开放不能丢，坚持改革开放才能抓住时机上台阶"①。在南方谈话中，邓小平强调："抓住时机，发展自己，关键是发展经济。现在，周边一些国家和地区经济发展比我们快，如果我们不发展或发展得太慢，老百姓一比较就有问题了。所以，能发展就不要阻挡，有条件的地方要尽可能搞快点"；"低速度就等于停步，甚至等于后退。要抓住机会，现在就是好机会。我就担心丧失机会。不抓呀，看到的机会就丢掉了，时间一晃就过去了"。②他明确提出："现在，我们国内条件具备，国际环境有利，再加上发挥社会主义制度能够集中力量办大事的优势，在今后的现代化建设长过程中，出现若干个发展速度比较快、效益比较好的阶段，是必要的，也是能够办到的。我们就是要有这个雄心壮志！"③在邓小平看来，国内外形势复杂多变，机遇难得，必须抓住，切不可过于求稳，贻误时机，如果经济发展速度太慢或滑坡了，党和国家就可能会失去人民群众的拥护和支持，甚至会导致重大的政治问题，犯历史性的错误。

作为一位富有远见的战略家，邓小平既提出了基本实现我国社会主义现代化的宏伟目标，又提出了实现这个宏伟目标的"三步走"发展战略，同时对于如何实现每一步阶段性目标又作出了富有指导性和操作性的战术安排。"三步走"发展战略在实践中取得良好效果。1988年，我国国民生产总值已达14015亿元，国民收入已达11770亿元，全国居民人均消费水平达639元，分别比1980年提高了115.7%、112.1%和181.5%。④全国绝大多数居民过上了温饱

---

① 《邓小平文选》第3卷，人民出版社1993年版，第375、368页。

② 《邓小平文选》第3卷，人民出版社1993年版，第375页。

③ 《邓小平文选》第3卷，人民出版社1993年版，第377页。

④ 参见马绍孟、许征帆、周新城等编：《学习邓小平南巡重要谈话讲座》，中国人民大学出版社1992年版，第21页。

生活，部分居民开始迈入小康生活。第一步目标的提前实现，为实现第二步目标奠定了基础。1991 年到 2000 年是我国实现第二步战略目标的时期，1991 年第七届全国人大第四次会议制订了我国国民经济和社会发展的十年规划和第八个五年计划纲要，提出在今后十年内把我国国民经济的整体素质提高到一个新水平：在提高经济效益和优化经济结构的基础上，使我国国民生产总值到 20 世纪末比 1980 年翻两番，即到 2000 年达到 3.1 万亿元，我国国民生产总值在世界上的位次将由目前的第 8 位进一步上升，进入世界前列；人民生活从温饱达到小康，生活资料更加丰裕，消费结构趋于合理，居住条件明显改善，文化生活进一步丰富，健康水平继续提高，社会服务设施不断完善；发展教育事业，推动科技进步，改善经营管理，调整经济结构，加强重点建设，为 21 世纪初叶我国经济和社会的持续发展奠定物质技术基础，初步建立起新的经济体制和运行机制；社会主义精神文明建设达到新的水平，社会主义民主和法制进一步健全①。

20 世纪的最后十年是我国社会主义现代化建设的关键时期，是我国实现第二步战略目标、衔接第三步战略目标的过渡阶段。形势要求我们必须抓住有利时机，克服各方面不利因素，大胆试验，努力探索，大力推进改革开放，推进社会主义现代化建设稳步协调地不断迈上新台阶，顺利实现第二步战略目标，并为实现第三步战略目标奠定基础，使中国特色社会主义事业不断走向前进。正如邓小平在南方谈话中指出，"我们要在建设有中国特色的社会主义道路上继续前进。资本主义发展几百年了，我们干社会主义才多长时间！何况我们自己还耽误了二十年。如果从建国起，用一百年时间把我国建设成中等水平的发达国家，那就很了不起！从现在起到下世纪中叶，将是很要紧的时期，我们要埋头苦干。我们肩膀上的担子重，责任大啊！"②

一言以蔽之，在机遇和挑战并存的错综复杂的国内外形势下，我国社会主义改革开放和现代化建设的总设计师邓小平立足于我国改革开放和社会主义现代化建设的实践，以无产阶级革命家、政治家的远见卓识和马克思主义理论家的非凡理论勇气，以时不我待的紧迫感和强烈的历史使命感，发表了南方系列

---

① 参见马绍孟、许征帆、周新城等编：《学习邓小平南巡重要谈话讲座》，中国人民大学出版社 1992 年版，第 21—22 页。

② 《邓小平文选》第 3 卷，人民出版社 1993 年版，第 383 页。

谈话，紧紧围绕着"什么是社会主义，怎样建设社会主义"这个根本问题，明确回答了长期困扰和束缚人们思想的许多重大认识问题和理论困惑，特别是创造性地阐明了社会主义本质理论、社会主义市场经济理论、判断改革得失成败的"三个有利于"标准，进一步深入回答了新时期如何巩固和发展中国特色社会主义这一重大问题，大大发展了建设有中国特色的社会主义理论。

第二节　社会主义本质理论的探索和提出

对"什么是社会主义，怎样建设社会主义？"这一根本问题的反思，贯穿于改革开放启动以来邓小平整个理论活动的全过程。在邓小平看来，无论改革开放前我国经济发展遭遇的挫折和失误，还是改革开放后存在的关于中国去向的迷茫和分歧，主要根源于人们对"什么是社会主义，怎样建设社会主义"这一根本问题"没有完全搞清楚"。所以，"我们的经验教训有许多条，最重要的一条，就是要搞清楚这个问题"[1]。为此，邓小平把搞清楚"什么是社会主义，怎样建设社会主义"视为我国改革开放和社会主义现代化建设时期的首要问题，因为这一问题不仅关系到社会主义的本质问题，而且关系到社会主义发展道路的问题，不仅关系到什么是社会主义的问题，而且关系到如何建设社会主义的问题。多年来，邓小平一直致力于结合我国的实践思考这一问题。在1992年南方讲话中，邓小平对什么是社会主义的问题作了经典回答，标志着他在这个重大问题上达到了成熟的程度，这就是现在大家耳熟能详的关于社会主义本质的著名论断："社会主义的本质，是解放生产力，发展生产力，消灭剥削，消除两极分化，最终达到共同富裕。"[2]邓小平关于社会主义本质的论断，纠正了国内外一些人长期把计划经济当作社会主义的基本特征、把商品经济和市场经济当作资本主义基本特征的传统观念，把对社会主义的认识提高到新的科学水

---

[1] 《邓小平文选》第 3 卷，人民出版社 1993 年版，第 116 页。
[2] 《邓小平文选》第 3 卷，人民出版社 1993 年版，第 373 页。

平，即从对社会主义特征的认识上升到对社会主义本质的认识，对于排除姓
"资"姓"社"的干扰，解放思想，凝聚共识，推动改革开放的深入进行，具
有重大理论意义和现实意义。

一、社会主义本质理论的提出

社会主义本质问题，是马克思主义理论中的一个至关重要的问题，是邓小
平立足我国改革开放和社会主义现代化建设的实践，在时代主题发生转变和世
界社会主义运动处于低潮的时代背景下长期思考的一个重大理论问题。邓小平
关于社会主义本质的论断，是马克思主义基本原理与中国社会现实有机结合的
重要成果，是对"什么是社会主义，怎样建设社会主义"的科学认识。这一创
新理论科学回答了经济文化落后的国家如何巩固和发展社会主义的历史性难
题，丰富和发展了马克思主义的社会主义学说和东方社会发展理论，具有重要
现实意义和深远历史意义。

邓小平的社会主义本质理论是对马克思主义理论的继承与发展。毋庸讳
言，马克思、恩格斯、列宁并未明确提出"社会主义本质"的概念，只有关于
"共产主义社会第一阶段"即社会主义社会基本特征的系列论述。当然，这并
不意味着马克思、恩格斯、列宁等人都没有深入研究社会主义的本质问题。但
显然，是邓小平第一次对社会主义本质作了全新的概括和表述。邓小平的社会
主义本质理论，第一次把对社会主义特征的认识上升到对社会主义本质认识的
高度，这不仅是对马克思列宁主义、毛泽东思想的继承与发展，而且是对科学
社会主义理论的独创性贡献。

（一）从社会主义的特征到社会主义的本质

作为社会主义最基本的理论问题，也是时代的重大问题，"什么是社会主
义，怎样建设社会主义"关系到社会主义本质和社会主义发展道路的问题。在
邓小平提出"社会主义本质"这一概念之前，马克思主义经典作家侧重于论证
资本主义社会过渡到共产主义社会的历史必然性，关于共产主义社会具体是什
么样子，他们未加详谈，只是对共产主义社会，特别是"共产主义社会第一阶
段"的主要特征作了科学预见。究其原因，在马克思主义经典作家那里，共产

主义是在批判旧世界，即批判资本主义中发现的新世界，是一种给予现实批判以根据的"消灭现存状况的现实的运动"，"不是应当确立的状况，不是现实应当与之相适应的理想"。① 换言之，共产主义即是对资本主义的批判性超越，只有立足于资本主义，才能正确理解和把握共产主义的主要特征。

　　关于共产主义社会的主要特征，我们一般会引用马克思的一段话："建立在个人全面发展和他们共同的社会生产能力成为他们的社会财富这一基础上的自由个性"②。这一特征的描述主要源于马克思对"以物的依赖性为基础的人的独立性"的资本主义社会的批判，是人类从"必然王国"到"自由王国"的飞跃。很显然，这种共产主义社会是"共产主义社会高级阶段"，它建立在生产力高度发达基础之上，是作为真正的"世界历史"出现的。但是，社会主义社会是"共产主义第一阶段"，它的主要特征需要我们深入挖掘。对此，有的学者以马克思恩格斯的经典著作为文本依据，从以下几方面分析了社会主义社会的主要特征③：第一，社会主义社会是现代化生产力高度发展的社会，它是以生产力的巨大增长和高度发展为前提的。第二，社会主义社会是实行生产资料公有制即实行"社会占有"的社会。社会主义社会必须消灭私有制，重建个人所有制，"把他们的私人生产和私人占有变为合作社的生产和占有"④，直至实现生产资料公有制。第三，社会主义社会是实行"按劳分配"生活消费资料的社会。生产资料公有制的实现，使得每个劳动者对生产资料共同占有，生活消费资料的分配"以同一尺度——劳动——来计量"。第四，社会主义社会是有计划组织社会生产和不存在商品经济的社会。为了克服资本主义社会的周期性经济危机，"社会的生产无政府状态"必须"让位于按照社会总体和每个成员的需要对生产进行的社会的有计划的调节"⑤。第五，社会主义社会是国家逐步走向消亡的社会。完善的社会主义社会，是消灭了一切阶级和阶级差别的社会，国家的存在已失去意义。第六，社会主义社会是逐步实现人的全面自由发展的社会。无产阶级推翻资本主义社会后，彻底摆脱"以物的依赖性为基础的

---

① 马克思恩格斯：《德意志意识形态》（节选本），人民出版社2003年版，第31页。
② 《马克思恩格斯全集》第46卷（上），人民出版社1979年版，第104页。
③ 参见李崇富等：《邓小平理论的马克思主义解读》，中国社会科学出版社2015年版，第169—172页。
④ 《马克思恩格斯文集》第4卷，人民出版社2009年版，第524页。
⑤ 《马克思恩格斯文集》第9卷，人民出版社2009年版，第296页。

人的独立性"，将建立自由人的联合体，"每个人的自由发展是一切人的自由发展的条件"①，人类解放得以实现。虽然，马克思恩格斯对社会主义社会的主要特征作了科学预见和描述，但是他们关于社会主义革命的预测，是首先发生在资本主义发达国家的，事实上，社会主义国家却率先在俄国、中国等经济文化相对落后的国家通过革命手段建立起来，致使马克思恩格斯上述关于社会主义社会的部分特征与已确立社会主义制度的国家国情很不相符。所以，现实要求列宁、斯大林、毛泽东等新制度的创立者必须从理论和实践上继续进行深入探索和回答。

事实上，无论列宁、斯大林，还是毛泽东都没有明确探讨"社会主义本质"问题，他们主要着眼于社会主义社会的特征探索"什么是社会主义、怎样建设社会主义"。鉴于此，邓小平指出，"多年来，存在一个对马克思主义、社会主义的理解问题。……马克思去世以后一百多年，究竟发生了什么变化，在变化的条件下，如何认识和发展马克思主义，没有搞清楚。绝不能要求马克思为解决他去世之后上百年、几百年所产生的问题提供现成答案。……真正的马克思列宁主义者必须根据现在的情况，认识、继承和发展马克思列宁主义"。② 在新时期，为了深化改革开放和顺利推进社会主义现代化建设，邓小平必须正面回答"什么是社会主义、怎样建设社会主义"，解决对社会主义本质的认识问题，从而把对社会主义的认识从特征上升到本质层次。

（二）社会主义本质理论的提出过程

苏东剧变后，世界社会主义运动陷入低潮。在这一形势下，国内不少人对中国向何处去产生了迷茫和分歧：有人主张回到原有僵化的社会主义老路，反对改革开放；有人主张抛弃社会主义制度，走全盘西化的道路；有人对何去何从思想迷茫，甚至有人对社会主义的前途命运悲观失望。这一系列问题的产生，很大程度上根源于对究竟"什么是社会主义、怎样建设社会主义"缺乏科学的认识，用邓小平的话说，"什么叫社会主义，什么叫马克思主义？我们过去对这个问题的认识不是完全清醒的"③。所以，邓小平紧紧围绕"什么是马克

---

① 《马克思恩格斯文集》第 2 卷，人民出版社 2009 年版，第 53 页。

② 《邓小平文选》第 3 卷，人民出版社 1993 年版，第 291 页。

③ 《邓小平文选》第 3 卷，人民出版社 1993 年版，第 63 页。

思主义、怎样对待马克思主义"和"什么是社会主义、怎样建设社会主义"这两个根本问题，深入探讨了社会主义的本质问题，提出了社会主义本质理论。

邓小平认为，要坚持社会主义，实现社会主义现代化的目标，必须搞清楚"什么是社会主义，怎样建设社会主义"这个根本问题。邓小平多次明确提出要搞清楚"什么是社会主义，怎样建设社会主义"。例如：1979年11月，邓小平在会见美国不列颠百科全书出版公司编委会副主席吉布尼和加拿大麦吉尔大学东亚研究所主任林达光的谈话中指出："我们不要资本主义，但是我们也不要贫穷的社会主义，我们要发达的、生产力发展的、使国家富强的社会主义。"[①]1980年4月，在《社会主义首先要发展生产力》一文中，邓小平指出："经济长期处于停滞状态总不能叫社会主义。人民生活长期停止在很低的水平总不能叫社会主义。"[②]1985年4月，在《政治上发展民主，经济上实行改革》一文中，邓小平指出，"现在我们搞经济改革，仍然要坚持社会主义道路，坚持共产主义的远大理想，年轻一代尤其要懂得这一点。但问题是什么是社会主义，如何建设社会主义。我们的经验教训有许多条，最重要的一条，就是要搞清楚这个问题"[③]。1987年4月，在《社会主义必须摆脱贫穷》一文中，邓小平指出："最根本的一条经验教训，就是要弄清什么叫社会主义和共产主义，怎样搞社会主义。搞社会主义必须根据本国的实际。""搞社会主义，一定要使生产力发达，贫穷不是社会主义。我们坚持社会主义，要建设对资本主义具有优越性的社会主义，首先必须摆脱贫穷。现在虽说我们也在搞社会主义，但事实上不够格。"[④]1988年5月，在《解放思想，独立思考》一文中，邓小平指出，"确定走社会主义道路的方向是可以的，但首先要了解什么叫社会主义，贫穷绝不是社会主义"[⑤]。1991年8月，在《总结经验，使用人才》一文中，邓小平指出，"我们搞改革开放，把工作重心放在经济建设上，没有丢马克思，没有丢列宁，也没有丢毛泽东。老祖宗不能丢啊！问题是要把什么叫社会主义搞清楚，把怎么样建设和发展社会主义搞清楚"[⑥]。

---

① 《邓小平文选》第2卷，人民出版社1994年版，第231页。
② 《邓小平文选》第2卷，人民出版社1994年版，第312页。
③ 《邓小平文选》第3卷，人民出版社1993年版，第116页。
④ 《邓小平文选》第3卷，人民出版社1993年版，第223、225页。
⑤ 《邓小平文选》第3卷，人民出版社1993年版，第261页。
⑥ 《邓小平文选》第3卷，人民出版社1993年版，第369页。

可以看出，邓小平长期在反复思考"什么是社会主义，怎样建设社会主义"这一根本问题，力图从理论高度令人信服地阐明究竟什么是社会主义，如何才能建设好社会主义，从而在理论上解决经济文化落后的国家如何巩固和发展社会主义的历史性难题，为我国的社会主义现代化建设指明方向。邓小平对社会主义本质比较集中和明确的阐述，主要有以下五次，呈现出认识逐渐深入的特点。

第一次是在 1980 年 5 月 5 日，邓小平在会见几内亚总统杜尔时指出："社会主义是一个很好的名词，但是如果搞不好，不能正确理解，不能采取正确的政策，那就体现不出社会主义的本质。"[1] 接着，邓小平强调："根据我们自己的经验，讲社会主义，首先就要使生产力发展，这是主要的。只有这样，才能表明社会主义的优越性。社会主义经济政策对不对，归根到底要看生产力是否发展，人民收入是否增加。这是压倒一切的标准。"[2]

第二次是在 1985 年 8 月 21 日，邓小平在会见坦桑尼亚总统尼雷尔时指出："我们的经济改革，概括一点说，就是对内搞活，对外开放。对内搞活，也是对内开放，通过开放调动全国人民的积极性。……对内搞活经济，是活了社会主义，没有伤害社会主义的本质。"[3]

第三次是在 1987 年 2 月，邓小平在批评少数人搞资产阶级自由化时指出："有些人脑子里的四化同我们脑子里的四化不同。我们脑子里的四化是社会主义的四化。他们只讲四化，不讲社会主义。这就忘记了事物的本质，也就离开了中国的发展道路。"[4]

第四次是在 1990 年 12 月 24 日，邓小平在同几位中央负责人谈话时指出："共同致富，我们从改革一开始就讲，将来总有一天要成为中心课题。社会主义不是少数人富起来、大多数人穷，不是那个样子。社会主义最大的优越性就是共同富裕，这是体现社会主义本质的一个东西。"[5]

第五次是在 1992 年年初，在多年反思的基础上，邓小平在南方谈话中对以往关于社会主义本质的观点作了系统的概括，同时又进一步提出了富有创新

---

① 《邓小平文选》第 2 卷，人民出版社 1994 年版，第 313 页。
② 《邓小平文选》第 2 卷，人民出版社 1994 年版，第 314 页。
③ 《邓小平文选》第 3 卷，人民出版社 1993 年版，第 135 页。
④ 《邓小平文选》第 3 卷，人民出版社 1993 年版，第 204 页。
⑤ 《邓小平文选》第 3 卷，人民出版社 1993 年版，第 364 页。

意义的新论断，他精辟地指出："社会主义的本质，是解放生产力，发展生产力，消灭剥削，消除两极分化，最终达到共同富裕。"①这是对社会主义本质最完整和准确的系统表述。

邓小平的社会主义本质理论不仅科学回答了"什么是社会主义"这一根本性问题，而且对"如何建设社会主义"提供了方法论的指导，从社会形态及其本质特征的高度，对社会主义本质作了科学的概括和表述，实现了对社会主义认识从特征到本质的飞跃；是对改革开放以来社会主义现代化建设宝贵经验的科学总结，是对科学社会主义理论的发展创新；破除了一系列对社会主义性质的误解、曲解和歪解，是批驳一切形形色色的假马克思主义、教条主义马克思主义和反马克思主义的锐利武器，为我国改革开放和社会主义现代化建设提供了重要理论依据和方法论指导。

二、社会主义本质理论的主要内容和特征

邓小平的社会主义本质理论既坚持了科学社会主义的基本原则，继承和发展了马克思列宁主义、毛泽东思想，又结合我国实践特点和时代特征，纠正了脱离生产力抽象谈论社会主义的错误倾向，为新时期如何建设中国特色社会主义指明了方向，对我国改革开放和社会主义现代化建设具有重大而深远的指导意义。

（一）社会主义本质理论的基本内容

邓小平的社会主义本质理论包含三方面核心内容：解放生产力、发展生产力；消灭剥削、消除两极分化；最终达到共同富裕。这三个方面相互联系、相互影响、相互促进，组成一个关于社会主义本质理论的有机整体。不仅涉及社会主义的生产力，而且涉及社会主义的生产关系和价值目标，充分体现了社会主义比较资本主义的质的优越性。

1. 解放生产力和发展生产力是社会主义本质的首要内容

在邓小平看来，谈论社会主义，谈论社会主义的优越性，不能脱离生产力

---

① 《邓小平文选》第3卷，人民出版社1993年版，第373页。

水平孤立地抽象地谈论，否则就会陷入空想的虚妄的口号中，不仅不能使人们信服社会主义，反而会影响社会主义的声誉。社会主义国家只有高度重视提高生产力水平，不断解放和发展生产力，创造出比资本主义更高的劳动生产率，才能充分显示社会主义的优越性，才能充分说明社会主义取代资本主义的历史必然性和合理性。同时，他进一步发展了马克思主义经典作家关于革命是解放生产力的思想，明确提出在社会主义制度下仍然存在着需要继续解放生产力的问题，在此基础上才能进一步发展生产力，从而把解放生产力和发展生产力密切结合起来。以往人们谈到解放生产力，主要是指通过革命推翻旧制度，建立新政权后，通过变革旧的生产关系，建立新的生产关系和上层建筑，解放被束缚的生产力。例如，恩格斯谈及资本主义生产方式的矛盾时指出，"社会化生产和资本主义占有之间的矛盾表现为无产阶级和资产阶级的对立"，"表现为个别工厂中生产的组织性和整个社会中生产的无政府状态之间的对立"，① 从而导致一系列经济危机，引发无产阶级革命，通过推翻资产阶级统治，消灭生产资料私有制，解放被资本主义制度束缚的生产力。无产阶级革命对解放生产力的作用无疑是巨大的。但是，许多人认为在社会主义制度确立之后，解放生产力的任务已经实现了，由此认为社会主义制度建立之后"根本任务已经由解放生产力变为在新的生产关系下面保护和发展生产力"②。邓小平首次提出了在社会主义条件下继续解放生产力的问题，这是一个重大的理论贡献。他明确指出："革命是解放生产力，改革也是解放生产力"③，即生产力的解放不仅诉诸无产阶级革命来实现，而且在社会主义制度建立后必须不断改革和创新社会主义的具体制度和体制机制，就是说，"社会主义基本制度确立以后，还要从根本上改变束缚生产力发展的经济体制，建立起充满生机和活力的社会主义经济体制，促进生产力的发展，这是改革，所以改革也是解放生产力。过去，只讲在社会主义条件下发展生产力，没有讲还要通过改革解放生产力，不完全。应该把解放生产力和发展生产力两个讲全了"④。换言之，在社会主义条件下，发展生产力无疑是根本任务，但是只有不断改革社会主义生产关系和上层建筑中不适应生产力发展，甚或束缚生产力发展的因素，才能不断解放生产力，促进生产力的不断发展。

① 《马克思恩格斯文集》第9卷，人民出版社2009年版，第288、290页。
② 《毛泽东文集》第7卷，人民出版社1999年版，第218页。
③ 《邓小平文选》第3卷，人民出版社1993年版，第370页。
④ 《邓小平文选》第3卷，人民出版社1993年版，第370页。

发展生产力是解放生产力的落脚点，它之所以成为社会主义的根本任务，根本原因就在于：只有具备高度发达的生产力才能最终战胜资本主义制度，只有高度发达的生产力才能实现社会主义的历史任务。列宁深刻指出，社会主义制度一旦确立，"必然要把创造高于资本主义的社会结构的根本任务提到首要地位，这个根本任务就是：提高劳动生产率"，"资本主义可以被最终战胜，而且一定会被最终战胜，因为社会主义能创造新的高得多的劳动生产率"①。只有具备了高度发达的劳动生产率，社会主义的相对优越性才能充分发挥出来。当然，解放生产力、发展生产力只是社会主义本质的首要内容，并非全部内容，不能以此为唯一标准简单地判断和衡量社会主义。同时，只有大力发展生产力，具备高度的劳动生产率，才能实现社会财富的充分涌流，才能实现社会主义的历史任务——消灭阶级。"社会阶级的消灭是以生产高度发展的阶段为前提的"②，在生产力高度发达基础上的社会主义制度才能彻底消灭生产资料私有制，重建个人所有制，把私人生产和私人占有变成合作社的生产和占有，而且生产力的高度发展，促使社会的阶级划分失去了生存的土壤。社会主义社会作为共产主义社会的第一阶段，它不仅致力于消灭阶级，而且致力于促进人的自由全面发展。无论是从长远看，还是从目前看，都应该认识到，大力发展生产力，不仅是重大的经济问题，也是重大的政治问题。因为"贫穷不是社会主义，更不是共产主义"，"社会主义的优越性归根到底要体现在它的生产力比资本主义发展得更快一些、更高一些，并且在发展生产力的基础上不断改善人民的物质文化生活"。③ 社会主义作为一种高于资本主义的制度，是建立在现实的物质生活条件和物质基础之上的，这是马克思的科学社会主义与空想社会主义的本质区别所在。邓小平坚持了科学社会主义的唯物主义基础，把解放生产力和发展生产力作为社会主义本质的首要内容，两个方面都讲全了，认识到了二者的辩证统一的关系，为我国的经济发展和改革开放提供了理论依据。

2. 消灭剥削和消除两极分化是社会主义本质的根本性内容

消灭剥削和消除两极分化是邓小平从生产关系方面对社会主义本质的规定，它不仅体现了社会主义生产关系的独特性，而且体现了保障广大人民根本

---

① 《列宁专题文集　论社会主义》，人民出版社 2009 年版，第 96、151 页。

② 《马克思恩格斯文集》第 9 卷，人民出版社 2009 年版，第 298 页。

③ 《邓小平文选》第 3 卷，人民出版社 1993 年版，第 64、63 页。

利益的原则立场。在社会主义社会之前，剥削现象是普遍存在的，不管是以显性的形式存在，还是以隐性的形式存在。在资本主义社会，资产阶级对无产阶级的剥削、资产阶级与无产阶级的两极分化是十分严重的，矛盾逐渐尖锐化和激化，必然导致无产阶级革命，从而推翻资本主义剥削制度，以消灭剥削、消除两极分化。

不可否认，由于我国正处在并将长期处在社会主义初级阶段（邓小平甚至使用过"初级的初级"一词，指称社会主义的初级阶段）的基本国情，我们不能超越阶段实行"纯而又纯"的"一大二公"的所有制形式和分配方式，必须从我国实际出发，采取适应我国国情的生产资料所有制形式和分配方式。如此一来，在社会主义初级阶段，依然会存在着一定程度的剥削现象和在一定时期出现收入分配差距较大的现象，这种现象甚至会长期存在，但它们在一定时期的存在有利于整体上促进社会生产力的发展。更确切地说，只要社会生产力还不够发达，生产资料非公有制形式就很难彻底根除，剥削现象就有存在的可能性。所以，我国必须通过大力发展生产力，清除生产资料非公有制形式赖以产生的土壤，才能彻底消灭剥削，消除两极分化。邓小平把消灭剥削和消除两极分化当作社会主义的本质规定，意味着消灭剥削和消除两极分化是社会主义发展的一个必然趋势，是社会主义的历史任务和自觉功能。当然，彻底消灭剥削和消除两极分化需要一个长期的过程。通过大力发展生产力，促进我国各项事业的持续发展，可以缩短这个过程的周期。

3.最终达到共同富裕是社会主义本质的目标性内容

邓小平关于社会主义本质的三个方面的规定，在一定意义上，是前提、手段、目标的有机统一：解放生产力、发展生产力是社会主义的物质前提，只有先不断做大"蛋糕"，才能提供各种发展条件，从而更好地切分和共享"蛋糕"；消灭剥削、消除两极分化是使广大人民共有共享社会成果，即确保"蛋糕"的切分公平公正；最终达到共同富裕则是社会主义的落脚点和根本目的，只有如此才能充分体现社会主义的优越性，彰显社会主义的本质。①

在邓小平之前，斯大林、毛泽东倾向于从社会主义特征的角度理解"共同富裕"，即实行生产资料共同占有、生活资料按人口和劳动成果进行分配。但是，迫于生产力水平低下，生产资料短缺，加之存在严重的平均主义分配倾

---

① 参见李崇富等：《邓小平理论的马克思主义解读》，中国社会科学出版社2015年版，第188页。

向，其结果往往导致共同贫穷，即是说，在社会生产力水平普遍低下的情况下，力图较快地同时实现广大人民的共同富裕事实上是做不到的，在实践中只能导致共同贫穷。这就是邓小平提出鼓励一部分人通过勤奋劳动先富起来的根本原因。鉴于历史的教训，邓小平的共同富裕观则与社会主义生产力的发展密切联系起来，强调社会主义发展生产力的目的不是为了少数人致富，而是为了全体人民的共同富裕，认为共同富裕是体现社会主义本质的重要方面。不仅如此，对于如何最终达到共同富裕，邓小平在政策上、体制上提出了一些创造性的构想：其一，放宽政策，"允许一部分地区、一部分人先富起来"。允许一部分人、一部分地区通过辛勤劳动、合法经营先富起来。当然，"允许一部分地区、一部分人先富起来"只是策略和手段，目的在于先富起来的人带动和帮助后面的人一块致富，"先发展起来的地区带动后发展的地区，最终达到共同富裕"[1]。其二，调整经济运作机制，继续推进农村改革，废除人民公社制度，实行家庭联产承包责任制，调动农民的生产积极性，促进农业经济发展，增加农民收入；实行以公有制为主体，多种所有制经济共同发展的基本经济制度，鼓励和支持"三资"企业发展。邓小平指出，"在改革中，我们始终坚持两条根本原则，一是以社会主义公有制经济为主体，一是共同富裕"[2]。尤其"共同富裕"作为改革和发展的根本目的，是社会主义与资本主义的本质区别。"社会主义最大的优越性就是共同富裕，这是体现社会主义本质的一个东西。"[3]"如果走资本主义道路，可能在某些局部地区少数人更快地富起来……大量的人仍然摆脱不了贫穷，甚至连温饱问题都不可能解决。只有社会主义制度才能从根本上解决摆脱贫穷的问题"[4]，最终达到共同富裕。

综上所述，邓小平的社会主义本质理论以发展生产力为前提和基础，坚持了社会主义生产力和生产关系的统一，解放生产力和发展生产力的统一，社会主义的物质基础和社会关系的统一，社会主义发展过程与最终目的的统一，社会主义发展生产力的根本目的和实现共同富裕的根本手段的统一[5]，对社会主义本质作了全面、完整和动态性的科学概括，使我们对"什么是社会主义、怎

---

① 《邓小平文选》第 3 卷，人民出版社 1993 年版，第 374 页。

② 《邓小平文选》第 3 卷，人民出版社 1993 年版，第 142 页。

③ 《邓小平文选》第 3 卷，人民出版社 1993 年版，第 364 页。

④ 《邓小平文选》第 3 卷，人民出版社 1993 年版，第 208 页。

⑤ 参见侯水平主编：《邓小平理论史》第 3 卷，四川人民出版社 2004 年版，第 279 页。

样建设社会主义"有了更加清醒、深刻的认识。

(二) 社会主义本质理论的基本特征

对于邓小平社会主义本质理论的特征,不少学者作了深入探讨,产生了一系列研究成果。例如,有的学者认为,邓小平的社会主义本质理论具有五大特征① :第一,具有很强的针对性。一是针对脱离生产力抽象谈论姓"资"姓"社"问题,二是针对计划与市场的属性问题,三是针对一部分人、一部分地区先富起来可能导致两极分化的问题。第二,具有很强的目的性。邓小平揭示社会主义本质的目的,旨在消除改革开放的阻力,加快改革开放和社会主义现代化建设的步伐。第三,具有很强的时代感。当今世界的竞争,主要是综合国力、经济实力、科学技术的竞争,只有解放生产力、发展生产力,才能使中国在世界竞争中立于不败之地。第四,具有强烈的国情意识。当前我国仍处于社会主义初级阶段,只有解放生产力、发展生产力,才能实现第二步和第三步战略目标,建成社会主义现代化强国,完全实现跨越式发展。第五,具有鲜明的理想性。消灭剥削、消除两极分化、实现共同富裕是邓小平社会主义本质的价值目标,既立足于现实和现时代,又超越了现实和现时代,具有鲜明的理想性。不可否认,上述五个方面从不同角度揭示了邓小平社会主义本质理论的特征,很有价值和意义。但是,对于邓小平社会主义本质理论的本质特征,还需要根据这一理论的深刻内蕴,进一步研究和补充,进一步进行理论的提升。我们认为,动态性、全面性和创新性是邓小平社会主义本质理论的基本特征。

1. 社会主义本质理论的动态性

关于社会主义的本质,邓小平对它的概括完全避免了教条式定义的窠臼,他连续使用了五个动词:"解放"、"发展"、"消灭"、"消除"、"达到",可见,他对社会主义本质的揭示是动态性的阐释,不是静态性的描述。就是说,在他看来,由于各种主客观复杂因素的影响,社会主义的本质不是马上就能够在现实中得到完整呈现的,其实现需要一个长期努力奋斗的历史过程,体现了建设社会主义的历史过程与实现社会主义价值目标的辩证统一。

---

① 参见赵家祥主编:《开拓马克思主义的新境界——邓小平对科学社会主义理论的贡献》,北京大学出版社 2004 年版,第 247—248 页。

马克思恩格斯设想的社会主义社会是共产主义社会的第一个阶段，是生产力发达的社会。但具体到中国的国情，社会主义仍处于初级阶段，人口多、底子薄，经济文化落后，发展很不平衡，发展生产力是我们面临的根本任务。但是，生产力的发展、国家综合国力的提升、10 多亿人民生活水平的提高、共同富裕的实现注定是一个长期的历史过程，不可能一蹴而就，必须至少经历几代人的艰苦奋斗才可能实现。所以，社会主义的本质并非在社会主义制度建立之初就已经完全具备了，相反，必须经过长期的历史积累过程才能逐步实现。对此，邓小平深刻指出："我们搞社会主义才几十年，还处在初级阶段。巩固和发展社会主义制度，还需要一个很长的历史阶段，需要我们几代人、十几代人，甚至几十代人坚持不懈地努力奋斗，决不能掉以轻心。"[1] 很显然，社会主义本质的实现与社会主义制度的巩固和发展是密切相关的，只有巩固和发展社会主义制度，才能促使社会主义本质的不断实现。换言之，社会主义本质的真正实现需要"几代人、十几代人，甚至几十代人坚持不懈地努力奋斗"。

由此可见，邓小平的社会主义本质理论揭示了我国社会主义本质实现的过程性、长期性和曲折性，他对社会主义本质的动态性揭示，告诉我们建设社会主义的历史过程是漫长的，甚至是曲折的，应当正确对待我国社会主义初级阶段这一基本国情，必须抓住有利时机，深化改革开放，集中力量把经济搞上去。

2. 社会主义本质理论的全面性

邓小平的社会主义本质理论不仅坚持了生产力和生产关系的辩证统一，而且把社会主义的根本任务和根本目的统一起来，具有全面性，它实现了前提、手段、目的的有机统一。

社会主义本质与解放生产力、发展生产力。关于社会主义本质与解放生产力、发展生产力的关系，可以从三个方面来理解：第一，发展生产力是社会主义的根本任务，是一种自觉的过程，把解放生产力、发展生产力当作社会主义本质的首要内容，体现了这一自觉性的要求。第二，只有通过解放生产力、发展生产力，最终使社会主义社会的劳动生产率高于资本主义社会，社会主义的优越性才能充分体现出来，才能充分证明社会主义取代资本主义的历史必然性和价值合理性。第三，贫穷不是社会主义，发展太慢也不是社会主义。社会主

---

① 《邓小平文选》第 3 卷，人民出版社 1993 年版，第 379—380 页。

义不仅应该消灭贫穷，而且应该有较高的发展速度，与之相关的是，生产关系和生产力之间应该保持一种相对和谐的状态，从而使得生产关系和生产力之间保持一种辩证的、有机的统一状态，以促进社会生产力始终保持一种持续健康的发展状态。社会主义本质与公有制和按劳分配是密切联系的。虽然邓小平对于社会主义本质理论的精辟论断，没有直接涉及公有制和按劳分配，并不意味着公有制和按劳分配与社会主义本质无关或不重要。相反，公有制和按劳分配已蕴含在他的社会主义本质理论中，就是说，只有在生产关系方面实行公有制和按劳分配为主体，才可能最终消灭剥削，消除两极分化。如果脱离公有制和按劳分配，仅从解放生产力、发展生产力角度谈论社会主义，而不从生产关系角度认识社会主义，就必然导致社会主义本质认识过于形式化、抽象化，无法全面认识社会主义的本质。故此邓小平多次强调，在改革中必须坚持的"两条根本原则"，"一是以社会主义公有制经济为主体，一是共同富裕"。① 所以，坚持社会主义基本制度，坚持公有制和按劳分配是社会主义的应有之义。

社会主义本质与共同富裕具有密切联系。共同富裕是社会主义的落脚点和根本目的，彰显了社会主义的本质和社会主义的优越性。只有社会主义才能实现共同富裕，"共同富裕"作为改革和发展的根本目的，是社会主义与资本主义的本质区别。

3. 社会主义本质理论的创新性

邓小平的社会主义本质理论的创新性，主要表现为它在继承基础上又突出发展了科学社会主义理论，一方面它对社会主义的认识从特征上升到本质层次，这是具有质的飞跃的理论创新；另一方面它把解放生产力、发展生产力作为社会主义本质的首要内容加以强调。邓小平第一次提出"社会主义本质"的概念，并科学概括了社会主义的本质，即解放生产力，发展生产力，消灭剥削，消除两极分化，最终达到共同富裕。这一科学概括，使人们对社会主义的认识和理解更加科学、深刻。不可否认，在邓小平之前，马克思主义经典作家都曾多次谈及发展生产力的问题，例如，马克思恩格斯在创立科学社会主义理论之初，多次谈及重视发展社会主义的生产力；十月革命后，列宁明确指出，"无产阶级取得国家政权以后，它的最主要的最根本的需要就是

---

① 《邓小平文选》第 3 卷，人民出版社 1993 年版，第 142 页。

增加产品数量，大大提高社会生产力"①。毛泽东在《关于正确处理人民内部矛盾的问题》中明确指出，社会主义生产关系比旧时代生产关系更适合生产力发展，它能够容许生产力以旧社会没有的速度迅速发展，生产不断扩大，人民不断增长的需要逐步得以满足。可见，以往马克思主义经典作家都曾谈及发展生产力的问题，但是他们很少把解放生产力和发展生产力统一起来谈，甚至从未提出在社会主义条件下"解放生产力"的问题。因为在他们看来，社会主义制度确立之后，解放生产力的任务已经实现，"根本任务已经由解放生产力变为在新的生产关系下面保护和发展生产力"②。与之不同，邓小平首次提出了在社会主义条件下解放生产力的问题，这是一个重大的理论创新。他明确指出，"革命是解放生产力，改革也是解放生产力"③。当然，在社会主义条件下，发展生产力是根本任务，但只有不断变革社会主义生产关系和上层建筑中不适应生产力发展，以及束缚生产力发展的因素，才能不断促进生产力的发展。所以，邓小平的社会主义本质理论，不仅坚持了科学社会主义理论，而且发展创新了科学社会主义理论。

三、社会主义本质理论的贡献

党的十五大报告指出："邓小平理论坚持科学社会主义理论和实践的基本成果，抓住'什么是社会主义，怎样建设社会主义'这个根本问题，深刻地揭示社会主义的本质，把对社会主义的认识提高到新的科学水平"④。为什么邓小平的社会主义本质理论把对社会主义的认识提高到新的科学水平？它的理论贡献主要表现在哪些方面？前面我们的内容已经为该问题的回答作了铺垫，下面进一步深入探讨邓小平社会主义本质理论的主要贡献。

---

① 《列宁选集》第 4 卷，人民出版社 2012 年版，第 623 页。
② 《毛泽东文集》第 7 卷，人民出版社 1999 年版，第 218 页。
③ 《邓小平文选》第 3 卷，人民出版社 1993 年版，第 370 页。
④ 江泽民：《高举邓小平理论伟大旗帜　把建设有中国特色社会主义事业全面推向二十一世纪——在中国共产党第十五次全国代表大会上的报告》，人民出版社 1997 年版，第 12 页。

（一）第一次提出"社会主义本质"概念，对社会主义的认识从特征层面上升到本质层面

本质，是指事物本身固有的根本性质、根本属性，表示事物的稳定性、同一性和完整性，它是事物各种属性、特性的总和。特征，是事物某一或某些方面的属性，是对某一客体或某类客体所具有特性的抽象结果，它表示事物的多样性和可变性。与"特征"相比，"本质"居于更高、更深的层次。邓小平第一次提出了"社会主义本质"概念，他对社会主义本质的科学概括，使我们对社会主义的认识从特征上升到本质层次，更加深刻、更加科学地认识和把握了社会主义的内涵。比如，以往我们一谈到社会主义，首先想到就是生产资料公有制。无疑，生产资料公有制与社会主义制度是有联系的，是社会主义的主要特征之一。但生产资料公有制并非社会主义的本质，它指的是生产资料的占有方式，社会主义本质是对社会主义根本性质的科学概括，二者属于不同层次的范畴。社会主义本质是稳定的，贯穿整个社会主义阶段，但社会主义所有制的形式在不同时期却有不同的特点和具体表现形式，是变化的，当前我国的生产资料所有制形式是公有制为主体基础上的多种所有制形式并存。邓小平的社会主义本质理论不仅有助于纠正人们对社会主义的种种错误和模糊认识，而且有助于使人们从根本性质上去认识社会主义，从而使人们能够在理性认识基础上自觉投身于建设社会主义的行动之中。

（二）第一次用解放生产力和发展生产力界定社会主义本质，在此基础上提出生产力标准和"三个有利于"标准，是对科学社会主义理论的重大创新

马克思恩格斯在《共产党宣言》等著作中，侧重从生产关系角度谈论社会主义，在他们看来，生产力的高度发达是新型社会不言自明的前提和基础。但现实的社会主义国家基本是在经济文化比较落后的基础上建立的。这些国家建立社会主义制度后，由于各种原因也往往侧重于从生产关系的角度理解社会主义，甚至长期片面夸大生产关系对生产力、上层建筑对经济基础的反作用，以致不同程度地出现了脱离生产力发展抽象地谈论、建设社会主义的错误倾向。改革开放前，我国经济发展遭遇种种挫折和困难，如"大跃进"、"浮夸风"、"文化大革命"等，都与这种错误倾向有关。邓小平深刻反思了国内外社会主义建设的经验教训，第一次明确从解放生产力、发展生产力的角度来理解社会主

义，深刻启示人们：贫穷决不是社会主义，发展太慢决不是社会主义，资本主义制度可以跨越，但生产力水平不能跨越，社会主义初级阶段必须大力发展生产力，尽快提高劳动生产率，否则社会主义的优越性无从谈起，甚至会引发一系列政治问题。邓小平不仅把解放生产力和发展生产力讲全了，而且认识到生产力与生产关系的辩证统一关系。并据此提出了判断改革得失成败的"三个有利于"标准：是否有利于发展社会主义的社会生产力，是否有利于增强社会主义国家的综合国力，是否有利于提高人民的生活水平。"三个有利于"标准是生产力标准的具体化和重要补充，不仅有助于回答市场经济的属性问题，而且为解放生产力和发展生产力提供了理论依据。

（三）把解放生产力、发展生产力与消灭剥削、消除两极分化联系起来，为正确处理效率与公平关系提供了理论依据

邓小平不但从解放生产力、发展生产力的角度理解社会主义，而且从生产关系的角度对社会主义本质作了规定，即"消灭剥削、消除两极分化"，不仅阐明了社会主义生产关系的独特性，而且体现了社会主义生产力与生产关系的辩证统一性。在他看来，解放生产力和发展生产力为消灭剥削、消除两极分化提供了物质前提和条件，因为只有大力发展生产力，清除生产资料私有制赖以产生的土壤，才能彻底消灭剥削，消除两极分化。进一步说，正确认识和处理解放生产力、发展生产力与消灭剥削、消除两极分化的关系，才能正确认识和处理效率与公平的关系。解放生产力、发展生产力是社会主义本质的首要内容，实质强调的就是效率。没有效率的提高，何谈生产力的解放和发展；没有效率的提高和经济的快速发展，何谈社会主义的优越性。相对于效率，消灭剥削和消除两极分化谈的是社会公平。社会主义作为共产主义社会的第一阶段，代表了人类对美好生活向往的公平的社会制度。受现实生产力发展水平的制约，我国至今尚不能完全避免在追求整体发展的效率时对部分个体造成的不公平。为了解决效率与公平的矛盾问题，唯有继续大力发展生产力，在此基础上不断消灭剥削和消除两极分化现象，推进效率和公平问题的更好解决。所以，在概括社会主义的本质时，邓小平既强调解放生产力、发展生产力，又注重消灭剥削、消除两极分化，把二者有机结合起来。邓小平的论述深刻启示我们：在生产力发展基础上不断消灭剥削和消除两极分化是一个长期努力的过程，是不断推进效率和公平关系良好解决的过

程，在此过程中，我们不能为了片面追求公平而忽视效率，搞平均主义，吃"大锅饭"，导致共同贫穷。另一方面，我们也不能一味地片面追求效率，忽视公平，导致两极分化愈演愈烈。而是必须把解放生产力、发展生产力与消灭剥削、消除两极分化结合起来，坚持兼顾效率和公平的原则，正确处理效率与公平的问题。

（四）把共同富裕作为社会主义的根本目标，并对如何实现共同富裕提供了方法论指导

囿于时代条件的限制，马克思主义经典作家主要探讨了社会主义的特征，没有明确提出"社会主义本质"概念，更没有把共同富裕当作社会主义的本质。邓小平不仅把共同富裕当作社会主义的最终目的，而且把它当作社会主义的最本质内容，当作社会主义与资本主义区别的最重要标志："社会主义最大的优越性就是共同富裕，这是体现社会主义本质的一个东西。"[1]但是，作为社会主义的本质，共同富裕不是同步富裕和平均财富，只能是波浪式发展，在长期过程中逐步得以实现。邓小平对此的创造性构想是："一部分地区有条件先发展起来，一部分地区发展慢点，先发展起来的地区带动后发展的地区，最终达到共同富裕。"[2]可见，邓小平共同富裕思想包含三个方面的深刻内容：其一，贫穷不是社会主义，社会主义必须消灭贫穷。其二，少数人富、多数人贫穷也不是社会主义，社会主义最终必须实现共同富裕。其三，共同富裕的实现是一个有先有后、有快有慢、逐步实现的长期过程，先发展起来的人群和地区要支持和帮助后发展的人群和地区，国家要采取有效措施帮助后发展人群和地区，最终实现共同富裕。邓小平的创造性构想蕴含着先富与后富、共富的辩证关系，为我国在现实实践中逐步解决贫富差距、实现共同富裕提供了方法论指导。

共同富裕是社会主义本质的集中体现，但共同富裕不是同步富裕，它是一个逐步实现的长期过程。力图让所有人、所有地区在短时间内一起富裕起来，愿望是好的，但是不切实际，违背了社会主义经济发展的客观规律。若不顾客观条件和客观规律的制约一味强力推行，必然导致以往共同贫穷的可悲结果。

---

[1] 《邓小平文选》第3卷，人民出版社1993年版，第364页。
[2] 《邓小平文选》第3卷，人民出版社1993年版，第374页。

马克思恩格斯在《德意志意识形态》中特别深刻地指出：生产力的巨大增长和高度发展是消灭资本主义"异化"现象的绝对必需的实际前提，如果没有生产力的这种发展，"那就只会有贫穷、极端贫困的普遍化；而在极端贫困的情况下，必须重新开始争取必需品的斗争，全部陈腐污浊的东西又要死灰复燃"①。我国以往建设社会主义的经验教训，其他社会主义国家进行社会主义建设的鉴戒都深刻启示我们：只有随着社会生产力的不断发展、社会财富的不断增长，共同富裕才可能逐步实现；只有随着社会经济文化发展不平衡状况的不断克服，共同富裕才可能逐步实现；只有随着按劳分配为主体原则的不断完善，共同富裕才可能逐步实现。所以，要最终实现共同富裕的目标，必须允许一部分人、一部分地区通过正当手段先富起来，先富带动后富，最终实现共同富裕，这既符合唯物辩证法，又符合社会主义的发展规律。允许一部分人、一部分地区先富，一方面可以产生极大的示范和鼓舞作用，为大多数人和地区树立榜样，增强信心，激发他们的积极性、能动性、创造性，促使先富帮后富、后富学先富、赶先富，从而使全国各地区、各族人民逐步实现共同富裕；另一方面通过国家的政策性倾斜和资金等方面的有力支持，扶持和帮助后富的人群和地区。可见，先富与后富决不是相互排斥、水火不容的关系，而是相辅相成、相互促进的关系，它们共同统一于共同富裕的最终目标。当然，政府必须对一定时期先富和后富的情况作出准确研判，实施有效措施，使得贫富差距合理可控，避免贫富差距过大，乃至贫富分化长期持续得不到解决，以致影响社会的稳定和持续发展。

（五）不再把计划经济视为判断社会主义的标准，解决了计划和市场的属性问题

我们知道，计划经济不是邓小平社会主义本质理论的内容之一，它不具有社会主义经济制度的特征，不是判断社会主义的标准。在邓小平看来，计划和市场都是发展经济的手段，二者之间不存在根本性矛盾。计划经济不等于社会主义，资本主义也有计划；市场经济不等于资本主义，社会主义也有市场，它们不是社会主义与资本主义的根本区别。邓小平明确指出，"多年的实践证明，在某种意义上说，只搞计划经济会束缚生产力的发展。把计划经济和市场经济

———————
① 《马克思恩格斯选集》第 1 卷，人民出版社 2012 年版，第 166 页。

结合起来，就更能解放生产力，加速经济发展"①。

计划经济体制的弊端主要表现为权力高度集中，不管企业的生产是否符合社会需要，是否有经济效益，都必须按照计划进行。毋庸置疑，计划经济体制在社会主义建设过程中曾发挥过十分积极的作用，但是随着社会化生产的扩大，单一的计划经济越来越束缚生产力的发展。对此，邓小平指出，"社会主义优越性最终要体现在生产力能够更好地发展上。多年的经验表明，要发展生产力，靠过去的经济体制不能解决问题。所以，我们吸收资本主义中一些有用的方法来发展生产力。现在看得很清楚，实行对外开放政策，搞计划经济和市场经济相结合，进行一系列的体制改革，这个路子是对的"②。所以，我国的经济体制必须走计划经济与市场经济相结合的道路，在计划与市场的问题上不存在姓"资"姓"社"的原则性问题，只要有利于发展社会主义社会的生产力，有利于增强社会主义国家的综合国力，有利于提高人民的生活水平，这两种手段都可以采用。邓小平的社会主义市场经济理论，不仅解答了市场经济的属性问题，而且解决了解放和发展生产力的难题，是对科学社会主义理论的创新和发展。

由上可见，从内容来说，邓小平社会主义本质理论从五个方面丰富和发展了马克思主义哲学、政治经济学和科学社会主义理论。不仅如此，邓小平社会主义本质理论也蕴含着丰富的辩证法思想，体现了共性与个性的统一、目的与手段的统一等。关于共性与个性的统一。在一定意义上，解放生产力、发展生产力是一切社会形态的共性；消灭剥削，消除两极分化，最终达到共同富裕则是社会主义社会的个性，是本质的特殊性。关于目的与手段的统一。消灭剥削，消除两极分化，最终达到共同富裕是社会主义的目的；解放生产力、发展生产力则是实现这一目的的手段，二者互为前提，不可分割。综上所述，邓小平的社会主义本质理论精辟地回答了"什么是社会主义，怎样建设社会主义"这一根本问题，纠正了长期以来拘泥于具体模式，忽视了社会主义本质的错误做法，把社会主义的内涵提升到新的理论高度，是对科学社会主义理论的创新和发展。同时，这一理论科学解答了经济文化落后的社会主义国家如何巩固和发展社会主义的历史性难题，具有重大的现实意义和深远的历史意义。

---

① 《邓小平文选》第 3 卷，人民出版社 1993 年版，第 148—149 页。
② 《邓小平文选》第 3 卷，人民出版社 1993 年版，第 149 页。

第三节　社会主义市场经济理论的探索和提出

改革开放前，我国实行的是高度集中的计划经济体制，它曾在我国的社会主义建设中发挥过十分重要的作用。但是，在20世纪70年代之后，随着经济全球化趋势的不断发展，单一计划经济体制的弊端越来越显露出来，越来越不适应生产力的发展。20世纪80年代之后，以邓小平同志为主要代表的中国共产党人，在总结和反思计划经济体制经验教训基础上，在改革开放的实践中不断地在思考着计划与市场的关系问题，在南方谈话中明确提出了社会主义市场经济的创新论断，突破了原有的关于社会主义与市场经济关系的论断，大大解放了人们的思想。党的十四大报告根据邓小平的上述论断，明确提出我国经济体制改革的目标是建立社会主义市场经济体制，标志着邓小平社会主义市场经济理论的确立。社会主义市场经济理论是邓小平建设有中国特色社会主义理论的重要组成部分，它第一次比较系统地回答了"社会主义市场经济可以搞、为什么搞、怎样搞"的问题，是对马克思主义理论的重大创新，充分体现了邓小平大胆创新的理论勇气和敢于突破陈规旧习的政治勇气，具有重大的理论意义和现实意义。

一、马克思主义经典作家关于市场经济的论述

马克思恩格斯都把计划经济当作社会主义的经济组织形式，认为计划经济是社会主义的基本特征，计划经济与市场经济是水火不相容的。虽然列宁、斯大林、毛泽东等人认为市场经济或商品经济在社会主义建设初期具有一定的作用，但是他们对待市场经济或商品经济的根本态度始终未变，即把市场经济或商品经济看作是社会主义初期存在的短暂现象，市场经济或商品经济的消失是社会主义发展的必然。邓小平在新的历史时期，深刻认识到计划经济的弊端，不再把计划经济当作评判社会主义的标准，认为社会主义可以搞市场经济，在

实践中发展了马克思主义的政治经济学。

(一)马克思恩格斯关于市场经济的论述

马克思恩格斯在剖析和批判资本主义社会时发现了新世界,勾勒了新世界的图景,认为社会主义条件下不存在市场经济。在马克思恩格斯看来,商品生产、商品交换是与生产资料私有制相联系的经济运行形式。但是,"在一个集体的、以生产资料公有制为基础的社会中,生产者不交换自己的产品;用在产品上的劳动,在这里也不表现为这些产品的价值,不表现为这些产品所具有的某种物的属性,因为这时,同资本主义社会相反,个人的劳动不再经过迂回曲折的道路,而是直接作为总劳动的组成部分存在着"[①]。换言之,在社会主义社会,商品生产、商品交换不再存在,被直接的社会生产取代;交换价值不再是生产的目的,生产只是为了满足人们的需求,生产产品进行有计划的分配,以调节各种需求的适当比例。对此,恩格斯在《反杜林论》中明确指出,"一旦社会占有了生产资料,商品生产就将被消除,而产品对生产者的统治也将随之消除。社会生产内部的无政府状态将为有计划的自觉的组织所代替"[②]。恩格斯认为,在未来的新社会制度里,生产资料直接以社会化的形式应用于生产,每个人的劳动成为直接的社会劳动的一部分。总之,在马克思恩格斯看来,在社会主义条件下,不仅不存在商品、货币、竞争等市场经济因素,而且不存在市场经济;社会主义社会按照每个社会成员的需求,有计划地组织和调节生产,实现全社会有计划按比例的生产,是以按劳分配为特征的经济形式。

社会主义社会之所以取消商品生产、商品交换,实行计划经济,在马克思恩格斯看来,这是因为[③]:其一,虽然市场经济在一定程度上有利于生产力的发展,但它是周期性经济危机的根源,会限制甚至破坏生产力的发展。市场经济的自由竞争性和无政府状态必然导致周期性的经济危机,造成已有生产力的巨大破坏。其二,只有消灭商品生产、商品交换,才能消灭剥削。"任何商品生产的经营都同时成为剥削劳动力的经营;但是,只有资本主义的商品生产,

---

① 《马克思恩格斯选集》第 3 卷,人民出版社 2012 年版,第 363 页。

② 《马克思恩格斯选集》第 3 卷,人民出版社 2012 年版,第 815 页。

③ 参见赵家祥主编:《开拓马克思主义的新境界——邓小平对科学社会主义理论的贡献》,北京大学出版社 2004 年版,第 167—168 页。

才成为一个划时代的剥削方式"①。其三，按照共同的合理的计划组织和调节生产，是未来社会最合理和人道的生产方式。其四，一旦实行有计划的社会生产，商品生产、商品交换不再有存在的必要性。当然，马克思恩格斯并未否定价值规律存在的必要性，他们认为，"在资本主义生产方式消灭以后，但社会生产依然存在的情况下，价值决定仍会在下述意义上起支配作用：劳动时间的调节和社会劳动在各类不同生产之间的分配，最后，与此有关的簿记，将比以前任何时候都更重要"②。

很显然，马克思恩格斯关于社会主义条件下不存在市场经济的论述，是建立在社会主义的生产力和社会化生产高度发达的基础上的。但是，众所周知社会主义制度最先建立在经济文化相对落后的俄国、中国等国家，这些国家为了解放和发展生产力，在把计划经济作为评判社会主义的基本标准时，不可避免地重新思考市场经济与社会主义的关系问题。

（二）列宁关于市场经济的论述

列宁在探索经济文化落后国家如何建设社会主义时，最早探讨了市场经济与社会主义的关系问题。鉴于实行战时共产主义政策的经验教训，他不仅认为社会主义社会仍存在商品生产，而且第一次提出"市场经济"的概念。列宁在社会主义建设的实践中，一方面坚持马克思恩格斯关于社会主义社会按照"共同的合理的计划"组织和调节社会生产的原则；另一方面结合俄国的社会现实，认为市场关系不可能一下子消失，从而提出了"按商业原则办事"，计划必须与市场相适应，发挥市场的调节作用等重要思想。

在1918年实施战时共产主义之前，列宁对社会主义条件下是否实施市场经济持否定态度，他坚持了马克思恩格斯关于市场经济的论述。他认为，"只有按照一个总的大计划进行的、力求合理地利用经济资源的建设，才配称为社会主义的建设"③。所以，苏维埃政权建立以后，列宁提出对产品的生产和分配进行计算和监督，建议制定俄国的工业改造和经济发展计划。但是，执行战时共产主义政策导致的不良结果，造成了农业歉收、国民经济状况恶化、群众

① 《马克思恩格斯全集》第24卷，人民出版社1972年版，第44页。
② 《马克思恩格斯全集》第25卷，人民出版社1974年版，第963页。
③ 《列宁全集》第35卷，人民出版社2017年版，第18页。

不满情绪激增等明显的消极后果。列宁经过深入反思，深刻认识到过早废除商品、货币、市场，不利于生产力的发展。列宁指出，向纯社会主义形式和纯社会主义分配直接过渡，是我们力所不及的，"在从资本主义社会向社会主义社会过渡时，不要货币或者在短期内代之以新的货币，是根本不可能的事情"①。由此列宁明确提出要"研究市场"，以利用市场关系发展社会主义生产力。1921年3月，在俄共（布）第十次会议上，列宁论述了恢复商品货币关系，发展市场经济的必要性；主张实施新经济政策，把商品交换作为新经济政策的主要杠杆。新经济政策的主要内容包括：用粮食税代替余粮收集制；发展商品经济，允许贸易自由；实行租让制和国家资本主义；国家企业"按照商业原则办事"，计算成本，追求利润；利用商业和市场的作用，全面搞活经济。很显然，在新经济政策中，商业原则和市场原则的作用不容忽视，它们是发展社会主义生产力的重要手段、途径。实践的需要促使列宁探讨了计划与市场之间的关系，他提出计划必须与市场相适应的新论断："社会主义经济计划是不能臆断地用理论的或官僚主义的方法拟定的"，必须"经常警觉地适应市场情况和市场关系"②，考虑市场的规律，掌握市场，正确调节市场和货币的流通。不可否认，列宁只是把市场手段作为社会主义过渡时期的经济政策，它与社会主义水火不相容的关系并未改变。但是，"共产主义与商业?! ……两种风马牛不相及、毫不相干、相去甚远的东西"却密切联系在一起，并且使苏维埃俄国保持了持续数年的经济增长，把苏维埃新生政权从经济衰退和社会动荡中挽救过来。列宁这些宝贵思想为社会主义市场经济理论奠定了基础。

（三）毛泽东关于市场经济的论述

毛泽东在探索符合中国国情的社会主义建设道路时，不仅继承了马克思主义经典作家关于社会主义与市场经济关系的理论，而且结合中国社会主义建设的具体实际，提出了在社会主义社会的一定历史阶段，商品经济将长期存在并且发挥重要作用的重要论断，对商品经济和价值规律的性质、作用、范围作了比较客观的评价，倡导发展社会主义商品经济等。很显然，毛泽东关于市场经

---

① 《列宁全集》第34卷，人民出版社2017年版，第126页。
② 转引赵家祥主编：《开拓马克思主义的新境界——邓小平对科学社会主义理论的贡献》，北京大学出版社2004年版，第172页。

济的论断有诸多创新之处，这些难能可贵的思想对邓小平的社会主义市场经济理论具有重要影响。

　　毛泽东与之前的马克思主义经典作家一样，从根本上把计划经济作为社会主义的评判标准，他认为社会主义必须实行计划经济。但是，毛泽东又认识到社会主义在一定时期内必须保留商品生产、市场，主张搞大计划、小市场。新中国成立之初，毛泽东借鉴和学习了苏联社会主义模式，建立了高度集中的计划经济体制，但是他又意识到苏联社会主义模式有一定的局限性，试图对它加以改进。例如，对国有经济与集体经济之间生产资料的交换采取"准市场"形式，生活资料在国家通过计划生产和控制价格的前提下，通过市场交换等等①。1958 年，毛泽东提出发展商品生产和商品交换，认为货币制度、价值规律有利于发展社会主义生产力。认为在商品流通过程中，价值、价格和货币仍然将起积极的作用。②此外，毛泽东区分了社会主义商品生产和资本主义商品生产的不同性质，针对那种将商品经济与资本主义混为一谈的错误观点，他指出："商品生产，要看它是同什么经济制度相联系，同资本主义制度相联系就是资本主义的商品生产，同社会主义制度相联系就是社会主义的商品生产。"③他明确提出："现在要利用商品生产、商品交换和价值法则，作为有用的工具，为社会主义服务。"④毛泽东这些正确主张，为我们党在新的历史时期实行经济体制改革，进而推行社会主义市场经济体制，提供了认识准备和理论资源。但是应该看到，尽管毛泽东提出了发展商品经济的论断，但在他那里，高度集中的计划经济体制仍处于主导地位。即使如此，我们也不能盲目地评价毛泽东关于市场经济的论断，它具有鲜明的时代烙印，他的一些观点在一定意义上是对马克思主义的创新性发展，对邓小平的社会主义市场经济理论具有重要影响。

---

① 参见赵家祥主编：《开拓马克思主义的新境界——邓小平对科学社会主义理论的贡献》，北京大学出版社 2004 年版，第 176—177 页。
② 参见赵家祥主编：《开拓马克思主义的新境界——邓小平对科学社会主义理论的贡献》，北京大学出版社 2004 年版，第 177 页。
③ 《毛泽东文集》第 7 卷，人民出版社 1999 年版，第 439 页。
④ 《毛泽东文集》第 7 卷，人民出版社 1999 年版，第 435 页。

二、社会主义市场经济理论的探索与创新

虽然列宁、毛泽东都探索过市场经济与社会主义的关系问题，试图通过利用市场手段加快社会主义经济建设的步伐。但是，由于受历史条件的限制，他们依然坚持把计划经济和市场经济作为评判社会主义和资本主义的重要标准，他们只把一定范围内的市场经济视为社会主义过渡时期不得已采取的权宜之计，一待时机成熟就主张消灭市场经济。与之不同，邓小平则石破天惊地明确提出了社会主义制度可以和市场经济相结合的论断，在马克思主义发展史上第一次解决了社会主义与市场经济的关系这一历史性难题。究其原因，除了时代条件外，就在于邓小平不仅深谙马克思主义基本理论，而且熟谙国内外社会主义国家建设社会主义的经验教训，更有着巨大的理论勇气和政治勇气，因而能够在深刻反思计划经济体制经验教训的基础上，从实际出发，从实践出发，从而解决了社会主义与市场经济能否结合的重大理论与实践难题。

（一）邓小平对社会主义市场经济的理论探索

邓小平对社会主义市场经济的探索是一个长期的历史过程，不是一蹴而就的。首先涉及的问题就是：为什么要探索社会主义市场经济？一言以蔽之，这是对计划经济反思的结果，即单一计划经济严重限制了社会主义生产力的发展；与此密切相关的问题就是：计划经济之外的市场经济效能如何？是否可行？这就是邓小平探索社会主义市场经济的大致逻辑。

1. 计划经济体制的反思：计划经济，良莠何在？

不可否认，新中国成立之初，计划经济体制在我国社会主义经济建设中发挥了重大作用，"它的优越性就在于能做到全国一盘棋，集中力量，保证重点"①。计划经济体制的作用至少表现在以下方面：第一，能集中大量的，甚至全国的财力、物力、人力用于国家的基础建设。在 1953—1957 年的第一个五年计划中，它有效保证了 156 项大型的基础性工业项目顺利实施，奠定了新中国工业化的初步基础。第二，能集中全国各种力量用于国防建设和科技发展。20 世纪 50—70 年代，国家在集中大量人力、物力和财力基础上，研制出原子

---

① 《邓小平文选》第 3 卷，人民出版社 1993 年版，第 16—17 页。

弹、氢弹、人造卫星等国防尖端武器，对于捍卫国家主权和领土完整发挥了重要作用。第三，能集中力量有效地支持落后地区和边疆地区的经济建设。20世纪50—70年代，国家在集中力量支援少数民族地区工业建设，巩固和加强边疆安定、民族团结方面发挥了重要作用。

20世纪六七十年代以后，伴随着世界范围内科技革命的兴起和发达国家经济的快速发展，我国原有计划经济体制的弊端日益突出，它完全忽视了价值规律和市场调节的作用，把市场机制排斥在经济运行过程之外。从1953年第一个五年计划到1978年，我国先后经历了"大跃进"、"文化大革命"等，单一的计划经济体制给中国社会主义建设事业带来严重后果。庞大的行政机构，占用大量社会资源，"抓住权不放"，"必然会阻碍经济体制改革，拖经济发展的后腿"[1]。总之，用邓小平的话说，"我们过去一直搞计划经济，但多年的实践证明，在某种意义上说，只搞计划经济会束缚生产力的发展"[2]。

2.社会主义市场经济的长期探索：如何更好促进社会主义生产力的发展？

改革开放前，我国社会主义经济建设遭遇的种种困难和挫折，促使邓小平深入反思计划经济体制的经验与教训，积极探索社会主义市场经济的可行性，并在实践基础上认识不断深化、不断升华。1979年11月，邓小平提出社会主义可以搞市场经济；1981年6月，党的十一届六中全会提出了"计划经济为主、市场调节为辅"的论断；1984年10月，党的十二届三中全会通过的《中共中央关于经济体制改革的决定》明确提出"社会主义经济是公有制基础上的有计划的商品经济"；1985年10月，邓小平提出把计划经济与市场经济结合起来；1987年党的十三大提出"社会主义有计划商品经济的体制，应该是计划与市场内在统一的体制"。在南方谈话中，邓小平的思想又有了新发展，对社会主义与市场经济的关系作了明确阐述，为党的十四大确立社会主义市场经济体制改革目标提供了理论基础。大体说来，邓小平探索社会主义市场经济的过程主要经历了以下四个阶段。

第一阶段：1978年至1982年党的十二大，提出"计划经济为主、市场调节为辅"的经济体制改革方针。1979年11月，邓小平在会见外国友人时提出："我们是计划经济为主，也结合市场经济，但这是社会主义的市场经

---

[1]　《邓小平文选》第3卷，人民出版社1993年版，第160页。

[2]　《邓小平文选》第3卷，人民出版社1993年版，第148页。

济。"①1980年1月，在中央干部会议上，邓小平指出，"我们在发展经济方面，正在寻求一条合乎中国实际的，能够快一点、省一点的道路，其中包括……计划调节和市场调节相结合"②。1980年5月20日，在与有关负责同志谈话时，邓小平提出"实行计划指导下的市场调节"。1981年6月，党的十一届六中全会提出，"必须在公有制基础上实行计划经济，同时发挥市场调节的辅助作用。要大力发展社会主义的商品生产和商品交换"。③1982年9月，党的十二大报告对"计划经济为主、市场调节为辅"的经济体制改革思路作了详细阐述：正确贯彻计划经济为主、市场调节为辅原则是经济体制改革中的一个根本性问题；在公有制基础上实行计划经济，有计划地生产和流通，是我国国民经济的主体；同时允许对于部分产品生产和流通不作计划，由市场来调节；正确划分指令性计划、指导性计划和市场调节各自的范围和界限；自觉利用价值规律，运用价格、税收、信贷等经济杠杆引导企业实现国家计划要求；给企业以不同程度的机动权；等等。④1982年10月，邓小平指出，只有解决好计划与市场的关系问题，才有利于经济的发展。在计划经济为主、市场调节为辅的经济体制改革思路指导下，国家采取了一系列经济体制改革的措施，如减少指令性计划，加强市场调节，扩大经济实体的自主权，等等。

第二阶段：1983年至1986年，提出"有计划的商品经济"。在总结实践经验基础上，1984年10月20日，党的十二届三中全会通过的《中共中央关于经济体制改革的决定》认识上有了新进展，指出，改革是为了建立充满生机和活力的社会主义经济体制，要把是否有利于发展社会生产力作为检验一切改革得失成败的最主要标准⑤。提出"要突破把计划经济同商品经济对立起来的传统观念，明确认识社会主义计划经济必须自觉依据和运用价值规律，是在公有制基础上的有计划的商品经济。商品经济的充分发展，是社会经济发展不可逾越的阶段，是实现我国经济现代化的必要条件"⑥。对此，邓小平给予高度评价，"这次经济体制改革的文件好，就是解释了什么是社会主义，有些是我们

① 《邓小平文选》第2卷，人民出版社1994年版，第236页。
② 《邓小平文选》第2卷，人民出版社1994年版，第246—247页。
③ 《三中全会以来重要文献选编》（下），中央文献出版社2011年版，第169页。
④ 参见《十二大以来重要文献选编》（上），中央文献出版社2011年版，第18—20页。
⑤ 《十二大以来重要文献选编》（中），中央文献出版社2011年版，第52页。
⑥ 《十二大以来重要文献选编》（中），中央文献出版社2011年版，第56页。

老祖宗没有说过的话，有些新话。我看讲清楚了。过去我们不可能写出这样的文件，没有前几年的实践不可能写出这样的文件"①。1985 年 10 月 23 日，在会见美国企业家代表时，邓小平的思想又有新发展，他明确指出，"社会主义和市场经济之间不存在根本矛盾。问题是用什么方法才能更有力地发展社会生产力。我们过去一直搞计划经济，但多年的实践证明，在某种意义上说，只搞计划经济会束缚生产力的发展。把计划经济和市场经济结合起来，就更能解放生产力，加速经济发展"②。从"公有制基础上的有计划的商品经济"，到"社会主义和市场经济之间不存在根本矛盾"，邓小平的思想在实践中继续发展。

　　第三阶段：1987 年党的十三大至 1991 年，提出"社会主义商品经济"。1987 年 10 月，党的十三大明确提出"社会主义商品经济"、"社会主义市场体系"的概念，强调指出，"社会主义有计划商品经济的体制，应该是计划与市场内在统一的体制……社会主义商品经济同资本主义商品经济的本质区别，在于所有制基础不同"，"社会主义商品经济的发展离不开市场的发育和完善，利用市场调节决不等于搞资本主义"，必须"把计划工作建立在商品交换和价值规律的基础上"，"计划和市场的作用范围都是覆盖全社会的"，明确指出"新的经济运行机制，总体上来说应当是'国家调节市场，市场引导企业'的机制"。③ 报告同时提出，要"加快建立和培育社会主义市场体系"，强调，"社会主义的市场体系，不仅包括消费品和生产资料等商品市场，而且应当包括资金、劳务、技术、信息和房地产等生产要素市场；单一的商品市场不可能很好发挥市场机制的作用。社会主义的市场体系还必须是竞争的和开放的；垄断的或分割的市场不可能促进商品生产者提高效率，封闭的市场不利于发展国内的合理分工和促进国际贸易"④。党的十三大报告强调社会主义商品经济必须实现计划与市场的内在统一，强调计划调节与市场调节的有机结合，这在探索社会主义市场经济过程中，又迈出了很大步伐。在这一阶段，国家明显加大了市场机制在经济领域的调节作用，以公有制为主体的多样化格局的经济结构和以按劳分配为主体的多种分配形式并存的分配制度逐步形成。

①　《邓小平文选》第 3 卷，人民出版社 1993 年版，第 91 页。
②　《邓小平文选》第 3 卷，人民出版社 1993 年版，第 148—149 页。
③　《十三大以来重要文献选编》（上），中央文献出版社 2011 年版，第 23 页。
④　《十三大以来重要文献选编》（上），中央文献出版社 2011 年版，第 25—26 页。

第四阶段：从南方谈话到 1992 年党的十四大召开，明确提出建立社会主义市场经济体制的经济体制改革目标。1992 年春，邓小平在南方谈话中集中表达了他对社会主义与市场经济关系的思考成果。他明确指出："计划多一点还是市场多一点，不是社会主义与资本主义的本质区别。计划经济不等于社会主义，资本主义也有计划；市场经济不等于资本主义，社会主义也有市场。计划和市场都是经济手段。"①这一论断，破除了不少人把市场经济与社会主义对立起来的观念和做法，对于"左"的和右的错误都给予了有力批判。邓小平深刻指出：现在，有右的东西影响我们，也有"左"的东西影响我们，但根深蒂固的还是"左"的东西。明确提出："中国要警惕右，但主要是防止'左'……把改革开放说成是引进和发展资本主义，认为和平演变的主要危险来自经济领域，这些就是'左'。我们必须保持清醒的头脑，这样就不会犯大错误，出现问题也容易纠正和改正。"②邓小平对于社会主义和市场经济关系的精辟论述，科学回答了市场经济作为经济发展手段的属性问题，剥离了强加在它身上的制度属性，从理论高度深刻阐明了社会主义与市场经济结合的可能性、必要性和紧迫性，对加快我国改革开放和社会主义现代化建设具有重大意义。1992 年10 月 12 日，党的十四大报告明确指出，我国经济体制改革的目标是"建立社会主义市场经济体制"，强调要"使市场在社会主义国家宏观调控下对资源配置起基础性作用"③。以邓小平南方谈话和党的十四大为标志，我国改革开放和社会主义现代化建设事业进入了一个新的发展阶段。1993 年 11 月 14 日，党的十四届三中全会通过的《中共中央关于建立社会主义市场经济体制若干问题的决定》全面系统地阐述了建立社会主义市场经济的基本框架和战略布局。《决定》重申，"社会主义市场经济体制是同社会主义基本制度结合在一起的。建立社会主义市场经济体制，就是要使市场在国家宏观调控下对资源配置起基础性作用"。为实现这个目标，《决定》提出了包括建立现代企业制度，建立全国统一开放的市场体系，建立以间接手段为主的完善的宏观调控体系，建立以按劳分配为主体，效率优先、兼顾公平的收入分配制度，建立多层次的社会保障制度等内容的社会主义市场经济体制的基本框架。强调"必须围绕这些主要环

---

① 《邓小平文选》第 3 卷，人民出版社 1993 年版，第 373 页。

② 《邓小平文选》第 3 卷，人民出版社 1993 年版，第 375 页。

③ 中共中央文献研究室编：《改革开放三十年重要文献选编》（上），人民出版社 2008 年版，第 659 页。

节，建立相应的法律体系，采取切实措施，积极而有步骤地全面推进改革，促进社会生产力的发展"①。

邓小平经过长时间的深入思考和积极探索，科学解决了社会主义与市场经济的关系问题，形成了社会主义市场经济理论，对于确立社会主义市场经济体制的改革目标发挥了至关重要的作用，是对马克思主义政治经济学理论的重大创新和发展。

（二）邓小平对社会主义市场经济的论述

邓小平不再把市场经济与社会主义对立起来，认为社会主义可以搞市场经济。究其原因，与邓小平科学揭示了社会主义的本质密切相关，依据对社会主义本质的科学理解，他不再把计划经济作为评判社会主义的标准，认为计划和市场都是经济手段，市场经济体制有利于解放和发展生产力，有利于实现社会主义共同富裕的目标，那么就应该积极利用市场经济的形式。邓小平关于社会主义市场经济的论述，突破了马克思主义经典作家关于市场经济隶属资本主义制度的传统观点，在新时期创新了马克思主义理论。概括地说，邓小平关于社会主义市场经济的论述要点包括以下几个方面。

第一，社会主义可以搞市场经济。1979年11月26日，在会见美国不列颠百科全书出版公司编委会副主席吉布尼等人时，邓小平指出："说市场经济只存在于资本主义社会，只有资本主义的市场经济，这肯定是不正确的。社会主义为什么不可以搞市场经济，这个不能说是资本主义。我们是计划经济为主，也结合市场经济，但这是社会主义的市场经济。……市场经济不能说只是资本主义的。市场经济，在封建社会时期就有了萌芽。社会主义也可以搞市场经济。"②邓小平这一论断，突破了把市场经济与社会主义对立起来的传统观点，提出社会主义可以与市场经济结合起来。

第二，计划经济与市场经济不是区分社会主义和资本主义的标准。1990年12月24日，在与中央负责同志谈话时，邓小平明确指出："资本主义与社会主义的区分不在于是计划还是市场这样的问题。社会主义也有市场经济，资本主义也有计划控制。……不要以为搞点市场经济就是资本主义道路，没有那

---

① 《十四大以来重要文献选编》（上），中央文献出版社2011年版，第453页。
② 《邓小平文选》第2卷，人民出版社1994年版，第236页。

么回事。"①1991 年，在视察上海时，邓小平强调指出："不要以为，一说计划经济就是社会主义，一说市场经济就是资本主义，不是那么回事，两者都是手段，市场也可以为社会主义服务。"②1992 年，在南方谈话中，邓小平再次集中强调："计划多一点还是市场多一点，不是社会主义与资本主义的本质区别。计划经济不等于社会主义，资本主义也有计划；市场经济不等于资本主义，社会主义也有市场。"③据此，邓小平不再把计划经济和市场经济作为评判社会主义和资本主义的标准，计划经济和市场经济被排斥在社会制度的本质属性之外，这是邓小平的一个重大理论创新。

第三，计划和市场都是发展生产力的方法和手段，要把二者结合起来。1987 年 2 月 6 日，在同几位中央负责同志谈话时，邓小平指出："为什么一谈市场就说是资本主义，只有计划才是社会主义呢？计划和市场都是方法嘛。只要对发展生产力有好处，就可以利用。"④1992 年，在南方谈话中，邓小平明确指出，"计划和市场都是经济手段"。既然计划和市场都是发展生产力的方法和手段，何不把二者结合起来？邓小平指出："多年的经验表明，要发展生产力，靠过去的经济体制不能解决问题"；"在某种意义上说，只搞计划经济会束缚生产力的发展。把计划经济和市场经济结合起来，就更能解放生产力，加速经济发展。"⑤

第四，我国发展市场经济必须坚持社会主义方向。邓小平认为，只有把计划经济和市场经济结合起来，才能更好解放生产力，加速经济发展。但是，这有一个前提，就是必须坚持社会主义方向。邓小平多次强调，"在改革中坚持社会主义方向，这是一个很重要的问题"；必须"始终坚持两条根本原则，一是以社会主义公有制经济为主体，一是共同富裕"⑥。

邓小平关于社会主义市场经济的论述，科学解答了市场经济的属性问题，以及经济文化落后国家如何巩固和建设社会主义的历史性难题，是对传统理论的重大突破，具有划时代的意义。

---

① 《邓小平文选》第 3 卷，人民出版社 1993 年版，第 364 页。
② 《邓小平文选》第 3 卷，人民出版社 1993 年版，第 367 页。
③ 《邓小平文选》第 3 卷，人民出版社 1993 年版，第 373 页。
④ 《邓小平文选》第 3 卷，人民出版社 1993 年版，第 203 页。
⑤ 《邓小平文选》第 3 卷，人民出版社 1993 年版，第 149、148 页。
⑥ 《邓小平文选》第 3 卷，人民出版社 1993 年版，第 138、142 页。

（三）邓小平对社会主义市场经济理论的创新

邓小平作为我国社会主义市场经济理论的奠基人，突破了马克思主义经典作家关于市场经济的传统论断，对社会主义市场经济的探索极具创新性，突出表现在以下四个方面。

第一，认为计划经济和市场经济都是发展生产力的方法和手段，社会主义可以搞市场经济。传统观念认为，计划经济是社会主义的基本特征，市场经济是资本主义的基本特征，即计划经济和市场经济都被当作社会制度的基本特征。邓小平突破了传统观念，科学揭示了社会主义的本质，认为计划经济不属于社会主义的本质，它和市场经济只是发展生产力的方法和手段；换言之，计划和市场都是资源配置方式，不是基本经济制度的特征。邓小平指出："为什么一谈市场就说是资本主义，只有计划才是社会主义呢？计划和市场都是方法嘛。只要对发展生产力有好处，就可以利用。它为社会主义服务，就是社会主义的；为资本主义服务，就是资本主义的。"[①]"不要以为，一说计划经济就是社会主义，一说市场经济就是资本主义，不是那么回事，两者都是手段，市场也可以为社会主义服务。"[②]既然市场经济不是资本主义特有的，不是资本主义的本质特征，只是发展生产力的一种方法和手段，一种配置资源的方式，那么市场经济与社会主义之间不存在根本矛盾，社会主义就可以搞市场经济。针对有的人认为，市场经济与公有制不相容，发展市场经济容易改旗易帜，走上资本主义道路。邓小平明确指出，不管是发展市场经济，还是改革开放，只要坚持公有制为主体和共同富裕这两条，中国发展的市场经济就是社会主义市场经济，建立的体制就是社会主义市场经济体制。

第二，坚持计划与市场的内在统一、有机结合，不能以此否定彼或以彼否定此。我国实行改革开放以来，在探索社会主义市场经济历程中，关于计划和市场孰是资源配置的主要方式，邓小平的观点是不断发展的。但是，在坚持计划和市场内在统一、有机结合方面，他的观点始终如一。20世纪70年代末，邓小平已经提出市场可以为社会主义服务的论断，但当时他强调计划调节为主，结合市场经济。20世纪80年代末，邓小平的观点发生了重大转变，明

---

① 《邓小平文选》第3卷，人民出版社1993年版，第203页。
② 《邓小平文选》第3卷，人民出版社1993年版，第367页。

确指出以市场调节为主，而且强调"我们要继续坚持计划经济与市场调节相结合，这个不能改"①。坚持计划和市场的内在统一，就是坚持社会主义建设的辩证法，这与形而上学的思维方式是完全对立的。改革开放以来，始终存在着对待计划和市场的两极思维方式，要么全盘否定，要么全盘肯定。邓小平用发展的、辩证的眼光看待计划和市场的关系，主张有机结合计划和市场手段的观点，是批驳在计划和市场问题上形而上学思维方式的有力武器。

第三，市场经济不存在姓"社"姓"资"的属性问题，并不意味着社会主义经济制度和资本主义经济制度之间不存在本质区别。虽然邓小平区分了"资本主义的市场经济"和"社会主义的市场经济"，但他明确指出："说市场经济只存在于资本主义社会，只有资本主义的市场经济，这肯定是不正确的。社会主义为什么不可以搞市场经济，这个不能说是资本主义。我们是计划经济为主，也结合市场经济，但这是社会主义的市场经济。"②邓小平分析了两种市场经济的异同之处：相同之处是资本主义市场经济和社会主义市场经济都把市场当作一种方法和手段，发挥市场在资源配置中的作用；不同之处是资本主义市场经济是建立在生产资料私有制基础上，社会主义市场经济则是建立在生产资料公有制基础上，资本主义市场经济是为资本主义社会服务，社会主义市场经济则是为社会主义社会服务。社会主义的优越性，表明社会主义市场经济比资本主义市场经济更有利于社会生产力发展。尽管市场经济不存在姓"社"姓"资"的属性问题，但是绝不可以否定社会主义市场经济与资本主义市场经济之间的制度区别，以致模糊二者的界限，用资本主义市场经济代替社会主义市场经济，这是绝不允许的，发展市场经济必须坚持社会主义方向。

第四，中国特色的社会主义市场经济既坚持了科学社会主义一般原则，又坚持了中国自身特色，中国要建立的是具有自身特色的社会主义市场经济。邓小平指出："实行对外开放政策，搞计划经济和市场经济相结合，进行一系列的体制改革，这个路子是对的。这样做是否违反社会主义的原则呢？没有。因为我们在改革中坚持了两条，一条是公有制经济始终占主体地位，一条是发展经济要走共同富裕的道路，始终避免两极分化。"③所以，我国的

---

① 《邓小平文选》第 3 卷，人民出版社 1993 年版，第 306 页。
② 《邓小平文选》第 2 卷，人民出版社 1994 年版，第 236 页。
③ 《邓小平文选》第 3 卷，人民出版社 1993 年版，第 149 页。

社会主义市场经济在所有制结构、分配方式和宏观调控上既坚持科学社会主义的一般原则，又充分尊重现代社会发展市场经济的客观要求，同时还尊重自身国情民意，即在坚持社会主义公有制为主体、多种经济共同发展的基本经济制度下，在国家的宏观调控下，在坚持按劳分配为主体、多种分配方式并存的前提下，发展社会主义市场经济，解放和发展社会主义生产力，最终实现共同富裕的目标。换言之，我国必须坚持社会主义方向，立足中国国情发展具有中国特色的社会主义市场经济，决不能完全照搬西方的市场经济模式。

三、社会主义市场经济理论的重要意义和深远影响

邓小平社会主义市场经济理论是对马克思主义政治经济学的继承和发展，一方面，它科学回答了社会主义与市场经济的关系问题，突破了"社会主义只能搞计划经济，不能搞市场经济"的错误观念。另一方面，科学揭示了中国特色社会主义经济建设与发展的基本规律，解决了经济文化落后的中国采取什么样的经济体制建设社会主义的历史性难题，具有重大理论意义和实践指导意义。

第一，创新和发展了马克思主义政治经济学理论。邓小平社会主义市场经济理论，立足于中国国情和社会主义建设的具体实践，科学解答了社会主义与市场经济关系这一历史性难题，破除了把计划经济与市场经济当作社会制度范畴的传统观念的束缚，大大促进了人们对于社会主义和市场经济关系的新认识，实现了对马克思主义经济理论的创新和发展。我们知道，"所谓'社会主义社会'不是一种一成不变的东西，而应当和任何其他社会制度一样，把它看成是经常变化和改革的社会"[①]。一个社会的具体制度，总是处在一定时空背景下的，具有自身的特点和时代局限性，必须根据时代变化和实践发展加以创新。"如果不顾历史条件和现实情况的变化，拘泥于马克思主义经典作家在特定历史条件下，针对具体情况作出的某些个别论断和具体行动纲领，我们就会因为思想脱离实际而不能顺利前进，甚至发生失误。这就是我们为什么必须始

①　《马克思恩格斯选集》第 4 卷，人民出版社 2012 年版，第 601 页。

终反对以教条主义的态度对待马克思主义理论的道理所在。"① 所以,"我们决不把马克思的理论看做某种一成不变的和神圣不可侵犯的东西;恰恰相反,我们深信:它只是给一种科学奠定了基础"②。邓小平社会主义市场经济理论是马克思主义基本原理与中国特色社会主义伟大实践相结合的产物,是对马克思主义经济理论的创新和发展,具有里程碑的意义。

第二,促进了社会主义市场经济体制的建立和发展。邓小平社会主义市场经济理论来源于我国改革开放的生动实践,又服务于活生生的伟大实践。邓小平在南方谈话中反复强调,要坚持"一个中心、两个基本点",加快经济体制改革,加快改革开放步伐,集中精力把经济建设搞上去。基于他提出的理论基础,党的十四大明确提出了建立社会主义市场经济体制的目标模式,党的十四届三中全会通过的《中共中央关于建立社会主义市场经济体制若干问题的决定》(以下简称《决定》)明确指出:"十四大明确提出的建立社会主义市场经济体制,这是建设有中国特色社会主义理论的重要组成部分,对于我国现代化建设事业具有重大而深远的意义。在本世纪末初步建立起新的经济体制,是全党和全国各族人民在新时期的伟大历史任务。"③《决定》确立了社会主义市场经济体制的基本框架,充分体现了邓小平社会主义市场经济的基本思想,并把党的十四大提出的建立社会主义市场经济体制的目标和原则具体化、系统化,制定了社会主义市场经济体制的总体规划。《决定》共五十条,分十个部分:一、我国经济体制改革面临的新形势和新任务;二、转换国有企业经营机制,建立现代企业制度;三、培育和发展市场体系;四、转变政府职能,建立健全宏观经济调控体系;五、建立合理的个人收入分配和社会保障制度;六、深化农村经济体制改革;七、深化对外经济体制改革,进一步扩大对外开放;八、进一步改革科技体制和教育体制;九、加强法律制度建设;十、加强和改善党的领导,为20世纪末初步建立社会主义市场经济体制而奋斗。④《决定》既有比较完整的总体设想,又紧紧抓住当时改革和发展中的突出矛盾和问题,具有很强的指导性,是实现从旧经济体制向新经济体制过渡的宏伟蓝图,是我国在20世纪90年代进行经济体制改革的行动纲领,对于推进改革开放和社会主义现

① 《江泽民文选》第3卷,人民出版社2006年版,第282—283页。
② 《列宁选集》第1卷,人民出版社2012年版,第274页。
③ 《十四大以来重要文献选编》(上),中央文献出版社2001年版,第453页。
④ 《十四大以来重要文献选编》(上),中央文献出版社2001年版,第452—476页。

代化建设具有重要指导意义。在邓小平社会主义市场经济理论指导下，我国经济领域深入开展了经济体制和机制改革，社会主义市场经济体制初步建立起来并在实践中不断调整和完善，这对于加快改革开放步伐，推进社会主义现代化建设，提高国家综合国力和人民生活水平，发挥了十分重要的作用。

第三，加速了我国社会生产力的发展。邓小平社会主义市场经济理论的确立，在实践中发挥了巨大的威力，为我国解放和发展社会生产力打开了广阔的道路。社会主义市场经济理论进一步明确了国家、市场、企业的关系和职能，推动我们在实践中逐步建立起国家、市场和企业的良性关系，使政府减少对企业的干预，市场在资源配置中的基础作用得到有效发挥，统一、开放、竞争、有序的现代市场体系逐步形成，市场经济体制逐渐完善。随着经济体制改革向纵深发展，企业逐渐成为自主经营、自负盈亏的市场主体，初步形成了国家调节市场、市场引导企业的新模式。政府职能的转变、市场体系的完善、企业经营的放开搞活，大大加速了我国社会生产力的发展。

第四节　"三个有利于"标准的探索和提出

"三个有利于"标准是邓小平理论的重要内容，是邓小平紧紧围绕"什么是社会主义，怎样建设社会主义"这一根本问题，把马克思主义基本原理与我国改革开放和现代化建设实践相结合的重要创新理论成果，是马克思主义中国化的典范。"三个有利于"标准不仅是判断改革开放得失成败的标准，也是判断姓"社"姓"资"的标准，是社会主义本质理论的客观要求和逻辑延伸，具有鲜明的针对性、指导性和操作性的特点。只有坚持"三个有利于"标准，才能彻底解放思想，实事求是，充分体现社会主义本质要求，开拓我国改革开放和社会主义现代化建设的新局面。

一、"三个有利于"标准的提出

理论是时代精神的表征。任何划时代理论成果的提出，必然承载着重大现实问题的解答方案。20世纪90年代是我国社会主义现代化建设的重要时期，第一步战略目标已经提前实现，必须抓住有利时机，尽快实现第二步战略目标，并为实现第三步战略目标奠定基础。但是，在深入推进改革开放过程中，遇到了一个要害的问题，即姓"资"姓"社"的困扰，这是一个长期影响着人们思想和行动、影响着改革开放深入进行的关键问题和敏感问题。1992年年初，为了解决人们对姓"社"姓"资"的疑问，解决长期困扰人们的思想疑惑，邓小平在南方谈话中，明确提出了判断姓"资"姓"社"的标准，即"三个有利于"标准："是否有利于发展社会主义社会的生产力，是否有利于增强社会主义国家的综合国力，是否有利于提高人民的生活水平"[①]。"三个有利于"标准不仅解决了关于姓"社"姓"资"的抽象争论，而且纠正了在谈论社会主义方向和道路问题上只强调生产关系、社会制度，不讲解放生产力、发展生产力的片面性，解除了人们的思想困惑，大大解放了全党全国人民的思想，为加快改革开放步伐、促进社会生产力发展提供了理论依据和行动指导。

（一）"三个有利于"标准提出的历史背景

"三个有利于"标准是邓小平在探索如何加快改革开放和现代化建设步伐、如何保证社会主义事业长治久安的过程中提出的重要论断，是对实践标准和生产力标准的进一步发展。"文化大革命"结束后，中国面临向何处去的历史关头，必须坚持解放思想、实事求是的思想路线，坚持以经济建设为中心，尽快摆脱贫困落后的局面。1975年至1979年，邓小平先后出访了法国、日本、泰国、马来西亚、新加坡、美国等发达国家和新兴工业国家，亲身体验了欧美资本主义发达国家和我国周边几个国家的发展状况，对我国与这些国家的差距及我国落后的状况有了清醒的认识，认识到我国必须加快经济发展的步伐。1978年5月，在与胡乔木等人座谈时，邓小平指出，"现在东方有四个'小老虎'：一个是南朝鲜、一个是台湾、一个是香港、一个是新加坡，它们的经济发展

[①] 《邓小平文选》第3卷，人民出版社1993年版，第372页。

很快，对外贸易增长很快。它们都能把经济发展得那么快，我们难道就不能吗?"①"最近我们的同志出去看了一下，越看越感到我们落后。什么叫现代化?五十年代一个样，六十年代不一样了，七十年代就更不一样了。"②落后造成的紧迫感，促使邓小平立足国际国内形势，深入思考如何加快中国的经济发展。

加快中国经济发展，首先必须解放和发展生产力;只有摆脱传统的僵化思想，改革束缚生产力发展的落后体制和机制，才能解放和发展生产力，实现经济的快速发展。在总结我国社会主义建设的历史经验和教训时，邓小平明确指出，毛泽东是伟大领袖，但他有一个重大的缺点，即"忽视发展社会生产力"，发展生产力的方法有些不科学，如搞"大跃进"、人民公社等，"没有按照社会经济发展的规律办事"。③换言之，加快我国经济发展，必须立足我国的具体国情，遵循社会经济发展规律，改革束缚生产力发展的经济体制。邓小平多次强调加快经济发展的重要性和紧迫性，并把经济问题上升到政治高度，充分体现了他对国内外形势的深刻洞察和对国情的深刻熟谙。1979 年 10 月，在中共省、市、自治区委员会第一书记座谈会上，他指出:"经济工作是当前最大的政治，经济问题是压倒一切的政治问题。不只是当前，恐怕今后长期的工作重点都要放在经济工作上面。"④邓小平把经济问题当作重大的政治问题，认为发展经济与社会主义的命运息息相关，"社会主义的优越性归根到底要体现在它的生产力比资本主义发展得更快一些、更高一些，并且在发展生产力的基础上不断改善人民的物质文化生活"⑤。离开生产力发展、经济发展，社会主义的优越性只能是一句空话，更谈不上社会主义代替资本主义的历史必然性。

伴随着改革开放的深入实施，我国经济快速发展，综合国力大幅度提高。值得注意的是，20 世纪 80 年代以后，国内出现了资产阶级自由化思潮，党内一些搞资产阶级自由化的人借政治体制改革之名向党进攻，最终酿成了 1989 年的政治风波，严重影响了我国的经济发展和改革开放的进程。政治风波过

①　中共中央文献研究室编:《邓小平年谱（一九七五──一九九七)》（上)，中央文献出版社 2004 年版，第 320 页。
②　中共中央文献研究室编:《邓小平年谱（一九七五──一九九七)》（上)，中央文献出版社 2004 年版，第 372—373 页。
③　《邓小平文选》第 3 卷，人民出版社 1993 年版，第 116 页。
④　《邓小平文选》第 2 卷，人民出版社 1994 年版，第 194 页。
⑤　《邓小平文选》第 3 卷，人民出版社 1993 年版，第 63 页。

后，"左"、右思潮此起彼伏，"左"的思潮认为改革开放存在走向资本主义的危险，甚至有人认为改革开放就是引进和发展资本主义，从而走向否定改革开放，甚至提出"以反和平演变为中心"、"以阶级斗争为纲"的口号；右的思潮否定四项基本原则，企图动摇改革开放的正确方向，甚至制造政治动乱。邓小平严厉批判了上述两种错误思想倾向，认为只有始终坚持社会主义初级阶段的基本路线，牢牢抓住解放和发展生产力、坚持社会主义方向和改革开放不动摇才是正确的选择。在对外开放的条件下发展社会主义市场经济，不可避免地会出现一些非马克思主义和反马克思主义的思想和行为。对此必须进行有原则立场的坚决斗争和理论批判，但事实胜于雄辩。消除和遏制这些思想和行为，不仅要靠人民民主专政的国家强制力量，更根本更重要的是，要在坚持四项基本原则的基础上，使生产力快速得到发展，国家综合实力和人民生活水平得到快速提升。唯有如此，才能增强四项基本原则的理论威力和实践效力。因此，经济不仅要发展，而且要快速发展，只有解决好经济较快发展问题，才能坚持社会主义，才能体现社会主义制度的优越性，而不致被和平演变。相反，世界上一些社会主义国家之所以发生问题，乃至改旗易帜，主要是因为经济发展长期上不去，人民生活水平长期低下，群众对社会主义的信仰发生了动摇。所以，争取适度的发展速度，"不只是经济问题，实际上是个政治问题"[1]。因此1992年年初，邓小平在南方谈话中强调指出，"发展才是硬道理"，并由此提出了判断改革开放得失成败的根本标准——"三个有利于"标准：是否有利于发展社会主义社会的生产力，是否有利于增加社会主义国家的综合国力，是否有利于提高人民的生活水平。

（二）"三个有利于"标准提出的大致过程

"三个有利于"标准是邓小平在南方谈话中明确系统地提出的，但是他对这一问题的思考和探索经历了一个长期过程。

20世纪50年代后期，我国经济建设指导方针上的严重失误，"大跃进"、人民公社化运动，致使国民经济比例严重失调、农业生产大幅下降，全国范围内出现了粮食和副食品危机，甚至有人死于饥荒。针对这种严重情况，1960年秋，中共中央提出了"调整、巩固、充实、提高"的八字方针，对国民经济

---

[1] 《邓小平文选》第3卷，人民出版社1993年版，第354页。

实施调整。1962 年 7 月，在谈及怎样恢复农业生产时，邓小平引用了刘伯承经常讲的一句四川话："黄猫、黑猫，只要捉住老鼠就是好猫"，他明确指出："生产关系究竟以什么形式为最好，恐怕要采取这样一种态度，就是哪种形式在哪个地方能够比较容易比较快地恢复和发展农业生产，就采取哪种形式；群众愿意采取哪种形式，就应该采取哪种形式，不合法的使它合法起来。"[①] 注重实事求是，注重实效，这是邓小平的一贯风格。邓小平提出"捉住老鼠就是好猫"的论断，是为了冲破"左"的束缚，抵制和纠正实际工作中存在的严重"左"的错误，这一论断高度重视发展生产，强调以人民利益为出发点，实质上就是强调实事求是，强调实践是检验真理的唯一标准，这是"三个有利于"标准的最初萌芽和雏形。

"文化大革命"期间，"左"倾错误盛行，唯心主义和教条主义猖獗，"以阶级斗争为纲"事实上成为判断是非成败和检验真理的标准，给党、国家和人民带来严重灾难。1975 年年初，邓小平临危受命，主持党政军日常工作。在对中央读书班第四期学员的讲话中，邓小平指出，"毛泽东同志有三条重要指示：第一，要学习理论，反修防修；第二，要安定团结；第三，要把国民经济搞上去。这三条指示互相联系，是个整体，不能丢掉任何一条。这是我们这一时期工作的纲"[②]。"三项指示为纲"强调"把国民经济搞上去"，实质是以发展生产力、恢复经济取代"以阶级斗争为纲"，"把国民经济搞上去"事实上成为判断是非的新标准。邓小平批判了"四人帮"动辄给人扣上"唯生产力论"帽子的做法，针对"红专"或"白专"的问题，邓小平明确指出，"说什么'白专'，只要对中华人民共和国有好处，比闹派性、拉后腿的人好得多"[③]，"把国民经济搞上去"关系到国家利益。所以，"三项指示为纲"中以"把国民经济搞上去"作为落脚点，作为判断是非的新标准，有利于恢复和发展国民经济，提高国家综合国力，为"三个有利于"标准的形成提供了理论资源。

党的十一届三中全会以后，我国进入改革开放和社会主义现代化建设的新时期。改革开放之初，判断是非的新标准尚未形成，改革开放遭遇了来自"左"和右的很大阻力。时代的发展呼唤判断是非的新标准，以衡量和判断改革开放

---

① 《邓小平文选》第 1 卷，人民出版社 1994 年版，第 323 页。

② 《邓小平文选》第 2 卷，人民出版社 1994 年版，第 12 页。

③ 《邓小平文选》第 2 卷，人民出版社 1994 年版，第 32 页。

的成败。在新的历史时期，邓小平立足改革开放的生动实践，全面阐述了生产力标准，发展了马克思主义的历史唯物主义理论。1978 年 9 月，在谈及实践是检验真理的唯一标准时，邓小平指出："按照历史唯物主义的观点来讲，正确的政治领导的成果，归根结底要表现在社会生产力的发展上，人民物质文化生活的改善上。如果在一个很长的历史时期内，社会主义国家生产力发展的速度比资本主义国家慢，还谈什么优越性？"[①] 党的十一届三中全会以后，邓小平明确提出要把是否有利于生产力的发展作为检验改革开放和社会主义现代化建设得失利害的标准。1979 年 10 月，邓小平指出，实现四个现代化是压倒一切的中心任务，"对实现四个现代化是有利还是有害，应当成为衡量一切工作的最根本的是非标准"[②]。1980 年 5 月，邓小平再次强调："讲社会主义，首先就要使生产力发展，这是主要的。只有这样，才能表明社会主义的优越性。社会主义经济政策对不对，归根到底要看生产力是否发展，人民收入是否增加。这是压倒一切的标准。"[③] 20 世纪 80 年代中后期，邓小平多次谈及生产力标准问题，并给予科学的概括：第一，生产力标准是社会主义的根本标准，它与"什么是社会主义，如何建设社会主义"这一问题密切相关；第二，发展生产力是社会主义的根本任务，生产力标准是判断是非得失的根本标准；第三，生产力标准具有鲜明的问题导向，发展生产力有利于回应和批判改革开放和社会主义现代化建设中的种种错误思潮；第四，发展生产力有利于巩固和发展社会主义制度，生产力标准具有崇高的政治意义；等等。1984 年 10 月 20 日，党的十二届三中全会通过的《关于经济体制改革的决定》，首次明确提出了生产力标准："全党同志在进行改革的过程中，应该紧紧把握住马克思主义的这个基本观点，把是否有利于发展社会生产力作为检验一切改革得失成败的最主要标准。"[④] 1987 年 10 月，党的十三大报告对生产力标准作了系统阐述，明确指出："社会主义社会的根本任务是发展生产力。……是否有利于发展生产力，应当成为我们考虑一切问题的出发点和检验一切工作的根本标准。"[⑤] 实践证明，邓小平的生产力标准是科学的，只有发展生产力，才能增强国家的综合国力，才

---

① 《邓小平文选》第 2 卷，人民出版社 1994 年版，第 128 页。
② 《邓小平文选》第 2 卷，人民出版社 1994 年版，第 209 页。
③ 《邓小平文选》第 2 卷，人民出版社 1994 年版，第 314 页。
④ 《十二大以来重要文献选编》（中），中央文献出版社 2011 年版，第 52 页。
⑤ 《中国共产党第十三次全国代表大会文件汇编》，人民出版社 1987 年版，第 13 页。

能提高人民的生活水平，才能巩固和发展社会主义制度。所以，生产力标准不是简单的经济标准，而是经济标准和政治标准的统一，是"三个有利于"标准的核心和关键。

20世纪的最后十年，我国改革开放和社会主义现代化建设进入关键时期。面对严峻的国际国内形势，邓小平在南方谈话中，在总结我国改革开放和现代化建设经验教训的基础上，系统提出了"三个有利于"标准，强调要把"是否有利于发展社会主义社会的生产力，是否有利于增强社会主义国家的综合国力，是否有利于提高人民的生活水平"作为判断姓"资"姓"社"和衡量改革开放得失成败的根本标准，这个重要论断进一步发展和深化了生产力标准，排除了关于姓"资"姓"社"的干扰，有力地批判了"左"和右的错误论调，为加快改革开放和社会主义现代化建设提供了根本指针。"三个有利于"标准是真理标准、价值标准和政治标准的统一体，它在新时期创造性地运用和发展了历史唯物主义理论，具有重要的时代价值、理论意义和历史意义。

二、"三个有利于"标准的主要内容和价值维度

"三个有利于"标准把发展生产力、增强综合国力、提高人民生活水平有机统一起来，不仅与实践标准、生产力标准相一致，而且是对它们的深化和发展创新。在改革开放和社会主义现代化建设新时期，"三个有利于"标准成为正确回应各种争议、凝聚人们共识，加快改革开放和社会主义现代化建设步伐的锐利思想武器。1992年10月，"三个有利于"标准成为党的十四大报告的重要内容。

（一）"三个有利于"标准的主要内容

"三个有利于"标准是判断姓"社"姓"资"和衡量改革开放得失成败的根本标准，主要包括相互联系、相互依赖的三方面重要内容。

第一，是否有利于发展社会主义社会的生产力。发展生产力是社会主义的根本任务，它是衡量经济发展状况的最重要指标，是"三个有利于"标准的基础和核心。在生产力与生产关系、经济基础与上层建筑的基本矛盾运动中，生产力起着最终的决定性作用，正是由于生产力的发展，推动了社会的前进，推

动了新的社会的代谢，"一切社会变迁和政治变革的终极原因……应当到生产方式和交换方式的变更中去寻找"①。所以，是否有利于生产力的发展，这是衡量和评价一切社会制度和人类社会活动的根本尺度。只有坚持以生产力发展作为根本标准，才能正确处理生产力与生产关系、经济基础与上层建筑之间的矛盾关系，才能建立起充满生机与活力的经济体制和运行机制，才能不断深化改革开放，不断提高综合国力和人民生活水平。

第二，是否有利于增强社会主义国家的综合国力。一个国家的综合国力既是衡量一个国家基本国情和基本资源的最重要指标，又是衡量一个国家的经济、政治、军事、文化、科技、教育、人力资源等实力的综合性指标，当前国际竞争的实质是以经济实力和科技实力为基础的综合国力的较量。只有全面提升国家的各方面力量，国家的主权安全和人民的幸福生活才有保障，社会主义国家维护和平与发展的力量才能不断增强。所以，综合国力是一个综合指标，是"三个有利于"标准的重要内容。我国改革开放和社会主义现代化建设的深入开展，必须把不断增强社会主义国家的综合国力作为一个重要的判断标准。

第三，是否有利于提高人民的生活水平。人民群众既是社会主义国家的主人，又是社会实践的主体，是社会历史发展的决定性力量。一切依靠人民群众，一切为了人民群众，是中国共产党的宗旨所在，社会主义国家发展的根本目的就是为了造福人民。"有利于提高人民的生活水平"是"三个有利于"标准的出发点和落脚点。我国改革开放取得的各类成果，无论是生产力的发展，还是综合国力的提升，最终都必须体现在人民生活水平的提高上。只有人民的物质文化生活水平不断提高了，人民的各种要求不断实现了，社会主义的优越性才能不断地体现出来。

由上可见，"三个有利于"标准的三个方面相互影响、相互促进、相互制约，形成一个不可分割的有机整体。抛开任何一个内容，都会导致认识和实践上的偏差。其中，发展生产力是社会主义的本质，是增强综合国力和提高人民生活水平的基础和前提，但是如果一味地单纯强调生产力的发展，完全抛开了综合国力标准和人民生活水平标准，必然陷入非均衡发展和"单向度"发展，是一种片面的、工具理性式的发展，就会违背社会主义发展生产力的目的；如果一味强调生产力发展、人民生活水平提高，抛开综合国力标准，必然不利于

---

① 《马克思恩格斯选集》第 3 卷，人民出版社 2012 年版，第 797—798 页。

提升国际竞争力，不利于为生产力发展、人民生活水平提高创造良好的国内保障和国际环境；如果一味地强调生产力发展、综合国力提升，抛开人民生活水平标准，必然影响社会稳定、民族团结，甚至导致严重的政治问题。所以，在谈及"三个有利于"标准时，必须把三方面内容有机统一起来，不可偏废。

"三个有利于"标准实质是生产力标准的深化、具体化和进一步发展，它一方面深化、完善了生产力标准，使之更加科学、严谨；另一方面使生产力标准不再停留于抽象的理论形态，具有了针对性、实践性、操作性和生动鲜活的特点，因而更能体现出社会主义能够解放生产力和发展生产力的本质属性。因此，"三个有利于"标准与社会主义的本质要求具有内在统一性，更明确地说，它统一于社会主义的本质之中。其一，"三个有利于"标准不是抽象地谈论发展生产力，直接强调的就是发展社会主义社会的生产力，并且把它放在"三个有利于"的首位，充分体现了社会主义的根本任务，是对马克思主义生产力标准的继承和发展。其二，增强综合国力标准，强调的是增强"社会主义国家"的综合国力，这是根据时代特点和国际形势提出的重要标准，只有不断增强我们社会主义国家的综合国力，才能科学应对复杂、严峻的国际形势，有效维护社会主义制度和国家主权安全。其三，提高人民群众生活水平标准，强调提高的是"人民群众"的生活水平，只有不断发展生产力，不断改善和提高人民的生活水平，才能使人民切身感受到社会主义制度的优越性，才能更好维护社会的稳定发展。反之，一些社会主义国家之所以被迫改旗易帜，被西方反动势力"和平演变"成功，很重要的原因就是没有把经济搞上去，长期没有改善和提高人民的生活水平，没有充分发挥出社会主义制度的优越性。邓小平强调"不争论"，并不意味着不强调社会主义方向，并不意味着在任何情况下都不问姓"资"姓"社"，而是强调要在坚持社会主义方向的前提下，反对脱离"三个有利于"标准抽象地谈论社会主义，从而避免一些无谓的争论，以便凝聚共识，集中精力发展生产力。按照"三个有利于"标准，绝不可以拒绝合乎"三个有利于"要求的姓"社"的东西，亦不可以排斥合乎"三个有利于"要求的既可以为"资"服务，又可以为"社"服务的东西；即使姓"资"的东西，如果它在一定条件下和一定限度内合乎"三个有利于"要求，可以为"社"服务，就允许它适度存在和发展，如"三资"企业、外资企业等。所以，"三个有利于"标准实质上是社会主义本质理论的具体化和有效延伸，是衡量是否坚持社会主义本质理论的具体标准。在改革开放过程中，必须以社会主义本质理论为指导，以"三个有利于"为具体参照，才能为人们的思想和行为提供具体的参照标准，从而加快实现社会主义现代化的宏伟目标。

（二）"三个有利于"标准的价值维度

"三个有利于"标准体现了社会主义的本质要求，深化了对生产力标准的认识，不仅深刻回应了人们对姓"资"姓"社"的疑虑，而且成为实际工作中判断姓"资"姓"社"和改革开放成败得失的根本标准，充分体现了马克思主义真理观、价值观与方法论的统一。

1."三个有利于"是判断改革开放和现代化建设是否坚持社会主义方向的标准

"三个有利于"标准是邓小平首先针对姓"资"姓"社"问题提出的。在南方谈话中，邓小平开宗明义指出："改革开放迈不开步子，不敢闯，说来说去就是怕资本主义的东西多了，走了资本主义道路。要害是姓'资'还是姓'社'的问题。判断的标准，应该主要看是否有利于发展社会主义社会的生产力，是否有利于增强社会主义国家的综合国力，是否有利于提高人民的生活水平。"[1]显然，这里邓小平明确把"三个有利于"作为判断姓"资"姓"社"的标准提出来，丝毫没有回避姓"资"姓"社"的问题。有人认为，邓小平提倡不争论，就是要淡化社会主义和资本主义的界限。这显然是一种错误的理解。从上面引用的原话我们清楚地看出，邓小平不仅没有淡化社会主义和资本主义的界限，而且明确认为姓"姓'资'还是姓'社'的问题"是"要害"，足见他对这个问题高度重视的态度，以及他解决这个问题的原则立场和方法。事实上，在改革开放的整个历史进程中，邓小平始终强调坚持四项基本原则，即坚持社会主义道路、坚持人民民主专政、坚持中国共产党的领导、坚持马列主义毛泽东思想，并把它作为党的基本路线即"一个中心、两个基本点"的重要内容一以贯之地加以强调。他的确说过："不搞争论，是我的一个发明。不争论，是为了争取时间干。一争论就复杂了，把时间都争掉了，什么也干不成。不争论，大胆地试，大胆地闯。农村改革是如此，城市改革也应如此。"[2]联系邓小平讲话的语境，很清楚，他所说的"不争论"，是在坚持社会主义方向和改革开放正

---

① 《邓小平文选》第 3 卷，人民出版社 1993 年版，第 372 页。
② 《邓小平文选》第 3 卷，人民出版社 1993 年版，第 374 页。

确方向的前提下，允许人们有认识上的差异，即是说，在不涉及原则性的问题上，尽量不搞无谓的争论，让实践来说明一切。但是，一旦涉及原则问题，涉及坚持四项基本原则问题，涉及坚持社会主义方向问题时，邓小平始终立场坚定、旗帜鲜明，绝不退让。

那么，在改革开放的新时期，如何既坚持社会主义方向，又坚决避免回到错误的老路上，同时又为改革开放提供正确的理论和方法的指导呢？邓小平在改革开放过程中思想在不断地丰富和发展。在他看来，坚持社会主义方向的原则问题一定要明确，决不能含糊其词，因此他多次强调，"在改革中坚持社会主义方向，这是一个很重要的问题"；必须"始终坚持两条根本原则，一是以社会主义公有制经济为主体，一是共同富裕"①。但是公有制经济为主体和共同富裕这两条原则毕竟是比较宏观的、粗线条的，如何在实践中更具有针对性和操作性呢？邓小平除了在思想方法上强调要坚持实事求是、坚持实践是检验真理的唯一标准外，又提出了生产力标准，并在此基础上不断深化对生产力标准和社会主义本质的认识，从而提出了更具针对性和操作性的"三个有利于"标准。由此"三个有利于"不仅成为判断姓"资"姓"社"的标准，而且成为判断我国改革开放得失成败的根本标准。"三个有利于"标准的提出，解决了在新时期如何既坚持社会主义方向，又大胆吸收和借鉴人类社会创造的一切优秀文明成果、吸收和借鉴世界各国包括资本主义发达国家的先进经营理念、管理方法的历史性难题。

改革开放是我国的基本国策，是走向国家富强、民族振兴、人民幸福的必由之路。改革开放必须迈开大步，加速前进。许多人之所以在思想和行动上谨小慎微，不敢大胆地试，大胆地闯。究其原因，就是"怕资本主义的东西多了，走了资本主义道路"②。"三个有利于"标准的提出，不再抽象地谈论姓"社"姓"资"的问题，而是牢牢立足于改革开放和社会主义现代化建设的生动实践，深入回答了人们的思想疑惑，对于统一思想、指导行动、凝聚力量、加快发展，发挥了重要理论威力。第一个"有利于"，是否有利于发展社会主义社会的生产力，体现了社会主义的本质要求和必然趋势。改革开放和现代化建设必须有利于发展社会主义社会的生产力，才是成功的和坚持社会主义方向

---

① 《邓小平文选》第 3 卷，人民出版社 1993 年版，第 138、142 页。

② 《邓小平文选》第 3 卷，人民出版社 1993 年版，第 372 页。

的。第二个"有利于",是否有利于增强社会主义国家的综合国力,体现了社会主义的制度特征和制度保障。国际竞争的实质是以经济实力和科技实力为基础的综合国力的较量。只有增强社会主义国家的综合国力,才能切实保护人民的根本利益,维护国家制度安全和主权安全,并为维护世界和平与促进共同发展做出贡献。所以,改革开放和现代化建设必须有利于增强社会主义国家的综合国力,才是成功的和坚持社会主义方向的。第三个"有利于",是否有利于提高人民的生活水平,体现了社会主义的本质要求和根本目标。"不发展生产力,不提高人民的生活水平,不能说是符合社会主义要求的。"[①] 只有不断发展生产力,才能维护社会稳定发展,才能逐步改善和提高人民的生活水平,才能使人民切身感受到社会主义的优越性。社会主义的本质,就是解放生产力,发展生产力,消灭剥削,消除两极分化,最终达到共同富裕。所以,我国改革开放和现代化建设必须有利于提高人民的生活水平,才是成功的和坚持社会主义方向的。"三个有利于"标准具有鲜明的针对性、指导性和实践性。

2."三个有利于"是判断改革得失成败的根本标准

"三个有利于"不仅是判断姓"资"姓"社"的标准,也是判断改革开放得失成败的根本标准,二者之间具有密切的内在联系,前者是基础,后者是对前者的具体化和深化。"三个有利于"标准首先是在回应姓"资"姓"社"的争论时提出的。在邓小平看来,只要我们坚持了"三个有利于"标准,就在整体上坚持了社会主义方向。当然,邓小平敏锐地意识到,由于人们思想观念的差异性,特别是"左"、右干扰的复杂性,仅仅从宏观上回答坚持社会主义的总体方向还不够,还需要进一步回答"三个有利于"是衡量改革开放是非成败的标准问题。毫无疑问,邓小平提出"三个有利于"标准的目的,就是要人们摆脱掉姓"资"姓"社"的抽象争论,排除一切"左"和右思想的干扰,在改革开放过程中能够使人们大胆地试,大胆地闯,不断把改革开放推向前进。

在邓小平看来,当时影响和干扰改革开放顺利进行的既有"左"的东西,又有右的东西,但根深蒂固的还是"左"的东西。他深有感触地说,有些理论家、政治家,拿大帽子吓唬人的,不是右,而是"左"。特别是,"左"带有革命的色彩,带有迷惑性,好像越"左"越革命,其危害性是巨大的:"'左'的东西在我们党的历史上可怕呀!一个好好的东西,一下子被他搞掉了。"右可

---

① 《邓小平文选》第 3 卷,人民出版社 1993 年版,第 116 页。

以葬送社会主义，"左"也可以葬送社会主义。在当前，改革开放迈不开步子，不敢闯，说来说去就是怕资本主义的东西多了，走了资本主义道路。这恰恰是"左"的东西的严重影响。因此，"中国要警惕右，但主要是防止'左'"。①"把改革开放说成是引进和发展资本主义，认为和平演变的主要危险来自经济领域，这些就是'左'。我们必须保持清醒的头脑，这样就不会犯大错误，出现问题也容易纠正和改正。"② 在邓小平看来，改革开放是大势所趋，人心所向，势在必行，但"左"的东西以貌似革命的形象出现，严重干扰着人们的思想和行动。因此，他提出"三个有利于"标准，就是强调要在坚持社会主义基本方向的前提下，敢于冲破一切旧思想旧观念的束缚，不搞无谓的抽象争论，从而以敢为天下先的勇气大胆探索加快发展的路径和方法。我国改革开放是一项全新的事业，既不能照搬马克思主义经典作家的本本，也没有现成社会主义国家的经验可以借鉴，必须解放思想、实事求是、大胆探索。改革是一场新的革命，必然会出现各种新探索、新试验、新做法，如果用旧的观念和思维方式去评判，必然会造成各种混乱。因此，邓小平提出，应该以"三个有利于"标准来判断改革开放的是非成败。凡是符合"三个有利于"的东西，都可以大胆引进、大胆试验、大胆创新；凡是不符合"三个有利于"的东西，必须改革、消除、扬弃。因此，把"三个有利于"作为衡量改革开放是非得失的根本标准，不仅给人们指明了工作的具体方向，也从方法论上给人们提供了重要启示：必须坚持一切从实际出发，尊重实践，解放思想，实事求是，才能不断开拓工作新局面，才能加快改革开放步伐。

事实正是如此。邓小平在南方谈话中始终密切联系我国改革开放和社会主义现代化建设的历史进程和工作实际来阐述这些深刻道理和方法论原则。他谈到办特区时直言不讳地指出："对办特区，从一开始就有不同意见，担心是不是搞资本主义。深圳的建设成就，明确回答了那些有这样那样担心的人。特区姓'社'不姓'资'。"③ 谈到"三资"企业时，他指出："有的人认为，多一分外资，就多一分资本主义，'三资'企业多了，就是资本主义的东西多了，就是发展了资本主义，这些人连基本常识都没有。"在邓小平看来，允许"三资"

① 参见《邓小平文选》第 3 卷，人民出版社 1993 年版，第 372、375 页。

② 《邓小平文选》第 3 卷，人民出版社 1993 年版，第 375 页。

③ 《邓小平文选》第 3 卷，人民出版社 1993 年版，第 372 页。

企业存在和发展，是符合"三个有利于"标准的："'三资'企业受到我国整个政治、经济条件的制约，是社会主义经济的有益补充，归根到底是有利于社会主义的。"因此，在改革开放过程中，多搞点"三资"企业，是有利于社会主义的。① 此外，邓小平还谈到了当时十分敏感的证券、股市，"证券、股市，这些东西究竟好不好，有没有危险，是不是资本主义独有的东西，社会主义能不能用？允许看，但要坚决地试。看对了，搞一两年对了，放开；错了，纠正，关了就是了。关，也可以快关，也可以慢关，也可以留一点尾巴。怕什么，坚持这种态度就不要紧，就不会犯大错误"②。邓小平从坚持社会主义本质的高度强调："社会主义要赢得与资本主义相比较的优势，就必须大胆吸收和借鉴人类社会创造的一切文明成果，吸收和借鉴当今世界各国包括资本主义发达国家的一切反映现代社会化生产规律的先进经营方式、管理方法。"③ 邓小平提出"三个有利于"标准的目的，就是要给人们提供基本理论和方法论上的指导，以便使人们最大限度地排除"左"和右的东西的干扰，消除无谓的争论，大胆推进改革开放的深入进行，决不是模糊社会主义和资本主义的界限。同样是在南方谈话中，他明确指出，"在整个改革开放的过程中，必须始终注意坚持四项基本原则"④。

3."三个有利于"标准是真理观、价值观和方法论的统一

"三个有利于"标准是一个有机统一的、综合的标准系统，是真理观、价值观和方法论的统一体。

"三个有利于"标准是马克思主义真理原则和价值原则的统一。马克思主义认为，物质是第一性的，意识是第二性的，物质决定意识，坚持真理原则是马克思主义的首要原则。我国改革开放和现代化建设的理论、路线、方针、政策和计划、方案、方法，等等，必须依据客观实际，符合客观规律，从实践中抽取出来，升华上去，才可能是正确的。另一方面，马克思主义又始终坚持人民至上的价值立场，强调共产党人必须为人民谋利益。邓小平指出，"不重视物质利益，对少数先进分子可以，对广大群众不行，一段时间可以，长期不行。……革命是在物质利益的基础上产生的，如果只讲牺牲精神，不讲物质利

---

① 《邓小平文选》第 3 卷，人民出版社 1993 年版，第 373 页。
② 《邓小平文选》第 3 卷，人民出版社 1993 年版，第 373 页。
③ 《邓小平文选》第 3 卷，人民出版社 1993 年版，第 373 页。
④ 《邓小平文选》第 3 卷，人民出版社 1993 年版，第 379 页。

益，那就是唯心论"①。在改革开放和社会主义现代化建设实践中，人民不仅是价值判断的主体，而且是价值创造和价值享用的主体。我国改革开放和社会主义现代化建设的路线方针政策，只有充分反映人民群众的利益，被他们认同，才能坚持下去。所以，必须不断满足人民的利益需求，这是马克思主义者、共产党人的利益原则、价值追求。"三个有利于"标准强调发展社会主义社会的生产力，增强社会主义国家的综合国力，提高人民的生活水平，不但符合客观规律的要求，而且也是实现人民根本利益的集中体现，蕴含着马克思主义关于真理原则和价值原则的统一。

"三个有利于"标准体现了辩证唯物主义和历史唯物主义的世界观和方法论的统一。邓小平是坚定的马克思主义者，他坚持马克思主义的基本立场、观点和方法，坚持辩证唯物主义和历史唯物主义的世界观和方法论的统一，恢复和发展了毛泽东提出的实事求是的思想路线，并明确提出"实事求是是马克思主义的精髓"的鲜明论断。在他这里，实事求是是辩证唯物主义和历史唯物主义世界观和方法论的集中体现，既是中国共产党人根本的思想路线，也是根本的领导方法和工作方法。"三个有利于"标准就是实事求是的思想路线在我国改革开放伟大实践中的集中体现，它既是长期改革开放经验的深刻总结，又在今后的实践中指导着我国改革开放的深入开展，是中国共产党人倡导和坚持的"一切从实际出发"和"一切从人民利益出发"两个出发点的统一，是合规律性与合目的性的统一，是真理原则和价值原则的统一，是分析问题和解决问题的统一，是辩证唯物主义和历史唯物主义世界观和方法论在我国改革开放和社会主义现代化建设新时期生动、集中的体现，集中体现了解放思想、实事求是，尊重实践、注重实效，尊重群众、尊重创造的伟大时代精神。邓小平在南方谈话中深刻总结指出："实事求是是马克思主义的精髓。要提倡这个，不要提倡本本。我们改革开放的成功，不是靠本本，而是靠实践，靠实事求是。""过去我们打仗靠这个，现在搞建设、搞改革也靠这个。我们讲了一辈子马克思主义，其实马克思主义并不玄奥。马克思主义是很朴实的东西，很朴实的道理。"②

可见，邓小平的"三个有利于"标准进一步深化发展了实践标准、生产力标准，充分体现了马克思主义真理原则与价值原则、合规律性与合目的性、世

---

① 《邓小平文选》第 2 卷，人民出版社 1994 年版，第 146 页。

② 《邓小平文选》第 3 卷，人民出版社 1993 年版，第 382 页。

界观与方法论、领导方法与工作方法的有机统一。

三、"三个有利于"标准的重要意义和影响

"三个有利于"标准作为判断是否坚持社会主义方向的标准和判断改革开放得失成败的根本标准，是邓小平理论的重要内容，具有重要理论意义和现实指导意义。

（一）"三个有利于"标准的理论意义

1."三个有利于"标准具体化了实践标准

"实践是检验真理的唯一标准"是马克思主义哲学的基本原理，十分重要。在我国改革开放的历史进程中已经发挥并将继续发挥重要作用。但是，这一原理的内容是比较笼统和宏观的，仅仅停留在这一层面是不够的，需要进一步具体化。"三个有利于"标准实质是实践标准的具体化，蕴含着"实事求是，一切从实际出发"的真理原则和"一切从人民利益出发"的价值原则，是实践标准、生产力标准和价值标准的有机统一，具有鲜明的理论性和现实性。邓小平多次强调，实事求是是无产阶级世界观的基础，必须坚持这一原则；任何理论只有通过实践检验后才是正确的，才是真理；真理在于它的现实性和力量，不能把真理作为检验真理的标准，任何真理都必须接受实践的检验，检验它是否符合客观实际，是否符合客观规律，是否达到了预期目的，是否具有价值。通过实践检验，只有既符合客观规律，又具有重要价值的理论才是真理。"三个有利于"标准既从实际出发，又从价值原则出发，是原则性与灵活性的统一；它不仅与实践标准相一致，而且把实践检验的多方面内容、多种意义表达出来，是对实践标准的深化和发展。"三个有利于"标准是对马克思主义真理观和价值观的重要创新和发展。

2."三个有利于"标准发展了生产力标准

唯物史观认为，生产力的发展推动着社会形态的不断发展，推动了社会的前进，推动了新的社会的代谢，"一切社会变迁和政治变革的终极原因……应当到生产方式和交换方式的变更中去寻找"[1]。唯物史观强调生产力在社会发展

---

[1] 《马克思恩格斯选集》第 3 卷，人民出版社 2012 年版，第 797—798 页。

中的最终决定作用，把是否适合生产力发展的客观要求作为衡量和评价一切社会制度和社会活动的根本标准。我国实行改革开放之前主要从生产关系和上层建筑的层面规定和理解社会主义，对生产力的研究和关注是一个薄弱环节。邓小平深刻认识到解放和发展生产力的极端重要性，不仅明确提出了生产力标准，而且把解放和发展生产力与社会主义本质密切结合起来，深化了对历史唯物主义和科学社会主义的认识。不仅如此，他进一步提出了"三个有利于"标准，不仅强调生产关系和生产力的统一，而且把它提到了"三个有利于"标准的首要位置，凸显了生产力的极端重要性。"三个有利于"标准纠正了以往谈及坚持社会主义方向和道路时只强调生产关系和上层建筑，只强调制度因素，忽视乃至无视生产力和经济基础，忽视乃至无视效益和实效的片面性，从而把效用标准和制度标准统一起来，并把发展生产力标准提到了首要地位。既坚持了唯物论，又坚持了辩证法；既坚持了世界观，又坚持了方法论。不仅深化和发展了生产力标准，而且使人们将生产力发展和社会主义本质密切联系起来，使人们对唯物史观和科学社会主义的认识更加深刻、更加具体。

3."三个有利于"标准鲜明地体现了实事求是的思想路线

实事求是是马克思主义的精髓，是毛泽东思想的精髓，"三个有利于"标准充分体现了这个"精髓"。从农村实行家庭联产承包责任制、发展乡镇企业，到创办经济特区、引进外资，从提出社会主义初级阶段理论，到形成社会主义本质理论和社会主义市场经济理论，"三个有利于"标准实质上一直贯穿其中，尽管一直到南方谈话才明确提出来。改革开放伊始，关于姓"资"姓"社"的争论就从未停止过。究其原因，就在于马克思恩格斯关于社会主义社会的设想，是基于社会主义制度是建立在生产力和文化高度发达基础上的。但由于历史自身的复杂性，后来建立社会主义制度的国家基本都是在经济文化相对落后的国家建立起来的，社会化大生产程度低，经济文化普遍落后。如此一来，就容易在社会主义国家中出现究竟是按照本本走、还是在实践中探索新路的争论。我国和绝大多数其他社会主义国家一样，开始主要是按照本本走的。在相当一段时期不顾生产力发展状况片面追求公有化程度的提高和公有制的单一实现形式，导致长期经济发展水平落后。邓小平正是在深刻总结国内外建设社会主义的教训的基础上，提出要解放思想、实事求是，积极探索走具有中国特色的社会主义道路的。我国实行改革开放以后，人们的思想有了很大解放，但由于传统观念和"左"的影响根深蒂固，加之理论界有的人利用旧的思想理论评判改革开放这个新事物，致使姓"公"姓"私"、姓"资"姓"社"的困扰长期存在，甚至严重阻碍了改革开放的步伐。因此邓小平大声呼吁："没有一点闯的精神，没有一点'冒'的精神，没有一股气呀、劲呀，就走不出一条好路，走不出一条新路，就干不出新的事业。"① 大胆地试，大胆地闯，不是盲目地干，盲目地闯，干和闯的准则就是"三个有利于"标准。凡是符合"三个有利于"标准的，就应该坚持、巩固、发展和开拓；凡是不符合"三个有利于"标准的，就要坚决改革和消除。在邓小平看来，即使是像"三资"企业这样有争议的东西，因为它在一定条件下和一定限度内合乎"三个有利于"要求，可以为社会主义服务，就可以允许它适度存在和发展，"因此，'三资'企业受到我国整个政治、经济条件的制约，是社会主义经济的有益补充，归根到底是有利于社会主义的"②。可见，"三个有利于"标准集中体现了马克思主义实事求是的思想路线，在改革开放和社会主义现代化建设的伟大实践中已经得到生动体现，并将继续指导我国改革开放的深入开展。

（二）"三个有利于"标准的时代价值

"三个有利于"标准是邓小平针对姓"资"姓"社"这一现实的"要害"问题提出的，并且科学解决了这一问题，大大解放了人们的思想，对于排除"左"和右的干扰，开拓社会主义改革开放新局面发挥了巨大的实践效用，并将继续发挥重要指导作用。

1. 推动了我国改革开放深入进行

姓"资"姓"社"的争论有复杂的国内外背景。"三个有利于"标准有力地批驳了"左"和右的错误论调，大大解放了人们的思想，解除了人们的思想困惑，对于促使人们大胆地试，大胆地闯，对于加快改革开放和现代化步伐发挥了重要作用。"三个有利于"标准在党的十四大报告中得到了充分体现，推动了我国改革开放不断向纵深发展。当前，我国的改革开放进入新的历史阶段，"三个有利于"标准依然具有重要指导意义。2013 年党的十八届三中全会通过的《中共中央关于全面深化改革若干重大问题的决定》不仅确定了全面深化改革的总目标，科学回答了全面深化改革的一系列重大理论和实践问题，而

---

① 《邓小平文选》第 3 卷，人民出版社 1993 年版，第 372 页。
② 《邓小平文选》第 3 卷，人民出版社 1993 年版，第 373 页。

且提出了进一步解放思想、进一步解放和发展社会生产力、进一步解放和增强社会活力的"三个进一步解放"，这"三个进一步解放"与邓小平的"三个有利于"标准是一脉相承的，充分体现了"三个有利于"标准的当代价值和意义。

2. 明晰了改革开放的社会主义方向

在一定程度上可以说，"三个有利于"标准实质是社会主义本质理论的实践注解，是衡量是否坚持社会主义的具体标准。以"三个有利于"作为判断改革开放得失成败的标准，意味着在改革开放的实践中，必须以社会主义本质理论为指导，坚持社会主义方向。中国走上社会主义道路，是近代以来中国社会发展的必然选择，凝聚着亿万人民的奋斗和牺牲，是时代和人民选择了社会主义道路。社会主义使人民当家作主，只有坚持社会主义道路不动摇，才能始终赢得广大人民的信任和支持。发展生产力是社会主义的根本任务，改革开放是为了解放和发展生产力，有利于完善社会主义制度。邓小平在改革开放之初就强调："过去行之有效的东西，我们必须坚持，特别是根本制度，社会主义制度，社会主义公有制，那是不能动摇的。我们不能允许产生一个新的资产阶级。"[1]面对资产阶级自由化的错误论调，邓小平旗帜鲜明地坚决予以驳斥，强调指出："我们执行对外开放政策，学习外国的技术，利用外资，是为了搞好社会主义建设，而不能离开社会主义道路。"[2]1989年9月16日在和美籍华裔学者李政道谈话时，他指出，"四个坚持中最核心的是党的领导和社会主义"，强调"中国不搞社会主义不行，不坚持社会主义不行。如果没有共产党的领导，不搞社会主义，不搞改革开放，就呜呼哀哉了，哪里能有现在的中国?"[3]我国40年改革开放的实践经验证明，改革开放必须坚持社会主义的方向，绝不可以动摇，这是改革开放取得成功和继续深入的根本保障。"三个有利于"标准的确立，使得人们在改革开放过程中的思想和行动有了理论依据和实践指导，从而能够放心大胆地进行探索和试验，并保证了改革开放的正确方向。

3. 大大促进了社会主义现代化建设的进程

"三个有利于"标准突破了两极对立的思维方式，不再抽象地谈论姓"资"姓"社"的问题。按照"三个有利于"的标准，就可以大胆吸收和借鉴人类社

---

① 《邓小平文选》第2卷，人民出版社1994年版，第133页。

② 《邓小平文选》第3卷，人民出版社1993年版，第195页。

③ 《邓小平文选》第3卷，人民出版社1993年版，第324、326页。

会的一切文明成果，吸收和借鉴世界各国包括资本主义发达国家的先进经营理念、管理方法，从而大大解放了人们的思想观念，促进了社会主义生产力的解放和发展，增强了国家的综合国力，提高了人民的生活水平，加快了实现社会主义现代化宏伟目标的进程。其一，大大增强了国家的综合国力。按照"三个有利于"标准，我国已经初步建立起充满生机活力的社会主义市场经济体制，大大促进了生产力的发展，提升了国家的综合国力。其二，大大提高了人民的生活水平。其三，提升了国民的文明素养。精神生活和思想观念的巨大变化，调动了亿万群众的积极性、主动性和创造性，为改革开放和社会主义现代化建设提供了无比巨大的动力，开拓了改革开放和社会主义现代化建设的新局面。

第五节 南方谈话的其他重要内容

邓小平南方谈话是对我国改革开放和现代化建设十四年经验的系统总结和升华，具有很强的针对性、理论性和指导性。除了前面比较系统分析的三个重要理论外，还包括六个方面的要点：第一，坚持党的十一届三中全会以来的路线方针政策，关键是坚持"一个中心、两个基本点"的基本路线，基本路线要管一百年，动摇不得。第二，改革开放胆子要大一些，要敢于试验，大胆地试，大胆地闯。第三，发展才是硬道理，要抓住时机，发展自己，关键是发展经济。第四，坚持两手抓、两手都要硬，一手抓改革开放，一手抓打击各种犯罪活动。第五，正确的政治路线要靠正确的组织路线来保证。第六，世界上赞成马克思主义的人会多起来，因为马克思主义是科学。南方谈话提出的这一系列重要创新论断，在复杂多变的国内外形势下从理论和实践的结合上深入回答了长期困扰和束缚人们思想的一系列重大问题，大大促进了人们的思想解放，为加快我国改革开放和社会主义现代化建设步伐提供了坚实的思想理论基础和政策指引，具有突出的时代价值和深远的历史意义。

一、基本路线要管一百年，动摇不得

针对一些人对党的十一届三中全会以来制定的路线方针政策，特别是对党的十三大确立的"一个中心、两个基本点"基本路线的疑虑，邓小平强调指出，要坚持党的十一届三中全会以来的路线、方针、政策，关键是坚持"一个中心、两个基本点"，① 并从理论和实践结合的高度进行了具体阐述。

邓小平指出，革命是解放生产力，改革也是解放生产力。推翻帝国主义、封建主义、官僚资本主义的反动统治，使中国人民的生产力获得解放，这是革命，所以革命是解放生产力。社会主义基本制度确立以后，还要从根本上改变束缚生产力发展的经济体制，建立起充满生机和活力的社会主义经济体制，促进生产力的发展，这是改革，所以改革也是解放生产力。他指出，过去我们在这方面理解有偏差，只讲在社会主义条件下发展生产力，没有讲还要通过改革解放生产力，不完全。应该把解放生产力和发展生产力两个讲全了。② 邓小平的论述从理论上深刻阐明了在社会主义条件下进行改革的必然性和重要性。

邓小平进一步从实践效果方面说明坚持改革开放的重要性和正确性。他指出，实行改革开放以来短短的十几年内，我们国家发展得这么快，使人民高兴，世界瞩目，足以证明党的十一届三中全会以来路线、方针、政策的正确性，谁想变也变不了。邓小平指出，改革开放以来，我们立的章程是全方位的，包括经济、政治、科技、教育、文化、军事、外交等各个方面都有明确的方针和政策，有准确的表述语言。城乡改革的基本政策，一定要长期保持稳定。有些问题如果处理不当，就很容易动摇我们的方针，影响改革的全局。当然，随着实践的发展，该完善的完善，该修补的修补，但总的要坚定不移。即使没有新的主意也可以，就是不要变，不要使人们感到政策变了。他强调，"说过去说过来，就是一句话，坚持这个路线、方针、政策不变"，"有了这一条，中国就大有希望"。③ 必须坚持党的十一届三中全会以来的路线、方针、政策，关键是坚持"一个中心、两个基本点"不动摇。"不坚持社会主义，

---

① 参见《邓小平文选》第 3 卷，人民出版社 1993 年版，第 370 页。
② 参见《邓小平文选》第 3 卷，人民出版社 1993 年版，第 370 页。
③ 《邓小平文选》第 3 卷，人民出版社 1993 年版，第 371 页。

不改革开放，不发展经济，不改善人民生活，只能是死路一条。基本路线要管一百年，动摇不得。"①只有坚持这条路线，人民才会相信我们，谁要改变党的十一届三中全会以来的路线、方针、政策，老百姓不会答应，谁就会被打倒。所以，军队、国家政权，都要维护这条道路、这个制度、这些政策。

与此同时，邓小平对于坚持四项基本原则作了深刻阐述。邓小平指出，反对资产阶级自由化是一个长期的过程。资产阶级自由化泛滥，后果极其严重。特区搞建设很不容易，花了十几年时间才有这个样子，垮起来却很容易。他强调："在整个改革开放的过程中，必须始终注意坚持四项基本原则。"②他分析指出，依靠无产阶级专政保卫社会主义制度，这是马克思主义的一个基本观点。历史经验证明，刚刚掌握政权的新兴阶级，一般来说，总是弱于敌对阶级的力量，因此要用专政的手段来巩固政权。对人民实行民主，对敌人实行专政，这就是人民民主专政。运用人民民主专政的力量，巩固人民的政权，是正义的事情，没有什么输理的地方。他阐述了巩固和发展社会主义的长期性、艰巨性和复杂性，语重心长地指出，我们搞社会主义才几十年，还处在初级阶段，"巩固和发展社会主义制度，还需要一个很长的历史阶段，需要我们几代人、十几代人，甚至几十代人坚持不懈地努力奋斗，决不能掉以轻心"③。

二、改革开放胆子要大一些，敢于试验

针对一些人头脑中存有各种顾忌，特别是囿于姓"社"姓"资"的抽象争论不敢试不敢闯的窘境，邓小平强调要鼓励大家解放思想，大胆实践，不断探索具有本地区特色的新路子好路子，不断总结经验，在实践中不断丰富和发展中国特色社会主义制度和各项方针、政策。邓小平强调："改革开放胆子要大一些，敢于试验，不能像小脚女人一样。看准了的，就大胆地试，大胆地闯。"④他指出，深圳的重要经验就是敢闯。没有一点闯的精

---

① 《邓小平文选》第 3 卷，人民出版社 1993 年版，第 370—371 页。
② 《邓小平文选》第 3 卷，人民出版社 1993 年版，第 379 页。
③ 《邓小平文选》第 3 卷，人民出版社 1993 年版，第 379—380 页。
④ 《邓小平文选》第 3 卷，人民出版社 1993 年版，第 372 页。

神，没有一点"冒"的精神，没有一股气呀、劲呀，就走不出一条好路，走不出一条新路，就干不出新的事业。中国特色社会主义是一项全新的事业，没有一定的理论勇气和政治勇气，没有敢闯敢冒的精神是不可能获得成功的。

那么，为什么人们不敢闯呢？邓小平一针见血地指出，改革开放迈不开步子，不敢闯，说来说去就是怕资本主义的东西多了，走了资本主义道路。要害还是姓"资"还是姓"社"的问题。为此，邓小平从理论与实践结合的角度深刻阐述了与此相关的、也是长期困扰人们的四个重要理论问题：一是判断姓"资"姓"社"的"三个有利于"标准问题。姓"资"还是姓"社"的问题之所以是要害问题，不仅因为很多人长期谈"资"色变，而且涉及在实践中如何看待社会主义、如何判断方针和政策的正确性问题，因此在邓小平看来是必须要回答的一个基本的理论问题。这一问题的回答，解除了人们的思想疑惑，对于人们正确判断党的路线、方针、政策提供了理论依据，有利于在"三个有利于"标准的基础上认识一致起来，凝聚共识，不搞无谓的争论，以便争取宝贵的时间，大胆地试，大胆地闯，从而把改革开放和社会主义现代化事业不断推向前进。二是社会主义与市场经济的关系问题。邓小平在这一重要理论问题上的突破，是对马克思主义政治经济学的重要发展，为推进社会主义制度与市场经济结合打开了广阔的道路。三是社会主义的本质问题。邓小平对这一问题的精辟阐述，是对马克思主义发展史上关于社会主义观的巨大创新，更给我国的改革开放和社会主义现代化建设提供了理论指导和行动指南。四是对待"左"与右的正确态度问题。"左"和右的两种倾向在我党的历史上都曾经发生过很坏的影响和严重后果。在改革开放和社会主义现代化建设的过程中，"左"的东西和右的东西仍然在以各种形式影响我们，严重破坏着我们的事业。如何看待"左"的东西和右的东西的严重危害？如何正确对待"左"的东西和右的东西？邓小平对此作出了明确的回答。他有针对性地指出，现在，有右的东西影响我们，也有"左"的东西影响我们，但根深蒂固的还是"左"的东西。有些理论家、政治家，拿大帽子吓唬人的，不是右，而是"左"。他深刻指出了"左"的东西的严重危害："左"带有革命的色彩，好像越"左"越革命，"左"的东西在我们党的历史上可怕呀！一个好好的东西，一下子被他搞掉了。右可以葬送社会主义，"左"也可以葬送社会主义。右的东西有，动乱就是右的！"左"的东西也有。把改革开放说成是引进和发展资本主义，认为和平演变的主要危险来自经济领域，这些就是"左"。邓小平强调："中国要警惕右，但主要是防止'左'。"① 对此我们必须保持清醒的头脑，这样就不会犯大错误，出现问题也容易纠正和改正。

三、正确的政治路线要靠正确的组织路线来保证

在南方谈话中，邓小平在总结我们党成立以来经验教训的基础上，从关系党和国家长治久安的高度提出了"正确的政治路线要靠正确的组织路线来保证"的著名论断，深刻阐述了领导班子建设的理论，进一步发展了马克思主义的党建理论，充分体现了以邓小平同志为核心的党的第二代中央领导集体的战略眼光和政治魄力。那么，什么样的中央领导集体才是人民满意的有希望的领导集体呢？邓小平提出了以下几条主要标准。

最重要的一条是坚持改革开放。邓小平指出："新的中央领导机构要使人民感到面貌一新，感到是一个实行改革的有希望的领导班子。这是最重要的一条。""如果我们摆一个阵容，使人民感到是一个僵化的班子，保守的班子，或者人民认为是个平平庸庸体现不出中国前途的班子，将来闹事的情形就还会很多很多，那就真正要永无宁日。"② 邓小平认为，新的领导班子要取信于民，除了旗帜鲜明反腐败外，最关键的是要真正坚持改革开放，这样人民才会放心。因此，他提出要从改革开放的角度选人，"要选人民公认是坚持改革开放路线并有政绩的人，大胆地将他们放进新的领导机构里，要使人民感到我们真心诚意要搞改革开放"③。

最根本的一条是眼界和胸襟要非常开阔。邓小平指出："我们组成的这个新的领导机构，眼界要非常宽阔，胸襟要非常宽阔，这是对我们第三代领导人最根本的要求。"④ 在邓小平看来，进入中央领导集体的成员责任重大，因此每个人在水平、责任心、作风等方面都要自觉地变化和提升，"最重要的问题是要胸襟开阔。要从大局看问题，放眼世界，放眼未来，也放眼当前，放眼一

---

① 《邓小平文选》第 3 卷，人民出版社 1993 年版，第 375 页。

② 《邓小平文选》第 3 卷，人民出版社 1993 年版，第 296 页。

③ 《邓小平文选》第 3 卷，人民出版社 1993 年版，第 300 页。

④ 《邓小平文选》第 3 卷，人民出版社 1993 年版，第 299 页。

切方面"①。一言以蔽之，就是要有战略思维、长远眼光、大局意识和强烈的责任心。

关键的一条是要团结。邓小平强调："能容忍各方面、团结各方面是一个关键性的问题。"②邓小平强调，党内无论如何不能形成小派、小圈子，"小圈子那个东西害死人呐！很多失误就从这里出来，错误就从这里犯起"③。邓小平希望大家能够很好地以江泽民同志为核心，很好地团结起来。他总结指出："只要这个领导集体是团结的，坚持改革开放的，即使是平平稳稳地发展几十年，中国也会发生根本的变化。关键在领导核心。我请你们把我的话带给将要在新的领导机构里面工作的每一个同志。这就算是我的政治交代。"④

1989 年 6 月 16 日，邓小平又和杨尚昆、万里、江泽民、李鹏、乔石、姚依林、宋平、李瑞环等人谈话，指出我党现在要建立起第三代中央领导集体。邓小平回顾了党的历史，指出，遵义会议以前，我们的党没有形成过一个成熟的党中央。从陈独秀、瞿秋白、向忠发、李立三到王明，都没有形成过有能力的党中央。我们党的领导集体，是从遵义会议开始逐步形成的，这就是毛刘周朱和任弼时同志，后来又加了陈云同志。到了党的八大，成立了由毛刘周朱陈邓六个人组成的常委会。这个比较稳定的领导集体一直到"文化大革命"。在"文化大革命"以前很长的历史中，始终保持了以毛泽东同志为核心的领导集体。这就是我们党的第一代中央领导集体。党的十一届三中全会建立了一个新的领导集体，这就是党的第二代中央领导集体。实际上邓小平在这个集体中处在一个关键地位。

邓小平强调了领导核心的极端重要性。他指出："任何一个领导集体都要有一个核心，没有核心的领导是靠不住的。"⑤党的第一代中央领导集体的核心是毛泽东。党的第二代中央领导集体的核心是邓小平。因为有这个核心，即使发生了领导人的变动，都没有影响我们党的领导，党的领导始终是稳定的。邓小平强调指出，进入党的第三代中央领导集体也必须有一个核心，所有同志都要以高度的自觉性来有意识地维护这个核心，也就是江泽民同志。他强调，只

---

① 《邓小平文选》第 3 卷，人民出版社 1993 年版，第 300 页。
② 《邓小平文选》第 3 卷，人民出版社 1993 年版，第 301 页。
③ 《邓小平文选》第 3 卷，人民出版社 1993 年版，第 301 页。
④ 《邓小平文选》第 3 卷，人民出版社 1993 年版，第 301 页。
⑤ 《邓小平文选》第 3 卷，人民出版社 1993 年版，第 310 页。

要有一个好的政治局，特别是有一个好的常委会，只要它是团结的，努力工作的，能够在艰苦创业反对腐败方面成为榜样的，什么乱子出来都挡得住。邓小平指出，这是最关键的问题。国家的命运、党的命运、人民的命运需要有这样一个中央领导集体。

邓小平再次强调，他不希望在新的政治局、新的常委会产生以后再宣布他起一个什么样的作用。他指出："我的分量太重，对国家和党不利，有一天就会很危险。""一个国家的命运建立在一两个人的声望上面，是很不健康的，是很危险的。不出事没问题，一出事就不可收拾。"[①]他希望新的中央领导集体一建立，要负起责任，放手工作，在自我锻炼中成长。

邓小平指出，这次发生的事件说明，是否坚持社会主义道路和党的领导是个要害。整个帝国主义西方世界企图使社会主义各国都放弃社会主义道路，最终纳入国际垄断资本的统治，纳入资本主义的轨道。我们必须顶住这股逆流。如果我们不坚持社会主义，最终发展起来也不过是一个附庸国，甚至想要发展起来都不容易。只有社会主义才能救中国，只有社会主义才能发展中国。不走社会主义道路中国就没有前途。

邓小平指出了党的第三代中央领导集体的当务之急。

第一，经济不能滑坡。凡是能够积极争取的发展速度就要积极争取。这次解决经济滑坡的问题，要清理一下急需解决哪些问题。应该解决的问题要加快解决，要用快刀斩乱麻的办法解决。看准了的，有利于发展事业的，抓着就可以干。要在今后的十多年中争取一个比较满意的经济发展速度。

第二，做几件使人民满意的事情。主要是两个方面，一方面是更大胆地改革开放，另一方面是抓紧惩治腐败。要把进一步开放的旗帜打出去。要多做几件有利于改革开放的事情，表明我们改革开放的政策不变，而且要进一步改革开放。在惩治腐败方面，至少抓一二十件大案，透明度要高，处理不能迟。不惩治腐败，特别是党内高层的腐败现象，确实有失败的危险。我们一手抓改革开放，一手抓惩治腐败，这两件事结合起来，对照起来，就可以使我们的政策更加明朗，更能获得人心。

第三，把平息风波抓到底。对于罪大恶极的不能手软。当然要分辨是非轻重，要以事实为根据，以法律为准绳，贯彻坦白从宽抗拒从严的政策。要采取

① 《邓小平文选》第3卷，人民出版社1993年版，第310、311页。

多种手段，以体现我们的政策。

邓小平最后语重心长地强调指出，常委会的同志要聚精会神地抓党的建设，这个党该抓了，不抓不行了。①

9月4日，邓小平同江泽民、李鹏、乔石、姚依林、宋平、李瑞环、杨尚昆、万里谈话时，专门商量他的退休时间和方式。告诉他们，退休是定了，退了很有好处。退休方式简单化可能比较有利，"而且从我开始简化更有好处"。邓小平对退休后的军委主席人选作了交代，在致中共中央政治局的信中，明确提出"辞去现在担任的中共中央军事委员会主席职务"，并表示"将向全国人民代表大会提出辞去国家军委主席的请求"。②1989年11月6日至9日，中共十三届五中全会在北京召开，全会根据邓小平的建议并在充分酝酿的基础上，决定由江泽民担任中共中央军事委员会主席。1990年3月20日至4月4日召开的七届全国人大三次会议，决定接受邓小平辞去中华人民共和国中央军事委员会主席职务的请求，同时选举江泽民担任中华人民共和国中央军事委员会主席。从中共十三届四中全会到五中全会，以邓小平同志为核心的党的第二代中央领导集体和以江泽民同志为核心的党的第三代中央领导集体实现了顺利交替，保证了党的政策的稳定性、连续性和国家的稳定，充分显示了中国共产党在政治上的高度成熟、组织上的坚强有力，为在新时期坚定不移地沿着中国特色社会主义道路前进、坚定不移地实行改革开放的政治路线提供了组织保证。

在南方谈话中，邓小平进一步从关系党和国家长治久安的高度强调了正确组织路线的极端重要性，是对以往相关思想的总结和升华。在邓小平看来，中国的事情能不能办好，社会主义和改革开放能不能坚持，经济能不能快一点发展起来，国家能不能长治久安，从一定意义上说，关键在人，关键在党，特别是党的中央领导集体。由此，他开宗明义地指出："正确的政治路线要靠正确的组织路线来保证。"③

邓小平深刻指出，帝国主义搞和平演变，把希望寄托在我们以后的几代人身上。江泽民同志他们这一代可以算是第三代，还有第四代、第五代。我们这些老一辈的人在，有分量，敌对势力知道变不了。但我们这些老人呜呼

① 参见《邓小平文选》第3卷，人民出版社1993年版，第313—314页。
② 参见《邓小平文选》第3卷，人民出版社1993年版，第322、323页。
③ 《邓小平文选》第3卷，人民出版社1993年版，第380页。

哀哉后，谁来保险？所以，要把我们的军队教育好，把我们的专政机构教育好，把共产党员教育好，把人民和青年教育好。他一针见血地指出："中国要出问题，还是出在共产党内部。对这个问题要清醒，要注意培养人，要按照'革命化、年轻化、知识化、专业化'的标准，选拔德才兼备的人进班子。"[1] 我们说党的基本路线要管一百年，要长治久安，就要靠这一条。真正关系到大局的是这个事。

邓小平指出，要进一步找年轻人进班子。要注意下一代接班人的培养。现在还要继续选人，选更年轻的同志，让更多的年轻人成长起来。党的十一届三中全会确立的这条中国的发展路线，是否能够坚持得住，要靠大家努力，特别是要教育后代。

四、世界上赞成马克思主义的人会多起来的，因为马克思主义是科学

在南方谈话中，邓小平针对国内外一些人所谓"马克思主义失灵了"、"社会主义失败了"的喧嚣，从理论高度揭示了马克思主义的科学性和理论魅力，进一步阐述了他的科学马克思主义观。他明确指出，马克思主义是科学，是指导人们认识复杂现象的理论武器，社会主义尽管遭遇重大挫折，但社会主义的前景是光明的，从而为人们正确对待马克思主义，正确看待社会主义的前途命运指明了方向。

邓小平坚信，"世界上赞成马克思主义的人会多起来的，因为马克思主义是科学。它运用历史唯物主义揭示了人类社会发展的规律。封建社会代替奴隶社会，资本主义代替封建主义，社会主义经历一个长过程发展后必然代替资本主义。这是社会历史发展不可逆转的总趋势，但道路是曲折的。资本主义代替封建主义的几百年间，发生过多少次王朝复辟？所以，从一定意义上说，某种暂时复辟也是难以完全避免的规律性现象。一些国家出现严重曲折，社会主义好像被削弱了，但人民经受锻炼，从中吸取教训，将促使社会主义向着更加健康的方向发展。因此，不要惊慌失措，不要认为马克思主义就消失了，没用

---

[1] 《邓小平文选》第3卷，人民出版社1993年版，第380页。

了，失败了。哪有这回事！"①

邓小平指出了对待马克思主义的正确方法，关键就在于学习和掌握马克思主义的基本立场、观点和方法。他指出，学马列要精，要管用的。长篇的东西是少数搞专业的人读的，要求都读大本子，那是形式主义的，办不到。他表示，马克思主义是打不倒的。之所以说打不倒，并不是因为大本子多，而是因为马克思主义的真理颠扑不破。马克思主义并不玄奥。马克思主义是很朴实的东西，很朴实的道理。他强调："实事求是是马克思主义的精髓。要提倡这个，不要提倡本本。我们改革开放的成功，不是靠本本，而是靠实践，靠实事求是。"②实践是检验真理的唯一标准。实事求是是马列主义、毛泽东思想的精髓。过去我们打仗靠实事求是，现在搞建设、搞改革也靠实事求是。

---

① 《邓小平文选》第 3 卷，人民出版社 1993 年版，第 382—383 页。
② 《邓小平文选》第 3 卷，人民出版社 1993 年版，第 382 页。

第四章　邓小平理论的主要内容和历史地位

　　邓小平 1992 年初发表的南方谈话，既是对党的十一届三中全会以来我国改革开放和社会主义现代化建设经验的比较系统的总结，又是对未来我国改革开放和社会主义现代化建设的超前的整体部署，从理论和实践的结合上对邓小平理论作了比较系统的精辟阐述，是对建设有中国特色社会主义的经验总结和理论升华，极大地丰富和发展了邓小平理论，把这一理论推进到新高度，是走向成熟的集大成之作。[①] 党的十四大报告《加快改革开放和现代化建设步伐，夺取有中国特色社会主义事业的更大胜利》以"南方谈话"为指导，第一次明确提出"邓小平同志建设有中国特色社会主义理论"这个概念，并从九个方面概括和总结了中国特色社会主义理论的丰富内涵，标志着邓小平理论形成了系统完整的科学体系。1997 年 9 月党的十五大报告《高举邓小平理论伟大旗帜，把建设有中国特色社会主义事业全面推向二十一世纪》，第一次使用"邓小平理论"这个概念，指出邓小平理论是新的建设有中国特色社会主义理论的科学体系，从马克思主义发展史的高度对邓小平理论的历史地位作了高度评价。党的十五大通过的修改后的党章明确规定："中国共产党以马克思列宁主义、毛泽东思想、邓小平理论作为自己的行动指南。"[②] 邓小平理论与马克思列宁主义、毛泽东思想一起确立为党的指导思想，实现了党的指导思想的继承发展和与时俱进的有机统一。

---

① 参见谢春涛主编：《中国特色社会主义史》（上），福建人民出版社 2008 年版，第 592 页。
② 《十五大以来重要文献选编》（上），中央文献出版社 2011 年版，第 45 页。

第一节　邓小平理论在实践中走向成熟

南方谈话在邓小平理论形成过程中具有里程碑式的重要意义，为加快推进我国改革开放和社会主义现代化建设事业提供了理论指导和行动指南。以邓小平南方谈话为标志，我国的改革开放和社会主义现代化建设进入了快速发展的新阶段。南方谈话成为 1992 年 10 月召开的党的十四大的思想理论基础，党的十四大报告对邓小平理论的科学内涵作了比较全面系统的阐述，标志着邓小平理论在实践中走向成熟。

一、邓小平理论科学体系的形成

邓小平在 1992 年 1 月 18 日至 2 月 21 日发表的南方谈话是马克思主义中国化的光辉文献，解决了一系列长期困扰和束缚人们的思想理论疑惑和实践难题，在邓小平理论形成过程中具有标志性意义，在马克思主义发展史上也产生了深远影响。党的十五大报告把邓小平南方谈话与 1978 年《解放思想，实事求是，团结一致向前看》这篇重要讲话并列，称之为在国际国内政治风波严峻考验的重大历史关头，"把改革开放和现代化建设推进到新阶段的又一个解放思想、实事求是的宣言书"。

邓小平南方谈话石破天惊、振聋发聩，在全党和全社会引起了巨大反响和热烈响应，逐渐成为全党全社会的共识，在实践中发挥着巨大的威力。1992年 2 月 28 日，中共中央将邓小平南方谈话要点作为中央 1992 年第二号文件下发，要求尽快逐级传达到全体党员干部。邓小平南方谈话要点包括以下六个部分：（一）革命是解放生产力，改革也是解放生产力。（二）改革开放胆子要大一些，敢于试验。（三）抓住时机，发展自己，关键是发展经济。（四）要坚持两手抓，一手抓改革开放，一手抓打击各种犯罪活动。这两只手都要硬。（五）正确的政治路线要靠正确的组织路线来保证。（六）我坚信，世界上赞成马克思主义的人会多起来，因为马克思主义是科学。它运用历史唯物主义揭示了人类社会发展的规律。[①]

1992 年 3 月 9 日至 10 日，中共中央总书记江泽民主持召开了中央政治局全体会议，会议认为邓小平南方谈话不仅对当前的改革和建设，对开好党的十四大具有重要指导作用，而且对于整个社会主义现代化建设事业具有重大而深远的意义。会议根据邓小平南方谈话精神，讨论了我国改革开放和发展中的若干重大问题。会议要求，全党要认真学习邓小平关于建设有中国特色社会主义的一系列重要论述，进一步提高全面贯彻执行党的基本路线的自觉性。[②]

邓小平在实践中继续深入思考着推进我国改革开放和社会主义现代化的一系列重要问题。1992 年 5 月 22 日，邓小平在视察首都钢铁公司时指出："主要是解放思想换脑筋。脑筋不换，怎么也推不动。脑筋一活，想得就宽了，路子也就多了，干得也更好。要真正给企业权力。大中型企业不搞活，社会主义优势在哪里？改革开放进行得好的、发展得快的企业，要用上交的利税、出口创的外汇、技术水平这些活生生的事实来证明它的优越。"[③]

经济体制改革问题是邓小平理论的十分重要的问题，邓小平一直高度关注我国的经济体制改革及其目标。1992 年 6 月 12 日，邓小平在住地同江泽民谈话。邓小平表示赞成使用"社会主义市场经济体制"这个提法，并说：实际上我们是在这样做，深圳就是社会主义市场经济。还说，在党校的讲话可以先发内部文件，反映好的话，就可以讲。这样十四大也就有了一个主题了。[④]

1992 年 7 月 23 日、24 日，邓小平审阅了党的十四大报告稿，表示同意报告框架。他在谈到报告稿的具体内容时指出：报告中讲我的功绩，一定要放到集体领导范围内。可以体现以我为主体，但绝不是一个人脑筋就可以钻出什么新东西来。乡镇企业是谁发明的，谁都没有提出过，我也没有提出过，突然一下子冒出

---

① 参见中共中央文献研究室编：《邓小平年谱（一九七五——一九九七）》（下），中央文献出版社 2004 年版，第 1341—1345 页。

② 参见中共中央文献研究室编：《邓小平年谱（一九七五——一九九七）》（下），中央文献出版社 2004 年版，第 1345—1346 页。

③ 中共中央文献研究室编：《邓小平思想年编（一九七五——一九九七）》，中央文献出版社 2011 年版，第 710 页。

④ 参见中共中央文献研究室编：《邓小平年谱（一九七五——一九九七）》（下），中央文献出版社 2004 年版，第 1347—1348 页。

来了，发展得很快，见效也快。家庭联产承包责任制也是由农民首先提出来的。这是群众的智慧、集体的智慧。我的功劳是把这些新事物概括起来，加以提倡。报告对我的作用不要讲得太过分，一个人、几个人，干不出这么大的事情。在谈到报告稿中提到的军队建设问题时指出：中国的武装力量，人数可以减少，但是质量要提高，不能削弱。中国是个大国，没有足够的武装力量，保证不了国家的安全。军队的问题是加强装备，加强作战指挥能力，提高战斗力。[①]

1992 年 6 月 9 日，江泽民在中央党校省部级干部进修班上发表题为《深刻领会和全面落实邓小平同志的重要谈话精神，把经济建设和改革开放搞得更快更好》的讲话。江泽民指出，邓小平南方谈话和 5 月 22 日在首钢的谈话，贯穿了一个鲜明的中心思想，这就是：必须坚定不移地全面贯彻执行党的"一个中心、两个基本点"的基本路线，解放思想，实事求是，放开手脚，大胆试验，排除各种干扰，抓住有利时机，加快改革开放步伐，集中精力把经济建设搞上去，不断地把有中国特色的社会主义事业全面推向前进。江泽民的讲话回顾和概括了党的十一届三中全会以来邓小平提出的"建设有中国特色社会主义的基本思路"，就如何深刻领会和全面落实邓小平谈话精神讲了九个方面的问题：关于抓住当前有利时机，加快改革开放和经济建设的发展；关于改革也是革命也是解放生产力；关于大胆向资本主义国家学习和借鉴有用的东西；关于加快经济体制改革；关于推进政治体制改革；关于坚持"两手抓"的方针；关于解放思想、实事求是和要警惕右但主要是防止"左"；关于加强党的建设和提高党的领导水平；关于全面落实邓小平重要谈话精神的初步部署和要求。江泽民在谈到计划与市场问题时，列举了关于计划与市场和建立新经济体制的几种不同的提法。他说：我个人的看法，比较倾向于使用"社会主义市场经济"这个提法。江泽民的讲话为中共十四大的召开作了思想理论和舆论准备。[②]

1992 年 10 月 12 日，江泽民在党的十四大上作了题为《加快改革开放和现代化建设步伐 夺取有中国特色社会主义事业的更大胜利》的报告，报告以"南方谈话"为指导，明确把"建设有中国特色社会主义理论"同邓小平的名字联系在一起，提出了"邓小平同志建设有中国特色社会主义理论"这一正式

① 中共中央文献研究室编：《邓小平思想年编（一九七五——一九九七）》，中央文献出版社 2011 年版，第 711—713 页。

② 《十三大以来重要文献选编》（下），中央文献出版社 2011 年版，第 527—556 页。

理论名称，指出党的十一届三中全会以来，在邓小平同志建设有中国特色社会主义理论的指导下，我们党和人民锐意改革，努力奋斗，整个国家焕发出了勃勃生机，中华大地发生了历史性的伟大变化。党的十四大报告对邓小平在开辟中国特色社会主义道路、创立中国特色社会主义理论中的历史功绩给予高度评价："邓小平同志是我国社会主义改革开放和现代化建设的总设计师。他尊重实践，尊重群众，时刻关注最广大人民的利益和愿望，善于概括群众的经验和创造，敏锐地把握时代发展的脉搏和契机，既继承前人又突破陈规，表现出了开辟社会主义建设新道路的巨大政治勇气和开拓马克思主义新境界的巨大理论勇气，对建设有中国特色社会主义理论的创立做出了历史性的重大贡献。"① 报告指出："建设有中国特色社会主义的理论，是马克思主义同中国实际相结合的最新成果，是当代中国的马克思主义，是指引我们实现新的历史任务的强大思想武器。"② 报告从社会主义的发展道路、发展阶段、本质、发展动力、社会主义建设的外部条件、政治保证、战略部署、社会主义的领导力量和依靠力量以及祖国统一九个方面，第一次比较系统地概括和总结了邓小平理论的主要内容，指出"这个理论，第一次比较系统地初步回答了中国这样的经济文化比较落后的国家如何建设社会主义、如何巩固和发展社会主义的一系列基本问题，用新的思想、观点，继承和发展了马克思主义"，标志着邓小平理论形成了系统完整的科学体系。当然，正如党的十四大报告所指出的，"建设有中国特色社会主义的理论还有其他许多内容，还要在研究新情况、解决新问题的过程中，在实践检验中继续丰富、完善和发展"。③

二、邓小平理论在实践中继续丰富发展

党的十四大召开后，邓小平在继续思考着我国的改革发展问题。邓小平理论在发挥指导实践作用的同时，也在实践中继续得到丰富和发展。

1993 年 9 月 16 日，邓小平在和弟弟邓垦谈话时表达了一系列重要思想，

---

① 《十四大以来重要文献选编》（上），中央文献出版社 2011 年版，第 12 页。
② 《十四大以来重要文献选编》（上），中央文献出版社 2011 年版，第 34 页。
③ 参见《十四大以来重要文献选编》（上），中央文献出版社 2011 年版，第 9、11 页。

重点谈到了坚持四项基本原则和共同富裕问题，显示出这两大问题在邓小平理论中的巨大分量。邓小平强调在改革开放过程中必须坚持四项基本原则的重要性。他指出，我们在改革开放初期就提出"四个坚持"。没有这"四个坚持"，特别是党的领导，什么事情也搞不好，会出问题。出问题就不是小问题。社会主义市场经济优越性在哪里？就在"四个坚持"。"四个坚持"集中表现在党的领导。现在经济发展这么快，没有"四个坚持"，究竟会是个什么局面？提出"四个坚持"，以后怎么做，还有文章，还有一大堆的事情，还有没有理清楚的东西。党的领导是个优越性。没有人民民主专政，党的领导怎么实现啊？"四个坚持"是"成套设备"。邓小平特别谈到了如何实现共同富裕的问题。他深刻指出：十二亿人口怎样实现富裕，富裕起来以后财富怎样分配，这都是大问题。题目已经出来了，解决这个问题比解决发展起来的问题还困难。分配的问题大得很。我们讲要防止两极分化，实际上两极分化自然出现。要利用各种手段、各种方法、各种方案来解决这些问题。我们的事业有希望，我们国家大有希望，我们民族大有希望。中国人能干，但是问题也会越来越多，越来越复杂，随时都会出现新问题。比如说分配问题。少部分人获得那么多财富，大多数人没有，这样发展下去总有一天会出问题。分配不公，会导致两极分化，到一定时候问题就会出来。这个问题要解决。过去我们讲先发展起来。现在看，发展起来以后的问题不比不发展时少。[1]邓小平的深刻论述，对于我们今天解决发展起来的一系列问题仍然具有重要的指导意义。

1993 年 9 月 27 日，邓小平在同《邓小平文选》第三卷编辑工作有关负责人谈话时说：算完成了一件事。我的文选第三卷为什么要严肃地多找点人看看，就是因为其中讲到的事都是我们一直在做的事，不能动摇。就是要坚持，不能改变这条路线，特别是不能使之不知不觉地动摇，变为事实。[2]邓小平念兹在兹的"这条路线"，就是党的十一届三中全会以来确立的社会主义初级阶段的基本路线，他强调这条路线必须矢志不渝地坚持下去。

1993 年 11 月 14 日，为贯彻落实党的十四大提出的经济体制改革的任务，加快改革开放和社会主义现代化建设步伐，党的十四届三中全会通过了《中共

---

[1]　参见中共中央文献研究室编：《邓小平思想年编（一九七五——一九九七）》，中央文献出版社 2011 年版，第 718—719 页。

[2]　中共中央文献研究室编：《邓小平思想年编（一九七五——一九九七）》，中央文献出版社 2011 年版，第 720 页。

中央关于建立社会主义市场经济体制若干问题的决定》。《决定》提出，要在20 世纪末初步建立起社会主义市场经济体制，在建立社会主义市场经济体制进程中，要在党的基本理论和基本路线指引下，始终坚持以是否有利于发展社会主义社会的生产力，是否有利于增强社会主义国家的综合国力，是否有利于提高人民的生活水平，作为决定各项改革措施取舍和检验其得失的根本标准，强调要注意把握好以下几点：一是解放思想，实事求是；二是以经济建设为中心，改革开放、经济发展和社会稳定相互促进，相互统一；三是尊重群众首创精神，重视群众切身利益；四是整体推进和重点突破相结合。[①]《决定》提出了社会主义市场经济体制的基本框架，对建立社会主义市场经济体制作了全面论述和相应规定，丰富和发展了邓小平同志建设有中国特色社会主义理论。

1993 年 12 月 26 日，江泽民在毛泽东同志诞辰一百周年纪念大会上发表讲话，赞扬"邓小平同志建设有中国特色社会主义的理论，是我们进行改革开放和社会主义现代化建设丰富经验的理论总结，是引导我们继续胜利前进的精神支柱和科学指南。这个理论内容丰富，博大精深，涵盖党和国家工作的各个方面"[②]。讲话对邓小平同志建设有中国特色社会主义理论的内涵作了重点概括，指出：解放思想，实事求是，是建设有中国特色社会主义理论的精髓；进一步解放和发展社会生产力，是建设有中国特色社会主义的根本出发点；实行改革开放，是建设有中国特色社会主义最鲜明的特点；坚持独立自主地发展中国，是建设有中国特色社会主义的立足点。[③]

1995 年 5 月 10 日，中共中央批准印发由中共中央宣传部组织编写的《邓小平同志建设有中国特色社会主义理论学习纲要》。《学习纲要》对党的十四大报告系统阐述的邓小平理论九个方面的主要内容，进一步扩展为十六个方面的主要内容，对该理论进行了更加详细的系统阐述，包括：（一）解放思想，实事求是，走自己的路——关于建设社会主义的思想路线的理论；（二）最重要的是搞清楚什么是社会主义、怎样建设社会主义——关于社会主义本质和社会主义发展道路的理论；（三）一切从社会主义初级阶段的实际出发——关于社会主义发展阶段的理论；（四）集中力量发展社会生产力——关于社会主

① 《十四大以来重要文献选编》（上），中央文献出版社 2011 年版，第 453—454 页。
② 《十四大以来重要文献选编》（上），中央文献出版社 2011 年版，第 537 页。
③ 《十四大以来重要文献选编》（上），中央文献出版社 2011 年版，第 537—540 页。

义根本任务的理论；（五）分"三步走"基本实现现代化——关于社会主义建设发展战略的理论；（六）改革是中国的第二次革命——关于社会主义发展动力的理论；（七）中国的发展离不开世界——关于社会主义国家对外开放的理论；（八）社会主义也可以搞市场经济——关于社会主义经济体制改革的理论；（九）发展社会主义民主，健全社会主义法制——关于社会主义政治体制改革的理论；（十）培育有理想有道德有文化有纪律的社会主义新人——关于社会主义精神文明建设的理论；（十一）始终坚持四项基本原则——关于社会主义建设政治保证的理论；（十二）反对霸权主义，维护世界和平——关于社会主义国家外交战略的理论；（十三）一个国家，两种制度——关于祖国统一的理论；（十四）我们的事业要依靠广大人民来完成——关于社会主义事业依靠力量的理论；（十五）建设强大的现代化正规化的革命军队——关于社会主义国家军队和国防建设的理论；（十六）中国问题的关键在于党——关于社会主义事业领导核心的理论。[①]《学习纲要》的这些论述，对于全面系统地理解邓小平理论发挥了积极作用。

1997年2月初，邓小平在医院会见江泽民等中央领导人，希望在以江泽民同志为核心的党中央领导下，把当年恢复对香港行使主权和召开党的十五大这两件大事办好。2月19日，邓小平在医院病逝，享年93岁。中共中央、全国人大常委会、国务院、全国政协、中央军委发布《告全党全军全国各族人民书》，高度评价：邓小平是我党我军我国各族人民公认的享有崇高威望的卓越领导人，我国社会主义改革开放和现代化建设的总设计师，建设有中国特色社会主义理论的创立者。邓小平虽然去世了，但他留下了巨大的精神财富——邓小平理论，继续指导着我国改革开放和社会主义现代化建设事业的顺利进行。

1997年2月25日，江泽民在邓小平追悼大会上致悼词。江泽民高度评价了邓小平的伟大功勋，强调要更加自觉地用邓小平创立的建设有中国特色社会主义理论武装头脑，统一认识，同心同德，开拓创新。他进一步强调了以下九个方面内容：经济建设是全党全国各项工作的中心；改革是中国实现社会主义现代化的必由之路；对外开放是中国实现社会主义现代化的必要条件；人民民主专政的国家政权是我们事业健康发展的政治保证；中国人民解放军是国家

---

① 中共中央宣传部编：《邓小平同志建设有中国特色社会主义理论学习纲要》，学习出版社1995年版，"目录"第1—3页。

的柱石；两个文明一起抓，两手都要硬；用"一国两制"方式实现祖国和平统一；构建和平的国际环境，打开对外关系新局面；我们全部事业的成败，关键在党。①

1997 年 9 月 12 日至 18 日，党的十五大在北京召开，江泽民在 12 日上午作了题为《高举邓小平理论伟大旗帜，把建设有中国特色社会主义事业全面推向二十一世纪》的报告。报告正式使用"邓小平理论"来命名"邓小平同志建设有中国特色社会主义理论"，全面论述了邓小平理论形成的历史背景和科学体系，高度评价了邓小平理论的历史地位和指导意义，强调"坚持邓小平理论，在实践中继续丰富和创造性地发展这个理论，这是党中央领导集体和全党同志的庄严历史责任"②。报告进一步强调了中国正处于并将长期处于社会主义初级阶段的科学论断，提出了中国共产党在社会主义初级阶段的基本纲领，并对经济建设、政治建设、文化建设、祖国统一、国际形势和对外政策以及面向新世纪的党建工作作了全面动员和部署。

1997 年 9 月 18 日，党的十五大通过了部分修改后的《中国共产党章程》，明确规定："中国共产党以马克思列宁主义、毛泽东思想、邓小平理论作为自己的行动指南。"1999 年 3 月，九届全国人大二次会议审议通过了《中华人民共和国宪法修正案》，宪法序言中把原文"在马克思列宁主义、毛泽东思想指引下"，修改为"在马克思列宁主义、毛泽东思想、邓小平理论指引下"。把邓小平理论明确列为党和国家的指导思想，实现了指导思想的与时俱进。

第二节　邓小平理论的主要内容及内在逻辑

从 1982 年邓小平在党的十二大开幕词中首次提出"建设有中国特色的社会主义"的命题，到 1987 年党的十三大形成"建设有中国特色社会主义理论"

---

① 《十四大以来重要文献选编》（下），中央文献出版社 2011 年版，第 372—375 页。
② 《十五大以来重要文献选编》（上），中央文献出版社 2011 年版，第 44 页。

的基本内容，再到 1992 年党的十四大"邓小平同志建设有中国特色社会主义理论"科学体系的形成，邓小平理论在我国改革开放和社会主义现代化建设的伟大实践中不断丰富、发展。党的十四大报告在总结中国特色社会主义建设的历史进程和实践经验基础上，正式将这一理论命名为"邓小平同志建设有中国特色社会主义理论"，认为"这个理论，第一次比较系统地初步回答了中国这样的经济文化比较落后的国家如何建设社会主义、如何巩固和发展社会主义的一系列基本问题，用新的思想、观点，继承和发展了马克思主义"①。党的十四大报告对于邓小平同志建设有中国特色社会主义理论的主要内容从九个方面作了新概括新阐释，这九个方面内容是以邓小平同志为主要代表的中国共产党人对十四年来我国改革开放和社会主义现代化建设实践的经验总结和理论升华，是集体智慧的结晶，它们相互联系、相互影响，共同构成了一个有机的科学理论体系，标志着邓小平理论的成熟和系统化。

一、邓小平理论的主要内容

邓小平理论具有丰富的内容，围绕"什么是社会主义、怎样建设社会主义"这一根本问题，党的十四大报告从九个方面系统论述了邓小平理论的主要内容。以下结合党的十四大报告的概括性论述，对这九个方面的理论内容分别进行具体阐释。

（一）关于社会主义发展道路的理论

我国社会主义的发展道路，就是建设有中国特色的社会主义道路。党的十四大报告明确指出："在社会主义的发展道路问题上，强调走自己的路，不把书本当教条，不照搬外国模式，以马克思主义为指导，以实践作为检验真理的唯一标准，解放思想，实事求是，尊重群众的首创精神，建设有中国特色的社会主义。"②

道路决定命运。以邓小平同志为主要代表的中国共产党人在我国改革开放

---

① 《十四大以来重要文献选编》（上），中央文献出版社 2011 年版，第 9 页。
② 《十四大以来重要文献选编》（上），中央文献出版社 2011 年版，第 9 页。

和社会主义现代化建设的实践中成功探索出了一条把马克思主义基本原理同中国改革开放的具体实际相结合的道路——中国特色的社会主义建设道路，这是邓小平的巨大理论贡献。

在中国这样一个半殖民地半封建的东方大国如何进行社会主义革命和建设，必然会遇到许多特殊的复杂的问题。中国共产党早期的一部分领导人依靠照抄马克思列宁主义的一般原理和一味照搬外国经验，曾使中国革命几乎陷于绝境。毛泽东领导中国共产党克服了党内曾经盛行的把马克思主义教条化、把共产国际决议和苏联经验神圣化的错误倾向，在全党确立了实事求是的思想路线，把马克思主义基本原理同中国革命的具体实践相结合，开创了一条农村包围城市、武装夺取政权的具有中国特色的革命道路。但遗憾的是，在社会主义建设中，毛泽东虽然想探索具有中国特色的社会主义，但最终仍然没有跳出苏联模式的社会主义道路。

粉碎"四人帮"以后，邓小平以马克思主义者的非凡胆略和科学态度，号召全党解放思想、实事求是，恢复和发展了毛泽东倡导的实事求是的思想路线。在总结历史经验教训的基础上，邓小平明确指出："一个党，一个国家，一个民族，如果一切从本本出发，思想僵化，迷信盛行，那它就不能前进，它的生机就停止了，就要亡党亡国。"① 为此，在我国改革开放和社会主义现代化建设过程中，邓小平始终贯彻这条正确的思想路线。邓小平指出，在中国建设社会主义这样的事，马克思、列宁的本本上找不出来；每个国家的基础不同，历史不同，所处的环境不同，左邻右舍不同，还有其他不同，别人的经验可以参考，但是不能照搬；离开自己的国家谈马克思主义，没有意义。我们要坚持马克思主义，坚持走社会主义道路，但是，马克思主义必须是与中国实际相结合的马克思主义，社会主义必须是切合中国实际的有中国特色的社会主义。邓小平在党的十二大开幕词中，向全世界郑重宣告："把马克思主义的普遍真理同我国的具体实际结合起来，走自己的道路，建设有中国特色的社会主义，这就是我们总结长期历史经验得出的基本结论。"② 要走有中国特色的社会主义道路，首先要搞清楚什么是社会主义、怎样建设社会主义这一根本问题。邓小平深刻指出："我们冷静地分析了中国的现实，总结了经验，肯定了从建国到

---

① 《邓小平文选》第 2 卷，人民出版社 1994 年版，第 143 页。
② 《邓小平文选》第 3 卷，人民出版社 1993 年版，第 3 页。

一九七八年三十年的成绩很大，但做的事情不能说都是成功的。我们建立的社会主义制度是个好制度，必须坚持。我们马克思主义者过去闹革命，就是为社会主义、共产主义崇高理想而奋斗。现在我们搞经济改革，仍然要坚持社会主义道路，坚持共产主义的远大理想，年轻一代尤其要懂得这一点。但问题是什么是社会主义，如何建设社会主义。我们的经验教训有许多条，最重要的一条，就是要搞清楚这个问题。"①

党的十一届三中全会以来，在邓小平同志的带领下，经过实践探索和理论总结，中国共产党根据对社会主义本质的深入思考和当代世情国情的深入研究，比较系统地初步回答了在中国这样的经济文化比较落后的国家如何建设社会主义、如何巩固和发展社会主义这一根本性问题，形成了社会主义初级阶段的基本路线，这就是：领导和团结全国各族人民，以经济建设为中心，坚持四项基本原则，坚持改革开放，自力更生，艰苦创业，为把我国建设成为富强、民主、文明的社会主义现代化国家而奋斗。"一个中心、两个基本点"，是对这条基本路线的简要概括。这条基本路线体现了社会主义的本质要求，反映了社会主义发展的根本规律，指明了有中国特色社会主义的发展道路。

（二）关于社会主义发展阶段的理论

我国社会主义的发展阶段，就是我国正处于并将长期处于社会主义初级阶段。党的十四大报告明确指出："在社会主义的发展阶段问题上，作出了我国还处在社会主义初级阶段的科学论断，强调这是一个至少上百年的很长的历史阶段，制定一切方针政策都必须以这个基本国情为依据，不能脱离实际，超越阶段。"②

苏联和中国在社会主义建设问题上之所以走弯路，一个重要原因就是对当时的基本国情和生产力水平缺乏清醒的认识，对社会主义发展阶段缺乏清醒的认识，试图超越生产力发展阶段尽快完成向社会主义的过渡，甚至向共产主义社会跨越。苏联勃列日涅夫提出的已建成"发达的社会主义社会"的理论也严重地脱离了苏联的基本国情，使苏联的政治经济体制进一步僵化。历史证明，由于违背了生产力和经济发展的客观规律，社会主义的建设遭受了巨大挫折。党的十一届三中全会后，如何科学认识我国的基本国情以及如

① 《邓小平文选》第 3 卷，人民出版社 1993 年版，第 115—116 页。
② 《十四大以来重要文献选编》（上），中央文献出版社 2011 年版，第 9 页。

何在这个基本国情基础上建设社会主义，成为摆在中国共产党人面前的重大而现实的问题。以邓小平同志为核心的党的第二代中央领导集体经过艰辛探索，逐步提出中国目前正处于并将长期处于社会主义初级阶段的科学论断，并提出中国的一切改革必须以社会主义初级阶段这一基本国情为出发点，这就是社会主义初级阶段理论。社会主义初级阶段理论澄清了人们对社会主义发展阶段的模糊观念，使人们对社会主义的艰巨性、复杂性和长期性有了清醒的认识，这对于坚持党的"一个中心、两个基本点"的基本路线从而建设中国特色社会主义具有重大意义。

针对新中国建设的历史教训，1980 年邓小平指出："不要离开现实和超越阶段采取一些'左'的办法，这样是搞不成社会主义的。"① 在邓小平这一思路的指导下，中国共产党关于社会主义初级阶段的理论逐步形成和发展起来。社会主义初级阶段理论在党的十一届六中全会通过的《关于建国以来党的若干历史问题的决议》中首次提出。《决议》指出：尽管我们的社会主义制度还是处于初级的阶段，但是毫无疑问，我国已经建立了社会主义制度，进入了社会主义社会，任何否认这个基本事实的观点都是错误的。党的十二大报告进一步指出："我国的社会主义社会现在还处在初级发展阶段，物质文明还不发达。但是，如同有了一定程度发展的现代经济，有了当代最先进的阶级——工人阶级及其先锋队共产党，社会主义革命就有可能成功一样，在建立起了社会主义制度以后，我们就能够在建设物质文明的同时，建立起高度的社会主义精神文明。"但在这里，这个概念仍没有得到理论上的说明。在党的十二届六中全会通过的《中共中央关于社会主义精神文明建设指导方针的决议》中，社会主义初级阶段理论得到了初步阐发。《决议》指出："我国还处在社会主义的初级阶段，不但必须实行按劳分配，发展社会主义的商品经济和竞争，而且在相当长历史时期内，还要在公有制为主体的前提下发展多种经济成分，在共同富裕的目标下鼓励一部分人先富裕起来。"②

1987 年党的十三大根据社会主义初级阶段的科学论断，明确阐发了党在社会主义初级阶段的基本路线，为中国特色社会主义建设指明了方向。社会主义初级阶段理论在党的十三大报告中正式提出以后，又在实践中不断得到丰富

---

① 《邓小平文选》第 2 卷，人民出版社 1994 年版，第 312 页。
② 《十二大以来重要文献选编》（下），中央文献出版社 2011 年版，第 127 页。

和发展，党的十四大、十五大对此都有重要论述。随着社会主义建设实践的发展，它仍在不断丰富和完善之中。在 1992 年南方谈话中，邓小平谆谆告诫我们："我们搞社会主义才几十年，还处在初级阶段。巩固和发展社会主义制度，还需要一个很长的历史阶段，需要我们几代人、十几代人，甚至几十代人坚持不懈地努力奋斗，决不能掉以轻心。"① 邓小平郑重提醒人们，建设社会主义绝不可能一蹴而就，而是一个长期的艰巨的历史过程。

"社会主义初级阶段论"作为一个比较完整的社会发展阶段理论，与"新民主主义社会论"一样，包括社会主义初级阶段的政治、经济、文化多方面的内容。社会主义初级阶段的经济就是在社会主义条件下发展市场经济，不断解放和发展生产力。具体而言，就是要坚持和完善社会主义公有制为主体、多种所有制经济共同发展的基本经济制度，坚持和完善按劳分配为主体的多种分配方式，允许一部分地区、一部分人先富起来，先富带动和帮助后富，逐步走向共同富裕；坚持和完善社会主义市场经济体制，使市场在国家宏观调控下对资源配置起基础性作用；坚持和完善对外开放，积极参与国际经济合作和竞争。社会主义初级阶段的政治就是在中国共产党领导下，在人民当家作主的基础上，依法治国，发展社会主义民主政治。具体而言，就是要坚持和完善工人阶级领导的、以工农联盟为基础的人民民主专政；坚持和完善人民代表大会制度、中国共产党领导的多党合作和政治协商制度以及民族区域自治制度；发展民主，健全法制，建设社会主义法治国家。社会主义初级阶段的文化，就是以马克思主义为指导，以培育有理想、有道德、有文化、有纪律的公民为目标，发展面向现代化、面向世界、面向未来的，民族的科学的大众的社会主义文化。具体而言，就是要坚持用马克思主义武装全党、教育人民；努力提高全民族的思想道德素质和教育科学文化水平；坚持为人民服务、为社会主义服务的方向和百花齐放、百家争鸣的方针，重在建设，繁荣学术和文艺。

社会主义初级阶段理论的提出，使我们对社会主义建设的长期性、紧迫性、复杂性、艰巨性有了更加清醒的认识，为人们理性认识我国社会主义建设实践中的成功和失误提供了一把钥匙。社会主义初级阶段理论解决了新中国成立以来长期没有解决好的社会主义建设的首要问题即对基本国情的准确科学认识，在新的历史条件下丰富和发展了马克思主义的社会主义发展阶段理论，在

---

① 《邓小平文选》第 3 卷，人民出版社 1993 年版，第 379—380 页。

中国特色社会主义理论体系中具有独创性贡献。这里突出分析两方面的内容：第一，为马克思主义理论和中国社会主义实践注入新的生命力。一方面认真分析"世情"，揭示时代主题，透析世界格局新变化的本质，寻求当代中国社会主义发展的契机和基点；另一方面，深刻研究"国情"，从时代变化的高度对我国社会主义建设的历史经验进行深刻总结，从中透视社会主义发展的新问题，找出社会主义发展的新思路。第二，为社会主义市场经济理论提供了理论基础和广阔的空间。社会主义初级阶段理论阐明了它是特指中国在经济文化落后、商品经济不发达条件下建设社会主义必然要经历的特定阶段，这就充分揭示了在中国社会主义初级阶段发展社会主义市场经济的必要性，从而为社会主义市场经济理论的提出和实践的推行奠定了基础。① 社会主义初级阶段理论不仅对生产力落后的国家建设社会主义有重要的借鉴意义，而且对广大发展中国家如何发展经济、实现现代化也有重要的启发意义。

社会主义初级阶段理论在指导改革开放的实践中继续得到充实和发展。党的十五大报告指出：我们讲一切从实际出发，最大的实际就是中国现在处于并将长时期处于社会主义初级阶段。我们讲要搞清楚"什么是社会主义、怎样建设社会主义"，就必须搞清楚什么是初级阶段的社会主义，在初级阶段怎样建设社会主义。② 党的十五大报告对社会主义初级阶段的内涵和特征进行了全面阐述：社会主义初级阶段，是逐步摆脱不发达状态，基本实现社会主义现代化的历史阶段；是由农业人口占很大比重、主要依靠手工业的农业国，逐步转变为非农业人口占多数、包含现代农业和现代服务业的工业化国家的历史阶段；是由文盲半文盲人口占很大比重、科技教育文化落后，逐步转变为科技教育文化比较发达的历史阶段；是由贫困人口占很大比重、人民生活水平比较低，逐步转变为全体人民比较富裕的历史阶段；是由地区经济文化很不平衡，通过有先有后的发展，逐步缩小差距的历史阶段；是通过改革和探索，建立和完善比较成熟的充满活力的社会主义市场经济体制、社会主义民主政治体制和其他方面体制的历史阶段；是广大人民牢固树立建设有中国特色社会主义共同理想，自强不息，锐意进取，艰苦奋斗，勤俭建国，在建设物质文明的同时努力建设

① 参见庄福龄、张新主编：《马克思主义中国化研究》第二卷，人民出版社2009年版，第59—61页。
② 《十五大以来重要文献选编》（上），中央文献出版社2011年版，第13—14页。

精神文明的历史阶段；是逐步缩小同世界先进水平的差距，在社会主义基础上实现中华民族伟大复兴的历史阶段。这段精辟的阐述，使我们明确了在社会主义初级阶段的总体目标和任务，对于全面贯彻社会主义初级阶段基本路线的自觉性，对于长远推进中国特色社会主义事业具有重要指导意义。

（三）关于社会主义根本任务的理论

社会主义的根本任务就是发展生产力。党的十四大报告明确指出："在社会主义的根本任务问题上，指出社会主义的本质是解放生产力，发展生产力，消灭剥削，消除两极分化，最终达到共同富裕。强调现阶段我国社会的主要矛盾是人民日益增长的物质文化需要同落后的社会生产之间的矛盾，必须把发展生产力摆在首要位置，以经济建设为中心，推动社会全面进步。判断各方面工作的是非得失，归根到底，要以是否有利于发展社会主义社会的生产力，是否有利于增强社会主义国家的综合国力，是否有利于提高人民的生活水平为标准。科学技术是第一生产力，经济建设必须依靠科技进步和劳动者素质的提高。"①

生产力理论是马克思主义唯物史观的理论基石，马克思主义创始人正是以生产力理论为依据，科学分析了人类社会发展规律，得出了资本主义必然灭亡、共产主义必然胜利的结论，同时他们又一再指出共产主义的发展是由现有的物质基础所决定的，生产力的发展阶段是不可逾越的。可是在马克思恩格斯以后的国际共产主义运动和社会主义建设实践中，人们往往片面强调不断变革生产关系，而忽视了大力发展生产力，忘记了共产主义的发展是需要高度发达的物质基础的，试图逾越生产力发展阶段，大步跨入共产主义。实际上这是忘记了发展生产力是马克思主义的根本原则，从而偏离了真正的马克思主义。列宁利用第一次世界大战的有利时机，在苏俄取得了无产阶级革命的胜利。他的本来思路是先变革生产关系，即先取得政权，在无产阶级政权下建立起先进的生产关系，然后再大力推进生产力的发展，发展经济。他的第一步走得很好，可是第二步走得并不顺利。他认识到了要巩固和发展社会主义必须大力发展生产力，但是在如何发展生产力的问题上却走了弯路。十月革命胜利后实行的"战时共产主义政策"很快就遇到了问题，在严酷的现实面前，列宁通过"新

---

① 《十四大以来重要文献选编》（上），中央文献出版社 2011 年版，第 9—10 页。

经济政策"对落后国家如何发展生产力进行了十分有益的探索。遗憾的是，斯大林放弃了列宁晚年的探索而重走了老路，即照搬了马克思恩格斯以西方发达国家为对象设想的社会主义模式，建立起高度集中统一的苏联模式社会主义。这一社会主义模式绝不是马克思恩格斯为东方国家开的处方。中国及东欧社会主义政权建立后，一是由于社会主义国家除苏联外没有其他经验可循，二是由于当时苏联模式社会主义的弊端还没有充分暴露，因此广大社会主义国家无一例外地照搬了苏联模式，在不同程度上背离了生产力是社会发展的最终决定力量这一马克思主义的根本原则。可以说在社会主义建设实践中，从斯大林到毛泽东基本上走的是一条过分重视生产关系反作用而忽视了生产力决定作用的路子。

邓小平就是在这一历史前提下领导中国进行社会主义现代化建设的。他深深知道社会主义建设中失误的症结在哪里，那就是忽视了马克思主义唯物史观的根本原则——生产力是人类社会发展的最终决定力量。为了澄清人们长期对马克思主义和社会主义的片面认识乃至错误认识，他首先提出要解放思想、实事求是。并在此基础上提出要研究什么是真正的马克思主义，搞清楚什么是社会主义以及如何建设社会主义。他反复强调"马克思主义的基本原则就是要发展生产力"，"社会主义的根本任务是发展生产力"。针对旧体制的弊端，他提出通过改革开放发展社会主义生产力，并提出"科学技术是第一生产力"的重大论断。针对我国生产力十分落后的现实，针对社会主义建设中急于求成的心理及其造成的重大失误，他提出必须坚持在社会主义初级阶段的基本国情下建设社会主义，而不可逾越生产力发展阶段。针对计划经济体制的弊端，他提出通过建立和发展社会主义市场经济体制来发展生产力。经过多年的社会主义实践和理论思考，邓小平在1992年的南方谈话中明确把社会主义本质同解放生产力、发展生产力、最终实现共同富裕联系起来，提出了社会主义本质论，科学解答了什么是社会主义以及如何建设社会主义这一长期困扰人们思想的重大问题。

从邓小平理论的体系本身来看，生产力理论是该理论的主线。从强调"马克思主义的基本原则就是要发展生产力"到"社会主义的根本任务是发展生产力"，从"科学技术是第一生产力"到"改革也是解放生产力"，邓小平逐步形成了社会主义发展动力论；从发展生产力是社会主义的根本任务到如何在中国特殊国情下发展生产力，从"一个中心、两个基本点"的基本路线到"三步走"的发展战略，邓小平逐步形成了社会主义初级阶段论；从计划经济为主、商品经济为辅到建立社会主义市场经济体制，邓小平逐步形成了社会主义市场经济论；从生产力标准到"三个有利于"标准，邓小平逐步形成了社会主义本质论。总之，邓小平从恢复强调生产力在唯物史观中的基础地位开始，到寻找发展生产力的手段和途径，再到确立衡量生产力发展的标准和清晰阐释社会主义的本质，邓小平形成了一整套关于中国特色社会主义道路的社会主义观。

由此可见，邓小平理论恢复了生产力理论在马克思主义中的基础地位，恢复了唯物史观的本来面目，重新回到了马克思主义本身，并运用马克思主义唯物史观的基本原则提出了社会主义本质论，解决了当代中国的最大课题，它既坚持和发展了生产力理论，也坚持和发展了马克思主义的发展理论，坚持和发展了马克思主义的唯物史观。可以说，邓小平的成功奥秘，就在于牢牢把握"发展是硬道理"的改革思路不放，牢牢抓住生产力是马克思主义的基本原则这个根本点不放，坚持以经济建设为中心和推动社会全面进步相统一这个马克思主义发展观的基本原则不放。通过生产力理论和中国特色社会主义建设的伟大实践，邓小平的社会主义观实现了马克思主义实践观、历史观与价值观三者的有机统一。

邓小平不仅从社会主义本质的高度强调社会主义的根本任务是发展生产力，渐次提出了生产力标准和"三个有利于"标准，而且还从现实推动生产力发展的角度提出了"科学技术是第一生产力"的重要论断，强调经济建设必须依靠科技进步和劳动者素质的提高。

马克思早在一百多年前就提出了"科学技术是生产力"的重要论断。他说："生产力中也包括科学"①。恩格斯在马克思墓前的讲话中更是鲜明地指出，在马克思看来"科学是一种在历史上起推动作用的、革命的力量"②，而且是"最高意义上的革命力量"。毛泽东也十分重视科学技术在生产力中的地位以及对整个生产力系统的影响。他在 1963 年 12 月曾说："科学技术这一仗，一定要打，而且必须打好。……不搞科学技术，生产力无法提高。"③1964 年，在三届全国人大一次会议上提出的"四个现代化"奋斗目标，其中就包括科学技术现代化。应该说新中国成立后的仅仅十几年间，在那么落后艰苦的环境中，就

---

① 《马克思恩格斯全集》第 46 卷（下），人民出版社 1980 年版，第 211 页。
② 《马克思恩格斯选集》第 3 卷，人民出版社 2012 年版，第 1003 页。
③ 《毛泽东文集》第 8 卷，人民出版社 1999 年版，第 351 页。

能够在核科学技术及航天科学技术领域取得令世人瞩目的成就，与毛泽东对科学技术的高度重视是分不开的。

邓小平继承了马克思主义的这一重要思想，并结合新的时代背景，作了新的阐发。早在1975年，邓小平在"整顿"期间就针对"四人帮"的倒行逆施，富有远见地指出"科学技术是生产力"，强调实现四个现代化的关键是科学技术现代化，并因此被"四人帮"斥为"唯生产力论"。在1978年的全国科学大会开幕词中，他更加响亮更加急迫地指出："科学技术是生产力，这是马克思主义历来的观点。"① 经过十年的探索、实践和思考，1988年他在会见外宾时进一步提出："马克思讲过科学技术是生产力，这是非常正确的，现在看来这样说可能不够，恐怕是第一生产力。"② 邓小平提出"科学技术是第一生产力"这样一个重要的论断，具有划时代的意义，是马克思主义科学技术观和生产力理论在新的历史条件的丰富和发展，也是对社会主义观的丰富和发展。

那么"科学技术是第一生产力"的含义到底是什么呢？或者说为什么科学技术是第一生产力呢？作为政治家，邓小平对此论断作过高屋建瓴的论述。"科学技术是第一生产力"就是指科学技术作为生产力系统中的智能性因素，它已经渗透到生产力其他要素之中，包括生产力的基本要素生产者、生产工具和生产资料，对生产力的发展起第一位的决定性的变革作用。具体而言，它包括以下三方面的含义：

第一，科学技术在现代生产力系统中起第一位的变革作用。邓小平指出："生产力的基本因素是生产资料和劳动力。科学技术同生产资料和劳动力是什么关系呢？历史上的生产资料，都是同一定的科学技术相结合的；同样，历史上的劳动力，也都是掌握了一定的科学技术知识的劳动力。我们常说，人是生产力中最活跃的因素。这里讲的人，是指有一定的科学知识、生产经验和劳动技能来使用生产工具、实现物质资料生产的人。""今天，由于现代科学技术的日新月异，生产设备的更新，生产工艺的变革，都非常迅速。许多产品，往往不要几年的时间就有新一代的产品来代替。劳动者只有具备较高的科学文化水平，丰富的生产经验，先进的劳动技能，才能在现代化的生产中发挥更大的作用。"③ 邓小平从科学

---

① 《邓小平文选》第2卷，人民出版社1994年版，第87页。
② 《邓小平文选》第3卷，人民出版社1993年版，第275页。
③ 《邓小平文选》第2卷，人民出版社1994年版，第88页。

技术同生产力基本要素的渗透与结合上阐明了科学技术在现代生产力系统中的第一位作用。在现代生产力系统中，科学技术已经渗透到各个生产力要素当中，整个生产力系统的各个要素都随着科学技术的进步而发展，并受科学技术的制约。

第二，现代科学日益成为生产的先导。在传统的生产模式中，科学、技术和生产三者，是按照"生产—技术—科学"的顺序来循环的，先有生产，再积累为技术，最后上升为科学。到了近代，科学已经从生产中独立出来，科学试验已经成为人类社会的一种基本实践形式。在现代，科学技术更是新的先进生产力的生长点，科技会率先应用到生产过程中。许多科学发现在实验室中产生后，直接应用于生产过程。科学、技术、生产三者的关系已经发生了根本性的变化，逐步形成了"科学—技术—生产"这一新的循环过程。因此，科学技术的新发现还会形成新的产业，成为新生产力的生长点。例如，由于微电子技术的发展形成了以微电子技术为支柱的产业。据统计，早在 20 世纪 70 年代世界国民生产总值 50% 都与微电子技术有关。邓小平曾在 1992 年说："经济发展得快一点，必须依靠科技和教育。我说科学技术是第一生产力。近一二十年来，世界科学技术发展得多快啊！高科技领域的一个突破，带动一批产业的发展。"① 他一再强调，"科研必须走在前面"，"如果我们的科学研究工作不走到前面，就要拖整个国家建设的后腿"。他发出了"发展高科技，实现产业化"的号召，强调在"高科技领域，中国也要在世界占有一席之地"②。

第三，科学技术已经成为推动国民经济增长的首要因素。一个著名的研究表明，在发达国家，20 世纪以来国民生产总值的增长靠科学技术进步因素的比重迅速上升，20 世纪初仅占 5%—20%，到 80 年代则占 60%—80%，有些生产部门如电子工业高达 90% 以上。更为重要的是，"科学—技术—生产"已经形成了一个良性循环机制。自然科学从知识形态的生产力转化为物质形态的生产力的周期日益缩短，科学技术成果转化为直接生产力的速度越来越快。

对于"科学技术是第一生产力"这一论断不仅要从现代生产力系统自身去理解，还必须从现代科学技术进步给人类生活带来的影响这一社会层面来理解。因为这场以微电子技术为核心的第一生产力的伟大革命，从自然科学角度

---

① 《邓小平文选》第 3 卷，人民出版社 1993 年版，第 377 页。
② 《邓小平文选》第 3 卷，人民出版社 1993 年版，第 378 页。

看，是类似人体神经系统控制机的革命。它对科技、经济等社会各领域的辐射力和渗透力是空前的，它对当代科技和经济的发展的影响是划时代的。事实上"这场革命不仅改变了现有生产结构、产业结构和社会结构，而且根本改变了人类的工作方式、学习方式、生活方式乃至思维方式，以及政治、经济、文化、道德伦理、价值观念等等，确是一场比当年工业革命规模更壮观、影响更深刻的产业革命和社会革命"①。这场革命使阿尔文·托夫勒（Alvin Toffler）、约翰·奈斯比特（John Naisbitt）描述的"电子小屋"不再是未来学家的畅想，而是变成了活生生的现实。在"电子小屋"里，人们可以通过"信息高速公路"阅览"电子报刊"，从而及时了解世界最新的经济、文化、科技、军事、社会等各方面信息。在"电子小屋"里，人们可以组织现代社会生产的整个过程，包括创意、研究、开发、生产、销售。这场革命也为人的自由全面发展创造了广泛的条件。人们可以在自己的"电子小屋"里通过"信息高速公路"去学习、工作和生活，去参与整个社会生活。就是说，这场革命将为整个社会和社会的每个成员创造大量的可以自由支配的时间，人们可以按照自己的兴趣和才能开展艺术、科学、体育以及其他社会公益活动，从而促进人的自由全面发展。马克思曾设想共产主义社会是"以每个人的全面而自由的发展为基本原则的社会形式"。②这场革命将为每个人的自由全面发展创造条件，还带来了社会劳动结构的根本变化。它使体力劳动减少到最小程度，脑力劳动成为主要劳动，它将使脑力劳动者成为社会生产和推动社会进步的主力军。有资料统计显示，从20世纪以来，在发达国家体力劳动与脑力劳动的比例已从9∶1逐步变成1∶9。就是说，这场革命将使体力劳动与脑力劳动的劳动分工对立逐步消失，就像马克思曾经预言的那样，随着生产自动化，"直接劳动本身不再是生产的基础"，"工人不再是生产过程的主要当事者，而是站在生产过程的旁边了"。邓小平也曾经说过："提高自动化水平，减少体力劳动，世界上发达国家不管是什么社会制度都是走这个道路。"③

面对这场革命，邓小平断言："实现人类的希望离不开科学，第三世界摆脱贫困离不开科学，维护世界和平也离不开科学"，"要提倡科学，靠科学才有

① 《邓小平理论研究文库》第 2 卷，中共中央党校出版社 1997 年版，第 183 页。
② 《马克思恩格斯全集》第 23 卷，人民出版社 1972 年版，第 649 页。
③ 《邓小平文选》第 2 卷，人民出版社 1994 年版，第 34 页。

希望"，因为"科学技术是第一生产力"。邓小平的"科学技术是第一生产力"的重要论断，是对科学技术在当代社会生产中的重要地位和重要作用的科学概括，充分揭示了生产力发展的内部动力机制，它也是我们制定"科教兴国"战略的理论依据。早在1978年邓小平就明确地指出："四个现代化，关键是科学技术的现代化。没有现代科学技术，就不可能建设现代农业、现代工业、现代国防。没有科学技术的高速度发展，也就不可能有国民经济的高速度发展。"①邓小平还从社会制度层面来论述科学技术的重要性，他说："社会主义制度的优越性表现在它的文化、科学技术水平应该比资本主义发展得更快、更先进，这才称得起社会主义，称得起先进的社会制度。"②在南方谈话中，邓小平更是语重心长地说："经济发展得快一点，必须依靠科技和教育。""要提倡科学，靠科学才有希望。"并且强调："高科技领域，中国也要在世界占有一席之地。"③邓小平不仅通过思想理念阐发"科学技术是第一生产力"，而且通过政策措施推进科技和教育发展，对于推进我国改革开放和社会主义现代化建设事业具有重要意义。

第一，尊重知识，尊重人才，重视教育。在"文化大革命"中，广大知识分子被诬为"臭老九"，身心长期受到压抑和迫害。这一错误的知识分子政策严重损害了知识分子的身心健康，极大挫伤了知识分子的工作积极性，导致的直接后果就是使我国科学技术从总体上发展缓慢，与世界先进水平的差距越来越大。邓小平曾指出："'文化大革命'的一个大错误是耽误了十年人才的培养。现在要抓紧发展教育事业。"④针对"文化大革命"后教育科技落后的情况，邓小平紧急呼吁："承认科学技术是生产力，就连带要答复一个问题：怎么看待科学研究这种脑力劳动？科学技术正在成为越来越重要的生产力，那末，从事科学技术工作的人是不是劳动者呢？"⑤答案是："他们的绝大多数已经是工人阶级和劳动人民自己的知识分子，因此也可以说，已经是工人阶级自己的一部分。他们与体力劳动者的区别，只是社会分工的不同。从事体力劳动的，从事

---

① 《邓小平文选》第2卷，人民出版社1994年版，第86页。
② 中共中央文献研究室编：《邓小平年谱（一九七五——一九九七）》（上），中央文献出版社2004年版，第200页。
③ 《邓小平文选》第3卷，人民出版社1993年版，第377、377—378、378页。
④ 《邓小平文选》第3卷，人民出版社1993年版，第9页。
⑤ 《邓小平文选》第2卷，人民出版社1994年版，第88页。

脑力劳动的，都是社会主义社会的劳动者。"①邓小平的这一系列论述，纠正了党在知识分子问题上的失误，摘掉了知识分子头上沉重的"臭老九"帽子，恢复了科技工作者和广大知识分子的地位和名誉，从而极大地调动了知识分子的工作积极性。其实，早在 1977 年刚刚复出时，邓小平就充分认识到了发挥科技人员作用的重要性。他说："靠空讲不能实现现代化，必须有知识，有人才。没有知识，没有人才，怎么上得去？"②"一定要在党内造成一种空气：尊重知识，尊重人才。要反对不尊重知识分子的错误思想。"③同时，邓小平还充分认识到了教育在科教兴国战略中的基础地位。他强调指出："发展科学技术，不抓教育不行。"④"教育事业，决不只是教育部门的事，各级党委要认真地作为大事来抓。各行各业都要来支持教育事业，大力兴办教育事业。"⑤另外，邓小平还指出，"教育要两条腿走路，既注意普及，又注意提高"，既要重视科学文化知识教育，又要重视思想政治教育。

第二，深入改革科技体制。邓小平认为发展科学技术事业，不仅要尊知重教，同时还必须深入推进科技体制改革。旧的科技体制是在过去旧的政治体制和经济体制下形成的，对科技人才的限制太死，不利于最大限度地调动广大科技人员的积极性和创造性，不利于优秀科技人才脱颖而出；科技发展没有面向经济建设主战场，科技与生产、经济、社会发展在一定程度上相互脱节，科技转化为现实生产力的周期太长。整个科技体制改革的首要和关键问题是人才。邓小平强调："改革经济体制，最重要的、我最关心的，是人才。改革科技体制，我最关心的，还是人才。"⑥"事情成败的关键就是能不能发现人才，能不能用人才。"⑦针对旧科技体制的第一大弊端，邓小平主张，对人才统一管理、合理调动、集中使用，提倡人才流动和交流，同时建立和完善科技人员的考核、评比和晋升制度，主张人才聘任制，以形成一种竞争和激励机制。实践证明，邓小平的主张是行之有效的，它极大促进了人才的培养、使用和科学

---

① 《邓小平文选》第 2 卷，人民出版社 1994 年版，第 89 页。
② 《邓小平文选》第 2 卷，人民出版社 1994 年版，第 40 页。
③ 《邓小平文选》第 2 卷，人民出版社 1994 年版，第 41 页。
④ 《邓小平文选》第 2 卷，人民出版社 1994 年版，第 40 页。
⑤ 《邓小平文选》第 2 卷，人民出版社 1994 年版，第 95 页。
⑥ 《邓小平文选》第 3 卷，人民出版社 1993 年版，第 108 页。
⑦ 《邓小平文选》第 3 卷，人民出版社 1993 年版，第 92 页。

技术的进步。针对旧体制的第二大弊端，邓小平提出科技必须与经济相结合、与市场相结合的思想，他强调指出："经济体制，科技体制，这两方面的改革都是为了解放生产力。新的经济体制，应该是有利于技术进步的体制。新的科技体制，应该是有利于经济发展的体制。双管齐下，长期存在的科技与经济脱节的问题，有可能得到比较好的解决。"① 在社会主义市场经济条件下，必须使科技体制与市场经济有机结合，真正发挥科技进步对经济发展的巨大推动作用。

第三，大胆借鉴外国的先进科技和管理经验。这是对外开放政策的一个重要内容。早在 1975 年，邓小平就提出："要争取多出口一点东西，换点高、精、尖的技术和设备回来，加速工业技术改造，提高劳动生产率。"② 这一思想当时被"四人帮"诬为"卖国求荣"。1978 年，针对我国当时科学技术远远落后于西方发达国家的现状，邓小平指出，认识落后，才能去改变落后。学习先进，才有可能赶超先进。他还说："如果不拿现在世界最新的科研成果作为我们的起点，创造条件，努力奋斗，恐怕就没有希望。"应该"把世界上最先进的科研成果作为我们的起点，洋为中用，吸收外国好的东西，先学会它们，再在这个基础上创新，那末，我们就是有希望的"。③ 在 1992 年南方谈话中，邓小平再一次强调指出："社会主义要赢得与资本主义相比较的优势，就必须大胆吸收和借鉴人类社会创造的一切文明成果，吸收和借鉴当今世界各国包括资本主义发达国家的一切反映现代社会化生产规律的先进经营方式、管理方法。"④

此外，邓小平科技思想中的一个十分重要的内容，就是中国必须在世界高科技领域占有一席之地。从 20 世纪中叶以来，高科技已经逐步成为当代科技竞争、经济竞争和国家竞争的制高点，邓小平清楚地看到了这一点。在 1988 年邓小平视察北京正负电子对撞机工程时，他强调说："过去也好，今天也好，将来也好，中国必须发展自己的高科技，在世界高科技领域占有一席之地。如果六十年代以来中国没有原子弹、氢弹，没有发射卫星，中国就不能叫有重要影响的大国，就没有现在这样的国际地位。这些东西反映一个民族的能力，也

---

① 《邓小平文选》第 3 卷，人民出版社 1993 年版，第 108 页。
② 《邓小平文选》第 2 卷，人民出版社 1994 年版，第 29 页。
③ 中共中央文献研究室编：《邓小平年谱（一九七五──一九九七）》（上），中央文献出版社 2004 年版，第 210 页。
④ 《邓小平文选》第 3 卷，人民出版社 1993 年版，第 373 页。

是一个民族、一个国家兴旺发达的标志。"①为此,中国目前虽然很穷,但也必须花大力气加入世界高科技的研究行列。正是在邓小平的亲自关怀下,1986年3月国家制定实施了《高技术研究发展计划("863"计划)纲要》,以前沿技术研究发展为重点,坚持战略性、前沿性和前瞻性,旨在提高我国自主创新能力,统筹部署高技术的集成应用和产业化示范,充分发挥高技术引领未来发展的先导作用。现在从总体上来看,中国的科技水平与西方发达国家还存在一定的差距,但在一些高科技领域,中国不仅赶上了世界先进水平,甚至有些技术还居于世界前列。

(四)关于社会主义发展动力的理论

改革开放是中国特色社会主义事业的发展动力。党的十四大报告明确指出:"在社会主义的发展动力问题上,强调改革也是一场革命,也是解放生产力,是中国现代化的必由之路,僵化停滞是没有出路的。经济体制改革的目标,是在坚持公有制和按劳分配为主体、其他经济成分和分配方式为补充的基础上,建立和完善社会主义市场经济体制。政治体制改革的目标,是以完善人民代表大会制度、共产党领导的多党合作和政治协商制度为主要内容,发展社会主义民主政治。同经济、政治的改革和发展相适应,以'有理想、有道德、有文化、有纪律'为目标,建设社会主义精神文明。"②

生产力是社会发展的最终决定力量,这是马克思主义的基本原理。但认识到问题并不等于解决了问题。认识到社会主义的根本任务是发展生产力,并不等于就能够大力发展生产力。在社会主义建设道路上,从列宁到斯大林再到毛泽东,他们并不是不知道生产力的重要作用,可是在实践中他们在发展生产力问题上都走了弯路,甚至付出了惨痛的代价。历史告诉我们,在认识到生产力的基础地位后,还必须找到发展生产力的途径和措施。邓小平在新的历史条件下开创性地提出了"改革也是解放生产力"、"改革是中国的第二次革命"、"改革是动力"等一系列重要论断,为社会主义如何与资本主义长期共存与长期竞争而取得优势,并最终替代资本主义提供了新思路。这些新论断极大丰富和发展了马克思主义的社会主义发展动力论思想。

---

① 《邓小平文选》第3卷,人民出版社1993年版,第279页。
② 《十四大以来重要文献选编》(上),中央文献出版社2011年版,第10页。

邓小平通过总结社会主义建设的经验教训，得出了要想发展生产力就必须把解放生产力和发展生产力有机地统一起来的结论。邓小平在南方谈话中，把他多年探索和实践的解放和发展生产力的理论进行了完整的概括："革命是解放生产力，改革也是解放生产力。推翻帝国主义、封建主义、官僚资本主义的反动统治，使中国人民的生产力获得解放，这是革命，所以革命是解放生产力。社会主义基本制度确立以后，还要从根本上改变束缚生产力发展的经济体制，建立起充满生机和活力的社会主义经济体制，促进生产力的发展，这是改革，所以改革也是解放生产力。过去，只讲在社会主义条件下发展生产力，没有讲还要通过改革解放生产力，不完全。应该把解放生产力和发展生产力两个讲全了。"① 邓小平的解放和发展生产力理论是对马克思主义生产力理论在新的历史条件下的重大发展和突破。

解放生产力和发展生产力是两个具有不同实际内容的概念。所谓解放生产力，就是排除、克服、革掉那些束缚生产力发展的阻力、桎梏，为生产力的发展创造良好的社会条件和社会环境。历史上的历次社会革命都是典型的解放生产力的形式。所谓发展生产力，就是人们通过从事物质的、精神的生产活动，改变生产力的组成要素，从而在整体上使生产力得到增长发展。简而言之，解放生产力和发展生产力是两个不同的范畴，是指向性不同的两种活动，前者的直接对象是束缚生产力的各种社会因素，是社会结构，它解决的是人与人、人与社会之间的关系；而后者的直接对象是生产力本身，它解决的是人与自然之间的关系。

恩格斯曾经指出："所谓'社会主义社会'不是一种一成不变的东西，而应当和任何其他社会制度一样，把它看成是经常变化和改革的社会。"② 社会主义的实践也证明，社会主义基本制度是适合生产力发展的，但其具体体制机制，如经济体制、政治体制等存在着束缚生产力发展的方面，必须从根本上进行变革而不是枝节性的修补，就是必须实行改革。为了澄清人们的认识，邓小平多次强调改革开放的必要性。邓小平首先区别了社会主义制度与社会主义具体做法的区别，他特别指出："社会主义制度并不等于建设社会主义的具体做法。"③ 改革不是要抛弃社会主义基本制度，而是要革除不适合生产力发展的具

---

① 《邓小平文选》第 3 卷，人民出版社 1993 年版，第 370 页。
② 《马克思恩格斯选集》第 4 卷，人民出版社 2012 年版，第 601 页。
③ 《邓小平文选》第 2 卷，人民出版社 1994 年版，第 250 页。

体体制和机制。他在 1985 年就明确说："改革是中国的第二次革命。"[1] 在南方谈话中他强调指出："不坚持社会主义，不改革开放，不发展经济，不改善人民生活，只能是死路一条。"[2] 邓小平从关系社会主义事业生死存亡的高度强调了改革开放的极端重要性，强调一定要坚持党的十一届三中全会以来的改革开放政策不动摇，充分揭示了改革在社会主义社会乃至整个人类社会发展中的重要作用，把社会基本矛盾运动必然引起革命的思想贯彻到底，指出改革同革命一样是消除社会矛盾的重要途径，是社会发展的重要动力。就是说，革命是完成社会形态根本质变的形式，而改革是社会形态总的量变过程中部分质变的形式。人类社会正是通过革命、改革这两种形式不断解放生产力，不断使生产力向前发展。邓小平强调，要把解放生产力和发展生产力两者都讲全，就是既要讲通过革命和改革去扫除束缚生产力发展的障碍，使生产力获得解放；又要讲在生产关系、上层建筑相对稳定的情况下，着力改善生产力自身诸要素的合理配置状况，特别是通过科学技术推动生产力自身发展，这样就全面地阐明了解放生产力与发展生产力之间的辩证关系。邓小平认为，解放生产力与发展生产力是互为前提、互相制约、互相转化的，一方面解放生产力必须以一定的生产力发展水平为基础，不能离开生产力的长期积累和发展去空谈变革生产关系和上层建筑；另一方面，生产力的大发展只有在建立新的生产关系和上层建筑（包括新的经济体制和政治体制）之后才有可能。两个都讲全，实际上是既肯定了生产力的决定作用，又体现了生产关系、上层建筑的巨大反作用。同时，邓小平的解放生产力和发展生产力理论也发展了马克思主义的社会基本矛盾理论。因为解放生产力和发展生产力的辩证转化过程也就是社会基本矛盾辩证运动的过程。正如有学者指出的那样："'发展生产力—解放生产力—发展生产力'的辩证转化过程，也就是社会基本矛盾'基本适合—基本不适合—新的基本适合'的辩证运动过程。整个人类社会就是由发展生产力到解放生产力，再到发展生产力这样的循环往复不断地向前发展的。"[3]

邓小平关于解放生产力与发展生产力的思想贯穿在整个建设有中国特色社会主义的理论和实践中，具体而言就是对内改革、对外开放。对内改革与对外

①　《邓小平文选》第 3 卷，人民出版社 1993 年版，第 113 页。

②　《邓小平文选》第 3 卷，人民出版社 1993 年版，第 370 页。

③　雍涛：《邓小平对马克思主义哲学的主要贡献》，《毛泽东思想研究》1999 年第 1 期。

开放都是改革。对于改革和开放的内涵，邓小平说："一个对外经济开放，一个对内经济搞活。改革就是搞活，对内搞活也就是对内开放，实际上都叫开放政策。"①"对外开放也是改革的内容之一，总的来说，都叫改革。"② 对内改革就是在坚持社会主义基本制度的前提下，改革长期以来严重束缚生产力发展的经济体制、政治体制和科技文化体制；对外开放就是在坚持独立自主的前提下，改变中国长期以来封闭半封闭的状态。当然对内改革与对外开放是有机地辩证地统一在一起的，两者相互依赖、相互制约，统一于建设有中国特色社会主义的伟大实践之中，统一于解放生产力与发展生产力的辩证运动过程之中。没有对内改革，就不可能有对外开放；没有对外开放，对内改革也是不彻底的。通过对内改革为中国走向世界历史行列创造了条件，通过对外开放为中国走向世界搭建了桥梁。

中国的改革开放是从解放人们的思想开始的。思想是上层建筑的重要组成部分。邓小平深知要想真正解放生产力和发展生产力，必须从解放思想着手。为此，他积极支持"实践是检验真理的唯一标准"的大讨论，号召"解放思想，实事求是，团结一致向前看"。邓小平试图通过解放思想，来澄清长期以来人们对社会主义的错误认识，来破除人们对毛泽东晚年错误和当时"两个凡是"的盲目迷恋，对社会主义进行再认识，从而真正搞清楚"什么是社会主义、怎样建设社会主义"这一根本问题。邓小平没有先划定条条框框来建设社会主义，而是强调在实践中不断探索。

改革的关键问题、基础问题是经济体制改革问题。经济体制改革经历了一个长期的探索过程，目前仍在继续。从单一的公有制经济到公有制经济为主、其他经济成分为补充，再到以公有制为主体、多种经济成分共同发展；从单一的高度集中的计划经济，到计划经济为主、市场调节为辅，到有计划的商品经济，再到建立社会主义市场经济体制。经济体制改革的每一步探索都经历了思想观念的更新与社会层面的变革。改革的每一步都有阻力和不同的评价。1985年8月21日，邓小平在会见坦桑尼亚总统尼雷尔（Nyerere）时就鲜明地指出："世界上对我国的经济改革有两种评论。有些评论家认为改革会使中国放弃社会主义，另一些评论家则认为中国不会放弃社会主义。后一种看法比较有眼

① 《邓小平文选》第 3 卷，人民出版社 1993 年版，第 98 页。
② 《邓小平文选》第 3 卷，人民出版社 1993 年版，第 256 页。

光。我们所有的改革都是为了一个目的，就是扫除发展社会生产力的障碍。"①
公有制和计划经济历来是被作为社会主义的基本特征看待的，它们是经济体制
改革中最关键也是最敏感的问题。对于所有制结构中个体经济与外资经济比重
上升和实行市场经济，许多人思想观念一时转不过弯来。针对这种情况，邓小
平以政治家的伟大气魄指出："改革开放胆子要大一些，敢于试验，不能像小
脚女人一样。""改革开放迈不开步子，不敢闯，说来说去就是怕资本主义的东
西多了，走了资本主义道路。要害是姓'资'还是姓'社'的问题。判断的标准，
应该主要看是否有利于发展社会主义社会的生产力，是否有利于增强社会主义
国家的综合国力，是否有利于提高人民的生活水平。"② 以"三个有利于"为标
准，邓小平旗帜鲜明地指出："计划多一点还是市场多一点，不是社会主义与
资本主义的本质区别。计划经济不等于社会主义，资本主义也有计划；市场经
济不等于资本主义，社会主义也有市场。计划和市场都是经济手段。"③ 根据邓
小平的这一创新思想，党的十四大确立了我国经济体制改革的目标模式——社
会主义市场经济体制。确立社会主义市场经济体制的改革目标，大大解放了人
们的思想，极大地促进了我国生产力的发展。

在对内改革全面展开之时，对外开放也如火如荼地开展起来。中国自清朝
以来长期实行闭关锁国政策，使中国长期处于封闭状态。这种对外政策的直接
结果是导致中国失去了与外界的信息交流，生产力很快就落后于西方国家。鸦
片战争以后，中国国门被迫打开，中国也一步一步地成为半殖民地半封建国
家。新中国成立后，由于各种客观因素，主要是冷战格局的形成，中国又一次
处于封闭半封闭状态。当中国正忙于进行"文化大革命"时，世界其他国家，
尤其是发达资本主义国家正忙于发展科学技术、发展经济。当"文化大革命"
结束时，我们不但没有赶上西方的科学技术和经济水平，反而与它们的距离越
来越大了。新的形势，要求我国必须对外开放，迅速学习西方先进的科学技术
和经验，迎头赶上。邓小平对此有清醒的认识。他指出："中国在西方国家产
业革命以后变得落后了，一个重要原因就是闭关自守。"④ 他还结合新中国的建
设经验教训说："中华人民共和国建立以后，第一个五年计划时期是对外开放

---

① 《邓小平文选》第3卷，人民出版社1993年版，第134页。
② 《邓小平文选》第3卷，人民出版社1993年版，第372页。
③ 《邓小平文选》第3卷，人民出版社1993年版，第373页。
④ 《邓小平文选》第3卷，人民出版社1993年版，第64页。

的，不过那时只能是对苏联东欧开放。以后关起门来，成就也有一些，总的说来没有多大发展。当然这有内外许多因素，包括我们的错误。历史经验教训说明，不开放不行。"①

对外开放的重要措施之一就是创办经济特区。通过经济特区引进外资和引进先进技术，把经济特区办成"技术的窗口，管理的窗口，知识的窗口，也是对外政策的窗口"②。由于经济特区取得了巨大成就，我国对外开放的地区和范围也逐步扩大，从经济特区到沿海地区，再到全国，最后形成了全方位的开放格局。在谈到对外开放，尤其是办经济特区的艰难历程时，邓小平 1992 年在南方谈话中指出："对办特区，从一开始就有不同意见，担心是不是搞资本主义。深圳的建设成就，明确回答了那些有这样那样担心的人。特区姓'社'不姓'资'。"③

实际上，邓小平的对外开放理论，并不是单纯从学习外国先进技术经验及发展对外经济贸易角度着眼的，而是有更高远的视野。在邓小平看来，通过对外开放不仅有利于发展我国的社会生产力，而且还要通过对外开放使中国走向世界，与世界融合，以便在经济全球化不断加深的时代趋势下更好赶上时代潮流。这一思想和实践，凸显了马克思"世界历史理论"的当代意义。马克思恩格斯曾经指出人类社会发展的两大趋势：一种是在纵向发展上，历史将"随着人们的生产力以及人们的社会关系的愈益发展而愈益成为人类的历史"④，即人类愈来愈成为自然界、社会和自己的主人；另一种是在横向发展上，由于生产力的发展和各民族之间相互交往日益扩大，"历史也就越是成为世界历史"⑤，即人类社会的发展会愈来愈显示出开放化、整体化、全球化的趋势。在马克思恩格斯看来，"人类史"和"世界史"两种趋势的统一，将是共产主义社会得以产生的两大前提。

但是纵观中国近代史，我们发现中国近代历史是与马克思恩格斯的"世界历史理论"和世界历史潮流的发展状况相违背的。在世界交流交往日益密切的情况下，中国却自觉不自觉地离开了世界，孤芳自赏。针对这一状况，邓小平

① 《邓小平文选》第 3 卷，人民出版社 1993 年版，第 90 页。
② 《邓小平文选》第 3 卷，人民出版社 1993 年版，第 51—52 页。
③ 《邓小平文选》第 3 卷，人民出版社 1993 年版，第 372 页。
④ 《马克思恩格斯选集》第 4 卷，人民出版社 2012 年版，第 409 页。
⑤ 《马克思恩格斯选集》第 1 卷，人民出版社 2012 年版，第 168 页。

指出："现在的世界是开放的世界。"①"中国的发展离不开世界。"②他一再强调，中国要实现社会主义的现代化，必须把独立自主和对外开放统一起来，自觉地走进世界历史的行列，利用人类文明的先进成果作为自己发展的起点，尽快实现现代化；如果相反，把独立自主变成闭关自守，一切从头开始，重复别人的老路，那就只能导致愚昧落后。为此，邓小平说："对外开放具有重要意义，任何一个国家要发展，孤立起来，闭关自守是不可能的，不加强国际交往，不引进发达国家的先进经验、先进科学技术和资金，是不可能的。"③邓小平还从发达国家角度来考虑落后国家的开放问题："如果不帮助发展中国家，西方面临的市场问题、经济问题，也难以解决。经济上的开放，不只是发展中国家的问题，恐怕也是发达国家的问题。现在世界上占总人口四分之三的地区是发展中国家，还谈不上是重要市场。世界市场的扩大，如果只在发达国家中间兜圈子，那是很有限度的。"④

要想真正走进世界的行列，单纯学习外国的先进经验是远远不够的，还必须找到与世界融合的真正的切入点。这个"切入点"是什么？这是邓小平一直思考的问题。现代世界从社会形态上讲是社会主义与资本主义相互并存、相互竞争的时代。在传统观点看来，社会主义与资本主义是格格不入的，一个是公有制计划经济，一个是私有制市场经济，两者不可能真正融合，即使融合也只能是貌合神离，或者社会主义复辟为资本主义。当邓小平认识到市场经济和计划经济一样只是经济手段，社会主义同样可以利用时，就找到了中国与世界真正融合的"切入点"。邓小平的市场经济可以与社会主义相结合的思想，填补了马克思恩格斯留下的关于经济文化落后的国家用什么经济体制去建设社会主义这一理论空白。"实践证明，只有建立社会主义市场经济体制，才能更好地同世界性的市场经济接轨，最充分地利用世界市场的资源，吸收借鉴人类一切文明成果，促进国民经济发展，逐步跨入世界先进国家行列，获得'世界历史'性的存在。"⑤

邓小平在强调对外开放的同时，提出一定要坚持独立自主、自力更生的

① 《邓小平文选》第3卷，人民出版社1993年版，第64页。
② 《邓小平文选》第3卷，人民出版社1993年版，第78页。
③ 《邓小平文选》第3卷，人民出版社1993年版，第117页。
④ 《邓小平文选》第3卷，人民出版社1993年版，第79页。
⑤ 雍涛：《邓小平对马克思主义哲学的主要贡献》，《毛泽东思想研究》1999年第1期。

原则，防止成为西方的附庸。邓小平明确指出："像中国这样大的国家搞建设，不靠自己不行，主要靠自己，这叫做自力更生。"① 邓小平在改革开放之初就指出一定要处理好独立自主与对外开放的关系，他强调说："独立自主不是闭关自守，自力更生不是盲目排外。科学技术是人类共同创造的财富。任何一个民族、一个国家，都需要学习别的民族、别的国家的长处，学习人家的先进科学技术。我们不仅因为今天科学技术落后，需要努力向外国学习，即使我们的科学技术赶上了世界先进水平，也还要学习人家的长处。"② 对于人们对外资企业的担心，邓小平说："中国是社会主义，要坚持这个道路，发展就是发展社会主义经济，吸收外资、合资经营等都不可能伤害我们的社会主义经济的主体，只会发展我们社会主义经济的主体。中国发展三十年、五十年到七十年，那个时候社会主义的经济基础更加强大了，就更不怕对外开放的冲击了"③。邓小平还说："有人说中国的开放政策会导致资本主义。我们的回答是，我们的开放政策不会导致资本主义。……实行对外开放政策，会有一部分资本主义的东西进入，但是社会主义的力量更大，而且会取得更大的发展。社会主义的比重将始终占优势。"④ 当然既要积极吸收借鉴世界各国的有益文明成果，尤其是资本主义的先进科学技术、管理经验和资金，也要防止资本主义腐朽的东西对社会主义的侵蚀。邓小平说："开放政策是有风险的，会带来一些资本主义的腐朽东西。"⑤ 为此，他强调必须用社会主义的政策和国家机器去尽力克服这些消极的因素。

邓小平通过改革开放的理论与实践，不仅为中国解放生产力与发展生产力找到了最佳的途径，也为中国走向世界创造了条件和架设了桥梁，凸显了马克思恩格斯"世界历史理论"的当代意义，为社会主义如何与资本主义长期共存与长期竞争并最终代替资本主义提供了新思路，在新的历史条件下丰富和发展了马克思主义的社会主义学说。

改革作为我国的第二次革命，作为解放生产力的重要举措，首先是指经济

---

① 《邓小平文选》第 3 卷，人民出版社 1993 年版，第 78 页。
② 《邓小平文选》第 2 卷，人民出版社 1994 年版，第 91 页。
③ 中共中央文献研究室编：《邓小平年谱（一九七五——一九九七）》（下），中央文献出版社 2004 年版，第 1005 页。
④ 中共中央文献研究室编：《邓小平年谱（一九七五——一九九七）》（下），中央文献出版社 2004 年版，第 1026 页。
⑤ 《邓小平文选》第 3 卷，人民出版社 1993 年版，第 139 页。

体制改革，同时也包括政治体制改革和科技教育文化体制改革。邓小平不仅对于经济体制改革的思路、措施和作用作过精辟论述，而且对于社会主义政治体制改革和精神文明建设作过深刻阐述，这些论述对于推动我国经济社会全面发展发挥了重要指导作用。

（五）关于社会主义建设的外部条件的理论

在和平与发展成为当今时代主题的背景下，为我国现代化建设争取有利的国际环境，这是中国特色社会主义建设的外部条件。关于社会主义建设的外部条件，党的十四大报告明确说："在社会主义建设的外部条件问题上，指出和平与发展是当代世界两大主题，必须坚持独立自主的和平外交政策，为我国现代化建设争取有利的国际环境。强调实行对外开放是改革和建设必不可少的，应当吸收和利用世界各国包括资本主义发达国家所创造的一切先进文明成果来发展社会主义，封闭只能导致落后。"[1]

和平与发展是邓小平对时代主题作出的科学判断，也是有中国特色社会主义建设的有利国际环境。实际上，从 20 世纪 70 年代末开始，如何正确看待当时国际环境的发展变化成为一个迫在眉睫的问题。邓小平以政治家的敏锐眼光，通过客观、冷静地观察思考和审慎正确的分析，对新的国际局势作出了科学的大胆的不同于过去的判断。邓小平在 1982 年 8 月会见联合国秘书长德奎利亚尔（Javier Perez de Cuellar）时说："我们不是悲观主义者，我们只是提出战争的危险性。我们说，战争的因素在增长，但制止战争的因素也在增长。从联合国的角度可以看出，第二次世界大战以后，国际政治中积极的因素是第三世界的兴起。在联合国中，第三世界的成员增加了。对这个变化的价值要给予充分的估量。霸权主义还要继续横行下去。但是，他们像过去那样随意主宰世界人民命运的时代已经过去。"[2]1983 年 3 月他在同几位中央负责人谈话中明确提出："现在的问题是要注意争取时间，该上的要上。大战打不起来，不要怕，不存在什么冒险的问题。以前总是担心打仗，每年总要说一次。现在看，担心得过分了。我看至少十年打不起来。"[3]邓小平认为整个世界局势已经发生

---

① 《十四大以来重要文献选编》（上），中央文献出版社 2011 年版，第 10 页。
② 《邓小平文选》第 2 卷，人民出版社 1994 年版，第 416 页。
③ 《邓小平文选》第 3 卷，人民出版社 1993 年版，第 25 页。

了根本的变化，已经从战争与革命转到了和平与发展上来，世界大战暂时可以避免。

1984 年 5 月 17 日，邓小平在会见厄瓜多尔总统奥斯瓦尔多·乌尔塔多（Osvaldo Hurtado）时说：“我看世界现在存在两个最根本的问题。第一是反对霸权主义，维护世界和平”，“第二是南北问题。这是今后国际问题中一个十分重要的方面。发达国家尽管也有其经济困难，总的说是越来越富，而第三世界是越来越穷。解决南北问题是实现国际局势稳定的一个长时间、很重要的问题。”[①] 在 1985 年 3 月，他在会见日本商工会议所访华团时对当今的国际局势从理论高度作出了精辟科学的概括：“现在世界上真正大的问题，带全球性的战略问题，一个是和平问题，一个是经济问题或者说发展问题。和平问题是东西问题，发展问题是南北问题。概括起来，就是东西南北四个字。南北问题是核心问题。”[②] 其后邓小平在会见外国朋友和国内的会议、谈话中多次阐明这一观点。1990 年 3 月 3 日在同几位中央负责人谈话时他强调说：“国际形势的变化怎么看？旧的格局是不是已经完了，新的格局是不是已经定了？国际上议论纷纷，国内也有各种意见。看起来，我们过去对国际问题的许多提法，还是站得住的。现在旧的格局在改变中，但实际上并没有结束，新的格局还没有形成。和平与发展两大问题，和平问题没有得到解决，发展问题更加严重。”[③]

邓小平关于时代主题的思想是建立在对世界资本主义再认识和对社会主义改革兴衰成败的历史经验以及世界新形势的敏锐把握之上的，具有重要的理论意义。在理论上它突破了对世界基本矛盾问题的传统认识，为世界局势描绘了一幅新的图景。在实践上它不仅是中国制定对外战略的理论依据，而且是邓小平理论的主要内容之一。因为和平与发展成为时代主题，这就为中国的改革开放和社会主义现代化建设提供了十分有利的国际环境，这一国际环境要求我们必须改变过去传统的冷战思维方式，重新认识世界形势，重新认识现代资本主义，也要求我们必须大胆吸收和利用世界各国包括资本主义发达国家所创造的一切先进文明成果来发展生产力，来建设社会主义。邓小平对于资本主义有清

---

① 中共中央文献研究室编：《邓小平年谱（一九七五——一九九七）》（下），中央文献出版社 2004 年版，第 974 页。

② 《邓小平文选》第 3 卷，人民出版社 1993 年版，第 105 页。

③ 《邓小平文选》第 3 卷，人民出版社 1993 年版，第 353 页。

醒的认识，他说："要弄清什么是资本主义。资本主义要比封建主义优越。有些东西并不能说是资本主义的。比如说，技术问题是科学，生产管理是科学，在任何社会，对任何国家都是有用的。我们学习先进的技术、先进的科学、先进的管理来为社会主义服务，而这些东西本身并没有阶级性。"①简而言之，和平与发展成为时代主题，为顺利推进中国特色社会主义事业创造了必要的历史条件。从某种意义上甚至可以说，中国特色社会主义之所以能够取得成功就在于它顺应了世界追求和平与发展的时代潮流，抓住了世界各国求和平求发展的历史机遇并在这一过程中主动发展了自己。邓小平理论既符合中国实际，也符合世界发展的时代潮流。

（六）关于社会主义建设政治保证的理论

四项基本原则是立国之本，是中国特色社会主义建设的政治保证。关于社会主义建设的政治保证，党的十四大报告明确指出："在社会主义建设的政治保证问题上，强调坚持社会主义道路、坚持人民民主专政、坚持中国共产党的领导、坚持马克思列宁主义毛泽东思想。这四项基本原则是立国之本，是改革开放和现代化建设健康发展的保证，又从改革开放和现代化建设获得新的时代内容。"②

始终坚持四项基本原则是中国特色社会主义事业顺利进行的政治保证。四项基本原则，即坚持社会主义道路、坚持人民民主专政、坚持中国共产党的领导、坚持马列主义毛泽东思想。这是邓小平对党长期以来积累经验所做出的科学概括，体现了亿万中国人的共同意志，是不可动摇的立国之本。四项基本原则已经写进了我国的宪法，以国家根本大法的形式确定下来。四项基本原则对改革开放和社会主义现代化建设主要发挥三方面的保证作用：一是保证有一个坚定正确的政治方向；二是保证有一个团结稳定的发展环境；三是保证有统一的意志和统一的行动。离开四项基本原则，社会主义就没有了根基，失去了发展方向。为此，邓小平强调指出："如果动摇了这四项基本原则中的任何一项，那就动摇了整个社会主义事业，整个现代化建设事业。"③改革开放以来的实践

---

① 《邓小平文选》第 2 卷，人民出版社 1994 年版，第 351 页。

② 《十四大以来重要文献选编》（上），中央文献出版社 2011 年版，第 10 页。

③ 《邓小平文选》第 2 卷，人民出版社 1994 年版，第 173 页。

证明，面对变化多端的国际风云和国内各种错误思潮的干扰，中国之所以能够始终沿着中国特色社会主义的道路前进，就在于始终坚持"一个中心、两个基本点"，就是坚持不断发展经济，改善人民生活，坚持改革开放，搞活了社会主义，坚持四项基本原则，保证了现代化建设和改革开放的顺利进行。

在中国这样一个经济文化比较落后的国家进行社会主义建设，是一项崭新的伟大事业，也是一项艰巨的、长期的系统工程。要实现这一伟大目标，必须有一个坚定正确的政治方向，必须有一个团结稳定的发展环境，必须有统一的意志和行动，必须破除各个方面错误思潮的干扰。坚持四项基本原则，必须旗帜鲜明地反对资产阶级自由化。搞资产阶级自由化，即反对共产党领导、否定社会主义制度、主张资本主义制度，是根本违背人民利益和历史潮流的。党的十一届三中全会以来，邓小平一再强调，中国要搞现代化，绝不能搞自由化，绝不能走资本主义道路。他在南方谈话中强调："在整个改革开放的过程中，必须始终注意坚持四项基本原则。十二届六中全会我提出反对资产阶级自由化还要搞二十年，现在看起来还不止二十年。资产阶级自由化泛滥，后果极其严重。"[①]坚持四项基本原则，必须坚持人民民主专政。没有人民民主专政，就不可能保卫从而也不可能建设社会主义。在阶级斗争仍然存在的历史条件下，在帝国主义、霸权主义仍然存在的历史条件下，要巩固和发展社会主义制度，保卫国家主权和安全，抵御外来的侵略和威胁，不能没有人民民主专政；维护政治稳定和社会治安，打击犯罪，惩治腐败，也不能没有人民民主专政。邓小平在南方谈话中强调指出："依靠无产阶级专政保卫社会主义制度，这是马克思主义的一个基本观点。"[②]"历史经验证明，刚刚掌握政权的新兴阶级，一般来说，总是弱于敌对阶级的力量，因此要用专政的手段来巩固政权。对人民实行民主，对敌人实行专政，这就是人民民主专政。运用人民民主专政的力量，巩固人民的政权，是正义的事情，没有什么输理的地方。"[③]历史的经验告诉我们，中国的问题，压倒一切的是需要稳定，中国不能乱。没有稳定的环境，什么事情都搞不成，已经取得的成果也会丧失掉。为此，邓小平在会见加拿大前总理特鲁多（Pierre Elliot Trudeau）时深刻指出："一打内战就是各霸一方，生

---

① 《邓小平文选》第 3 卷，人民出版社 1993 年版，第 379 页。

② 《邓小平文选》第 3 卷，人民出版社 1993 年版，第 379 页。

③ 《邓小平文选》第 3 卷，人民出版社 1993 年版，第 379 页。

产衰落，交通中断，难民不是百万、千万而是成亿地往外面跑，首先受影响的是现在世界上最有希望的亚太地区。这就会是世界性的灾难。所以，中国不能把自己搞乱，这当然是对中国自己负责，同时也是对全世界全人类负责。"①要维护稳定，就必须始终坚持四项基本原则。四项基本原则是一个相互联系的有机统一体，其中最重要、最关键的就是坚持党的领导。

（七）关于社会主义建设战略步骤的理论

中国特色社会主义建设的战略步骤，就是俗话所说的"三步走"战略。关于社会主义建设的战略步骤，党的十四大报告明确指出："在社会主义建设的战略步骤问题上，提出基本实现现代化分三步走。在现代化建设的长过程中要抓住时机，争取出现若干个发展速度比较快、效益又比较好的阶段，每隔几年上一个台阶。贫穷不是社会主义，同步富裕又是不可能的，必须允许和鼓励一部分地区一部分人先富起来，以带动越来越多的地区和人们逐步达到共同富裕。"②

在社会主义建设的长期实践探索中，邓小平逐步提出了社会主义建设"三步走"的战略步骤。中国当前处在并将长时期处在社会主义初级阶段，这是中国的基本国情。那么如何在社会生产力比较落后的国家建设社会主义呢？如何既完成传统工业化，又迎头赶上世界新技术和产业革命的双重任务呢？为此，邓小平以社会主义初级阶段论为基础提出了中国社会主义现代化建设"三步走"战略构想。在邓小平这一战略构想指导下，党的十二大确立了从1981年到20世纪末的二十年，争取工农业年总产值翻两番的战略目标和具体步骤。这一战略目标既吸取了过去急于求成的教训，又强调要抓住历史机遇，加快发展。在党的十三大报告中，"三步走"的战略步骤最终形成并正式提出来。邓小平在改革开放的实践中多次强调"三步走"战略，并使之进一步完善。

党的十二大召开不久，邓小平在会见外宾时指出："十二大提出的奋斗目标，是二十年翻两番。二十年是从一九八一年算起，到本世纪末。大体上分两步走，前十年打好基础，后十年高速发展。"③1987年4月邓小平在会见捷克斯

---

① 《邓小平文选》第3卷，人民出版社1993年版，第361页。

② 《十四大以来重要文献选编》（上），中央文献出版社2011年版，第10—11页。

③ 《邓小平文选》第3卷，人民出版社1993年版，第9页。

洛伐克总理什特劳加尔（LubomIr Strougal）时说："总的来说，我们确定的目标不高。从一九八一年开始到本世纪末，花二十年的时间，翻两番，达到小康水平，就是年国民生产总值人均八百到一千美元。在这个基础上，再花五十年的时间，再翻两番，达到人均四千美元。那意味着什么？就是说，到下一个世纪中叶，我们可以达到中等发达国家的水平。如果达到这一步，第一，是完成了一项非常艰巨的、很不容易的任务；第二，是真正对人类作出了贡献；第三，就更加能够体现社会主义制度的优越性。我们实行的是社会主义的分配制度，我们的人均四千美元不同于资本主义国家的人均四千美元。特别是中国人口多，如果那时十五亿人口，人均达到四千美元，年国民生产总值就达到六万亿美元，属于世界前列。这不但是给占世界总人口四分之三的第三世界走出了一条路，更重要的是向人类表明，社会主义是必由之路，社会主义优于资本主义。"[1] 不久后邓小平在会见外宾时又一次指出："我国经济发展分三步走，本世纪走两步，达到温饱和小康，下个世纪用三十年到五十年的时间再走一步，达到中等发达国家的水平。"[2] 中国"三步走"发展战略的主要内容：第一步，从 1981 年到 1990 年国民生产总值翻一番，实现温饱；第二步，从 1991 年到 20 世纪末再翻一番，达到小康；第三步，到 21 世纪中叶再翻两番，达到中等发达国家水平。

　　"三步走"战略是由我国生产力十分落后的特殊国情决定的，是由我国长期处于社会主义初级阶段的历史现实决定的。"三步走"战略的意义在于，它一方面告诫我们在社会主义建设中必须尊重生产力发展规律和经济发展规律，循序渐进，而不能急于求成，避免重蹈历史覆辙；另一方面，它提醒我们必须抓住历史机遇，加快发展步伐，在同资本主义的竞争中发挥社会主义制度的优势，为最终取代资本主义制度创造物质条件。从这个意义上说，邓小平的"三步走"战略为中国的社会主义建设既绘制了蓝图也指明了方向。

　　很明显，邓小平提出的"三步走"战略既是发展战略也是发展目标。那么"三步走"战略与中国共产党以往提出的发展战略有什么不同呢？我们知道，在我国社会主义建设中，在 20 世纪 50 年代中后期中国共产党提出了很多发展战略和发展目标，但一些目标由于定得过高和急于求成，最后基本上都没

---

[1]　《邓小平文选》第 3 卷，人民出版社 1993 年版，第 224—225 页。

[2]　《邓小平文选》第 3 卷，人民出版社 1993 年版，第 251 页。

有完全实现，比如当初提出的脱离国情的"超英赶美"的目标。三年困难时期后，中国共产党对以前提出的过高目标进行了认真反思。1964 年在第三届全国人大一次会议上提出了"四个现代化"的奋斗目标，即到 20 世纪末实现工业、农业、国防和科学技术的现代化，把中国建设成为伟大的社会主义强国。但对于"四个现代化"到底是什么样子没有具体说明，对人民的生活水平达到什么程度也没有量化指标。相对于"四个现代化"目标，"三步走"战略不仅更具体而且实现了量化，减少了盲目性，增加了可行性，最主要的区别在于这个目标是建立在对生产力和经济发展规律的科学认识之上。对于"四个现代化"的目标，邓小平曾这样说："四个现代化建设的方针和目标是毛泽东主席和周恩来总理生前提出的，由于'四人帮'的干扰，实际上没有真正地做起来。"[1]

那么如何实现"三步走"战略呢？邓小平认为实现"三步走"战略的根本方法在于大力发展生产力。为此，邓小平提出要继续改革开放，并在改革开放中逐步形成了社会主义发展动力论、社会主义初级阶段论等一系列理论，这些理论说到底都是为了发展我国社会主义的生产力。以这些理论为依据，中国共产党制定了"一个中心、两个基本点"的基本路线，提出了建立社会主义市场经济体制的目标，制定了科教兴国战略。由此可见，"三步走"战略的提出过程，是中国共产党对社会主义认识不断深化和发展的过程。为了实现"三步走"战略，邓小平还提出了一系列实施的原则和方法，这些原则和方法对于明确当前发展重点和长远发展目标具有重要意义。

第一，重点带动全局的思想。1982 年 9 月，邓小平在提到如何实现党的十二大提出的奋斗目标时说："战略重点，一是农业，二是能源和交通，三是教育和科学。"[2] 不久又说："我们整个经济发展的战略，能源、交通是重点，农业也是重点。农业的发展一靠政策，二靠科学。科学技术的发展和作用是无穷无尽的。"[3] 实际上提出了以重点带动全局的发展思想。中国的改革开放是从农村改革开始的。邓小平在改革开放中一再强调农业的基础地位，一再强调稳定农村家庭联产承包责任制的重要性。他说："农业是根本，不要忘掉。""农业问题要始终抓得很紧。农村富起来容易，贫困下去也容易，地一耕不好农业就完

① 《邓小平文选》第 2 卷，人民出版社 1994 年版，第 234 页。

② 《邓小平文选》第 3 卷，人民出版社 1993 年版，第 9 页。

③ 《邓小平文选》第 3 卷，人民出版社 1993 年版，第 17 页。

了。"在邓小平看来,没有农业的现代化就没有中国的现代化,只有农业发展了,才能解决中国十几亿人的吃饭问题,才能为工业发展提供充足的原材料和市场。教育和科学更是国民经济发展的关键。农业的发展,能源和交通通信的发展,国民经济的总体发展最后都要靠科技和教育。没有教育和科技的发展,实现现代化只能是一句空话。

第二,"台阶式"发展的思想。邓小平强调,贫穷不是社会主义,发展太慢也不是社会主义,必须抓住机遇,加快发展。那么如何抓住机遇、加快发展呢?邓小平在总结世界上一些国家发展经验的基础上提出:"可能我们经济发展规律还是波浪式前进。过几年有一个飞跃,跳一个台阶,跳了以后,发现问题及时调整一下,再前进。"[1] 在南方谈话中邓小平又一次提出:"现在,我们国内条件具备,国际环境有利,再加上发挥社会主义制度能够集中力量办大事的优势,在今后的现代化建设长过程中,出现若干个发展速度比较快、效益比较好的阶段,是必要的,也是能够办到的。我们就是要有这个雄心壮志!"[2] 这就是邓小平的"台阶式"发展的思想。

第三,先富带后富、最终实现共同富裕的思想。改革开放伊始,邓小平就提出要打破旧体制中平均主义的"大锅饭"弊端,实行按劳分配原则,从而激励先进,提高效率。鼓励一部分人通过诚实劳动、合法经营先富起来。鉴于地区发展不平衡的现状,邓小平提出要发挥地区优势,鼓励有条件的地方先发展起来。为此,党中央实施了建设经济特区的政策。1986年邓小平在会见新西兰总理朗伊(Lange)时明确说:"我们的政策是让一部分人、一部分地区先富起来,以带动和帮助落后的地区,先进地区帮助落后地区是一个义务。我们坚持走社会主义道路,根本目标是实现共同富裕,然而平均发展是不可能的。过去搞平均主义,吃'大锅饭',实际上是共同落后,共同贫穷,我们就是吃了这个亏。改革首先要打破平均主义,打破'大锅饭',现在看来这个路子是对的。"[3] 不久他又指出:"我的一贯主张是,让一部分人、一部分地区先富起来,大原则是共同富裕。一部分地区发展快一点,带动大部分地区,这是加速发展、达到共同富裕的捷径。"[4] 为此邓小平提出必须实行特殊政策让沿海先发展

① 《邓小平文选》第3卷,人民出版社1993年版,第368页。
② 《邓小平文选》第3卷,人民出版社1993年版,第377页。
③ 《邓小平文选》第3卷,人民出版社1993年版,第155页。
④ 《邓小平文选》第3卷,人民出版社1993年版,第166页。

起来，这是一个事关全局的问题，内地必须顾全这一大局。当然让一部分人、一部分地区先富起来只是手段而不是目的，最终目的是让一部分人、一部分地区先富起来后，帮助未富裕的人和地区也逐渐富裕起来，最终实现共同富裕。那么什么时候开始实施先富带后富和如何实施先富带后富呢？邓小平一直在思考着这一问题。在南方谈话中邓小平指出："什么时候突出地提出和解决这个问题，在什么基础上提出和解决这个问题，要研究。可以设想，在本世纪末达到小康水平的时候，就要突出地提出和解决这个问题。到那个时候，发达地区要继续发展，并通过多交利税和技术转让等方式大力支持不发达地区。不发达地区又大都是拥有丰富资源的地区，发展潜力是很大的。总之，就全国范围来说，我们一定能够逐步顺利解决沿海同内地贫富差距的问题。"① 这就是邓小平所说的到一定时候先富起来的一部分人和地区必须顾全共同富裕这个大局，大力支持未富裕起来的人和地区使他们尽快富裕起来。

邓小平在人生的最后岁月最关心的就是中国如何实现共同富裕。1992 年 12 月 18 日，邓小平在阅读《中国将成为最大的经济国》和《马克思主义新挑战更加令人生畏》两篇文章后指出："中国发展到一定的程度后，一定要考虑分配问题。也就是说，要考虑落后地区和发达地区的差距问题。不同地区总会有一定的差距。这种差距太小不行，太大也不行。如果仅仅是少数人富有，那就会落到资本主义去了。要研究提出分配这个问题和它的意义。到本世纪末就应该考虑这个问题了。我们的政策应该是既不能鼓励懒汉，又不能造成打'内仗'。"②

消除贫富差距同发展生产力一样，也不能急于求成。社会主义既是一个解放生产力和发展生产力的过程，也是一个逐步消除两极分化最终实现共同富裕的过程。为此，邓小平在南方谈话中语重心长地指出："我们搞社会主义才几十年，还处在初级阶段。巩固和发展社会主义制度，还需要一个很长的历史阶段，需要我们几代人、十几代人，甚至几十代人坚持不懈地努力奋斗，决不能掉以轻心。"③

第四，循序渐进的改革思想。在改革开放中邓小平一直强调循序渐进的改

---

① 《邓小平文选》第 3 卷，人民出版社 1993 年版，第 374 页。

② 中共中央文献研究室编：《邓小平年谱（一九七五———九九七）》（下），中央文献出版社 2004 年版，第 1356—1357 页。

③ 《邓小平文选》第 3 卷，人民出版社 1993 年版，第 379—380 页。

革思想，反复提醒我们切不可急于求成。在实践中，中国特色社会主义建设走了一条从思想路线的拨乱反正到政治路线和组织路线的拨乱反正，从农村改革到全面改革，从创办特区到沿海开放再到全面开放，从计划经济为主、商品经济为辅到社会主义市场经济的经济体制改革路线，中国的改革开放遵循了由点到面、由试点到普及、由经济领域改革到全面改革的渐进改革思路。社会主义是崭新的事业，社会主义的改革也是崭新的事业，没有现成的经验可循，用邓小平的话说，在改革开始阶段只能"摸着石头过河"。在改革开放过程中，首先，要考虑如何才能大力发展社会主义生产力、如何才能充分发挥社会主义的优越性，并在试点的基础上找到适合我国基本国情的发展生产力的途径。其次，在改革开放中必须考虑人民群众的思想转变和接受程度，经过几十年的社会主义建设和教育，人们对社会主义已经形成了一个既定的思维模式，使人民群众走出传统的社会主义思维框架需要一个过程，而且社会主义不是空头支票，只有让广大群众享受到改革开放的成果，人民才能衷心拥护改革，才能真正投身到改革事业中去。另外，改革开放的进程和力度还必须考虑社会可承受的程度，一方面长期计划经济形成的高度集中的社会体制难以一下子转轨；另一方面由于经济结构的调整和改变，一部分群众的利益在改革中遭到了损失，一部分工人下岗甚至失业，如何解决这些因改革带来的社会问题，是改革能否成功的关键。这些客观因素决定了改革必须是循序渐进的，在改革中要不断总结经验教训，正确的改革措施继续深化并逐步推广，错误的改革措施迅速纠正，并通过一系列配套措施力争把改革造成的震荡降低到最小程度。这就像在海上航行的一艘巨轮，如果急转弯可能造成倾覆。实践证明，由于贯彻了邓小平循序渐进的改革思路，中国在改革中虽然也有阵痛，但总的来说，没有产生大的社会动荡，逐渐走出了一条中国特色的社会主义改革道路。相反，苏联、东欧社会主义国家的改革由于急于求成，试图一下子解决旧体制的所有弊端，在没有充分试点的基础上，从政治体制、经济体制、文化体制等各方面全面推进改革，最后导致全面"转向"，结果不仅没有解决社会主义旧体制的弊端，反而造成经济倒退，社会动荡，人民生活水平下降，最后葬送了社会主义。

（八）关于中国社会主义事业领导力量和依靠力量的理论

中国社会主义的领导力量是中国共产党，依靠力量是中国广大人民群众。关于我国社会主义的领导力量和依靠力量，党的十四大报告明确指出："在社会主义的领导力量和依靠力量问题上，强调作为工人阶级先锋队的共产党是社会主义事业的领导核心，党必须适应改革开放和现代化建设的需要，不断改善和加强对各方面工作的领导，改善和加强自身建设。执政党的党风，党同人民群众的联系，是关系党生死存亡的问题。必须依靠广大工人、农民、知识分子，必须依靠各民族人民的团结，必须依靠全体社会主义劳动者、拥护社会主义的爱国者和拥护祖国统一的爱国者的最广泛的统一战线。党领导的人民军队是社会主义祖国的保卫者和建设社会主义的重要力量。"①

1. 建设有中国特色的社会主义，关键在于坚持、加强和改善党的领导

中国共产党是中国工人阶级的先锋队，同时是中国人民和中华民族的先锋队，是中国各族人民利益的忠实代表，是中国社会主义事业的领导核心。关于中国共产党在中国革命与建设中的地位和作用，邓小平在1979年就强调指出："在中国，在五四运动以来的六十年中，除了中国共产党，根本不存在另外一个像列宁所说的联系广大劳动群众的党。没有中国共产党，就没有社会主义的新中国。"②在社会主义建设的今天，离开了中国共产党的领导，其他政治力量不可能成功组织社会主义的经济、政治、军事和文化建设，不可能成功组织中国的现代化建设。实践证明，正是在中国共产党的领导下，中国实现了国家独立和民族解放，建立了社会主义的新中国；也正是在中国共产党的领导下，改革开放以来，中国的社会主义建设取得了举世瞩目的成就，社会生产力快速发展，国家综合国力显著提高，人民生活水平极大改善。

在建设中国特色社会主义过程中，邓小平不仅强调要始终坚持中国共产党的领导，同时反复强调要加强和改善党的领导，从而不断提高党的领导水平和执政水平。根据时代特点和历史任务的变化，邓小平强调指出，"要聚精会神地抓党的建设"③。"把我们党建设成为有战斗力的马克思主义政党，成为领导全国人民进行社会主义物质文明和精神文明建设的坚强核心。"④加强和改善党的领导是一个系统工程，主要包括思想建设、组织建设、作风建设和制度建设等方面内容。

在党的思想建设方面，邓小平强调，党的各级干部，首先是领导干部，要

---

① 《十四大以来重要文献选编》（上），中央文献出版社2011年版，第11页。

② 《邓小平文选》第2卷，人民出版社1994年版，第170页。

③ 《邓小平文选》第3卷，人民出版社1993年版，第314页。

④ 《邓小平文选》第3卷，人民出版社1993年版，第39页。

重视马克思主义理论的学习，从而加强工作中的原则性、系统性、预见性和创造性。马克思主义是科学的世界观和方法论，对于中国共产党人来说，真正掌握马克思主义的基本立场、观点和方法至关重要。邓小平说："我们现在要建设有中国特色的社会主义，时代和任务不同了，要学习的新知识确实很多，这就更要求我们努力针对新的实际，掌握马克思主义基本理论。因为只有这样，才能提高我们运用它的基本原则基本方法，来积极探索解决新的政治经济社会文化基本问题的本领，既把我们的事业和马克思主义理论本身推向前进，也防止一些同志，特别是一些新上来的中青年同志在日益复杂的斗争中迷失方向。"[①]

在党的组织建设方面，十一届三中全会以来，邓小平多次强调要坚持和健全民主集中制。他说："我们需要集中统一的领导，但是必须有充分的民主，才能做到正确的集中。"[②]在谈到党的民主集中制的重要原则时，邓小平强调指出："这几条里面，最重要的就是全党服从中央。"[③]在党的第三代中央领导集体建立时，邓小平深刻指出："任何一个领导集体都要有一个核心，没有核心的领导是靠不住的。"[④]邓小平还特别重视党的领导班子建设，提出培养和选拔德才兼备的各级领导干部，是保证党的路线的连续性和国家长治久安的根本大计。他在南方谈话中指出："中国的事情能不能办好，社会主义和改革开放能不能坚持，经济能不能快一点发展起来，国家能不能长治久安，从一定意义上说，关键在人。"[⑤]早在1979年，邓小平就说："政治路线确立了，要由人来具体地贯彻执行。由什么样的人来执行，是由赞成党的政治路线的人，还是由不赞成的人，或者是由持中间态度的人来执行，结果不一样。这就提出了一个要什么人来接班的问题。"[⑥]为此，邓小平在坚持德才兼备原则的基础上，提出干部队伍"革命化、年轻化、知识化、专业化"的方针，主张选拔党性好、作风好、团结好，全心全意为人民服务的接班人，使社会主义事业代代相传，后继有人。

在党的作风建设方面，邓小平强调执政党的党风是关系党生死存亡的重大

---

① 《邓小平文选》第3卷，人民出版社1993年版，第146—147页。
② 《邓小平文选》第2卷，人民出版社1994年版，第144页。
③ 《邓小平文选》第2卷，人民出版社1994年版，第271页。
④ 《邓小平文选》第3卷，人民出版社1993年版，第310页。
⑤ 《邓小平文选》第3卷，人民出版社1993年版，第380页。
⑥ 《邓小平文选》第2卷，人民出版社1994年版，第191页。

问题。在改革开放之初，邓小平就提醒全党，要反对干部队伍中的不正之风和特殊化，警惕各种腐朽思想的侵袭。在改革开放进程中，他多次强调："端正党风，是端正社会风气的关键。"[1]"我们的国家越发展，越要抓艰苦创业。提倡艰苦创业精神，也有助于克服腐败现象。"[2]在南方谈话中，邓小平又特别指出："在整个改革开放过程中都要反对腐败。对干部和共产党员来说，廉政建设要作为大事来抓。"[3]

同时，邓小平还特别重视党的制度建设。通过对历史经验的总结，尤其是"文化大革命"教训的总结，邓小平认为领导制度、组织制度问题带有根本性、全局性、稳定性和长期性的特点。为此，党的十一届三中全会以来，邓小平和党中央提出了党的制度建设的一系列方针政策举措，使党的建设逐步走上了法制化、民主化的轨道，废除了实际存在的干部领导职务终身制。通过加强和改善党的领导，既提高了党的领导水平和执政水平，也使中国共产党人牢牢记住：我们应该是而且必须永远是中国各族人民利益的忠实代表和维护者，是中国特色社会主义事业的领导力量。

2. 人民群众是我们党的力量之源和胜利之本，是中国特色社会主义建设事业的依靠力量

邓小平在党的十二大开幕词中指出："我们党提出的各项重大任务，没有一项不是依靠广大人民的艰苦努力来完成的。"[4]在改革开放和社会主义现代化建设过程中，邓小平反复强调，建设有中国特色的社会主义，必须依靠工人、农民、知识分子等各种力量。1979年，邓小平在总结历史经验，分析当代中国阶级状况的变化后指出："在这三十年中，我国的社会阶级状况发生了根本的变化。我国工人阶级的地位已经大大加强，我国农民已经是有二十多年历史的集体农民。工农联盟将在社会主义现代化建设的新的基础上更加巩固和发展。我国广大的知识分子，包括从旧社会过来的老知识分子的绝大多数，已经成为工人阶级的一部分，正在努力自觉地为社会主义事业服务。"[5]

工人阶级是我们国家的领导阶级，是先进生产力和生产关系的代表，是社

---

① 《邓小平文选》第 3 卷，人民出版社 1993 年版，第 144 页。

② 《邓小平文选》第 3 卷，人民出版社 1993 年版，第 306 页。

③ 《邓小平文选》第 3 卷，人民出版社 1993 年版，第 379 页。

④ 《邓小平文选》第 3 卷，人民出版社 1993 年版，第 4 页。

⑤ 《邓小平文选》第 2 卷，人民出版社 1994 年版，第 185—186 页。

会主义现代化建设最基本的动力，是维护社会稳定的强大而集中的社会力量。为此，邓小平指出："工人阶级最重要的特点之一就是同社会化的大生产相联系，因此它的觉悟最高，纪律性最强，能在现时代的经济进步和社会政治进步中起领导作用。"①

广大农民不仅是我国新民主主义革命的主力军，也是我国社会主义现代化建设中人数最多的依靠力量，这是由我国的基本国情决定的。党的十一届三中全会以来，农村实行了以家庭联产承包为主的责任制，乡镇企业大力发展起来，我国农村面貌发生了历史性的变化。在改革开放进程中，邓小平十分重视和尊重农民的自主权和创造性，强调依靠农民，调动农民积极性。他多次指出，家庭联产承包、乡镇企业都是农民的创造。他还从我国农民占人口绝大多数的基本国情出发，强调了农村、农民的极端重要性。并深刻指出，我国农民没有积极性，国家就发展不起来；农民没有摆脱贫困，就是我国没有摆脱贫困；农村不稳定，整个政治局势就不稳定。

作为我国先进生产力的开拓者和教育科学文化工作基本力量的知识分子，在改革开放和社会主义现代化建设中承担着重大的历史责任。总结历史经验和教训，邓小平强调要"尊重知识、尊重人才"，指出要尽快培养出一批具有世界一流水平的科学技术专家，"造就更宏大的科学技术队伍"。为此，邓小平提出"对知识分子除了精神上的鼓励，还要采取其他一些鼓励措施，包括改善他们的物质待遇"，"这不仅是科学界、教育界的问题，而且是整个国家的重大政策问题"②。

3. 建设中国特色的社会主义，必须依靠各民族的团结

我国是一个统一的多民族的国家，民族平等、民族团结和各民族的共同繁荣，是一个关系到国家命运的重大问题。新中国成立后，中国共产党把马克思主义基本原理与中国具体民族状况相结合，实行了民族区域自治的基本政策。邓小平说："中国采取的不是民族共和国联邦的制度，而是民族区域自治的制度。我们认为这个制度比较好，适合中国的情况。"③实践证明，民族区域自治制度既能保证少数民族在自己的聚居区内实现当家作主的权利，又能维护祖国

---

① 《邓小平文选》第2卷，人民出版社1994年版，第136页。
② 《邓小平文选》第2卷，人民出版社1994年版，第51页。
③ 《邓小平文选》第3卷，人民出版社1993年版，第257页。

的统一和增强各民族的团结。在新的历史时期，邓小平指出，我们不仅要坚定不移地实行民族区域自治政策，而且要把少数民族地区经济发展起来，从而真正体现民族平等，引导各民族共同走向繁荣。

4.建设中国特色的社会主义，必须依靠最广泛的爱国统一战线

统一战线是新民主主义革命成功的重要法宝，也是新时期社会主义建设能否取得成功的关键。邓小平指出，由于社会阶级状况的根本变化和党的工作重心的转移，我国统一战线已经成为以工人阶级领导的、以工农联盟为基础的全体社会主义劳动者、拥护社会主义的爱国者和拥护祖国统一的爱国者的广泛联盟。在新的历史时期，坚持和巩固爱国统一战线，关键在于坚持和完善中国共产党领导的多党合作和政治协商制度，巩固和发展社会主义民族关系，巩固和发展党同爱国宗教界的统一战线，认真做好非公有制经济代表人士工作，认真做好党外知识分子工作，团结台湾同胞、港澳同胞和国外侨胞以及一切热爱中华民族的人们。为此，邓小平强调："统一战线仍然是一个重要法宝，不是可以削弱，而是应该加强，不是可以缩小，而是应该扩大。"①

5.党领导的人民军队是社会主义祖国的保卫者和建设中国特色社会主义的重要力量

国防和军队建设是社会主义现代化建设的重要方面，是邓小平理论的重要内容之一。邓小平根据和平与发展是时代主题以及对我国安全环境的科学判断，提出我国的国防和军队建设的指导思想也要实行战略性转变。邓小平要求，军队要以现代化建设为中心，走中国特色的精兵之路，不断增强国防实力，为改革开放和社会主义现代化建设提供坚强有力的安全保障；同时，服从和服务于国家经济建设的大局，积极支持和参与国家经济建设。为此，1985年在邓小平的领导下，我军实行裁员一百万，两年内顺利完成大裁军任务。这既是走中国特色精兵之路的重大举措，也是维护世界和平、促进共同发展的实际行动。

在新的历史时期，邓小平强调，我们的军事战略方针是积极防御，以国家利益为最高准则来处理问题。我们是社会主义国家，永远不称霸，永远不去侵略人家，力求避免和制止战争，力争用和平方式解决国际争端和历史遗留问题。但为了更好地担负起保卫国家领土、领空、领海的主权和海洋权益，维护

① 《邓小平文选》第2卷，人民出版社1994年版，第203页。

祖国统一和安全的神圣使命，邓小平又明确提出，必须把我军建设成为一支强大的革命化现代化正规化的革命军队。

革命化是我军的性质和本色，必须始终把革命化建设放在第一位，始终坚持我军全心全意为人民服务的宗旨。现代化是新时期军队建设的必然要求。军队现代化建设的发展，对军队正规化提出了更高的要求。军队的正规化建设就是要实行统一的指挥、统一的制度、统一的编制、统一的纪律、统一的训练，增强组织性、计划性、准确性和纪律性。在军队现代化建设过程中，邓小平反复强调，整顿军队必须严格整顿纪律。要坚持从严治军、依法治军，使军队建设走上法制化、制度化轨道。国防和军队建设关系国家安危。邓小平强调，要把国家的主权和安全始终放在第一位。他语重心长地说："我们的基础好，是几十年打出来的，这个威势一直要传到后代，保持下去，这是本钱。"①

（九）关于"一国两制"和祖国统一的理论

"一国两制"是邓小平提出的解决历史遗留问题、实现祖国统一的伟大构想。关于如何实现祖国的统一问题，党的十四大报告明确指出："在祖国统一的问题上，提出'一个国家、两种制度'的创造性构想。在一个中国的前提下，国家的主体坚持社会主义制度，香港、澳门、台湾保持原有的资本主义制度长期不变，按照这个原则来推进祖国和平统一大业的完成。"②

中国不仅要在生产力十分落后的基础上建设社会主义，而且还必须解决历史遗留下来的香港、澳门和台湾问题，最终实现祖国的完全统一。能否处理好香港、澳门和台湾问题，考验中国共产党人和中国人民的智慧，因为这不仅直接关系到包括香港、澳门和台湾同胞在内的全体中国人民的切身利益，而且关系到中国的改革开放大业，关系到社会主义中国的前途命运，关系到中华民族的伟大复兴。为此邓小平从实际出发，本着实事求是的思想原则，在新的历史条件下开创性地提出了"一国两制"的创造性构想，为最终解决香港、澳门和台湾问题创造了条件，也丰富和发展了社会主义学说。

香港、澳门自古以来就是中国的领土。香港、澳门问题是中国近代以来被外国侵略遗留的历史问题，是国家和民族的耻辱。新中国成立后，我国政府一

① 《邓小平文选》第3卷，人民出版社1993年版，第320页。
② 《十四大以来重要文献选编》（上），中央文献出版社2011年版，第11页。

方面宣布香港、澳门是中国的领土，不承认列强与历届中国政府签订的不平等条约，另一方面考虑到历史问题的复杂性，主张在适当时机通过谈判解决这一问题，未解决之前暂时维持现状。改革开放后，随着国内和国际局势的变化及1997 年和 1999 年的日益临近，解决香港、澳门问题的时机日益成熟，时间也越来越紧迫。香港、澳门问题的最主要难点是香港、澳门实行的是资本主义制度，而内地实行的是社会主义制度。如何解决香港、澳门问题，成为摆在中国共产党和中国人民面前的大事，也是一件难事。

对香港、澳门问题邓小平一直在思考着。1982 年 9 月 24 日，邓小平在会见英国首相撒切尔夫人（Margaret Hilda Thatcher）时明确表明了对香港问题的立场和"一国两制"的构想。他明确说："我们对香港问题的基本立场是明确的，这里主要有三个问题。一个是主权问题；再一个问题，是一九九七年后中国采取什么方式来管理香港，继续保持香港繁荣；第三个问题，是中国和英国两国政府要妥善商谈如何使香港从现在到一九九七年的十五年中不出现大的波动。"①针对撒切尔夫人坚持三个不平等条约仍然有效，提出如果中国同意英国一九九七年后继续管制香港，英国可以考虑中国提出的主权要求等言论，邓小平严正指出："关于主权问题，中国在这个问题上没有回旋余地。坦率地讲，主权问题不是一个可以讨论的问题。现在时机已经成熟了，应该明确肯定：一九九七年中国将收回香港。就是说，中国要收回的不仅是新界，而且包括香港岛、九龙。中国和英国就是在这个前提下来进行谈判，商讨解决香港问题的方式和办法。如果中国在一九九七年，也就是中华人民共和国成立四十八年后还不把香港收回，任何一个中国领导人和政府都不能向中国人民交代，甚至也不能向世界人民交代。如果不收回，就意味着中国政府是晚清政府，中国领导人是李鸿章！我们等待了三十三年，再加上十五年，就是四十八年，我们是在人民充分信赖的基础上才能如此长期等待的。如果十五年后还不收回，人民就没有理由信任我们，任何中国政府都应该下野，自动退出政治舞台，没有别的选择。"②

对于香港的未来，邓小平指出：香港继续保持繁荣，根本上取决于中国收回香港后，在中国的管辖之下，实行适合于香港的政策。香港仍将实行资本主义，现行的许多适合的制度要保持。我们要同香港各界人士广泛交换意见，制

① 《邓小平文选》第 3 卷，人民出版社 1993 年版，第 12 页。
② 《邓小平文选》第 3 卷，人民出版社 1993 年版，第 12—13 页。

定我们在十五年中的方针政策以及十五年后的方针政策。中英两国政府经过两年多的多轮会谈，于 1984 年 12 月 19 日在北京正式签署了关于香港问题的联合声明。该声明确定中国于 1997 年 7 月 1 日恢复对香港行使主权。

针对香港人对未来的担心，1984 年 6 月，邓小平在会见香港工商界访京团和香港知名人士钟士元等时明确地提出了"一个国家，两种制度"的伟大构想。邓小平对香港人士说："中国政府为解决香港问题所采取的立场、方针、政策是坚定不移的。我们多次讲过，我国政府在一九九七年恢复行使对香港的主权后，香港现行的社会、经济制度不变，法律基本不变，生活方式不变，香港自由港的地位和国际贸易、金融中心的地位也不变，香港可以继续同其他国家和地区保持和发展经济关系。"① 为了打消香港人的疑虑，邓小平提出对香港的政策五十年保持不变。对于这种政策，邓小平解释说："我们的政策是实行'一个国家，两种制度'，具体说，就是在中华人民共和国内，十亿人口的大陆实行社会主义制度，香港、台湾实行资本主义制度。"②《中华人民共和国香港特别行政区基本法》于 1990 年 4 月 4 日第七届全国人民代表大会第三次会议通过，并决定于 1997 年 7 月 1 日起实施。《中华人民共和国香港特别行政区基本法》确定了"一国两制"、港人治港、高度自治的原则，这为香港 1997 年 7 月 1 日的顺利回归奠定了坚实的基础。根据相同的精神和原则，中国和葡萄牙政府也顺利解决了澳门问题，中国于 1999 年 12 月 20 日恢复对澳门行使主权。

通过"一国两制"，中国政府成功地解决了香港、澳门问题，并为台湾问题的解决以最终实现祖国的完全统一创造了条件。对此，邓小平在 1984 年 12 月 19 日会见英国首相撒切尔夫人时说："我们提出这个构想时，人们都觉得这是个新语言，是前人未曾说过的。也有人怀疑这个主张能否行得通，这就要拿事实来回答。现在看来是行得通的，至少中国人坚信是行得通的，因为这两年的谈判已经证明了这一点。这个构想在解决香港问题上起了不说是决定性的作用，也是最重要的作用。"③

邓小平曾多次表示希望香港回归后，到香港去看看。从国家领导岗位退下来后，他还牵挂着香港，多次同身边工作人员谈论香港问题。就在 1997 年 2 月

① 《邓小平文选》第 3 卷，人民出版社 1993 年版，第 58 页。
② 《邓小平文选》第 3 卷，人民出版社 1993 年版，第 58 页。
③ 《邓小平文选》第 3 卷，人民出版社 1993 年版，第 102 页。

初，他在同江泽民等中央领导人的谈话中还"希望在以江泽民为核心的党中央领导下，把今年恢复对香港行使主权和召开党的十五大这两件大事办好"①。但令人遗憾的是他没有能够看到香港回归就离开了我们。不过历史将永远记住提出"一国两制"创造性构想的邓小平。

对于"一国两制"思想的来源，1984年7月邓小平在会见英国外交大臣杰弗里·豪（Geoffrey Howe）时说："'一个国家，两种制度'的构想不是今天形成的，而是几年以前，主要是在我们党的十一届三中全会以后形成的。这个构想是从中国解决台湾问题和香港问题出发的。十亿人口大陆的社会主义制度是不会改变的，永远不会改变。但是，根据香港和台湾的历史和实际情况，不保证香港和台湾继续实行资本主义制度，就不能保持它们的繁荣和稳定，也不能和平解决祖国统一问题。"②1984年12月19日他在会见英国首相撒切尔夫人时又说："'一国两制'构想的提出还不是从香港问题开始的，是从台湾问题开始的。一九八一年国庆前夕叶剑英委员长就台湾问题发表的九条声明，虽然没有概括为'一国两制'，但实际上就是这个意思。两年前香港问题提出来了，我们就提出'一国两制'。"③由此可见，"一国两制"思想最初是为解决台湾问题而提出来的，后又被用来解决香港和澳门问题。

从历史来看，"一国两制"不仅对中国来说是一个全新的事物，而且对全世界来说都是一个全新的事物。对此邓小平曾说："我们的社会主义制度是有中国特色的社会主义制度，这个特色，很重要的一个内容就是对香港、澳门、台湾问题的处理，就是'一国两制'。这是个新事物。这个新事物不是美国提出来的，不是日本提出来的，不是欧洲提出来的，也不是苏联提出来的，而是中国提出来的，这就叫做中国特色。"④邓小平指出："我们搞的是有中国特色的社会主义，所以才制定'一国两制'的政策，才可以允许两种制度存在。没有点勇气是不行的，这个勇气来自人民的拥护，人民拥护我们国家的社会主义制度，拥护党的领导。"⑤很明显，之所以提出"一国两制"，首先是中国政府、

① 中共中央文献研究室编：《邓小平年谱（一九七五——一九九七）》（下），中央文献出版社2004年版，第1374页。
② 《邓小平文选》第3卷，人民出版社1993年版，第67页。
③ 《邓小平文选》第3卷，人民出版社1993年版，第102页。
④ 《邓小平文选》第3卷，人民出版社1993年版，第218页。
⑤ 《邓小平文选》第3卷，人民出版社1993年版，第217页。

中国人民和香港地区人民的现实选择，它既解决了中国政府恢复对香港行使主权问题，又充分考虑了香港的现实。对此邓小平曾说："'一国两制'是从中国的实际提出的，中国面临一个香港问题，一个台湾问题。解决问题只有两个方式：一个是谈判方式，一个是武力方式。用和平谈判的方式来解决，总要各方都能接受，香港问题就要中国和英国，加上香港居民都能接受。什么方案各方都能接受呢？就香港来说，用社会主义去改变香港，就不是各方都能接受的。所以要提出'一国两制'。"①

应该说，"一国两制"的提出既是现实的选择，也符合马克思主义的实事求是的思想方法论。邓小平明确说："如果'一国两制'的构想是一个对国际上有意义的想法的话，那要归功于马克思主义的辩证唯物主义和历史唯物主义，用毛泽东主席的话来讲就是实事求是。这个构想是在中国的实际情况下提出来的。中国面临的实际问题就是用什么方式才能解决香港问题，用什么方式才能解决台湾问题。只能有两种方式，一种是和平方式，一种是非和平方式。而采用和平方式解决香港问题，就必须既考虑到香港的实际情况，也考虑到中国的实际情况和英国的实际情况，就是说，我们解决问题的办法要使三方面都能接受。如果用社会主义来统一，就做不到三方面都接受。勉强接受了，也会造成混乱局面。即使不发生武力冲突，香港也将成为一个萧条的香港，后遗症很多的香港，不是我们所希望的香港。所以，就香港问题而言，三方面都能接受的只能是'一国两制'，允许香港继续实行资本主义，保留自由港和金融中心的地位，除此以外没有其他办法。"②在邓小平看来，脱离香港资本主义现实来制定政策是不切实际的，也是不能为各方接受的。

同时，"一国两制"的提出与国内形势的变化和邓小平对世界新形势的科学判断密切相关。邓小平充分认识到和平与发展已成为时代发展的主题，经济全球化已成为人类发展的趋势。如果时代的主题仍然是战争与革命，如果仍然处在冷战时期，在国内仍强调阶级斗争为纲，在国际上仍以武力解决国与国之间的争端，邓小平就不太可能提出用和平手段来解决台湾、香港和澳门问题，即使提出了也不可能顺利实现。

当然，"一国两制"并不是权宜之计。为此邓小平强调一定要制定出符合

---

① 《邓小平文选》第 3 卷，人民出版社 1993 年版，第 84 页。

② 《邓小平文选》第 3 卷，人民出版社 1993 年版，第 101—102 页。

"一国两制"原则、继续保持香港繁荣稳定的基本法。1987年4月16日他在会见香港特别行政区基本法起草委员会委员时说："我们的'一国两制'能不能够真正成功，要体现在香港特别行政区基本法里面。这个基本法还要为澳门、台湾作出一个范例。所以，这个基本法很重要。世界历史上还没有这样一个法，这是一个新的事物。"①"基本法是个重要的文件，要非常认真地从实际出发来制定。我希望这是一个很好的法律，真正体现'一国两制'的构想，使它能够行得通，能够成功。"②针对香港人的担心和疑虑，邓小平明确指出："就是说，香港在一九九七年回到祖国以后五十年政策不变，包括我们写的基本法，至少要管五十年。"③

另外，邓小平还从社会主义与资本主义长期共存和长期竞争的现实出发，来认识"一国两制"对我国改革开放的积极意义。他说："我们相信，在小范围内容许资本主义存在，更有利于发展社会主义。"④既然社会主义与资本主义的长期共存与长期竞争不可避免，那也就可以在一个国家内实行两种社会制度，让两种制度充分发挥各自的特点，让实践和历史来检验两种社会制度的优劣和最终的胜负。在一个国家内两种社会制度的可比性更强。当然从目前来看，由于历史原因实行社会主义制度的内地与实行资本主义制度的香港、澳门、台湾相比生产力水平较落后、人均GDP较低，但邓小平对社会主义制度的优势和发展前景充满信心，他相信不仅内地在社会主义制度下经过一定历史阶段的发展后将赶上和超过香港、澳门、台湾，而且在全球范围内社会主义制度最终将战胜资本主义。从这里可以看出实行"一国两制"既是现实选择，也是长远的战略的选择。它既体现出邓小平的伟大气魄，也反映了邓小平对社会主义的未来充满信心。同时针对一些人"全盘西化"的论调，邓小平又旗帜鲜明地指出："'一国两制'也要讲两个方面。一方面，社会主义国家里允许一些特殊地区搞资本主义，不是搞一段时间，而是搞几十年、成百年。另一方面，也要确定整个国家的主体是社会主义。否则怎么能说是'两制'呢？那就变成'一制'了。"⑤

① 《邓小平文选》第3卷，人民出版社1993年版，第215页。
② 《邓小平文选》第3卷，人民出版社1993年版，第221—222页。
③ 《邓小平文选》第3卷，人民出版社1993年版，第215页。
④ 《邓小平文选》第3卷，人民出版社1993年版，第103页。
⑤ 《邓小平文选》第3卷，人民出版社1993年版，第219页。

对于"一国两制"构想的伟大意义，1990 年邓小平会见出席香港特别行政区基本法起草委员会第九次全体会议的委员时说："你们经过将近五年的辛勤劳动，写出了一部具有历史意义和国际意义的法律。说它具有历史意义，不只对过去、现在，而且包括将来；说国际意义，不只对第三世界，而且对全人类都具有长远意义。这是一个具有创造性的杰作。"① 我们可以说"一国两制"不仅成功地解决了香港、澳门问题，也为解决台湾问题提出了思路。同时它也在特殊的历史条件下丰富和发展了社会主义学说。

二、邓小平理论的内在逻辑

邓小平理论既具有丰富的思想内涵，也具有内在的逻辑关系。以上关于邓小平理论的九个方面的主要内容，具有密切的内在逻辑关系，它们组成了一个有机的理论体系。其理论体系从逻辑上看可以分为三个层次，即理论基础、主体骨架和鲜明特色。

关于建设社会主义的思想路线的理论，解决了中国改革开放的思想路线和道路抉择问题，确定了这个理论总的基调，强调走自己的路，既不照抄书本，也不照搬外国模式，而是坚持以实践作为检验真理的唯一标准，解放思想，实事求是，尊重群众首创精神，建设中国特色的社会主义，确定了中国社会主义建设的总方向和总的方法论原则，是邓小平理论的精髓，是思想基础。社会主义本质和发展道路的理论，明确回答了"什么是社会主义、怎样建设社会主义"这一根本问题，廓清了长期以来人们对社会主义的模糊认识，明确了社会主义的发展方向和价值追求。关于社会主义发展阶段理论，明确了我国所处的发展阶段是社会主义初级阶段，这个阶段至少需要上百年时间，这是邓小平理论的唯物论基础，是制定一切路线方针政策的基本依据。这些方面的思想理论构成邓小平理论大厦的基础。

关于社会主义根本任务理论，明确了社会主义必须以经济建设为中心，发展生产力，这是"一个中心"。关于社会主义发展动力理论，强调改革是中国的第二次革命，明确了社会主义发展的动力是改革，包括经济体制改革、政治

---

① 《邓小平文选》第 3 卷，人民出版社 1993 年版，第 352 页。

体制改革及文化体制改革。关于社会主义政治体制改革的理论，明确要发展社会主义民主、健全社会主义法制，提出要通过政治体制改革，努力建设社会主义的民主政治。关于社会主义精神文明建设理论，强调物质文明和精神文明"两手抓，两手都要硬"，明确提出培育有理想有道德有文化有纪律的社会主义新人。关于社会主义建设外部条件的理论，强调中国特色社会主义建设的外部条件，即中国的发展离不开世界，中国必须对外开放。关于社会主义建设政治保证的理论，明确提出在改革开放过程中，必须坚持社会主义道路，坚持人民民主专政，坚持共产党领导，坚持马克思列宁主义、毛泽东思想，即坚持"四项基本原则"，这是不可动摇的立国之本，也是保证社会主义不变色的政治保证。关于社会主义建设战略步骤的理论，明确提出我国经济发展的"三步走"战略、台阶式发展战略和先富带后富战略，这既是对我国改革开放的科学规划，也是实现我国社会发展的现实路径。这些方面的思想理论，构成了邓小平理论大厦的主体骨架。

关于社会主义事业的领导力量和依靠力量的理论，是对中国社会主义革命和建设经验的科学总结，强调中国问题的关键在党，中国共产党是社会主义事业的领导核心；强调我们的社会主义事业要依靠广大人民来完成，广大人民是社会主义事业的依靠力量，为此要建立包括广大工人、农民、知识分子在内的最广泛的统一战线，强调国防和军队建设关系国家安危和社会主义现代化建设的成果，明确提出建设强大的现代化正规化的革命军队的目标。关于祖国统一和"一国两制"理论，是为解决中国历史遗留问题而提出的伟大构想和政治设计，是在国家政治制度方面的理论创新和实践探索。以上两个方面的思想理论，是邓小平理论的重要组成部分，也是邓小平理论的鲜明特色。[1]

显然，邓小平理论是一个内容十分丰富的科学体系，可以而且还应该从多个方面进行探讨、作出概括，同时这一理论也是一个在实践中不断发展的开放的理论体系，随着中国特色社会主义事业的不断发展、中国特色社会主义道路的不断开拓，其理论必然不断丰富和发展。正如党的十四大报告所指出的："建设有中国特色社会主义的理论还有其他许多内容，还要在研究新情况、解决新问题的过程中，在实践检验中继续丰富、完善和发展。"[2]

---

① 参见谢春涛：《中国特色社会主义史》（下），福建人民出版社 2008 年版，第 617—618 页。
② 《十四大以来重要文献选编》（上），中央文献出版社 2011 年版，第 11 页。

第三节　邓小平理论的历史地位和深远影响

　　关于邓小平理论的历史地位，党的十四大报告指出："建设有中国特色社会主义的理论，是在和平与发展成为时代主题的历史条件下，在我国改革开放和社会主义现代化建设的实践过程中，在总结我国社会主义胜利和挫折的历史经验并借鉴其他国家社会主义兴衰成败历史经验的基础上，逐步形成和发展起来的。它是马克思列宁主义基本原理与当代中国实际和时代特征相结合的产物，是毛泽东思想的继承和发展，是全党全国人民集体智慧的结晶，是中国共产党和中国人民最可珍贵的精神财富。"[①] 党的十五大报告进一步指出，"邓小平理论是当代中国的马克思主义，是马克思主义在中国发展的新阶段。"[②] 1997年9月18日，党的十五大通过了关于《中国共产党章程修正案》决议，修改后的党章总纲规定："中国共产党以马克思列宁主义、毛泽东思想、邓小平理论作为自己的行动指南。"[③] 把邓小平理论确立为党的指导思想，实现了党的指导思想的与时俱进。

一、马克思主义在中国发展的新阶段

　　党的十五大报告把邓小平理论的丰富内涵作了极其精要的系统概括，高度评价了邓小平理论的历史地位和指导意义，明确指出：邓小平理论是当代中国的马克思主义，是马克思主义在中国发展的新阶段。邓小平理论之所以能够成为马克思主义在中国发展的新阶段，主要原因在于以下四个方面。

---

① 《十四大以来重要文献选编》（上），中央文献出版社2011年版，第11—12页。
② 《十五大以来重要文献选编》（上），中央文献出版社2011年版，第9页。
③ 《十五大以来重要文献选编》（上），中央文献出版社2011年版，第45页。

（一）邓小平理论始终坚持解放思想、实事求是，为探索中国特色社会主义道路、创立中国特色社会主义理论体系奠定了思想基础

实事求是是马克思列宁主义的精髓，是毛泽东思想的精髓，也是邓小平理论的精髓。解放思想、实事求是是贯穿邓小平理论的一条红线，也是不断开拓中国特色社会主义道路、不断丰富中国特色社会主义理论体系的内在动力。1978 年邓小平所作的《解放思想，实事求是，团结一致向前看》的报告，振聋发聩，催人奋进，在"文化大革命"结束以后中国向何处去的重大历史关头，成为新时期开辟中国特色社会主义新道路、开创中国特色社会主义新理论的第一个宣言书。1992 年，邓小平在南方谈话中提出了一系列富有创新意义的重要论断，深刻回答了一系列长期困扰和束缚人们思想的重大认识问题，在国内外政治风波严峻考验的重大历史关头，成为把改革开放和社会主义现代化建设继续推向前进的第二个解放思想、实事求是的宣言书。邓小平理论始终尊重实践、尊重群众、尊重创造，在探索中国特色社会主义的前进道路上，面对许多我们从来没有遇到过的复杂形势和艰巨课题，邓小平理论要求我们增强和提高解放思想、实事求是的坚定性和自觉性，坚持一切以是否有利于发展社会主义社会的生产力、是否有利于增强社会主义国家的综合国力、是否有利于提高人民的生活水平这"三个有利于"作为判断改革得失成败的根本判断标准，以敢为天下先的勇气不断开拓我们事业的新局面。

（二）邓小平理论牢牢抓住"什么是社会主义、怎样建设社会主义"这个根本问题，深刻地揭示社会主义的本质，把对社会主义的认识提高到新的科学水平

"什么是社会主义、怎样建设社会主义"，这是贯穿于邓小平理论的主题，对这个根本问题的回答，构成了邓小平理论的基本骨架，新时期的思想解放，关键就是在这个问题上的思想解放。我国社会主义在改革开放前所经历的曲折和失误，改革开放以来在前进中遇到的一些困惑，归根到底都在于对"什么是社会主义、怎样建设社会主义"这个根本问题没有完全搞清楚。拨乱反正，全面推进改革，从以阶级斗争为纲到以经济建设为中心，从封闭半封闭到改革开放，从计划经济到社会主义市场经济，改革开放几十年来发生的历史性转变，就是逐渐搞清楚这个根本问题的历史进程。邓小平在领导中国人民探索中国特

色社会主义道路上，一直思考着"什么是社会主义、怎样建设社会主义"这一根本问题。可以说"什么是社会主义、怎样建设社会主义"既是邓小平理论的逻辑起点，又是始终贯穿邓小平理论的一根红线。经过长期的探索，邓小平在南方谈话中第一次明确阐明了"社会主义的本质，是解放生产力，发展生产力，消灭剥削，消除两极分化，最终达到共同富裕"的观点。邓小平的社会主义本质论，反映了时代的特征和要求，反映了人民的愿望和利益。同时，社会主义本质论也是邓小平社会主义观的一个集中表述，它初步回答了什么是社会主义、在中国这样生产力落后的国家如何建设社会主义的关键性问题。这一论断廓清了不合乎时代进步和社会发展规律的模糊观念，摆脱了长期以来人们拘泥于具体模式而忽略发展生产力、忽略社会主义本质的错误倾向，深化了对科学社会主义的认识。正是在邓小平社会主义观的指导下，中国共产党在十四大上确立了建立社会主义市场经济的经济运行模式的目标，极大地促进了社会生产力的发展，使中国特色社会主义进入了一个新阶段。邓小平的社会主义本质论，丰富和发展了对社会主义的认识，体现了邓小平巨大的政治勇气和理论勇气。

（三）邓小平理论坚持科学马克思主义观，坚持用马克思主义的宽广眼界观察世界，对当今时代特征和总体国际形势作了新的科学判断，要求用新的观点来认识、继承和发展马克思主义，体现了鲜明的时代精神

邓小平在改革开放过程中很早就开始思考"什么是马克思主义、怎样对待马克思主义"这一根本的理论问题，随着改革开放的深入，其思考也在不断深化。1985 年 8 月，邓小平在会见津巴布韦非洲民族联盟主席、政府总理穆加贝时指出："我们总结了几十年搞社会主义的经验。社会主义是什么，马克思主义是什么，过去我们并没有完全搞清楚。"1989 年 5 月，邓小平在会见苏共中央总书记戈尔巴乔夫时明确指出："多年来，存在一个对马克思主义、社会主义的理解问题。"[①]邓小平理论坚持马克思主义的基本立场、基本观点和基本方法，主张以科学态度对待马克思列宁主义，主张完整准确地理解毛泽东思想，并继承和发展创新了毛泽东思想。在邓小平看来，马克思主义绝不是故步自封的僵化体系，而是随着时代和实践发展而不断发展的与时俱进的科学理论。他明确指出："真正的马克思列宁主义者必须根据现在的情况，认识、继

---

① 《邓小平文选》第 3 卷，人民出版社 1993 年版，第 137、291 页。

承和发展马克思列宁主义。""不以新的思想、观点去继承、发展马克思主义，不是真正的马克思主义者。"① 邓小平是一个坚定的马克思主义者，在国内外形势复杂多变、世界社会主义运动遭遇严重挫折的时期，邓小平在南方谈话中斩钉截铁地指出：马克思主义是科学，并没有过时。他深刻指出，马克思主义"运用历史唯物主义揭示了人类社会发展的规律"，"不要认为马克思主义就消失了，没用了，失败了。哪有这回事！"② 邓小平认为，实事求是是马克思主义的思想基础，是马克思主义的精髓。他强调："实事求是，是无产阶级世界观的基础，是马克思主义的思想基础。"③ 因此，真正的马克思主义者，真正的共产党人应该坚持解放思想、实事求是，坚持马克思主义的基本立场、基本观点和基本方法，才能够正确对待马克思主义，才能够在实践中继承和发展马克思主义。邓小平指出："只有解放思想，坚持实事求是，一切从实际出发，理论联系实际，我们的社会主义现代化建设才能顺利进行，我们党的马列主义、毛泽东思想的理论也才能顺利发展。"④"提倡实事求是决不能离开马列主义、毛泽东思想的基本原理"⑤。要真正坚持马克思主义，就必须根据实践的发展而不断发展马克思主义，这才是真正地坚持马克思主义。也就是说，只有坚持马克思主义的基本立场、观点和方法，才能不断发展马克思主义，同时，只有不断发展马克思主义，才能真正做到坚持马克思主义。邓小平在领导我国改革开放过程中十分强调这一点。他强调："马克思主义必须发展。我们不把马克思主义当作教条，而是把马克思主义同中国的具体实践相结合，提出自己的方针，所以才能取得胜利。"⑥ 具体到中国来说，要坚持马克思主义，就要将马克思主义基本原理与中国波澜壮阔的改革开放和社会主义现代化建设实践相结合，坚持走自己的路，建设有中国特色的社会主义。邓小平指出："我们坚信马克思主义，但马克思主义必须与中国实际相结合。只有结合中国实际的马克思主义，才是我们所需要的真正的马克思主义。"⑦ 这样，邓小平在我国改革开放和

① 《邓小平文选》第 3 卷，人民出版社 1993 年版，第 291、292 页。
② 《邓小平文选》第 3 卷，人民出版社 1993 年版，第 382、383 页。
③ 《邓小平文选》第 2 卷，人民出版社 1994 年版，第 143 页。
④ 《邓小平文选》第 2 卷，人民出版社 1994 年版，第 143 页。
⑤ 《邓小平文选》第 2 卷，人民出版社 1994 年版，第 278—279 页。
⑥ 《邓小平文选》第 3 卷，人民出版社 1993 年版，第 191 页。
⑦ 《邓小平文选》第 3 卷，人民出版社 1993 年版，第 213 页。

现代化建设实践过程中逐步深入地科学回答了"什么是马克思主义、怎样对待马克思主义"这一根本理论问题，促使人们重新深入思考究竟什么是马克思主义，怎样科学对待马克思主义，推动了马克思主义中国化的深入开展，推动了中国特色社会主义事业的深入进行，为中国一切理论创新和实践创新打开了广阔的道路，提供了科学的思想理论基础，具有重大时代价值和深远历史意义。

（四）邓小平理论形成了建设有中国特色社会主义的科学体系，第一次比较系统地回答了建设中国特色社会主义的一系列基本问题，指导我们党制定了在社会主义初级阶段的基本路线

基于对马克思主义和社会主义的科学态度和科学方法，邓小平在总结国内外建设社会主义历史经验教训的基础上，在我国改革开放和社会主义现代化建设过程中，富有创造性地探索和回答了关乎中国特色社会主义的一系列基本问题，提出了一系列具有内在逻辑联系的重要观点。邓小平理论第一次比较系统地初步回答了中国这样的经济文化比较落后的国家如何建设社会主义、如何巩固和发展社会主义的一系列基本问题，回答了建设有中国特色社会主义的发展道路、发展阶段、根本任务、发展动力、外部条件、政治保证、战略步骤、领导力量和依靠力量以及祖国统一等重要问题，指导我们党制定了在社会主义初级阶段的基本路线，形成了贯通哲学、政治经济学、科学社会主义等领域，涵盖经济、政治、科技、教育、文化、民族、军事、外交、统一战线、党的建设等方面比较完备的建设有中国特色社会主义理论的科学体系，为新的理论创新提供了理论基础和方法论指导，为新的实践探索和创新打开了广阔的道路。

二、中国特色社会主义理论体系的奠基之作

"中国特色社会主义理论体系"这个概念是在党的十七大报告中第一次明确提出的。报告指出：中国特色社会主义理论体系，就是包括邓小平理论、"三个代表"重要思想以及科学发展观等重大战略思想在内的科学理论体系。这个理论体系，坚持和发展了马克思列宁主义、毛泽东思想，凝结了几代中国共产党人带领人民不懈探索实践的智慧和心血，是马克思主义中国化最新成果，是党最可宝贵的政治和精神财富，是全国各族人民团结奋斗的共同思想基础。党

的十七大报告高度评价了中国特色社会主义道路和中国特色社会主义理论体系在改革开放过程中的重要地位。报告指出："改革开放以来我们取得一切成绩和进步的根本原因，归结起来就是：开辟了中国特色社会主义道路，形成了中国特色社会主义理论体系。高举中国特色社会主义伟大旗帜，最根本的就是要坚持这条道路和这个理论体系。"①

邓小平是我国社会主义改革开放和现代化建设的总设计师，中国特色社会主义道路的开创者，邓小平理论的主要创立者。邓小平理论是中国特色社会主义理论体系的奠基之作，它第一次比较系统地初步回答了建设中国特色社会主义的一系列基本问题，为中国特色社会主义理论体系的进一步丰富发展提供了思想基础、理论基础和理论框架，指明了基本方向。

（一）邓小平理论确立了解放思想、实事求是的思想路线，为中国特色社会主义理论体系的形成和发展奠定了思想基础

实事求是，是马克思列宁主义的精髓，是毛泽东思想的精髓，是邓小平理论的精髓，也是中国特色社会主义理论体系的精髓。"文化大革命"结束，邓小平复出工作之后，他从千头万绪中找到了重新确立党的思想路线这一主抓手，反复强调毛泽东思想的精髓是实事求是，并在为党的十一届三中全会做准备的中央工作会议上作了"解放思想、实事求是"的报告，深刻剖析了教条主义和思想僵化的严重危害，强调了"解放思想、实事求是"的极端重要性："实事求是，是无产阶级世界观的基础，是马克思主义的思想基础，过去我们搞革命所取得的一切胜利，是靠实事求是；现在我们要实现四个现代化，同样要靠实事求是。"②邓小平在新时期伊始重新确立了毛泽东倡导的实事求是的思想路线，并且增加了"解放思想"的新内容，成为全党公认的思想路线和思想基础。在南方谈话中，邓小平针对"左"和右的严重干扰，又一次发表了"解放思想、实事求是"的宣言书，大大解放了人们的思想。实事求是的思想路线贯穿了邓小平理论的始终，也为中国特色社会主义理论体系的形成和发展奠定了思想基础。

---

① 《胡锦涛文选》第 2 卷，人民出版社 2016 年版，第 620 页。
② 《邓小平文选》第 2 卷，人民出版社 1994 年版，第 143 页。

（二）邓小平理论明确了"走自己的道路，建设有中国特色的社会主义"的发展样式，指明了中国特色社会主义理论体系的基本方向

道路问题至关重要。确立走具有中国特色的社会主义道路，是邓小平理论的重要内容和重大贡献，是邓小平理论其他内容的基础。邓小平在总结我国社会主义革命和建设经验教训基础上，在汲取其他社会主义国家兴衰成败的基础上，深刻指出："我们的现代化建设，必须从中国的实际出发。无论是革命还是建设，都要注意学习和借鉴外国经验。但是，照抄照搬别国经验、别国模式，从来不能得到成功。……把马克思主义的普遍真理同我国的具体实际结合起来，走自己的道路，建设有中国特色的社会主义，这就是我们总结长期历史经验得出的基本结论。"[①]一方面，中国是社会主义国家，中国走社会主义道路是历史的选择，是人民的选择，是正确的选择。所以中国必须坚持走社会主义道路，坚持科学社会主义的一般原理，坚持以马克思列宁主义为指导。另一方面，中国是在经济文化比较落后基础上走上社会主义道路的，还不是合格的社会主义，具有自身的现实国情和历史传统、文化传统，必须从自身实际出发，独立自主地探索具有自身特色的社会主义道路，大力推进改革开放，抓住机遇加快发展，大踏步赶上时代潮流。正是从中国国情出发，在探索具有中国特色社会主义道路的过程中，在深入推进改革开放的伟大历史进程中，邓小平理论逐步深入系统地回答了建设中国特色社会主义的一系列基本问题，指导全国人民成功开创了一条实现现代化、实现民族伟大复兴的正确道路。邓小平理论明确了必须走中国特色社会主义道路，指明了中国特色社会主义理论体系的基本方向。

（三）邓小平理论明确了我国处于社会主义初级阶段的历史方位，确定了"一个中心、两个基本点"的基本路线，指明了中国特色社会主义的中心任务，为中国特色社会主义理论体系指明了客观依据和现实基础

正确认识我国社会所处的历史阶段，是建设中国特色社会主义的首要的问题，是我们制定和执行正确的路线方针政策的根本依据。新中国成立以来，我国在推进社会主义现代化建设方面走了很多弯路，一个重要原因就是对我国社

---

① 《邓小平文选》第 3 卷，人民出版社 1993 年版，第 2—3 页。

会所处的历史方位没搞清楚，对国情理解不透，导致长期在路线方针政策方面超越阶段，导致出现了一系列严重的后果。党和人民经过长期探索和对改革开放实践的深入思考，在党的十三大报告中明确提出了"我国正处在社会主义初级阶段"。社会主义初级阶段意味着：第一，我国已经是社会主义社会，必须坚持社会主义方向和道路，不能倒退回去搞"新民主主义"、搞私有化，也不能搞所谓的"全盘西化"，走资本主义道路。第二，我国的社会主义社会还处在初级阶段，成熟程度还很低，生产力很不发达，我国必须从这个实际出发，而不能超越这个阶段。初级阶段的基本国情，凸显了发展生产力、发展经济的极端重要性。邓小平强调指出："现代化建设的任务是多方面的，各个方面需要综合平衡，不能单打一。但是说到最后，还是要把经济建设当作中心。离开了经济建设这个中心，就有丧失物质基础的危险。其他一切任务都要服从这个中心，围绕这个中心，决不能干扰它，冲击它。"①在分析社会主义初级阶段基本国情的基础上，党的十三大报告明确提出了党在社会主义初级阶段的基本路线："领导和团结全国各族人民，以经济建设为中心，坚持四项基本原则，坚持改革开放，自力更生，艰苦创业，为把我国建设成为富强、民主、文明的社会主义现代化国家而奋斗。"报告强调："总之，以经济建设为中心，坚持两个基本点，这就是我们的主要经验，这就是党在社会主义初级阶段的基本路线的主要内容。"②"一个中心、两个基本点"基本路线的提出，明确了中国特色社会主义的中心任务、政治保证和发展动力，使中国特色社会主义路线方针政策的制定有了客观依据和现实基础，为邓小平理论和中国特色社会主义理论体系的形成发展奠定了理论基础。

（四）邓小平理论对"什么是社会主义、怎样建设社会主义"这一根本问题作了比较系统深入的回答，为中国特色社会主义理论体系的进一步丰富发展提供了思想前提和理论基础

邓小平理论的核心就是在我国改革开放和社会主义现代化建设的伟大实践中，第一次比较系统地初步回答了"什么是社会主义、怎样建设社会主义"这一长期困扰马克思主义者的根本问题。可以说，"什么是社会主义、怎样建设

---

① 《邓小平文选》第 2 卷，人民出版社 1994 年版，第 250 页。
② 《十三大以来重要文献选编》（上），中央文献出版社 2011 年版，第 13、14 页。

社会主义"既是邓小平理论的逻辑起点，也是邓小平理论的逻辑终点。

　　熟知未必真知。对于"什么是社会主义、怎样建设社会主义"这一根本问题，事实上长期以来人们并没有真正搞清楚。中国和其他国家社会主义建设的失误与没有完全搞清楚什么是社会主义有直接的关系。针对历史的经验教训，改革开放伊始邓小平就开始思考"什么是社会主义、如何建设社会主义"的问题，对这一根本问题的思考伴随着邓小平理论形成发展过程的始终。1985年8月，邓小平在会见津巴布韦非洲民族联盟主席、政府总理穆加贝（Robert Gabriel Mugabe）时提出："我们总结了几十年搞社会主义的经验。社会主义是什么，马克思主义是什么，过去我们并没有完全搞清楚。""要实现共产主义，一定要完成社会主义阶段的任务。社会主义的任务很多，但根本一条就是发展生产力，在发展生产力的基础上体现出优于资本主义，为实现共产主义创造物质基础。我们在一个长时期里忽视了发展社会主义社会的生产力。"①邓小平认为社会主义的根本任务就是发展生产力，在生产力发展的基础上改善人民的生活。面对人们对中国改革方向的困惑和疑问，1991年8月在同中央几位负责人谈话中，邓小平指出："我们搞改革开放，把工作重心放在经济建设上，没有丢马克思，没有丢列宁，也没有丢毛泽东。老祖宗不能丢啊！问题是要把什么叫社会主义搞清楚，把怎么样建设和发展社会主义搞清楚。"②

　　经过对中国特色社会主义建设长期的探索和思考，邓小平对社会主义的认识有了质的飞跃。这次理论飞跃发生在1992年的南方谈话中，邓小平第一次明确提出了自己对社会主义本质的认识："社会主义的本质，是解放生产力，发展生产力，消灭剥削，消除两极分化，最终达到共同富裕。"③邓小平的社会主义本质论打破了人们的传统思维，他没有从所有制形式和经济运行形式方面来概括社会主义本质，而是从最一般、最抽象的意义上对社会主义本质进行概括的，是从社会主义制度的功能角度来进行概括的。尤为重要的是邓小平是从生产力和生产关系这对人类社会发展的基本矛盾角度来对社会主义本质进行概括的。因此这一概括坚持了马克思主义的生产力理论和唯物史观，坚持了马克思主义的基本原则。邓小平的社会主义本质论，是邓小平社会主义观的一个集

① 《邓小平文选》第3卷，人民出版社1993年版，第137页。
② 《邓小平文选》第3卷，人民出版社1993年版，第369页。
③ 《邓小平文选》第3卷，人民出版社1993年版，第373页。

中表述，它初步回答了什么是社会主义、在中国这样生产力落后的国家如何建设社会主义的历史性难题。这一论断廓清了不合乎时代进步和社会发展规律的模糊观念，摆脱了长期以来人们拘泥于具体模式而忽略发展生产力、忽略社会主义本质的错误倾向，深化了对科学社会主义的认识。

邓小平在社会主义建设的实践探索和理论思考中，伴随对"什么是社会主义、怎样建设社会主义"这一根本问题的认识日益清晰和深入，对建设有中国特色社会主义理论的其他相关问题的认识也在不断深化、发展和系统化，包括社会主义根本任务理论、社会主义初级阶段理论、社会主义发展动力理论、社会主义建设政治保证理论、社会主义建设外部条件理论、社会主义战略步骤理论、社会主义建设的领导力量和依靠力量理论、社会主义市场经济理论以及"一国两制"理论等，这些重要内容相互联系、相互影响、相互贯通，它们不仅仅是比较系统完整的科学理论体系——邓小平理论的重要组成部分，也是中国特色社会主义理论体系的重要组成部分。邓小平理论的创立为中国特色社会主义理论体系奠定了牢固的思想基础和理论框架。

正如党的十五大报告所总结的，邓小平理论形成了新的建设有中国特色社会主义理论的科学体系："它是贯通哲学、政治经济学、科学社会主义等领域，涵盖经济、政治、科技、教育、文化、民族、军事、外交、统一战线、党的建设等方面比较完备的科学体系，又是需要从各方面进一步丰富发展的科学体系。"事实正是如此，邓小平理论作为中国特色社会主义理论体系的奠基之作，为中国特色社会主义理论体系的进一步丰富发展提供了思想前提、理论基础和基本理论框架。当然，邓小平理论对什么是社会主义、怎样建设社会主义这一根本问题的回答没有穷尽真理，这一问题仍然需要在实践中不断丰富和发展。邓小平理论初步系统地回答了什么是社会主义、怎样建设社会主义这个根本问题；"三个代表"重要思想在新世纪新阶段加深了对什么是社会主义、怎样建设社会主义和建设什么样的党、怎样建设党的问题的认识；科学发展观在新形势下深刻认识和回答了实现什么样的发展、怎样发展等重大问题；习近平新时代中国特色社会主义思想创造性地回答了新时代坚持和发展什么样的中国特色社会主义、怎样坚持和发展中国特色社会主义，建设什么样的社会主义现代化强国、怎样建设社会主义现代化强国，建设什么样的长期执政的马克思主义政党、怎样建设长期执政的马克思主义政党等重大时代课题，提出了一系列原创性的治国理政新理念新思想新战略，在这些与时俱进的中国化马克思主义理论指导下，中国特色社会主义事业在实践中不断前进。

三、党和国家必须长期坚持的指导思想

马克思列宁主义是我们党和国家总体的指导思想，是"领导无产阶级革命事业走向胜利的科学"[1]，是帮助我们观察一切社会现象、处理一切社会问题的理论武器，是指导各项工作的行动指南，是党具有生命力和创造力的灵魂和根本。在不同历史时期，中国共产党始终注意把马克思列宁主义基本原理同我国具体实际相结合，并随着时代发展和历史任务变化而不断发展创新自己的指导思想。毛泽东思想和邓小平理论，就是党的指导思想与时俱进、发展创新的成果。

在改革开放历史进程中逐步形成的邓小平理论对于指导我国改革开放和社会主义现代化建设发挥了重要作用，成为全党和全国人民共同认同的理论体系。1992 年党的十四大报告最早提出了"用邓小平同志建设有中国特色社会主义理论武装全党"的战略任务。党的十四大修改的《中国共产党章程》明确规定："全党要用建设有中国特色社会主义的理论和党的基本路线统一思想、统一行动，并且毫不动摇地长期坚持下去。"实际上确定了邓小平理论在全党的指导地位。

党的十五大报告明确指出："作为毛泽东思想的继承和发展的邓小平理论，是指导中国人民在改革开放中胜利实现社会主义现代化的正确理论。在当代中国，只有把马克思主义同当代中国实践和时代特征结合起来的邓小平理论，而没有别的理论能够解决社会主义的前途和命运问题。"[2]1997 年 9 月 18 日，党的十五大通过了修改后的《中国共产党章程》，明确规定："中国共产党以马克思列宁主义、毛泽东思想、邓小平理论作为自己的行动指南。"修改后的党章把邓小平理论与马克思列宁主义、毛泽东思想一道，写在了自己的旗帜上，从而确立了这一理论在全党的指导地位。同时规定，党员和党的干部要认真学习马克思列宁主义、毛泽东思想、邓小平理论。[3]1999 年 3 月，九届全国人大二次会议审议通过了《中华人民共和国宪法修正案》，修改后的宪法，在序言

① 《毛泽东选集》第 3 卷，人民出版社 1991 年版，第 820 页。
② 《十五大以来重要文献选编》（上），中央文献出版社 2011 年版，第 8—9 页。
③ 参见《十五大以来重要文献选编》（上），中央文献出版社 2011 年版，第 45—46 页。

第七自然段，明确载入了如下内容："中国各族人民将继续在中国共产党领导下，在马克思列宁主义、毛泽东思想、邓小平理论指引下"①。这样，就以宪法这个根本大法的形式明确把邓小平理论确立为我们国家的指导思想，不仅使邓小平理论的历史地位有了宪法依据和保障，而且反映了全国各族人民的共同意愿和心声。将邓小平理论确立为党和国家的指导思想，反映了党心民意，顺应了时代发展需要，对于保证我国沿着中国特色社会主义道路顺利前进，对于保证改革开放和社会主义现代化建设事业的顺利进行，具有重大现实意义和深远历史意义。

2004 年 8 月 22 日，胡锦涛在邓小平同志诞辰一百周年纪念大会上发表讲话。这篇讲话对邓小平理论的开创性思想观点作了归纳，主要包括：我国还处在社会主义初级阶段，巩固和发展社会主义制度需要我们几代人、十几代人，甚至几十代人坚持不懈地努力奋斗；社会主义的本质是解放生产力，发展生产力，消灭剥削，消除两极分化，最终达到共同富裕；发展才是硬道理，必须抓住时机，发展自己；科学技术是第一生产力，必须尊重知识、尊重人才；在农村实行联产承包责任制；允许一部分地区、一部分人先富裕起来，先发展起来的地区带动和帮助后发展的地区；计划和市场都是经济手段，计划多一点还是市场多一点，不是社会主义与资本主义的本质区别；没有民主就没有社会主义，就没有社会主义现代化，必须使民主制度化、法律化；必须推进党和国家领导制度的改革，废除干部领导职务终身制；统一战线是一个重要法宝，要团结一切可以团结的力量，为把我国建设成为现代化的社会主义强国、为完成祖国统一大业而共同奋斗；用"一国两制"的科学构想解决台湾问题和香港问题、澳门问题；等等。② 讲话指出，邓小平同志提出的这些创造性的思想观点和方针政策，为我们不断开创党和人民事业发展的新局面提供了有力的理论指导。

2014 年 8 月 20 日，习近平在纪念邓小平同志诞辰 110 周年座谈会上发表的重要讲话指出，邓小平是"中国社会主义改革开放和现代化建设的总设计师，中国特色社会主义道路的开创者，邓小平理论的主要创立者"。讲话强调，邓小平同志留给我们的最重要的思想和政治遗产，就是他带领党和人民开创的中国特色社会主义，就是他创立的邓小平理论。邓小平理论紧紧抓住

---

① 《十五大以来重要文献选编》（上），中央文献出版社 2011 年版，第 710 页。
② 参见《胡锦涛文选》第 2 卷，人民出版社 2016 年版，第 208 页。

"什么是社会主义、怎样建设社会主义"这个根本问题，响亮提出"走自己的道路，建设有中国特色的社会主义"的伟大号召，领导我们党在新中国成立以来革命和建设实践的基础上，成功走出了一条中国特色社会主义新道路。讲话对邓小平理论和实践的重大贡献作了精辟概括：强调必须坚持以经济建设为中心，坚持四项基本原则，坚持改革开放，领导我们党制定了党在社会主义初级阶段的基本路线；指导我们党正确认识我国所处的发展阶段和根本任务，制定了现代化建设"三步走"发展战略；强调"改革是中国的第二次革命"，领导我们党有步骤地展开各方面体制改革，勇敢打开对外开放的大门；强调"两手抓、两手都要硬"，必须抓好社会主义精神文明建设和民主法制建设，实现社会全面进步；创造性提出"一国两制"科学构想，指导我们实现香港、澳门平稳过渡和顺利回归，推动海峡两岸关系打开新局面；明确提出和平与发展是当代世界的两大问题，领导我们党及时调整各方面政策，为改革开放和社会主义现代化建设创造了难得历史机遇和良好外部环境；强调加强党的领导必须改善党的领导，必须聚精会神抓党的建设，使党的建设充满新的生机活力。习近平强调："正是这些重大思想理论和实践，使20世纪的中国又一次发生天翻地覆的变化。"①在我国改革开放和现代化建设继续深入推进过程中，在实现中华民族伟大复兴的伟大征程上，邓小平理论和"三个代表"重要思想、科学发展观和习近平新时代中国特色社会主义思想一起，继续发挥着重要指导作用。

四、为经济文化落后国家实现现代化提供了重要启迪

邓小平理论不仅坚持和发展了马克思主义的生产力理论，而且在新的历史条件下，发展了马克思主义的东方社会理论。邓小平理论虽然是在中国这块土地上生长起来的，具有其特殊性，但是作为在生产力落后国家基础上生长起来的理论，又具有普遍性，它值得广大发展中国家认真研究和借鉴，尤其为经济文化落后国家实现现代化提供了重要的思想启迪。

邓小平依据他对马克思列宁主义的理解，对毛泽东思想的理解，其中包括对"新民主主义社会论"的理解，通过对社会主义建设兴衰成败经验的总结，

---

① 习近平：《在纪念邓小平同志诞辰110周年座谈会上的讲话》，《人民日报》2014年8月21日。

尤其是对中国社会主义建设得失成败的深刻反思,以生产力理论为基础,开创性地提出了社会主义改革动力论、社会主义初级阶段论、社会主义市场经济论、"一国两制"论和社会主义本质论等一系列关于社会主义的崭新论断,创立了邓小平理论。这一理论回答了什么是社会主义和在生产力落后的国家如何建设社会主义这一基本问题。这一理论对于像中国一样的生产力落后的广大发展中国家实现现代化具有重要借鉴意义,它开辟了发展中国家如何发展生产力、实现现代化的新道路。

邓小平在领导中国人民开创中国特色社会主义道路的同时,高度关注世界的和平与发展问题,提出"应当把发展问题提到全人类的高度来认识,要从这个高度去观察问题和解决问题"[1]。邓小平十分关注广大发展中国家的命运,强调我们搞的是主张和平的社会主义。1984 年 5 月 29 日,邓小平在会见巴西总统菲格雷多(Figueiredo)时特别指出:"中国现在属于第三世界,将来发展富强起来,仍然属于第三世界。中国和所有第三世界国家的命运是共同的。中国永远不会称霸,永远不会欺负别人,永远站在第三世界一边。"[2]同时,邓小平特别关注发展问题,即所谓的南北问题,也就是如何缩小广大发展中国家与发达国家的差距问题。在会见发展中国家领导人时,邓小平经常与他们探讨发展中国家如何抓住机遇实现自身发展的问题。需要强调的是,虽然通过改革开放,中国特色社会主义取得了举世瞩目的成就,但是结合中国社会主义建设由于照搬苏联模式而走过的弯路,邓小平反复提醒发展中国家的领导人,不要简单照搬中国的经验,要根据自己的国情走自己的路。1988 年 5 月,邓小平在会见莫桑比克总统希萨诺(Joaquim Chissano)时明确指出:"坦率地说,我们过去照搬苏联搞社会主义的模式,带来很多问题。我们很早就发现了,但没有解决好。我们现在要解决好这个问题,我们要建设的是具有中国自己特色的社会主义。"[3]针对莫桑比克等非洲国家对建立社会主义制度的渴望,邓小平提醒说:"你们根据自己的条件,可否考虑现在不要急于搞社会主义。确定走社会主义道路的方向是可以的,但首先要了解什么叫社会主义,贫穷绝不是社会主义。要讲社会主义,也只能是讲符合莫桑比克实际情况的社会主义。"[4]

---

[1] 《邓小平文选》第 3 卷,人民出版社 1993 年版,第 282 页。
[2] 《邓小平文选》第 3 卷,人民出版社 1993 年版,第 56 页。
[3] 《邓小平文选》第 3 卷,人民出版社 1993 年版,第 261 页。
[4] 《邓小平文选》第 3 卷,人民出版社 1993 年版,第 261 页。

　　进入 21 世纪以来，一些国内外学者把中国改革开放和社会主义现代化建设的经验称为"中国模式"，认为中国的成功为广大发展中国家尤其是其他社会主义国家的改革和建设提供了范式。不可否认，越南、古巴等社会主义国家的改革，在某些方面借鉴了中国改革的经验，但正如邓小平强调的，苏联模式社会主义不能简单照搬，同样中国特色社会主义的成功经验也不是可以简单复制的。因此，我们说邓小平理论为像中国一样的经济文化落后国家实现现代化提供了重要参考和启迪，不是指中国现代化建设的具体措施和政策，而是指中国改革开放和社会主义现代化建设的基本原则以及体现的马克思主义的方法论意义。

第五章　苏东剧变中马克思主义的曲折发展

如果说中国作为社会主义国家，在社会主义改革进程中取得了重大实践成就和重要理论贡献的话，那么苏东社会主义国家则在改革进程中留下了惨痛的历史经验教训。两相比较，泾渭分明，发人深思，为中国共产党和中国人民在新时代更好坚持和发展社会主义提供了正反两方面的深刻历史启迪，也为世界各国共产党人在错综复杂的国内外形势下坚持和发展马克思主义提供了深刻的历史经验教训。20世纪80年代末90年代初，苏联东欧社会主义国家发生剧变，马克思主义发展遭遇重大曲折。历史地看，苏东剧变的主要历史因素是"苏联模式"内在的矛盾和弊端，主要现实因素是从赫鲁晓夫开始直至戈尔巴乔夫的背离马克思主义的改革，主要外部因素是西方的"和平演变"。苏联模式产生于特定历史时期，表现为高度集中的政治体制、经济体制和文化意识形态管理体制。苏联模式本身是马克思主义基本理论与苏东社会主义发展特定阶段的特定实践相结合的产物，其基本制度符合科学社会主义基本原则，对苏东国家的建立和发展曾经发挥过积极作用，其合理因素对中国的社会主义革命和建设也产生了积极影响。但是，由于不适应社会主义发展新阶段的要求，苏联模式的某些具体体制、运行机制等日益僵化和丧失合理性。针对苏联模式，苏联东欧国家开始了漫长的改革时期。社会主义改革问题的提出本身有其必然性与合理性，是适应社会主义自我发展、自我完善的客观需要，也是适应冷战时期国际复杂局势、国内发展压力的必要举措。但是总体上看，从赫鲁晓夫以来的苏东国家领导人对于社会主义改革"为什么改、如何改、改什么"等问题都缺乏科学理解，逐渐背离了马克思主义基本理论，放弃了社会主义道路，最终走向失败。苏东改革的失败直接引发了苏东剧变。"东欧演变、苏联解体，说到底，是因为执政的共产党出了问题，背弃了工人阶级先锋队性质，不再坚持马克思主义的指导思想、共产主义的目标、为人民服务的宗旨和民主集中制的组织原则，因此才导致政治路线和一系列方针政策的错误。"①

苏东剧变是马克思主义发展史上的重大曲折，剧变后原苏东社会主义国家全面转向资本主义：在理论上放弃马克思主义基本理论的指导，在实践上放弃走社会主义道路，放弃共产党的领导，放弃无产阶级专政，全面转向资本主义经济制度、政治制度和意识形态。苏东剧变也给我们提供了深刻教训，告诫全世界马克思主义政党必须坚持和发展马克思主义基本理论、坚持走社会主义道路、坚持党的领导，必须发展社会主义市场经济、维护国家独立和统一、重视意识形态工作等。同时，苏东剧变也给中国共产党和中国人民提出了改革究竟应该如何改才能真正促进社会主义自我完善这个重大的理论问题和实践问题，为新时代更好坚持和发展中国特色社会主义提供了极为重要的历史经验教训。

第一节　苏联东欧改革路线的转变

由于历史的原因，苏联在 20 世纪 30 年代建成了一整套高度集中的社会主义政治经济文化体制，一般统称为苏联模式。第二次世界大战结束之后，新成立的马克思主义政党执政的东欧国家基本模仿或借鉴了苏联模式来发展本国社会主义。然而，随着这套体制不断扩大和加深，再加上社会主义阵营领导人对于社会主义建设的长期性和复杂性估计不足，苏联模式的弊病逐渐暴露出来，亟待改革。斯大林去世之后，苏联和东欧社会主义国家开始针对本国国情、发展道路的特殊性来对本国政治经济体制中的苏联模式弊端进行改革。但是，这些改革大多没有合理对待苏联模式中最关键的不合理因素，仅仅停留于经济领域进行"小修小补"，因此没有获得根本性突破，更没有找到适合本国国情的社会主义发展道路。而在经济体制改革不奏效的情况下，又盲目地开始政治体

---

① 周新城：《对世纪性悲剧的思考——苏联演变的性质、原因和教训》，中国人民大学出版社2000 年版，第6—7页。

制改革，最终导致在 20 世纪 80 年代整个改革事业陷入全盘困境。

一、苏联东欧国家改革方案陷入困境

（一）苏联东欧国家改革方案的提出

苏联东欧各国在建设社会主义的过程中主要实行的是苏联模式的计划经济体制。在从 20 世纪 50 年代到 80 年代这三十多年的实践中，计划经济体制暴露出了许多问题。而针对这些问题的不同调整、改变，就构成了改革路线转换的基本线索。

苏联模式的计划经济体制的建立有其历史合理性，但逐渐脱离时代发展趋势和人民群众需要而暴露出其弊端和局限性。计划经济体制建立的初衷是为了解决苏联建国初期经济资源过于分散，无法实现迅速工业化和增强国防实力的问题，在苏联面对德日法西斯势力现实的战争威胁以及西方帝国主义国家"祸水东引"的绥靖政策时，建立高度集中的计划经济体制有其自身的合理性。但是，随着第二次世界大战的结束，社会主义国家进入和平发展的时代，这种计划经济体制就不再适应时代的需要，也不能满足人民日益增长的、日益多样化的物质文化需要了。计划经济体制出现的问题主要体现在以下三个方面。

其一，中央地方权力失衡问题即中央计划过度集中、统得过死，导致地方的自主权和发展积极性不足。苏联的经济计划囊括了上至高精产品下至日用品等社会各领域产品的生产经营，各个生产单位只能根据国家下达的硬性生产指标来完成自己的任务，变成事实上的"命令经济"，无法根据生产单位自身的实际情况和消费者需求条件进行灵活机动的自主调节。其二，经济比例失衡的问题。重工业与轻工业、农业的比例严重失衡，重工业的发展占据了国家经济生活的主导性地位，轻工业和农业不仅要为重工业的发展让路，甚至要以"剪刀差"的形式来对重工业的发展进行补贴。"剪刀差"在落后国家实现社会主义工业化的初期，是积累工业化资金的一个重要途径。然而，在苏联，"剪刀差"问题过于严重，国家"把农民挖得太苦"，甚至走向"竭泽而渔、杀鸡取卵"的境地。其三，计划经济体制也对社会主义民主政治的发展造成了负面影响，中央地方权力失衡问题导致在实际的国家治理实践中，马克思主义的民主集中制原则被片面化了，只过分强调了集中，而忽视了民主。这对党内政治生活的正常运行造成了严重干扰。

由此，苏东各国在社会主义实践中也在积极探索这些问题的解决方法。从20世纪50年代开始，总共经历了三次大的改革浪潮。第一次浪潮从斯大林逝世延续到60年代初，随着对斯大林个人崇拜的破除，苏东国家开始结合本国具体实际对社会主义建设方针进行调整。第二次从60年代中期至70年代初，苏东国家开始重视物质奖励在劳动生产和企业管理中的重要性，并开始把企业盈利能力作为企业效益的考察对象。第三次则兴起于20世纪80年代，这次改革浪潮开始对计划经济体制有所突破，但最后却又由于多种复杂原因直接导致各国共产党纷纷丧失政权。

苏联对经济改革经历了一个由浅入深的过程。斯大林逝世后，苏联理论界开始反思传统经济发展模式的弊病，但此时对经济改革的讨论主要集中在经济管理机构的具体政策是否合理、是否高效的领域内。1957年，赫鲁晓夫决定废除原有的中央部管体制，并在全国范围内建立了105个国民经济委员会，按地区分管的原则负责管理原中央的部属企业。这次改革破除了中央各部之间的本位主义思想，但是却带来了各个地区之间的相互对立，各个国民经济委员的工作中心总是试图占据更多的国家投资而非提高自身的生产效率。因此，这次改革的失败导致苏联重新反思经济体制的改革思路。1961年，苏联共产党第二十二次代表大会通过了新的章程，其中包含了经济改革的有关内容。在这种环境的影响下，哈尔科夫工程大学的经济学博士利别尔曼于1962年发表《计划·利润·奖金》一文，对如何推进苏联经济改革提出了具有代表性的建议（史称"利别尔曼建议"）。利别尔曼的文章发表后，在苏联国内激起了广泛的讨论，甚至赫鲁晓夫本人也支持利别尔曼的观点，但随着他的下台而不了了之。1965年，柯西金在苏共中央全会上作了《关于改进工业管理、完善计划工作和加强工业生产的经济刺激》报告，最终奠定了苏联经济改革的指导思想。

从改革的指导思想上来看，苏联经济体制改革可以分为三个方面。

第一，在产业关系上，试图平衡重工业、轻工业和农业的比重。斯大林时代为了积累工业化资金，长期压低农业发展所必需的社会资源。农业集体化的政策也过于简单和粗暴，在实行的过程中严重影响了农业生产的积极性，出现农民消极怠工甚至富农暴动的情况，以至于苏联农业产量长期无法恢复到革命前的水平，农业生产率也比较低下。1953年苏联单位面积农业产量仅为欧洲平均产量的三分之一。斯大林逝世后，赫鲁晓夫改变了斯大林过度发展重工业的理念，缓解了工农业之间的剪刀差现象，提高了对农业发展的投入。自赫鲁晓夫以来，苏联农产品收购价格得到了多次的提高，并且对集体农庄购买拖拉机、化肥等农业生产必需品进行了适当的补贴，以期提高集体农庄生产积极性和生产效率。调整了轻工业和重工业之间的比例。20 世纪 50 年代初，苏联理论界一度认为社会主义工业化必须要特别强调重工业的发展，发展轻工业往往被看作是违背马克思列宁主义的。但是随着美苏之间转入和平竞赛，发展轻工业就成了提高人民生活水平的重要途径，自 60 年代后苏联轻重工业增长速度基本持平，但是由于长期以来重工业的比重过大，其增长总额之间的差距仍然没有得到改善。

在经济体制上，对计划经济体制进行小修小补。中央和各个加盟共和国的经济计划是苏联经济运行的重中之重，为了避免计划出现失误，首先，苏联不断完善计划方法，建立短期计划、中期计划和长期计划相结合的计划体系，推动经济计划的数字化和自动化。其次，完善经济计划指标体系和计划完成的奖惩机制，苏联领导人认为，不能通过简单使企业自负盈亏来激发企业的生产积极性，否则就会使指令性的经济计划失去效用，而为了在指令性计划的框架内提高积极性，就需要完善经济指标的制定，一方面加强对企业生产的监督，制止企业瞒报产量、浪费国家生产投资和消极怠工等违反经济纪律的做法；另一方面加强物质上和经济上的刺激，对于超额完成计划的企业给予奖金鼓励，并且在企业内部设立"经济刺激基金"，鼓励劳动者关心企业的生产状况。最后，苏联也试图引入商品机制来辅助计划的保质保量完成。

第二，在经济增长上，由外延式的粗放型增长转向提高劳动生产效率的集约型增长。苏联在经济活动中，资本有机构成的比例较低，因此其劳动生产率普遍低于西方发达国家，甚至不足美国的二分之一。为此，苏联政府首先大力推动劳动生产的机械化和自动化，优化劳动组织形式，提高劳动生产积极性。其次，提高物质资源的利用效率，降低生产中不必要的物质损耗。由于苏联经济中长期实践过程中带有的"实物经济"色彩，能源、矿产等生产部门往往不计成本，资源利用效率较低。因此苏联规定了经济运行中的节约指标，对于完成指标的企业和部门进行奖励。最后，提高国家投资的利用效率和固定生产基金的生产率，制定了诸如提高机器轮班系数及更新换代速度等措施。但是，由于向集约型增长过渡的难度要远远大于简单扩大经济规模，因此苏联的理论界预计实现这一转向要经历整个 20 世纪 80 年代。①

东欧社会主义国家将改革作为解决经济结构矛盾的手段，也采取了一系列措施来缓解计划经济在运行中出现的农业、轻工业、重工业比例失衡问题和中央地方权力失衡的问题。例如，1968 年匈牙利开始推行全面的经济体制改革，采取了一系列具有一定成效的改革措施。第一，取消了全国范围内的指令性计划，中央计划对于生产企业而言转为指导作用，不再具有强制力。第二，进行工资和价格体制改革，对劳动者进行物质奖励，劳动者工资与企业效益挂钩，而劳动产品价格从国家定价开始逐步转向自由定价。第三，进行财政体制改革，扩大银行对于经济的影响力，经济手段在国家指导经济发展的方式中扮演越来越重要的作用。

（二）经济改革陷入停顿

在经历数十年的改革之后，东欧社会主义国家的经济环境一度有了令人瞩目的改善。但是进入 20 世纪 80 年代之后，在内部因素和外部因素的共同作用下，通过改革来释放经济潜力的做法越来越不起作用，这种情况最终让经济改革陷入停顿。

例如匈牙利就是这一困境的典型。匈牙利政府虽然提出了改革方案，但改革措施并没有得到彻底执行，一方面是匈牙利党和政府领导人墨守成规，在许多关键性领域不敢突破旧有的计划经济体制的局限；另一方面，则是受"布拉格之春"与苏联领导人勃列日涅夫"有限主权论"的施压，不敢将改革向前推进。1972 年，匈牙利开始重新扩大行政手段对于经济发展的影响。1975 年，匈牙利改革的倡导者、匈牙利科学院经济研究所所长涅尔什被免去政治局委员职务，匈牙利的经济改革出现重大倒退。

除匈牙利外，东欧各国的经济改革也出现了各种各样的问题。保加利亚从 1978 年开始推行新的经济体制，实行政企分开、自负盈亏、扩大企业自主权等措施，并开始重视价值规律的价格调节作用，但是并没有对经济增长造成显著影响。捷克斯洛伐克从 1978 年起进行了三轮经济体制改革，但都成效不大。罗马尼亚于 1980 年形成了新的财政制度，并进行了价格体制改革和工资制度

① 参见王守海主编：《苏联东欧国家经济体制比较》，中国社会科学出版社 1984 年版，第 554 页。

改革，注重调动地方和劳动者积极性，但没有涉及"农轻重"比例和经济结构等深层问题。南斯拉夫的经济改革以联合劳动为特点，1976年通过了《联合劳动法》，但是在经济发展过程中矫枉过正，过于强调地方，而削弱了中央本应具有的调控作用，经济增长并不稳定。民主德国的经济改革主要是从产业格局入手，通过培养"产学研销"一体化的联合企业来克服集中管理与分散经营之间的矛盾。但是在管理方法上，仍然采用指令性的老方式，缺乏创新和活力。

在东欧国家中，阿尔巴尼亚属于较为特殊的一员。改革浪潮一开始没有波及阿尔巴尼亚。阿尔巴尼亚劳动党领袖恩维尔·霍查认为斯大林开创的社会主义模式是社会主义的唯一模式，在对待马克思列宁主义的态度上非常僵化。阿尔巴尼亚片面强调了社会主义国家的独立自主方面，拒绝与资本主义国家建立合资企业，拒绝接受国外在境内设立经济和金融机构。在国际经济方面，阿尔巴尼亚非常看重贸易平衡，规定阿尔巴尼亚的进出口贸易必须要保持平衡，不允许贸易逆差的出现。1985年，霍查去世，阿利雅成为阿尔巴尼亚劳动党的第一书记，开始进行经济政治体制改革。但是改革并没有使阿尔巴尼亚的经济状况好转，全国超过20%的企业出现了亏损，农业生产也没有完成计划的指标，人民生活水平进一步恶化，出现了大规模难民潮，这种社会形势对阿尔巴尼亚党和政府提出了严峻的考验。

与东欧国家较为积极的改革相比，苏联的改革仅仅是苏联模式的局部修补和调整，未能作出克服该体制局限性的积极尝试。在勃列日涅夫时代早期曾进行过以当时部长会议主席柯西金为倡导者的改革，主要的改革方向是整顿国民经济的管理机构，裁撤了一批不适应经济发展需要的部门；调整中央与地方的关系，扩大企业经营的自主权，适当缩小中央计划的范围。但是这些改革在勃列日涅夫执政的晚期不了了之。安德罗波夫和契尔年科试图重新开始改革，提出了改革的种种设想，但是这两位领导人在将改革计划付诸实现之前便在工作岗位上去世，经济体制改革的道路任重道远。

（三）政治危机威胁执政党领导地位

苏联东欧社会主义国家的改革并不是一帆风顺的。在20世纪80年代，由于各国经济体制长期存在的问题并没有得到根本解决，经济运行中积累的矛盾往往以政治危机的形式爆发出来。这些日益增多的政治危机常常打乱执政党改革的步伐，影响了改革的议题，在特定情况下甚至带来社会发展的严重倒退。

执政党的经济改革措施非但没有缓解经济体制的矛盾，反倒构成了政治危机的导火索，诱发了各种"反对党"的产生。例如，1980 年 7 月，波兰政府决定大幅度提高肉制品销售价格，这次涨价行为是波兰经济改革中扩大企业自主权的结果，却引发了全国范围内的工人罢工。罢工工人纷纷成立罢工委员会。其中，在格但斯克列宁造船厂罢工委员会的基础上形成了一个独立于波兰统一工人党领导的"团结工会"，莱赫·瓦文萨成为团结工会的领袖。波兰统一工人党最终承认了团结工会的合法地位，并且解除了盖莱克的第一书记职务，团结工会获得了全面的胜利，成了波兰境内第一个非共产党领导的合法的独立组织。作为交换，团结工会也要承认波兰统一工人党的执政地位。但是，波兰统一工人党低估了团结工会的政治野心，在获得合法地位之后，团结工会迅速扩大自己的影响，有超过数百万的工人加入了团结工会，在全国的影响力越来越大。1981 年 9 月，团结工会召开了第一次全国代表大会，向波兰政府提出改变政治体制、建立自治共和国的要求。当年 12 月，团结工会开始试图以全国总罢工的形式对波兰党和政府进行政治讹诈。在这种情况下，波兰统一工人党的领导人雅鲁泽尔斯基将军毅然宣布军事管制和宵禁，取缔了波兰团结工会。在雅鲁泽尔斯基的强力措施下，波兰的政治局势才暂时平稳下来。

20 世纪 80 年代，在其他东欧国家也爆发了类似的一系列政治危机。这些政治危机虽然暂时被平复，然而却严重威胁到了执政党的领导地位，为之后东欧剧变埋下了隐患。

（四）自治制度引发民族分裂问题

按照马克思列宁主义关于民族自治的思想，苏联实行民族自治制度，少数民族通过组成自治共和国的方式来参与联盟的政治生活。这一方面在一定程度上确实保障了少数民族的权利，但是另一方面，这种人为制造民族区隔的方式又埋下了日后民族主义爆发的种子。

苏联共产党认为民族问题从属于阶级问题，因此各级党委的领导保证了民族自治制度的顺利运行。马克思主义历来主张民族平等。苏联许多民族都有着自己独立的文化和历史，并且许多民族在历史上都曾经扮演过相对重要的角色。如何在苏联范围内实现民族平等、如何处理好少数民族与联盟的关系问题，是苏联立国时的重要考量。一方面，苏联的做法是承认民族自决权，同时又将各个民族组织为自治共和国，以加盟共和国的形式参与到全联盟的政治生活中。民族自决权和自治共和国在苏联早期扮演着非常微妙而灵活的作用。在苏联成立之前的国内战争时期，布尔什维克党曾经将苏俄的西伯利亚和远东地带独立出去，成立远东共和国，将其作为苏俄与日本的缓冲地带。在解除了日本的威胁后，远东共和国又于1922年苏联成立之后并入苏俄。出于对民族自决权的承认，苏联在1936年颁布的宪法规定，每个加盟共和国都有着退出联盟的权利。另一方面，为了防止民族自决权的滥用，苏联解决的方式是以党作为连接纽带将各个苏维埃共和国紧密地团结在一起，将民族斗争融入无产阶级革命之中。从当时的苏联政治结构来看，由于党在国家生活中占据绝对支配性的地位，并且各个加盟共和国都有自己的党组织存在，因此只要党仍然能够保持严格的纪律性和战斗性，加盟共和国的退出权利不仅不会削弱联盟的统一性，相反还会赋予党在复杂的斗争形势中更多的回旋余地。

苏联强有力的中央政府也是其民族自治制度得以良好运行的重要因素。由于历史原因，各个加盟共和国发展水平不一，苏联中央政府扮演了全联盟中各个自治共和国之间的协调者和资源分配者的角色，同时，中央通过干部名录制也牢牢地控制着地方上领导干部的任命权力，这就保证了中央对地方的优势地位。

而随着改革带来的对中央权力的削弱，民族问题也不可避免地加剧起来。这体现在戈尔巴乔夫的政治改革调整了自治共和国的干部任命制度，改革允许地方选举自己的领导人，直接导致了来自地方选举的合法性与来自苏共中央的合法性的二元对立。遗憾的是，无论是戈尔巴乔夫，还是他的助手雅科夫列夫，甚至包括党内的反对派利加乔夫在内，当时的大多数苏联领导人都没有看到苏联民族问题的复杂性，而民族矛盾的尖锐化以及由此而来的民族冲突恰恰是导致苏联作为一个主权国家解体的重要原因。

由民族自治制度引发的民族矛盾在东欧社会主义国家也存在类似的问题。这些问题有的最终得到了和平解决，如捷克和斯洛伐克于1993年达成协议和平分家。而有的则愈演愈烈，导致国家陷入长期战乱，如南斯拉夫在南联盟解体后陷入了漫长而血腥的战争。

二、苏联逐步背离社会主义的经济改革方案

1985年，戈尔巴乔夫当选苏共中央总书记。戈尔巴乔夫上台伊始就提出了

"公开性"与"新思维"作为推动经济体制改革的指导思想。但是，经济改革并不顺利，改革一方面遭遇到了一些保守势力的阻挠，另一方面改革措施执行不力，缺乏中央协调的过分放权造成了经济领域出现混乱。戈尔巴乔夫的经济改革在中后期严重影响了人民的生活水平，导致人民不再信任改革，改革最终失败。

（一）经济改革的现实前提

戈尔巴乔夫的经济体制改革并不是他个人的心血来潮，而是有其客观必要性。在勃列日涅夫时代后期，苏联经济的增长速度出现了引人注目的放缓。就工业产值增速而言，按照美国 CIA 的统计数据，苏联 1965 年至 1970 年的年均增速是 6.3%，1970 年到 1975 年则是 5.4%，1975 年至 1980 年下降到 2.6%，1980 年至 1985 年的年均增速甚至只有 1.8%。其他包括科技创新数量在内的主要经济指标也遭遇了类似情况。

勃列日涅夫时代后期苏联经济的放缓和停滞是由多方面原因造成的，其中最突出的原因是经济增长方式不合理、经济效率低下。苏联长期实行的粗放式经济增长方式弊端逐步显现。苏联从 1927 年一直到 20 世纪 50 年代初期主要是依靠压低农村消费水平来为工业化的迅速开展积累必要的资金；而从赫鲁晓夫时代开始，苏联开始加大对农业发展的支持，取代农业剪刀差的是城市化的推进，苏联城市化进程从 1950 年的 44% 一直上升到 1980 年的 69.75%。在这种情况下，经济效率的不足可以通过工业的迅速扩张而得到弥补。但是从 1980 年开始，苏联的城市化速度迅速降低，城市化率长期徘徊不前，截至苏联解体的这十年间，城市化率仅仅上升了 3% 左右。实际上，苏联领导人已经意识到这种粗放式的经济增长方式难以为继，经济发展必须要从依赖总投资的扩张转到依靠经济效率的提高上来。勃列日涅夫在苏共中央的一次讲话中提出，我国经济长远发展的基本任务，就是显著提高现有的劳动和物质资源以及新的积累的使用效率，其他的道路是没有的。[①] 但是，在勃列日涅夫时代的改革中，苏联的经济效率问题却并没有得到很好的解决。在许多关键性的领域上，苏联的工业产值超过了美国，但是却要消耗比美国多出数倍的能源与原料，苏联工业企业的建设周期也远远超出了同时期的美国。

20 世纪 70 年代末国际油价的上涨掩盖了苏联经济的困境，拖缓了苏联领

---

① 参见 [俄] 盖达尔：《帝国的消亡》，王尊贤译，社会科学文献出版社 2008 年版，第 102 页。

导人推动改革的步伐。国际油价从 1972 年的每桶 2 美元暴涨到 1981 年的每桶
35 美元，苏联政府通过大量出口石油获得了相当可观的外汇收入。从 1979 年
开始，苏联连续经历了 6 年的农业歉收，苏联政府每年不得不拨出大量外汇来
进口粮食，甚至成了当时最大的粮食进口国。在这种背景下，苏联财政政策迅
速扩张，苏联从军事预算到粮食进口等经济的方方面面都越来越依赖国际油价
的高企。但是从 1986 年开始，国际油价开始暴跌。从 1985 年的第四季度到
1986 年的第二季度，短短 6 个月之内国际油价从每桶近 40 美元的价格迅速跌
至不足 20 美元，与此同时，苏联原油开采成本却由于低下的经济效率与缺乏
技术创新而居高不下，这严重恶化了苏联国内的经济局势。

虽然当时苏联计划经济体制仍然能够提供缓慢而持续的增长，但是长期积
累下来的矛盾也不断显现出来。由此，经济改革不得不提上重要议事日程。

（二）戈尔巴乔夫经济改革方案的提出

从整体上来看，以 1987 年和 1989 年为两个时间节点，戈尔巴乔夫的经
济改革先后经历了一个由相对稳健（1985—1987 年）逐步转变为激进改革
（1987—1989 年）、最终转变为"全盘自由化"（1989—1990 年）的过程。

1985 年，戈尔巴乔夫最初的改革并没有涉及经济体制调整，而是重新整
顿旧有经济体制。改革的最初口号是提高苏联国民生产总值的增速，将 1980
年至 1985 年的年均经济增长速度提高一倍，达到 4%。在计划经济体制的框
架内，提高经济增长速度主要依靠对生产设备不断的现代化以及严格的劳动纪
律。对于前者，戈尔巴乔夫加大了对科技创新的投入以及现代化设备生产的投
入，在短时间内将新机器的生产速度提高到了过去十年间年均增长速度的两
倍。对于后者，戈尔巴乔夫颁布了禁酒令，强化劳动纪律。但是，戈尔巴乔夫
的两项措施最终全部归于失败。在改革的第一年，新设备的生产确实帮助苏联
国内生产总值的增长速度达到了计划所规定的要求，但是在第二年却又重新跌
回改革前的水平。这些扩大的投资不仅没有达到预期的效果，反过来又进一步
恶化了苏联的经济结构，并加重了苏联政府的财政负担。禁酒令简单粗暴的做
法不仅不得人心，最终同样以失败告终。

戈尔巴乔夫改革经历了由初期的小心谨慎到后期的不断激进的转变。1986
年，在戈尔巴乔夫的默许和鼓励下，一系列对经济改革的公开讨论开始在全社
会范围内展开，大多数人支持扩大企业经营的自主权与提高劳动的物质奖励等改

革方向。同年苏联颁布了《关于个体劳动活动》的法律，允许劳动者在国有企业范围之外开展个体性的劳动经营活动。1987 年 6 月，苏共中央和最高苏维埃通过了《根本改革经济管理的基本原则》与《国有企业法》，决定结束中央以行政手段干预经济运行的做法，将监督经济运行的权力全部下放给地方政府。与此同时，大规模扩大企业经营的自主权，中央制定的经济计划对于地方政府和企业来说只具有指导性的意义。这意味着对于生产企业的负责人来说，虽然积极完成中央的计划可以得到额外的奖励，但是如果不完成，也不会再像以前一样被处罚甚至被送到劳改营，经济体制改革就在这样一种将信将疑的氛围下开始了。

（三）经济改革方案的实施与失败

戈尔巴乔夫的初步改革带来了财政赤字，中央政府债务不断升高。至1987 年，苏联政府的财政状况越来越严峻，整个国家开始逐渐出现入不敷出的现象。这首先是由于禁酒令带来的财政收入减少。其次，戈尔巴乔夫对科技创新和现代化设备生产的扩大投入又加剧了政府的财政支出情况。进而，由于国际油价的影响以及苏联石油产量的瓶颈，石油生产对苏联中央财政的贡献也不断下降。而从中央政府的债务情况来看，戈尔巴乔夫前两年的改革不仅没有解决债务问题，在各种因素的作用下，苏联政府的外债负担反倒节节攀升。在改革前的 1984 年，苏联政府所欠外债约为 225 亿美元，其中纯债务 112 亿美元，而 1987 年这一组数据则分别上升到了 401 亿美元与 260 亿美元。在这种情况下，戈尔巴乔夫并没有立刻采取果断措施来维护财政状况。这是因为，从外部因素来看，苏联政府虽然在不久之后遭遇了国际债务信誉的剧烈滑坡，但是在当时仍然保持着良好的国际债务信誉，西方银行仍然愿意为苏联政府提供足够的贷款。从其内部因素来看，政绩是苏联衡量各级官僚的晋升能力的重要指标，而官僚提高政绩就必须依赖于来自中央政府的投资。在这种情况下，任何削减投资的行为无疑会遭到官僚的集体抵制，这势必会动摇戈尔巴乔夫本人推行改革所必需的权威。1988 年之后，苏联的经济形势没有好转，政府财政情况依然糟糕，财政赤字越来越大，苏联预算赤字占国内生产总值的比重已经从 1985 年的 1.8% 上升到 9.2%，成为苏联经济中的严重隐患。

同时，经济改革也扭曲了价格体系，出现了日用品短缺，严重影响人民生活。虽然苏联轻工业、农业长期不发达，但基本能够保证人民的日常需求。而1986 年下半年，包括粮食在内的许多原本并不短缺的商品开始出现短缺。于

1988年1月开始生效的《国有企业法》加剧了消费领域的乱象。《国有企业法》规定职工选举产生职工委员会，委员会拥有选举管理人员与调整工资的权力，这导致劳动者工资普遍上涨，扩大了劳动者的消费能力，原本已勉强维持的商品供应在这种扩大了的消费能力面前显得更为捉襟见肘，出现了大范围内的商品紧缺现象。消费市场的紧张状态意味着全社会范围内的货币流通出现了问题。根据苏联国家银行的统计，在80年代初，苏联在货币流通领域的剩余货币量约为190亿卢布，到1988年货币投放量的增速甚至达到了100%。在任何一个社会中，货币投放量短期内如此迅速的增长都是对国家宏观经济调控能力的巨大考验，而在当时的苏联，政府显然没有为此做好准备。虽然苏联在1987年并未完全放开价格，中央政府依旧保留了绝大多数商品的定价权力，因此社会中数百亿卢布的剩余货币仅仅是加剧了消费市场中的商品短缺现象，但是恶性通货膨胀的种子在此时已经埋了下来，并且随着戈尔巴乔夫经济改革的深入，通货膨胀的可能性变得越来越大。

1989年，日益严重的财政问题迫使戈尔巴乔夫和其他苏联领导人意识到必须要调整财政政策，实现财政平衡。庞大的军事支出一直是苏联财政的沉重负担，戈尔巴乔夫决定在未来两年中将军事开支缩减14.2%，军事装备的生产缩减19.2%，并且将驻扎在东欧和蒙古的苏联军队撤回国内，减少不必要的军事开支。戈尔巴乔夫还计划减少预算支出，限制无节制的扩大投资行为，争取增加预算收入。但是这些措施对于已经处在崩溃边缘的经济形势来说无异于杯水车薪。同时，粮食的情况也不容乐观。从粮食的供给量与消费量来看，苏联国内不合理的粮食政策和补贴政策导致其粮食总缺口达到40%，国家必须要在所剩不多的黄金与外汇储备中拨出数十亿卢布来进口粮食。而且当年国际粮食市场价格上涨，这些因素都极大地削弱了苏联政府在面对经济崩溃时的回旋余地。

与此同时，苏联国内的舆论却出现了前所未有的新情况。有人开始公开讨论所有制问题。在苏联历史上的历次改革中，改革的重点都在企业自主性以及经济结构的问题，所有制问题从来没有成为改革的核心问题。即便在戈尔巴乔夫改革的早期允许一些个体企业的出现，但是所有人都相信这不过是对占主导的国有制经济的灵活补充。当时的苏联政府仍然持一种较为稳健的思路，依旧按照经济权力下放与扩大企业自主权的思路来进行改革。但在1989年，所有制问题开始被人们重视起来，苏联全国上下开始思考是否还要坚持国有经济的主导性地位，一些要求实行自由市场与资本主义的呼声开始获得越来越多的社会影响。

在遭遇到如此巨大的经济困难后，苏联领导人开始进行市场经济改革，将苏联的经济体制从原有的计划经济体制转向市场经济体制，来摆脱国民经济和财政的困境。1990 年 3 月，苏联最高苏维埃通过了《苏联所有制法》，开始在所有制的层面上进行改革，承认了不同所有制的合法地位，取消了国有制对经济的垄断地位。5 月，苏联部长会议主席雷日科夫作了《关于国家经济状况和向可调节市场经济过渡的构想》的报告，提出了向市场经济过渡的方案。雷日科夫的改革方案将未来五年苏联经济改革划分为三个阶段：第一阶段持续到 1990 年年底，主要任务是奠定未来市场经济的法律基础；第二阶段持续到 1992 年，是市场经济改革的攻坚阶段，包括价格改革、税收改革和所有制改革；第三阶段则持续到 1995 年，基本建成多元竞争和经济持续增长的市场经济。雷日科夫的目标是到 1995 年将国营经济的比例调整到 30%，股份企业和其他经济体占 25%，租赁企业占 20%，合作社占 15%。[①] 从总体上来看，这是一个比较稳健的方案。

苏联经济改革的盲目性体现在高层领导人缺乏顶层设计，对如何建立市场经济缺乏共识，分歧重重。此时的苏联领导人发现联盟正在面临着日益严重的政治危机，不仅仅党对经济的控制力被大幅削弱，政治控制力也岌岌可危，甚至还有着民族主义浪潮所推动的联盟解体的威胁。当时已经有数个加盟共和国的最高苏维埃通过了主权宣言。在这种背景下，苏联领导人认为，从政治上防止联盟彻底解体的最好手段，就是在各个主权国家的基础上重新建立联盟，而这需要一个能够将各个共和国在经济上连接在一起的改革方案。为此，苏联部长会议副主席阿尔巴金提出了两个方案。第一个方案较为稳健，计划在未来四年到五年之内实现向市场经济的过渡，这个方案基本延续了雷日科夫的改革方案；另一个方案则要激进得多，也更为知名，即"500 天方案"或"500 天计划"。

"500 天计划"的实质是全盘私有化，彻底放弃党和国家的领导地位。"500 天计划"的主要内容是，苏联应该在 500 天之内实现向市场经济的过渡，为此必须进行改组国有企业，实行大规模的私有化，并且进行价格改革，取消国家制定商品价格的权力，全面放弃国家对经济的宏观调控。该方案要求在 500 天

---

① 参见左凤荣：《戈尔巴乔夫改革时期》，人民出版社 2013 年版，第 335 页。

内分四个阶段实现向市场经济的过渡，首要的是进行广泛的私有化政策和全面放开价格管制。而在中央与各个加盟共和国的经济关系上，要求中央彻底下放经济权力。中央的经济一体化战略要建立在各个共和国自愿、平等和互利的基础上，并且要求中央尊重各个共和国的主权宣言。①

"500 天计划"遭到了党内稳健派的普遍反对。时任苏联部长会议主席的雷日科夫对于"500 天计划"不以为意，他认为这个方案仅仅是最下策的选择，只要苏联最高苏维埃还有一些正常理智就不会通过这个方案，在雷日科夫看来，苏联建立市场经济需要更长的过渡时间，在此期间党的领导和经济有序运行都是改革成功必不可少的要素。但是历史的发展恰恰讽刺了雷日科夫和那些支持稳健改革的人。这个方案受到当时俄罗斯最高苏维埃主席叶利钦的支持。在叶利钦的努力下，全国范围的大量群众由对经济状况低迷和消费品匮乏的不满转化为对"500 天计划"的支持。1990 年 7 月 27 日，戈尔巴乔夫与叶利钦签订合作协议，决定成立以沙塔林为首的经济学家小组来完成经济改革。8 月 2 日，戈尔巴乔夫颁布了作为新联盟条约的经济基础的《关于制定向市场经济过渡的联盟纲领作为联盟条约的总统令》。

接下来一段时间里，戈尔巴乔夫表现出对激进私有化的"500 天计划"的高度热情。根据他的助手阿·切尔尼亚耶夫回忆，戈尔巴乔夫在计划开始后说道，最重要的事情开始做起来了，这是转入改革新阶段的彻底性突破……我们正在为改革奠定与之完全相符的基础。② 他也多次宣称要亲自监督"500 天计划"的实行。在戈尔巴乔夫看来，只有"500 天计划"被迅速执行，才能在苏联各个即将独立的加盟共和国之间打下一个新的主权国家联盟的基础，哪怕这个联盟既不是苏维埃，也不是社会主义，更不是一个苏联意义上的联盟。戈尔巴乔夫回忆道，这个项目的制定者最初将项目的适用范围确定为整个苏联。我对项目的建设性和活力感兴趣，但反对其中包含的与苏联政府进行政治对抗的内容③，而叶利钦的"500 天计划"离开了苏联政府与俄罗斯联邦的通力合作就无法实施。显然，此时的戈尔巴乔夫没有考虑到叶利钦会转而绕过苏联中央而寻求俄罗斯的独立。

---

① 参见左凤荣：《戈尔巴乔夫改革时期（1941—1945）》，人民出版社 2013 年版，第 337 页。

② 参见［俄］皮霍亚：《苏联政权史》，徐锦栋译，东方出版社 2006 年版，第 655 页。

③ 参见［俄］戈尔巴乔夫：《孤独相伴：戈尔巴乔夫回忆录》，潘兴明译，译林出版社 2015 年版，第 405 页。

1990 年 9 月 11 日，叶利钦单独把"500 天计划"提交给了俄罗斯联邦最高苏维埃并获得了后者的支持。但是苏联最高苏维埃并没有通过这一计划。相反，由于雷日科夫的反对，最高苏维埃委托戈尔巴乔夫在"500 天计划"与雷日科夫方案的基础上制定出一个新的可行方案。戈尔巴乔夫于 10 月中旬向总统委员会和联邦委员会提交了"向市场经济过渡的基本方针"。这个方针是一个折中方案。10 月 19 日，苏联最高苏维埃通过了戈尔巴乔夫提交的《稳定国民经济和向市场经济过渡的基本方针的统一方案》。

但是，叶利钦不满这一方案，他认为戈尔巴乔夫拒绝与俄罗斯领导人共同努力向市场经济过渡，并且决定绕过苏共中央，单独推行"500 天计划"。在 1990 年 10 月 16 日召开的俄罗斯联邦最高苏维埃会议上，叶利钦宣称俄罗斯联邦将准备实施自己的纲领，稳定经济以及向市场经济过渡。这一举措让戈尔巴乔夫丧失了对经济改革的主导权，标志着其经济改革方案彻底失败。

苏联解体后，戈尔巴乔夫改革中的"500 天计划"等激进私有化方案被叶利钦推向极端，发展为广为诟病的"休克疗法"，给俄罗斯社会带来了更为深重的混乱与苦难。

戈尔巴乔夫经济改革之所以失败，根本原因是背离了马克思主义基本理论，放弃了社会主义基本经济制度，因而无法适应社会主义经济发展的客观要求，更无法满足广大人民群众的合理需要。在计划经济向市场经济的过渡中，苏联领导人盲目推行激进的私有化、不合理的市场化，取消公有制的主体地位和国家的宏观调控等错误做法。这些都表明，苏联领导人没有科学解决社会主义与市场经济、公有制与市场经济、国家宏观调控与市场经济的关系问题，错误地将社会主义与市场经济抽象对立起来，以牺牲社会主义制度为代价发展市场经济，只能走向一种资本主义的市场经济。

三、苏联逐步放弃马克思主义的政治改革方案

从总体上来看，戈尔巴乔夫的政治改革是在经济改革遭遇困难的情况下提出来的。政治改革非但没有缓解经济改革失败引发的矛盾，反而加剧了整个国家政治经济秩序的崩溃。

（一）根本改革政治体制方针的确定

戈尔巴乔夫的政治改革是以"公开性"或"公开化"政策为先导的。1985年戈尔巴乔夫上台之后，他首先采取的措施是限制对公共言论的管制，在一定程度上允许个人意见的自由表达。戈尔巴乔夫希望通过此举来增强自己的政治权威，为接下来的改革争取足够的社会支持，戈尔巴乔夫认为，他所推行的改革将使每一个人获益，因此通过"公开化"的政策能够唤起人民群众对改革的支持。在这种思想的指导下，苏联释放了一批异议分子。苏共也放松了对文化的管制，一些原先被禁止播放的电影也开始在苏联各地上映。从历史上来看，出于革命经验，苏共一直牢牢地把持着国内新闻媒体的主导权，想要在新闻媒体上公开发表与苏共中央相左的意见一直是不可想象的事情。但是在戈尔巴乔夫的主导下，一大批非常重要的新闻媒体的主要负责人被撤换，而替代他们的是自由派的知识分子。

戈尔巴乔夫不仅大量撤换了媒体领域的负责人，也撤换了许多党内的领导干部，为改革带来了新风气的同时，也埋下了最终走向混乱的种子。大规模的人事变更、职务撤换不仅仅发生在媒体中，更重要的是发生在苏联共产党的领导层中。戈尔巴乔夫首先提拔了雷日科夫、利加乔夫和克格勃主席切布里科夫进入了中央政治局。不久，雷日科夫担任苏联部长会议主席。值得注意的是，仅仅数年后就成为戈尔巴乔夫政治生命的终结者的叶利钦也是在这个时期被戈尔巴乔夫一手提拔上来的。不仅仅在中央政治局，在地方州委和共和国的第一书记也遭到大规模的撤换。从1985年上台到1986年苏共二十七大的召开，戈尔巴乔夫基本完成了对党内领导干部的大规模撤换，其中，党的中央委员和候补委员更换了46%和65%；三名中央政治局委员被撤换；苏联最高主席团和副主席更换了8人；部长会议主席、第一副主席和副主席7人；党中央和政府部长49人；共和国和州委第一书记近50人；国防会议主席和国防部副部长2人以及苏联五大军种、五大军区司令7人。① 虽然戈尔巴乔夫本人鼓吹"公开化"与"民主化"，但是他在大规模撤换和任用干部的时候却沿用了老一套官僚主义的方式，这难免引起人们对他改革正当性的质疑。

准备了改革的舆论环境和人事条件之后，戈尔巴乔夫进而开始全面推行

① 参见刘俊奇：《20世纪的社会主义》，广东经济出版社2007年版，第529页。

"民主化"政治改革方案。1987 年的中央全会是政治体制进行全面改革的起点。在这次会议上，戈尔巴乔夫重申了改革的重要性，并开始在苏共最高领导层中呼吁对国家制度进行彻底的民主化改革，并且将民主化改革视作最为迫切的任务。经过与中央委员们的讨论，戈尔巴乔夫最初的政治改革计划分为两点。其一是改革国家机关领导人员的任命制度，地方政府和自治共和国的领导人要通过差额选举产生；其二则是加强政府机构和苏维埃的权力，缩小党的管理范围，允许和鼓励各级政府和苏维埃独立行使权力。1988 年 6 月，戈尔巴乔夫召开了苏联共产党的第十九次全国代表会议，在这次会议上政治改革正式拉开了帷幕。

1988 年混乱的经济形势促使戈尔巴乔夫加快了政治改革的步伐。戈尔巴乔夫相信，他的经济改革之所以没有让苏联经济重获活力，正是因为党内的保守派阻挠了改革，因此必须要通过政治体制改革达成两个目标：一方面，要彻底肃清党内的反改革势力，另一方面，要通过扩大民主的形式动员起民众对于改革的支持。事实上，苏联官僚阶层具有深刻的两面性。一方面，他们的一切特权和福利都来自中央对他们的承认，因此一开始他们在表面上支持改革，他们相信戈尔巴乔夫改革与历史上的其他改革一样，只是对体制的细微调整，并且很有可能会不了了之。但是另一方面这些官僚也是体制的既得利益者，当戈尔巴乔夫试图从根本上触动苏联体制时，他们就变成了改革的反对者和保守势力。戈尔巴乔夫对这样的两面性缺乏成熟的认识，同时又不得不依赖官僚系统来推进自己的政治改革。因而，戈尔巴乔夫政治改革的上述两个目标都未能达成。首先，民主化改革虽然削弱了党内反改革的保守派力量，但是也导致了戈尔巴乔夫和苏联共产党控制社会能力的急剧降低。在旧体制中，党对国家的控制是通过党委来实现的，而戈尔巴乔夫决心推行民主化，改变这种管理形式，将党委承担的领导和管理作用交给政府，让党主要负责政治工作和意识形态工作。这些做法导致的实际后果是，党从中央到地方各个层次上的领导权力被架空。其次，在唤起群众对改革的支持上，民主化改革同样失败了。1988 年混乱的经济形势已经开始造成社会消费品的短缺，人们为了获取日常生活的必需品不得不经常排长队。在人民看来，改革恰恰是这种短缺的始作俑者。在这种情况下，简单地赋予人们所谓政治民主权利，并不能对改善生活质量起到立竿见影的效果，自然不会唤起人们对改革的支持，反而会让人们的不满情绪失去引导和调控，恶化了改革的舆论环境和群众基础。

（二）取消党的领导与政治体制全面转向

戈尔巴乔夫的政治体制改革一开始主要是在苏共组织之外进行的改革，是在国家行政权力机关中进行的改革。而对苏共自身的改革则是从 1988 年开始的，而根本性的"转向"则发生于 1990 年。

以民主化为指导思想，戈尔巴乔夫政治体制改革的核心是改变苏联社会的原有权力结构。1988 年，苏联共产党第十九次代表会议通过了《关于苏联社会民主化和政治体制改革》的决议。在这次会议上，戈尔巴乔夫重点论述了"恢复苏维埃职能"的问题，要求中央和地方都要设立苏维埃和它的执行委员会，并且各地苏维埃主席一职应当推荐当地党委第一书记担任。在今天看来，这些措施的目的，显然是为更进一步的民主化改革做好准备。随着苏维埃选举的进一步民主化，苏共对苏维埃主席的控制能够对那些被选举上来的代表起一定的约束作用。1988 年 12 月，苏联最高苏维埃制定了新的宪法修正案与选举法。新的宪法修正案修改了苏联权力机关的组成结构，将最高苏维埃规定为由全国人民代表大会选举产生。苏联第一届全国人民代表大会按照 1988 年 6 月苏共十九次代表会议的设想，共产生了 2250 名代表。虽然在选举时接近 80% 的候选人都是苏联共产党员，但由于大多数实行的都是差额选举，因此选举竞争非常激烈。当时有超过 89% 的苏联公民参加了投票。在选举过程中，许多党所提名的候选人落选，一些名不见经传的候选人和改革的激进支持者反而赢得了选举。在党的提名候选人中，苏联科学院的提名名单在一些科学家的强烈反对下被迫修改，最终包括萨哈罗夫在内的持不同政见者也获得了提名，而包括苏联军队高级领导人在内的许多力图维护苏联社会主义制度的候选人最终却落选了。[①] 这样的选举结果直接影响了后来的最高苏维埃和各级苏维埃的政治倾向。1989 年 5 月 25 日至 6 月 9 日，苏联召开了第一届全国人民代表大会。这次代表大会从一开始召开就脱离了召开者所想要达到的目的，甚至脱离了党中央的控制。苏联持不同政见者萨哈罗夫院士等人关于苏维埃独立于苏联共产党行使国家最高权力的言论主导着大会的讨论。[②] 虽然戈尔巴乔夫如愿以偿地得到了

① 参见［美］大卫·科兹、弗雷德·威尔：《来自上层的革命——苏联体制的终结》，曹荣湘等译，中国人民大学出版社 2008 年版，第 107 页。

② 参见左凤荣：《戈尔巴乔夫改革时期》，人民出版社 2013 年版，第 262 页。

全国最高苏维埃主席的职务，但是人民代表大会不仅像他所设想的那样成了一个自主的组织，而且显然正在变得难以控制。

戈尔巴乔夫对苏维埃制度的改革完全放弃了党对社会的领导，它直接为激进化的异议知识分子提供了一个自由面向社会的广阔舞台，这个群体的活跃与苏联改革最终走向资本主义密切相关。

戈尔巴乔夫对苏维埃制度的改革彻底割裂了党与苏维埃的内在联系。戈尔巴乔夫所提倡的民主化试图在形式上恢复十月革命时"一切权力归苏维埃"的口号，但是却又无视这一口号的实质是无产阶级专政。这种将一切权力全部交给苏维埃的做法表面上看起来是在坚持列宁主义，但是却割裂了党和苏维埃之间的关系，完全放弃党对社会主义事业的领导作用，实质上恰恰是对列宁主义的背叛。

戈尔巴乔夫对苏维埃制度的改革极大破坏了党的民主集中制原则。它使得苏共中央丧失了对地方领导干部的绝对主导作用，地方领导干部可以直接从人民代表大会及其苏维埃而不是苏共中央获取政治权威和政治资源。但是在对国内机构的改革上，这只是刚刚起步。新的最高苏维埃非常积极地行使自己的职能，开始在国内政治生活中扮演越来越重要的作用。随着苏维埃权力的不断扩大，地方政府的领导人可以由各个地方苏维埃选举产生，而苏维埃又由按照地域和民族划分的加盟共和国选举产生，这显而易见地产生了两种合法性的冲突，其一是来自戈尔巴乔夫的中央权力，其二则是来自地方共和国的苏维埃的权力。这就为地方共和国权力最终取代中央权力埋下了隐患。

戈尔巴乔夫对苏维埃制度的改革严重加剧了政治动荡的程度。按照苏联政治生活的惯例，地方上的政治组织和政治活动应当与中央保持一致，在全国人民代表大会闭幕之后，各个加盟共和国包括俄罗斯联邦在内也同样要进行人民代表大会选举。而俄罗斯联邦作为苏联最大的加盟共和国，是全联盟的命脉所在，谁控制了俄罗斯联邦，谁就控制了苏联作为主权国家的命运。戈尔巴乔夫为了增强他对即将召开的俄罗斯联邦人民代表大会的影响力，采取了一个前所未有的措施：成立俄罗斯联邦共产党，并且在苏共中央成立俄罗斯联邦委员会，他本人亲自担任委员会的主席。但是这样做无异于饮鸩止渴，在戈尔巴乔夫和苏共中央已经威信扫地的情况下，设立俄罗斯联邦共产党无疑会对苏共中央造成严重的政治危机。戈尔巴乔夫本人没有任何可能兼任俄罗斯联邦共产党的第一书记，他在兼任苏共中央总书记与全国最高苏维埃主席的问题上已经备受全国人民代表大会的指责。因此，他控制俄罗斯联邦共产党的全部可能性就在于任命一个他的战友，但是这种行政任命的做法又与戈尔巴乔夫本人所倡导的民主化原则冲突。在当时，俄罗斯联邦共产党第一书记的潜在候选人一共有6人，包括苏联部长会议主席雷日科夫和苏共州委书记波洛兹科夫，但是这些人都不是戈尔巴乔夫的忠实支持者，甚至是其反对者。经过选举，波洛兹科夫最终当选为俄罗斯联邦共产党的领导人。

戈尔巴乔夫取消了宪法规定的党的领导地位，主动放弃了国家的领导权，实行多党制、总统制和议会制。1990年1月，苏联共产党召开政治局会议，在会议上讨论了关于政治体制改革的方案。雷日科夫认为苏联的改革与实践已经在事实上造成了多党制的局面，改革催生出来的一系列政治团体正在逐渐地激进化与组织化，开始向政党转型，目前的问题在于是否要承认这一状况，以及在这种情况下确定苏共何去何从的道路问题。2月，苏联共产党召开中央全会，通过了进一步推进改革的决议，在经济上实行市场经济，在政治上实行多党制、总统制和议会制。戈尔巴乔夫认为党的执政地位必须不再依赖宪法的保障，而要通过党的竞选行动来赢得政权，将党的性质由苏联人民的先锋队改变为一个必须要参与苏维埃竞选的普通议会制政党。3月，苏联召开第三次全国人民代表大会。在会议期间，民主派在克里姆林宫外组织了近10万人的示威活动，要求共产党放弃国家的领导权。3月14日，苏联全国人民代表大会通过了戈尔巴乔夫提议的宪法修正案，决定设立苏联总统一职。戈尔巴乔夫以59.2%的得票率当选为苏联第一任总统，苏联的国家元首由最高苏维埃主席变为苏联总统。5月15日，非常人民代表大会修改了苏联宪法，删除了关于苏联共产党在联盟生活中的领导地位的条文，允许人们自由成立新的政党。

国家机构的民主化改革也改变了党自身的结构。从斯大林时代到契尔年科时代，共产党都是苏联工人阶级和苏联人民的先锋队，承担着领导人民建设社会主义的重要任务。苏联共产党的这种角色要求党承担相应的国家管理的职能。戈尔巴乔夫的政治体制改革将党和政府完全分开，把原先党的管理职能完全移交到政府手里。到1988年9月，戈尔巴乔夫取消了苏共所有关于经济管理的部门，将中央委员会的部级单位从20多个缩减到9个。[①]1990年7月，苏共召开二十八大。针对已经放弃宪法赋予的领导权的新情况，苏联共产党提

---

① 参见［美］大卫·科兹、弗雷德·威尔：《来自上层的革命——苏联体制的终结》，曹荣湘等译，中国人民大学出版社2008年版，第111页。

出了多党制度下的新的党章。新党章规定了转变党对国家的领导方式，强调放弃党对政治权力的垄断，党的领导地位要以全社会范围内的民主承认为基础；在苏联共产党与各个加盟共和国共产党之间的关系上，新党章强调各个共和国共产党之间相对的平等地位，要求各个共和国的党组织发挥自己工作的独立性，并且在中央增加了由各个共和国推荐的代表名额；在干部制度上，新党章彻底改革了传统的干部产生方式，将任命干部的权力由上级机关转交给党组织和基层党员，并且要实行差额选举；新党章强调要保证党员可以自由行使自己的权利，包括表达不同意见的权利和对党的政策进行批评的权利；新党章也改革了党的组织机构，强调党的监察委员会由党的代表大会选举产生，负责监督同级的党的委员会。①

对于戈尔巴乔夫来说，对党的改造还没有最终完成，据他自己回忆，他打算接下来将苏联共产党改组为社会民主党，但是这一构想最终随着苏联的解体而永远化作泡影。

（三）民族问题处理失当与民族主义的兴起

民族主义的兴起在苏联解体的过程中扮演了极为关键的角色。在苏联政局最动荡的 1991 年，几乎所有在后来独立的加盟共和国地区领导人在对抗苏共中央权威时都诉诸民族主义的政治话语。但是，与 20 世纪中叶的民族主义革命不同，包括乌克兰、波罗的海三国与中亚五国的独立并不依靠民族主义暴动的形式。虽然苏联宪法并没有为民族主义运动留下一席之地，但是各个共和国的独立却是在苏联宪法的法理框架之内进行的。就是说，苏联解体时的民族主义并不是一个单纯的民族独立运动，而是与苏联的政制设计理念、与戈尔巴乔夫以自由化、民主化为导向的政治体制改革密不可分的。

经济改革和政治改革的混乱加剧了苏联国内的民族矛盾。其中较为严重的是，1986 年的哈萨克苏维埃社会主义自治共和国首都阿拉木图的大规模冲突和动乱，1988 年至 1989 年的格鲁吉亚首都第比利斯的大规模冲突和动乱。在这些动乱中，民族主义势力冲击工厂，占领政府大楼，引发全国范围内的罢工和抗议运动，并谋求脱离苏联，转而投靠美国和北约庇护，提出了一系列建立主权国家的要求，并不断朝着激进化的倾向发展。这些动乱虽然最终被武力镇

---

① 参见左凤荣：《戈尔巴乔夫改革时期》，人民出版社 2013 年版，第 318 页。

压，但其产生的社会根源却从未得到根本解决，民族主义势力和其政治诉求并未得到肃清。

苏共中央看到了民族主义中的民主化因素，但是严重低估了它在分裂国家方面的恶劣影响。戈尔巴乔夫在视察西伯利亚时曾向社会发表讲话，呼吁地方上的势力要自下而上地揪出"改革的敌人"，而他本人则向社会保证"自上而下"地打倒他们，而民族主义在一开始恰恰就是在这样的环境下以改革的支持者的名义轻而易举地欺骗了戈尔巴乔夫。戈尔巴乔夫本人虚荣心极强，非常看重自己"改革者"的光环，在面对动乱时不敢采取果断措施。在格鲁吉亚的民族主义动乱中，戈尔巴乔夫拒绝参与有损他声誉的决策，更不用说像任何一个负责任的国家领导人那样亲自来到第比利斯视察事态的发展。当执行强力政策的格鲁吉亚党中央第一书记帕季阿什维利和罗吉奥诺夫上将面对来自苏联内部"民主派"的攻击时，戈尔巴乔夫也拒绝保护他们。甚至当波罗的海三国的民族主义浪潮已经造成了威胁苏联统一的严重政治危机时，戈尔巴乔夫同样极其懦弱无能，不敢将苏联宪法赋予他的权力坚持到底，主动抛弃了无产阶级专政，转而寻求与民族主义势力的妥协。

进入20世纪90年代，民族主义开始与分离运动结合，成为瓦解苏联的重要力量。民族主义运动变得汹涌澎湃，并酿成了"维尔纽斯事件"等轰动全国的事件。民族主义者不仅采取了示威游行的手段，也采用了苏联法律所允许的手段，许多加盟共和国的最高苏维埃先后通过了主权宣言，并利用联盟宪法所规定的退出权利来威胁中央举行独立公投。

苏联政治体制中的独特制度为民族主义与分离运动的结合留下了后门。并且随着戈尔巴乔夫的政治改革，原先的隐患开始日益成为终结苏联的致命利刃。从列宁到勃列日涅夫，苏联党和政府为了体现民族平等的原则，非常重视对少数民族干部的选拔和任用，一个来自自治共和国或加盟共和国的党委书记要比俄罗斯的某一州委书记具有更大的上升空间。为了避免民族压迫，苏联政府甚至有意识地进行民族识别的工作，刻意划分少数民族。这种做法反过来也强化了少数民族干部的民族认同，往往会鼓励发展其所在民族的民族意识与民族文化。在苏共中央保持着对干部的绝对权威时，民族自治政策尚不能引起大规模的动荡，因为苏共中央控制着地方上的少数民族干部的晋升渠道，他们对苏共中央的忠诚仍然是他们获取政治资源的最终来源。但是，一旦苏共中央的权威受到削弱，少数民族干部不能从中央获得足够多的政治资源时，他们就会转而寻求其所在民族的支持。戈尔巴乔夫的政治改革却恰恰削弱了苏共中央的权威。而当以戈尔巴乔夫为代表的中央权威岌岌可危、不能够为地方的干部提供足够多的政治资源时，这些干部转而寻求通过煽动本民族的民族主义来获取必需的政治资源就是自然而然的做法了。实际上，推动苏联走向解体，并且在解体之后担任各个独立国家领导人的，大多数都是苏联时期各个共和国的主要领导人，例如叶利钦是俄罗斯联邦最高苏维埃主席，克拉夫丘克是乌克兰最高苏维埃主席，纳扎尔巴耶夫是哈萨克斯坦共和国的最高苏维埃主席与总统。同时，苏联宪法保留了各个共和国退出联盟的权利，但是没有规定具体的法律程序，因此各个共和国在谋求独立的时候就必须诉诸全民公投，从现代民主制的运作规律上来看，这限制了苏共中央和戈尔巴乔夫从法理上阻止独立进程的手段。

戈尔巴乔夫盲目推行政治改革加剧了民族主义分离运动的程度。苏联共产党没有做好充足准备，缺乏能与地方民族主义势力抗衡的全国性力量。并且在民族主义倾向与苏共中央围绕政治权力的角逐中，各个加盟共和国的政治认同逐渐从阶级认同转向民族认同，更进一步强化了推动苏联解体的力量。苏联进行多党制和民主化的改革非常仓促，缺乏良好的政治生态。唯一能够代表全联盟范围内政治认同的势力是苏联共产党，但是苏联共产党作为一个拥有 1900 多万党员、处在转型中的执政党，本身党纪松弛，列宁建党时所强调的铁的纪律和民主集中制原则已被破坏殆尽，党内成分复杂，支持戈尔巴乔夫的改革派、反对戈尔巴乔夫的保守派以及支持资本主义私有化的势力都在党内占有一席之地。虽然在 90 年代初全国人民代表大会的选举中苏联共产党仍然占有了相当多的代表数量，可是并没有统一的诉求和行动。甚至在 1991 年的俄罗斯联邦最高苏维埃中，还有一批共产党员投赞成票通过俄罗斯联邦的主权宣言。在没有严格党纪的统一约束下，苏联共产党在竞争性选举中很难有任何实质性的竞争力。

而从戈尔巴乔夫改革的政绩上来看，苏联共产党更是难以令人满意，苏联的经济增长设想不仅没有实现戈尔巴乔夫的加速计划，甚至还出现了严重的经济危机，人民的日常生活也受到了极大冲击，苏共由此成了腐败、专制与落后的代名词。反对苏共的组织可以轻易地动员上万人进行示威游行，而苏共却早已脱离人民，在面对政治危机时自然难以获得人民的支持。

综上所述，戈尔巴乔夫政治改革方案之所以失败，根本原因是背离马克思主义基本理论，放弃社会主义根本政治制度，无法适应苏联社会主义发展的客观要求。改革盲目推行资产阶级"公开化"，搅乱意识形态领域，取消了党的意识形态领导权；无原则地推行资产阶级的"民主化"，彻底扰乱正常的政治秩序，摧毁了党领导政府的制度保障，切断了党与群众的有机联系，架空了党对国家的领导，逐步走向多党制。这一系列严重错误，实质上取消了党对社会主义事业的领导地位，直接拆毁了社会主义大厦的顶梁柱，整个大厦随之轰然坍塌。

四、戈尔巴乔夫的"新思维"：走向资本主义制度

与政治体制改革、经济体制改革的全盘失败相应，戈尔巴乔夫的"新思维"则集中体现出其以"改革"为名行"改向"之实的总思路。

（一）"新思维"的提出

新思维的产生有其特定的历史根源。在勃列日涅夫执政后期，苏联模式趋于僵化，苏联的经济社会发展陷入停滞状态。随着勃列日涅夫"发达社会主义"论的提出，苏联开始陶醉在自己的成就之中，社会变化越来越少，缺乏健康社会所应有的活力和创新力。在国际关系上，勃列日涅夫采取咄咄逼人的进攻态度。面对冷战的对手，勃列日涅夫不断扩充军备，提高军事支出，苏联军队装备的坦克和装甲车的数量比北约各国的总和还要多。同时为了确保苏联自身的安全，在核武器政策上实现与美国"互相毁灭"的方针，让全世界笼罩在核威胁的阴云之下。而面对社会主义阵营的兄弟国家，勃列日涅夫抛出了"有限主权论"和"社会主义大家庭论"，对其他社会主义国家的内政方针指手画脚，甚至为了维护莫斯科在社会主义阵营内的领袖地位不惜采取武装颠覆和武力威胁的方式来强行变换其他党和国家的领导人，严重破坏了社会主义阵营的声誉。在国内，经济发展开始放缓，政府财政过度依赖国际油价和石油出口，工厂和企业劳动纪律松弛，工人们生产意愿低下，经济效率迟迟得不到提高。在政治上，个人崇拜一度开始回潮，领导干部的腐败和特权现象越来越严重，党的干部可以凭借特权在特殊商店里买到普通公民买不到的进口产品，人民群众对此十分不满，社会上讽刺勃列日涅夫的政治笑话广泛流传。领导干部的终身制导致流动性越来越低，党中央领导人的平均年龄居世界第一，成了名副其

实的"老人党"。领导人的老龄化对党的事业造成了很大干扰。勃列日涅夫逝世后，安德罗波夫和契尔年科两位党的总书记都只工作了一年左右的时间便病逝在工作岗位上，而戈尔巴乔夫能够接任党的总书记，很大程度上也是因为他年轻力壮。

　　1985 年上台伊始，戈尔巴乔夫就强调了苏联社会不是没有问题的，因此必须要正视社会中存在的问题。他提出了"发展中的社会主义"来取代勃列日涅夫的"发达社会主义"，从而为社会主义改革提供了历史观和发展观层次的正当性证明。1987 年，戈尔巴乔夫出版了《改革与新思维》一书，详细阐释了他的"新思维"理论。戈尔巴乔夫认为，改革就是要"深刻革新国家生活的各个方面，使社会主义具有最现代化的社会组织形式，最充分地揭示我们的制度在其各个决定性方面，即经济方面、社会政治方面和道德方面的人道主义性质"，而改革的实质在于"把社会主义和民主结合起来，从理论和实践上完全恢复列宁的社会主义构想"。他把自己的改革叫作一场"来自上面的革命"。[1]

　　在经济上，新思维要寻找新的经济增长方式，要从粗放式的经济增长转换到集约型的经济增长，要制定新的投资政策和结构政策，对企业进行技术改造并提高企业的产品质量。同时要改变经济管理方式，从行政领导的方式转到以经济领导方式为主上来，这意味着要更加重视价值规律的作用，扩大企业自主权。在政治上，针对勃列日涅夫时期的"建成发达社会主义"的理论，戈尔巴乔夫的新思维强调要正视社会中存在的问题，"把现实说成没有问题的做法起了不好的作用：造成了言行不一，产生了社会消极性和对提出的口号的不信任"[2]，他用"发展中的社会主义"来指称苏联此时的社会主义状况。要不断加强社会主义民主建设，"只有通过不断发展社会主义所固有的民主形式，通过扩大自治这种形式，我们才能在生产、科学与技术、文化与艺术方面，在社会生活的一切领域里前进。只有这样，才能保证有自觉的纪律"[3]。

　　新思维不仅仅是戈尔巴乔夫对国内经济政治改革的总思路，也是戈尔巴乔

---

① ［苏］戈尔巴乔夫：《改革与新思维》，苏群译，新华出版社 1987 年版，第 63 页。
② ［苏］戈尔巴乔夫：《改革与新思维》，苏群译，新华出版社 1987 年版，第 17 页。
③ ［苏］戈尔巴乔夫：《改革与新思维》，苏群译，新华出版社 1987 年版，第 31 页。

夫对苏联和国际共产主义的全方位的看法。

在把握世界形势方面，戈尔巴乔夫提出要"更清醒而现实地纵观世界全貌"①。在第二次世界大战结束时，这个世界是由几个大国主宰的，几个大国之间的谈判可以决定世界的格局。但是在 20 世纪 80 年代，整个国际局势都发生了深刻变化，整个世界大体由三个部分组成，社会主义国家、资本主义国家与第三世界国家。在这种情况下，原先决定世界秩序的方式已经不起作用了，每一个国家追求自身利益，因此要建立更为公正的国际秩序关系。国与国之间的依赖性更大，面临的全球性问题也越来越复杂，世界人民的命运也越来越紧密地联系在一起，因此必须加强国际之间的合作。任何一个国家都没有权力将自己的意志强加给其他国家，无论是苏联还是美国。只有通过平等的交往和对话，才能解决包括核扩散、生态危机等全球问题。

戈尔巴乔夫主张，建立新的世界秩序、消灭军国主义与帝国主义野心，必须要改变处理国际问题的方式，不能再以武力作为思考问题方式的基础，相反要"把社会的伦理道德标准作为国际政治的基础，使国际关系人性化，人道主义化"②。各个国家的安全是一体的，任何对一个国家的威胁都是对全体国家安全的威胁。戈尔巴乔夫承认，新思维的核心是"全人类的价值高于一切"。他认为阶级分析法虽然仍扮演着重要的作用，但是大规模毁灭性武器将人类捆绑为一个命运共同体，在此基础上必须要从全人类的生存出发来理解当代的国际局势。在戈尔巴乔夫的新思维中，马克思主义的阶级分析法虽然还存在，但只是它的点缀和附属品。

戈尔巴乔夫的新思维跳出了冷战中以意识形态划分敌我的思维方式，对于结束冷战有着积极的意义。但是，他没有认识到从根本上决定国际关系的是国家利益，而不是他所鼓吹的高于一切的防止战争的人类利益。这是他的新思维的天真幼稚之处。总体来看，新思维作为戈尔巴乔夫改革的指导思想，从思想史上来看并没有什么新颖的内容，只是西方资产阶级人道主义、世界主义和社会民主主义思想的一个变种，在很大程度上已经背离了马克思主义基本原理。但是在当时仍然起着一定的解放思想的意义，也暗示了戈尔巴乔夫接下来几年中的改革方向。

---

① ［苏］戈尔巴乔夫：《改革与新思维》，苏群译，新华出版社 1987 年版，第 169 页。
② ［苏］戈尔巴乔夫：《改革与新思维》，苏群译，新华出版社 1987 年版，第 177 页。

（二）从"改革"到"改向"

如同戈尔巴乔夫的改革经历了从经济改革转向政治体制改革一样，戈尔巴乔夫的"新思维"也经历着类似的转变。他的新思维虽然带有浓厚的人道主义色彩和社会民主主义的色彩，但是在提出伊始，这些因素并未占据主导地位；只是在后期的政治实践中，这些因素才逐渐暴露出来，并最终成了苏东剧变的意识形态先导。促使戈尔巴乔夫发生这一思想转变的既有其自身的内部因素，也有来自社会环境压力的外部因素。

1988 年，在新思维主导下的戈尔巴乔夫开始诋毁苏联体制，走向了历史虚无主义。在苏共十九次全国代表会议上，戈尔巴乔夫公开将他执政以前的苏联社会主义斥责为"极权社会主义"，而他将开创一个"人道的、民主的社会主义模式"。雷日科夫认为，戈尔巴乔夫对苏联共产党和苏联历史近乎全盘的否定不仅瓦解了改革所必须的价值共识，也瓦解了苏联得以立国的理想信念。1988 年底，戈尔巴乔夫在联合国大会上发表了讲话，重弹了消除战争、建立新的安全观的老调，并且进一步地对马克思列宁主义的基本理论进行修正。他不仅放弃了列宁关于帝国主义是资本主义最高阶段的理论，甚至也放弃了赫鲁晓夫关于和平共处是国际阶级斗争的特殊形式的理论。他认为现存的社会主义不是必将扬弃资本主义的一种更先进的社会制度，而是一种与资本主义并存的发展方式。

在经济制度上，戈尔巴乔夫开始试图在苏联计划经济体制内部进行改革，通过整顿劳动纪律、下放中央权力、提高企业自主性来推动经济发展。为了推动苏联经济发展，激发苏联经济活力，戈尔巴乔夫提出了"加速发展战略"。加速发展战略试图实现苏联经济的集约化。以往苏联经济发展的方式往往依赖于通过追加政府投资来兴建新的大型企业，而戈尔巴乔夫将重点放在了提高企业的科技含量上，对于提高苏联经济的效益来说确实是有可取之处的。但是加速发展战略最终却以失败和不了了之告终。究其原因，首先是加速发展战略仍然以机器制造业作为突破口，在苏联农轻重失调、重工业占据比例过多的情况下，依旧将大量资金追加到重工业之中，反倒加剧了苏联经济结构的恶化。其次，必须要考虑到苏联当时的财政状况，在戈尔巴乔夫继任总书记后，苏联财政已经出现了 180 亿卢布的赤字，而实施加速发展战略的一年内财政赤字增加了两倍，财政状况的窘迫极大地限制了苏联政府在未来一段时间里应对突发危机的能力。最后，加速发展战略确实促进了经济增长，但是经济增长没有让人民的生活获得实实在在的提高，在实际生活中商品短缺的现象不仅没有解决，反倒加剧了，这打击了人民群众对于未来改革的信心。

在加速战略不奏效的情况下，戈尔巴乔夫开始将目光瞄向所有制结构改革，逐步走向了对社会主义所有制的"改向"。加速发展战略的破产加剧了财政状况的恶化，通过扩大投资来实现经济的高增长已经困难重重。戈尔巴乔夫顺势抛出了企业管理民主化和改变单一的全民所有制的理论。在他主导下通过了《国营企业法》、《苏联合作社法》、《租赁法》等一系列法律规定，试图通过扩大集体所有制来弥补全民所有制的不足，这一定程度上刺激了苏联经济的增长，但是也埋下了私有化的种子。

戈尔巴乔夫新思维更深远、更严重的影响体现在政治制度改革上。戈尔巴乔夫最开始提出"公开性"作为发扬社会主义民主的手段。上台伊始他就鼓吹"完全的社会主义"、"带有人的面孔的社会主义"和"纯粹的列宁主义"。1986年3月，戈尔巴乔夫在会见新闻界工作者时说，无论是在党内还是在国家机关中都存在着由停滞的思想和行为造成的保守现象、错误和失算，这都是因为没有反对派、没有不同意见造成的。现在，在社会发展的现阶段，我们的新闻界可以成为独特的反对派。[1] 戈尔巴乔夫看到了党内一言堂现象所造成的弊端，但是他混淆了反对派与不同意见之间的区别。不同意见可以是来自党内的建设性意见，也可以是来自党外的批评，这些意见都是为了改善党和政府的工作，从而更好地促进为人民服务。但是反对派不同，反对派作为一种政治组织，始终是以政权属于谁作为自己的核心关切的，有组织的反对派必然意味着对党的领导的威胁。

在新思维的主导下，苏联共产党开始一步一步放弃自己的权力。1990年，苏联共产党在第二十八次代表大会通过了名为《走向人道的、民主的社会主义》的文件，开始一步步地社会民主党化。苏共二十八大决定向最高苏维埃提出修改宪法第6条，主动放弃宪法所保证的苏共领导地位，放弃了无产阶级专政和科学社会主义，鼓吹人道的、民主的社会主义，同时苏联共产党停止行使管理国家的职能。而按照戈尔巴乔夫的设想，苏联共产党最终要转变为社会民主党，只不过这个进程最后被"八一九事变"所打断。

[1] 参见左凤荣：《戈尔巴乔夫改革时期》，人民出版社2013年版，第122页。

戈尔巴乔夫的"新思维",虽以"改革"为名义,实际上是激进的、全面的"改向"。它放弃了马克思主义,放弃了社会主义道路,取消了党的领导,放弃了无产阶级专政,放弃了社会主义意识形态领导权,甚至放弃了国家独立统一的底线。"世界上第一个社会主义国家在戈尔巴乔夫手里搞垮了……最根本的原因就是戈尔巴乔夫背弃了马克思列宁主义、社会主义的基本原则,包括取消党的领导、抛弃无产阶级专政。这个教训深刻得很啊!"[1]"新思维"实质上抛弃了社会主义制度,转向了资本主义制度,成为苏东剧变的重要诱因。

第二节　苏东剧变的过程与思想争论

戈尔巴乔夫推行的一系列背离马克思主义的改革,直接导致了苏东剧变的发生。20世纪末的苏东剧变大体上包含两个阶段。首先是东欧社会主义国家的政治危机全面爆发,各国共产党纷纷丧失对于国家和社会的领导权;其次则是曾经作为超级大国的苏维埃社会主义共和国联盟走向解体,其各个加盟共和国纷纷独立,作为主权国家的苏联从此不复存在。为何作为冷战一极的苏东社会主义阵营在短短数年时间内就轰然倒塌,这个20世纪的"历史之谜"引起了国际知识界的广泛重视,引起了强烈的反响和讨论。

一、苏东剧变的过程

从根本上看,苏东剧变的原因可以归结为长期掩盖在高度集中的政治经济体制下的社会结构性矛盾在改革中的剧烈爆发。但是从历史细节上看,东欧各国和苏联的剧变过程则不尽相同。

---

[1]　周新城:《对世纪性悲剧的思考——苏联演变的性质、原因和教训》,中国人民大学出版社2000年版,第7页。

（一）东欧剧变的过程

20 世纪 80 年代对于世界社会主义运动来说，是遭受重创的时期。在这十年中，原本富有前途的东欧社会主义国家纷纷经历了从经济危机到政治危机再到全面转向的进程。从总体上看，苏东剧变的主要特征可以分为四点：第一，经济改革的失误倒逼政治改革，引发社会动荡；第二，各国共产党纷纷进行改组，或是修改党章，或是自行停止活动；第三，修改宪法，删除了宪法中关于党的领导地位以及国家社会主义性质的相关表述；第四，废除一党制、公有制和计划经济，实行多党制、私有化和自由市场经济。但是各个社会主义国家的危机爆发渠道不一样，因此剧变的过程和影响也不尽相同。一些国家过渡得相对平和，另一些国家则爆发了激烈的冲突，还有一些国家分崩离析，从此不再作为一个主权国家出现。

波兰剧变是通过较为和平的选举方式进行的。20 世纪 70 年代末期，波兰经济状况十分严峻，在国内主要经济指标迅速恶化的同时，波兰政府的外债却不断上升。在这种背景下，波兰政府于 1982 年开始实行新一轮改革。改革试图将中央计划与市场经济结合起来，企业自主管理、自负盈亏，并且政府允许物价上涨，大幅度提高生产资料和日用消费品的价格。但是这些调整并没有使波兰经济走出低谷。1988 年，波兰政府为了解决困境决定同时上调工资与商品价格，但是却反过来引发了新一轮的通货膨胀。年底，波兰统一工人党召开十届十中全会，并且通过决议将改革的中心由经济领域转移到政治领域。1989年 2 月 6 日，波兰政府在雅鲁泽尔斯基的领导下与以团结工会为代表的反对派召开圆桌会议，决定于 1989 年 6 月进行议会选举。结果团结工会在议会选举中势如破竹，取得了决定性胜利。1989 年 8 月 24 日，团结工会主导下的波兰议会产生了社会主义阵营中第一个非共产党主导的政府。1989 年 12 月 29 日，团结工会主导下的议会通过了宪法修正案，决定将波兰人民共和国的国名修改为波兰共和国，并在宪法中删除了关于波兰统一工人党的领导地位、社会主义与计划经济的内容。[①] 这一系列的失败沉重打击了波兰统一工人党的士气，党内思想日趋混乱。1990 年 1 月 27 日，波兰统一工人党召开第十一次全国代表大会，决定自行停止波兰统一工人党的活动。

---

① 参见刘祖熙：《波兰通史》，商务印书馆 2006 年版，第 556 页。

而罗马尼亚的剧变则采取了更为激烈的斗争方式。罗马尼亚于 20 世纪 70 年代末开始了新一轮改革。1978 年 3 月，罗马尼亚共产党中央发表了《罗共中央关于完善财政领导工作和计划工作的决议》，先后进行了财政体制改革、价格体制改革和工资制度改革。罗马尼亚在 70 年代为了进一步促进重工业的发展，曾经大规模举借外债，1980 年罗马尼亚政府外债就达到 140 亿美元。而这些债务在 80 年代的到期更是将本已陷入困境的罗马尼亚经济推入深渊之中。罗马尼亚每年不得不将 60% 以上的农畜业产品出口获取外汇来偿还债务。与此同时，罗马尼亚共产党总书记齐奥塞斯库长期垄断党内的政治权力，严重影响了党内民主生活的正常进行，法制建设凋敝。其个人生活腐化堕落也引起了党和国家的普遍不满。1989 年初，包括罗马尼亚共产党前总书记在内的 6 名罗马尼亚共产党元老发表公开信，联名上书齐奥塞斯库和罗共中央，批评齐奥塞斯库在内政外交上的政策失误。信中批评齐奥塞斯库违反宪法、奢侈腐败、限制人民权利和自由，对罗马尼亚共产党造成非常恶劣影响，败坏了社会主义的名声。公开信激起了极其巨大的反响。在罗马尼亚人民政权建立者的批评面前，齐奥塞斯库不仅不思悔改，反而变本加厉，引起了全国上下一片哗然。1989 年 12 月 17 日，在蒂米什瓦拉市，数万名市民走上街头高喊反对齐奥塞斯库的独裁统治的口号。12 月 21 日，罗马尼亚首都发生戏剧性的一幕，原本为了支持齐奥塞斯库而举行的群众集会瞬间转变为反对齐奥塞斯库的示威游行。游行遭到了军警镇压，并且造成了流血事件。次日，齐奥塞斯库宣布全国进入紧急状态，但是以国防部为代表的罗马尼亚军队却表示支持示威群众，拒绝执行齐奥塞斯库传达的向群众开枪的命令。傍晚，罗马尼亚军队与忠于齐奥塞斯库的安全部队发生激烈交火。齐奥塞斯库夫妇在逃跑中被抓获，于 12 月 25 日被判处枪决。12 月 23 日晚，罗马尼亚救国阵线宣布成立并接管全国政权，宣布实行多党制，并修改罗马尼亚社会主义共和国国名为罗马尼亚。1990 年 5 月，罗马尼亚举行大选，救国阵线主席伊利埃斯库当选为总统。

德意志民主共和国的危机是由政府试图采取措施控制人口外流而产生的。1989 年 9 月，与德国接壤的、原社会主义阵营国家捷克斯洛伐克发生剧变，捷克斯洛伐克社会主义共和国变为捷克斯洛伐克联邦共和国。在这种情况下，民主德国暂停了与捷克斯洛伐克的免签证协议，但是却激起了人民的不满，国内多地爆发了示威与游行活动。面对此形势，统一社会党不得不召开第十一届九中全会，解除了昂纳克的领导职务，选举埃贡·克伦茨成为新的东德领导人。克伦茨上台之后宣布进行彻底改革，赦免了所有从民主德国外逃的公民。但是这些措施并没有平息人们的不满，示威游行的规模不断扩大，示威的内容从一开始的争取旅行自由逐步扩大到了争取反对派合法化。11月，群众在柏林和莱比锡进行了大规模的示威游行活动，游行人数超过50万。在强大压力下，东德政府和德国统一社会党政治局宣布集体辞职。11月9日，东德政府放开了签证管制，允许公民自由出入国境。在随后的一周内，东德政府改组，成立了新的联合政府。12月1日，德国人民议院修改了宪法，删除了宪法中关于工人阶级的领导地位以及马克思列宁主义的指导思想的条文。12月7日，包括反对党在内的德国各个政党举行圆桌会议，讨论关于次年大选的事宜。次日，德国统一工人党召开特别大会，通过了新的党章，取消了政治局和党的中央委员会，将党的名称修改为"德国统一社会党—民主社会主义党"。1990年3月，德国举行大选，德国联盟获胜，洛塔尔·德梅齐埃成为民主德国总理。原统一社会党在大选中只获得了16.33%的选票，沦为在野党。东德政府与西德政府先后两次签署国家条约。1990年10月3日，两德正式宣布统一，德意志民主共和国正式并入联邦德国。

南斯拉夫的剧变则突出表现为国家认同危机和民族冲突。南斯拉夫的解体分为两个阶段，第一阶段是执政党南斯拉夫共产主义者同盟的分裂，紧接其后的就是南斯拉夫社会主义联邦共和国的分裂。南斯拉夫的自治制度改革激发了地方上的积极性，但是也造成了地方主义和民族主义的弊端。在20世纪60年代末70年代初，包括贝尔格莱德在内的多个南斯拉夫重要城市爆发了民族主义的示威游行。1980年，铁托去世，南斯拉夫的民族矛盾开始浮出水面。80年代初南斯拉夫经济陷入危机，这破坏了南共联盟在人民群众中的威信。1989年10月，南共联盟中央全会通过《政治体制改革提纲》，决定把"多党制模式的最好价值引进政治进程和国家政权的职能中"。1990年1月，南斯拉夫共产主义者联盟召开了第十四次非常代表大会。在这次大会上，占南斯拉夫人口大多数的塞尔维亚提出要在共产主义者同盟的大会上实现党员的一人一票。由于塞尔维亚族的人口优势，实现一人一票无疑极大地扩张了塞尔维亚在南联盟的影响力。斯洛文尼亚和克罗地亚的代表拒绝了这一提议，并且于1月23日宣布退出南斯拉夫共产主义者同盟，从此拉开了南斯拉夫共产主义者联盟分崩离析的序幕。7月，南斯拉夫议会决定允许自由成立政党和政治组织。8月，南斯拉夫共产主义者联盟代表大会提出将党改组为民主社会党，以民主社会主义和联邦制作为党的纲领。11月，南共联盟在联邦机构中的基层组织停止了活动，南联盟各个共和国共产主义者联盟纷纷改组为社会党。①

匈牙利、保加利亚、捷克斯洛伐克和阿尔巴尼亚等其他东欧社会主义国家的剧变过程与上述国家剧变的逻辑相似。从总体上来看，东欧社会主义国家都是首先在经济、政治体制的矛盾弊端长期得不到解决，并相继爆发为经济危机和政治危机，其次改革和意识形态上的争论让各国共产党出现分化而不能形成统一的强有力的领导核心，丧失了解决危机的能力和信心，从而失去了人民群众的信任，让反对派趁机掌握了政权，最终导致国家变色。

（二）苏联解体的过程

如果说东欧国家的变化是剧变开端，那么苏联的解体则标志着剧变的顶峰和完成。进入20世纪90年代，戈尔巴乔夫面临着越来越严重的政治经济危机，这些危机开始积累起足够摧毁苏联的能量。其中一个危险的标志，就是叶利钦当选俄罗斯最高苏维埃主席。此后，在叶利钦的主导下，伴随着苏联中央政府日益深重危机的是各个加盟共和国主权意识的不断加强。危机积攒的能量最终在"八一九事变"中爆发，事变的失败彻底摧毁了联盟的中央政府。随着别洛韦日协议的签订，苏联最终被独联体取代，走向了解体。

俄罗斯联邦的民族分离主义倾向是联盟解体的重要原因。在戈尔巴乔夫时期，民族主义浪潮一次又一次冲击着苏联大厦。苏联政府在这些浪潮面前曾经处理失当过，引发了大规模的示威游行，但是从来没有一次民族主义浪潮能够威胁到苏联作为一个主权国家的生存。然而，在1990年却出现了一个前所未有的状况，那就是俄罗斯联邦爆发了民族主义浪潮。俄罗斯拥有苏联全联盟一半的人口，近四分之三的土地，也是联盟的诞生之地。俄罗斯对于苏联具有根本重要性，只要俄联邦留在联盟内，联盟就会存在下去，否则即使其他共和国留在联盟内，联盟也不可能存在。②1990年5月，叶利钦以仅仅多出必要选票4票的微弱多数获得了俄联邦最高苏维埃主席的职位，成了这一苏联范围内最大、最重要的加盟共和国的领导人。俄罗斯从此成为叶利钦争夺苏联最高领导权的基地和跳板。

---

① 参见靳辉明等主编：《当代资本主义与世界社会主义》（下卷），海南出版社2004年版，第275页。

② 参见左凤荣：《戈尔巴乔夫改革时期》，人民出版社2013年版，第407页。

1990 年 6 月 12 日，俄罗斯人民代表大会通过了俄罗斯联邦国家主权宣言，标志着苏联最大加盟共和国开始走向独立。1991 年，在俄罗斯主权宣言的刺激下，各个加盟共和国的民族主义者加紧活动。波罗的海三国和格鲁吉亚等加盟共和国与联盟中央的关系不断恶化。1 月 14 日，叶利钦宣布俄罗斯、乌克兰、哈萨克斯坦和白俄罗斯正在谋求签订一个四方协议。2 月 19 日，叶利钦发表电视讲话，公开指责戈尔巴乔夫，要求戈尔巴乔夫辞职。3 月，苏联最高苏维埃进行了一项是否要保留联盟的全民公投，结果有 76% 的居民支持保留联盟。

戈尔巴乔夫试图跳过党组织，直接与地方政治领导人合作。由于经济改革的失败与政治改革的混乱，戈尔巴乔夫与党组织的关系日趋紧张：中央每天都会收到成千上万封来自地方党委指责戈尔巴乔夫搞改良主义的信件。在这样的情况下，戈尔巴乔夫试图直接与各个加盟共和国的领导人合作，寻求签订新的联盟条约来摆脱来自党内的束缚以及达成联盟范围内的互相妥协。4 月 23 日，戈尔巴乔夫与 9 个共和国领导人在新奥加寥沃举行会谈，通过了《关于刻不容缓采取措施稳定国内局势和克服危机的共同声明》（简称《"9+1"声明》），决定必须尽快签订主权国家联盟条约来替代旧的社会主义联盟条约，并通过新的联盟宪法，新建的联盟将把苏联即"苏维埃社会主义共和国联盟"更名为"苏维埃主权共和国联盟"，取消了"社会主义"字样，这就从法律上取消了苏联的社会主义性质并破坏了苏联的国家统一。① 与此同时，党的力量正在被前所未有地削弱，包括俄罗斯联邦在内的若干个加盟共和国正在采取措施将苏共的党组织从政府机构中排挤出去，逐步实行"非党化"进程，并提出要尽快签订新的联盟条约。

面对苏联解体的危机，党内的少数高层领导人试图进行挽救。1991 年 8 月 19 日，在戈尔巴乔夫与叶利钦的新联盟协议签署的前一天，爆发了震惊苏联也震惊全世界的"八一九事变"。这次事变是苏联共产党内的一些领导人如亚纳耶夫、帕夫洛夫、巴克拉诺夫、亚佐夫、克留奇科夫等为挽救苏联所作的最后一次努力。政变力图终止戈尔巴乔夫的政治权力，成立"紧急状态委员会"来行使最高权力，在全联盟范围内实行紧急状态，阻止可能会瓦解苏联的新的联盟条约的签署。"八一九事变"是苏联共产党试图挽救苏联的最后一搏。但是，这次行动的失败对于苏联共产党的打击是巨大的。苏联共产党所掌握的仅

---

① 参见李慎明、吴恩远、王立强：《历史的风——中国学者论苏联解体和对苏联历史的评价》，人民出版社 2007 年版，第 10—11 页。

存的政治资源丧失殆尽，苏共所能够掌握的联盟政府、军队和权力机关的工作全部瘫痪。政变极大地改变了苏联的权力结构。在政变之前，戈尔巴乔夫和苏联共产党在面对叶利钦咄咄逼人的政治攻势时虽然处于守势，但仍然与后者保持了二元平衡的权力关系。叶利钦虽然掌握了苏联最重要的加盟共和国俄罗斯联邦，但在决定联盟何去何从的重要问题上却仍要与戈尔巴乔夫达成一致。政变完全粉碎了戈尔巴乔夫的权力基础，让叶利钦成了这场高层权力斗争中的胜利者。事变结束之后，各种政治力量纷纷登场，激进反共势力获得了很大的发展。激进组织"民主俄罗斯"甚至将反对紧急状态委员会的行动称之为反对共产主义的"八月革命"。

"八一九事变"失败促使苏联的实权转移到地方各个共和国的手中。叶利钦对于紧急状态委员会毫不妥协的态度，为他赢得了更多的社会赞誉。政变改变了社会对苏联和苏共的态度。俄罗斯在事变结束之后掀起了新一轮的反共浪潮，出现了许多对苏联共产党的蓄意污蔑，党内也有一大批人宣布退出苏联共产党，甚至一度出现了公开焚烧党证的行动。

"八一九事变"直接导致了苏联共产党的解体。1991 年 8 月 23 日，叶利钦签署了暂停俄罗斯联邦共产党的活动的命令。8 月 24 日，戈尔巴乔夫在失去了党的支持之后，辞去了苏共总书记的职务，并建议苏共中央自行解散。紧接着叶利钦开始大肆掠夺苏联共产党的财产，签署了《关于苏联共产党和俄罗斯社会主义共和国联邦共产党财产》的命令，将苏共和俄共的一切财产纳入了俄罗斯联邦政府囊中。"八一九事变"也导致了苏维埃社会主义共和国联盟在事实上的解体。政变结束之后苏联国内掀起了一股独立浪潮，各个加盟共和国纷纷争先恐后地宣布脱离苏联。自 1991 年 8 月 20 日至 10 月 27 日这两个月间，波罗的海三国、乌克兰、白俄罗斯、摩尔多瓦、阿塞拜疆、吉尔吉斯斯坦、乌兹别克斯坦、塔吉克斯坦、亚美尼亚、格鲁吉亚先后宣布从苏联中独立出来。虽然苏联还继续存在了几个月时间，但是已经名存实亡。

在政变结束之后，叶利钦趁着联盟政府的崩溃加速夺取苏联政治资源的进程。1991 年 11 月，叶利钦批准了一系列法案，将苏联中央 88 个部门和主管局划归叶利钦掌权下的俄罗斯联邦政府之内，其中包括税收、科研、金融等关键部门。直到 11 月底，叶利钦签署了《关于改组俄罗斯联邦中央国家管理机关》的命令，已经基本完成了苏联中央政府职能向俄罗斯联邦政府的转移。戈尔巴乔夫大势已去，对于此时的苏联政局来说已经无关紧要，他的权力仅仅局限在克里姆林宫之内。

1991 年 12 月 8 日，俄罗斯总统叶利钦、乌克兰总统克拉夫丘克和白俄罗斯最高苏维埃主席舒什克维奇在白俄罗斯的别洛韦日签订协议，决定成立"独立国家联合体"（中译简称"独联体"），宣布"苏联作为国际法主体和地缘政治现实将停止其存在"。按照独联体章程的设想，独联体取代了苏联共产党和中央政府成了协调苏联范围内原各个加盟共和国的机构。在协议签订之后的一周之内，亚美尼亚、摩尔多瓦以及中亚五国纷纷加入。12 月 21 日，除格鲁吉亚与波罗的海三国之外的苏联 11 个加盟共和国的领导人签署了《阿拉木图宣言》，宣告独联体正式成立。12 月 25 日晚，戈尔巴乔夫签署了辞职的决定，发表了电视讲话，当晚 7 时 38 分，克里姆林宫屋顶的红旗缓缓落下，苏联最终解体了。

苏东剧变的发生，不仅意味着 20 世纪马克思主义发展的重大曲折、社会主义发展的重大挫折，也意味着 20 世纪最大的"地缘政治灾难"。苏东剧变将苏联东欧社会拖入剧烈动荡的深渊：政治生活动荡不安，经济发展停滞紊乱，文化思想混乱不堪，给苏联东欧人民带来了深重的苦难，也给整个世界带来了深远影响。

二、苏东剧变后的思想论争

苏东剧变这一 20 世纪最重要的地缘政治事件引起了国际思想界的广泛讨论。不仅仅在思想界，这一历史事件的当事人也常常通过撰写回忆录的形式来参与讨论。而从讨论者的国籍来看，既有来自原苏联和东欧社会主义国家的学者，也有来自其他国家的学者。从讨论的话题上来看，既有从微观上对具体历史细节进行追根问底式的探究，也有从宏观上对苏东剧变原因和后果的反思。从讨论的立场上来看，既有站在某一特定意识形态立场上的解读，也有中立客观的研究。总而言之，虽然苏东剧变距今已经过去三十多年，但是这一问题的追问与反思却随着时间的流逝而更加凸显。

（一）东欧和苏联国内的思想论争

无论是因为剧变而欢欣鼓舞，还是因为改旗易帜而垂头丧气，所有人都不得不承认苏东剧变对东欧各国社会和人民造成了深远影响。围绕着苏东剧变的原因和后果问题，不同的人对这一问题的不同思考和不同回答，不仅仅表明对这一段历史的看法，也表明他们在未来将何去何从。

关于苏东剧变与戈尔巴乔夫改革的关系问题，改革当事人各执一词，莫衷一是。苏东剧变的始作俑者戈尔巴乔夫认为，他的改革是对苏联社会长期以来存在的问题的反映。在他看来，苏联在传统模式下忽视民主的发展，让民主沦为极权统治的装饰品。而他的改革纠正了"斯大林主义"，终止了政治和思想的压制，促进了思想自由和多元主义思潮的发展，激发了苏联最早的反对派组织和自由报刊的诞生。在经济上，他的改革目的是改变在他看来没有活力和生命力的公有制经济，并以摆脱行政命令和建立市场经济作为改革的主线。在政治上，他的改革将苏联带回了国际社会的"主流"，汇入了第三波"民主革命"浪潮，推动苏联走上了民主化的道路，这些基本的民主价值观直到今天也依然为俄罗斯人所坚持着。在国际关系上，他结束了冷战，新的改革政策放弃了传统的对抗模式，不再寻求与美国的军事平衡，让世界摆脱了核战争的恐怖。戈尔巴乔夫对他的改革报以极高的评价，自认是试图综合社会主义与资本主义最佳特色的运动，是"彪炳历史的丰功伟业"[①]，任何错误都不能抹杀改革的贡献。当然，戈尔巴乔夫还是承认了在改革中的一些失误，如错过了改革的最佳时机，没有及时将苏联共产党改组为社会民主党；没有及时解决价格改革和经济结构改革难题，让军事工业仍然占用了大量资源，因此没有唤起人们对改革的支持。而对于苏联解体，戈尔巴乔夫却认为这与自己的改革没有必然的因果联系，而完全是由于党内的保守派和以叶利钦为代表的反对派共同反对他的阴谋诡计的结果。在他看来，无论是紧急状态委员会的"八一九"事变，还是叶利钦的别洛韦日协定，都是苏联解体的罪魁祸首。

相比于戈尔巴乔夫的自我赞誉，戈尔巴乔夫曾经的战友、原苏联部长会议主席雷日科夫则指责戈尔巴乔夫对改革的叛变与苏东剧变脱不开干系。他认为，苏联的解体有着多方面的原因，在经济上是20世纪90年代初的激进自由主义改革，在政治上是党的领导遭到全面削弱，而在意识形态和文化上，重要原因就是西方与苏联国内的一些人里应外合，葬送了苏联得以立国的精神支柱，而在这些里应外合的人之中，一个是叶利钦，另一个正是戈尔巴乔夫。党

---

① ［俄］戈尔巴乔夫：《孤独相伴：戈尔巴乔夫回忆录》，潘兴明译，译林出版社2015年版，第441页。

和国家的高层对改革的叛变甚至是上述诸多原因中最重要的一条。雷日科夫在他的《背叛的历史》一书中写道:"对整个国家来说,改革已成为大大小小背叛的历史。"①"我认为,改革确实被叛卖了……被那些实行它而又埋葬它的人叛卖了……大叛卖是由一系列小叛卖构成的。""我本可以、而且应该是坚定的、毫不妥协的。我了解全部问题的实质,委婉些说,我了解戈尔巴乔夫有意妥协的、'偏离总路线'的实质,但是我没有坚持住。"② 相应地,有人认为,苏东剧变并不是历史的必然,如果改革方法得当其实是可以避免的。例如俄罗斯科学院院士瓦季姆·梅德韦杰夫认为,苏东剧变不是一个注定发生的历史悲剧,而是曾有机会可以避免的。他认为,苏东剧变一个重要的原因,就是戈尔巴乔夫本人过于理想主义,在面对一些改革的反对者时,没有采取果断的措施来清除这些人的政治影响力。总而言之,是低估了改革反对派的力量。③

关于苏东剧变的根本原因不仅仅是剧变当事人讨论具体得失的话题,也吸引了思想界、学术界的广泛关注。关于这一话题的俄罗斯文献主要分为两类,第一大类是探讨其社会经济根源的,第二大类就是探讨其民族问题根源的。

很多剧变当事人和学者从经济原因上解释苏东剧变。例如叶利钦经济改革的设计者和俄罗斯联邦总理盖达尔对苏联并不抱有太大好感,他从经济学的角度分析,认为苏联的解体实际上是因为苏联经济患上了严重的"荷兰病"。所谓"荷兰病",就是指一个国家的经济结构过度依赖某一种特定自然资源的生产和出口。盖达尔认为,勃列日涅夫时代对西伯利亚石油的大规模开采及出口让苏联财政和经济严重依赖国际石油市场,国际油价的变化是导致苏维埃社会主义共和国联盟解体的经济危机以及它是在何时、以何种方式爆发的重要原因。政治因素在盖达尔的分析那里并不占有重要的位置。别洛韦日协定被认为是以叶利钦为首的政治势力意在埋葬苏联的协定,而盖达尔本人正是别洛韦日协定的起草者。但是盖达尔本人并不看重这一事情,他认为,别洛韦日协定与其说是苏联解体的原因,不如说是苏联解体的追认。别洛韦日协定只是从法律

---

① [俄]雷日科夫:《背叛的历史——苏联改革秘录》,田永祥编译,吉林人民出版社1993年版,第6页。

② [俄]雷日科夫:《背叛的历史——苏联改革秘录》,田永祥编译,吉林人民出版社1993年版,第321—322页。

③ 参见[俄]瓦季姆·梅德韦杰夫:《改革曾有成功的机会》,见俄罗斯戈尔巴乔夫基金会编:《奔向自由》,李京洲等译,中央编译出版社2007年版。

上确认了国家分裂的既定事实。

不少学者认为，苏东剧变有其深刻的政治体制根源。党与政府对公共权力大包大揽成为"全能政府"，从而无形中承担了全部责任，成为社会问题归责的对象。如俄罗斯历史学家皮霍亚认为，苏联共产党和苏联政府试图将苏联社会中的政治经济发展的一切权力和责任都揽在自己肩上，这对人民群众的心理造成了非常微妙的影响：既然生活中总有不如意的事情，而政府又包揽了一切，那么这一定是政府责任，哪怕仅仅是因为天气不好造成农业减产，人们也会怪罪到政府的头上，继而怪罪到党的头上，最后汇集到苏联社会中随处可见其形象的领导人个人身上。除此之外，农业问题是苏联一直没有解决的问题之一，从 20 世纪 60 年代开始，粮食的供给和价格就一直是苏联财政的无底洞，这最终导致了作为苏联解体直接原因的苏联经济危机。除此之外，党员结构的变化和中央与地方权力关系的变化也都是苏东剧变的重要原因。

不少学者从民族关系视角解释苏东剧变。一些讨论苏联解体与民族主义关系的论者将苏东剧变的原因理解为，苏联长期存在的大俄罗斯主义倾向激起了少数民族的不满，并且"苏联人民"这一新的政治认同概念建构走向失败。如俄罗斯联邦政府前副总理谢米·沙赖赫认为，从民族关系的视角来看，有三个原因导致了苏联的解体：首先是苏联宪法所赋予的各个加盟共和国脱离苏联的权力；其次是各个加盟共和国希望能够独自生存的"嫉妒心理"的蔓延；最后则是改革时期中央权力下放所引起的加盟共和国的自主化进程。[①] 然而，也有学者强调导致苏联解体的民族主义不仅是俄罗斯的民族主义，也是各加盟共和国的民族主义。俄罗斯联邦政府原民族事务部部长瓦西里·季什科夫从民族主义内部的视角来审视苏联解体，认为联邦所面对的挑战很多也并不是直接来自底层人民，而是来自各个加盟共和国的高层领导人。因此从民族主义视角来探讨苏东剧变的成因时，应当更加侧重共产主义意识形态衰弱之后作为替代品的民族主义意识形态的导火索作用："族裔政治的兴起是把统一的苏联国家撕裂并侵蚀其意识形态的一个重大因素。民族主义运动点燃了对于各族群当中对于文化完整性的关注，并动员公民们提出民主改革和自我管理的要求。"[②]

[①]　参见李慎明主编：《亲历苏联解体——二十年后的回忆与反思》，社会科学文献出版社 2012 年版，第 209—210 页。

[②]　[俄] 瓦列里·季什科夫：《苏联及其解体后的族性、民族主义及冲突》，姜德顺译，中央民族大学出版社 2009 年版，第 429 页。

还有不少论者从社会现代化和政治现代化的角度讨论苏东剧变，他们将苏联国家视作一个在现代化过程中不可避免要解体的"帝国体系"。如"民主派共产主义者"罗伊·麦德韦杰夫在《苏联的最后一年》一书中认为，从历史上看俄罗斯并不是一个严格意义上的民族国家，它是一个以俄罗斯为中心和主导、地方上多元文化并存的帝国结构，俄罗斯国家、俄罗斯民族与地方上不同民族之间的关系不是同质统一的，而更类似于"宗主国"与"附属国"之间的关系。俄罗斯科学院院士维·阿·阿列克谢也夫认为，20世纪以来政治变革的主线，就是以前现代的"帝国国家"向作为现代国家的"主权国家"的转变，而正是苏联以帝国的形态孕育了其各个加盟共和国的现代化条件。他认为，现代化的矢量要求国家的民主化，而苏联政府却把权力牢牢地抓在手里；现代化要求各共和国有独立发展的空间，而帝国矢量却在朝着超级大国的方向发展；实际上，各个共和国都在苏联时代获得了工业的、社会的和文化上的发展，已经形成了获得民族独立的经济条件，这就是国家现代化过程对帝国的结果的瓦解过程，当这个帝国的结构还在起作用，还没有把权力下放给各个共和国的时候，就形成了一种内在的矛盾。在理论上讲，它就是现代化过程和帝国结构上的矛盾。①

还有一些学者从意识形态层面解释苏东剧变，认为苏东剧变的根本原因在于苏联模式的马克思主义理论和实践是有问题的。波兰"新马克思主义"学者亚当·沙夫甚至认为现实社会主义的建立违背了马克思主义经典理论，必然因其制度内部问题而破产。他将苏联和东欧的社会主义实践称为"现实社会主义"，他以"新马克思主义"的视角分析苏东剧变。他认为苏东剧变的原因不能从历史的表面现象去寻找，而应当深入这种制度的本质中。沙夫认为十月革命所缔造的社会主义制度是对历史所犯的错误，它"从产生的那天起就十分明显地违背了马克思主义的经典思想……现实社会主义的破产……首先是由于深藏制度内部根本问题上的内在弱点"②，而造成这种错误的重要原因就是试图在生产力落后的国家建立起先进生产关系的主观愿望。现实社会主义在实践无产阶级专政理论的时候，片面强调了暴力和强制手段的作用，而忽视了恩格斯关

---

① 参见［美］亨利·基辛格：《大外交》，顾淑馨、林添贵译，海南出版社1998年版，第706页。

② ［波兰］亚当·沙夫：《创造性的马克思主义——新型社会主义》（上），郭增麟译，《当代世界社会主义问题》2000年第4期。

于吸收资产阶级民主成果论述的一面。但是沙夫在讨论十月革命的时候，并没有否认这场革命在推动历史进程方面的重要作用，"虽然通过这些话我们看到了来自社会主义反对者的警告，但我依然要明白无误地严正指出：伟大的十月革命震撼了全世界，其震撼之烈度不亚于法国革命，它对人类的命运带来了巨大的进步影响，这是任何人无论如何也无法否定的"①。他也认为苏联模式现实社会主义的失败并不能表明马克思主义是错误的，"建立在所谓马克思列宁主义理论和意识形态基础上的现实社会主义垮台，并不能一笔勾销社会主义的其他形式，它的垮台只能是一种警告"②。

上述这些学者其论证的关键是将马克思主义与列宁主义、苏联马克思主义抽象割裂对立起来，错误地认为后者是对前者的偏离和歪曲。他们对苏联模式提出了质疑和批评，但是对于马克思主义的基本精神持非常抽象的支持态度。

（二）国际领域的思想论争

苏东剧变不仅仅是东欧和苏联的事情，它的影响力早已超出了地缘政治，成为一个世界历史事件，引起了全球政治界、思想界的广泛关注和争论。如何理解这一事件，是任何一个试图理解 20 世纪以来人类社会发展状况和未来走向的人都无法回避的问题。

在对苏东剧变的诸多回应中，最广为人知的莫过于日裔美籍学者弗朗西斯·福山的"历史终结论"。福山在他著名的《历史的终结与最后的人》一书中认为，资本主义与共产主义之间的争斗是人类历史上最后一次关于人类社会总体发展道路的争斗。随着社会主义阵营的解体和资本主义的胜利，人类社会从此将普遍踏上自由市场和代议民主的道路。福山的"历史终结论"无疑在某种程度上扮演了急于为社会主义敲丧钟、为资本主义高唱颂歌的角色，因此也不可避免地引起了巨大争论。

法国"后马克思主义"学者德里达在《马克思的幽灵》一书中对福山的历史终结论进行了深刻批判，并对马克思的精神意义进行了一定程度的捍卫和阐发。他认为福山的观点是一种"现代的福音书"，而历史的终结从根本上来说

---

① ［波兰］亚当·沙夫：《创造性的马克思主义——新型社会主义》（上），郭增麟译，《当代世界社会主义问题》2000 年第 4 期。

② ［波兰］亚当·沙夫：《创造性的马克思主义——新型社会主义》（上），郭增麟译，《当代世界社会主义问题》2000 年第 4 期。

则是基督教的末世论。因为在经验世界中，即便是美国和欧洲的自由主义也并不完善，更不必论非西方的那些失效的自由主义国家了。德里达认为福山为了解决作为理性的自由主义与作为经验的自由主义二者之间的张力，不得不诉诸目的论的辩护。总而言之，我们不能把历史的终结贬低为"资本主义的天堂"这种粗俗的形式。现存的社会主义或者说教条化的马克思主义已经死亡，但历史并未终结，而是具有向着一个更公正世界的开放性，这就是"马克思的幽灵"的精神意义。

进而，不少西方马克思主义学者或接近马克思主义立场的学者区分了教条化、意识形态化的马克思主义与批判性的马克思主义，并主张苏东剧变只是前者的终结，却为后者提供了激活潜能的历史机遇。如美国学者沃勒斯坦认为，东欧剧变意味着作为现代化意识形态和改革战略的马克思主义的死亡，但是作为现代性批判理论和大众化、反体系的马克思主义却仍然保持着强健的生命力。经典的马克思列宁主义有五个命题：实现共产主义的第一步是必须要以革命手段取得政权；为了维持国家权力，工人阶级必须成立一个具有广泛代表性的政党；无产阶级专政是从资本主义向共产主义过渡必不可少的一环，社会主义是共产主义的必经阶段；而实现社会主义向共产主义的过渡则必须追求国家的发展。他认为苏东剧变表明这五个命题并不是无条件正确的。而在目前的情况下，激活马克思主义的政治潜力必须要从重新发掘马克思的阶级斗争、两极分化、意识形态和人的异化这四个范畴入手。美国学者道格拉斯·凯尔纳对马克思主义的理解与沃勒斯坦相像，也是将马克思主义视作一种透视现代社会的批判理论。他认为，正像历次经济危机发展了资本主义，社会主义的发展也常常是通过危机的形式。苏联和东欧的剧变仅仅意味着苏联所奉行的那一种马克思主义的失败，这种马克思主义被用来论证压迫政治的合法性，而作为批判理论的马克思主义则仍然保持着对资本主义的强大解释力。由此，苏联的解体也为马克思主义的发展提供了新的契机，东欧剧变可以成为马克思主义批判理论的绝佳审视对象。

苏东剧变也极大地震撼了中国，激起了全社会各个阶层的广泛关注，自然也引起了国内学者们的热烈深入讨论。苏联共产党作为一个有着辉煌的历史、执掌政权数十年并拥有1900多万党员的执政党，在一夜之间居然落到亡党亡国的下场，这不能不引起中国马克思主义者的警醒和反思。从苏东剧变到现今为止三十年时间里，我国学术界关于苏东剧变的研究积累了丰富的成果。其中，既有对苏东剧变原因的综论，又有许多专题研究。但无论形式如何，大家比较一致的结论是，苏东剧变并不意味着马克思主义的失败，恰恰相反，正是苏联模式中一些有悖于马克思主义的因素长期没有得到纠正，苏东改革中大量违背马克思主义的做法没有得到制止，最终拖垮、搞垮了苏联社会主义制度。

国内学者注意到苏东剧变是多重因素复合作用的结果。有学者认为，苏东剧变的原因可以分为"外因"和"内因"。外因是西方国家依靠其优势地位对苏联所进行的和平演变战略。由于社会主义革命没有按照马克思和恩格斯的设想在生产力发达的西欧国家爆发，却在帝国主义最薄弱一环的俄国爆发，因此由于这样的历史原因，社会主义国家就不可避免地面对着西方资本主义国家在经济、科技以及文化等领域所占的优势，西方国家就可以利用这样的优势向苏联领导人和广大人民群众进行意识形态的渗透，最终改变了苏联和东欧社会主义国家的颜色，"1975 年美国总统尼克松提出了对苏联等社会主义国家'不战而胜'的战略；1980 年美国总统里根进一步提出'促进民主运动'的战略，宣称要通过和平的方式向苏联的'暴政体制发动反攻'，把自由的希望带给苏联和东欧；1989 年布什就任美国总统后立即宣布对苏联实行'超越遏制'战略，要求'西方的政策必须鼓励苏联朝着开放社会演变'"①。外因在苏东剧变中起到了不可忽视的作用，但是苏东剧变作为一个世界历史性事件，最根本的原因还要从内因中去找。内因中可以分为远因和近因，远因是指苏联模式中存在的根本性的问题，其中包括党和国家民主政治建设的严重缺失、经济上高度集中结构失衡、意识形态上的僵化教条以及一些长期以来在民族等问题上的错误做法迟迟没有得以纠正；而近因则是导致苏东剧变的直接原因，主要是指戈尔巴乔夫在改革期间所犯下的严重错误。

还有一些国内学者则从意识形态混乱及信仰缺失的角度来讨论苏东剧变问题。他们认为，戈尔巴乔夫时期经济改革的失败确实引起了人民群众对于国家现状的广泛不满，但是停留于这种不满是不足以解释苏联解体的，必须有一种因素将这种不满汇聚起来，并为反对派和示威活动提供一个明确目标，这种因素就是意识形态因素。苏联以共产主义作为引领社会发展的指导思想，因此在列宁和斯大林时期，马克思主义和共产主义一直是占据社会主流的意识形态。但是从苏共二十大全盘否定斯大林引起思想混乱以后，苏联社会的意识形态

① 高放主编：《科学社会主义的理论与实践》，中国人民大学出版社 2002 年版，第 275 页。

危机和信仰危机一步一步地走向了深化，人们虽然依旧在公开场合里表达自己对共产主义的忠诚，但是否对共产主义抱有真挚的信念则是一件大可以打上问号的事情。勃列日涅夫时期是苏联社会意识形态危机加剧的时期。这主要表现在几个方面：从党自身内部来看，党内机会主义和贪图享受的风气盛行；从人民群众来看，出现了"夜间人"现象和厨房文化；从代表着社会未来的青年学生来看，出现了严重的功利主义取向和对马克思主义教育的严重不满；从共产主义外部来看，出现了影响深远的持不同意见者运动。[1] 意识形态的危机和空场造成了西方自由主义思潮的乘虚而入。在这种情况下，戈尔巴乔夫的草率改革彻底将意识形态冲突带到临界点，最终葬送了苏联的社会主义事业。

第三节　苏东剧变的历史经验教训

一个有着93年历史的马克思主义政党解散了，人类历史上第一个社会主义国家政权历经74年后坍塌了，一个唯一能同美国相抗衡的超级大国，在没有任何有效的抵抗下顷刻间分裂和败落了。历史地看，苏东剧变、苏东社会主义制度没有能够坚持有多方面因素：历史原因是苏联模式的保守僵化，现实原因是戈尔巴乔夫改革的失误，外部原因是西方和平演变战略，但其根本原因是背离马克思列宁主义、背离十月革命开辟的社会主义道路。"苏联东欧的变化，并不是科学社会主义的失败，而是放弃社会主义道路的结果，证明了民主社会主义的破产。"[2]

邓小平在南方谈话中掷地有声地表示："我坚信，世界上赞成马克思主义的人会多起来的，因为马克思主义是科学……社会主义经历一个长过程发展

① 参见孟迎辉：《政治信仰与苏联剧变》，中国社会科学出版社 2005 年版，第 150—158 页。

② 周新城：《对世纪性悲剧的思考——苏联演变的性质、原因和教训》，中国人民大学出版社 2000 年版，第 6 页。

后必然代替资本主义。这是社会历史发展不可逆转的总趋势，但道路是曲折的……一些国家出现严重曲折，社会主义好像被削弱了，但人民经受锻炼，从中吸取教训，将促使社会主义向着更加健康的方向发展。因此，不要惊慌失措，不要认为马克思主义就消失了，没用了，失败了。哪有这回事！"①从文明衰落所造成的痛苦中学得的知识是文明进步的最有效的工具。认真研究苏东剧变的复杂原因和内在规律性的内容，正确汲取宝贵的历史经验教训，是我们推进世界社会主义运动持续发展的需要，也是我国不断推进中国特色社会主义伟大事业的需要，更是 21 世纪我们坚持和发展马克思主义的需要。

一、改革绝不能背离或放弃马克思主义

苏东剧变给我们的一个深刻教训是，建设社会主义、改革社会主义绝不能背离或放弃以马克思主义基本理论为指导。背离或放弃马克思主义基本原理就会丧失社会主义国家发展的理论指南。从苏东剧变中，我们应当汲取的宝贵历史经验是，坚持和发展中国特色社会主义，应当与时俱进地坚持和发展马克思主义基本理论。

（一）放弃马克思主义基本理论及其后果

整个苏联东欧社会主义国家改革时期，都存在着不同程度的背离或放弃马克思主义基本理论的趋势，并最终造成了严重后果。其中以苏联的情况最为典型。从赫鲁晓夫到戈尔巴乔夫，苏联领导人开始逐步放弃马克思主义基本理论。斯大林去世后，赫鲁晓夫全盘否定斯大林，进而否定列宁，逐渐背离、放弃了马克思主义一系列基本理论。戈尔巴乔夫上台后并没有纠正赫鲁晓夫的错误路线，而是在错误的路上越走越远。1987 年 11 月，戈尔巴乔夫正式出版了他的新著《改革与新思维》，书中以"公开性"、"民主化"、"多元化"和"全人类的价值高于一切"等所谓"新思维"、"新观点"取代了马克思主义的一系列基本原理。并且他在 1988 年 6 月的苏共第十九次全国代表会议上第一次明确提出改革的目标是要建立一个与现实的社会主义制度（他称之为"极权社会

---

① 《邓小平文选》第 3 卷，人民出版社 1993 年版，第 382—383 页。

主义")根本不同的"人道的、民主的社会主义"社会。按照"人道的、民主的社会主义"理论来改造党的思想，就是用西方社会民主党的那一套旧理论来替代党的马克思主义理论基础。1991 年 7 月 25 日，戈尔巴乔夫在苏共中央全会上强调，过去，党只承认马克思列宁主义是鼓舞自己的源泉，现在，必须使我们的思想库内包括国外社会主义和民主思想的一切财富。① 戈尔巴乔夫的这种做法，就是放弃用马克思主义基本理论对国家进行指导。

具体来看，首先，在阶级斗争理论上的放弃与背叛，放弃了对资本主义复辟应有的警惕，失去了对国内外反共势力的抵抗镇压能力。阶级斗争理论是马克思主义的一个基本原理。戈尔巴乔夫上台以后，把赫鲁晓夫的"阶级斗争熄灭论"和"全民国家"理论发挥到了极致。他把"民主"与"专政"完全分割对立起来，宣扬"无条件地实施民主"。他认为无产阶级的专政在苏联已经没有必要存在了，当面临国内反共、反社会主义的敌对势力发动大规模的"街头政治"进行武装颠覆时，他强调不接受无产阶级专政，在面对一心颠覆苏维埃政权的国外敌对势力对苏联进行西化、分化活动的关键时刻，他依旧说不是只有专政才能拯救我们。按照马克思主义基本原理，国家的本质是阶级统治的工具，从资本主义向共产主义的过渡时期的国家政权是无产阶级对资产阶级等的专政。而此时的苏联，面对资产阶级的进攻，却放弃了阶级斗争的武器。这就使得苏联社会的广大党员干部和人民群众误以为现在不存在反共、反社会主义的势力，不再有阶级斗争，因而处于政治上的麻木状态，失去了对资本主义复辟应有的警惕。

其次，在党的建设理论上的放弃与背叛，使得党的领导地位逐渐丧失。马克思恩格斯在《共产党宣言》中阐述了共产党作为无产阶级政党的先进性和领导权。共产党代表着无产阶级和最广大劳动人民的利益和诉求，是无产阶级政权的领导力量。而苏联领导人逐步背离了马克思主义的党建理论。赫鲁晓夫鼓吹的"全民国家"、"全民党"，完全违背了马克思主义的建党原则。戈尔巴乔夫比赫鲁晓夫走得更远。1990 年 2 月，他主持的苏共全会通过了所谓的《行动纲领草案》，这一《行动纲领草案》公然规定苏联共产党是"自治的社会组织的最高形式"。在其后召开的苏共二十八大所通过的苏共党纲则重申，苏联共产党是"按照自治原则联合苏联公民的政治组织"。当戈尔巴乔夫宣布苏联

---

① 参见李慎明、吴恩远、王立强：《历史的风——中国学者论苏联解体和对苏联历史的评价》，人民出版社 2007 年版，第 20—21 页。

共产党是一个"苏联公民的全民组织"之时，作为无产阶级政党的苏联共产党已经消亡了。① 戈尔巴乔夫按照"人道的、民主的社会主义"理论来改造党的指导思想，放弃马克思主义基本理论，最终使得党丧失了领导权和执政地位。戈尔巴乔夫在回忆录中也谈道："把权力从独家操纵的共产党手中交到按宪法本应属于通过自由选举产生的人民代表的苏维埃手里"。② 这一做法，使得党的作用仅限于组织议会和总统选举，苏联共产党社会民主党化了，变成了一种像资产阶级政党的议会党，可以说苏联是先"亡党"而后"亡国"的。

（二）必须坚持马克思主义基本理论

马克思主义基本理论一直是工人阶级政党指导思想的理论基础。马克思主义的理论和实践纲领《共产党宣言》中始终贯穿着一个基本思想：每一历史时代的经济生产以及必然由此产生的社会结构，是该时代政治、精神和历史的基础；因此，从原始社会解体以来的全部历史都是阶级斗争的历史，而这个斗争现在已经达到这样一个阶段，被剥削被压迫的无产阶级，如果不同时使整个社会永远摆脱剥削和压迫，就不能再使自己从剥削它压迫它的那个资产阶级的控制下解放出来。③ 马克思恩格斯在《共产党宣言》中揭示出了资本主义必然灭亡、共产主义必然胜利的真理。我们要坚持马克思历史唯物主义的基本原理，就要正确处理资本主义与社会主义的关系。

历史证明，只有坚持马克思主义，才能建设好社会主义。以列宁为首的布尔什维克党坚持马克思主义基本理论，并结合国际国内的实际情况，极大地丰富和发展了马克思主义。列宁认识到社会主义和资本主义的斗争是持久的，对资本主义应采取辩证扬弃态度，继承和吸收资本主义先进文明成果和积极方面，批判和克服其消极方面。在列宁的领导下，俄国工人阶级和布尔什维克党，在人类历史上第一次取得了无产阶级革命的胜利，把马克思主义理论通过革命和建设实践变成了现实。十月革命的胜利，是列宁把马克思主义的基本原理运用于俄国革命实践的典范，是与时俱进地发展马克思主义的典范。

历史也证明，如果不能坚持马克思主义基本理论，放弃背离马克思主义，

① 参见陈学明、黄力之、吴新文：《中国为什么还需要马克思主义：答关于马克思主义的十大疑问》，天津人民出版社 2013 年版，第 41 页。

② 《戈尔巴乔夫回忆录》，述弢等译，社会科学文献出版社 2003 年版，第 506 页。

③ 参见《马克思恩格斯选集》第 1 卷，人民出版社 2012 年版，第 380 页。

那就必然会导致社会主义发展受挫甚至全盘皆输。苏东剧变的一个重要原因，就是党的领导人非但没有坚持和发展马克思主义，反倒歪曲和放弃了马克思主义基本理论。在理论上背离马克思列宁主义，使全党失去了正确的理论指导，迷失了前进方向，在思想战线纵容资产阶级自由化，丧失了意识形态领域的主导权，造成党内外思想的混乱和社会政治动荡。苏联改革是这方面的典型。从赫鲁晓夫上台后，就没有根据国内的实际情况和国外的形势，对指导理论进行应有创新，反而全盘否定斯大林，并进而否定列宁，否定苏联社会主义历史。推行大国沙文主义、霸权主义政策，提出了"全民党"、"全民国家"、"三无世界"等一系列违背马克思列宁主义的错误理论，也逐渐背离了马克思主义的基本路线。勃列日涅夫上台后虽进行了一定修补，但基本上没有改变赫鲁晓夫的路线，在社会主义建设的理论问题上，只是把赫鲁晓夫的"共产主义"改为"发达社会主义"，不从国内实际情况出发，固守僵化教条思想。在国际上又与美国争霸，实行大国主义和大党主义，完全与马克思主义基本理论相背离。而戈尔巴乔夫则走得更远，提出了"新思维"和"人道的、民主的社会主义"，用西方社会民主党的理论来代替马克思主义基本理论，在思想上搞"多元化"，经济上搞"私有化"，不仅解除了苏共和苏联人民的思想武装，也全面抛弃了社会主义制度，为资本主义的复辟开了绿灯。戈尔巴乔夫打着"人道的、民主的社会主义"旗号，从根本上取代了马克思主义的基本理论，否定了几十年来苏联社会主义建设的成功经验，在资本主义的道路上加速度前进。这样做的结果就是苏联社会主义性质的根本改变，苏共不可避免地走向瓦解。

苏东剧变让我们深刻领会到坚持马克思主义基本理论的重要意义。马克思主义基本理论是无产阶级政党最重要的政治资源，离开马克思主义的思想指导，无产阶级政党就失去了思想指南与精神支撑。马克思主义是世界无产阶级的伟大旗帜，正是在马克思主义的指导下，无产阶级的解放斗争才取得了重大的胜利。邓小平指出："东欧、苏联的事件从反面教育了我们，坏事变成了好事。问题是我们要善于把坏事变成好事，再把这样的好事变成传统，永远丢不得祖宗，这个祖宗就是马克思主义。"①无产阶级政党应当始终将马克思主义确立为自己的指导思想。马克思主义揭示了人类社会发展的客观规律，是我们认

① 中共中央文献研究室编：《邓小平年谱（一九七五——一九九七）》（下），中央文献出版社2004年版，第1332页。

识世界、改造世界的强大思想武器。在我国的革命和建设实践中，就必须始终坚持马克思主义基本理论。因为，只有坚持马克思列宁主义基本理论，才能正确把握时代大势，正确分析形势格局，科学制定路线、方针和政策，才能夺取一个又一个的伟大胜利。

（三）必须与时俱进地发展马克思主义基本理论

马克思主义不是僵死的教条，其根本方法是辩证法，其活的灵魂在于具体问题具体分析。马克思主义基本理论不是一成不变的，而是与时俱进、不断发展创新的。那种把马克思主义理论看作一成不变的错误观点，忽视了马克思主义的时代性、多样性、丰富性。事实上，不存在抽象的马克思主义，只有具体的、历史的马克思主义。如果只强调不变的"基本理论"而脱离实际，我们就会犯教条主义、本本主义的错误，如果只强调具体情况而违背基本理论，就会陷入修正主义。苏东剧变的教训之一，就是教条式地对待马克思主义。显然，马克思主义并不是教条，我们要发展马克思主义，就要不断进行理论创新，将马克思主义基本原理与本国的具体实践相结合，与时俱进地运用和发展马克思列宁主义。从西欧到苏联再到中国，马克思主义的发展体现了与时俱进这一理论品格。

马克思主义是在实践中与时俱进、不断发展创新的。马克思恩格斯指出，《共产党宣言》中所提出的一般原理的实际运用，随时随地都应该以当时的历史条件为转移。因此，我们决不能把马克思主义基本理论变成亘古不变的东西，而应该把它看成随着实践而不断发展的理论。

马克思主义的坚持与发展是统一的，只有坚持马克思主义基本理论，才能发展马克思主义。马克思主义基本理论必须在自身发展中不断以新的经验、新的知识丰富起来。因此，它的个别观点和结论会随着时间的推移而改变，会被适应于新的历史任务的新观点和新结论所代替。马克思主义不承认绝对适用于一切时代和时期的不变的结论和公式。可见坚持马克思主义基本理论，并不是说坚持马克思主义的个别原理或某些词句，而是从现实出发、从实际出发，坚持具体问题具体分析，反对教条主义，坚持马克思主义的辩证唯物主义和历史唯物主义的立场、观点和方法。

只有与时俱进地发展马克思主义，才能科学引领社会主义建设实践。苏东社会主义国家由于没有很好地发展马克思主义从而导致了苏东剧变。与此不同，中国却走出了一条坚持和发展马克思主义基本理论的正确道路。中国共产党人在领导中国革命和建设的过程中十分注重对马克思主义基本理论的深入学习和灵活运用，将马克思主义基本原理与中国具体实际相结合，先后创立了毛泽东思想、邓小平理论、"三个代表"重要思想、科学发展观和习近平新时代中国特色社会主义思想，引领中国取得革命、建设、改革和新时代的不断胜利。

二、改革绝不能偏离社会主义道路

苏东剧变的又一个深刻教训就是建设社会主义、改革社会主义绝不能偏离或放弃社会主义道路。偏离或放弃社会主义道路就会迷失国家发展的正确方向和目标。从苏东剧变中，我们应该汲取的又一宝贵历史经验就是：全面推进中国特色社会主义，应当始终不渝坚持走社会主义道路，而且要自主探索适合本国国情的社会主义道路。

（一）放弃社会主义道路及其后果

社会主义经历了五百多年的历史才由理论变为现实。第二次世界大战后，苏联和东欧社会主义国家有过一段发展良好的时期，社会主义作为一种新兴社会制度，表现出极强的生命力和吸引力。然而，20世纪60年代以后，随着新科技革命的迅猛发展，社会主义国家的发展相对落后于资本主义国家。自此，苏联东欧社会主义国家进入长期的改革时期。整个改革时期，都存在着不同程度的背离或放弃社会主义道路的趋势和现象，并最终造成了严重后果。其中，以苏联的情况最为典型。面对苏美之间的显著发展差异，苏联本应结束与美国的军备竞赛，总结经验教训，改革本国集中僵化的经济政治管理体制，以扭转在科技和经济方面落后于西方发达国家的局面。但是，苏联领导人对社会主义以及苏联历史，没有进行辩证分析，对社会主义没有进行自我完善式的改革，反倒走向了对社会主义道路的偏离和放弃，最终造成了苏东剧变的严重后果。

社会主义有其鲜明的本质特征，是社会主义改革必须坚持的方向。根据马克思主义所强调的建立在生产力高度发达基础上的人的自由全面发展是社会主义的本质特征，再根据各社会主义国家的实践，可以发现，社会主义本质特征可以体现在：政治上实行无产阶级专政和人民民主相结合，经济上建立公有制为主体的社会主义所有制以及按劳分配为主体的社会主义分配制度，以及与此相适应的发达生产力，思想上坚持马克思主义的指导地位。苏联剧变不是因为推行改革，而是因为改革没有坚持社会主义方向，最终从改革变成了"改向"，没有把握好"举什么旗，走什么路"这一事关全局的根本问题。改革是社会主义制度的自我完善，而不是自我毁弃。苏联进行改革本身没有错，可是在改革的过程中逐渐放弃了社会主义道路，将苏联模式这种有局限的政治经济体制与社会主义制度本身混为一谈，在否定苏联模式的弊端时，也将社会主义制度一起否定掉，这是根本错误的。戈尔巴乔夫上台以后，把"人道的、民主的"命题确立为改革方向。表面上看，"人道的、民主的社会主义"似乎并没有直接否定社会主义，好像只是在反对那些对社会主义的流行误解。在他看来，这种"人道的、民主的社会主义"只要取代了"斯大林模式"的社会主义，就能使社会主义得到自我完善。然而，仔细分析就会发现，这种所谓"人道的、民主的社会主义"对于列宁主义的科学社会主义理论来说，只能是一种混乱和倒退。戈尔巴乔夫在其改革的指导性文件《社会主义思想与革命性改革》中提出，如果说初期我们认为这基本上指的只是纠正社会机制的部分扭曲现象，只是完善过去几十年间形成的、已经完全定型的制度的话，那么，现在我们说，必须根本改造我们的整个社会大厦：从经济基础到上层建筑。戈尔巴乔夫还将苏联的改革定性为可以与十月革命相比的一次方向性的转折，因为我们将以一种经济和政治模式取代另一种经济和政治模式。① 改革的最终目的就是要"最充分地揭示我们的制度在其各个决定性方面，即经济方面、社会政治方面和道德方面的人道主义性质"②。可以说戈尔巴乔夫的改革在经济、政治和文化等方面与社会主义原则渐行渐远，放弃了社会主义自我完善的机会，最终彻底背离了社会主义的本质和目的，走向了抛弃社会主义制度的邪路。

首先，戈尔巴乔夫改革采取历史虚无主义态度，否定苏联社会主义的历史合理性，导致人民群众失去对社会主义和共产主义的信仰，为资本主义复辟铺平了道路。戈尔巴乔夫改革对苏联的社会主义历史由近及远逐个加以否定，集中批判了勃列日涅夫的"停滞时期"、斯大林的"专制统治时期"，并进而认为列宁也未能制定出俄国向新的社会过渡的合理构想。这样的做法，使得苏联的现实的社会主义制度及其历史被抹得一团漆黑，威信扫地。再加之西方意识形

---

① 参见邢广程：《苏联高层决策70年》第5册，世界知识出版社1998年版，第416页。
② ［苏］戈尔巴乔夫：《改革与新思维》，苏群译，新华出版社1987年版，第35页。

态的侵入和传播，资产阶级式的"自由"、"民主"、"人权"等日益成为流行的价值标准，越来越多的人觉得社会主义陷入了困境，还不及西方资本主义社会文明和进步。由此，人们对社会主义的认识迅速分化，彻底否定社会主义的意见公开出现，人民失去了对社会主义的信念、对党和政府的信任，这为资本主义的复辟打开了通道。

其次，改革在政治上放弃了社会主义道路，否定无产阶级专政，导致社会秩序混乱，加速了苏东剧变。改革中逐步实行的多党制，使共产党失去了长期执政的法律保证，国内众多反共政党涌现，苏共党内分裂，形成了传统派、民主纲领派和马克思主义纲领派的对立，党内外派别林立，加深了政治危机，党的威信迅速下降，短短几年退党人数竟达500万人，党员人数由1900多万人下降为1400多万人。加之，共产党在"人道的、民主的社会主义思想"指导下，面对敌对势力，不敢斗争，步步妥协退让，直至最后无产阶级政权被颠覆，并酿成共产党被解散、苏联被肢解的悲惨结局。

最后，改革在经济上放弃社会主义道路，否定了生产资料公有制的主体地位，为资产阶级的政治统治奠定了经济基础。戈尔巴乔夫采用新自由主义的"500天经济计划"，推行激进的市场化和私有化，主张恢复资产阶级私有制。这一计划的实施，使公有制主体地位加速丧失，国内经济被搞乱，加剧了苏联的经济危机。1990年苏联经济负增长2%，1991年达到负12%，物资供应严重匮乏，政府财政赤字急剧增加，通货膨胀飞速增长，国有资产大规模流失，群众怨声载道，加速了苏联的解体。

（二）坚持走社会主义道路

在苏联东欧的社会主义建设历史上，社会主义政治经济制度曾经发挥过巨大的优越性，取得了辉煌成就。但与人类历史上任何新生制度一样，社会主义国家在发展过程中也出现过一些弊端。在世界上社会主义和资本主义两种制度并存的局面下，社会主义事业不可避免地会受到帝国主义反动势力的威胁，会遇到重重困难和曲折。社会主义运动的局部失败，出现暂时的停滞和倒退，这并不代表社会主义道路走不通，而只是说明社会主义道路是曲折的，社会主义代替资本主义是一个漫长的历史过程。面对这种情况，一方面，我们要科学把握社会主义制度必然代替资本主义制度这一不可逆转的历史总趋势，坚信社会主义必定胜利。另一方面，我们又要根据世情、国情的新变化适时对社会主义进行调整和改革。

改革是社会主义制度的自我完善，而不是要否定和抛弃社会主义制度。社会主义基本制度是合乎历史发展趋势的，这个不容置疑，然而，社会主义发展出现弊端，是因为具体制度有不完善、不适应的环节、体制和机制。按照马克思主义的观点，社会主义国家在革命成功之后，社会主要矛盾就从阶级斗争转变为人民内部矛盾。人民内部矛盾是非对抗性的，我们可以在社会主义制度范围内，通过自身的调整和完善来解决，改革的目的是为了全体人民的根本利益。所以，改革不是要抛弃构成社会主义社会的基本政治经济制度，而是对社会主义具体制度进行完善调整，解决体制与制度之间的矛盾，在经济、政治、思想文化领域，建立起更加适应基本制度需要的新体制和新机制。所以，改革是在坚持社会主义道路基础上，对不适应社会主义发展的环节、体制和机制的改革。

坚持走社会主义道路，就必须坚持社会主义方向。苏联在发展市场经济时，就没有坚持其社会主义方向。要知道，公有制基础上的有计划的市场经济是社会主义的基本经济特征，是社会主义区别于资本主义的重要方面。而经济自由化的推行者则宣称，市场经济就是市场经济，不要区分社会主义的市场经济和资本主义的市场经济。这种观点显然是错误的。所以，我们在改革过程中，要坚定社会主义方向，严防改变社会主义性质、社会主义方向的错误路线。戈尔巴乔夫的改革，对内向资产阶级民主势力投降，对外屈服于西方帝国主义的压力，完全放弃了社会主义的方向，转向了社会民主主义和资产阶级自由主义，最终把国家和人民引向了灾难的深渊。

坚持走社会主义道路，就必须坚持社会主义基本经济制度，即坚持生产资料的社会主义公有制、按劳分配、共同富裕等。这是社会主义制度同资本主义制度的根本区别。生产资料公有制是适合现代社会化的生产力发展的，能够解放和发展生产力。20 世纪 70 年代，苏联在高度集中的计划经济体制下，经济发展速度下滑，体制弊端日显，亟须进行经济改革。之所以要对高度集中的计划经济进行改革，是因为，随着经济的发展，这种体制已不适应生产力的发展了。显然，要改革这种经济体制和运行机制，而不是要改变社会主义的基本制度。可是，苏联领导人戈尔巴乔夫的经济改革，却是否定社会主义建设的成功经验，把西方的经济理论看作改革的"圣经"，根本改变了生产资料公有制的主体地位，颠覆了整个社会主义经济制度，从而导致资本主义的全面复辟。所以，要走社会主义道路，在所有制方面就必须坚持社会主义基本制度。另外，还要坚持在按劳分配基础上的共同富裕原则。建立在生产资料私有制基础上的少数人的富裕，不是社会主义，社会主义是建立在生产资料公有制基础上的共同富裕。苏联东欧的分配不公问题，如"特权阶层"等违背了社会主义按劳分配原则，并为苏东剧变埋下了隐患。

坚持走社会主义道路，就要实行对外开放。实行对外开放，吸取和借鉴人类社会创造的文明成果，加强国际经济技术合作，反对霸权主义、强权政治和大国沙文主义，在经济全球化条件下维护国家的主权和根本利益，高度警惕和防范西方国家的渗透颠覆与"和平演变"。实行对外开放的目的，是要实现社会主义制度的自我完善和发展，而不是要"全盘西化"。我们要正确处理社会主义国家与全球资本主义国家的关系，吸收、借鉴资本主义的先进文明成果来发展自己。

坚持走社会主义道路，在思想文化方面就要始终坚持马克思主义基本理论的指导。在马克思主义理论的指导下，社会主义精神文明建设得到很大发展。国际共产主义运动和我国社会主义建设实践也都表明，坚持马克思主义理论的指导，是社会主义制度最终彻底战胜资本主义制度的根本保证。

（三）自主选择适合本国的发展道路

从斯大林时期开始，苏联模式即高度集中的政治经济文化体制就开始逐步走向保守和僵化。日益僵化的苏联模式严重限制和阻碍了苏联东欧社会主义的发展。从苏联的失败中我们学到的一条很重要的经验是，社会主义一定要与时代变化和本国实际相结合，不能沿袭历史旧例或照搬外国的模式，要探索具有本国特色的社会主义新模式。21世纪要探索社会主义建设，不能再搞苏联模式，而要首先克服苏联模式的弊端，通过不断改革，逐步形成本国特色社会主义新模式。从苏联模式的突破到中国特色社会主义道路的开辟，是世界社会主义发展史上的一次巨大飞跃。

东欧社会主义国家照搬照抄苏联模式，探索本国发展道路受挫失败，并最终导致东欧剧变，就是一个发人警醒的例子。东欧剧变除了邻国事件的刺激以及国内各种危机的积累外，更重要的原因是，在苏联的压力下放弃了自主选择的社会主义发展道路，转而走向了全盘复制苏联模式的发展道路。政治上，完全照搬苏联高度集中的政治体制；经济上，消灭了原有的私人经济和市场关系；在意识形态领域，加强了国家对思想文化领域的垄断，这使得东欧各国的主权愿望和民众的民主诉求受到了重挫，经济危机和社会矛盾频发。"苏联模式就像一个被错误移入机体内的器官，成了东欧不断频发'排异反应'的根源，并为此后几十年间东欧的曲折发展直至最后的政治剧变埋下了伏笔。"①

在经济建设上，与苏联东欧社会主义国家不同，改革开放以来的中国选择了适合本国的经济制度、经济体制和发展策略。在政治发展上，中国同样没有照搬苏联高度集中的政治体制，而是根据自己的具体情况建立了适合本国国情的政治制度和政治体制。在对外关系上，中国没有仿效或屈从于苏联的"大国沙文主义"和争霸战略，而是坚持和平共处五项原则。在文化建设上，我们始终坚持马克思主义指导，并注重结合中华优秀传统文化，来建设社会主义的先进文化。苏东剧变作为反面典型，告诫我们，发展中国家只有选择适合本国的发展道路，才能成功建设社会主义。中国正是在自主选择本国道路的基础上，才取得了社会主义建设的显著成就，成功走出了一条中国式现代化新道路，创造了人类文明新形态。社会主义改革要想获得成功，就需要不断从具体实际出发，吸取古今中外人类文明的各种积极成果，勇于创新、善于创新。可以预见，21世纪的世界社会主义将是由各国人民各自推进、携手共进，各具本国特色的社会主义。

三、改革绝不能弱化党的领导

苏东剧变的另一个深刻教训就是建设社会主义绝不能弱化或放弃共产党的领导地位。弱化或放弃党的领导权就会丧失社会主义发展的领导力量。从苏东剧变中，我们应该汲取宝贵的历史经验：全面推进中国特色社会主义建设事业，应当始终不渝坚持党的领导，而且要适合本国国情来推进党的建设，全面加强和改善党的领导。

（一）"政治权力多元化"及其后果

苏联的政治权力多元化发端于赫鲁晓夫时期。在1961年10月举行的苏共

---

① 郭洁：《东欧剧变的"苏联因素"探析》，《世界史研究》2010年第9期。

第二十二次代表大会上，赫鲁晓夫提出了一整套"全民国家"和"全民党"的理论。这次大会通过的新苏共纲领也集中体现了这些理论。纲领中提出，无产阶级专政在苏联已经不再是必要的了。作为无产阶级专政的国家，在现阶段上已变为全民的国家。按照马克思主义的国家学说的基本观点，任何国家只要存在着阶级对立或在一定范围内存在敌对势力与阶级斗争，那么这个国家就不可能是超阶级的、全民的国家。显然，这种"全民国家"、"全民党"的理论和实践削弱了社会主义政权的无产阶级阶级属性，为政治多元化开启了门径。

戈尔巴乔夫从倡导政治权力多元化开始，并最终走向了放弃党对国家领导权的极端地步。在1988年6月的苏共第十九次全国代表会议上，戈尔巴乔夫在报告中提出：苏联政治体制改革的主要方针不仅是倡导"民主化"、"公开性"和"舆论多元化"的问题，而且是要放弃苏共是苏联政治体制核心的问题，是要把国家权力中心从共产党手中向苏维埃转移的问题。主张从国家最高领导层开始解决"职能分开"的问题，规定党只能管理理论、路线、政策、干部工作和群众工作，而苏维埃则要起到最高国家政权机关和管理机关的作用。戈尔巴乔夫的政治权力多元化，"一切权力归苏维埃"，使得党的权力被削弱，国家丧失了权力中心。戈尔巴乔夫本想以"民主化"、"公开性"作为手段来扫除"障碍机制"，让人民代表具有真正的权利，真正体现当家作主。但是，在实行"多元化"的过程中，不讲原则，否认限度。"民主化"、"公开性"这两个口号被各种政治势力利用来攻击党的领导地位，政治上的多元化使党内有派、党外有党。党内所谓"民主派"不断进行分裂苏共、解体苏联的活动。各种反共组织乘机大批建立和发展壮大，用各种方式向苏共展开斗争。面对反共势力，戈尔巴乔夫并没有作出应有的警惕和抵抗，而是或明或暗地扶植"民主反对派"。1990年7月，苏共二十八大通过的纲领宣称，要放弃马克思列宁主义的指导地位，借鉴"全人类文明成果"，实行"人道的、民主的社会主义"。这样使得苏共在思想上和组织上形同虚设，党员队伍也四分五裂，大批苏共党员退党，广大党员对党的前途失去信心，党的各级组织也失去了最后的凝聚力和战斗力。亡党必然亡国。

在戈尔巴乔夫"民主化"、"公开性"和多党制方针的鼓励下，苏联各加盟共和国的地方民族主义情绪不断高涨，民族离心倾向日趋严重，各加盟共和国党组织也日益脱离中央，苏共出现了联邦化。各加盟共和国的独立，等于砍断了民主集中制这一维系国家统一的绳索，苏共权力被不断削弱，失去了作为多民族社会主义国家的领导核心，从而使得国家的社会政治经济生活全面失控，社会主义制度的瓦解和国家解体趋势难以挽回。

戈尔巴乔夫的政治权力多元化，使得政治思想领域也逐渐失去控制。破除苏共原来的舆论一律、文化专制、思想禁锢的制度本来没有错；思想、文化、意识形态领域的多样性应是社会主义社会的常态。但是这种多样性并不是放弃马克思主义在思想领域的一元指导地位的"多元主义"。戈尔巴乔夫对新闻、舆论工具"开禁"，仅仅是对苏联模式高度集中体制的反弹，没有建立健全相应的法制，使得各种反对派思想得以肆无忌惮地冲击党的指导思想。意识形态的多元化，使得党员干部无所适从，看不清斗争的实质，面对敌对势力的进攻，不仅不予进攻，反而不断妥协退让。结果，马克思主义在意识形态领域丧失了指导地位，社会意识领域变得彻底失控。

（二）坚持不断加强和改善党的领导

党的正确领导决定着社会主义事业的兴衰成败。以戈尔巴乔夫为首的苏共领导集团在政治体制改革中，以"革新"党为名，不断削弱和否定党的领导，结果导致反共异议分子、地区分离主义和民族分裂势力甚嚣尘上，苏共最终被境内外反共势力合力击垮，国家被搞垮，社会被搞乱。没有党的领导的苏联不可避免地走向瓦解。可见，没有党的坚强领导，社会主义事业必然不能成功。

坚持党的领导，就要坚持党在政治、思想和组织上的领导。坚持党的领导，就要坚持党对国家大政方针和全局工作的领导，坚持党对社会主义政治建设、经济建设、社会建设、文化建设和生态文明建设等各方面的总体领导等。如果动摇和否定了这些内容，党的领导就是空谈。所以，我们必须坚持共产党在社会主义事业中的领导核心地位，不断提高党的执政能力和领导水平，绝不能以任何借口削弱和放弃共产党的领导地位，否则必然会对社会主义事业造成巨大损害。

坚持党的领导，要加强党对思想政治工作的引导和监督。要始终按照马克思主义党建理论全面加强党的执政能力建设，绝不能搞指导思想多元化。苏共领导人在思想政治工作中很少注意意识形态工作。戈尔巴乔夫所谓的"民主化"和"公开性"，成了被反对派利用来搅乱、打倒苏共队伍的武器。形形色色的政治反对派利用"民主化"和"公开性"口号大打反共反社会主义的舆论战，不断歪曲、丑化、谩骂、诽谤苏共历史及其领导人。另外，苏共领导人在对祖国历史的宣传和评价上存在偏差，对领导人错误的批评以偏概全甚至全盘否定，如对斯大林的全盘否定。同时，苏共又不断放弃对主流媒体的领导权，导致党建立的媒体本身变成了反共势力攻击党的武器。苏共之所以声望大跌，一个重要的原因就在于思想政治工作上没有坚持党的领导，使社会意识陷入混乱，乱了民心，让群众对苏共失去了信心和忠诚。

坚持党的领导，要解决好领导权、领导干部培养和组织建设问题。一定要使党的最高领导权掌握在忠诚于马克思主义、坚定地走社会主义道路的人手里，高度重视培养党的事业的接班人，严防蜕化变质分子甚至反共反社会主义分子混入党内。以戈尔巴乔夫为代表的苏共领导人，是一些口头上的马克思列宁主义者。在他们执政期间，对内向资产阶级自由民主势力投降，对外屈服于西方帝国主义的压力，逐渐使共产党褪色变质、"社会民主党化"，最终把国家和人民引向了灾难的深渊。在一定程度上可以说，苏联剧变解体是苏共中央领导集团自己把自己搞垮的。苏共的干部队伍建设存在严重问题。选拔干部时没有严格考察这些干部的政治取向和政治素质、他们与群众的联系以及政治坚定性。一些领导人只是技术官僚，只是精通经济专业的蹩脚的政治家，并没有在政治上受过良好锻炼，缺乏政治能力和政治信仰，不能经受住来自国内外敌对势力的诱惑和考验。正是因为党的各级领导班子犯了政治原则问题，所以苏联解体成了一场来自上层党政精英的"革命"："有关苏联体制出人意料地突然终结与和平让渡的最终解释是：它被它自己的大多数精英抛弃了，随着苏联体制的发展，把这些人和任何社会主义形式联系在一起的物质和意识形态纽带越来越脆弱了。这是一场来自上层的革命。"[1]可见，培养一支政治信念坚定、政治能力优秀、政治素质过硬的领导干部队伍，是党不变质、国不变色的根本保证。

坚持党的领导，就要正确贯彻执行民主集中制，充分发展党内民主，建立健全党内外监督机制，克服个人专断和软弱涣散的现象。列宁将民主集中制作为建党原则之一，是非常正确的论断。然而到了斯大林时期，大搞个人崇拜，搞"一言堂"，长期不召开党的代表大会和中央委员会。赫鲁晓夫上台后比斯大林更甚，勃列日涅夫更是独断专行。戈尔巴乔夫虽鼓吹"民主化"和"公开

---

① [美]大卫·科兹、弗雷德·威尔：《来自上层的革命——苏联体制的终结》，曹荣湘等译，中国人民大学出版社2008年版，第5页。

性",可实质却是对反苏反共的人实行民主,对拥护支持苏共的人进行独裁和打击。"八一九事变"后,戈尔巴乔夫宣布辞去苏共中央总书记职务,要求苏共中央"自行解散"并下令停止苏共活动。这样重大的事情,竟然是戈尔巴乔夫一个人说了就算。这样的党缺乏党内民主和群众监督,也必然会失去广大的党员支持和群众基础。事实证明,要改变高度集权的体制,消除个人迷信、个人专断,就必须健全有效的权力制约机制,加强党的组织建设。

　　坚持党的领导,要加强党的作风建设,坚决反对官僚主义、形式主义,坚决反对腐败。在苏共党内,特权腐败阶层是逐步形成的,从赫鲁晓夫不讲原则,瞎指挥,讲大话、空话、套话,到勃列日涅夫热衷于追求表面荣誉和奖赏,直至戈尔巴乔夫时期党内腐败已经极其严重。当时,莫斯科供特权阶层消费的"特供商店"就达 100 多处。列宁曾说:"我们所有经济机构的一切工作中最大的毛病就是官僚主义。共产党员成了官僚主义者。如果说有什么东西会把我们毁掉的话,那就是这个。"①历史不幸证明了这一点,苏共特权腐败,败坏了党风和社会风气,加重了民众对党的信任危机,最终毁掉了苏联。前苏共中央委员和苏联最高苏维埃代表格·阿·阿尔巴托夫认为,特权腐败在苏联不仅造成了国家物质上的损失,"道德上的损失就更为惨重:社会分化加剧;经常遇到磨难的大多数人对那些不仅享受福利照顾而且享有种种特权、任意攫取不义之财而又逍遥法外的'上流人物'的憎恨之情与日俱增,埋下了社会冲突的地雷,党、政府、整个领导层的威信下降,同时作为一种自然反应,右的和左的平民主义都冒出来了"②。可见,要想坚持党的领导,夯实党的执政基础,就必须要加强党的作风建设。

　　(三)坚持无产阶级专政,正确处理民主与专政的关系

　　经典作家认为,在从资本主义社会向社会主义社会过渡的时期,民主与专政是有机统一的。无产阶级民主专政的实质就是无产阶级代表广大人民掌握国家政权,并在人民内部实行民主,对反对人民的阶级敌人实行专政。在达到"自由人联合体"的共产主义社会之前,国家和民主制度的消亡将是一个长期

---

① 《列宁全集》第 52 卷,人民出版社 2017 年版,第 288 页。

② [俄]格·阿·阿尔巴托夫:《苏联政治内幕:知情者的见证》,徐葵等译,新华出版社 1998 年版,第 341 页。

的过程。历史事实也表明，布尔什维克党之所以能建立苏维埃政权，是有着坚实的群众基础的，这个党代表着工农群众的愿望、要求及利益。相反地，执政党削弱无产阶级专政，长期脱离群众，也是苏东剧变的重要原因之一。

坚持无产阶级专政，首先要坚持党内民主。从斯大林到戈尔巴乔夫，并没有使无产阶级民主发展为社会主义民主，反而是逐步地限制、削弱、破坏了民主。苏联长期局限于一党独存，人民的民主权力越来越垄断于党，而党的权力长期垄断于领导人，政治体制高度集权造成了政治体制长期僵化。从苏共十三大（1924 年）到十九大（1952 年），召开全党代表大会相隔时间越来越长，从1 年、2 年一直到 13 年。斯大林漠视全党代表大会和中央委员会的权威，错误地提出政治局是拥有全权的机关，从而削弱和悬隔了全党代表大会和中央委员会的权力。由此激发了苏共领导人的长期个人高度集权和个人专断，破坏了党内民主和人民民主，进而为戈尔巴乔夫的错误提供了温床。由此，党内民主的丧失，最终也成为苏东剧变的一个重要因素。实际上，民主集中制中的民主与集中是绝不能割裂的有机统一体。党内的集中和统一，应该以充分的党内民主、普通党员的充分参与为前提，才能保证集中的正确，才能避免民主集中制蜕变为"官僚集中制"。

坚持无产阶级专政，要健全监督机制。将苏联体制出现的问题全部归于领导人是不科学的，苏共政权的中心在于党群关系。而苏联政治体制中自上而下的任命制，以及缺乏有效的监督机制，妨碍建立密切的党群关系。苏维埃代表、党政机关领导干部的上级委任制，使得各类官员不能很好地向人民负责，不能根据人民的意愿办事。而列宁去世后，苏联的监督机构的地位和作用也逐步下降，监督机制只管党风党纪问题，权力越大的地方，监督力度越是薄弱，被监督者往往领导着监督者来监督自己，使得监督权力实际上形同虚设。监督的无力，使得广大民众的利益得不到切实的制度保证。管理者为了维护自己的利益，争权夺位，各成派系，形成了官僚特权阶层，与广大人民群众距离悬殊，失去了人民的信任，也就必然会被民众所抛弃。可见，要把无产阶级专政真正落到实处，就要加强民主执政，健全民主监督机制，将权力关在制度的笼子里。

坚持无产阶级专政，就要警惕西方意识形态渗透，正确处理好民主与专政的关系。列宁曾多次指出资产阶级"民主、自由、人权"等的虚伪性。列宁指出，民主、自由和平等从来都是具体的、历史的，依赖于特定阶级利益的。社会主义民主不是所谓超阶级民主，一定是与无产阶级专政紧密结合在一起的民主。没有民主，就没有社会主义，没有无产阶级专政就不能实现社会主义。冷战开始以来，西方称苏联是"共产主义专制"国家，时常祭起"人权"、"民主"、"自由"等旗号，对苏联发动猛烈的政治和外交攻势。苏联领导人戈尔巴乔夫，落入了资产阶级"普遍民主"、"超阶级民主"或者"绝对的民主"的政治圈套和话语陷阱，提倡"民主化"、"多元化"和"人道的、民主的社会主义"，使苏联处于政治混乱和无政府状态。戈尔巴乔夫的"民主化"改变了苏联的政治制度的性质，抛弃了无产阶级专政。这种无限度、无条件的"民主"，使得苏共丧失领导权，而让反共势力获得了领导权。可见，我们要树立正确的民主观，坚持社会主义民主与西方自由民主的原则区别，实现坚持党的领导、人民当家作主和依法治国的有机统一，确保国家统一、民族团结、社会稳定和人民安居乐业。

坚持无产阶级专政，就要始终保持党同人民群众的血肉联系。一切为了人民，一切依靠人民，一切权力属于人民，要让人民共享经济发展繁荣的成果。始终遵循全心全意为人民服务的宗旨。要从人民群众中汲取智慧和力量，党领导的正确性在于问政于民、问需于民、问计于民，切不可脱离群众、漠视群众利益甚至欺压人民群众。苏共和一些东欧执政党并没有做到这一点，党员干部长期享有特权，其中一些人大搞权钱交易，有的甚至走私石油、金属、核原料等战略物资，全国性的腐败案件不断发生，党内形成利益集团，谋求其既得利益公开化、合法化与永久化，因此谋求政权变色。党的声誉和威信一落千丈，失去了人民群众的支持，失去了执政的政治基础。因此，共产党只有保持同人民群众的密切联系，才能在建设社会主义过程中战胜各种困难和风险、不断取得事业的成功。

四、改革不能拘泥于计划经济体制

苏东剧变的又一个深刻教训是，建设社会主义不能拘泥于计划经济体制，而要合理发展市场经济。仅仅拘泥于高度集中的计划经济模式，而不发展市场经济，就会丧失社会主义发展的物质动力。从苏东剧变中，我们应该汲取宝贵的历史经验：坚持和发展中国特色社会主义，要坚持以经济建设为中心、合理推进社会主义市场经济发展，并由此推进人与社会全面发展。

（一）高度集中的计划经济体制的弊端

高度集中的经济体制是苏联东欧社会经济发展的一个典型特征。苏联高度集中的计划经济体制的社会主义因素，就是通过计划手段调节经济，计划也确实带来了一些经济效益，社会经济不再有周期性的衰退或萧条，经济增长迅猛；生产的动力是经济计划，而不是个人对利润的追求。但是，苏联经济体制也包含着许多不适应时代要求的因素，例如它是指令性计划经济，"实行单一的公有制形式，生产与消费需求相脱节，生产者的贡献与取得的报酬不相一致，因而缺乏内在的动力和恒久的活力，是一种高投入、高消耗、高成本、低效益的经济"[1]。随着社会进步、新技术革命浪潮到来，这种体制的弊端日益显现，日益不能适应全球经济发展的客观需要。戈尔巴乔夫等人改革的初衷是想激活苏联体制的活力，以适应时代需要，这是值得肯定的。然而其错误在于全盘否定苏联经济体制，鼓吹无原则的私有化和市场化，结果是"把孩子连同洗澡水一起倒掉"，造成经济崩溃、政府垮台与社会混乱。高度集中的计划经济体制的弊端首先在于，不利于资源的合理配置。所谓经济体制就是借助特定经济机制实行资源配置的一整套经济系统，是用来利用一定组织内的稀缺资源的各种机构和安排的网络结构。[2] 苏联经济体制的最重要的内容，是生产资料的国家所有制和中央计划经济，几乎全部的生产资料都归国家所有，几乎全部经济运行都由中央计划和指令来推动、调节，连老百姓的一般日用品的生产几乎全部依靠国营企业生产销售。这是一种过分理想化的经济制度，并不适合当时苏联社会生产力的实际发展水平。然而，"事情并不总是按计划制定者的愿望发生的。计划制定者可能希望，也就是下令生产某些东西，但实际生产出来的却不是他们想要的东西；或者虽然他们的愿望得到了贯彻，但是他们所下的指令本身却出现了差错，也就是说，这些指令同计划制定者所追求的目标并不一致"[3]。在计划过程中，需求总是经常性地大于供给，造成"短缺经济"，这就导致苏联经济的持续低效率。另外，商品价格也是由国

---

① 黄宗良：《从苏联模式到中国道路》，北京大学出版社 2014 年版，第 108 页。

② 参见[瑞典]艾登姆：《经济体制》，王逸舟译，生活·读书·新知三联书店 1987 年版，第 1 页。

③ [英] 阿·诺夫：《政治经济和苏联社会主义》，中国社会科学院苏联东欧研究所编译室译，上海译文出版社 1983 年版，第 135 页。

家制定的，市场机制、供求关系的自发调节作用在资源配置中几乎没有发挥作用。

高度集中的计划经济体制束缚了企业的自主生产创新，阻碍了社会的经济进步。高度集中、等级森严的计划经济形式，使得企业生产几乎完全处于应付上级指令的地位。苏联经济学家涅姆钦诺夫认为，苏联的经济体制"是一种僵化的、机械呆板的体制，它的全部指令性指标参数都是预先下达的；不管在什么时候，也不管在哪个环节，整个体制都被从头到脚束缚了起来"①。企业在这种体制下被从头到脚束缚起来，失去了自由地进行生产和创新的能力，只为上级指标生产，而不为消费者的实际需要生产，严重阻碍了社会的经济进步。

高度集中的计划经济体制阻碍了苏联经济增长方式的转变。计划经济体制下的经济单位只追求产品数量的扩张和产值的增长，对产品的质量以及投入与产出之间的比例关系却很少注意，这样生产出的产品质量低劣，缺乏国际竞争力，企业也因此难以经营下去。另外，由于认识和实践上的局限，苏联把计划经济等同于社会主义，把市场经济等同于资本主义，对市场经济进行批判和拒斥，使人们没能打破传统的经济模式，苏联长期未能形成真正的市场，从而造成计划经济体制被固定化、定型化，同时向集约型增长方式的转变也收效甚微，从而导致苏联经济缺乏活力和动力，导致发展停滞和经济危机。

（二）改革计划经济体制，发展市场经济

苏东剧变在经济上的重要原因在于，苏东经济体制和经济运转机制方面，始终未能处理好市场和计划的关系，笼统地把社会主义看成是计划经济，把市场经济等同于资本主义。就苏联来看，布尔什维克党掌权之初，就把商品货币关系、市场同社会主义完全对立起来。战时共产主义政策的教训，让列宁认识到在向社会主义过渡时期商品货币关系存在的必要性。到了20世纪50年代初，斯大林提出不能把商品生产和资本主义生产混为一谈，商品生产不会引导资本主义，但又留下了生产资料不是商品，价值规律同有计划按比例发展规律是对立的、对生产没有调节作用等教条。②斯大林之后，赫鲁晓夫发起的思想解放

① [英] 莫舍·卢因：《苏联经济论战中的政治潜流——从布哈林到现代改革派》，倪孝铨等译，中国对外翻译出版公司1983年版，第140页。
② 参见《斯大林文选》，人民出版社1962年版，第581—589页。

运动开阔了人们在市场问题上的理论视野，苏共二十大纲领提出要"对商品货币关系充分加以利用"。但是到了 20 世纪 60 年代后半期，当东欧改革掀起新浪潮、人们对市场问题的认识又前进了一大步时，勃列日涅夫领导的苏联又发起了对"市场社会主义"的大批判，斥之为"反社会主义理论"，认为市场同公有制、计划生产属于不可调和的矛盾，实际上是取消社会主义经济基础和按劳分配等等。[①] 直到 20 世纪 80 年代初，苏联 95% 左右的物资仍由国家统拨。当苏联领导人认识到必须进行市场经济改革时，已是积重难返。再加之，戈尔巴乔夫错误的改革方针，使得苏联经济急剧滑坡，全面失控，陷入了"既无计划，又无市场"的混沌局面，苏联经济最终彻底崩溃。由此可见，发展社会主义，必须处理好计划与市场的关系，在理论上打破把计划等同于社会主义、把市场等同于资本主义的僵化观念，在实践上改革计划经济体制，发展社会主义市场经济。

改革计划经济体制，发展市场经济，首先要涉及社会主义的所有制基础和经济运行机制。经济体制包括所有制基础和经济运行机制两个部分，其中，所有制关系及其结构是经济运行机制赖以形成的前提和基础，经济运行机制则是所有制关系的实现方式。所以，要改革计划经济，发展市场经济，就要在所有制基础和经济运行机制两个方面都按照商品经济的原则进行改革，不能只满足于计划经济体制的框架内引入市场调节的因素。而苏联和东欧国家在长期发展过程中，不承认商品经济是社会主义的本质属性之一，而只是认为社会主义必须利用商品货币的关系，商品货币关系和价值规律是附属于计划经济的因素。在这种思想指导下，苏联建立了一种高度集中统一的计划经济体制，商品经济的成分很少，生产资料所有制变成了全民所有制，价值规律的作用也只能在有限的范围内发挥作用。社会主义改革的总体目标应当是建立一个计划经济和市场调节有机结合的体制，这并不是要否认或贬低计划经济，而是要在计划的同时也有市场，让市场不是盲目地自发地发挥作用。这在所有制基础层面就要求，打破传统的计划经济体制下公有制一统天下、居于垄断地位的局面，让非公有制经济符合规律地发展起来。要做到在公有制为主体的情况下，让多种所有制共同发展，从而使多层次的所有制形式与发展不平衡的生产力水平相适应。

---

① 参见中国社会科学院情报所编译：《苏联理论界论社会主义》，人民出版社 1989 年版，第 278—292 页。

同时，改革计划经济体制，发展市场经济，要避免"全盘私有化"和"全盘市场化"；改革国有制，加强国有企业在市场经济中的地位和作用，从全局上调整国有企业的存在数量和存在范围，进行国有经济的战略重组。而苏联"1987 年的《国有企业法》在寻求中央政府和地方政府之间的一种平衡，允许市场力量存在于国家经济的计划框架内，但到了 1990 年至 1991 年，经济的计划性实际上被取消了。苏联的国家银行系统，以前曾经是国家经济的计划性控制的一部分，现在变成了私人的商业银行和交易保障系统"①。苏联的经济改革做得太过火，推行激进的市场化和私有化，从而使得市场和私有经济扩张到一切地方，经济发展模式以国内外资本操纵的"自由市场"为基础，社会主义经济制度被破坏，中央失去了对经济的控制，经济领域变得一片混乱。在苏东社会主义国家中，普遍的国有制即国有企业的普遍存在构成了整个计划经济体制的基础，是保证国家对一切经济活动实行垄断控制的基本条件。而在建设社会主义市场经济的同时必须壮大国有企业，是因为它能够在一些关乎国计民生的经济命脉以及某些关键性的公共物品的生产上发挥特殊优势。因此，必须要保证国有经济在国民经济中起主导作用、占主导地位，才能使社会主义市场经济稳定健康发展。

改革计划经济体制，发展市场经济，就要改革分配方式，避免平均主义，形成良性激励机制。苏联在计划经济制度下，分配的标准是工人的劳动时间、参加工作年限和技术等级。这种分配标准并不是按劳动者对社会的实际贡献来进行分配，实质就是在不同等级上的平均化。如果说，苏联体制完全以中央经济计划为基础，那也有失准确。相比于中央计划，市场起着第二位的作用。消费品主要通过零售商店来分配，在这里，消费者可以随意购买到上架的东西，其价格由国家统一调整。不管是在分配领域，还是在消费领域，中央计划仍然是调节经济活动的主要制度。这种制度下，分配排斥市场标准，社会不是按照劳动者实际贡献大小进行分配，这导致了劳动者失去了工作与创新的积极性，阻碍了经济的发展。所以，要改革计划经济体制，发展市场经济，就要适应所有制基础的改革，改革分配方式，实现按劳分配为主体，多种分配方式并存。

---

① ［美］大卫·科兹、弗雷德·威尔：《来自上层的革命——苏联体制的终结》，曹荣湘等译，中国人民大学出版社 2008 年版，第 95 页。

五、改革不能忽视民族问题

苏联社会主义实践的一个重大创新是社会主义运动与多民族国家建设相结合，而苏联东欧社会主义阵营的一个重大创新是社会主义运动与国家联盟相结合。然而，这既是社会主义运动的创新，又给社会主义发展带来了不少新问题。苏联东欧国家对于社会主义与民族国家、国际联盟之间的关系问题处理失当，成为苏东剧变的一个重要原因。

苏东剧变的一个深刻教训是，一旦忽视国家独立与统一、民族问题，漠视国家间的平等权利，必然会损害社会主义发展的内生条件与外援环境。从苏东剧变中，我们应该汲取的宝贵历史经验是，坚持和发展中国特色社会主义，要维护国家独立和统一，妥善处理民族问题，全面推进社会主义建设。

（一）民族问题处理失当及其后果

苏联有近 3 亿人口、130 多个民族，民族和信仰的构成十分复杂，这就决定了民族问题直接涉及国家独立和统一问题、直接涉及社会主义能否繁荣发展问题。正是民族矛盾的总爆发、民族分立的巨大浪潮将苏联这个多民族国家推向了解体。"冰冻三尺，非一日之寒"，苏联在处理民族关系问题上，无论是斯大林或斯大林以后的各个时期，都存在这样或那样的问题，既有"左"的错误，也有右的错误。早在斯大林时期，在民族理论、政策和工作中就有了错误，后来积累了大量的民族矛盾，出现了离心倾向。赫鲁晓夫时期虽解决了一些民族矛盾，但又造成了一些新的矛盾。勃列日涅夫时期宣称苏联民族问题已经解决了，这使人们产生了在民族问题上的麻痹心理。苏联在 20 世纪 80 年代后期出现的民族危机固然有其历史根源和多方面的原因，但是，戈尔巴乔夫的"改革"路线和民族工作上的错误却直接煽起了民族分离主义的烈火。戈尔巴乔夫上台后并未制定出解决民族问题的有效政策和措施，他的"改革"路线与措施，非但没有解决民族问题，反而诱发了历史遗留的民族问题。加之戈尔巴乔夫又对民族分裂势力姑息迁就，使得苏共的领导作用遭到削弱和否定，苏联各族人民对领导者也失去了信心。经济的恶化，又割断了联系各族人民的经济纽带。一些民族"精英"为谋取私利，煽动民族对立情绪和民族冲突。民族矛盾急剧尖锐化，到 1990 年爆发为全面的民族危机直至分裂苏联。

首先，苏联在民族问题处理方式的简单化和教条化，掩盖了实际存在的民族问题的复杂性和民族矛盾的尖锐性。苏联成立后的较长时期里，一些苏联领导人错误地把任何谋求本民族利益的努力都不加分析地斥为"资产阶级民族主义"，把民族矛盾也等同于阶级矛盾、阶级斗争，从而把它们作为反动的东西加以压制和批判。对民族问题严重性的认识远远不足，使得他们拿不出合乎实际的理论来妥善地解决民族矛盾，更谈不上通过制度化和某种机构对各民族的利益和要求进行协调和保护。戈尔巴乔夫在其上台后的一段时间里，仍然没有充分认识到民族问题的严重性，他推行的"新思维"和"人道的、民主的社会主义"路线，搞"公开性"、"民主化"、"曝光"、"不留空白历史"，人为地煽起了民族矛盾，点燃了各民族国家内部民族分离主义的烈火。从1989年开始，拉脱维亚、立陶宛、爱沙尼亚等一些加盟共和国的共产党提出脱离或独立于苏共的要求。之后，苏联各加盟共和国的地方民族主义情绪不断高涨，民族离心倾向日趋严重，各加盟共和国党组织也日益脱离中央。戈尔巴乔夫对此节节退让，苏共出现联邦化倾向。等到戈尔巴乔夫感叹"给我找个没有民族问题的国家，我一定到那儿去"时，为时已晚。

其次，作为政治改革内容的族际关系改革，没有摆正联盟中央与各加盟共和国的关系。在"更新联盟"的总口号下，处理族际关系领域中的矛盾，被简单地理解为各加盟共和国同联盟中央进行权力分割，各共和国最大限度地加强自己的主权地位。党内所谓"民主派"利用这一形势，与党外民族分离主义相互呼应、紧密配合，进行分裂、解体苏联的活动，致使族际关系全面紧张和激化，族际矛盾和冲突愈演愈烈，各加盟共和国同联盟中央之间展开了激烈的法律战和主权战。1991年4月23日，戈尔巴乔夫绕过苏共中央和最高苏维埃，与俄罗斯联邦、乌克兰、白俄罗斯、哈萨克斯坦等九个加盟共和国的领导人举行会晤，发表了《"9+1"声明》，提出要尽快签订新的联盟条约，新建的联盟将把苏联即"苏维埃社会主义共和国联盟"更名为"苏维埃主权共和国联盟"，取消了社会主义字样，这就从法律上破坏了国家统一。[①] 使苏联各民族失去了联合的政治基础和统一的领导力量，进而使得完整、统一的苏维埃社会主义共和国联盟在成立69年之后完全解体。

---

① 参见李慎明、吴恩远、王立强：《历史的风——中国学者论苏联解体和对苏联历史的评价》，人民出版社2007年版，第10—11页。

再次，领导者在处理民族问题上，没有坚持各民族平等，逐步激化民族矛盾，酿成大国悲剧。在一个多民族国家中，各民族人民之间的正常关系，只有在相互承认、相互尊重的基础上才能建立，要做到平等和包容。在经济方面，苏联中央权力过分集中，完全按照社会主义大家庭分工协作的方式规划各加盟共和国的经济生活，这严重损害了各民族地区利用本地优势发展地区经济的自主权和积极性，从而招致了民族地区的强烈不满。在人事方面，民族地区对民族干部的配备也存在问题。戈尔巴乔夫只片面强调干部的能力、品德和作风，注意力放在干部对待改革的态度立场上。如 1986 年 12 月对哈萨克党中央第一书记库纳耶夫（哈萨克族）职务的解除，代之以俄罗斯人科尔宾，就引发了阿拉木图事件，也揭开了民族动乱的第一页。苏联在意识形态和文化领域对各民族文化力求统一的政策，在一部分共和国居民当中常常被理解为对自己文化的限制、强迫接受。俄罗斯人主导苏联体制，少数民族人民要想成为体面的"俄罗斯人"就得遭受压力，这日益招来民族怨恨，从而侵袭着苏联的多民族统一性。

（二）正确处理民族问题

在多民族的社会主义国家里，党的民族政策正确与否，会直接影响到各民族能否和睦团结，国家政治局势是否稳定以及社会主义能否繁荣发展。历史经验证明，民族宗教问题无小事，切不可掉以轻心。领导人必须作出正确的民族决策、民族建设、民族改革，必须作出符合实际、具体准确的民族政策。

正确处理民族问题，要充分考虑民族问题的解决、民族的统一和融合的长期性与复杂性。从历史上看，民族融合是一个长期的、曲折的发展过程，与社会主义建设既有联系又有区别。然而苏联的民族理论和政策将民族问题简化为社会主义改造的问题，苏联的官方民族理论片面地强调民族的统一和融合的趋势，把民族矛盾的消失、民族的统一过程等同于公有制经济基础、共同的阶级结构的建立和经济一体化过程，并把这个过程看成是单向的不可逆转的。在制定民族发展政策上，他们把它简单化为：民族平等导致民族繁荣、导致民族融合。① 事实上，如果把民族平等简单化为平均主义，把民族融合简单化为文化的"同质化"，不仅先进的民族不满意，后进的民族也会形成

---

① 参见黄宗良：《从苏联模式到中国道路》，北京大学出版社 2014 年版，第 116 页。

依赖性，这样不仅不利于民族的融合，还会加强民族独立意识，更加强调本民族的传统和文化，增强离心的倾向。达到民族的团结和融合，是一个长期曲折的过程，要根据各国各民族具体情况具体分析，切莫简单化和教条化，搞一刀切，欲速则不达。

正确处理民族问题，要实行民族区域自治，实现民族自主管理，处理好中央权力与民族自治权利的关系。民族自治原则是实行民族自我管理和参加国家管理的基本形式。苏联成立条约和宪法中规定，俄罗斯联邦等一些加盟共和国实行民族区域自治，同时又承认各个加盟共和国有自由退出联盟的权利。正是由于这一权利导致一些民族分离主义者打着民族自决的旗号，进行分裂国家的活动。苏联解体告诫我们，在多民族国家内部实行联邦制，并赋予各个加盟共和国主权国家的地位和自由退出联盟的权利是不适宜的。民族问题的解决应在文化自治的框架下，而不是在民族主权的框架下进行。必须要在保持中央必要的集中权力与尊重各民族的自主权之间寻找合理的"度"；在实行联邦制国家，还必须正确处理党的组织实行民主集中制与国家结构上实行联邦制的关系，既不能因为前者而限制和剥夺民族的自主权，也不能因为后者而实行党的联邦化。[①] 相对而言，中国实行民族区域自治，赋予各民族自我管理和参加国家管理的权利是非常恰当的做法，巩固和发展了平等、团结、互助的社会主义民族关系。

正确处理民族问题，要坚持各民族平等，抵制各种分裂主义，加强民族之间的团结，实现各民族共同繁荣。民族平等是处理民族关系问题的基本原则。苏联名义上是联邦国家，起初由四个加盟共和国共同组成，大民族为加盟共和国，中民族为自治共和国，小民族为自治州、民族乡，似乎各民族完全平等，独立自主，高度自治。但实际上，列宁之后苏联并没有实现各民族间真正的平等，斯大林及之后的领导人宣扬俄罗斯民族是苏联最杰出的民族，歧视少数民族，轻视甚至迫害少数民族干部，少数民族和大俄罗斯民族长期处于一种不平等的地位，引起了少数民族强烈的不满，加剧了民族离心的倾向。对民族分裂势力，苏联领导人也总是把矛盾的苗头指向"地方民族主义"，对"大俄罗斯主义"则采取姑息纵容的态度。在经济上，高度集中的计划经济把各民族经济统得很死，不利于少数民族自身的发展。吸取苏联教训，在民族问题上，我们

---

① 参见黄宗良：《从苏联模式到中国道路》，北京大学出版社 2014 年版，第 116 页。

必须要坚持民族平等，坚决同各种分裂势力作斗争，必须要解放和发展少数民族自身的生产力，提高各民族自我发展能力，实现各民族的共同繁荣。

正确处理民族问题，要完善党的领导，坚持党在处理民族问题中的领导地位。戈尔巴乔夫提出的"民主化"、"公开性"的改革，改变了共产党在苏维埃国家中的领导地位，切断了将各个民族联系起来的政党纽带。1989年末，立陶宛共产党首先宣布脱离苏共而独立，拉开了苏共分裂和苏联解体的序幕，随即一些加盟共和国中形形色色的反共组织纷纷成立，民族分裂活动也愈演愈烈。苏联的经验教训告诉我们，在处理民族问题时，要高度重视党的领导，全面贯彻党的民族政策，使党的最高领导权始终掌握在忠于党、国家和民族的人手里。

（三）维护国家独立和统一

国家作为一个非常复杂的机体，特别是一个多民族结合的国家，更是会出现各种复杂情况。维护国家的独立和统一，变得更加困难和关键。列宁在十月革命后根据国内外形势，成立了苏维埃社会主义共和国联盟，以民族为单元建立了联邦制国家。在最初"民族形式，社会主义内容"的原则之下，只有这种国家结构才能包容国内主要民族的基本特征，从而获得民族力量的支持与拥护。各苏维埃社会主义共和国在自愿的基础上结合在一起，各共和国主权独立、权利平等，并以民族命名，按照民族原则划定，把民族原则作为联邦结构的基础。这种联邦结构可以很好地保持并发展各民族的民族特征。但是，联盟院和民族院的建立，使得民族边界和行政边界重合，强化了各加盟共和国在社会资源分配中的竞争意识，成为族群政治化和民族主义的温床。所以，在多民族国家里要维护国家的独立和统一，政府就要具有宏观战略视野，能够根据形势采取多种综合措施，建立灵活的反应机制，以维持多方面利益的平衡，从而加强民族融合，推动国家共同体的建立。

在政治上，应该建立一个强大而有效的政府，建立稳定合理的政治秩序，加强各民族的融合。中央要实现少数民族问题的"去政治化"，进而弱化民族身份识别，树立起中央权威，加强中央的统一和集中领导。对于各民族要平等对待，共同发展，既要控制大民族主义，又要尊重少数民族的权利、保护少数民族文化；既要借助和发挥先进民族的优势，进行现代化建设，又要帮助和扶持落后民族，在使先进民族接受理解这一政策的同时，也要照顾到少数民族的情绪，避免引起地方民族主义。这就需要中央政府更加小心地随时关注各民族对政策的反应。我们必须关注新的社会结构中出现的新形式的"社会分层"以及与民族相联系的"族群分层"等新的社会问题和社会矛盾，关注各族精英及民众心目中认同意识的结构变化，关注市场经济运行中各族互动模式的演变与矛盾化解机制。① 从而更有效地解决和应对新形势下的民族问题，以维护国家的独立和统一。

在经济上，先进民族应将先进经济生产技术传授扩展到周边少数民族，带动各民族发展，各民族也要加强合作分工，利用比较优势发挥国家整体合作优势，以实现共同发展与繁荣。在各民族共同利益基础上，增强各民族维护国家共同利益的共识，从而建立国家认同。随着现代化的不断推进，经济政策也要作出不断调整。然而，在苏联，俄罗斯民族在帮助各民族发展经济的同时，自身从中没有赢得好处，俄罗斯成为"供血者"，而俄罗斯人却失去了在各共和国被列入"主体民族"的公民所享有的那些权利。这种经济政策的不平衡，制造了民族区隔，激化了民族矛盾，使得国家的统一失去了经济的纽带。苏联的经验教训告诉我们，发展民族地区经济，不能仅仅依靠中央对地方的财政补贴，而要在国家整体发展战略中努力发展民族地区的生产力，不断地提高各民族物质生活水平，使各民族共享国家的繁荣与进步。

在文化上，要强化公民意识，使民族认同和国家认同协调发展。在历史悠久的多民族国家中，各民族对本民族的认同和理解，是历史长期发展的结果，具有很强的稳定性。因此，在民族文化政策上，首先，要采取平等的文化政策，杜绝一切歧视以及强行的民族同化，让各民族增强对国家的认同。所以，在文化的统一问题上，我们切不可简单化、强制化，而是要从历史中提炼各族共享的文化和记忆，提高公民意识，增进民族间交流与互信，逐渐淡化民族意识。当国民转变为公民，在文化上实现一体化，各民族团结互助、共荣共辱，民族的自然融合才会显现。其次，为了巩固和维护各民族间的和谐关系，文化也要不断与时俱进，建立新型现代文化，增强各民族文化之间的交流与融合。这样，有利于在民族国家层面上建立起一种新型的集体认同，超越民族地域的观念，形成一种公民意识和国家认同。

① 参见马戎：《对苏联民族政策实践效果的反思——读萨尼教授的〈历史的报复：民族主义、革命和苏联的崩溃〉》，《西北民族研究》2010 年第 4 期。

六、改革不能忽视意识形态工作

苏联东欧国家对于意识形态问题处理失当，意识形态工作策略失误，也是苏东剧变的一个重要原因。苏东剧变的一个深刻教训是，一旦忽视意识形态问题，采用错误的方式来进行意识形态工作，必然会损害社会主义发展的理论指导和精神支撑。从苏东剧变中，我们应该汲取的又一条宝贵历史经验是，坚持和发展中国特色社会主义，要警惕西方和平演变、提升国家文化软实力、推进意识形态建设。

（一）意识形态混乱及其后果

戈尔巴乔夫改革的失败最先开始于意识形态工作的错误。1987 年 1 月，戈尔巴乔夫在苏共中央全会上提出了改革旧体制的方法，即思想方面的"公开性"和社会变革的"民主化"。苏共主管的意识形态的闸门被打开，形形色色的反苏反共反社会主义的思潮便如洪水般奔涌而出。歪曲抹黑乃至全面否定苏联国史党史的言论铺天盖地。"全盘否定斯大林的思潮，如死灰复燃，汹涌成势。……在官方的鼓励下，意识形态领域的这场批判，进而像一股巨大的龙卷风席卷整个社会，而且越刮越猛。……各种非正式出版物纷纷登台，苏共报刊舆论阵地逐渐被蚕食。……1990 年 6 月 12 日，《苏联出版法》正式颁布，反对派和私人办报合法化。"①各种攻击、谩骂苏共和社会主义制度的言论、文章纷纷出笼，反马克思主义思潮甚嚣尘上，历史虚无主义泛滥成灾，整个苏联历史都被抹黑。苏联在意识形态方面打开了自我毁灭的潘多拉魔盒。

具体来看，第一，意识形态的混乱，否定了马克思列宁主义的意识形态，从根本上动摇人们对共产党和社会主义的信念。"据 1991 年 2 月苏共中央社科院调查研究中心对 1600 名党员的调查：关于党内思想，36% 的人认为思想越来越不一致；38% 的人认为意识形态多元化是有益的。50% 的党员支持苏共二十八大方针；14% 的人支持马克思主义纲领；12% 的人支持共产党人改革家运动；6% 的人支持'俄共产党人倡议代表大会'主张；3% 的人支持'争取列

---

① 李慎明、吴恩远、王立强：《历史的风——俄罗斯学者论苏联解体和对苏联历史的评价》，人民出版社 2007 年版，第 26—27 页。

宁主义和共产主义的思想统一'运动。"① 思想的陷落使苏共面临灭顶之灾，主流舆论千百次地重复苏共和苏联的社会主义实践是失败的，当各种媒体把党的领袖的形象抹得漆黑一团，当广大党员和人民群众把这些谎言和谬论误认为真理之后，还会有谁坚信共产主义的理想信念。对于一个马列主义执政党来说，意识形态的混乱，使它失去了强有力的凝聚党心、汇聚民心的凝聚力。严重的党内思想混乱，也引发了全苏各地的退党狂潮，在瓦解苏共思想基础的同时更进一步摧毁了苏共的组织基础。

第二，意识形态的混乱，造成了知识界的混乱，苏联社会的传统价值观被扭曲，社会道德堕落沦丧。在反党反社会主义思潮和各种资产阶级腐朽思想冲击下，苏联知识界也一片混乱。一些知识分子不能坚持原则，原先所谓"坚定的列宁主义者"摇身一变，成为反对所谓"极权主义"的斗士。当一批人文社科知识分子对西方制度顶礼膜拜，其中少数的知识精英成了瓦解苏共、摧毁苏联社会主义制度的"主推手"和"先锋队"，苏联多年培养的精英队伍一夜间倒戈。苏联知识分子队伍中的"激进思潮"急速蔓延。社会思潮陷入一团混乱，社会道德也出现了大滑坡。"社会道德开始堕落，在革命的英勇时期、头几个五年计划时期、卫国战争和战后复兴时期锻造出来的人和人彼此同心同德的伟大感情削弱了，酗酒、吸毒和犯罪开始滋长，与我们格格不入的、公式化的'大众文化'更严重地渗入苏联社会，把下流无耻、低级趣味和精神空虚强加给我们。"② 思想道德领域的堕落沦丧造成了非常严重的后果，各种丑恶腐朽的社会现象死灰复燃、愈演愈烈，犯罪率直线上升。

第三，意识形态的混乱，造成各种政治和意识形态出版物大量出现，舆论宣传工作失控。戈尔巴乔夫倡导"公开性"，书刊检查制度放松了，后来还完全取消了。苏联舆论宣传领域的不确定因素也被彻底打开，一时间各种阴暗反动宣传犹如狂风恶浪般席卷了整个舆论界。在苏联原来清一色的党的报刊中，有一些转向"独立"，如《星火》画报、《论据与事实》、《新世界》、《莫斯科新闻》等，成了公开性的堡垒。在意识形态混乱的情况下，人们不是寻找建设性的办法来医治社会疾病，而是利用言论自由来毁灭现存社会制度。到 20 世纪 90 年代，很多原先的党媒都开始鼓吹私有制和自由市场，舆论宣传工作彻底失控。

① 参见《苏共中央通报》1991 年第 4 期，载《苏联东欧问题译丛》1991 年第 5 期。
② [苏] 戈尔巴乔夫：《改革与新思维》，苏群译，新华出版社 1987 年版，第 18 页。

第四，意识形态的混乱，为西方攻击苏共、和平演变苏共提供了机会。意识形态的混乱，给了西方资产阶级肆意攻击社会主义制度的机会，他们把共产主义与法西斯主义相提并论，大规模地搞思想文化渗透。而戈尔巴乔夫等人，大搞"公开性"、"不留空白历史"，全盘否定苏联的历史、全盘否定斯大林和苏联社会主义制度，谴责苏联建立的是"极权官僚主义制度"，要予以摧毁，进行根本改造，同"万恶的过去"彻底决裂，提出要建立"人道的、民主的社会主义"。这不仅使人们对苏共失去信任，搞乱了人们的思想，也为敌对势力逼共产党下台、夺权改制提供了口实和条件。国际帝国主义可谓内外夹击，利用西方的卫星电视、广播、转播台等等，掀起了一阵阵反共反社会主义的浪潮，在短短几年中搞乱了人们的思想，使反对派得以趁乱夺权。

（二）全面推进意识形态建设

推进意识形态建设，重视思想政治工作是共产党的传统和优势，在社会主义建设时期更应坚持和加强。作为苏东剧变的最大外部动因的美国，就非常重视意识形态建设和意识形态渗透。一些美国政治家非常直白地说，最终对历史起决定作用的是思想，而不是武器，在宣传上花一个美元等于在国防上花五个美元，说到底，动员人们采取政治行动从而塑造世界的正是思想。政治思想越来越重要是因为，它要么成为精神凝聚力的源泉，要么就是混乱之源；要么成为达成政治共识的基础，要么就是冲突的祸根。① 苏东剧变本身就是从社会主义的意识形态阵地失守开始的，这一历史悲剧告诫我们，要高度重视和抓好思想政治工作，全面推进意识形态建设和文化建设。

要高度重视和抓好意识形态工作，让马克思列宁主义思想牢牢占领阵地。苏联东欧在"改革"进程中，逐步放弃了马克思列宁主义对意识形态的指导，实行意识形态多元化，在意识形态领域推行了一套资产阶级自由化的方针政策，由此引起了苏联东欧社会的一系列深刻变化。苏东的教训告诉我们，必须坚持马克思主义在意识形态领域的指导地位，要警惕和揭露形形色色的机会主义以及歪曲、篡改和否定马克思主义的敌对势力。更不能把马克思主义非政治化和非意识形态化，要用发展着的马克思主义占领意识形态的高地，指导社会

---

① 参见李慎明、吴恩远、王立强：《历史的风——中国学者论苏联解体和对苏联历史的评价》，人民出版社 2007 年版，第 113—114 页。

生活的各个方面。

要正确评价社会主义历史和领袖人物，绝不能全盘否定过去，自我丑化。自赫鲁晓夫时代开始，苏联对斯大林个人崇拜的批判，就超出了合理范围，到戈尔巴乔夫时期甚至达到登峰造极的地步。各种无根无据的无稽之谈竟然甚嚣尘上。还有一些历史问题的彻底揭露和夸大其词等等。这不但使得在纠正错误过程中付出了沉重的代价和损失，也导致人民群众失去了对共产党的信任，给敌对势力以可乘之机。可以说，否定社会主义实践的历史，否定党的领袖和党的实际活动，就是把自己摆到了接受审判的被告席上，必然会因毁掉共产党赖以生存发展的思想理论基础和社会政治基础而垮台。

共产党必须牢牢抓住对媒体的控制权。对于国家来说，意识形态是一种非常重要的政治资源。如果执政党放弃了对意识形态的主导，甚至失去了对媒体的控制能力，就会失去领导权和话语权，患上意识形态的"失语症"。在苏东剧变过程中，各种反马克思主义、反社会主义者逐渐控制了新闻媒体，大肆传播反苏反社会主义的言论。可以说，苏共媒体阵地的丢失也在苏联解体中起了重大作用。因此，社会主义国家必须牢牢掌握意识形态工作的主导权，必须把舆论的领导权掌握在忠于马克思主义、忠于党、忠于人民的人手里，永远保持社会主义方向。这样各种包装精致的西方意识形态就不会趁虚而入。

必须对西方敌对势力的意识形态渗透保持高度警惕，并采取有效对策。在各种不良思潮涌现并造成人们思想混乱的大是大非面前，苏共并没有作出旗帜鲜明的斗争，更别说有力的反抗了。放弃斗争，只能助纣为虐，导致以美国为首的西方国家更加竭力攻击、诬蔑苏联的社会主义实践，动摇人们对社会主义的信念。所以，作为无产阶级政党，面对敌对势力，要敢于斗争、善于斗争，统一思想、统一认识。

（三）提升国家文化软实力

文学艺术在意识形态演变中起着打头阵的作用。苏维埃政权成立后，在列宁领导下，文化建设受到了高度重视。列宁指出，在一个文盲的国家里是不能建成共产主义社会的。这一时期，虽有政治权威参与文化领域，但总体而言，文化发展相对温和，文化发展增强了社会凝聚力。之后，苏联和东欧国家长期存在"左"的教条主义、专制主义、宗派主义的错误，影响了马克思主义和科学艺术的发展，打击了大量知识分子的积极性、主动性和创造性。戈尔巴乔夫时期没有适应时代发展的新要求，全面提升文化软实力，反而是施行意识形态的多元化，从而使得意识形态的指导地位彻底丧失，文化软实力受损，国家凝聚力衰退，进而丧失了社会主义文化的主阵地，为苏联解体打开了通道。应当吸取苏东剧变的经验教训，本着解放思想、实事求是的原则，贯彻社会主义民主、自由的方针，既要反对右的错误倾向，又要反对"左"的教条主义，通过"百花齐放、百家争鸣"，提升国家文化软实力。提升国家文化软实力，要发展社会主义物质文明，夯实文化软实力建设的物质基础。一个国家的文化形态是建立在特定经济基础之上的，社会主义国家只有不断发展经济，不断提高人民生活水平，才能为抵御资本主义的文化渗透提供物质保障。1989 年苏联人均国民生产总值为 5078 美元，而美国达到 20910 美元，两者相差 4.1 倍。美国在经济领域的强势地位也会有利于美国形成在文化领域的强势地位，经济和科技实力的强大，也为文化领域渗透战略提供了坚实的物质基础。所以，国家文化软实力战略的前提是发展经济，只有经济发展了，才能够在世界竞争中处于优势地位，国家的文化安全才会有保障。

提升国家文化软实力，要坚持马克思主义理论的创新发展，坚持马克思主义的文化领导权，坚守社会主义文化阵地。在斯大林之后，苏联的主导政治价值观逐渐减弱，但是文化的领导权依旧掌握在苏共手里，文化领域表现为高度政治化。然而，戈尔巴乔夫上台不久，就紧锣密鼓地施行"新思维"改革，在"民主化无边"、"公开性无际"、"宣传报道无禁区"的指导下，人们的价值观、思想观念、社会认同从一个极端滑向另一个极端，在"左"与右之间两极震荡。苏共失去了文化领导权，其核心价值观无法整合整个社会的日益多元的价值观。可见，提升国家文化软实力，必须坚持马克思主义对文化建设的指导地位，马克思主义作为意识形态建设的指导思想、作为世界观和方法论是不能丢的，它作为科学应随着时代、实践的发展而不断丰富、发展和创新，从而确保社会主义文化发展的正确方向。

提升国家文化软实力，要注重发掘激活传统文化资源，构建文化共识，引导大众文化健康发展。苏东剧变在很大程度上起因于对革命传统文化的否定和抛弃。戈尔巴乔夫的改革虽然打破了文化专制主义的藩篱，但却从文化专制主义的极端走上了不分良莠的全方位文化开放的另一个极端。反马列主义、反社会主义的思潮任意滋长。自 1990 年起，全苏联境内过去矗立着的各种列宁塑像，不断被推倒或被打碎。象征着苏联社会主义革命和建设成就的历史人物或者事件命名的城市、街道出现了一股改名的浪潮。对苏联革命传统和革命文化的否定，让群众对民族传统文化失去了信心，使苏联文化软实力难以发挥引导调控民众思想的功能，从而失去社会主义先进文化的引导作用、主导作用。所以，文化软实力的提升，不能对传统文化进行全盘否定，要吸收传统文化的精髓，合理开发和保护传统文化，加强对青少年学生的传统文化的教育，以增强民族自信心、自豪感，增强民族文化认同感和归属感。

提升国家文化软实力，要建立国家文化安全预警系统，抵御西方国家的文化渗透。苏联文化软实力在戈尔巴乔夫时期的对外影响力日渐式微。苏联在经济全球化背景下并未及时建立起有效的文化预警机制，一味地在文化竞争上妥协让步，使得自身落入别国设定的"文化陷阱"中。因此，提升国家文化软实力，对严重侵害和违背自身国家文化利益的势力，要坚决拒绝并给予打击，把可能危害自身文化安全的因素和力量，牢牢控制在安全警戒线以下。面对符合自身国家文化发展需要的因素和力量，也要给予认同和支持，不搞"关门主义"。在发展自身文化的同时，也要对国际文化的发展趋势以及传播路径做到心中有数，当面对可能构成灾难性后果的情况时，就能做到未雨绸缪、临危不乱，从而更好地抵御西方国家的意识形态入侵和文化渗透。

（四）警惕西方国家的"和平演变"

西方对苏联的和平演变是导致苏联演变的重要外部因素。早在苏维埃政权建立伊始，西方资产阶级敌对势力就想把新生的社会主义制度扼杀在摇篮里。最初的主要手段是军事干涉，干涉受挫后开始推行和平演变战略。"和平演变"这个术语最早是美国驻苏联大使乔治·凯南在 1947 年 2 月提出的。他曾预言，实行和平演变战略最终会导致苏维埃政权的垮台。事实证明，这一预言不幸实现了。

半个世纪以来，西方敌对势力不断对苏联东欧国家进行和平演变，手段无所不用其极。他们把意识形态的渗透放在首位，通过鼓吹"非政治化"、"非意识形态化"来制造反社会主义舆论，最后根本改变社会制度，复辟资本主义制度。除了意识形态渗透，敌对势力还利用人员交流大搞思想文化渗透；利用"人权"问题干涉内政，支持、培植和壮大苏联境内的反共反社会主义势力；广泛利用非政府组织，在苏联内部制造破坏力量；另外，还使用经济与军事的诱压政策。从苏东剧变来看，西方的和平演变政策确实对苏东国家产生了重大影响。然而，这只是外因，"和平演变"政策之所以能起作用，还在于苏联内部存在明显的问题和弱点。戈尔巴乔夫改革所造成的国内混乱，为西方推行和平演变战略提供了历史性的机会，从而加快了苏联向资本主义演变的步伐。真可谓"小国亡于外敌，大国亡于内乱"。

警惕西方国家的"和平演变"，要重视和加强意识形态工作，确保意识形态领导权掌握在马克思主义者手中。在这方面，苏联的教训十分惨痛。当西方打起"思想战"、"攻心战"之时，戈尔巴乔夫却把苏联意识形态的领导权交给了雅科夫列夫这个极力主张全盘西化的人，雅科夫列夫利用苏共中央宣传部长这个特殊职位，到处发表讲话和文章，鼓吹"民主化"、"公开性"和"多元化"，鼓动人们肆无忌惮地攻击社会主义制度，借反对教条主义而否定马克思主义基本原理，动摇和取消马克思主义作为指导思想的地位。正是里应外合，才使得西方的"思想战"取得巨大成功。所以，要打好意识形态领域的战争，必须做到坚定不移地加强思想政治教育，坚持马克思主义理论的指导地位。不断批判西方敌对势力和平演变的谬论和资产阶级自由化观点，揭露国内外敌对势力阴谋。同时，要认真研究西方和平演变的手段，提高识别能力，促进马克思主义理论建设和社会科学发展，坚持不懈地用社会主义思想占领意识形态阵地，确保党和国家的各级领导权掌握在真正的马克思主义者手中。

第六章　苏东剧变后社会主义实践
反思中的马克思主义

20世纪80年代末90年代初发生的苏东剧变，使第二次世界大战后在世界范围内掀起的前所未有的社会主义高潮重新跌入低谷。此后的30多年来，各国共产党人经过思想斗争、理论反思、组织重建与策略调整，及时克服了剧变带来的冲击，一些党的力量与党所领导的事业有所发展，特别是以中国为代表的社会主义国家的改革开放事业取得的成功，为世界社会主义和人类进步事业带来光明前景。

第一节　国外社会主义国家执政党的
理论反思与实践探索

冷战结束后，除中国外，越南、老挝、古巴、朝鲜顶住了各种压力，逐渐稳住了阵脚，纷纷推行改革或革新路线，调整内外政策，取得明显成效，同时在实践探索中进行理论反思，丰富并发展了马克思主义，这些实践探索和理论反思，对于坚持和发展中国特色社会主义具有重要的参考和借鉴意义。

一、重新认识国情和实际，努力推进改革事业

（一）越南的革新进程

1945 年"八月革命"胜利后，越南北方在赢得民族解放、国家独立基础上开始社会主义改造和社会主义建设事业。1976 年越南实现南北统一后，进入了向社会主义过渡的时期。越共领导层由于对过渡时期的长期性、复杂性和曲折性认识不足，以为可以很快完成"过渡"的任务，使其制定的实现过渡的路线、方针和政策脱离本国实际，超越了发展阶段，加上对外扩张，到 20 世纪 70 年代末越南经济和社会开始陷入严重危机。1986 年 12 月，越共召开的六大重新认识国情，承认越南尚处在向社会主义过渡的初级阶段，并认识到向社会主义过渡是一个相当长的历史过程。会议作出把党和国家的工作重心转移到经济建设上来，全面推进革新事业的决定。

1991 年 6 月，越共召开党的七大。这次会议继承和发展了六大确立的全面革新的路线，继续强调以经济建设为重心，同时强调党的建设是关键。会议明确提出以社会主义为定向、多种经济成分并存、由国家管理的市场经济的经济革新战略，强调政治体制改革要逐步推行，并确定了独立自主、广泛开放、全方位、多样化的外交路线。会议通过了《越南社会主义过渡时期国家建设纲领》和《2000 年前经济、社会稳定与发展战略》。在落实七大制定的战略任务和目标的实践中，到 1995 年时，越南旧的统包统管的经济体制得到根本改变，国家管理的市场经济体制初露端倪。

1996 年 6 月底 7 月初，越共召开了八大。这次会议总结了越南 10 年革新开放的经验教训，强调在革新过程中必须坚持民族独立和社会主义目标，正确处理政治改革与经济改革的关系，建设多种成分的、按市场机制运作的商品经济必须增强以社会主义为定向的国家管理的作用，坚持发挥党的领导作用等。会议提出要从根本上改革国营企业的组织形式和管理机制，提高国营企业的经济效益；提出 1996 年至 2020 年为推进国家工业化、现代化的阶段，到 2020年使越南基本成为一个工业化国家。会议宣布由于坚持革新开放路线，越南已经摆脱了持续 15 年的严重社会经济危机，进入推进国家工业化、现代化的新的发展时期。

2006 年 4 月，在越南革新开放 20 周年的背景下召开了越共十大。大会全

面总结了革新事业的成就和经验，制定了越南到 2010 年的发展目标与方向。越共中央总书记农德孟在大会的政治报告中指出，20 年来，越南走出了经济危机、工业化、现代化与社会主义定向的市场经济快速发展，社会稳定，人民生活明显改善，国际地位显著提高，综合国力不断加强，奠定了越南发展的良好基础。

2011 年 1 月召开的越共十一大，修订了七大通过的《越南社会主义过渡时期国家建设纲领》。新的《纲领》明确了越南要建设的社会主义社会的基本特征，即：民富、国强、民主、公平、文明的社会；人民当家作主的社会；有以现代生产力和与之相适应的进步的生产关系为基础的高度发达的经济，有浓郁的民族特色的先进文化的社会；人们生活温饱、自由、幸福，并具备了全面发展的条件的社会；各民族平等、团结、相互尊重、互相帮助、共同发展的社会；共产党领导的属于人民、来自人民和为了人民的社会主义法治国家的社会；与世界各国建立了友好与合作关系的社会。①

2016 年 1 月，在越南革新开放 30 年时，越共召开了十二大。越共中央总书记阮富仲在大会政治报告中强调了党的建设，提出要从道德、政治、思想、组织上把越共建设成为纯洁、强大的党。阮富仲在报告中就越南经济、政治性质、特征和全面改革的目标做了系统阐述，指出越南社会主义定向的市场经济是完全和同步按照市场经济规律运行的经济体制，同时保证社会主义的方向与国家的每个发展阶段相符合。它是现代且融入国际的市场经济体制，在社会主义法治国家的管理下，由越南共产党领导，旨在实现"民富、国强、民主、公平、文明"的目标；具有与生产力发展水平相符的进步的生产关系；它有多种所有制形式、多种经济成分，其中国有经济占主导地位，私人经济是经济的重要动力；各种经济成分的主体地位是平等的，按照法律进行合作和竞争；市场在有效调控资源方面发挥主要作用，是解放生产力的主要动力；国家的资源要根据战略、规划和计划并按照市场机制进行分配。国家发挥定向、建设和完善经济体制的作用，创造平等、透明和良好的竞争环境；通过使用国家资源、各种工具和政策来定向调节经济，推动生产经营和环境保护；在发展的每一个过程和每一项政策中，都要落实社会公平和进步。在经济社会发展过程中，发挥

---

① 参见许宝友主编：《世界主要政党规章制度文献：越南、老挝、朝鲜、古巴》，中央编译出版社 2016 年版，第 207 页。

人民当家作主的作用。①

（二）老挝的革新进程

老挝也是在重新认识本国国情、纠正过去错误的基础上，完成党和国家工作重心的转变，提出并逐步推进革新开放事业的。早在 1975 年建国前夕，老挝人民革命党认为民族民主革命取得胜利以后，老挝可以不经过资本主义发展阶段而直接进入社会主义社会。老挝人民民主共和国成立后，人民革命党借鉴其他社会主义国家经验，进行社会主义改造和社会主义建设。由于推行了过激的政策，脱离了老挝实际，造成经济停滞、生产下降等严重后果。此后，人民革命党对经济工作的失误进行了反思，积极调整和放宽政策。然而，直到 1982 年人民革命党三大仍坚持"不经过资本主义发展阶段直接走向社会主义"的方针。

1986 年 11 月老挝人民革命党召开的四大，是一次具有历史转折意义的大会。这次会议纠正了过去急躁冒进、急于求成的思想，分析了老挝的国情，认为老挝还处在向社会主义过渡的初级阶段，以后还要经过若干阶段和相当长的时间才能过渡到社会主义。会议对建国后 10 多年的经济社会发展进行了回顾和总结，认为党在社会主义改造问题上存在主观、急躁思想；在经济管理体制上存在过分集中、官僚、统包和不充分考虑经济效益等问题。党的总书记凯山·丰威汉指出，我们主要的缺点是，急于铲除非社会主义经济，如在工业方面，在尚无条件进行管理的情况下，就把一切工厂收归国有；在贸易方面，有阻碍地区间商品交流的现象，对人民的生产和生活产生不良影响；急于完成合作化运动，以为这样会加速社会主义，不考虑农民的觉悟、干部的管理水平和生产的发展水平，就强迫他们入社。大会认为，高度集中、行政统包的经济管理体制已成为制约经济社会发展的障碍，因此要推行革新开放的方针，并明确提出了关于革新经济体制的一些设想。此后，老挝进入了革新开放时期，1988年经济体制革新全面铺开，政治体制也逐步进行了革新。

1989 年 1 月，老挝人民革命党召开四届七中全会。凯山总书记在全会上发表了重要讲话。会议认为老挝农民占全国人口的 90%，农林产品占国内生

---

① 《越南共产党第十二次全国代表大会文件》，越南国家政治出版社 2016 年版，第 102—103 页。

产总值的 60% 以上，生产力水平和国民经济的起点很低，迄今为止仍是世界上最不发达的国家之一。因此，老挝尚不具备建设社会主义的物质基础，仍处在建设和发展人民民主制度、为逐步进入社会主义创造必要条件的历史阶段。现阶段社会的基本矛盾是落后的生产力与发展生产以满足日益增长的社会各方面需要之间的矛盾。为此，老挝最迫切的任务是大力发展商品生产，逐步把老挝的自然、半自然经济转变为商品经济。老挝现阶段的所有制是以生产资料公有制为基础，多种经济成分并存，包括个体经济、私人资本主义经济、合作社经济、股份经济、全民所有制经济、国家职工和合作社社员的家庭经济、对外合作经济等。各种经济成分在国家的指导和监督下有生产和流通的自由权。多种所有制成分、多种所有制形式和多种组织形式长期并存。各种经济成分依照市场经济机制在国家管理下开展活动，平等竞争，共同发展。在发挥各种经济成分积极作用的同时，今后还必须继续巩固和发展国有经济，并使之在某些部门起骨干作用。

1991 年 3 月，老挝人民革命党召开五大。大会重申了老挝人民革命党对老挝所处历史阶段的论述，凯山·丰威汉继续当选为党中央主席。1991 年 8 月，老挝最高人民议会通过了老挝人民民主共和国第一部《宪法》，规定老挝人民民主共和国是人民民主国家。

1996 年 3 月，老挝人民革命党在万象召开六大。六大继续坚持五大提出的"有原则的全面革新路线"，确立了党的基本路线是以老挝人民革命党为领导核心，继续建设和发展人民民主制度，为逐步进入社会主义创造条件。六大总结了 10 年革新开放的基本经验，制定了从 1996 年分别至 2000 年、2020 年的经济社会发展目标。

2001 年 3 月，老挝人民革命党七大隆重召开。党主席坎代·西潘敦在报告中肯定了六大以来，老挝虽然遭受自然灾害的袭击和亚洲金融危机的波及，但国民经济年均增长率为 6.2%，基础设施建设也形成一定的规模；普及了公共卫生，消灭了小儿麻痹症；正式加入东盟组织，提高了老挝的国际地位。大会进一步提出了老挝今后经济与社会发展的战略目标、总任务与总的方针。

2006 年 3 月，老挝人民革命党召开了八大。党主席坎代·西潘敦在大会政治报告中系统总结了老挝革新 20 年来的成就，明确了今后五年计划（"六五"计划）的总方针和主要任务，提出将老挝人民革命党建成一个纯洁、强大和稳健的执政党。八大政治报告再次对老挝所处的社会发展阶段作出明确的定位，指出老挝仍处于向社会主义过渡时期的初级阶段，并且这个时期是由多阶段构成的漫长时期。

2011 年 3 月，老挝人民革命党召开九大。总书记朱马利·赛雅颂作大会政治报告，报告系统总结了过去五年老挝革新事业的成就与经验，认为老挝经济实现了持续健康发展，社会各项事业取得长足进步，同时指出存在的不足和未来发展方针。报告还系统总结了过去五年老挝人革党加强党的领导和自身建设的情况与经验，并从政治思想建设、组织作风建设、纪律与队伍建设等方面提出未来党的建设总体要求。大会审议并通过了老挝经济社会发展第七个五年计划（2011—2015 年），努力使老挝在 2020 年前摆脱不发达国家的行列，号召加强全国人民的团结和党内的统一，发挥党的领导作用和领导能力，开创革新事业新局面，沿着社会主义目标继续前进。

2016 年是老挝革新开放 30 年，当年 1 月老挝人民革命党召开了十大。会议提出，要提升党的领导能力和发挥先锋模范作用，增强全民大团结，坚持有原则的全面革新路线，坚持和捍卫社会主义制度，推动国家可持续发展。会议总结了 30 年革新开放事业的实践经验，通过了 2016—2020 年第八个五年社会经济发展规划、2016—2025 年经济社会发展战略以及老挝到 2030 年远景规划等文件，提出了国家在政治、经济、文化、外交等方面深化革新事业的具体实施方案，并首次将党的创始人、革新开放事业的开拓者凯山·丰威汉的思想作为党的指导思想，强调继续坚持党的有原则的全面革新路线，继续在坚持社会主义目标和国家独立的基础上，创造性地运用和发展马列主义理论、凯山·丰威汉思想。会议还选举了新一届党的中央领导集体，本扬·沃拉吉当选党的总书记，通过了党纲和党章，确定了党在民族民主革命和向社会主义过渡时期的政治任务、斗争方式。

（三）古巴的改革历程

1959 年 1 月 1 日，古巴革命者在菲德尔·卡斯特罗领导下，一举攻克首都哈瓦那，推翻了亲美的巴蒂斯塔独裁政权，建立了古巴民主革命政权。1961 年 4 月，在击溃美国雇佣军的军事入侵后，卡斯特罗随即宣布古巴革命是社会主义性质的。经过短暂的社会主义改造，古巴走上了社会主义发展道路。从 20 世纪 70 年代起，古巴借鉴苏联经验，建立党对经济工作的领导与计划体制，经济得到快速增长，但也积累了不少问题。在 80 年代上半期，古巴进行了一些利用市场的局部性改革，由于缺乏经验，政策措施不配套，出现不少偏差和问题。80 年代下半期，古巴着手纠正改革中出现的偏差。

20 世纪 80 年代末 90 年代初苏联东欧国家发生剧变后，古巴经济面临前所未有的困难。一方面，苏东剧变使古巴失去强大的政治盟友和来自这些国家的巨额经济、军事援助和准入的优惠市场；另一方面，美国加强对古巴的经济封锁、政治高压、外交孤立与和平演变，妄图动摇民众对社会主义制度的信心。在内外因素的综合作用下，古巴遭遇了建国以来的最大困难。苏东剧变诱发了国内反党反社会主义的逆流。在此关键时刻，古巴党和人民喊出了"拯救祖国、拯救革命、拯救社会主义"，"誓死捍卫社会主义、誓死捍卫马列主义"的口号。1990 年 2 月和 1991 年 10 月，古共分别召开了中央特别会议和四大。这两次会议确立了坚持社会主义、捍卫独立和革命思想的政治路线。

1993 年 7 月 26 日，菲德尔·卡斯特罗主席在纪念攻打蒙卡达兵营 40 周年大会的讲话中，郑重地宣布古巴要改革。他说，为了拯救祖国、革命和社会主义成果，我们准备做一切必须做的事情。当时，古巴另一位领导人说，古巴党和政府在革命面临崩溃的形势下进行抉择，与其自我灭亡，不如冒改革风险。会议还宣布了几项重大的经济改革目标。这次会议标志着古巴真正迈向改革开放的新时期。随后几年，古巴政府相继出台了十几项经济改革举措。

1997 年古共召开了五大。古共中央第一书记菲德尔·卡斯特罗在开幕式和闭幕式上作了重要报告，大会讨论并通过了《经济决议》、《团结、民主和捍卫人权的党》等文件和修改后的党章，选出了继续以菲德尔·卡斯特罗为首的新的中央委员会。这次会议明确经济改革将继续稳步进行下去，同时坚持从本国国情出发走自己的路。

2011 年 4 月，古共六大审议并通过了大会中心报告、关于《党和革命的经济与社会政策纲领》等文件以及古巴未来发展五年计划，选举了以劳尔·卡斯特罗为首的新一届中央领导集体。会议提出，古巴要进行"经济社会模式更新"，以实现和完善社会主义，发展经济，改善人民生活。会议通过的《党和革命的经济社会政策纲要》，涵盖了古巴经济社会的各个方面，内容包括古巴将在坚持以计划经济为主导的前提下，考虑市场的趋向；在坚持公有制为主的前提下，扩大个体户、承包、租赁、合作社、外资等其他所有制形式；继续实行全民免费医疗和全民免费教育，同时减少过度的社会开支和不必要的政府补贴；政府将调整就业结构，减少国有部门的冗员，扩大个体劳动者的活动范围；重视发展农业，逐步取消货币双轨制，进一步吸收外资，增加商品和劳务出口等。

2016年4月召开的古共七大审议并通过了古共中央第一书记劳尔·卡斯特罗所作的大会中心报告《古巴社会主义发展的经济和社会模式概念化草案》等文件以及国家中长期发展规划。会议选举产生继续以劳尔·卡斯特罗为首的新一届中央领导集体，强调将坚定不移在社会主义旗帜下深化经济模式更新的进程。劳尔·卡斯特罗指出，经济模式更新决不意味着对平等正义的革命理想的背弃，也决不该破坏拥护古巴共产党的绝大多数古巴人民的团结，更不该让古巴民众陷入不安定和不确定中。

会议通过的《古巴社会主义发展的经济和社会模式概念化草案》指出，古巴更新社会主义经济社会模式是基于古巴本国革命经验和国内外条件的变化作出的，同时参照了不同国家经济社会发展进程的经验，是实现古巴社会主义建设永续发展的需要。古巴模式的特征是以人为本、团结、经济和社会平衡发展，战略目标是在经济、社会和环保方面建设一个繁荣的、持续发展的社会主义社会，在一个主权、独立、民主、繁荣和可持续的社会主义国家加强革命时期形成的道德、文化和政治观念。在古巴模式中，起决定性作用的是社会主义基本生产资料全民所有制。社会主义基本生产资料全民所有制是国民经济和社会经济制度的主要形式，也是劳动者权力的基础。国家同时承认有利于经济和生产力发展要求的不同所有制形式和不同管理形式，鼓励其多样化发展。外资企业和私营企业是全民所有制企业变革的重要补充。社会主义计划是指导经济、推动社会主义发展的主要方式。国家承认市场，把市场融入经济指导和计划制度的运行中，采取必要措施规范市场的发展。[①]

（四）朝鲜的探索与调整

1945年8月8日，苏联对日宣战后，金日成领导的革命武装在苏联红军配合下，于同年8月15日打回朝鲜，朝鲜北部获得解放。1948年9月9日，朝鲜民主主义人民共和国宣告成立。1953年，朝鲜战争结束后，朝鲜人民在以金日成为首的朝鲜劳动党的领导下，经过短暂的国民经济恢复工作，开始了

---

① 参见《古巴社会主义发展的经济和社会模式概念化草案》，于蕾译，《当代世界社会主义问题》2016年第3期。

社会主义建设的进程，形成了"主体思想"和主体社会主义理论与方针。

"主体思想"是朝鲜劳动党前总书记金日成创立的，发端于抗日战争时期。在20世纪50—60年代，主要指朝鲜在社会主义建设中丢掉依赖心理，克服"事大主义"，思想上树立主体意识，主要依靠自己的力量解决革命和建设中的一切问题，反对教条主义、形式主义，反对照抄照搬别国经验。1963年，金日成把主体思想概括为：思想上树立主体，政治上自主，经济上自立，国防上自卫。1965年，金日成强调坚持根据本国的历史条件和民族特点，创造性运用马克思列宁主义的普遍真理和国际革命运动经验的立场。1970年，朝鲜劳动党五大决定把"马克思列宁主义创造性地体现于朝鲜现实的主体思想"确立为党坚定不移的指导思想。1972年，朝鲜宪法规定，朝鲜民主主义人民共和国以把马克思列宁主义创造性地运用于朝鲜现实的朝鲜劳动党的主体思想作为自己活动的指针。

在20世纪70—80年代，金日成开始强调主体思想是以人为主的哲学，主张"人是一切的主人，人决定一切，这是主体思想的基础"，"一切都要以人为中心来考虑，一切都要为人服务，这就是主体思想的要求"。1980年10月，金日成在劳动党六大上指出，"主体思想是一切都要以人为中心来考虑，一切都要为人服务的、以人为中心的世界观，是以实现劳动人民群众的自主性为目的的革命学说"。

1994年7月金日成去世以后，金正日接任朝鲜党和国家领导人。金正日进一步把主体思想系统化、理论化，认为主体思想已形成"主体的思想、理论、方法的完整的体系"，包括主体哲学、主体史观、主体思想的指导原则，并称之为金日成主义。金正日认为，主体思想是以人为中心的世界观、以实现人民群众的自主性为目标的革命思想。主体思想的核心观点是人民群众是革命和建设的主人，也是推动革命和建设的力量，即人就是自己命运的主人，也是开拓自己命运的力量。主体思想的本质在于它是阐明对以人为本的世界的正确见解、观点和立场，指明以人民群众为主进行自主性斗争道路的思想。主体思想的精髓是人是自己命运的主人。①

金正日还认为，主体思想继承并贯彻全部马克思列宁主义的工人阶级的革命立场，唯物主义的、辩证法的原理和科学的理论，主体哲学是以唯物辩证法

① 参见［朝］金正日：《主体思想的继承与发展》，平壤外文出版社1995年版，第8—10页。

的世界观为前提的。同时，主体哲学是与马克思主义哲学有根本区别的独创性哲学，主体思想"把社会主义提到了新的科学基础之上"，"开辟了人类历史发展的新时代——主体时代"，还指出"主体思想"是朝鲜"唯一的指导思想"，党的最高纲领是实现"全社会的金日成主义化"。

2011年12月金正日去世以后，金正恩继任朝鲜党和国家领导人。金正恩提出"金日成—金正日主义"概念。2012年4月朝鲜劳动党第四次代表会议通过的党章规定，朝鲜劳动党是以金日成—金正日主义为唯一指导思想的主体型革命政党。金日成—金正日主义是党的建设和党的活动的出发点，是党领导革命与建设的指导方针。

2016年5月，朝鲜劳动党召开了七大。金正恩在报告中指出，金日成—金正日主义是伟大的金日成同志创立、伟大的金日成同志和金正日同志深入发展的主体思想及其阐明的关于革命和建设的理论与方法的统一体系。金日成—金正日主义科学地阐明完全实现朝鲜劳动党的最终目的——人民群众的自主性的社会真面貌及其建设的合乎规律的路程和要在完成社会主义事业的整个过程中坚持的战略与斗争方针。它以伟大的主体思想和先军思想为基础，全面概括了争取社会主义事业最后胜利的革命理论和领导方法，指明根据人民群众的自主向往和要求革命地改造和变革社会生活的所有领域的道路。

金正恩在报告中还指出，党的最高纲领是实现"全社会的金日成—金正日主义化"，认为朝鲜要完成社会主义事业，全面实现人民群众的自主性，就要实现全社会的金日成—金正日主义化。实现全社会的金日成—金正日主义化，是指以金日成—金正日主义为唯一的指导方针推进朝鲜革命，基于金日成—金正日主义建设和完成人民的理想社会。换句话说，意味着把社会的所有成员培养成为真正的金日成—金正日主义者，按照金日成—金正日主义的要求改造政治、军事、经济和文化等所有领域，完全实现人民群众的自主性。

在主体思想指引下，朝鲜结合本国实际和国际形势，提出建设朝鲜式的社会主义道路与奋斗目标。

在金日成时代，朝鲜认为自己已经建立了社会主义制度，但社会主义建设还没有完成。朝鲜要经历"不完全的社会主义"和"完全胜利的社会主义"两个阶段，最终过渡到共产主义社会。所谓完全胜利的社会主义，就是没有城乡差别和工人阶级和农民阶级差别的无阶级社会。朝鲜仍处在"不完全的社会主义"，其任务是"争取社会主义的完全胜利"。

2016 年 5 月，金正恩在劳动党七大上指出，社会主义是人类共同的理想，人民走向社会主义是历史发展的规律。社会主义事业是实现人民群众的自主要求和理想的神圣事业。朝鲜人民群众的革命事业、社会主义事业，是在领袖的领导下开创并前进的神圣事业，是一代接一代地继续进行的长期的事业。朝鲜劳动党将继续高举主体思想的旗帜、社会主义的旗帜，大力推动社会主义事业阔步前进。

朝鲜社会主义建设的目的，是保证全体人民都过上富裕而文明的生活。在20 世纪 60 年代，朝鲜号召人民为实现"住瓦房、吃大米饭、喝肉汤、穿绸缎"、没有剥削和压迫的社会主义而奋斗。20 世纪 90 年代以后，朝鲜强调社会主义是为了"实现人的自主性"，使人摆脱种种奴役，强调精神追求。进入 21 世纪后，朝鲜努力克服困难，发展经济，改善民生。在劳动党七大上金正恩指出，劳动党是对祖国和人民的命运、发展国家经济和改善人民生活负责的社会主义执政党。使国家富强、人民幸福，让人民充分享有富裕而文明的生活，是党领导人民进行社会主义建设的目的。

朝鲜在 20 世纪末提出建设"主体社会主义强盛大国"的口号。在金正日时代，"强盛大国"要求以实现国民经济的自主化、现代化和科学化为目标，包括社会主义思想强国建设、政治强国建设、军事强国建设和经济强国建设等。金正恩在劳动党七大上进一步提出建设世界一流的社会主义强国目标，认为这是领袖的遗愿、人民的理想和愿望，是推动民族自主发展和朝鲜迈向社会主义新阶段的要求。它意味着国力强大、国家繁荣富强、人民过上幸福生活，包括政治思想强国、科学技术强国、经济强国、文明强国、军事强国等内涵。政治思想强国是社会主义强国建设的首要任务，科学技术强国是社会主义强国建设首先要达到的目标，经济强国建设是党和国家要集中一切力量的主要战线，文明强国是建设社会主义强国的重要目标之一，军事强国是社会主义建设的中心任务。社会主义强国建设，是实现全社会的金日成—金正日主义化斗争的历史阶段，又是奠定社会主义的基础、争取社会主义完全胜利的过程。

"先军政治"是朝鲜主体社会主义的重要范畴，也是实现"社会主义强盛大国"的重要目标。金正恩认为这一思想源自金日成的主体思想，金正日加以全面深化、发展。在金正日时期，朝鲜劳动党把军队建设提到最重要的位置，主张"军队就是党、国家和人民"，"军事是国事中最大的国事"，竭尽全力加强军队建设。这是朝鲜面对来自外部强大军事威胁迫不得已的选择。2009 年朝鲜把"先军思想"写入宪法,规定主体思想、先军思想是国家活动的指导方针。2012年4月修订的朝鲜劳动党章程指出,朝鲜劳动党确定先军政治为社会主义基本政治方式,在先军旗帜下领导革命和建设。

金正恩在劳动党七大上进一步指出,先军政治是朝鲜劳动党和人民扭转严峻的局面,创造历史奇迹的胜利法宝。先军政治是本着重视枪杆子、军事先行的原则,使军事领先于一切工作。以人民军为核心、主力军,加强革命的主体,是金正日式社会主义基本政治方式。先军政治体现了在革命的枪杆子里有国家和民族的尊严和革命胜利这一先军革命原理,集中体现了必须加强自己的力量,靠自己的力量进行革命这一自力自强精神和朝鲜劳动党坚定不移的反帝自主立场、革命的原则。

2018年4月20日,朝鲜劳动党召开了七届三中全会。金正恩在会上提出,鉴于党中央2013年3月全会提出的关于经济建设与核力量建设并举的战略路线的各项历史性任务圆满完成,党的战略路线开始转向全党全国集中一切力量进行社会主义经济建设,向经济建设大进军。金正恩还指出,朝鲜核武器兵器化得到了检验,朝鲜不再需要进行任何核试验和中远程、洲际弹道火箭试射,北部核试验场也结束了自己的使命。会议决定,停止核试验和洲际弹道导弹试射、废弃北部核试验场。此后,为营造有利于进行社会主义经济建设的国际环境,维护朝鲜半岛和世界的和平与稳定,朝鲜还积极同周边国家和国际社会密切联系和进行对话。

二、吸取苏东剧变教训,坚持党的领导和社会主义方向

越南、老挝、古巴、朝鲜认真吸取苏东剧变教训,在改革的方向道路问题上,强调坚持党的领导,反对固守封闭僵化的老路,反对改旗易帜的邪路,坚定不移沿着社会主义方向前进。

苏联解体和东欧剧变使越南国内部分群众和越共一些党员干部出现思想彷徨、方向迷失等问题,对越共的领导地位产生怀疑和动摇。国内外敌对势力乘机进行反党活动,要求越共放弃领导权。1989年3月越共中央召开六届六中全会,明确提出改革必须坚持"五项原则",即坚持社会主义目标,坚持马克思列宁主义,坚持无产阶级专政和党的领导,实行有集中的社会主义民主,将爱国主

义与无产阶级国际主义相结合、民族力量与时代力量相结合。1991 年越共七大进一步重申在整个革新开放过程中必须坚持"五项原则"。此次大会深刻总结了苏东剧变的原因和教训，认为要用历史的观点评价苏联社会主义，不能片面地批评或者全盘否定；苏联社会主义模式的崩溃并不表明科学社会主义的失败；苏联模式的缺点和错误不是社会主义本身所固有的，而是对社会主义的教条观念所造成的。

2011 年越共十一大认为，越南 25 年革新开放的成就与经验证明，越南取得革命的胜利和革新成就，归功于越南共产党有着正确的路线和坚强的政治本领，领导人民渡过种种困难和挑战。十一大通过的新党章规定，"越南共产党是执政党……团结并领导人民进行革命事业。……党领导国家、越南祖国阵线和各个政治社会团体"[①]。2013 年越南社会主义共和国宪法第一章第四条第一款规定，"越南共产党……是国家和社会的领导力量"[②]。

20 世纪 80 年代末 90 年代初，东欧剧变和苏联解体给老挝的政治、经济造成较大冲击，党内一些干部和党员，特别是一些青年人一度出现思想混乱，对社会主义的前途产生怀疑。老挝人民革命党顶住了内外压力，声称党的领导是一切胜利的决定因素。老挝人民革命党的领导人反复强调：无论在前进道路上还会遇到多少困难，世界局势还会发生多么严重复杂的变化，老挝人民革命党决不放弃社会主义革命目标；无论如何老挝仍要坚持马列主义，坚持党的领导，坚持社会主义道路。苏联东欧原社会主义国家放弃共产党的领导地位，背离社会主义，搞多党制和民主社会主义，违背马列主义原则。社会主义国家需要改革，但是不能搞苏联那样的改革。

在 1989 年 10 月召开的四届八中全会上，老挝人民革命党明确提出革新开放必须坚持"六项原则"，即：坚持社会主义；坚持马列主义是党的思想基础；党的领导是一切胜利的决定因素；坚持在集中原则基础上发扬民主；增强人民民主专政的力量和效率；坚持真正的爱国主义和纯洁的国际主义相结合。1991年老挝人民革命党五大，重申了革新开放必须坚持的"六项原则"，首次提出"有原则的全面革新路线"，并将其写入党章。此后老挝人民革命党一直强调坚

---

① 许宝友主编：《世界主要政党规章制度文献：越南、老挝、朝鲜、古巴》，中央编译出版社2016 年版，第 184 页。

② 许宝友主编：《世界主要政党规章制度文献：越南、老挝、朝鲜、古巴》，中央编译出版社2016 年版，第 4 页。

持这条革新路线。2016 年老挝人民革命党十大总结了革新 30 年的"七条经验"，其中第一条就是坚持党的有原则的全面革新路线。

老挝人民革命党坚持一党制，反对多党制。十大修订的党章明确指出，老挝人民革命党是有组织的先锋队，是老挝工人阶级和老挝人民民主制度的最高政治组织，是执政党，是老挝人民民主制度政治体系的领导核心，带领各族人民根据社会主义目标进行保卫国家和建设人民民主制度的两大战略。[①] 党章强调根据以下三条方针加强自身建设：（一）建设政治、思想、组织和领导作风廉洁、稳固、坚强的党。加强党的保护工作，坚决抵制党内政治蜕化变质。（二）党的建设和发展必须以质量为本，吸收符合标准且具备条件的优秀分子入党，坚决将蜕化变质分子清除出党。党始终加强自我完善和发展，以适应各时期党的领导需要。（三）将加强党的领导与提高政府管理威信紧密结合起来，发挥建国阵线、群众组织和社会组织的积极主动性。[②]

古巴共产党是于 1993 年在特殊背景下启动了改革开放政策的。当时国际上的许多观察家认为，苏联解体意味着古巴灭亡在即。然而古巴人民在以菲德尔·卡斯特罗为核心的古巴共产党领导下，处变不惊，沉着应对，既稳步推进改革开放政策，又坚定走社会主义建设道路。古巴共产党明确提出改革要坚持社会主义、坚持共产党领导的原则，反对前苏东国家式的改革，反对多党制。改革要遵循"三不放弃"原则，即不放弃革命、不放弃人民政权、不放弃为民造福的目标。1991 年古共四大重申要坚持社会主义、坚持党的领导的原则，坚决反对苏东式的改革，反对多党制。卡斯特罗在会上强调，古巴永远捍卫独立和革命的理想，"资本主义将永远不会在古巴上演"，古巴要"坚决捍卫社会主义"，"决不放弃由古巴人民自己选择的社会经济制度和政治制度的权利，没有苏联社会主义阵营的存在，古巴革命要继续下去"。

1997 年在古共五大上，菲德尔·卡斯特罗指出：没有党的领导，一切都不会运转；没有领导，党也发挥不了作用。历史经验向我们表明，当领导在革命过程中犯错误时，会出现什么情况。必须保障领导，保障党的领导不犯错误。在与帝国主义和资本主义的长期斗争中，更不能放弃党的领导。对我国而

---

① 参见许宝友主编：《世界主要政党规章制度文献：越南、老挝、朝鲜、古巴》，中央编译出版社 2016 年版，第 247—248 页。

② 参见许宝友主编：《世界主要政党规章制度文献：越南、老挝、朝鲜、古巴》，中央编译出版社 2016 年版，第 248—249 页。

言，在政治、社会和历史方面可能会出现的最严重、最可怕、最悲惨的疾病是，某一天我们的革命被我们这些革命者自己毁掉了。有鉴于此，必须做到百分之百的免疫。党要保证这一点，党的领导是关键。我们应该建设一个钢铁般的党。无论是今天还是明天，我们始终要保证我们的革命能够延续，不误入歧途，能够经受得起内外危险的考验。[①]此后1997年古共五大、2011年古共六大、2016年古共七大都重申坚持古共的领导。劳尔·卡斯特罗在古共七大上明确指出，古巴继续稳步推进经济改革，既不走封闭僵化的老路，也不走改旗易帜的邪路。

1992年7月和2002年6月古巴两次修改宪法。新宪法规定，古巴共和国是属于全体劳动者的独立、主权、统一、民主的社会主义国家，追求政治自由、社会正义、个人和集体福利和人类团结。国家一切权力属于人民，实行以生产资料社会主义全民所有制和消灭剥削制度为基础的社会经济制度，实行"人尽其能，按劳分配"的制度，古巴永远不会回到资本主义社会。宪法还规定，古巴共产党是工人阶级的有组织的马蒂主义和马克思列宁主义先锋队，是社会和国家的最高领导力量，它组织和指导大家共同努力，以求实现社会主义和走向共产主义的崇高目标。现如今，更新社会主义，而非放弃社会主义，已经成为古巴共产党和古巴人民共同奋斗的目标。

朝鲜劳动党认为一部分国家的社会主义事业遭受挫折，原因在于没有看到社会主义和资本主义的本质区别，没有始终如一地坚持社会主义的根本原则。在苏东剧变后，劳动党加强党的领导和对群众的思想教育，强调在主体思想的基础上实现党的统一和团结，强调全党必须以领袖为核心，密切联系群众，把群众团结在党的周围。2012年4月修订的朝鲜劳动党党章指出，朝鲜劳动党代表朝鲜民族和朝鲜人民的利益，是朝鲜一切政治组织中最高形态的政治组织，是统领政治、军事、经济和文化等各领域的社会政治组织。党的基本原则是，保障党内思想和领导的唯一性，党和人民大众浑然一体，保障党建设的继承性。章程还规定，劳动党强化主体思想教育，彻底贯彻阶级路线和群众路线，党的活动的最高原则是不断改善人民生活，人民的事业是党的基本事业。

2016年，金正恩在劳动党七大上提出，要高举全社会的金日成—金正日

---

① 参见〔古〕菲德尔·卡斯特罗：《在古巴共产党五大闭幕式上的讲话》，《格拉玛报》1997年11月1日。

主义化的旗帜，把朝鲜劳动党加强和发展成为金日成—金正日主义的党，不断提高党的领导作用。

三、改革经济社会体制，积极探索本国特色的发展道路

越南 1945 年建国和 1976 年南北统一以后，借鉴其他社会主义国家经验，实行高度集中计划经济体制，既取得重要成就也带来严重问题。1986 年越共六大开启了越南革新开放历史进程，这一进程是从农村起步的。在探索允许农户承包土地从事农业生产的基础上，1988 年 4 月，越共中央发布改进农业生产承包制决议，决定把全部生产环节都承包给农民，承认农户是农村基本生产单位，拥有自主生产经营权，国家只收土地税，土地承包期限延长至 15 年，降低土地承包定额等。这个决议标志着越南全面实行土地家庭承包经营制度。1993 年 7 月，越南又颁布《土地法》，规定农民可以长期使用土地，土地可以适度规模经营。这些改革措施大大调动了农民的积极性，农业生产快速发展，粮食产量大幅度增加。

在农村改革取得成就的基础上，越南逐渐在城市推行工业革新，并成为经济改革的重点。工业革新的基本思路是改革国有企业，发展非公有制经济，积极探索适合越南国情的市场经济体制。越南在扩大国营企业自主权的同时，改组、整顿国营企业，对规模以上的国营企业实现股份制改造，同时将商业、服务业和加工业中的小型国营企业通过卖、租等方式私有化。对于私营经济，越南政府采取积极扶植政策，提出"只要私营企业依法经营就不应当限制"的原则，努力推动形成国有经济占主导、私营经济为重要补充的多种经济成分并存发展的所有制结构，以及按劳分配为主体、多种分配方式并存的分配格局。对于经济管理体制，越共中央否定了过去依靠行政命令管理经济的做法，决定以"社会主义定向的市场经济"，取代官僚集中、统包统管的计划经济体制。

越南探索社会主义定向的市场经济体制，经历了一个过程。1989 年 3 月，越共六届六中全会提出发展有计划的商品经济，之后越共七大提出越南"初步形成由国家管理的、沿着市场经济运行的多种经济成分的商品经济"，越共八大提出建立"遵循社会主义方向、由国家进行管理的市场机制"。2001 年 4 月召开的越共九大明确提出"社会主义定向的市场经济"，并指出"建立社会主

义定向的、由国家管理的、按市场经济机制运行的商品经济就是社会主义定向的市场经济"，认为这是越南社会主义过渡时期的总体经济模式。2006 年越共十大把建立社会主义定向的市场经济体制作为越南经济体制改革目标。2008年 3 月，越共十届六中全会通过《继续完善社会主义定向的市场经济体制的决议》，充分肯定了市场经济的地位和作用。越共十一大和 2016 年召开的越共十二大进一步深化了对"社会主义定向的市场经济"的认识。

越南强调市场经济前面有"社会主义定向"这个定语，是由越南处于社会主义过渡时期的社会性质所决定的。"社会主义定向"、"由越南共产党领导"、"国有经济占主导地位"等内容，明确了越南的市场经济不同于资本主义国家的市场经济。国家根据战略、规划和计划配置资源，表明越南的市场经济并不迷信市场，而是要同时发挥计划和市场的作用，发挥政府宏观调控的作用。

此外，越南还积极扩大对外开放，不断改善同周边国家以及西方国家的友好合作关系。

老挝人民革命党在革新开放过程中提出并执行了一系列符合国情的政策与措施，并取得巨大成效和成就。老挝通过颁布《土地法》等法律，向土地法人颁发土地证，规定农民长期享有土地使用权、继承权和转让权，在农村推行土地生产经营家庭承包制。同时，政府加大农业投入，改善农田水利设施，发展农机、农药和化肥生产，培育和引进良种，促进专业化生产。自 1990 年，老挝实现粮食基本自给，此后粮食产量不断增加，且有剩余出口。

在城市，老挝推进国有企业改革，除电力、邮政、自来水、公路桥梁建设、采矿和军品生产等骨干企业外，其他企业均陆续通过承包、租赁、合资、股份制等不同形式，由公有制转为其他所有制，逐步形成以生产资料公有制为基础，多种所有制成分、多种所有制形式和多种组织形式并存的格局。截至 2011 年底，老挝共有 139 家国有企业，总资产约 25.9 亿美元，占当年老挝国内生产总值的 33%。2011 年对老挝经济增长贡献最大的是国内外私营企业，贡献率为 16%；其次为国有企业，贡献率为 8.2%；公私合营企业排第三，为7.3%。①

老挝实行国家调节的市场经济。这是由私有企业在经济结构中占有很大比例决定的。老挝既要发挥市场在配置资源中的基础性作用，又要加强国

---

① 参见柴尚金：《老挝：在革新中腾飞》，社会科学文献出版社 2015 年版，第 25 页。

家的宏观调控，以保障整个国民经济朝着社会主义方向发展。目前，老挝致力于发展以多种所有制、多种分配方式、多种经济组织方式并存的社会主义定向的市场经济，建立各种所有制经济既平等合作又相互竞争的市场经济体制。①

在对外政策上，老挝本着"多交友、少树敌"的外交理念，奉行独立自主的和平外交政策，增进与周边国家睦邻友好，发展同世界各国友好合作，积极扩大对外开放。2012年，老挝成为世界贸易组织（WTO）第158个成员。截至2013年年底，老挝已同世界上136个国家建立了正常外交关系，并与世界100多个政党建立了联系。

从20世纪80年代起，古巴开始对经济体制进行局部调整和改革。进入90年代以后，古巴继续推进经济改革，强调坚持以公有制经济为主体、允许非公有制经济合理发展的方针。一方面，加强和深化国有企业改革，减少政府对企业的直接干预，提高企业管理水平和经济效益，发展国有经济，壮大集体经济；另一方面，对个体经济劳动者和私营企业采取鼓励和支持政策，个体经济和私营经济得到快速发展。②

在农村，古巴政府一方面调整和优化农村经济结构，一改过去以蔗糖为主的单一经济形态，大力发展农牧业，扩大粮食和蔬菜种植面积，努力提高稻米产量，提高肉、蛋、奶等产量，解决国内粮食短缺的问题。另一方面，减少国家对土地控制的范围，下放土地的生产经营权。先是划小国营农场经营单位，建立自负盈亏的基层合作生产单位，在农村部分地区实行家庭承包责任制，形成国营农牧场、集体农牧业合作社和小农牧主这三种农村经济形式。

到1994年12月，古巴国营农场耕地面积已由过去的70%降到29.8%，合作社耕地面积由20%上升到51.8%，个体农民耕地面积由10%上升到15.1%。2006年劳尔·卡斯特罗执政后，采取鼓励农民、农场和农业生产合作社租赁闲置土地从事农业生产、允许家庭农场合法雇工、提高农产品收购价格等政策重振古巴农业。自2008年至2017年8月，共有191.7万公顷土地承包

---

① 参见［老挝］坎曼·占塔琅西：《老挝人民革命党确立老挝迈向社会主义的路线》，《当代世界》2018年第9期。

② 参见徐世澄：《古巴共产党与古巴经济社会模式更新》，《当代世界社会主义问题》2019年第2期。

给自然人和法人，占全国农用土地的 31%，其中 173.3 万公顷土地承包给 22.2 万自然人。2018 年 8 月，古巴政府颁布法令，决定延长土地承包期，个人（自然人）的承包期从 10 年增加到 20 年，法人（合作社）承包期无限制。个人最多承包的土地从 13.42 公顷增加到 26.84 公顷，如果用于发展畜牧业，最多可承包 67.10 公顷土地。①

苏东剧变以后，古巴及时调整外交战略，实行灵活的多元化、全方位的外交政策，努力打破美国的封锁，扩大国际生存空间，同时进一步扩大对外开放，主动同资本主义国家发展经贸关系。菲德尔·卡斯特罗认为，"向外国投资开放是古巴对其经济进行的最重大改革之一"，外国投资是古巴经济发展的"重大推动力"，是"古巴重建其百疮千孔经济的惟一选择"。②

美国和古巴近在咫尺，至今未放弃敌视封锁古巴的政策。古巴国力贫弱，社会承受能力有限，改革需要循序渐进、稳中求进。因此，古巴一直强调推行"稳步的改革开放"，始终把保持社会安定放在首位，强调改革的经济效果和社会效果的统一。比如经济改革强调坚持并充分发挥计划体制的作用，反对自由放任的市场经济。早在改革之初，菲德尔·卡斯特罗就提出，对经济的计划领导和发挥国家作为社会资产保证的作用，是社会主义的原则，"我们不能把我们的经济发展托付给盲目的市场规律"③。2016 年古共七大仍然坚持认为，社会主义计划是指导经济、推动社会主义发展的主要方式，国家把市场融入经济指导和计划制度的运行中。

还比如在社会政策上，古巴历史上推行高福利政策，社会福利、免费项目多，一方面国家财政负担很重，不改革不行；另一方面社会福利具有"钢性"特征，能上不易下，因涉及许多人切身利益，不能不谨慎行事。因此在社会利益分配机制上，古巴虽然调整了过高的社会福利性分配，逐步减少分配领域的平均主义，但免费教育和医疗等基本福利政策不会变。菲德尔·卡斯特罗在古共五大上说：今后，我们在医疗、教育等领域依然不收费，它们是国家无偿给

---

① 参见徐世澄：《古巴共产党与古巴经济社会模式更新》，《当代世界社会主义问题》2019 年第 2 期。
② 参见周新城主编：《越南、古巴社会主义现状与前景》，安徽人民出版社 2000 年版，第 198 页。
③ [古] 菲德尔·卡斯特罗：《在古巴共产党五大闭幕式上的讲话》，《格拉玛报》1997 年 11 月 1 日。

予人民的基本福利。这属于我们革命的本质特征之一。[①]2011 年古共五大仍强调继续实行全民免费医疗和全面免费教育。

到 20 世纪 80 年代中期，朝鲜高度集中的计划经济管理体制越来越束缚人的积极性，朝鲜经济出现停滞局面。苏联东欧剧变也使朝鲜经济雪上加霜。为摆脱困境，朝鲜试行稳步的经济改革政策并逐步扩大对外开放，比如在农村改进"分组管理制"，以调动农民的生产积极性；在国内设立自由经济贸易区、加工和贸易保税区与经济特区等。

进入 21 世纪后，朝鲜在金正日领导下尝试了一些扩大对外经济联系的政策。继 1991 年决定设立罗津—先锋自由经济贸易区之后，2004 年朝鲜政府决定设立开城工业区、金刚山旅游区，2011 年设立黄金坪—威化岛经济特区、元山—金刚山国际旅游特区。2013 年金正恩提出"经济建设与核武力建设并进路线"，强调要建设"符合各道实情的经济开发区"，为响应这一号召，朝鲜在 2013 年、2014 年分两批设立了 19 个经济开发区，2015 年又增设咸镜北道庆元经济开发区。朝鲜政府还制定并完善了相关法律法规，2011 年颁布了《罗—先经济贸易地区法》、《金刚山国际旅游特区法》，2013 年又制定了《经济开发区法》。《经济开发区法》规定，外商投资企业可以在朝鲜的经济开发区内自由进行经济活动，土地租赁期限最长可达 50 年，企业所得税率 14%，并且享有进出口货物减免关税等优惠政策。[②]

在农村，朝鲜在 20 世纪 90 年代对实行了近 30 年的分组管理制进行调整，分组规模缩小至 7—10 人，主要由家庭成员和亲戚组成，同时核减国家下达的生产任务，规定余粮可自主处理，目的是提高农民劳动生产积极性。2004 年在咸镜北道、黄海北道等地开始试点以家庭为单位的莆田担当制，取得经验后于 2013 年在全国推广。2014 年朝鲜政府规定，40%的生产成果上缴国家，其余 60%归个人所有，余粮自主处理。朝鲜农村政策的调整取得了实效，2014 年朝鲜粮食产量达到 480 万吨，达到历史最好水平。

在政治上，朝鲜实现政局的平稳过渡。2011 年 12 月 17 日，金正日去世后金正恩顺利接班。当年 12 月 30 日，金正恩被推举为朝鲜人民军最高司令官。

---

① 参见肖枫主编：《社会主义向何处去——冷战后世界社会主义运动大扫描》，当代世界出版社 1999 年版，第 512 页。

② 参见权哲男：《朝鲜经济特区和开发区建设的过去、现在和未来》，《世界知识》2018 年第 15 期。

2012 年 4 月 11 日，朝鲜劳动党第四次代表会议推举金正恩为朝鲜劳动党中央政治局委员、常委和党中央军事委员会委员长。同年 4 月 13 日，朝鲜第 12 届最高人民会议第五次会议推举金正恩为朝鲜国防委员会第一委员长。2016 年 5 月 9 日，朝鲜劳动党第七次全国代表大会推举金正恩为朝鲜劳动党委员长。同年 6 月 29 日，朝鲜第 13 届最高人民会议第四次会议推举金正恩为国务委员会委员长。

朝鲜仍面临复杂而严峻的国际环境和周边环境，最为核心的是朝美关系、朝韩关系问题。目前朝美和朝韩关系虽有所缓和，但没有取得实质性进展，这在很大程度上影响了朝鲜党和国家工作中心的转移。在外部和平环境没有可靠保障的情况下，特别在朝鲜与美、韩关系没有根本改善的前提下，很难像其他社会主义国家那样推行全面的改革开放。

四、在扩大对外交往的同时，坚决抵制西方"和平演变"

社会主义同资本主义虽然也有相互学习借鉴的地方，但本质上是对立的两种社会制度。从俄国苏维埃政权诞生那天起，美国等西方国家就认识到，社会主义是一种与资本主义根本对立的社会制度。消灭共产党和共产主义政权，成为资本主义国家矢志不渝的战略目标。

最初采取的是武装颠覆的战略。如俄国苏维埃政权刚成立，西方十四个帝国主义国家就联合发动了旨在颠覆苏维埃政权的武装入侵。新中国成立不久，美国也纠集仆从国发动了朝鲜战争，企图扼杀新生的人民政权。但随着苏联、中国等社会主义国家的日益强大，经济、政治和军事实力的不断增强，国际地位和国际影响力的不断提升，美国等西方国家发现，仅靠武力这一手已无法摧垮社会主义政权，于是就决定发动一场没有硝烟的战争，企图用和平演变的方式，从内部瓦解共产党的统治。

苏东剧变后，美国等西方敌对势力就开始把和平演变的矛头主要指向中国等社会主义国家。西方反华反共势力不断利用、操纵一些重要的国际会议或国际场合，利用、控制一些重要的国际组织或地区组织，利用、主导西方主流媒体和国际舆论，或以"民主"、"自由"、"人权"等话题为借口，或插手一些重要的基金会、国际体育比赛、国际评奖活动，或支持中国政府打击的境外反华分裂势力，或以文化交往、学术交流、经贸往来的名义，通过政治的、经济的、文化的、民族的、宗教的、外交的等途径，全方位地对中国进行意识形态渗透，企图瓦解中国特色社会主义的思想基础，达到不战而胜的目的。

1995 年 7 月，越南与美国关系正常化，两国正式建交。美国总统克林顿宣称，正如以前曾在苏东国家所发生的那样，美越关系的正常化将促进越南的自由事业。[①] 越南国内外敌对势力利用各项事件，煽动民众上街游行，甚至直接向他们派发现金。

美国政府通过"全国民主基金会"向古巴内外反对派组织提供资金，以支持古巴的"颜色革命"。2003 年，布什政府还成立了"援助自由古巴委员会"，妄图干预古巴内政。美国通过开设"马蒂电台"和"马蒂电视台"，对古巴民众进行不间断的信息轰炸。据统计，1992 年美国反对古巴的电台合计每周对古巴广播 500 小时。美国等西方国家还借助教育文化交流等手段培植反古巴势力。

苏东剧变期间，老挝国内爆发了主张政治多元化的大规模示威游行，流亡的旧王室成员也妄图恢复王朝统治。老挝一度陷入新政权成立以来最严重的政治危机。[②]

民族宗教问题也是西方施行和平演变战略的切入点。2011 年越南爆发苗族大规模骚乱事件。越方认为，以美国为首的西方国家是此次骚乱的"幕后推手"，其主要目的在于：通过民族矛盾打击越南的党和政府。[③]

以苏东剧变为鉴，社会主义国家重视并警惕西方的和平演变战略。中国共产党强调不走改旗易帜的邪路，习近平同志多次重申改革不能犯颠覆性的错误。越共始终坚持社会主义方向，坚决反对西方"多党制"、"三权分立"和"军队国家化"，将应对和平演变作为思想政治战线的首要任务。2002 年 6 月，古巴就社会主义制度的不可更改性进行全民公决，以法律形式巩固古巴社会主义制度。新修订的宪法规定，古巴永远不会回到资本主义社会。古共也强调"决不放弃社会主义根本原则和基础性成果"。2016 年老挝人民革命党十大提出，要以凯山·丰威汉思想为行动指南，坚定走老挝特色社会主义道路，坚持革新开放路线不动摇。2016 年朝鲜劳动党七大提出，朝鲜不仅要坚持社会主义制度，还要建设社会主义强国，将社会主义事业推上新台阶。

针对西方和平演变战略，社会主义国家还从经济、政治、文化等多个层面展开斗争，采取应对措施。在经济层面上，社会主义国家一方面主张融入全球经济体系，另一方面坚持社会主义公有制的主体地位不动摇，反对西方鼓吹的"新自由主义"。古巴强调，社会主义全民所有制是古巴国民经济的主要形式，古巴决不允许采取给广大民众利益造成巨大损害的"休克疗法"。以国有资产和社会服务私有化为配方的新自由主义政策，永远都不适用于古巴社会主义。①

在政治层面上，强调坚持共产党的执政地位，不搞西方的多党制、议会民主、三权分立。越南旗帜鲜明地反对政治多元化。越共始终强调，民主与否"并不取决于一党或多党"，而在于党是否真正为了人民的利益。越南没有建立多元政治、多党对立机制的客观需要，越南人民不接受政治多元化、多党制。②古共强调，古共是古巴唯一的执政党，是社会和国家的最高领导力量。人民主权基础上的社会主义民主是社会主义国家权力的来源。老挝人民革命党一方面采取果断措施打击敌对势力，平息国内武装暴乱；另一方面，积极推动政治体制改革以健全民主、法制。1991 年老挝人民革命党五大确立了政治体制改革的方针：在巩固人民民主政治制度和明确各部门职责的基础上，改革工作方法，维护并提高党的领导与能力。

在思想文化方面，社会主义国家普遍重视政治思想教育工作。越共通过开展"学习和践行胡志明道德榜样"等思想教育运动，力图让党员干部和民众了解和平演变的本质与危害，从而团结起来反对和平演变。古共在全国建立了完备的党校系统，包括 1 个中央党校、14 所省级党校、140 多个基层党校。古共中央规定，所有党员干部必须定期到各级党校接受培训，特别是即将受提拔的干部。古共还创办了"公众论坛"、"圆桌会议"等电视专题节目，设立了民众舆论调查中心以便及时掌握社情民意，成立了全国马蒂研究计划办公室以更好

---

① 参见许宝友主编：《世界主要政党规章制度文献：越南、老挝、朝鲜、古巴》，中央编译出版社 2016 年版，第 518 页。

② 参见山东大学政党研究所课题组：《越共处理"四大危机"的理论与探索》，《当代世界与社会主义》2006 年第 4 期。

地研究和宣传马蒂思想。苏东剧变后，老挝人民革命党举办各类学习班，宣传人民民主制度的优越性和新政权成立以来所取得的成就，以达到统一思想的目的。朝鲜强调，要全面发展社会主义文化，用社会主义文化与资本主义文化相抗衡。朝鲜要以革命的社会主义文学艺术力量压制资产阶级的反动文化，根除所有非社会主义现象。

针对西方利用民族宗教问题进行和平演变的威胁，社会主义国家重视本国的民族宗教事务。越南将少数民族地区的经济社会事务的全面发展作为解决民族问题的重中之重。2001 年，越共九大提出要将西原少数民族聚居区建设成"经济发达、国防稳固、可推动地区经济发展的地区"。此外，越南依法管理宗教，引导发展新教义。2000 年，越共中央颁布《新时期宗教工作问题》，对宗教工作作出具体规定。越共强调，一方面要始终如一地尊重和保障信仰自由权和宗教生活权；另一方面要鼓励各派宗教进行创新，发展有益于社会主义建设的新教义。对于利用民族和宗教问题从事违法活动的人，越南一律予以严惩。古共也注重拉近理论与民众的距离，扩大党的执政基础。在古巴，信教人数占比很高，其中不乏支持社会主义事业的爱国人士。1991 年，古共四大修改党章，取消关于"有宗教信仰的革命者不能入党"的规定，首次允许符合条件的宗教人士入党。1992 年新修订的宪法规定，国家"承认、尊重和保护公民是否信仰宗教的自由，公民依法信仰他们选择的宗教"。[1]

各国外社会主义国家通过改革开放，在经济、政治、文化等方面取得的成就是巨大的。一方面，在改革开放和社会全面发展中，党的领导、马克思主义为指导和社会主义制度得到了巩固；另一方面，各国也在如何推进改革、如何建设适应本国实际具有本国特色的社会主义问题上积累了丰富经验。当然，今天各国外社会主义国家的改革仍在路上，正在或将来还会面临风险和挑战。有许多矛盾和问题需要各国在实践探索中处理和解决，这些实践探索和理论反思，对于坚持和发展中国特色社会主义具有重要的参考和借鉴意义。

---

[1] 许宝友主编：《世界主要政党规章制度文献：越南、老挝、朝鲜、古巴》，中央编译出版社 2016 年版，第 157—158 页。

第二节　资本主义国家主要共产党的发展与理论反思

除了社会主义国家的理论和实践探索外，资本主义世界的各国马克思主义政党也在结合本国实际进行探索，无论是实践探索还是理论反思都取得一定的成就，丰富并拓展了当今时代对马克思主义的认识。这些探索和认识，对于我们全面推进中国特色社会主义建设事业具有一定的参考借鉴价值。

一、资本主义国家主要共产党的发展

苏东剧变以后，资本主义国家的共产党除少数垮掉或改名换姓外，多数坚持了下来，有的还有新的发展。前苏东地区的共产主义运动，并没有随着该地区的国家的社会主义制度的瓦解而销声匿迹。相反，通过这些国家的坚定的共产党人恢复或重建党的组织，积极开展活动，寻求复兴社会主义之路，而使共产主义运动有一定程度的恢复和发展。在这些国家，大多数马克思主义政党组织获得合法地位，有的党员数量还有较大幅度的增加，有的党在地方长期执政，有的党是全国的参政党甚至执政党。总体看，经过近30年的努力，资本主义国家的主要共产党基本克服了苏东剧变的冲击，由最初的动荡而转入在曲折中发展的稳定期。

（一）亚洲主要共产党的发展

在亚洲，日本共产党党员数量从 1994 年不足 34 万人，增加到 1999 年底的 37 万人，2007 年达到 40 万人。此后受日本右翼势力扩张等因素影响，力量有所下降，但到 2016 年仍有 30 万名党员，是发达国家中党员数量最多的共产党组织，是日本的第四大党。2014 年在日本众议院选举中，日共拥有 21 个席位（总数 475 席）。在 2016 年日本参议院选举中，日共获取 14 席（总数 242 席）。另外，日共在都道府县有 136 名议员，在市、町、村有 2752 名议员

（总共有 32070 名议员）。在发达国家共产党力量普遍萎缩的背景下，日共仍能保持相当数量的党员和政治影响是相当不易的。从 2006 年起至今，出生于 1954 年的志位和夫，接替不破哲三任日共委员长。

在印度，有多个共产党组织，主要的有三个。一是印度共产党。这是印度最早的共产党，1920 年成立于苏俄的塔什干（一说是 1925 年成立），在 2019 年人民院选举中拥有 2 个席位，在 2019 年联邦院选举中拥有 1 个席位。二是印度共产党（马克思主义），简称印共（马）。该党 1964 年从印度共产党分裂出来，目前是全印度党员数量最多、力量与影响最大的共产党。三是印度共产党（马克思列宁主义），简称印共（马列），1969 年从印共（马）分裂出来，起初搞武装斗争，20 世纪 80 年代末在米什拉（Mishra）领导下决定放弃武装革命，转向议会道路。此后该党不断遭遇分化，力量和影响持续缩小，目前印共（马列）—解放仅在比哈尔邦有 3 个席位，贾坎德邦有 1 个席位。

印共（马）1991 年只有党员 59 万人，2002 年猛增到 81 万人，2013 年又增加到 106 万人，2016 年达到 109 万人，是印度最大的左翼政党，也是目前资本主义国家中党员数量最多的共产党。印共（马）在 2014 年和 2019 年印度人民院选举中分别拥有 11 个、3 个席位（总数 545 席），在 2019 年联邦院选举中拥有 5 个席位（总共 250 席）。以印共（马）为首的左翼阵线在西孟加拉邦从 1977 年起连续 7 次在选举中获胜，直到 2011 年 5 月下野，还与其他政党在喀拉拉邦和特里普拉邦联合执政多年至今。曾在印共（马）治下的三个邦有 1 亿多人口，占到印度总人口的 1/10。从 2015 年起，西塔拉姆·耶丘里（Sitaram Yechury）担任印共（马）总书记。

此外，印度还有一个坚持武装斗争的共产党，即印度共产党（毛主义者）。印共（毛）前身是印共（马列）—人民战争团体 [CPI（ML）PWG]，由安得拉邦的纳萨尔巴里运动成员于 1980 年 4 月 22 日在贡德帕里·西萨·拉迈亚（Kondapalli Seetha Ramaiah）领导下成立，表示要继承查鲁·马宗达的遗志，开展群众武装斗争，在印度打一场真正的人民战争。2004 年 9 月，印共（马列）—人民战争团体与印度毛主义共产主义者中心（MCCI）合并成立印度共产党（毛主义者）。2014 年 5 月，印共（马列）—纳萨尔巴里又并入该党。印共（毛）主张在马列毛思想指导下，通过持久的人民战争，走农村包围城市、最后夺取城市和全国政权的武装斗争道路，最终在印度实现社会主义和共产主义。截至 2015 年，印共（毛）领导的武装力量——人民解放游击军有约八九万人，还有民兵武装约 10 万人，控制着贾肯得邦、切蒂斯格尔邦、比哈尔邦、奥里萨邦和马哈拉施特拉等"红色走廊"核心区域。在安得拉邦、切蒂斯格尔邦、马哈拉施特拉邦等地，印共（毛）的力量也处于上升状态。① 党的总书记是姆普帕拉·洛克什马拉·饶（Muppala Lakshmana Rao），别号加纳帕蒂（Ganapathi）。

在南亚的另一个国家——尼泊尔，共产党领导的革命运动和社会运动也异常活跃。尼泊尔大大小小的共产党有数十个之多，影响最大的主要是两个：一是尼泊尔共产党（联合马列），一是尼泊尔统一共产党（毛主义者）。尼共（联合马列）1994 年 11 月在尼泊尔议会选举中成为第一大党，组成少数派政府单独执政达 9 个月。这是该党的首次执政，也是世界社会主义运动史上首个通过议会道路成为执政党的共产党。此后尼共（联合马列）又于 2009 年、2010 年、2015 年实现短暂执政，2013 年大选赢得 175 席（总数 601 席），为议会第二大党。

统一尼共（毛）的历史独特，经历了从议会道路到武装斗争、从武装斗争再到议会道路、从议会党到执政党的几次跨越。其前身是 1996 年成立的尼泊尔共产党（毛主义者）。1996 年 2 月，尼共（毛）决定发动武装革命，通过持久的人民战争，在尼泊尔走出一条农村包围城市、武装夺取政权的新民主主义革命道路。2006 年 11 月，尼共（毛）在武装斗争取得重要成就的背景下，鉴于尼泊尔国内局势的深刻变化，决定接受尼泊尔临时政府提出的和谈请求，从此踏上和平的议会道路。2008 年 4 月，尼共（毛）在尼泊尔首届制宪会议代表选举中，以压倒性的优势获胜，成为执政党，党主席普拉昌达当选总理。此后执政不足 9 个月下野。2011 年 8 月再度执政，党的领导人巴特拉伊当选总理，不久也下野。2013 年，统一尼共（毛）在尼泊尔大选中赢得 80 席，为议会第三大党。2016 年 5 月，统一尼共（毛）与多个毛主义派别合并，组成新的政党——尼共（毛主义者中心），普拉昌达任新党主席。同年 8 月，尼共（毛主义者中心）成为执政党，党主席普拉昌达第二次当选总理，但在 2017 年 5 月再次下野。

2018 年 5 月 17 日，尼共（毛主义者中心）与尼共（联合马列）宣布正式合并，更名为尼泊尔共产党。新党的指导思想为马克思列宁主义和以社会主义为导向的人民多党民主，以尼共（联合马列）使用的党徽（太阳图案）为新党

---

① 参见王静：《印度共产主义运动视野中的印共（毛）》，《马克思主义研究》2012 年第 9 期。

的标志。新党实行联合领导体制（双主席制），原尼共（毛主义者中心）主席普拉昌达和原尼共（联合马列）主席奥利共同担任党主席。党中央委员会设441 位中央委员，原尼共（联合马列）占其中 241 个席位，原尼共（毛主义者中心）占 200 个席位。党中央委员会还设 43 位常务委员，原尼共（联合马列）占其中 25 个席位，原尼共（毛主义者中心）占 18 个席位。新成立的尼泊尔共产党是尼泊尔议会第一大党，也是执政党。党主席奥利担任尼泊尔总理，党的领导人班达里担任尼泊尔总统。

塞浦路斯工人进步党的前身是 1926 年成立的塞浦路斯共产党，1941 年改为现名。塞浦路斯工人进步党的党章规定，塞浦路斯劳动人民进步党是以马克思列宁主义理论武装的工人阶级先锋队组织，党的奋斗目标是在塞浦路斯建立社会主义社会。2008 年 2 月 24 日，党中央总书记、议会议长季米特里斯·赫里斯托菲亚斯在大选中以 53.36％的得票率战胜对手，当选为塞浦路斯总统，被法国《费加罗报》评论为"欧盟诞生的首位共产党人国家元首"。在 2013 年总统大选中，劳动人民进步党候选人斯塔夫罗斯·马拉斯（Stavros Malas）以42.52％的得票率负于对手。工人进步党在 2016 年议会选举中获得 16 个席位（总数 59 席），在 2014 年欧洲议会选举中获得 2 个席位，目前是塞浦路斯第二大党。

据不完全统计，在亚洲，除了执政的 4 个社会主义国家的共产党外，有 30 多个共产党组织活跃在 17 个国家和地区中。其中，叙利亚共产党（Bakdash）、叙利亚共产党（联合）、巴勒斯坦人民党、孟加拉国工人党、尼泊尔共产党（马列）、尼泊尔共产党（联合）、尼泊尔工农党、斯里兰卡共产党、伊拉克共产党、以色列共产党、约旦共产党是本国的参政党，在国会或议会里拥有席位。

（二）拉美和南部非洲主要共产党的发展

在拉丁美洲，在十多个国家存在共产党组织。巴西共产党是仅次于古巴共产党的拉美第二大共产党组织，也是拉美最大的非执政共产党。它初创于1922 年，20 世纪 60 年代在国际共运大论战中发生分裂。苏东剧变后，从巴共分裂出去的"巴西的共产党"改信民主社会主义（后急剧衰落，目前在国会中没有一个席位），而巴西共产党继续高举马列主义旗帜，在 20 世纪 90 年代，坚定反对卡多佐总统新自由主义政策，党的力量迅速增强。从 1990 年的 9 万名党员，发展到 1993 年的 11 万名党员、2000 年的 25 万名党员。2009 年又增加到 32 万名党员，2011 年猛增到 50 万名。2002 年巴共在联邦众议院选举中赢得 12 个席位（总数 513 席），2006 年首次在联邦参议院选举中获得 1 个席位，2010 年又拿下众议院选举 15 个席位、参议院选举 2 个席位，在联邦政府中有 1 个部长职位（体育部长），在圣保罗等 13 个州有 18 个众议院席位，在各个城市拥有 608 个市议会席位。① 在 2018 年选举中，巴西共产党在众议院获得 9 个席位。现任党主席若泽·雷纳托·拉贝略。

此外，智利共产党在 2013 年大选中赢得众议院 6 个席位（总数 120 席），现有 4.6 万名党员。委内瑞拉共产党也在国会拥有 2 个席位。

在南部非洲，在十多个国家或地区存在十几个马克思主义政党。南非共产党是非洲力量最强、影响最大的共产党，成立于 1921 年 7 月，1950 年被南非当局宣布为非法，1990 年 2 月重获合法地位。1990 年以后，南非共的力量迅速发展，党员人数已从 1990 年的 2000 多人发展到 1995 年的 7.5 万人、2002 年的近 8 万人，2015 年达到 22 万名党员。南非共在 1994 年与 1999 年南非大选中取得重大胜利，1994 年大选有 50 多位党员当选国民议会议员，有 3 人被任命为内阁部长。1990 年以后，南非共与非洲人国民大会和南非工会大会组成三方执政联盟持续执政，目前仍是南非的参政党，现任总书记恩齐曼迪。

此外，纳米比亚工人革命党、法属留尼汪共产党是本国或本地区的参政党，在国会或当地议会中有自己的席位。2014 年，法属留尼汪共产党还在欧洲议会获得一个席位。

（三）前苏东地区主要共产党的发展

在前苏东地区，以共产党为代表的社会主义左翼力量经历了一个曲折的发展过程。从 1989 年 8 月波兰团结工会上台，拉开苏东剧变的帷幕，到 1991 年 12 月苏联解体、苏东剧变的完成，苏联东欧社会主义国家加上蒙古一共有 10 个国家，在两年多一点的时间里，发生了执政党垮台、社会制度演变甚至国家解体分裂的惨剧。在右翼势力的进攻下，各国共产党（除蒙古人民革命党完成向社会民主党蜕变后仍能执政外）全部丧失政权，有的沦为在野党，有的

---

① 参见王建礼、成亚林：《巴西共产党的现状、理论政策及面临问题》，《当代世界社会主义问题》2014 年第 3 期。

被解散，有的被宣布非法，共产党组织遭到严重破坏，内部分裂分子趁机另立新党，党的领导人多数被捕受审，广大党员干部遭到迫害，党的办公大楼被查抄，党的财产被没收，等等。

面对党外右翼势力、党内分裂势力的左右夹攻，各国坚定的共产党人并没有退缩投降。他们不畏艰难，顽强斗争，经过艰苦的努力，在非常困难的条件下，恢复、重建或新建了一些共产主义政党。这些政党的绝大多数不仅获得了合法的地位，一些党的力量还有较大的发展，有的进入了议会，有的成为议会中的主要政党，有的甚至一度成为执政党。

在原捷克斯洛伐克，不仅有捷克共产党、波希米亚和摩拉维亚（捷克）共产党、斯洛伐克共产党等共产党组织，而且波希米亚和摩拉维亚（捷克）共产党在 2013 年获得了众议院 33 个席位（总数 200 席）、参议院 2 个席位（总数 81 席），另外在欧洲议会还拥有 3 个席位。该党 2016 年拥有 4 万多名党员。

在保加利亚，有保加利亚劳动人民党（后改称保加利亚共产党）、保加利亚共产党（马克思主义者）、保加利亚共产党（革命派）、保加利亚共产主义者联盟等马克思主义政党。成立于 1996 年的保加利亚共产党在 2001 年 5 月加入保加利亚社会党领导的"为了保加利亚联盟"。同年 6 月，该联盟在大选中赢得 48 个议会席位。2005 年 6 月，"为了保加利亚联盟"又赢得 82 个议席（总数 240 席），成为议会第一大党。当年 8 月，该联盟与另外两个政党共同组阁，保加利亚共产党遂成为参政党。2014 年，"为了保加利亚联盟"在选举中获得 39 个席位，2017 年获得 80 个席位。

在南斯拉夫，1990 年 7 月，由前南共联盟成员组成的新南斯拉夫共产党成立，该党仍坚持以马克思列宁主义为指导。1990 年 11 月，原南共联盟成员又成立了共产主义联盟—维护南斯拉夫运动。此外还有南斯拉夫联盟共产党、塞尔维亚和黑山共产党、波斯尼亚和黑塞哥维纳共产党等共产党组织。

在东欧国家几乎都有共产党组织，如罗马尼亚社会主义劳动党、罗马尼亚共产党、阿尔巴尼亚共产党、匈牙利工人党、波兰共产主义者联盟等。

苏联的加盟共和国在独立后都成立了共产党组织，有的国家还不止一个。塔吉克斯坦共产党、乌克兰共产党、哈萨克斯坦共产党、白俄罗斯共产党等，在本国有着较大的政治影响。塔吉克斯坦共产党 1995 年在首届议会大选中获得 60 个席位（总数 181 席），2000 年获得 13 个席位（总数 63 席）。创建于 1991 年的亚美尼亚共产党，在 1995 年和 1999 年大选中获得 12% 的选票，在议会中分别获得 10 个席位。乌克兰共产党曾是前苏联地区第二大共产主义政党、乌克兰第一大左翼政党。1994 年、1998 年连续两届是议会第一大党，分别拥有 86 席和 121 席（总数 450 席）。2012 年拥有 11.5 万名党员。哈萨克斯坦共产党在 2016 年议会选举中，获得 7.14% 选票，产生 7 名议会代表。

创建于 1996 年的白俄罗斯共产党，2016 年议会大选获得下院 8 个席位（总数 110 席）、上院 17 个席位（总数 64 席），现有党员 6 万人。塔吉克斯坦共产党在 2015 年议会选举中获取 2 个席位（总数 63 席），现有党员 4 万人。创建于 1994 年的拉脱维亚社会主义党与其他党派结盟参加选举，2002 年大选结盟的党派获得四分之一议席，社会主义党有 5 名成员获胜（议会总数 100 席），2006 年大选新结盟的党派获得 17 个议席，社会主义党有 4 名成员获胜，2011 年大选新结盟的党派获得 31 个议席，社会主义党有 3 名成员当选。

在俄罗斯有多个共产党组织，俄共的崛起成为俄罗斯乃至前苏联地区以共产党为代表的左翼力量发展壮大的一个突出事件。俄共的全称为俄罗斯联邦共产党，始建于 1990 年 6 月，1993 年 2 月重建，此后迅速壮大，在当年 12 月俄联邦第一次议会大选中获得 12.35% 的选票，成为国家杜马中的第三大党，到 1995 年党员人数达到 55 万多人，在全俄 24 个地区有党组织，基层党组织有 2 万多个。1995 年 12 月，俄共在第二次议会大选中赢得国家杜马 157 席，占了三分之一多的席位，成为议会第一大党。1996 年 7 月，在俄总统选举中，俄共领导人久加诺夫以 13 个百分点之差落败于叶利钦。此时，俄共的力量发展到巅峰。此后由于党内分裂、统俄党的强势崛起等因素的影响，俄共影响力开始下滑。尽管如此，以俄共为首的左翼势力，仍是当今俄国政坛上不可忽视的政治力量。目前，俄共是俄罗斯第二大政党，2016 年拥有 16.7 万名党员，在国家杜马拥有 42 席（总数 450 席），在地区议会拥有 460 席（总数 3980 席）。

在苏联剧变后独立的国家中，摩尔多瓦共产党人党的崛起，成为前苏联地区社会主义力量有所复兴的另一标志性事件。摩共 1993 年 10 月 22 日成立，主要由前苏共地方党组织摩尔多瓦共产党党员组成。1991 年摩尔多瓦共和国独立出来以后，中右翼政党执政近十年。2001 年 2 月 25 日，摩尔多瓦举行独立后的第三次议会选举，共产党人党以压倒性的 50.07% 的得票率赢得大选，党的领导人弗拉基米尔·沃罗宁当选总统，共产党人党取得执政地位，摩尔多瓦成为前苏联第一个由共产党重新执政的国家。当时在前苏东国家乃至世界范围引起强烈反响，有不少共产党表示要以摩共为榜样，走摩共的发展道路。

2005 年 3 月，摩尔多瓦举行了独立后第四次议会选举，共产党人党再次以 46.1% 的得票率赢得大选，获得 55 个议会席位，第二次成为执政党，沃罗宁再次当选国家总统。摩共连续执政，主要是因为该党在恢复国家经济、促进社会发展等方面取得重大成就，作出重大贡献，从而奠定了胜选的群众基础。

2009 年 4 月，摩尔多瓦举行独立后第五次议会选举，摩共一党赢得 49.48% 的选票，赢得 60 个席位，不仅保持了第一大党的地位，而且取得了骄人的选绩，在议会中只差一席就能单独组阁。然而在随后的总统选举中，摩共提名的总统候选人遭到拥有 41 席的其他三个政党的议员集体退场，他们拒绝投票，使摩共的总统候选人离法定的 61 票差 1 票无法当选。由于反对党的联合抵制，摩议会宣布于当年 7 月提前举行新的大选。由于反对党的破坏，摩共在此次选举中只获得 44.69% 的选票和 48 个议席。反对党提出的总统候选人也遭到摩共连续两次的否决。

2010 年 11 月，摩尔多瓦又提前举行大选，摩共获得 39.7% 的选票和 42 个议席，虽然是议会中的第一大党，但反对党仍然拒绝其执政。2014 年 11 月，摩尔多瓦举行新的议会选举。社会主义者党赢得 20.51% 的选票成为议会第一大党，摩共仅以 17.48% 的得票率退居第三。2016 年 3 月 4 日，摩宪法法院决定恢复全民投票选举总统。11 月 18 日，社会主义者党候选人伊戈尔·多东在第二轮投票中当选总统。至此，摩共谋求第三次执政的努力失败。在 2019 年 2 月举行的议会选举中，摩共未能进入议会。2021 年 7 月，摩共与社会主义者党组建竞选联盟参加议会提前选举，两党共获 32 个席位。

（四）欧洲、北美、大洋洲等地主要共产党的发展

欧洲、北美、大洋洲等发达国家的共产党，虽然目前处境仍较为困难，但最困难的时期已经渡过，党的活动趋于正常，少数国家共产党的处境有所好转。

在欧洲，除前苏东国家外，目前在 40 多个国家或地区有 70 多个共产党组织。法国共产党、葡萄牙共产党、希腊共产党在选民中仍有一定影响，是欧洲政坛上不可忽视的政治力量。法国共产党 2012 年公布的党员数量有 13.8 万人，其中交党费的党员有 7 万人。在 2012 年法国大选中，法共的候选人让—吕克·梅朗雄获得 11.1% 的选票。在 2017 年议会选举中，法共赢得国民议会

10 个席位（总数 577 席），比上一届多了 3 个席位，赢得参议院 18 个席位（总数 348 席），另外在 2014 年欧洲议会选举中获得 2 个席位。

苏东剧变之后，葡萄牙共产党在本国民众中仍有较大影响力，与其他政党结成民主联盟（CDU）在历届议会选举中一直保持 7%—9% 的得票率，2015 年拥有 17 个议席（总数 230 席）。在地方选举中也有一定的支持率，2013 年赢得 213 个地方席位，约占全国总数的十分之一（全国总数 2086 席）。另外在欧洲议会中还拥有 3 个议席（2014 年）。希腊共产党在苏东剧变之后力量发展很快，1993 年赢得众议院 9 个议席（总数 300 席），2007 年则猛增到 22 席，2012 年 5 月份增加到 26 席。但在 2015 年 9 月份新的选举中降到 15 席。该党在 2014 年欧洲议会选举中获得 2 个席位。

意大利共产党在苏东剧变前是西欧共产主义运动的主力，党员人数和选票分别占西欧共产党党员总数的一半和选票总数的三分之二。然而意共却于 1991 年 2 月改名为左翼民主党并加入社会党国际。尽管如此，原意共党员在当年 12 月重建了党组织，意大利重建共产党正式成立，前意大利总工会领导人塞尔焦·加拉维尼出任第一任全国书记。到 1991 年年底，意重建共拥有约 15 万名党员，党的力量和影响有所恢复。然而在 1995 年和 1998 年，意重建共发生两次分裂。经过努力，到 2006 年，党的力量和影响有所增长。1992 年，意重建共拥有 20 个参议席、35 个众议席，2001 年减少到 4 个参议席、11 个众议席，到 2006 年增加到 27 个参议席、41 个众议席。这是该党 1991 年成立以来的最好成绩。在欧洲议会选举中，1994 年、1999 年和 2004 年分别获得 5 席、4 席和 5 席。

北美和大洋洲历来是资产阶级右翼政党势力最强大的地区。尽管如此，该地区仍有 10 多个共产主义政党。比如在美国，有美国共产党、美国革命共产党、美国工人世界党等。在加拿大，有加拿大共产党、魁北克共产党等。在澳大利亚，有澳大利亚共产党（马列）、澳大利亚共产党（1996 年新建）。在新西兰，有新西兰共产党、马克思主义团结组织等。

（五）主要共产党之间的国际联合

绝大多数共产党坚持无产阶级国际主义原则，认为党所从事的事业是国际共产主义或世界社会主义的一部分，倡导社会主义等左翼进步力量的国际联合。葡萄牙共产党声称，坚持无产阶级国际主义，加强各国共产党和各种革命进步力量的相互合作，团结各国劳动者共同反对民族压迫和社会不公的政策，反对帝国主义、殖民主义和新殖民主义、种族主义、排外和法西斯主义，声援一切争取自由民主、社会进步、民族独立、和平与社会主义的力量。斯洛伐克共产党强调自己是崇尚爱国主义的国际性政党，致力于复兴共产主义运动，致力于维护所有人的政治、社会、经济、文化和民族利益，崇尚建立在民主、平等、人类团结和社会公正基础上的公民自由理念。匈牙利工人党主张按照平等互利的精神，发展与其他左翼和进步力量、国内外政党组织的关系。秘鲁共产党声称将爱国主义、国际声援同各国劳动者及各国人民为建立一个公正的新社会而进行的斗争紧密联系起来，推动各国人民之间兄弟般的理解和合作。

在实践层面上，绝大多数共产党主动加强国际联系，积极寻求国际联系的新途径。

一是通过政党联盟、论坛、国际会议等形式与其他左翼党积极寻求国际联系的新途径，使彼此间的交往明显加强，联合行动日益增多。比如在欧洲，2004 年 5 月 8 日至 9 日，来自欧洲部分国家的 15 个共产党和左翼政党在意大利首都罗马宣布成立欧洲左翼党，旨在适应欧洲一体化和经济全球化等现实需要，加强欧洲共产党与左翼政党之间的联合与行动，倡议建立进行一场深刻的社会和民主变革的"另一个欧洲"。法国共产党、意大利重建共产党、奥地利共产党、圣马力诺重建共产党、斯洛伐克共产党、西班牙共产党等成为首批成员党。

欧洲一些国家的共产党还通过加入"欧洲联合左派—北欧绿色左派"（简称 EUL-NGL），参加欧洲议会选举等活动，进入欧洲议会，对欧盟形成了影响。在 2014 年欧洲议会选举中，EUL-NGL 获得 52 个席位（总数 751 席），其中塞浦路斯工人进步党、波希米亚和摩拉维亚(捷克) 共产党、法国共产党、法属留尼汪共产党、意大利重建共产党、荷兰社会主义党、葡萄牙共产党共拥有 12 个席位，希腊、德国、瑞典、西班牙、芬兰等国共产党加入本国左翼组织也拥有一定的席位。在 2019 年欧洲议会选举中，EUL-NGL 和一些国家的共产党获得的席位数有所下降。

二是资本主义世界的共产党也加强党际之间以及与社会主义国家执政党之间的交流。1993 年 5 月，由印共（马）倡议，为纪念马克思诞辰 175 周年，在印度西孟加拉邦首府加尔各达召开了"当代世界形势和马克思主义有效性"理论研讨会。各国马克思主义者也不定期地举行国际性学术研讨会。1995 年 9

月，在法国巴黎举行了有 1500 多位学者参加的"第一届国际马克思大会"，目前已举办了 6 届。

1996 年 7 月，在英国伦敦召开了有欧亚 10 多个国家 6000 多名代表参加的"1996 伦敦马克思主义大会"。1998 年 9 月，在法国巴黎召开了来自 60 多个国家和地区的 1500 多名学者参加的"纪念《共产党宣言》发表 150 周年国际大会"。2000 年 9 月，在美国马萨诸塞州立大学举办了来自世界各地的 1000 多名学者参加的"2000 年世界马克思主义大会"。每年 4 月份，在美国纽约召开世界"社会主义学者大会"。2000 年 3 月底 4 月初，由美国左派人士发起的并已持续 19 年的"社会主义学者大会"在美国纽约召开，世界各地 2000 余名学者出席。会议提出了全世界左派联合起来，建立新世纪左派联盟的问题。

1998 年 5 月，由希腊共产党发起的"共产党和工人党国际会议"（IMCWP）每年 11 月份举行，其影响不断扩大，已经成为世界各国共产党工人党定期会晤、交流合作的重要平台。2017 年 11 月，由俄罗斯联邦共产党承办的第 19 届世界共产党与工人党国际会议在圣彼得堡举行，会议主题是"伟大的十月社会主义革命：共产主义运动理想，加强反对帝国主义战争、争取和平与社会主义的斗争"。来自世界 103 个共产党和工人党 300 多名代表参加会议。

2017 年 11 月 30 日至 12 月 3 日，包括部分国家共产党在内的 120 多个国家近 300 个政党和政治组织的领导人共 600 多名中外代表，在北京出席中国共产党与世界政党高层对话会，中共中央总书记习近平发表题为《携手建设更加美好的世界》的主旨讲话，与会政党面向世界共同发布了《北京倡议》。2018 年 5 月 26 日至 28 日，中国共产党与世界政党高层对话会专题会议在深圳举行，包括部分国家共产党在内的 100 多个国家、200 多个政党的数百位嘉宾出席会议，专题会议包括纪念马克思诞辰 200 周年专题研讨会等。2021 年 5 月 27 日，中共中央对外联络部以"世界马克思主义实践发展和理论创新"为主题，举行世界马克思主义政党理论研讨会。来自 48 个国家和地区的马克思主义政党领导人等中外代表共约 200 人出席。会议围绕摆脱贫困、高质量发展、"一带一路"合作等议题进行交流探讨。与会各国政党领导人表示，希望同中国共产党加强团结协作，为世界社会主义事业作出更大贡献。同年 7 月 6 日，中国共产党与世界政党领导人峰会以"为人民谋幸福：政党的责任"为主题举行。习近平总书记以视频连线方式出席并发表题为《加强政党合作　共谋人民幸福》的主旨讲话。来自 160 多个国家的 500 多个政党和政治组织领导人、逾万名政党和各界代表出席会议。峰会发表共同倡议，表达与会政党维护世界和平发展、增进人民福祉的共同愿望。同年 12 月 15 日，中国共产党—欧美马克思主义政党交流会举行。来自西班牙、英国、美国等 20 多个欧美马克思主义政党和左翼政治组织领导人及代表共约 100 人参会。欧美马克思主义政党领导人高度评价中国取得的发展成就，表示愿同中国共产党加强合作，维护多边主义，共同推进世界社会主义事业。各国马克思主义政党以及左翼政党通过会议与论坛上的交流，就国际或地区的重要问题形成共识，将加深彼此的了解和团结，促进世界社会主义的发展和国际进步力量的增长。

此外，受国际局势以及世界社会主义运动形势的影响，资本主义世界的各种社会主义力量重新分化组合，此消彼长。打着马克思主义、社会主义旗号的新思潮新流派纷呈迭出，新社会运动也不断涌现，它们在对资本主义制度进行无情揭露与尖锐批判的同时，也对未来社会主义的发展提出种种设想。在世界范围内，社会主义思想深入人心，在群众中的影响力越来越大。社会主义力量波及全球，遍布世界，社会主义运动与实践也更加丰富多彩。

二、对当代资本主义新变化的认识

在经济全球化和资本主义自我调整能力增强等因素的推动下，当代资本主义在政治、经济、社会状况、阶级结构、阶级关系和工人斗争形式等方面发生了重大变化。2007 年 8 月，由美国引发并迅速蔓延至欧洲乃至整个西方世界的金融危机、经济危机，结束了西方发达国家在苏东剧变后持续十多年的稳定繁荣景象。如何看待当代资本主义的本质、基本矛盾，如何看待当代资本主义的危机、发展趋势，是当今世界范围的共产党认真考虑与对待的重大问题，因为它既关系到社会主义、共产主义的前途，也关系到世界各国共产党和其他无产阶级政治组织的斗争策略问题。

（一）关于当代资本主义的本质与矛盾

绝大多数共产党认为，资本主义的新变化并不意味着资本主义本质也随之变化。资本主义在促进世界生产力以及人类文明进步方面有着推动作用，但资本主义特别是发达资本主义国家的表面繁荣并不能掩盖其内在的矛盾与危机。

希共在 2013 年十九大通过的纲领中指出，当前社会主义事业虽处于低潮期，但这并没有改变当今时代的基本特征，即从资本主义向社会主义过渡。资本主义占有关系的内在矛盾日益尖锐。这表明资本主义生产方式已经不符合当代社会的需要。资本主义国家之间的力量关系发生了重大变化，美国、欧盟相对实力衰弱，包括中国在内的"金砖国家"联盟在国际资本市场上的影响力越来越大。资本主义制度的内在矛盾在 2008—2009 年的经济危机中显得格外突出。资本主义危机表明了资本主义系统的历史局限性。

美共认为，资本主义的基本矛盾仍在起作用，为利润而生产，追逐利润的最大化是资本主义经济的动力。以追求利润为目的的市场经济不可避免地导致相对生产过剩的危机。这些危机只能通过对财富的大量破坏和工人生活状况的恶化得到暂时缓解。加拿大共产党认为，资本主义仍然是剥夺人类尊严的罪恶制度。生产资料仍为私人占有，其目的无非是攫取剩余价值。所谓的"人民资本主义"不过是资产阶级的"障眼法"。生产的社会化和生产资料资本主义私人占有制之间的矛盾仍是资本主义的万恶之源，它造成了失业、贫穷、经济危机和战争。在任何条件下，资本主义都与工人阶级的利益水火不容。国家垄断资本主义通过压迫弱势群体而获利。那种认为资本主义是一个超越了经济危机、可以提供充分就业机会，从而不断提高人民生活水平的观点是错误的。

印共（马）在 2000 年 10 月修订的新党纲中认为，随着苏联解体，自殖民体系瓦解后就在追求新殖民战略的帝国主义正加紧进行全球统治。美帝国主义正利用其经济、政治和军事实力向全球扩张，建立其世界霸权。北约东扩和全球的军事干预，支持着帝国主义发动的全球化，意在推行帝国主义秩序。帝国主义竭力颠覆现存的社会主义国家，在意识形态、经济和政治领域对这些国家进行着残酷的战争。控制着国际传媒的帝国主义利用全球传播媒介极力侮蔑和压制反资本主义思想和社会主义。

南非共认为，资本主义的本质就在于，资本主义是为私人利润而非社会需要而进行生产的。资本主义经济危机恰恰是由于资本主义的基本矛盾导致的。[①]葡共认为，资本主义的基本矛盾包括：资本与劳动的矛盾、生产力发展与生产关系之间的矛盾、生产的社会化与私人占有之间的矛盾、利润率下降规律的矛

---

① 参见 SACP, 13th Congress Political Programme of the SACP 2012–2017, http: //www.sacp.org. za/main.php?ID=4940。

盾。当前世界形势的困难主要是由资本主义基本矛盾决定的。① 印共认为，金融危机的根源在于，生产的社会性质与资本主义占有的私人性质之间的矛盾。②

（二）关于经济全球化对资本主义的影响

美共认为，当前的全球经济领域绝对不是一个自由的场所，也不是在进行自由交换，而是少数国家和强大的跨国公司在实施高压统治，如通用电气、微软等企业位居顶点，绝大多数国家和人民处于被支配的地位。跨国公司控制和利用国家机器或超国家的机构（例如国际货币基金组织）来实现其罪恶目的。美国政治上出现的暴力和经济下降等问题都与跨国公司的需要和施压有关。加共认为，经济全球化是帝国主义发展的最新阶段。垄断资本主义发展到今天最重要的特点是跨国公司占据主导地位。在经济全球化的影响下，资本主义不均衡的发展达到了前所未有的程度，虽然拥有经济和意识形态方面的力量，但正陷入自身无法摆脱的深刻的制度危机，包括经济、政治、文化危机。资本主义正在企图通过加强剥削、侵略、战争来摆脱危机。国家已经成为垄断资本主义的附庸。政府虽然看起来独立于公司利益之外，但实质上已经成为大垄断者控制社会的政治工具。国家通过税收重新分配收入和财富，削减公共服务并逐步使之私有化，并制定法律以降低工资，削弱工会运动。加共还认为，国家垄断资本主义破坏了传统资本主义民主的基础而面临着五大危机：周期性的经济衰退、结构性的大规模失业、农业危机、环境危机和社会危机。

印共（马）在新党纲中也认为，金融资本的集中和国际化在现代资本主义阶段已经达到前所未有的程度。全球活动的金融资本正在侵蚀着国家主权，不可遏制地追求着经济上的超额利润。支持金融投机的帝国主义制度在全球的每一个角落为自由流通扫除了一切障碍，为投机资本创造了有利的条件。国际货币基金组织、世界银行、世界贸易组织等维持着这种不公正的后殖民时代的全球秩序。投机资本的新霸权导致发达资本主义国家的增长缓慢。对第三世界来说，它导致了剥削强化和债务不断增加的恶性循环。商业贸易、工农业生产、技术转移、欠发达资本主义国家的服务部门都被迫服从于帝国主义资本的

---

① 参见 PCP, Contribution of the PCP on the19th.International Meeting of Communist and Work-ers Parties, http: //www.pcp.pt/en/contribution-pcp-19th-international-meeting-communist-and-workers-parties。

② 参见 CPI, Party Programme, http: //www.communistparty.in/p/party-programme.html。

利益。帝国主义制度把世界分成两部分：富裕的发达资本主义国家和人口占绝大多数的发展中国家。富国与穷国之间的差距在 20 世纪最后二十年急剧扩大。随着帝国主义驱动的全球化的启动，差距进一步拉大了。

（三）关于 2008 年的国际金融危机、经济危机

对 2008 年开始在美国爆发的国际金融危机，美国共产党前主席萨姆·韦伯认为，此次危机的深层原因在于金融化。里根政府废除了凯恩斯主义经济管理模式，开创了新自由主义模式。这一模式的特征之一就是缩小国家的功能并强调金融的作用。而金融化是一柄双刃剑，既可以刺激经济增长，也导致美国债务不断堆积，使得美国和世界经济极不稳定。金融化在创造巨大财富的同时，也导致财富从劳动者转移到金融资本的上流社会手中。

葡萄牙共产党认为，作为自 1929 年大萧条以来资本主义最严重的经济危机和制度危机，其根本原因在于资本主义固有的内在矛盾。资本主义生产方式固有的生产过剩和积累过剩的矛盾运动，收入分配两极分化加剧，经济金融化、金融市场自由化等，这些因素相互作用导致金融危机的爆发。资本主义国家的应对措施（如改变金融部门的监管规则，强化监管机构权威和独立性等）无助于金融市场的稳定。这些措施反映了资产阶级的阶级本质，目的是凭借国家政权和操控的国际机构保障大企业利益。因此，这些措施无法根本克服危机。同时，由于将危机转嫁给民众，所谓"救助措施"为新的危机播下了种子。金融危机表明了新自由主义政策的失败，粉碎了资本主义已经克服内在矛盾的谎言。

希腊共产党认为，国际经济危机的根源在于资本主义的基本矛盾。一方面，此次（2008 年）危机根源于资本主义基本矛盾。在危机中，生产社会化和生产产品被资本家无偿占有之间的基本矛盾变得更加显著。集中化的生产资料的私人所有制和股份制导致了资本主义经济的腐朽和寄生性。危机表明，资本主义经济无法克服经济危机周期性爆发的规律。另一方面，新自由主义对危机的爆发起到推波助澜的作用。实行数十年的新自由主义政策大大加深了贫富分化，降低了民众的实际收入，迫使民众增加抵押和贷款以维持对生活必需品的消费。此次危机表明，资本主义不是万能的。

（四）关于资本主义民主、思想文化、社会及生态危机

绝大多数共产党对资本主义民主、思想文化、社会及生态危机进行了深刻

的揭露和批判。认为，在资本主义社会，劳动人民的各项权利不断受到侵害，资产阶级的民主制度只停留在形式民主阶段。加拿大共产党认为，资产阶级通过在不同的资产阶级政党之间进行所谓的"自由选择"以及操纵控制民意的舆论机构，包括资产阶级政府向政纲趋同的主要政党提供选举经费，排挤规模小的进步的革命政党等手段维护自己的统治。

南非共产党认为，美国的"民主"已经进入最糟糕的时刻。即使是一个比较普通的公职竞选活动，也要耗费数百万美元的竞选资金。尤为典型的是，美国的大公司支持参加竞选的主要政党。我们看到在大多数发达资本主义国家中，政党间的竞选如同寡头垄断市场在政治上的翻版。在寡头垄断市场中，大公司提供的商品（无论是肥皂粉、汽油还是汽车）不是以价格或质量来区分的，而是以"品牌"来区分的。南非共还认为，源自垄断资本在经济上和意识形态上暗中支持的所谓"民主"，已经变成一种受大公司控制的虚伪民主。

资产阶级不仅控制着国家政权，而且还操纵着意识形态工具(如大众媒体、教育系统、教会等)。在资本主义国家中占支配地位的仍然是资产阶级的思想文化，而代表普通民众利益的思想文化往往处于边缘化的甚至遭迫害的地位。俄罗斯联邦共产党认为，在最新科技的帮助下，帝国主义力图在世界各地推广其信息网，反复灌输其利己主义、暴力、粗鄙的物质主义等主张，正在将世界人民变为没有灵魂的僵尸。加拿大共产党认为，资本主义将一切商品化，扭曲和扼杀艺术、科学、日常文化生活的发展。企业媒体正成为老练而强大的操纵公众舆论的工具，操纵方式包括机械重复亲垄断资本的宣传，过滤自相矛盾的新闻与分析，无视反资本主义的异见者的声音。

资本主义国家的共产党还普遍认为，在资本主义基本矛盾以及其他矛盾综合作用下，资本主义不仅经历了严峻的经济危机、政治危机，而且还陷入严重的社会危机和生态危机，如失业、贫富分化、难民问题、恐怖主义、全球变暖、生物多样性丧失、环境恶化等。加拿大共产党认为，资本主义作为一种生产、消费方式，使自然的退化达到前所未有的程度。环境灾难的规模已上升到世界级水平。日益严重的生态危机植根于资本主义本质之中。美国共产党认为，只要资本主义还存在，世界就必然会出现环境问题。南非共产党认为，资本主义的积累道路不具有可持续性，资本主义化使人类走向一条自我毁灭的道路。资本主义无法解决环境问题。

三、对当代社会主义的认识

苏东剧变后，资本主义世界的共产主义政党积极探索社会主义理论，依据本国国情和本党实际，得出了一些与以往不完全相同的新认识。

（一）关于什么是社会主义

绝大多数共产党坚持科学社会主义原则，认为工人阶级在争取社会主义事业的斗争中是起着领导作用的阶级。工人阶级要发挥领导作用，达到实现社会主义的目的，就离不开其他劳动阶级的支持。工人阶级必须广泛地团结农民、知识分子等其他劳动阶级和社会各阶层的力量，建立共产党领导下的统一战线，形成反对垄断资产阶级的广泛社会联盟。美国共产党认为，工人阶级是社会主义革命的主要动力，在斗争中发挥着领导作用，是唯一真正的革命阶级。还认为美国工人阶级必须与受民族和种族压迫的群体、妇女和青年、进步群众组织、独立于大财团政党之外的个人组成同盟。只有工人阶级领导的广大劳动人民团结起来，社会主义才能最终胜利。日本共产党认为，在加强国民团结和协作的运动中，共产党必须站在斗争前列，发挥推动作用。日共必须与进步力量、以工人为首的国民各阶层结成广泛而深入的同盟。这是统一战线发展的决定性条件。

绝大多数共产党强调有本国和本民族特色的社会主义。法国共产党提出了"超越资本主义"的"新共产主义"理论，取代原来坚持的"法国色彩的社会主义"观点。葡萄牙共产党主张建设有葡萄牙特色的社会主义。美国共产党称其目前的社会主义观为"权利法案社会主义"。印度共产党（马）认为，社会主义没有固定的模式，主张马克思列宁主义与印度的具体情况相结合，走有印度模式的社会主义发展道路。尼泊尔共产党（联合马列）表示，马克思列宁主义只是个哲学问题，能否成功取决于如何与一个国家的实际相结合。以色列共产党、黎巴嫩共产党、摩洛哥进步与社会主义党等西亚北非的共产党，也都主张根据本国实际确定自己的发展模式。

在论述什么是社会主义和共产主义社会时，欧美发达国家的共产党，更多地突出民主、自由、平等、公正和人道等价值理念，认为社会主义、共产主义的目的是实现这些价值理念。法共在"新共产主义"理论中，强调争取民主的重要性，要"开创法兰西民主的新纪元"。该党领导人罗贝尔·于认为，"新共产主义"中的共产主义一词表达了一种向往，即对一个更加人道、更加正直、更加公正、更加自由的社会的憧憬。共产主义摆脱了资本主义的倒退、对抗和逻辑，是对资本主义的超越，与当代的人道主义相一致，没有"被社会排斥"的现象，要实现"参与民主"。葡萄牙共产党在 1996 年的十五大政治决议中认为，社会主义就是深化民主。大会重申十二大提出的建立"先进民主"的纲领，即政治民主、经济民主、文化民主和社会民主，强调实现"先进民主"纲领提出的目标，就是实现以社会主义为方向的社会变革，最终实现社会主义。

美国共产党主席萨姆·韦伯在 2000 年 3 月所作的题为《新世纪、新发展、新斗争》的报告中指出：美共的社会主义目标是消灭剥削、不安全感和贫困，结束失业、饥饿和无家可归；摆脱种族主义、民族压迫、各种形式的歧视和妇女的不平等地位；扩大民主权利。消灭私有制，创造一个能够最大限度激发人类个性的真正人道的和合理的计划社会。他认为，权利法案社会主义的中心包括民主权利、实践和结构。南非共产党认为，社会主义具有民主、平等、自由和主要经济的社会化四个特征，其中最核心的是民主、平等与自由。留（尼汪）共的领导人保罗·维尔吉斯认为，留共的目标是争取真正的平等与发展，几千年来人类一直渴望平等自由，共产主义正是体现了这一渴望。

也有一些党坚持从社会制度的层面回答社会主义目标。美共领导人阿特·泊洛 1999 年 12 月发表在《政治事务》杂志上的题为《美国的社会主义》一文认为，按照马克思恩格斯对未来社会主义社会的设想，主要强调："工人阶级政权、公共财产、根据计划生产有用物品。"认为这些特征能够使劳动群众摆脱资本统治，使充分的自由得以实现。

1997 年 7 月 26 日，美共前主席格斯·霍尔在美共机关报《人民世界报》发表的题为《美国通向社会主义道路》一文中，根据社会主义基本原则提出了如下目标：消灭剥削、不安全感和贫困，结束失业、饥饿和无家可归；摆脱种族主义、民族压迫、反犹太主义、各种形式的歧视和妇女的不平等地位；恢复并扩展民主、消灭私有制，创造一个能够最大限度地激发人类个性、创造才智、真正人道的和合理的计划社会。为此，政治权力将掌握在劳动人民手中。社会主义首先要将工厂、农业企业及社会必需品的生产实行国有化。大垄断公司和大银行也实行公有制。社会主义政府对整个经济进行规划。这种规划的制定尽可能多地让所有阶层的人参与。由于拥有计划经济，由于科技的进步以及对自然资源和自然环境的保护，社会主义社会的生产将远远高于资本主义社会。社会主义政府将以全面民主为基础，并首先从经济民主开始，让更多的人参与经济管理。在分配领域，坚持各尽所能、按劳分配这一社会主义基本原则。社会主义提供激励机制以鼓励人们更努力地工作，但社会主义并不实行收入的平均主义。社会主义确保每个人的收入满足生存需要，但报酬是随着职业和效率的不同而变化的。美共还认为，美国的社会主义除了坚持一般原则外，还应有一些具体特征，它包括：改善并扩大社会服务和住房，缩短工作时间，消灭贫穷，免费医疗，儿童和老人保障和劳动保护，等等，从而使社会主义理想同美国的实际斗争结合起来。

（二）关于社会主义如何取代资本主义

在如何认识社会主义代替资本主义的历史规律问题上，资本主义世界的绝大多数共产党虽然基本上主张把实现社会主义或共产主义作为党的纲领与奋斗目标，相信资本主义不会永存，社会主义替代资本主义具有合理性，但对这些问题论证的方法、观察的角度和侧重点却不尽相同。多数西方共产党只相信资本主义不会永存，社会主义是对资本主义的合理替代，但不谈历史规律性。法共认为在资本主义之后的社会前景"是与共产主义社会前景不可分离的"，但不谈社会发展的规律性问题。葡共虽然比较坚定地宣布："葡萄牙共产党的最终目标是在葡萄牙建设社会主义和共产主义"，但也同样回避规律性问题。也有一些党坚信社会主义或共产主义代替资本主义的历史必然性。美共认为"社会主义是资本主义制度的最佳代替物"。

美共前主席格斯·霍尔在《美国通向社会主义道路》一文中指出：社会主义终将取代资本主义，这是符合历史发展规律的，是登上人类文明阶梯必然迈进的一步。他还进一步强调，资本主义从一产生就具有其致命缺陷。马克思恩格斯发现了资本主义的内在法则，发现了利润的由来以及这一社会形态发展的规律。在此基础上，共产主义者认为资本主义像以前的各种社会一样，也不会永远存在。希共在党的十五大上再次强调，马克思列宁主义仍然具有强大的生命力，社会主义社会和共产主义社会的最终胜利是必然规律。西班牙共产党也认为社会主义是对资本主义的辩证否定。南非共认为社会主义是位于资本主义社会和无阶级的共产主义社会之间的一种过渡性社会制度。这一过渡将是一个长期的过程，必将伴随着矛盾、停滞甚至倒退。印共（马）在新党纲中也认为，虽然20世纪末的国际力量对比有利于帝国主义，资本主义通过先进的科学技术力量继续发展生产力，但帝国主义仍然是一个压迫、剥削、不公正和充满危机的制度。代替资本主义制度的唯一制度就是社会主义制度。

绝大多数共产党主张社会主义是共产主义的第一阶段，共产主义则是社会主义更高级的阶段、最美好的归宿，但实现社会主义和共产主义不是一蹴而就的事情，需要经历一系列的发展阶段。一些共产党认为，民族民主革命是实现社会主义的必要前提，经过民族民主革命实现民族解放、国家独立，建立社会主义政权，建设社会主义，最终实现共产主义。

希腊共产党提出，要实现社会主义的过渡，前提是工人阶级夺取政权，实现基本生产资料的社会化，解放劳动大众、人民和青年的创造性劳动。英国共产党主张对英国社会进行革命性的改造，结束现存的人剥削人的资本主义制度，代之以各尽所能、按劳分配的社会主义社会。日本共产党认为，日本社会需要的变革，首先是民主主义革命，即打破以不正常的对美从属关系和大企业及财界的残暴统治，确保日本的真正独立，实现政治、经济、社会的民主主义改革。塔吉克斯坦共产党主张通过复兴社会主义，保护全体劳动人民的利益。

（三）关于对社会主义社会的基本构想

经济方面，大多数资本主义国家的共产党认为，社会主义社会实行的是生产资料社会化。日本共产党认为，社会主义变革的中心是将主要生产资料的所有权、管理权等转交给社会，实现生产资料的社会化。生产资料的社会化可以消除人对人的剥削，提高所有人的生活水平，消除社会贫困，缩短劳动时间，同时也为生产力的飞跃性发展创造了条件。南非共产党认为，社会主义的核心特点之一就是"社会化"，即社会主义是要实现主要经济成分的社会化。这是实现社会主义致力于彻底民主、实质平等与扩大自由的根本条件。美国共产党认为，社会主义经济中起决定作用的部门为全社会所有。主要企业、跨国公司、金融机构、医疗保健等都将成为公共事业。也有一些共产党主张社会主义社会实行以公有制为主体的多种所有制形式。同时，人民的私有财产将受到法律保护。

在计划与市场的关系问题上，多数共产党认为，一方面，经济计划是所有社会主义制度的重要管理手段。社会主义国家的政府要建立经济规划部门，制定国民经济发展目标并有效贯彻。另一方面，计划经济和市场经济相结合是非常重要的。日本共产党认为，通过市场经济向社会主义前进的路径符合日本社会主义的法制化发展方向。加拿大共产党认为，社会主义的经济计划，能够保障充分就业，消除加拿大各地之间的发展不平衡。社会计划将逐渐扩大，市场的社会作用将逐渐缩小。澳大利亚共产党认为，经济计划是任何社会主义制度的一个重要方面。将以有计划的、可持续发展的方式开发澳大利亚的自然资源，发展本国的社会生产力；保证公有制在国家资源领域、生产资料层面以及其他主要经济部门中占主导地位，同时，允许包括私有制在内的其他所有制形式共同发展。

在政治方面，资本主义国家多数共产党认为，与资本主义社会相比，社会主义社会的民主、平等、自由将更真实地实现。南非共产党认为，就民主而言，社会主义意味着彻底的深化民主，并将之推广到社会各个领域。就平等而言，社会主义将消除资本主义社会中人与人之间的巨大差异。就自由而言，社会主义将为大多数人增加更加丰富的选择权，免遭阶级、性别、种族和民族压迫带来的严重歧视。葡萄牙共产党认为，劳动者将掌握权力并对国家机构进行长期监督。国家生活将进一步民主化。劳动群众通过权力机构、地方民主政权、阶级组织、工会等，参与对国家政治、经济的领导。澳大利亚共产党致力于在本国实现社会制度由资本主义向共产主义转变，认为，社会主义能够在和平民主的社会制度下，稳步提高当代人民的生活水平和文化层次，进入保障子孙后代的社会安定和健康幸福。

此外，不少共产党还对社会主义社会的文化、社会、生态、外交等方面进行了描绘。

在文化方面，社会主义有利于科技进步，有利于繁荣艺术创作，有利于推动体育事业发展，构建民主的人民文化。社会主义把文化变成全体人民的财富，使人民接受更加充分的教育，实现更高水平的文化民主。社会主义支持多元文化，尊重各国优秀传统文化，鼓励创新，增强工人阶级的阶级意识。

在社会方面，社会主义把劳动者从各种形式的压迫剥削下解放出来，实现充分就业，实行按劳分配，保障人民的劳动权利和获得权利。社会主义积极发展社会服务，解决住房问题，推动实现免费公共教育和卫生保健服务体系，普及体育运动，保护环境，实现男女平等，保护儿童、老年人和青年的权利，消除重大的社会弊端。

在生态方面，社会主义将环境问题置于利润之上，因此能够有效地应对生态危机，消除资本主义对自然环境无序的破坏。社会主义废除了以少数人利益为基础的资本主义制度，因此有利于保证人与自然的和谐相处。社会主义将环境的可持续性作为重要的发展指标。社会主义制度剥夺了资本家以利润为动机的决策权，使世界人民能够共同决策以应对生态危机。

在对外关系方面，社会主义国家将实行和平自主的外交政策，不会威胁到其他国家及其人民，不会发动战争。社会主义国家与所有其他国家的关系将遵循平等、和平、友好、公开外交、文化和科学交流以及互惠贸易的原则。在社会主义社会，以前生产具有侵略性和攻击性武器的工业将转向从事和平目的的生产，以利于克服贫穷、饥饿、疾病，以利于保护生态环境。

四、关于党的建设问题的认识

苏东剧变之后，绝大多数共产党与苏东剧变前相比，在建党理论方面发生了不同程度的变化。

（一）关于党的性质

有的党的党章仍坚持党是工人阶级的先锋队、党是工人阶级组织的最高形式等表述。希腊共产党指出，希腊共产党是工人阶级有觉悟的先锋队组织，是工人阶级组织的最高形式，是所有立志推翻资本主义、建立社会主义和共产主义社会而斗争的志愿者的革命组织。葡萄牙共产党认为，葡共是无产阶级、工人阶级和全体劳动者的政党，是全体劳动者和工人阶级的先锋队。印共（马）指出，该党是印度工人阶级的革命先锋队。澳大利亚共产党认为，该党是工人阶级的政党。党的基本理念是：工人阶级是唯一能够完成构建社会主义社会所必需的社会变革的阶级，它领导其他社会力量，采取必要行动，夺取资产阶级政权，实现无产阶级专政。委内瑞拉共产党、塞浦路斯劳动人民进步党、叙利亚共产党等也坚持认为党是工人阶级和广大劳动者的先锋队，是代表工人阶级的最高组织形式。

多数共产党认为党是工人阶级、全体劳动者和社会各阶层人民的政党，是工人阶级以及广大劳动者利益或是国民利益的代表。除了它所来自的工人阶级和广大人民的利益，没有自己单独的利益。葡共称，党是工人阶级和所有劳动者的先锋队。

西共认为，党是西班牙工人运动和社会各阶层的组成部分。意（重建）共宣布，党是一个新的群众性的党，是意大利工人阶级、劳动者，所有男女、青年、知识分子和公民的一个自由的政治组织，是意大利现实生活中一支生机勃勃的对抗性政治力量。法共表示，党是一个为所有拒绝被剥夺干预权和选择权的男女服务的政党，是人类解放的旗手，是各国人民为自身解放而战斗的不可分割的一部分，是一个"新型的共产党"、一个"现代的开放的充满活力的民主的共产党"。

印度共产党认为印共是印度工人阶级的政党，是印度工人、农民、全体劳动人民、知识分子以及致力于社会主义和共产主义事业的其他人的自愿组织。匈牙利共产主义工人党在党章中指出党是维护以劳动谋生的劳动人民的经济、政治、社会福利和文化利益，代表其民主权利。

日共原来主张党是工人阶级的"前卫政党"，是劳动人民中"最先进的组织"，是"共产主义者的统一战斗的组织"，但在 2000 年 11 月召开的二十二大上，日共通过的新党章把党的性质修改为"日本共产党是工人阶级的党，同时是日本国民的党，是为了独立、和平、民主主义、国民生活和日本进步的未来而努力以及对所有的人开放门户的党"。南非共产党主张将自己建成一个"群众性的先锋党"，使党既有基层代表性，又保持先锋队的性质，这个先锋队应始终是"工人阶级的政治先锋队"。秘鲁共产党（团结）将"工人阶级政党"改为"劳动者政党"，将实现"无产阶级专政"改为实现"人民民主"。

（二）关于党的指导思想

绝大多数共产党仍坚持以马克思主义或马克思列宁主义为党的指导思想或党的行动的理论基础，并强调依据国情把马克思主义基本原理同本国实际结合起来，创造性地发展马克思主义或马克思列宁主义。南非共产党主张，以被历史经验证明为放之四海而皆准的马克思列宁主义基本原理为指导领导工人阶级实现民族和社会解放，在运用马列主义普遍原理的过程中首先重视根据本国具体情况和不断发展的形势对理论加以阐述和运用。摩尔多瓦共产党人党强调，党在制定政策和进行实践活动时，遵循马克思列宁主义学说，并注重通过现代科学成就和世界共产主义工人运动经验，对其进行发展和丰富。以色列共产党主张根据本国所处阶段和具体情况创造性地应用和发展马克思列宁主义。

有的党在坚持马克思列宁主义为指导的同时，也强调坚持本国革命家或思想家的思想为指导，比如，智利共产党声称坚持马克思、恩格斯、列宁、雷卡瓦伦的思想，委内瑞拉共产党主张以马列主义科学理论、西蒙·玻利瓦尔的反帝和一体化的解放理想为指导。还有的党不明确党的指导思想是马克思主义或马克思列宁主义，或使用党以"科学社会主义为理论基础"或"辩证唯物主义为依据"等表述。

（三）关于党的奋斗目标

绝大多数党仍然坚持社会主义与共产主义的目标。印共（马）指出，党的宗旨是通过建立无产阶级专政的国家，实现社会主义和共产主义。加拿大共产党指出，党的目标是在加拿大建立一个社会主义社会，最终建立一个共产主义社会。英国共产党主张，党的目标是在英国实现社会主义。社会主义社会为向彻底的、按需分配的共产主义社会过渡创造了条件。葡萄牙共产党强调，党的最高目标是在葡建设社会主义和共产主义，消灭人剥削人的制度。有的党还结合实际对社会主义目标给出具体解释。如捷克和摩拉维亚共产党认为，党的纲领目标是实现社会主义，即公民享有自由和平等权利的民主社会，政治和经济多元化的社会。社会主义应建立在实行最大限度的公民自治的基础上，是致力于保持社会的繁荣和公正、保护和改善生活环境、确保人民康宁的生活以及努力维护安全与和平的社会。

法共提出了"新共产主义"目标，认为在资本主义与马克思设想的共产主义之间不存在一个社会主义的过渡阶段，主张超越资本主义，直接建立新共产主义。所谓"新共产主义"，是一个男女自由、联合、和平的社会；一个发展和尊重每个人能力，在合作的人文氛围中共同努力，共享资源、知识、信息和权力的社会；一个没有失业和统治，没有就业不稳定和不公正，没有暴力和武器的社会。日共二十二大通过的新党章，将党的奋斗目标由原来的"通过社会主义革命在日本建立社会主义社会，进而实现高度的共产主义社会"修改为"最终实现没有剥削、压迫和战争，人与人关系是真正平等和自由的共同社会"，用"共同社会"取代了"共产主义社会"。

在现阶段的目标与策略问题上，各国党依据本国的国情与斗争实际作出了不同的回答。美共认为，美国的社会主义革命分为两个阶段，即反垄断资本的民主革命和社会主义革命两个阶段。当今美国的无产阶级革命运动正处于低潮，不具备社会主义革命形势，处于反垄断资本的民主革命阶段。在现阶段的任务，就是建立广泛的统一战线，扩大工人阶级同其他劳动者和中间阶层的联系，联合一切可以联合的人，建立反对垄断资产阶级的广泛的社会联盟。为此，美共首先强调要加强同工人阶级的联系，参与各种类型的工人斗争。每个俱乐部都应以各种方式同工人运动联系起来。即使发生意见分歧，美共也应以友好的方式表达自己的意见。当然，工人阶级不仅包括生产工人，也包括高技术工人。其次，美共提出要促进反垄断、反跨国资本的联盟的形成，这个联盟必须是工人领导的、以联合体为基础的。

美共在 2001 年后修改的新党章中强调，党的奋斗目标包括就业及经济安全、不断改善的体面生活与可持续的环境、医疗教育与买得起的住房、老年人的需求与民主，以及"给所有人提供成就感的生活"。美共还在 2014 年第三十次全国代表大会上提出要建设"4M 政党"，即现代化的（modern）、成熟的（mature）、有战斗力的（militant）、群众性的（mass）的政党，这是美共对党的理论认识的又一深化，也是美共为了让人民信服所作出的努力。

在 2004 年 1 月举行的日共二十三大上，在党章修改案中，日共关于实现共产主义社会的根本目标没有变，但是，强调现在要进行的变革不是"社会主义革命"，而是在资本主义框架内的可行的"民主主义革命"。这就意味着日本共产党根据本国的国情和国内外的形势及本国国民的利益确立自己的革命道路。修改案中除去了"人民革命"、"确立劳动阶级政权"等字眼，从整体上减弱了原纲领中的"革命"色彩。关于天皇制度，党纲称因为日本是"宪法所规定的制度"，因而是保持还是废除，应该等将来时机成熟的时候由全民的意愿来决定和解决。对于自卫队，党纲中也表述为：将依据人民意愿推进宪法第9 条（解散自卫队）的完全实施，从而在事实上认可了天皇制和自卫队。党纲还写道：是否向社会主义、共产主义前进要以人民的意愿为前提，强调要坚持包括反对党在内的多党制，坚持由在选举中赢得多数票的政党执政的政权更迭制度。有媒体认为，新党纲和大会决议充分反映了日共新领导集体根据日本国内的实际情况所推行的现实而灵活的路线。日本共产党现行纲领是 1961 年制定的，它确立该党的目标是经过民主主义革命，建设社会主义社会和共产主义社会；强调要打败美帝国主义和日本垄断资本；废除日美安保条约、解散自卫队等。党纲至 2004 年曾进行过 4 次部分修改，此次全面进行修改还是第一次。在党的指导思想上，日共早在 1976 年第十三次临时代表大会上正式决定在党纲和党章等党的基本文献中不再使用"马克思列宁主义"的提法，而代之以"科学社会主义"，并把"科学社会主义"称之为党的指导思想和理论基础。

西共主张以"革命的马克思主义为基础",认为并非马克思主义的一切论点在今天都是有效的,必须根据新的情况加以革新和发展。法共和意(重建)共则强调"回归马克思",主张批判地吸收马克思主义理论的精华,摈弃对马克思主义的种种歪曲,恢复马克思主义理论之本,比较看重马克思的早期学说,特别是人文主义思想。法共表示,"回归马克思"并不是重复马克思的论点,而是继续和深化其论点,甚至超越马克思在其时代认识的局限性,认为人类解放的思想必然具有多元化的特点,法共吸取人类的进步思想和人民的革命传统,特别是民主、自由、博爱和人道主义。美共主张在坚持马克思主义世界观的基础上,进一步以创造性的方式发展革命的马克思主义。印共(马)在十五大制定的党章序言中指出,印共(马)坚持"马克思列宁主义科学对于指引通向新的社会主义制度的道路是必不可少的"。美共主席萨姆·韦伯强调,要用新的斗争经验来丰富社会主义理论,他认为,美共的社会主义观,不是刻在石头上的,而是随着时间而变化。党的思想应当适应新的条件并吸纳新的经验。

(四)关于党的组织原则

以葡共为代表的多数党,包括希(腊)共、英(国)共、加拿大(重建)共、巴共、印共(马)、澳大利亚共产党等有一定影响的党都主张依然坚持马克思主义的"民主集中制"原则,并强调结合实际对这一原则进行创新和发展,保障基层组织和普通党员的自主性与创造性。希腊共产党认为,民主集中制可以保证在广泛的自由讨论中集中广大党员和非党劳动群众的意见和经验,形成集体决议,同时确保党在实施决议中的团结性、坚决性和纪律性。澳大利亚共产党认为,民主集中制是该党的基本组织原则。民主集中制能够有力地确保党内的民主生活,形成有效的中央领导集体,实现党内团结,杜绝党内的派系之争和分裂党组织行为的出现。巴西共产党指出,民主集中制是在党的全国代表大会的领导下(两次代表大会之间是在中央委员会的领导下),鼓励个人以自由和负责的方式发表意见,鼓励每个党员和各个组织广泛的行动主动性,并以此作为党的方针建设的积极因素。党在自由的和自觉遵守的纪律的基础上保持行动的一致性。实施发展民主集中制旨在通过集体的力量,在全党政治行动团结一致的前提下,增强党的政治和思想凝聚力。墨西哥劳动党认为,民主集中制是群众路线在政党运作方面的贯彻,体现了直接民主和代议制民主的协调结合。这一运作方式能保证决议、信息、经验、知识和工作的社会化,领导机关达成协议并采取必要措施以便及时有效地组织落实，使党克服其他组织特有的独断的和官僚式的垂直领导等。

日共二十二大通过的新党章，仍坚持"民主集中制"，但删去了"少数服从多数、下级服从上级"的提法，并把党员"无条件服从"党的决议，修改为"自觉服从"党的决议。而以法共为代表的少数党主张取消"民主集中制"的原则，强调民主、自由和多样性。法共从 1920 年建党以来一贯实行民主集中制。1990 年，在法共二十七大上，少数人提出了取消民主集中制的主张。1993 年 6 月，前总书记马歇以个人名义提议法共放弃民主集中制。1994 年，法共二十八大修改党章，决定正式放弃民主集中制。法共认为，民主集中制作为党内生活的运转原则，过去曾适合于法共的革命斗争，在法共历史上曾起过积极作用，但现在已不能很好地反映党内出现的新的民主生活方式。民主集中制已不再是法共的观念，应当完全超越，党内唯一运转的原则是民主。

关于民主的运行方式，法共在 2012 年修改通过的新党章中强调，每一个党员或党支部、每一个党的各级行政机构都能为实现党的现有目标而提出"任何有益的提案"。意大利重建共产党同样放弃了民主集中制原则，在意共 2002 年通过的党纲中，明确指出"民主集中制并非值得鼓励的方式"，并主张"强化内部多元化"与"党内生活的完全民主化"。同时，意大利重建共产党还倡导展开党内自由辩论与本国各社会主体的主体性。过分强调民主而忽视集中，党缺乏统一意志和凝聚力、号召力和战斗力，使得法共等一些共产党党内分歧严重，派系林立，甚至出现分裂。

（五）关于实现社会主义的道路

目前多数共产党认为世界社会主义运动正处于低潮，本国不具备进行无产阶级革命的形势，主张在国家现行法律范围内开展活动，与社会的各种进步力量合作，积极进行议会内和议会外的斗争，争取和平地进行社会变革，为迎接社会主义高潮做准备。有的党在坚持议会道路的同时也不否认暴力革命的可能性。如印共（马）一方面主张通过和平手段实现人民民主和社会主义变革，另一方面也指出，统治阶级永远不会自愿放弃权力。他们企图违反人民意愿，通过暴力和非法手段扭转局势。革命力量有必要保持警惕，据此决定工作方针，以应对国家政治生活中出现的任何意外事件和曲折。希腊共产党主张只能通过社会主义革命夺取政权，议会道路只是作为扩大影响的辅助手段。

也有的党坚持武装革命道路，认为议会道路是与敌人妥协，不可能使革命走向胜利。目前主要是毛派共产党，仍然坚持武装夺取政权的道路。毛派共产党主要是信仰毛泽东思想的共产党，主张通过农村包围城市的暴力革命道路，实现社会主义。毛派政党大体形成于20世纪六七十年代，起先是在欧洲，后来在亚洲、拉美开始出现，最活跃的是在亚洲（南亚和东南亚）。毛派共产党也分类：一类是把主张停留在口头上，一类是把主张付诸实践。停留在口头上的占多数，比如美国革命共产党、俄罗斯毛泽东主义党（2000年成立）等。付诸实践的，如历史上查鲁·马宗达（Charu Majumdar）领导的印共（马列）、贡萨罗领导的秘鲁共产党(光辉道路)、普拉昌达领导的尼泊尔共产党(毛主义者)等。尼共（毛）从1996年宣布走农村包围城市的武装革命道路，到2006年实现和谈，其武装力量从最初的100余人发展到3万多人的正规军和数十万人的民兵，还在全国75个县中的32个县建立了政权或根据地，活动范围涉及全国68个县，控制了加德满都和中心城市之外的绝大部分地区，影响的人口有1000多万（占全国人口近一半）。

目前仍在坚持武装斗争的，有印度共产党（毛主义者）、菲律宾共产党、秘鲁共产党（光辉道路）等。影响最大的是印共（毛），其次是菲律宾共产党。菲律宾共产党西逊派自1968年成立以来，长期坚持以农村为基地进行持久人民战争的武装斗争道路，1987年鼎盛时期的武装力量有2.5万人。20世纪80年代末90年代初武装力量受到严重削弱，2000年后有所恢复，新人民军数量从1997年约4000人一度发展到1.5万人。自1993年起，菲共与菲政府时谈时战。2001年，美国"9·11"事件后，菲政府对新人民军采取了强硬措施，包括军事打击。2002年，菲政府将新人民军宣布为恐怖组织，并促使美国和欧盟也将新人民军列为国际恐怖组织，冻结其海外资产。菲共与政府关系破裂，双方和谈停顿。2007年9月5日，阿罗约总统签署赦免令，赦免菲共当中没有严重犯罪的党员和新人民军成员共1300多人。2011年2月，政府与菲共重启和谈，双方商定未来18个月达成全面和解。据报道，到2013年底，新人民军的武装力量有4000人。2017年12月，杜特尔特总统发布公告，宣布菲共及其领导的武装为恐怖组织。

以上这些观点，既不等同于马克思列宁主义所设想的社会主义，也不完全等同于当今社会主义国家所实践的社会主义。虽然在某些方面一些党的认识有自己的特色，有的观点还可能得不到其他国家共产党的普遍认同，一些观点还要随着实践的发展而发展，但这毕竟是各国共产党根据本国国情进行探索的结果，有利于世界社会主义运动的发展。对于这些观点，我们要站在马克思主义基本立场上进行甄别辨析，取其精华，去其糟粕，为全面推进中国特色社会主义汲取合理的参考借鉴。

第三节　正确认识世界社会主义运动的现状和发展前景

当今世界处在百年未有之大变局的时代，坚持和发展中国特色社会主义，需要我们运用马克思主义的理论和方法分析世界社会主义的现状与前景，充分认识社会主义发展的曲折性、艰巨性、长期性，吸取经验、总结教训、坚定信心。正如邓小平在南方谈话中所深刻指出的，我们要运用历史唯物主义科学认识社会主义的发展过程及其出现的严重曲折，"从中吸取教训，将促使社会主义向着更加健康的方向发展"[①]。

一、世界社会主义运动仍然处于低潮

苏东剧变使世界社会主义运动遭遇了重大挫折，虽然冷战后世界社会主义事业有所复兴和发展，但目前仍然处于低潮阶段。作出这一判断的主要依据是，世界社会主义的力量，相比较世界资本主义，仍然处于劣势。

（一）社会主义国家的力量及其世界影响仍然有限

过去，苏联是仅次于美国的世界第二强国，东欧多数国家也基本迈入发达国家行列。现在的社会主义国家都是发展中国家。不仅在经济、科技、军事、人才、资源等硬实力方面与发达国家有较大的差距，而且在教育、文化、意识

---

① 《邓小平文选》第 3 卷，人民出版社 1993 年版，第 383 页。

形态能力建设、话语体系世界影响力和国际传播力等"软实力"方面，也与发达国家有着不小的距离。

20世纪80年代，社会主义国家有15个。在五六十年代还形成过强大的社会主义阵营。据统计，在苏东剧变前，社会主义国家的领土面积占世界陆地总面积的四分之一，人口约占世界总人口的三分之一，工业产值约占世界的五分之二，国民收入约占世界的三分之一。苏东剧变以后，仅存的5个社会主义国家，领土总面积不到世界陆地总面积的7%，截至2018年，人口总量约占世界总人口的20%，经济总量仅占美国的68%，约占世界经济总量的16%。① 人均GDP也远低于发达国家。2016年，社会主义国家中排名最高的中国，人均GDP仅占世界排名的第69位，相当于美国的15%、英国的18%、德国的20%、法国的22%、日本的26%。在2016年世界500强企业中，中国有110家，而美国有134家，其余的基本都是日本、英国、法国、德国等西方资本主义国家的企业。

在科技方面，有分析指出，迄今为止，美国的大学汇集了全球70%以上的诺贝尔奖获得者。从麻省理工到加州理工，培养了世界最好的工程师和最顶尖的科学家。美国拥有全球最顶尖的实验室，在军工、航空航天、医学技术、信息科学等领域，都以雄厚的实力和技术优势稳居世界之首。紧随美国之后的，是英国、日本、法国、德国等老牌资本主义国家。

中国的制造业，虽然从2010年开始超越美国，成为全球最大制造国，约占世界制造业的20%，是制造业门类全球最全的国家，且在轨道交通装备等领域处于世界领先或占有一席之地，但大多数产业尚未占据世界产业技术制高

---

① 据中国地图出版社1996出版的《世界地图册》，中国、越南、老挝、朝鲜、古巴国土面积，分别为960万、32.96万、23.68万、12.32万与11万平方千米，总面积为1039.96万平方千米。世界陆地面积为14950万平方千米，五国国土总面积约为世界陆地面积的6.9%。
据世界银行的统计数据，2018年，中国总人口为13.9亿，越南为9554万，朝鲜为2555万，老挝为706万，古巴为1134万，五国总人口约15.29亿。世界总人口75.94亿，五国总人口约占世界总人口的20.1%。
另据国际货币基金组织（IMF）的统计，2018年，美国GDP总量为20.544万亿美元，中国GDP总量为13.608万亿美元，越南GDP总量为2452亿美元，老挝GDP总量为179亿美元，古巴GDP总量为1000亿美元。另据联合国全球各国GDP统计数据，朝鲜2018年GDP总量为174.87亿美元。2018年世界GDP总量为85.911万亿美元。五个社会主义国家的经济总量，2018年约占世界经济总量的16.28%。

点，仍不是工业强国。有分析认为，中国的制造业还处在世界制造业的第三
梯队。第一梯队是以美国为主导的全球科技创新中心；第二梯队是高端制造领
域，包括欧盟、日本；第三梯队是中低端制造领域，主要是一些新兴国家，包
括中国；第四梯队主要是资源输出国，包括石油输出国组织（OPEC）、非洲、
拉美等国。

在军事领域，据美国《航宇日报》2016 年 4 月 11 日报道，2015 年，全球
国防支出总计约 1.7 万亿美元，美国一家就支出 5960 亿美元，占到全球国防
总支出的 35%。中国的国防支出 2150 亿美元，虽然位列全球第二，但仅为美
国的 36%、全球的 12%。2019 年，美国国防预算总额 7160 亿美元，中国为
1776 亿美元，仅为美国的四分之一。

西方的新闻机构也垄断了世界的新闻业并拥有国际舆论的话语权。目前全
球 90% 以上的新闻信息被美国及其盟国垄断。美国控制了全球 75% 的电视节
目生产和制作。发展中国家非本地新闻有 75% 产自西方国家的新闻机构。随
着互联网这一新兴技术以及网络媒体的出现，西方利用技术优势，比传统媒体
时代更迅速更便捷地发挥自己的影响力。在国际互联网 13 台根服务器中，1
台主根服务器和 9 台副根服务器在美国，其他 3 台副根服务器分别在英国、瑞
典和日本。全球最大的搜索引擎（Google）、全球最大的门户网站（Yahoo）、
全球最大的视频网站（YouTube）、全球最大的短信平台（Twitter）、全球最大
的社交空间（Facebook），全部在美国。全球 80% 以上的网络信息和 95% 以上
的服务器信息由美国提供，超过三分之二的全球互联网信息流量来自美国，另
有 7% 来自日本、5% 来自德国。相比之下，中国在整个国际互联网的信息输
入流量中仅占到 0.1%，而输出的流量只有 0.05%。另据世界银行统计，2014
年，全球安全互联网服务器由 2004 年的 32 亿台增加到 137 亿台，但其中的绝
大多数集中在发达国家。发达 7 国占有 67%，仅美国一家就占 36%。①

在教育领域，据 2016 年 9 月 21 日英国泰晤士高等教育发布的最新世界大
学排名，美国和英国的大学几乎垄断了世界的前 10 位。前 50 名、前 100 名的
大学也基本在欧美发达国家。中国大陆的高等教育尽管发展很快，奋起直追，
但能排进全球前 50 名的大学只有两所，排进全球前 200 名的大学只有 4 所，

---

① 参见戴旭：《暗战无声：美国发动"新型战争"已兵临中国城下》，中国军网，2014 年 6 月
5 日。

排进全球前 400 名的大学只有 10 所。此后，中国大学的世界排名虽有很大进步，但依然没有改变世界一流大学仍由美欧国家主导的格局。苏联时期，有 8 位科学家获得诺贝尔自然科学奖，包括列夫·达维多维奇·朗道等世界知名的杰出科学家。苏东剧变之后，中国只是在 2015 年首次获得诺贝尔自然科学奖（诺贝尔生物学或医学奖），其他社会主义国家中没有一名科学家能问鼎诺贝尔奖。

上面列举的数据只是部分地反映了中国与美国以及西方发达国家的差距，不排除有夸大美国和低估中国实力的情况，但有一点是肯定的，那就是社会主义国家的总体实力远不如苏东国家剧变前的状况，与发达资本主义国家的实力对比，不是缩小而是扩大了。主要的原因是中国虽然发展很快，但起点低，社会主义还处在初级阶段，仍然是一个发展中国家。

（二）资本主义国家共产党的力量严重衰弱

20 世纪 80 年代，在 100 多个国家和地区有 270 多个共产党组织，党员数量有 4400 多万。目前，党名为共产党或信仰马克思主义的政党只有 130 多个，非执政的共产党党员数量只有 700 多万，而且集中在几个主要的大党上。[①] 比如，印度的三个共产党有 200 多万人，日本共产党有 30 万人，俄罗斯联邦共产党有 16 万人，法国共产党有 13 万人。仅这几个共产党就占到总量的三分之一。

在欧洲，截至 1998 年，共产党组织由剧变前的 35 个减少到 21 个，党员总数由 260 多万人减少到不足 100 万人，在本国议会中所占席位的总数由 288 席减少到 89 席。圣马力诺共产党改名为民主进步党，原民主德国统一社会党（共产党）自称欧洲新左翼党，荷兰共产党宣布解散，荷兰社会主义党宣布放弃以马克思列宁主义为指导。

意大利重建共产党自 2008 年开始再次跌入低谷，在 2008 年、2013 年和 2018 年大选中都没有进入议会。2009 年也没能进入欧洲议会，2014 年仅获得 1 个席位。2013 年，意重建共从巅峰时的 15 万名党员，减少到只有 3 万多名党员。

不仅意大利共产党，原西欧老牌共产党，如法国共产党、西班牙共产党、希腊共产党等，也在严重衰落。法国共产党 1920 年 12 月成立，在二战结束前后达到巅峰，最多时拥有 80 多万名党员，占据全国近 30% 的国会议席，是法

---

① 参见姜辉：《21 世纪初国外共产党组织总体状况及发展前景》，《世界社会主义研究》2009 年第 1 期。

国第一大党，到 1987 年仍有约 33 万名党员。苏东剧变时，法共受到严重冲击，1988 年仅拥有 27 个议席，1993 年降到 24 个。此后力量有所恢复，1996 年有 27 万名党员，1997 年拥有国会 35 个议席。但进入 21 世纪后，法共不断走下坡路。议席数量从 2002 年的 21 个，降到 2007 年的 15 个，2012 年的 7 个，尽管在 2017 年恢复到 10 个，但无法与鼎盛时期相比。目前党员人数也不到 1996 年的一半。

西班牙共产党在苏东剧变前曾是议会中的第三大党，2011 年在众议院选举中只拥有 5 个席位（总数 350 席），在参议院中只有 1 席（总数 266 席），现有党员约 4 万名。葡萄牙共产党 2002 年还有 13 万名党员，到 2012 年只有 6 万名党员，减少了一半多。

在前苏联地区，尽管 20 世纪 90 年代中后期，社会主义力量得到很大的恢复和增强，但在进入新世纪后整体力量走向衰落。除上文提及的俄罗斯联邦共产党、摩尔多瓦共产党人党外，乌克兰共产党在 2002 年议会选举中从第一大党降为第三大党，仅获得 66 个席位，此后在 2006 年、2007 年、2012 年选举中分别获得 21、27、32 席，在 2014 年选举中一个席位都没拿到，2015 年被乌政府定为非法组织，禁止参加选举。不仅如此，曾经力量和影响较大的如亚美尼亚共产党在 2003 年、2007 年和 2012 年的议会选举中都没有获得一个席位。塔吉克斯坦共产党 2010 年、2015 年、2020 年也只分别获得 2 个席位。在格鲁吉亚、吉尔吉斯斯坦、阿塞拜疆、爱沙尼亚、立陶宛等，尽管都有共产党或社会主义政党，但力量和影响都不大，绝大多数在本国议会中没有一个席位。

在北美和大洋洲，原本就落后的共产主义运动进一步衰退。这两大洲在苏东剧变前有 2 万多名党员，苏东剧变以后，党员数量不足万人，减少了三分之二以上。加拿大共产党分裂，党员人数由 3000 人减至几百人。在 2015 年选举中，26 名候选人只获得 4382 张选票，得票率仅为 0.02%。美国共产党于 1991 年发生分裂，丧失了三分之一的党员。党员人数由剧变前自称的 7000 人，减少到 2015 年的约 5000 人。20 世纪 80 年代之前，美共多次参加美国总统选举。苏东剧变之后，美共不再参加总统选举。新西兰工人共产主义同盟已改名为"新西兰左翼潮流"，宣称不再信仰社会主义、共产主义。渊源于 1969 年的新西兰共产党，在 2014 年新西兰大选中，2 名候选人只获得 135 张选票。成立于 1920 年的澳大利亚共产党于 1990 年解散，其党员与其他左翼力量组建为"新左翼党"。1996 年 10 月由社会党更名而来的澳大利亚共产党，在 2010 年大选中只获得众议院 0.83% 的得票率、参议院 0.17% 的得票率。

在南亚，孟加拉国共产党在苏东剧变后一分为二。在东南亚，泰国共产党中央于 1987 年遭破坏，中央领导人被捕，游击区丧失，武装力量全部下山缴械。缅甸共产党于 20 世纪 80 年代初同政府实现和谈，1989 年 3 月内部分裂，1990 年缅甸共产党中央解散。马来西亚共产党于 1989 年 12 月与马来西亚、泰国政府签署停止武装活动的和平协议，解散了武装部队，销毁了武器。

在西亚和北非，有三个共产党组织改变名称。巴勒斯坦共产党于 1991 年改名为"巴勒斯坦人民党"，突尼斯共产党于 1993 年改名为"革新运动"，阿尔及利亚社会主义先锋党于 1993 年 1 月宣布解散，1998 年 4 月建立"社会民主运动"。

苏东剧变前，拉丁美洲有 40 多个共产主义政党，党员人数约 50 多万（不包括古巴共产党）。苏东剧变后，乌拉圭共产党、玻利维亚共产党、哥斯达黎加人民先锋党、阿根廷共产党、智利共产党、秘鲁共产党以及哥伦比亚共产党都发生了不同程度的分裂与分化。阿根廷共产党于 1996 年一分为二，两党在国内都没有多大的影响。巴拉圭共产党（1928 年成立）、玻利维亚共产党（1950 年成立）、厄瓜多尔共产党（1926 年成立）、乌拉圭共产党（1920 年成立）在本国没有一个席位。以马列主义为信仰的巴拿马共产党（1930 年成立）在 1991 年被取消了议会党的资格。

在非洲地区，20 世纪 60 年代末至 80 年代，相继奉行马列主义并先后执政的埃塞俄比亚工人党、刚果共产党、贝宁人民革命党、莫桑比克解放阵线党、安哥拉人民解放运动—劳动党、索马里革命社会主义党和津巴布韦非洲民族联盟（爱国阵线），在冷战结束后有的国家宣布放弃社会主义（如贝宁、埃塞俄比亚），有的国家宣布改行民主社会主义（如安哥拉、莫桑比克和津巴布韦）。

二、正确认识世界社会主义处于低潮的现状

资本主义基本矛盾的存在，决定了资本主义必然被取代的历史命运，表明马克思主义阐释的社会发展规律至今没有过时。新时代中国特色社会主义的伟大胜利，必将对世界社会主义在 21 世纪的创新发展产生重大而深远的影响。

（一）马克思主义深刻揭示的人类社会发展一般规律没有过时

伴随着资本主义的发展，出现了反映与维护资产阶级利益的思想；同时伴随着资本主义矛盾与弊病的出现，也产生了反映和维护无产者、劳动者利益的社会主义思想。作为资本主义这一对立物而存在的社会主义思想、社会主义运动、社会主义制度，贯穿于资本主义社会发展的全过程，并随着资本主义基本矛盾的激化以及资本主义危机频繁而严重的爆发，实现着自身的有时缓慢有时飞跃的发展。到了 19 世纪 40 年代，马克思和恩格斯通过科学研究和实践探索，完成了世界观和政治立场的根本转变，创立了科学社会主义学说，揭示了人类社会发展的一般规律。这个规律就是《共产党宣言》宣示的：资产阶级必然灭亡，无产阶级必然胜利，社会主义逐步取代资本主义，人类最终走向共产主义。

唯物史观揭示的人类社会发展规律，不是出于马克思主义创始人的主观臆想，而是马克思、恩格斯根据生产关系一定要适合生产力的性质和要求的基本原理，分析资本主义社会的问题得出的科学结论。

随着资本主义的发展，资本的积聚和集中使得生产越来越具有社会的性质，许多分散的生产过程融合成为社会的生产过程，整个国民经济越来越成为一个各种生产密切联系、相互依赖的整体，每个生产单位都成为整个社会生产网络的一个纽结。随着世界市场的形成，资本、资源、技术与人员的国际流动，国际垄断组织及跨国公司的大发展，使得生产规模不断升级，生产地域越出一国范围。而各国经济技术水平发展的不平衡、优势互补的内在动力，促进了国际分工与协作的迅猛发展。有越来越多的生产部门、交换部门、流通部门和消费部门都在组织全球性的大协作。资本不断增殖与扩张的本性，全球市场体系的形成与完善，现代交通、通讯、网络技术的发达，使资本主义生产由一国范围的社会化，逐渐发展到国际范围乃至全球范围的社会化。"各国人民日益被卷入世界市场网，从而资本主义制度日益具有国际的性质。"①

劳动产品成为社会化的劳动产品，生产力的这种性质客观上要求由社会来占有生产资料和调节国民经济。然而在资本主义条件下生产资料是归资本家私人占有的，生产经营是由资本家自行决定的，以资本家个人的意愿为转移，社

---

① 《马克思恩格斯文集》第 5 卷，人民出版社 2009 年版，第 874 页。

会产品也归资本家个人所有。于是，生产形式就与占有形式发生了不可调和的矛盾，生产形式起来反抗占有形式，生产社会性与生产资料私人占有之间的矛盾，构成了资本主义的基本矛盾。这一矛盾首先造成个别企业生产的有组织性和整个社会生产的无政府状态之间的矛盾，其次造成生产无限扩大的趋势与劳动人民有支付能力的需求相对缩小之间的矛盾。在这些矛盾的相互作用、共同促进下，资本主义国家开始爆发生产相对过剩的经济危机，它像社会瘟疫一样，使社会的产品和生产力遭到严重的破坏，使国家的经济陷入瘫痪、混乱和倒退状态。

当然，危机不会持续发展下去。在市场规律自发调节下，资本家会缩减生产规模，裁减雇员，降低产品价格，以减少损失。政府也会采取刺激经济增长的措施。危机经过短暂的萧条就开始转为复苏。随着生产的不断扩大，经济发展逐渐加快，逐渐超过危机前的最高点，进入高涨阶段，资本主义呈现繁荣景象。然而这只是暂时的，随着生产的持续扩大，资本主义基本矛盾和各种矛盾开始发展。当矛盾积累到尖锐程度时，危机就再次爆发，资本主义进入新的经济周期。危机、萧条、复苏、高涨，再危机、萧条、复苏、高涨，如此反复交替，构成资本主义经济无法跳出的"怪圈"。因此，社会主义公有制取代资本主义私有制，由社会占有生产资料并有计划地组织社会生产，就成为了历史的必然。只有资本主义制度被社会主义制度所代替，才能彻底消灭经济危机。

自马克思主义诞生以来，虽然资本主义社会不断地发生变革，资产阶级也在自我调整统治方式，资本主义出现了新变化，呈现出新的特征，但马克思主义阐述的人类社会发展规律至今依然是完全正确的。资本主义不断遭受其内在矛盾的困扰，周期性危机成为挥之不去的梦魇。在 1900 年以前，资本主义大约每隔 10 年左右就发生一次经济危机；之后，差不多每隔七八年发生一次。进入 20 世纪，资本主义世界仍是危机不断。20 世纪初爆发了 1900—1903 年和 1907 年经济危机，以后又经历了 1920—1921 年、1929—1933 年和 1937—1938 年三次危机，其中 1929—1933 年的危机最为严重。第二次世界大战以后，资本主义总危机进一步加深。美国在 1948 年、1953 年、1957 年、1960 年、1969 年、1973 年、1980 年、1990 年和 2007 年先后爆发九次经济危机。1957—1958 年、1973—1975 年、1980—1982 年、2007 年的危机波及加拿大、日本和西欧主要国家，成为第二次世界大战后席卷资本主义世界的四次大危机。2007 年 8 月由美国引发逐渐蔓延至欧洲乃至全球的金融危机、经济危机，是 1929—1933 年危机之后最严重的危机。

对于这场西方主要国家至今仍未完全摆脱的危机，资产阶级的经济学家、政治家始终不能正确面对造成危机的制度根源，因而不能科学地解释资本主义经济危机。他们要么归罪于政府政策失误，如政府监管不力，金融监管政策、金融监管机制滞后，要么归结为华尔街"金融大鳄"们的贪婪，或居民超前过度消费、房地产泡沫、金融衍生品泛滥、新自由主义思想作祟等。固然，这些因素与危机的发生存在某种关联，但消除了这些因素资本主义并不能就此彻底消除经济危机。造成这次危机的总根源，如同历史上发生的危机一样，都是生产的社会化同资本主义私人占有之间的矛盾运动的结果，是生产相对过剩的危机。只是这次的危机表现不一样而已。

不仅如此，为了转嫁危机，资本主义保守主义势力抬头，发达国家凭借其在全球经济中的垄断地位，利用关税、汇率、怂恿跨国资本投机等经济手段，辅之以强硬的外交、军事入侵等途径，想方设法把自身的祸水引向发展中国家，使得原本贫穷落后的发展中国家面临更大的困难，人民生活更为困苦。在这场危机中受害最大最深的最终是发展中国家及其人民。因此，在资本主义仍然主导着这个世界，资本的剥削与压迫仍然严重，资本主义仍在统治着多数人类的时代，仅仅因为某些国家的社会主义遭遇挫折就断言社会主义完结了，这是没有多少根据的。所以，邓小平说，不要以为社会主义在一些国家出现严重曲折，就"认为马克思主义就消失了，没用了，失败了。哪有这回事！"[①]

事实一再告诉我们，尽管我们所处的时代同马克思所处的时代相比发生了巨大而深刻的变化，但马克思和恩格斯关于资本主义社会基本矛盾的分析没有过时，关于资本主义必然消亡、共产主义必然胜利的历史唯物主义观点也没有过时，这是社会历史发展不可逆转的总趋势。当今世界依然处在马克思主义所指明的历史时代。这是共产党人对马克思主义保持坚定信心、对社会主义保持必胜信念的科学根据。

要科学地对待马克思主义，决不能把认识停留在只相信已发生的事实这个层次上。一些人质疑马克思主义的科学性，一个重要原因是马克思主义揭示的人类社会发展规律并没有完全成为现实。在他们看来，西方发达国家的经济仍保持一定幅度的增长，西方社会也总体保持稳定，经济、科技、军事、教育等

① 《邓小平文选》第 3 卷，人民出版社 1993 年版，第 383 页。

领域依然占据世界的制高点，世界范围的社会主义力量远远弱于资本主义。他们看不到西方资本主义存在自身无法克服的矛盾和面临的各种危机，看不到马克思主义揭示的人类社会发展规律正一步步地变成现实，看不到马克思、恩格斯设想的人类社会美好前景不断在中国大地上生动展现出来。如同达尔文的进化论、爱因斯坦的相对论，如同千千万万的自然科学发现一样，马克思主义的真理性终究为人类的社会实践所充分证实。

当然，资本主义必然消亡、共产主义必然胜利，绝不是一朝一夕就能实现的，要充分认识这一过程的长期性、复杂性、艰巨性。1859 年马克思在《〈政治经济学批判〉序言》中指出："无论哪一个社会形态，在它所能容纳的全部生产力发挥出来以前，是决不会灭亡的；而新的更高的生产关系，在它的物质存在条件在旧社会的胎胞里成熟以前，是决不会出现的。"[1]

事实证明，"两个决不会"的论断是完全正确的。在马克思和恩格斯去世后的 100 多年间，尽管资本主义不断发生危机，但仍能通过自我调整，使其生产力有一定程度的发展。当今资本主义主要经济体仍能保持一定幅度的增长，发达资本主义国家在经济、科技、军事、教育等领域仍占据着世界的制高点，就充分说明了这一点。

邓小平同志说过：中国巩固和发展社会主义制度需要"几代人、十几代人，甚至几十代人坚持不懈地努力奋斗"。社会主义要在全球范围战胜资本主义，实现社会主义和共产主义，面临的任务就更为艰巨复杂，需要更长的时间。我们要深刻认识资本主义社会的自我调节能力，充分估计到西方发达国家在经济科技军事方面长期占据优势的客观现实，认真做好两种社会制度长期合作和斗争的各方面准备，认真学习和借鉴资本主义创造的有益文明成果。历史教训也告诉我们，在生产力尚不发达的条件下，贸然向更高阶段过渡，提前进入共产主义，都是不切实际的幻想。

要把"两个必然"与"两个决不会"统一起来认识。"两个必然"是就社会发展的一般规律和总的趋势而言的；"两个决不会"是就实现这一规律、体现这一趋势的前提和条件而言的。两者说的是同一问题的两个方面，是内在统一的关系。不能把"两个决不会"同"两个必然"割裂开来、对立起来，以前者否定后者，或以后者否定前者。

---

[1] 《马克思恩格斯选集》第 2 卷，人民出版社 2012 年版，第 3 页。

（二）社会主义的发展是前进性与曲折性的统一

虽然社会主义终将取代资本主义，共产主义终将在全人类得到实现，是人类社会发展的一般规律，但这个规律的实现不是自发的。需要发挥人的主观能动性，发挥人民群众创造历史的决定性作用。在思想认识上要看到社会规律的实现过程与自然规律的实现过程有着原则的不同，前者要受到各种主客观因素的影响。从本质上讲，社会发展规律与自然发展规律都是客观的，不依人的意志为转移，但自然规律的实现往往不需要人的实践活动的参与，一般都会自发实现，实现过程也不会有曲折和反复。社会发展规律则不一样，它是人们实践活动的合力所表现出来的一种趋势，它必须通过人们的实践才能实现。在任何社会里，人们的利益总是有差异的，因而他们实践活动的方向是不一致的。在阶级社会里，对立阶级之间的利益冲突表现为阶级斗争。因此，在阶级社会里，社会发展规律必然是通过阶级斗争实现的。在阶级斗争中，由于各种客观的、主观的因素，阶级力量的对比会发生这样或那样的变化，这就决定了社会发展规律的实现过程不是直线的，必然会发生曲折。但是不管出现多大的曲折，由社会规律决定的发展总趋势是不会改变的，它将在漫长曲折的过程中最终得到实现。

人类社会的更替、低级形态向高级形态的发展，无不经历了曲折的历史过程。封建社会替代奴隶社会如此，资本主义替代封建社会也是如此。英国资产阶级革命开始于 1640 年，但是在战胜了国王以后，就出现了大克伦威尔的独裁统治，接着又出现了 1660 年旧王朝的复辟，直到 1688 年资产阶级政党以政变的方式从荷兰迎来了一个带着荷兰海陆军进入英国的国王，才使英国的资产阶级专政稳定了下来。法国资产阶级革命从 1789 年爆发到 1875 年法兰西第三共和国成立，经过了 86 年，中间交织着进步和反动、共和和帝制、革命的恐怖和反革命的恐怖、内战和外战、征服外国和投降外国，尤其动荡不宁。资本主义取代封建主义在其他国家也有类似经历，完全一帆风顺的国家是没有的。但不论经历了多大的曲折和困难，资本主义最终还是战胜了封建主义，确立了自己在世界的统治地位。

社会主义取代资本主义是人类历史上第一次以消灭阶级剥削与压迫、实现人民当家作主为目标的伟大社会变革，无产阶级革命虽然是人民的正义事业，必将得到越来越多的力量的支持，但联合起来的世界资本的力量毕竟还很强大，帝国主义国家还掌握着强大的国家机器，资本主义世界的革命运动很容易受到世界反动派的联合扼杀；社会主义革命普遍是在经济文化落后的国家取得胜利的，虽然当今社会主义国家的建设事业获得了巨大发展，但世界社会主义力量总体上还很弱小，世界社会主义运动还处于低潮。一般来说，反动阶级是不会主动交出政权的。因此，无产阶级革命要取得完全的胜利，社会主义要完全取代资本主义，不可避免要经历斗争甚至残酷的斗争，这个过程决不会是一帆风顺的，必然要在曲折中前进。

自《共产党宣言》发表以来，国际共产主义运动由无到有，由小到大，由理论到实践，由一国到多国，由西欧一隅到波及全球五大洲。但在发展的过程中不断地经历着迂回曲折，经历着低潮与高潮、高潮与低潮交替出现。每一次低潮的出现总是孕育着新的高潮，每次高潮的出现总会伴随着理论的新突破、实践的新发展。1848年，欧洲革命失败，国际共产主义运动遭受了第一次挫折。经过短暂沉寂，在19世纪六七十年代又出现新的高潮。1864年，第一国际诞生，1871年，法国巴黎公社革命爆发，令欧洲资产阶级大为恐慌，使当时资本主义统治遭受重创。虽然巴黎公社革命失败了，第一国际也随之解散，但处于低潮的革命形势很快发生扭转。1889年，第二国际诞生，标志着新的革命浪潮的到来。新的国际组织发挥着更大的作用，马克思主义也在世界范围产生着更重大的影响。1914年，第一次世界大战爆发后，第二国际虽然在组织上有延续，但是，第二国际大多数领袖背叛社会主义，这个国际在思想上政治上的破产，使得国际共产主义运动再次经历了挫折。但1917年俄国十月革命胜利，1919年第三国际成立，又使世界社会主义运动局面实现了历史性的跨越。世界上第一个社会主义国家的诞生，不仅使科学社会主义由理论变为现实，而且在实践中诞生了列宁主义，成为继马克思主义之后各国革命的指导思想。随后的苏联在曲折中发展，并在经济建设与反法西斯斗争中取得辉煌胜利。第二次世界大战结束后，国际共产主义运动迎来了新的春天。科学社会主义实践由一国向多国拓展，在欧亚地区相继诞生了十几个社会主义国家。社会主义国家在探索自己的社会主义道路的过程中，虽然相互之间也有矛盾、分歧，甚至还有斗争与分裂，但总体上改变了资本主义一统天下的世界格局，在社会主义发展史上以及人类历史上留下了光辉的篇章。

本来社会主义国家完全可以通过总结教训，实行正确的改革，继续推进社会主义事业向前发展。遗憾的是，由于苏联东欧等国在改革问题上犯了原则性、方向性的错误，改革变成"改向"，这些国家相继发生演变与解体，国际共产主义与世界社会主义运动出现新的低潮。即便如此，当今世界仍有五个共产党执政的国家坚守社会主义阵地，在实践中取得显著成就，在关键时刻开创了世界社会主义运动的新局面。黑夜过去是白昼，严寒过去是春天。如同自然规律一样，世界社会主义运动与国际共产主义运动必将迎来新的发展、新的高潮。正如江泽民指出的那样："历史经验反复证明，低潮孕育着高潮。从国际共产主义运动的发展历史看，低潮，将预示着马克思主义的新发展，预示着社会主义事业的新胜利。""当前，世界社会主义事业遇到严重挫折。但是，这只是历史长河中的暂时现象。"① 不论社会主义取代资本主义的过程是多么漫长复杂，但历史的总趋势是谁也阻挡不了、改变不了的。就连资本主义国家的学者也意识到了。德国著名思想家马克斯·舍勒在谈到"资本主义的未来"时就明确说："眼光只需稍微敏锐一点，便可看到：我们已经满帆地驶进了社会主义体制国家的最初阶段；我们不得不在通往目标的道路上继续前行。"②

总之，自社会主义由理论变为实践的一个世纪以来，虽然各国在发展的过程中出现了曲折，但社会主义的理论和实践在探索保证全体人民的政治平等和当家作主，消灭人剥削人的制度，消除两极分化、贫富悬殊，建设新型的思想道德文化等方面，取得了巨大的进步，也积累了丰富的经验。实践证明，社会主义是指引世界上处于剥削制度压迫之下的无产阶级和劳动人民改变自己命运、获得社会解放、建设幸福生活的正确道路。170 多年的国际共运和世界社会主义发展的历史经验也证明，科学社会主义理论是正确的，社会主义具有强大的生命力。

（三）中国特色社会主义取得的伟大成就极大促进了世界社会主义事业

20 世纪 70 年代末，中国共产党在总结自身教训的基础上，完成党和国家指导思想的拨乱反正，顺应时代的变化和人民的期待，率先吹响了社会主义改革的号角，为发展社会主义注入了强劲动力，改革开放取得举世瞩目的成就，有力地维护着世界社会主义的发展。

---

① 江泽民：《论党的建设》，中央文献出版社 2001 年版，第 30、31 页。
② ［德］马克斯·舍勒：《资本主义的未来》，罗悌伦等译，生活·读书·新知三联书店 1997 年版，第 64—65 页。

　　首先，中国特色社会主义突破了传统观念的桎梏和僵化模式的束缚，使社会主义在改革开放中重新焕发出蓬勃生机。

　　以毛泽东同志为主要代表的中国共产党人在探索本国社会主义建设道路的过程中，尽管取得重大成就，但总体没有摆脱传统观念的影响和苏联模式的束缚，脱离实际的"一大二公"和过度集权的管理体制，成为中国经济社会发展的严重障碍。1988年，邓小平在回顾这段历史时指出："坦率地说，我们过去照搬苏联搞社会主义的模式，带来很多问题。我们很早就发现了，但没有解决好。"① 江泽民也指出："我们夺取政权以后，学习了苏联的经济模式。应该承认，这种经济体制在建国初期是起了积极作用的，也取得了一定的成绩。但是，随着社会的发展，实践证明这种经济体制已不适应社会生产力的发展。"② 正是在解决照搬苏联的经验、正是在解决好这个问题、建设具有中国特色社会主义的探索中，中国共产党领导中国人民开辟了中国特色社会主义道路，形成了中国特色社会主义理论，确立了中国特色社会主义制度，全面发展了中国特色社会主义。

　　中国特色社会主义深刻揭示了改革开放规律、党的建设规律、社会主义发展规律，成功实现指导思想从邓小平理论、"三个代表"重要思想、科学发展观到习近平新时代中国特色社会主义思想的与时俱进，成功实现基本经济制度从片面追求公有制到坚持以公有制为主体、多种经济成分共同发展的重大转折，成功实现从僵化集中的计划经济体制到充满活力的市场经济体制的重大转折，成功实现从封闭半封闭到全方位开放的重大转折，成功实现从忽视民主与法治到坚持党的领导、人民当家作主与依法治国的有机统一，成功实现全面建设社会主义的物质文明、精神文明、政治文明、社会文明、生态文明，构建社会主义和谐社会，成功把党的建设这一伟大工程全面推向21世纪并获得新的发展。在这一壮阔的历史进程中，中国的综合国力不断迈上新台阶，人民生活总体实现由温饱达到小康的历史性跨越，经济、政治、文化、社会、生态文明以及党的建设协调推进，全面发展，为中国特色社会主义进入新时代奠定了坚实的基础，也为落后国家谋求自身发展、探索本国道路，提供了重要的启示。

　　其次，中国特色社会主义经受住了世界社会主义出现严重曲折的严峻考验，稳住了世界社会主义的阵脚，极大地增强并坚定了人们对社会主义的信念。

---

① 《邓小平文选》第3卷，人民出版社1993年版，第261页。
② 《江泽民文选》第1卷，人民出版社2006年版，第44页。

东欧剧变、苏联解体为西方反华势力、中国国内自由化分子搞垮中国提供了有利时机。中国能不能抵挡住"苏东崩溃"的冲击成为世人关注的焦点。在这事关中国特色社会主义向何处去、世界社会主义向何处去的危急时刻，中国共产党不仅坚守住了社会主义阵地，而且改革开放稳步推进，经济社会快速发展。1991年中国的GDP增长9.3%，从1992年到1995年中国经济总量保持两位数增长，从1992年到2000年，中国的GDP年均增速达到10.5%。到2000年，中国经济总量突破10万亿元，超过意大利，全球排名从1978年的第10位上升到第6位；2005年超过法国，全球排名上升到第5位；2006年突破20万亿元，超过英国，全球排名上升到第4位；2007年超过德国，全球排名上升到第3位；2010年突破40万亿元，超过日本，全球排名上升到第2位。2012年，经济总量突破50万亿元。2019年，中国经济总量达到99万亿元，人均GDP首次超过1万美元。

中国经济创造的世界奇迹，以及政治社会稳定、人民生活安定等大好形势，充分展示了中国特色社会主义的强大生命力，有力开创了社会主义发展的新局面，不仅在世界社会主义遭遇严重挫折面前经受住了考验，彰显了中国特色社会主义的强劲活力，而且在危急关头扭转了世界社会主义的不利局面，挽救了"要失事的社会主义大船"，坚定了人们对中国特色社会主义的信心、对世界社会主义前途的信心。

前哈萨克斯坦社会党主席叶尔蒂斯巴耶夫说，中国特色社会主义理论，解决了中国12亿人口的温饱问题，拯救了社会主义在全世界的威望。俄罗斯学者阿·雅科夫列夫说，中国特色社会主义的胜利发展，不仅扭转了20世纪后期世界社会主义的运动陷入低潮的趋势，而且必将对21世纪社会主义的发展产生不可估量的影响。埃菲社在1992年12月17日发表的一篇年终专稿中指出，中国特色社会主义理论，是邓小平为挽救已经解体的苏联的官僚集权主义所面临的几乎不可避免要失事的社会主义大船而向马克思主义者作出的回答。[①]

中国的改革既避免了苏东国家的悲剧，又获得巨大成功，其基本经验就是坚定不移地走有中国特色的社会主义道路，既不走封闭僵化的老路，也不走改旗易帜的邪路。习近平指出："如果没有一九七八年我们党果断决定实行改革

[①]　参见肖枫主编：《社会主义向何处去——冷战后世界社会主义运动大扫描》下卷，当代世界出版社1999年版，第1136—1135页。

开放，并坚定不移推进改革开放，坚定不移把握改革开放的正确方向，社会主义中国就不可能有今天这样的大好局面，就可能面临严重危机，就可能遇到像苏联、东欧国家那样的亡党亡国危机。"① 叶尔蒂斯巴耶夫认为：中国的改革完全不同于苏联，是在四项基本原则基础上进行的真正的改革。"四项基本原则＋改革开放"是对马克思主义的创造性发展。邓小平提出的四项基本原则和改革开放是对20世纪的国际共产主义运动最重大的贡献。②

最后，中国特色社会主义欣欣向荣的景象，与世界资本主义陷入危机的困境形成巨大反差，颠覆了人们过去对社会主义落后形象的认识。

社会主义曾长期代表着革命、进步与历史潮流。但从20世纪50年代开始，随着苏联社会主义模式的弊端日益显现，其他社会主义国家照搬苏联经验产生不良后果，加上不发达国家建设社会主义的长期性艰巨性，西方发达国家发动新一轮科技革命加速自身发展，使得社会主义在同资本主义的竞赛中开始落伍，"贫穷"、"落后"、"保守"、"僵化"逐渐成为社会主义的同义语。特别在苏东剧变后不久，马克思主义"死亡论"、社会主义"终结论"甚嚣尘上，社会主义在世界的威望降到历史的冰点。令人欣喜的是，在苏东剧变之后，中国特色社会主义经受住了严峻考验并日益显示出强大的生命力、创造力、影响力。随着中国的日益和平崛起，世界社会主义运动在重新积蓄力量，并在2008年西方爆发金融危机后出现转机。一方面，中国特色社会主义更加展现出勃勃生机和强大生命力，"风景这边独好"，"改革"、"发展"、"创新"、"创造"等充满活力的词语成为社会主义的代名词；另一方面，西方发达国家深陷经济危机以及社会危机的泥潭，难以自拔，西方宣扬的社会主义"历史终结论"、资本主义"普世价值"遭到普遍质疑。这一鲜明的对比、巨大的反差，促使人们重新认识社会主义，审慎对待社会主义，并反思资本主义的本质，思考人类的未来。资本主义和社会主义孰优孰劣的话题再次被提了出来。

美国学者阿纳托尔·安东和理查德·施密特认为，各种抵制资本主义衰退运动的爆发，例如"占领华尔街"运动，重新唤起了人们对资本主义给人类带来众多灾难的普遍意识。社会主义替代资本主义，为人类寻求建设没有压迫和

① 《十八大以来重要文献选编》（上），中央文献出版社2014年版，第112页。
② 参见肖枫主编：《社会主义向何处去——冷战后世界社会主义运动大扫描》下卷，当代世界出版社1999年版，第1137—1138页。

剥削的世界作出了重要贡献。① 伦敦政策研究中心高级研究员亚历山大·马科夫斯基指出，苏联社会主义的失败只是社会主义向共产主义发展过程中不可避免的一个过渡时期，并且具有划时代的意义，社会主义是完全必要的和可取的。美国乔治·华盛顿大学政治学与国际事务教授大卫·沙博认为，世界社会主义运动在经历低谷之后并没有停滞不前，以中国共产党为代表的社会主义政党正蓬勃发展，并且带领社会主义国家实现政治经济转型。②

　　有趣的是，曾以宣扬"历史终结论"著称的日裔美籍学者弗朗西斯·福山，这位曾顽固支持美国政府武力入侵伊拉克的美国鹰派人士，在萨达姆政权被推翻后的几年里，其思想、对马克思主义的态度有了变化。他宣称自己是美国新保守主义营垒里的"叛徒"，他要与他们公开决裂，原因是他认为伊拉克战争从理论到现实都是错误的。他还感到困惑不解的是，反保守主义似乎不知不觉地使他回到"列宁主义者"的历史观上。他甚至自称自己是一个"马克思主义者"。③

　　当然，福山不可能成为马克思主义者，这是毫无疑问的。但美国右翼势力的恶行，不仅伤害了无辜的国家和人民，给他们带来了战争、死亡、伤痛、痛苦、饥饿、贫穷、流离失所等无尽的灾难，而且也让美国资产阶级付出了巨大的代价，极大地损害了美国在世界的声誉，这是福山作为美国制度的坚定维护者所不能容忍的。马克思列宁主义是揭露资本主义罪恶的最有力的武器，要与资本主义阵营里最落后的右翼势力作斗争，福山免不了在思维上甚至在思想上一定程度站到马克思主义者一边。然而他又并不是真的信仰马克思主义，这就自然要令他自己困惑了。尽管如此，福山的思想和态度的变化，反映出美国垄断资产阶级及其代言人的暴虐本性，连资本主义意识形态的卫道士都感到不安了。

　　综上所述，我们应当正确认识世界社会主义运动的现状和前景，站在人类历史进程的高度全面把握世界百年未有之大变局的历史深度和复杂性，总结历史经验，把握历史大势，掌握历史主动，充满历史自信，在新时代更好地坚持和发展中国特色社会主义。

----

① Anatole Anton, Richard Schmitt, *Taking Socialism Seriously*, Lexington Books, 2012, p.239.

② David L.Shambaugh, *China's Communist Party*：*Atrophy and Adaptation*, University of California Press, 2008. p.6.

③ 参见 [英国] 萨拉·巴克斯特：《〈历史的终结〉作者福山自称为"马克思主义者"》，《星期日泰晤士报》2006 年 3 月 19 日。

参考文献

《马克思恩格斯全集》第 3 卷，人民出版社 1960 年版。

《马克思恩格斯全集》第 24 卷，人民出版社 1972 年版。

《马克思恩格斯全集》第 25 卷，人民出版社 1974 年版。

《马克思恩格斯选集》第 1—4 卷，人民出版社 2012 年版。

马克思：《资本论》第 1 卷，人民出版社 2004 年版。

《马克思恩格斯文集》第 1—10 卷，人民出版社 2009 年版。

《列宁全集》第 35 卷，人民出版社 2017 年版。

《列宁全集》第 34 卷，人民出版社 2017 年版。

《列宁选集》第 1—4 卷，人民出版社 2012 年版。

《列宁文集论社会主义》，人民出版社 2009 年版。

斯大林：《马克思主义和语言文学问题》，人民出版社 1971 年版。

《毛泽东文集》第 6、7 卷，人民出版社 1999 年版。

《毛泽东选集》第 1—4 卷，人民出版社 1991 年版。

《邓小平文选》第 1—3 卷，人民出版社 1994、1993 年版。

中共中央文献研究室编：《邓小平年谱（一九七五——一九九七）》（上、下），中央文献出版社 2004 年版。

中共中央文献研究室编：《邓小平思想年编（一九七五——一九九七）》，中央文献出版社 2011 年版。

《邓小平建设有中国特色社会主义论述专题摘编》，中央文献出版社 1995 年版。

《邓小平经济思想摘编》，经济管理出版社 1998 年版。

《邓小平理论专题摘编》，人民出版社 1998 年版。

《邓小平文选索引》，华文出版社 1996 年版。

《胡耀邦文选》，人民出版社 2015 年版。

胡锦涛：《在邓小平同志诞辰 100 周年纪念大会上的讲话》，人民出版社 2004 年版。

习近平:《决胜全面建成小康社会　夺取新时代中国特色社会主义伟大胜利——在中国共产党第十九次全国代表大会上的报告》,人民出版社 2017 年版。

习近平:《在庆祝改革开放 40 周年大会上的讲话》,《人民日报》2018 年 12 月 19 日。

习近平:《在纪念邓小平同志诞辰 110 周年座谈会上的讲话》,人民出版社 2014 年版。

《习近平谈治国理政》,外文出版社 2014 年版。

《习近平谈治国理政》第二卷,外文出版社 2017 年版。

习近平:《论坚持推动人类命运共同体》,中央文献出版社 2018 年版。

《建国以来重要文献选编》第九册,中央文献出版社 1994 年版。

《〈关于若干历史问题的决议〉和〈关于建国以来党的若干历史问题的决议〉》,中共党史出版社 2010 年版。

《〈关于建国以来党的若干历史问题的决议〉注释本》,人民出版社 1983 年版。

《三中全会以来重要文献选编》(上、中、下),中央文献出版社 2011 年版。

《十二大以来重要文献选编》(上、中、下),中央文献出版社 2011 年版。

《中国共产党第十三次全国代表大会文件汇编》,人民出版社 1987 年版。

《十三大以来重要文献选编》(上、中、下),中央文献出版社 2011 年版。

《十四大以来重要文献选编》(上、中、下),中央文献出版社 2011 年版。

《十五大以来重要文献选编》(上、中、下),中央文献出版社 2011 年版。

《十六大以来重要文献选编》(上、中、下),中央文献出版社 2011 年版。

《十八大以来重要文献选编》(上),中央文献出版社 2014 年版。

《十八大以来重要文献选编》(中),中央文献出版社 2016 年版。

中共中央文献研究室编:《改革开放三十年重要文献选编》(上),人民出版社 2008 年版。

《改革开放以来历届三中全会文件汇编》,人民出版社 2013 年版。

《中共中央文件选集》(1—11 册),中共中央党校出版社 1989 年版。

《邓小平》,四川人民出版社 2009 年版。

《邓小平自述》,国际文化出版公司 2009 年版。

金冲及、陈群主编:《陈云传》(下),中央文献出版社 2005 年版。

《习仲勋传》(下),中央文献出版社 2013 年版。

庄福龄主编:《马克思主义史》第 1—4 卷,人民出版社 1995、1996、1997 年版。

庄福龄:《马克思主义中国化伟大理论成果》,人民出版社 2004 年版。

庄福龄、杨瑞森、余品华主编:《毛泽东哲学思想史》,中国人民大学出版社 2011 年版。

庄福龄、张新主编:《马克思主义中国化研究》第二卷,人民出版社 2009 年版。

庄福龄、侯衍社：《科学与预见》，人民出版社 2006 年版。

庄福龄：《老祖宗不能丢：学习和掌握马克思主义十讲》，中国人民大学出版社 2015 年版。

袁贵仁、方军：《邓小平价值观研究》，河南人民出版社 1998 年版。

袁贵仁：《当代中国的唯物辩证法：邓小平著作中的哲学思想》，北京师范大学出版社 2008 年版。

肖贵清主编：《马克思主义中国化史·第三卷·1976—1992》，中国人民大学出版社 2015 年版。

张雷声、袁银传主编：《马克思主义中国化史·第四卷·1992 年以来》，中国人民大学出版社 2015 年版。

顾海良主编：《马克思主义发展史》，中国人民大学出版社 2009 年版。

沈云锁主编：《马克思主义发展史》第四卷，中国人民大学出版社 1996 年版。

朱满良、杨信礼主编：《社会主义通史》第 8 卷，人民出版社 2011 年版。

中共中央党史研究室：《中国共产党历史》第二卷，中共党史出版社 2011 年版。

中共中央党史研究室编：《中国共产党的九十年》，中共党史出版社、党建读物出版社 2016 年版。

郑必坚：《邓小平理论基本问题》，人民出版社 2002 年版。

王伟光主编：《社会主义通史》第六卷，人民出版社 2011 年版。

冷溶：《海外邓小平研究》，山西人民出版社 1993 年版。

冷溶：《邓小平》，中央文献出版社 2004 年版。

李君如：《邓小平——当代中国马克思主义的创立者》，上海人民出版社 1995 年版。

李君如：《邓小平治国论》，人民出版社、中国计划出版社 2016 年版。

谢春涛：《中国特色社会主义史》，福建人民出版社 2008 年版。

郝立新、吴晓明主编：《马克思主义哲学史研究（2018）》，人民出版社 2019 年版。

秦宣：《中国特色社会主义史》上册，高等教育出版社 2009 年版。

《中国特色社会主义理论体系形成与发展大事记》，中央文献出版社 2008 年版。

石仲泉：《我观邓小平》，上海人民出版社 2014 年版。

顾海良主编：《中国特色社会主义理论体系研究》，中国人民大学出版社 2009 版。

马绍孟、许征帆、周新城等编：《学习邓小平南巡重要讲话讲座》，中国人民大学出版社 1992 年版。

赵家祥主编：《开拓马克思主义的新境界——邓小平对科学社会主义理论的贡献》，北京大学出版社 2004 年版。

唐洲雁：《毛泽东与中国道路》，社会科学文献出版社 2014 年版。

姜辉：《21 世纪世界社会主义的新特点》，社会科学文献出版社 2016 年版。

杨耕：《东方的崛起：关于中国式现代化的哲学反思》，北京师范大学出版社 2009 年版。

李崇富等：《邓小平理论的马克思主义解读》，中国社会科学出版社 2015 年版。

季正聚、孙来斌主编：《马克思主义经典作家关于经济文化落后国家社会发展道路的基本观点研究》，人民出版社 2017 年版。

侯衍社：《马克思的社会发展理论及其当代价值》，中国社会科学出版社 2004 年版。

罗文东主编：《中国特色社会主义理论体系新论》，人民出版社 2008 年版。

田克勤、李婧：《邓小平与中国特色社会主义》，中国人民大学出版社 2016 年版。

桁林：《中国特色社会主义历史进程初探》，社会科学文献出版社 2017 年版。

刘忠礼主编：《社会主义精神文明研究概览》，红旗出版社 1996 年版。

萧诗美：《邓小平智慧》，人民出版社 2015 年版。

邓光荣：《邓小平哲学思想：马克思主义哲学在中国发展的新阶段》，中央文献出版社 2004 年版。

刘德骥、万福义、陈登才：《邓小平建党思想》，中共中央党校出版社 1994 年版。

黄红发：《邓小平理论与当代中国的发展研究》，湖北人民出版社 2008 年版。

朵春生：《中国改革开放史》，红旗出版社 1998 年版。

侯水平：《邓小平理论史》（1—4 卷），四川人民出版社、四川出版集团 2003 年版。

范希春：《邓小平思想评传（1977—1997）——中国特色社会主义理论的形成与发展》，湖南人民出版社 2004 年版。

程中原：《转折年代：邓小平在 1975—1982 年》，当代中国出版社 2014 年版。

马启民：《国外邓小平理论研究评析》，高等教育出版社 2002 年版。

邓剑秋、陈建华等：《邓小平治国方略》，武汉大学出版社 2004 年版。

龙平平：《邓小平研究述评》（上、下册），中央文献出版社 2003 年版。

刘海藩、杨春贵：《邓小平理论研究文库》（5），中共中央党校出版社 1997 年版。

宋景堂：《邓小平哲学思想新论》，中国社会科学出版社 2002 年版。

柳建辉主编：《十一届三中全会前后的邓小平》，中共中央党校出版社 2004 年版。

王怀超等：《1978 年以来我国学术界关于社会主义理论研究的进展》（上、下册），中共中央党校出版社 2014 年版。

齐欣：《世界著名政治家、学者论邓小平》，人民出版社 1999 年版。

雍涛：《邓小平哲学研究》，武汉大学出版社 1998 年版。

陈继安、胡哲峰：《邓小平之魂》，中共中央党校出版社 1997 年版。

荣开明：《邓小平理论新探》，中国社会科学出版社 2010 年版。

尹广泰：《邓小平晚年思想研究》，四川人民出版社 2014 年版。

李崇富等：《邓小平理论的马克思主义解读》，中国社会科学出版社 2015 年版。

宫力、周敬青、张曙：《邓小平在重大历史关头——纪念邓小平南方谈话20周年》，九州出版社2012年版。

戴舟：《邓小平理论与当代中国》，红旗出版社1998年版。

李长福：《邓小平哲学思想研究》，中国国际广播出版社1989年版。

庞元正：《邓小平理论精髓》，经济科学出版社1998年版。

王东：《邓小平理论与跨世纪中国》，北京出版社1999年版。

李锦坤：《九十年代邓小平理论研究》，天津社会科学院出版社1999年版。

鹿海啸、钟文编著：《百年小平》，中央文献出版社2004年版。

刘杰、徐绿山：《邓小平和陈云在十一届三中全会前后》，中央文献出版社2009年版。

邓榕：《我的父亲邓小平》，中央文献出版社2010年版。

林建公、林庭芳、金钊：《读懂邓小平》，四川人民出版社2001年版。

高屹：《历史选择了邓小平》，武汉出版社2012年版。

刘金田主编：《邓小平的历程》，人民出版社2014年版。

沈宝祥：《真理标准问题讨论始末》，中共中央党校出版社2015年版。

左凤荣：《戈尔巴乔夫改革时期》，人民出版社2013年版。

刘俊奇：《20世纪的社会主义》，广东经济出版社2007年版。

李慎明、吴恩远、王立强：《历史的风——中国学者论苏联解体和对苏联历史的评价》，人民出版社2007年版。

李慎明主编：《世界社会主义黄皮书：世界社会主义跟踪研究报告——且听低谷新潮声》（1—14），社会科学文献出版社2006—2018年版。

靳辉明等主编：《当代资本主义与世界社会主义》，海南出版社2004年版。

李慎明主编：《亲历苏联解体——二十年后的回忆与反思》，社会科学文献出版社2012年版。

林艳梅：《当代俄罗斯马克思主义研究》，中央编译出版社2013年版。

高放主编：《科学社会主义的理论与实践》，中国人民大学出版社2002年版。

孟迎辉：《政治信仰与苏联剧变》，中国社会科学出版社2005年版。

陈学明、黄力之、吴新文：《中国为什么还需要马克思主义：答关于马克思主义的十大疑问》，天津人民出版社2013年版。

周新城、张旭：《苏联演变的原因与教训——一颗灿烂红星的陨落》，社会科学文献出版社2008年版。

中国社科院马克思主义研究学部编：《38位著名学者纵论邓小平理论》，中国社会科学出版社2014年版。

《邓小平与中国道路——全国纪念邓小平同志诞辰110周年学术研讨会论文集》

（上、下），中央文献出版社 2015 年版。

中央文献研究室科研部：《中国共产党 90 年研究文集》（上、中、下），中央文献出版社 2011 年版。

中共中央文献研究室编：《中国特色社会主义理论体系形成与发展大事记（一九七八——二〇〇八年）》，中央文献出版社 2008 年版。

黄苇町：《苏共亡党十年祭》，江西高校出版社 2013 年版。

段霞：《中国外交空间的拓展——邓小平国际战略思想研究》，首都经济贸易大学出版社 2004 年版。

聂运麟主编：《探索与变革——资本主义国家共产党的历史、理论与现状》，社会科学文献出版社 2014 年版。

刘洪才主编：《当代世界共产党党章党纲选编》，当代世界出版社 2009 年版。

谷源洋：《越南社会主义定向革新》，社会科学文献出版社 2013 年版。

毛相麟：《古巴：本土的可行的社会主义》，社会科学文献出版社 2012 年版。

徐世澄：《当代拉丁美洲的社会主义思潮与实践》，社会科学文献出版社 2012 年版。

胡振良：《法国共产党新变化研究》，中共中央党校出版社 2014 年版。

项佐涛、姬文刚主编：《世界主要政党规章制度文献：中东欧》，中央编译出版社 2015 年版。

赵婷主编：《世界主要政党规章制度文献：澳大利亚》，中央编译出版社 2015 年版。

张文镝、吕增奎：《世界主要政党规章制度文献：印度》，中央编译出版社 2016 年版。

徐向梅主编：《世界主要政党规章制度文献：俄罗斯》，中央编译出版社 2016 年版。

朱艳圣主编：《世界主要政党规章制度文献：日本》，中央编译出版社 2016 年版。

宋薇主编：《世界主要政党规章制度文献：南非》，中央编译出版社 2016 年版。

徐焕主编：《世界主要政党规章制度文献：加拿大》，中央编译出版社 2016 年版。

靳呈伟主编：《世界主要政党规章制度文献：墨西哥、巴西》，中央编译出版社 2016 年版。

徐宝友主编：《世界主要政党规章制度文献：越南、老挝、朝鲜、古巴》，中央编译出版社 2016 年版。

吕薇洲：《世界社会主义整体发展视阈中的国外社会主义流派》，中国社会科学出版社 2016 年版。

汪亭友：《尼泊尔共产党（毛主义者）的历史、执政及其嬗变探究》，社会科学文献出版社 2015 年版。

陆南泉、黄宗良、郑异凡、马龙闪、左凤荣：《苏联真相对 101 个重要问题的思考》（下），新华出版社 2010 年版。

刑广程:《苏联高层决策 70 年》第 5 册,世界知识出版社 1998 年版。

黄宗良:《从苏联模式到中国道路》,北京大学出版社 2014 年版。

潘金娥等:《马克思主义本土化的国际经验和启示》,社会科学文献出版社 2017 年版。

王静:《印度共产党(毛主义者)的理论与实践研究》,社会科学文献出版社 2016 年版。

陈明凡:《越南政治革新研究》,社会科学文献出版社 2012 年版。

柴尚金:《老挝:在革新中腾飞》,社会科学文献出版社 2015 年版。

刘淑春:《俄罗斯联邦共产党二十年》,社会科学文献出版社 2015 年版。

徐世澄、贺钦:《古巴(第二版)》,社会科学文献出版社 2018 年版。

蒲国良主编:《世界社会主义运动概论》,中国人民大学出版社 2006 年版。

蒲国良主编:《当代国外社会主义概论》,中国人民大学出版社 2006 年版。

肖枫主编:《社会主义向何处去——冷战后世界社会主义运动大扫描》,当代世界出版社 1999 年版。

路克利:《海外马克思主义中国化研究》,人民出版社 2016 年版。

蔡昉:《四十不惑:中国改革开放发展经验分享》,中国社会科学出版社 2018 年版。

贺耀敏主编:《中国经济发展的轨迹》,中国人民大学出版社 2014 年版。

[美] 亨利·基辛格:《论中国》,胡利平、林华等译,中信出版社 2012 年版。

[英] 理查德·伊文思:《邓小平传》,田山译,国际文化出版公司 2013 年版。

[美] 傅高义:《邓小平时代》,冯克利译,生活·读书·新知三联书店 2013 年版。

[俄] 皮霍亚:《苏联政权史》,徐锦栋译,东方出版社 2006 年版。

[俄] 戈尔巴乔夫:《孤独相伴:戈尔巴乔夫回忆录》,潘兴明译,译林出版社 2015 年版。

[苏] 戈尔巴乔夫:《改革与新思维》,苏群译,新华出版社 1987 年版。

《戈尔巴乔夫回忆录》,述弢等译,社会科学文献出版社 2003 年版。

[美] 达斯科·多德尔、路易斯·布兰森:《戈尔巴乔夫——克里姆林宫的异教徒》,隋丽君、施鲁佳译,新华出版社 1991 年版。

[俄] 多布罗霍托夫:《戈尔巴乔夫—叶利钦政治对抗 1500 天》,王南枝等译,新华出版社 1993 年版。

[美] 大卫·科兹等:《来自上层的革命》,曹荣湘等译,中国人民大学出版社 2008 年版。

[俄] 尼·伊·雷日科夫:《大国悲剧:苏联解体的前因后果》,徐昌翰等译,新华出版社 1988 年版。

[俄] 雷日科夫:《背叛的历史——苏联改革秘录》,田永祥编译,吉林人民出版社

1993 年版。

[俄] 瓦列里·季什科夫：《苏联及其解体后的族性、民族主义及冲突》，姜德顺译，中央民族大学出版社 2009 年版。

[俄] 格·阿·阿尔巴托夫：《苏联政治内幕：知情者的见证》，徐葵、张达楠等译，新华出版社 1998 年版。

[瑞典] 艾登姆：《经济体制》，王逸舟译，生活·读书·新知三联书店 1987 年版。

[英] 亚历克·诺夫：《政治经济和苏联社会主义》，中国社会科学院苏联东欧研究所编译，上海译文出版社 1983 年版。

[英] 莫舍·卢因：《苏联经济论战中的政治潜流——从布哈林到现代改革派》，倪孝铨等译，中国对外翻译出版公司 1983 年版。

[俄] 雅科夫列夫：《雾霭——俄罗斯百年忧思录》，述弢译，社会科学文献出版社 2013 年版。

[俄] 雅科夫列夫：《一杯苦酒——俄罗斯的布尔什维主义和改革运动》，徐蔡等译，新华出版社 1999 年版。

Merle Goldman, *Sowing the Seeds of Democracy in China Political Reform in the Deng Xiaoping Era*, Cambridge, MA: Harvard University Press, 1995.

David M.Lampton, *Following the Leader Ruling China, from Deng Xiaoping to Xi Jinping*, Berkeley: University of California Press, 2014.

Barry Naughton, "Deng Xiaoping: The Economist". *The China Quarterly*, No.135, Cambridge: Cambridge University Press, 1993.

大　事　记

1978年

2月26日　第五届全国人民代表大会第一次会议在北京召开。会议听取华国锋所作的《政府工作报告》，通过《中华人民共和国宪法》。邓小平在解放军代表团第一小组会议讲话中指出：要恢复和发扬我们行之有效的政策，恢复和发扬毛主席创立的一套好作风。

3月18—31日　全国科学大会在北京召开，邓小平在会上强调"科学技术是生产力"。

5月10—12日　中共中央党校《理论动态》第60期刊登《实践是检验真理的唯一标准》一文；11日，《光明日报》以特约评论员名义全文转发该文；12日，《人民日报》、《解放军报》、《解放日报》、《新华日报》等重要报刊全文转载，揭开了真理标准问题讨论的序幕。

6月2日　中国人民解放军全军政治工作会议召开，邓小平在讲话中指出：按照实际情况决定工作方针是一切共产党员必须牢牢记住的最基本的思想方法、工作方法；实事求是是毛泽东思想的出发点、根本点。

9月中旬　邓小平赴黑龙江、吉林、辽宁、河北、天津等地视察工作，发表一系列重要讲话，强调解放思想、突破禁区、恢复实事求是的正确思想路线。

11月10日—12月15日　中央工作会议在北京召开，与会者强烈要求确立实事求是的思想路线。

12月13日　邓小平在中央工作会议闭幕会上作了题为《解放思想，实事求是，团结一致向前看》的总结讲话。

12 月 18—22 日	党的十一届三中全会在北京召开。全会重新确立了解放思想、实事求是的思想路线,确定把党和国家的工作重点转移到社会主义现代化建设上来,作出实行改革开放的重大决策,实现了党的历史上具有深远意义的重大转折,开创了改革开放和社会主义现代化建设的历史新时期。

1979 年

1 月 1 日	全国人民代表大会常务委员会发布《告台湾同胞书》,提出:实现中国的统一,是人心所向,大势所趋。
1 月 5 日	邓小平会见 27 名美国记者并接受采访就解决台湾问题的方式时指出:我们力求用和平方式来解决台湾回归祖国的问题。我们不能承担除了和平方式以外不能用其他方式来实现祖国统一的愿望的义务。
1 月	安徽肥西县、凤阳县打破土地管理的禁区,实行"分地到组、以产计工、统一分配"的责任制,有些生产队开始试行包产到户或包干到户。
1 月 29 日	邓小平访问美国同美国总统卡特会谈时就对外政策指出:要创造一个有利于和平、安全、稳定的世界,就应该认真对待国际局势。我们不希望打仗。我们的目标是实行四个现代化,需要有一个比较长的和平环境。
3 月 30 日	邓小平在党的理论工作务虚会上作了《坚持四项基本原则》的重要讲话。
4 月	中共中央召开工作会议,正式确立了对国民经济实行"调整、改革、整顿、提高"的方针,经济调整工作全面展开。
5 月 16 日	邓小平会见日本时事通讯社代表团时指出:我们除了吸收国际资金、先进技术外,还要学习国际上的管理经验。
7 月 29 日	邓小平接见出席中共海军委员会常委扩大会议全体人员时指出:党的思想路线和政治路线确立以后,迫切需要解决的是组织路线问题,其中最大的也是最难、最迫切的问题是选好接班人。
9 月 25—28 日	党的十一届四中全会在北京举行。全会通过《中共中央关于加快农业发展若干问题的决定》。

9月29日	叶剑英代表中共中央、全国人大常委会、国务院在庆祝中华人民共和国成立三十周年大会上讲话，对毛泽东同志和毛泽东思想的历史地位和指导作用，对新中国成立三十年来作为历史的主要方面的成绩给予了充分的肯定。
10月4日	邓小平在中共中央召开的各省、市、自治区第一书记座谈会上的讲话中强调：长期的工作重点要放在经济工作上；经济工作是当前最大的政治，经济问题是压倒一切的政治问题。
10月30日	中国文学艺术工作者第四次代表大会在北京召开，邓小平代表中共中央、国务院致辞，重申在文艺创作中要坚持"百花齐放、推陈出新、洋为中用、古为今用"的方针。
11月26日	邓小平会见美国不列颠百科全书出版公司副总裁吉布尼和加拿大麦吉尔大学东亚研究所主任林达光等时提出：社会主义也可以搞市场经济。
12月27日	在苏联军队的直接参与下，阿富汗发生武装政变，阿明政权被推翻，卡尔迈勒组成新政府。苏联大军侵入阿富汗，遭到了阿富汗人民的抵抗，苏军陷入持久战。

1980年

1月16日	邓小平在中共中央召集的干部会议上所作的《目前的形势和任务》的报告中提出20世纪80年代要做的三件大事和现代化建设必须具备的四个前提。三件大事是：在国际事务中反对霸权主义，维护世界和平，台湾回归祖国，实现祖国统一；加紧经济建设。四个前提是：第一，要有一条坚定不移、贯彻始终的政治路线。第二，要有一个安定团结的政治局面。第三，要有一股艰苦奋斗的创业精神。第四，要有一支坚持走社会主义道路的、具有专业知识和能力的干部队伍。
2月23—29日	党的十一届五中全会在北京召开，通过《关于党内政治生活的若干准则》。
3月	在中共中央政治局、中央书记处的领导下，由邓小平、胡耀邦主持，开始了《关于建国以来党的若干历史问题的决议》的起草工作。

8 月 18 日	邓小平在中共中央政治局扩大会议上作了《党和国家领导制度的改革》的讲话，指出：领导制度、组织制度问题更带有根本性、全局性、稳定性和长期性。
10 月中旬—11 月下旬	党内来自中共中央直属机关、国家机关、军队和地方的4000 多位干部对《关于建国以来党的若干历史问题的决议》草案稿进行了为期一个月的讨论。
11 月 10 日—12 月 5 日	中共中央政治局连续召开九次扩大会议。会议讨论了华国锋在粉碎"四人帮"以后所犯的重大错误，一致决定：向即将召开的十一届六中全会建议，同意华国锋辞去中央委员会主席、中央军委主席的职务；选举胡耀邦为中央委员会主席，邓小平为中央军委主席。在六中全会前，暂由胡耀邦主持中央政治局和中央常委工作，由邓小平主持中央军委工作。

1981 年

6 月 27—29 日	党的十一届六中全会通过《关于建国以来党的若干历史问题的决议》，对新中国成立三十二年来党的重大历史事件特别是"文化大革命"作出了正确的总结，彻底否定了"文化大革命"和"无产阶级专政下继续革命"的理论，实事求是地评价了毛泽东在中国革命中的历史地位，肯定了毛泽东思想作为党的指导思想的伟大意义，完成了党在指导思想上拨乱反正的历史任务。
7 月 2 日	邓小平在中共中央召开的省、市、自治区党委书记座谈会上的讲话中指出：培养选拔中青年干部是个战略问题，是决定我们命运的问题。
8 月 15 日	中共中央发出《关于关心人民群众文化生活的指示》，指出：进行社会主义建设的根本目的，除了满足人民群众对于物质生活的需要，还要满足人民群众对于文化生活的需要。
8 月 27 日	邓小平会见美国前总统卡特谈到台湾问题时指出：我们的方针是立足于用和平的方式解决祖国统一的问题，但不能放弃使用武力。

1982 年

1 月 2 日　中共中央、国务院作出《关于国营工业企业进行全面整顿的决定》。

9 月 1—11 日　中国共产党第十二次全国代表大会举行。9 月 1 日，邓小平在开幕词中提出：走自己的路，建设有中国特色的社会主义。胡耀邦在大会上作了《全面开创社会主义现代化建设新局面》的报告。

9 月 24 日　邓小平会见英国首相撒切尔夫人时阐述了中国政府对香港问题的基本立场：主权问题不是一个可以讨论的问题。

12 月 4 日　五届全国人大五次会议通过了新修改的《中华人民共和国宪法》和关于恢复《义勇军进行曲》为中华人民共和国国歌的决议。

12 月 14 日　邓小平在会见新增选的两位政协常委时指出，革命就是要解放生产力。社会主义比资本主义优越不只是名词好听，而是生产力发展速度要超过资本主义。发展生产力是很重要的革命，改革上层建筑、改革体制也都是革命。

1983 年

1 月 2 日　中共中央发出《当前农村经济政策的若干问题》的通知，强调继续完善联产承包责任制，通过农村经济的改革，走出一条具有中国特色的社会主义农业发展道路。

1 月 11 日　邓小平在会见墨西哥统一社会党代表团时指出：国际共运历史的根本经验教训就是，各国党要根据自己的实际，决定自己的政策，才能取得成功。任何国家的共产党只有根据自己的特点来决定自己的道路和走这条道路的方式，这就是独立自主。

3 月 13 日　胡耀邦在纪念马克思逝世一百周年大会上作了《马克思主义伟大真理的光芒照耀我们前进》的报告，指出马克思主义是发展的科学，是革命的指南，它的生命力就在于不断分析研究实践中出现的新情况、新问题，同各个时代和各个国家的具体革命实践相结合。

5 月 22 日   邓小平在会见外宾时指出：我们最根本的一条经验是一切从实际出发。任何国家、任何地区都有自己的特点，我们应该根据自己特点制定本国的方针、政策、目标和计划；别人的经验可以借鉴，但必须根据自己的实际情况来决定自己的事情。

7 月 1 日   中共中央文献编辑委员会编辑的《邓小平文选（1975—1982 年）》，由人民出版社出版。

10 月 1 日   邓小平为北京景山学校题词："教育要面向现代化，面向世界，面向未来。"

10 月 11 日   党的十二届二中全会通过了《中共中央关于整党的决定》，确定用三年时间分期分批对党的作风和党的组织进行一次全面整顿。

1984 年

1 月 1 日   中共中央发出《关于 1984 年农村工作的通知》，提出稳定和完善生产责任制，延长土地承包制，承包期一般应在 15 年以上。

2 月 24 日   邓小平同中央负责人谈话指出，经济特区是个窗口，是技术、管理、知识和对外政策的窗口；要让一部分地区先富裕起来，搞平均主义不行。

4 月 18 日   邓小平会见英国外交大臣时指出，中国今后发展的两个目标，第一个是到本世纪末达到小康水平，第二个是在三十到五十年的时间达到或接近发达国家的水平。

4 月 28 日   邓小平会见美国总统罗纳德·里根。

5 月 20 日   邓小平在会见南斯拉夫客人时指出，真正的马克思主义者一定要根据本国的实际制定自己的政策，同样也要尊重别国、别党实际；社会主义战胜资本主义要靠发展生产力，要发展主要靠自力更生，实行对外开放政策能吸收外国资金和技术作为我们社会主义的补充。

6 月 30 日   邓小平会见日本客人时强调，中国必须坚持马克思主义，坚持走社会主义道路。但是，马克思主义必须是同中国实际相结合的马克思主义，社会主义必须是切合中国实际的有中国特色的社会主义。

10 月 6 日	邓小平会见参加中外经济合作问题讨论会全体代表时，阐述了中国对内搞活、对外开放政策。
10 月 20 日	党的十二届三中全会通过了《中共中央关于经济体制改革的决定》，阐明了以城市为重点的整个经济体制改革的必要性和紧迫性，指出改革的基本任务是建立起具有中国特色的充满生机和活力的社会主义经济体制，社会主义经济是以公有制为基础的有计划的商品经济。
10 月 26 日	邓小平在会见马尔代夫客人时指出，中国革命的成功是毛泽东同志把马克思列宁主义同中国的实际相结合，走自己的路。现在中国搞建设，也要把马克思列宁主义同中国的实际相结合，走自己的路。
12 月 19 日	中英两国政府签订《关于香港问题的联合声明》。邓小平会见出席签字仪式的英国首相撒切尔夫人，从理论和实践上深入阐述了"一国两制"构想。

1985 年

1 月 1 日	中共中央、国务院发出《关于进一步活跃农村经济的十项政策》，提出要改革农产品统派购制度；邓小平《建设有中国特色的社会主义》出版。
3 月 11 日	苏共中央召开非常全会，戈尔巴乔夫当选苏共中央总书记。
3 月 13 日	中共中央作出《关于科学技术体制改革的决定》。
4 月 23 日	苏共中央全会提出加速国家社会经济发展战略和社会主义革新方针，拉开了戈尔巴乔夫时期改革的序幕，利加乔夫、雷日科夫、切布里科夫当选为政治局委员。
4 月 15 日	邓小平在会见坦桑尼亚客人时指出，我们最重要的经验教训是，要搞清楚什么是社会主义和如何建设社会主义这个问题。社会主义的首要任务是发展生产力，贫穷不是社会主义。
5 月 7 日	苏联部长会议通过"反酗酒和禁止私酿酒"决定。
5 月 27 日	中共中央作出《关于教育体制改革的决定》。

6 月 4 日　　邓小平在中央军委扩大会议的讲话中，宣布中国政府决定减少军队员额一百万，并阐述了军队精简的重大意义。

7 月　　邓小平《有理想有道德有文化有纪律》一书出版。

8 月 21 日　　邓小平会见坦桑尼亚客人时指出，改革的性质同过去的革命一样，也是为了扫除发展社会生产力的障碍，使中国摆脱贫穷落后的状态。从这个意义上说，改革也可以叫作革命性的变革。

8 月 28 日　　邓小平会见津巴布韦客人时指出，社会主义的任务很多，但根本一条就是发展生产力，在发展生产力的基础上体现出优于资本主义，为实现共产主义创造物质基础。社会主义有两个非常重要的方面，一是以公有制为主体，二是不搞两极分化。

9 月 18—23 日　　中国共产党全国代表会议召开。邓小平在闭幕会上指出，改革是社会主义制度的自我完善，在一定范围内也发生了某种程度的革命性变革。在改革中我们始终坚持两条根本原则，一是以社会主义公有制经济为主体，一是共同富裕。

10 月 23 日　　邓小平在会见美国客人时指出，社会主义和市场经济之间不存在根本矛盾；在某种意义上说，只搞计划经济会束缚生产力的发展，把计划经济和市场经济结合起来，就更能解放生产力，加速经济发展。

11 月 22 日　　邓小平会见马来西亚总理马哈蒂尔时指出，对付发达国家的贸易保护主义就要加强发展中国家之间的合作，这是唯一的出路。

1986 年

1 月 1 日　　中共中央、国务院发出《1986 年农村工作的部署》，指出：要进一步摆正农业在国民经济中的地位，要落实政策，深化农村经济改革。

2 月 25 日—3 月 6 日　　苏共二十七大召开，通过新的党章修正案和《关于苏联 1986—1990 年和 2000 年前经济和社会发展基本方针》，提出实施"加速战略"，并确定了实现该战略的基本途径。

4月4日	邓小平在会见南斯拉夫客人时指出，社会主义的任务就是发展生产力，增强社会主义国家的力量，使人民的生活逐步得到改善，然后为将来进入共产主义准备基础。
4月19日	邓小平会见香港知名人士包玉刚等时指出：教育是一个民族最根本的事业。四化建设的实现要靠知识、靠人才。
9月28日	党的十二届六中全会举行。全会通过了《中共中央关于社会主义精神文明建设指导方针的决议》。《决议》阐明了社会主义精神文明建设的战略地位、根本任务和基本指导方针，是新的历史时期加强我国社会主义精神文明建设的纲领性文献。
11月9日	邓小平在会见日本客人时指出，马克思主义必须发展。我们不能把马克思主义当作教条，而是把马克思主义同中国的具体实践相结合，提出自己的方针，所以才能取得胜利。我们建设社会主义，准确地说是建设有中国特色的社会主义，这样才是真正地坚持马克思主义。我们历来主张世界各国共产党根据自己的特点去继承和发展马克思主义，离开自己国家的实际谈马克思主义，没有意义。
11月13日	老挝党召开了具有历史转折意义的四大，会议纠正了过去急躁冒进、急于求成的思想，分析了老挝的国情，认为老挝还处在向社会主义过渡的初级阶段，以后还要经过若干阶段和相当长的时间才能过渡到社会主义。大会认为，高度集中、行政统包的经济管理体制已成为制约经济社会发展的障碍，因此要推行革新开放的方针。此后，老挝进入了革新开放时期。
11月18日	中共中央、国务院发出《关于转发〈高技术研究发展计划（"八六三"计划）纲要〉的通知》。
11月19日	苏联最高苏维埃通过《个体劳动活动法》，允许私人在手工业生产、居民生活服务等项目中从事个体生产经营，但不得经商、雇工、搞非劳动收入或损害其他公共利益。
12月15—18日	越共召开六大，认为越南尚处在向社会主义过渡的初级阶段，认为过去犯的错误主要是由于没有充分认识到向社会主义过渡是一个相当长的历史过程。此次会议在认真分析和反思过去错误路线的基础上，得出了只有革新才能促使形势好转、只有革新才有出路的重要结论，决定把工作重心转移到经济建设上来，全面推进革新事业。自此，越南社会主义事业进入革新开放时期。

12 月 16—18 日　在未与哈萨克当地领导人商量的情况下，苏共中央任命非哈萨克族人科尔宾取代库纳耶夫，引发民族骚动，"阿拉木图事件"使苏联民族问题浮出水面。

1987 年

1 月 15 日　邓小平在会见芬兰共产党代表团时指出，所有的党，不管大小和历史长短，都应当平等，相互尊重。真正的马列主义者就是要把马列主义的基本原理同自己国内的情况相结合。

1 月 16 日　邓小平主持中共中央政治局扩大会议。会议通过公报，决定：一致同意接受胡耀邦辞去党中央总书记职务的请求。

1 月 27—28 日　苏共中央召开全会，戈尔巴乔夫作《关于改革和党的干部政策》的报告，提出各级党的第一书记都要以差额选举产生，党的中央领导机关要实行民主化，不要以党代政。选举雅科夫列夫为政治局候补委员，斯柳尼科夫、卢基扬诺夫为苏共中央书记。

2 月 6 日　邓小平在谈党的十三大报告起草时指出，不要再讲以计划经济为主了。计划和市场都是方法。只要对发展社会生产力有好处，就可以利用。它为社会主义服务，就是社会主义的；为资本主义服务，就是资本主义的。

3 月 25 日　邓小平审阅中央负责人《关于草拟十三大报告大纲的设想》，认为这个设计好，充分肯定报告以社会主义初级阶段作为立论根据的重要性和必要性。

6 月 25—26 日　苏共中央全会召开，中心议题是经济体制改革，通过了《根本改革经济管理的基本原则》和《国营企业（联合公司）法》草案。

8 月 29 日　邓小平在会见意大利共产党领导人时指出，社会主义本身是共产主义的初级阶段，而中国又处在社会主义的初级阶段，就是不发达的阶段，一切都要从这个实际出发，根据这个实际来制定规划。

9 月 13 日　邓小平会见美国西方石油公司董事长阿曼德·哈默博士。指出：中国要更加改革开放，加快改革步子。

10 月 13 日	邓小平在会见匈牙利社会主义工人党领导人时指出，整个社会主义历史阶段的中心任务是发展生产力，这才是真正的马克思主义。贫穷不是社会主义，发展太慢也不是社会主义。
10 月 15 日	邓小平为建在中国人民大学的吴玉章雕像题字："我国杰出的无产阶级革命家、教育家、历史学家、语言学家吴玉章"。
10 月 25 日—11 月 1 日	中国共产党第十三次全国代表大会召开，大会的中心任务是加快和深化改革。党的十三大报告阐明当代中国正处在社会主义初级阶段，规定了党在社会主义初级阶段的基本路线，阐述了"三步走"的发展战略，并作出"和平与发展是当代世界的主题"的科学论断。报告指出：十一届三中全会以来开始找到建设有中国特色社会主义道路；把建设有中国特色社会主义理论概括为十二个科学观点，构成了建设有中国特色的社会主义理论的基本内容，初步回答了我国社会主义建设的阶段、任务、动力、布局和国际环境等基本问题。

1988 年

1 月 20 日	邓小平会见挪威首相布伦特兰夫人，指出：中国要发展，没有国际合作，不搞开放，关起门来是不行的。
5 月 18 日	邓小平会见莫桑比克总统、莫桑比克解放战线党主席希萨诺时提出，各国搞社会主义都要独立思考。
5 月 24 日	邓小平会见美国大通·曼哈顿银行国际咨询委员会代表团时指出：要从全人类的高度来研究发展问题。表示欢迎发达国家继续发展，但是发达国家的继续发展不能建立在众多发展中国家继续贫困的基础上。
6 月 1 日	中共中央发出《关于党和国家机关必须保持廉洁的通知》。
6 月 28 日—7 月 1 日	苏共第十九次全国代表会议召开，认为政治体制是造成前期经济体制改革受阻的主要原因，苏联把改革的主阵地从经济领域转向了政治领域。
9 月 21 日	邓小平会见斯里兰卡总理普雷马达萨时指出，需要建立国际经济政治新秩序。

10 月 24 日　邓小平视察北京正负电子对撞机国家实验室时提出，要发展高科技。

1989 年

2 月 26 日　邓小平会见美国总统乔治·布什时指出：中国的问题，压倒一切的是需要稳定。中国一定要坚持改革开放，这是解决中国问题的希望。但是要改革，就一定要有稳定的政治环境。民主是我们的目标，但国家必须保持稳定。

4 月 25 日　邓小平同李鹏等谈话时针对发生的政治风波指出：这不是一般的学潮，是一场动乱。要旗帜鲜明，措施得力，反对和制止这一场动乱。

5 月 16 日　邓小平会见苏联最高苏维埃主席团主席、苏共中央总书记戈尔巴乔夫时，就中苏关系问题指出，这次会见的目的是八个字：结束过去，开辟未来。

5 月 25 日—6 月 9 日　第一次苏联人民代表大会在莫斯科举行。大会从 2210 名代表中选出 542 名组成了新的最高苏维埃，戈尔巴乔夫当选最高苏维埃第一任主席。

6 月 16 日　邓小平同江泽民等谈话中针对发生的政治风波指出：这次发生的事件说明，是否坚持社会主义道路和党的领导是个要害。

6 月 23—24 日　党的十三届四中全会举行。全会决定撤销赵紫阳党内一切领导职务，选举江泽民为中央委员会总书记。

8 月 21 日　江泽民在全国组织部长会议的讲话中提出，反腐败斗争是关系到党的生死存亡的问题。

8 月　《邓小平同志论坚持四项基本原则反对资产阶级自由化》、《邓小平同志论改革开放》两本书出版。

10 月 26 日　邓小平会见泰国总理差猜时指出：中国搞社会主义，是谁也动摇不了的。我们搞得是有中国特色的社会主义，是不断发展生产力的社会主义，是主张和平的社会主义。

11 月 6—9 日　党的十三届五中全会通过《中共中央关于进一步治理整顿和深化改革的决定》。

11 月 26 日	苏联《真理报》发表戈尔巴乔夫的《社会主义思想与革命性变革》,对苏联过去的社会主义理论与实践进行了全面、系统的总结和评判。此文标志着戈尔巴乔夫的思想发生了很大转变,他越来越多地接受民主社会主义理论与主张。
12 月 30 日	中共中央发出《关于坚持和完善中国共产党领导的多党合作和政治协商制度的意见》。

1990 年

2 月 5—7 日	苏共中央全会召开,宣布党将放弃"政治垄断地位",为实行多党制开了绿灯;提出党的奋斗目标是建立"人道的民主的社会主义"。
3 月 3 日	邓小平同江泽民等谈话时提出,要保持适当的经济发展速度,现在特别要注意经济发展速度滑坡问题。世界上一些国家发生问题,从根本上说,都是因为经济上不去。
3 月 9—12 日	党的十三届六中全会举行。全会通过《中共中央关于加强党同人民群众联系的决定》。
3 月 11 日	苏共中央委员会全体会议选举戈尔巴乔夫为总统候选人;立陶宛议会通过《关于恢复立陶宛独立地位的宣言》,标志着立陶宛在脱离苏联的道路上迈出了实质性步伐,随后爱沙尼亚、拉脱维亚也先后发表独立宣言,波罗的海三国的独立在苏联引起了连锁反应。
3 月 13 日	苏联第三次非常人民代表大会通过《关于设立苏联总统职位和苏联宪法修改补充法》等决议,决定删去宪法第六条,宣布实行总统制,把党和国家分开,宣布国家不从属于任何一个政党。
4 月 7 日	邓小平会见泰国正大集团董事长谢国民时指出,中国只有搞社会主义,实现共同富裕,才能稳定和发展。
4 月	《邓小平同志论民主与法治》一书出版。
5 月 3 日	江泽民在首都青年纪念五四报告会上的讲话中提出,要继承和发扬爱国主义传统,进行爱国主义教育。
5 月	《邓小平同志论加强党同人民群众的联系》一书出版。

7月2—13日　苏联共产党第二十八次代表大会召开，通过《走向人道的、民主的社会主义》纲领性声明和新党章，标志着人道的、民主的社会主义为苏共所接受，戈尔巴乔夫当选苏共中央总书记，利加乔夫被逐出领导核心，叶利钦等人宣布退出苏共。

7月20日　俄罗斯联邦政府提出了一份向市场经济过渡的激进的"沙塔林—亚夫林斯基"方案，即"500天计划"。方案的基础是在所有生产要素中确立私有制，其中包括土地，提出一些反垄断和企业私有化的措施，大幅度削减国家开支等，同时要求中央把广泛的权力交给各个共和国。

7月31日　江泽民在庆祝中国人民解放军建军六十三周年时发表的电视讲话中强调，要坚持党对军队的绝对领导。

8月　《邓小平同志论教育》一书出版。

12月17—27日　苏联第四次人民代表大会召开，通过《关于国内局势和克服经济政治危机的决定》，通过宪法修正案，力图建立强有力的总统权力体制，设立副总统，通过了《关于新联盟条约总构想及其签订程序的决定》。

12月24日　邓小平在同江泽民等谈话时指出：我们必须从理论上搞懂，资本主义与社会主义的区分不在于是计划还是市场这样的问题。社会主义也有市场经济，资本主义也有计划控制。

12月25—30日　党的十三届七中全会通过《中共中央关于制定国民经济和社会发展十年规划和"八五"计划的建议》。

1991 年

1月27日—2月18日　邓小平视察上海时同中共上海市委负责人朱镕基等谈到金融问题时指出：金融很重要，是现代经济的核心。金融搞好了，一着棋活，全盘皆活。强调开放不坚决不行。指出，不要以为，一说计划经济就是社会主义，一说市场经济就是资本主义，不是那么回事，两者都是手段，市场也可以为社会主义服务。

3月17日　苏联就是否保留联盟问题进行全民公决，除格鲁吉亚等6个共和国未参加外，参加公决的76.4%的人赞成保留联盟。

4月23日　邓小平为全国"八六三"计划工作会议和高新技术产业开发区题词："发展高科技，实现产业化"。

6月12日　俄罗斯举行全民投票直接选举首任俄罗斯总统，叶利钦以57.3%的选票当选为俄罗斯首位民选总统。

7月20日　叶利钦发布俄罗斯"第一号总统令"，实行俄罗斯国家机关非党化。

6月24—27日　越南共产党召开七大，通过《越南社会主义过渡时期国家建设纲领》和《2000年前经济、社会稳定与发展战略》。

7月1日　江泽民在庆祝中国共产党成立七十周年大会上的讲话中，全面阐述了有中国特色社会主义的经济、政治、文化的基本要求。

7月31日　江泽民在同党建理论研究班同志座谈时提出，要正确处理好经济建设与反和平演变的关系。他指出：中心只能有一个，就是以经济建设为中心，不能搞"多中心论"。

8月19日　以苏联副总统为首的八名高级领导人组成"国家紧急状态委员会"，决定终止戈尔巴乔夫的权力，在苏联实行"紧急状态"，试图阻止激进派上台和联盟解体。由于这一行动没有群众基础和组织不足，仅过三天就宣告失败，史称"八一九事件"。

8月20日　邓小平同江泽民等谈话，谈到国内局势时指出：坚持改革开放是决定中国命运的一招。这一段总结经济工作的经验，重点还是放在坚持改革开放上。强调稳是对的，但强调得过分就可能丧失时机。坚持改革开放才能抓住时机上台阶。反对资产阶级自由化还是要讲。我们搞改革开放，把工作重心放在经济建设上，没有丢马克思，没有丢列宁，也没有丢毛泽东。老祖宗不能丢啊！问题是要把什么叫社会主义搞清楚，把怎么建设和发展社会主义搞清楚。苏联改国名为"苏维埃主权共和国联盟"，强调各共和国的"主权"，删去了"社会主义"一词。

10月5日　上午，邓小平会见朝鲜劳动党中央委员会总书记、国家主席金日成时指出：我们搞改革开放，要有两手：一手搞改革开放；一手搞"四个坚持"，反对资产阶级自由化。两手中最核心的是发展生产。我们的改革是先从经济上、从改善人民生活上做起，不是从政治上做起。

10 月	《邓小平论统一战线》一书出版。
11 月 25—29 日	党的十三届八中全会通过《中共中央关于进一步加强农业和农村工作的决定》。
12 月 7—8 日	俄罗斯联邦、乌克兰和白俄罗斯三国领导人就苏联的前途问题在明斯克秘密会晤，并签署了《明斯克协定》。协定宣布三国组成"独立国家联合体"，并称"苏联作为国际法主体和地缘政治实体将停止存在"。
12 月 25 日	戈尔巴乔夫最后一次作为国家首脑发表电视讲话，宣布辞去苏联总统职务。19 时 38 分，克里姆林宫楼顶印有镰刀锤子的红旗降下，升起了俄罗斯联邦的三色旗。
12 月 26 日	苏联最高苏维埃共和国院举行最后一次会议，以举手表决的方式通过宣布苏联停止存在的宣言。

1992 年

1 月 18 日—2 月 21 日	邓小平乘专列离开北京，前往武昌、深圳、珠海、上海等地视察。
1 月 19 日	抵达深圳，参观深圳市容。指出：不搞改革开放，现代化不知要等到哪一年才能实现。
1 月 20 日	登上深圳国贸大厦五十三层俯瞰深圳市容。听取关于深圳改革开放和经济建设的情况汇报后发表谈话。指出：苏联东欧的变化，说明我们只能走社会主义道路。
1 月 24 日	视察珠海生物化学制药厂。指出：我们应该有自己的拳头产品，创出中国自己的名牌，否则就要受人欺负。在科学技术方面，中国要有一席之地。
1 月 27 日	视察珠海江海电子股份有限公司。指出：企业要创名牌，要创出我们中国自己的牌子。要发展就需要人才，不用人才不行。要鼓励用人才，出人才。不断创造出新的东西出来，才能有竞争力。
2 月 8 日	游览黄浦江，观看上海夜景。指出：二十一世纪是年轻人的。干部要年轻化，用人也要解放思想，胆子要大一点。年轻化要从基层搞起来，要提拔一批年轻人，这样才能后继有人。

2月10日	视察上海贝岭微电子有限公司。指出：对外开放就是要引进先进技术为我所用。
2月12日	视察上海闵行开发区和上海县马桥乡旗忠村。指出：农村改革是一大创举。家庭联产承包责任制和城市改革的问题要用实践来检验。要用上百上千的事实来回答改革开放姓"社"不姓"资"，有利于社会主义，不利于资本主义。
2月17日	听取吴邦国、黄菊关于浦东开发和发展规划的汇报。指出：浦东开发晚了，但可以借鉴广东的经验，可以搞得好一点，搞得现代化一点，起点可以高一点。起点高，关键是思想起点要高。
2月20日	乘专列离开上海，在南京火车站停留期间提出：要抓住时机，把经济搞上去，步子可以快一点。
2月21日	邓小平回到北京。
2月28日	中共中央将邓小平在武昌、深圳、珠海、上海等地视察期间的谈话要点作为中央一九九二年第二号文件下发，要求尽快逐级传达到全体党员干部。谈话要点包括六个部分：（一）革命是解放生产力，改革也是解放生产力。（二）改革开放胆子要大一些，敢于试验。看准了的，就大胆地试，大胆地闯。（三）抓住时机，发展自己，关键是发展经济。（四）要坚持两手抓，一手抓改革开放，一手抓打击各种犯罪活动。（五）正确的政治路线要靠正确的组织路线来保证。（六）我坚信，世界上赞成马克思主义的人会多起来的，因为马克思主义是科学。
3月9—10日	江泽民主持召开中共中央政治局全体会议，会议完全赞同邓小平的南方谈话，认为谈话不仅对当前的改革和建设，对开好十四大，具有十分重要的指导作用，而且对整个社会主义现代化建设事业具有重大而深远的意义。会议要求，全党要认真学习邓小平关于建设有中国特色社会主义的一系列重要论述，进一步提高全面贯彻执行党的基本路线的自觉性。
6月9日	江泽民在中央党校省部级干部进修班上作《深刻领会和全面落实邓小平同志的重要谈话精神，把经济建设和改革开放搞得更快更好》的讲话，从九个方面阐述了如何深刻领会和全面落实邓小平谈话的精神。

6月12日	邓小平在住地同江泽民谈话，赞成使用"社会主义市场经济体制"这个提法。
7月	中国人民解放军军事科学院、中共中央文献研究室编辑的《邓小平论国防和军队建设》，由军事科学出版社出版。
10月12—18日	中国共产党第十四次全国代表大会在北京举行。江泽民代表十三届中央委员会作《加快改革开放和现代化建设步伐，夺取有中国特色社会主义事业的更大胜利》的报告。报告明确提出邓小平同志建设有中国特色社会主义的理论，并认为这个理论第一次比较系统地初步回答了中国这样的经济文化比较落后的国家如何建设社会主义、如何巩固和发展社会主义的一系列基本问题，用新的思想、观点继承和发展了马克思主义。大会通过了关于《中国共产党章程（修正案)》的决议。修改后的《中国共产党章程》总纲明确指出："建设有中国特色社会主义理论，阐明了在中国建设社会主义、巩固和发展社会主义的基本问题，继承和发展了马克思主义，是引导我们社会主义事业不断前进的指针。"党的十四大作出三项具有深远意义的决策：一是抓住机遇，加快发展；二是明确我国经济体制改革的目标是建立社会主义市场经济；三是确立邓小平建设有中国特色社会主义理论在全党的指导地位。这次大会和年初邓小平南方谈话，成为中国社会主义改革开放和现代化建设进入新阶段的标志。
10月19日	党的十四届一中全会举行第一次全体会议，会议选举产生新一届中央领导机构。邓小平看了党的十四大闭幕的有关报道后说：真是群情振奋。下午，邓小平同新当选的中共中央领导人一起，在人民大会堂和出席党的十四大的全体代表见面，并合影留念。对江泽民说：这次大会开得很好，希望大家继续努力。
12月8日	邓小平同志办公室通知中共中央文献研究室，同意编辑出版《邓小平文选》第三卷，同时确定了编辑组组成人员和具体负责人。
12月18日	邓小平阅读《中国将成为最大的经济国》和《马克思主义新挑战更加令人生畏》两篇文章。指出：中国发展到一定的程度后，一定要考虑分配问题。我们的政策应该是既不能鼓励懒汉，又不能造成打"内仗"。
12月29日	邓小平被英国《金融时报》评选为"一九九二年风云人物"。

1993 年

1 月 15 日   中共中央文献研究室编辑的《邓小平关于建设有中国特色社会主义的论述专题摘编》，由中央文献出版社出版。该书选录邓小平从 1977 年至 1992 年间，有关建设有中国特色社会主义的重要论述。

7 月 26 日   菲德尔·卡斯特罗主席在纪念攻打蒙卡达兵营 40 周年大会上的讲话中，郑重地宣布古巴要改革。在会议上，古共宣布了几项重大的经济改革措施。此次会议标志着古巴真正迈向改革开放的新时期。

11 月 2 日   《邓小平文选》第三卷出版发行。文选汇集了邓小平同志 1982 年 9 月至 1992 年 2 月这段时间内的重要著作，共有讲话、谈话等 119 篇。同日，中共中央作出《关于学习〈邓小平文选〉第三卷的决定》并举行学习《邓小平文选》第三卷报告会。

1994 年

4 月   南非举行种族隔离制度结束以来的第一次全国大选。非国大、南非共、南非工会大会组成三方执政联盟参加选举，三方联盟以 62.6% 的多数选票获胜。南非共获得 50 余个议席，其中有 7 名南非共党员被任命为内阁的正副部长。

11 月   尼共（联合马列）在尼泊尔议会选举中成为第一大党，组成少数派政府单独执政达 9 个月。这是该党的首次执政，也是世界社会主义运动史上首个通过议会道路成为执政党的共产党。

1995 年

5 月 10 日   中共中央印发《中共中央关于印发〈邓小平同志建设有中国特色社会主义理论学习纲要〉的通知》（中发〔1995〕10 号），号召全党认真学习邓小平同志建设有中国特色社会化主义理论。

12 月　俄共在第二次议会大选中赢得国家杜马 157 席，占有三分之一多的席位，成为议会第一大党。

1996 年

2 月　尼泊尔共产党（毛主义者）决定发动武装革命，通过持久的人民战争，在尼泊尔走一条农村包围城市、武装夺取政权的新民主主义革命道路。在随后的革命斗争中，尼共（毛）逐渐控制了加德满都和中心城市之外的绝大部分地区，影响的人口有 1000 多万（占全国人口的近 50%）。

7 月　在俄总统选举中，俄共领导人久加诺夫以 13 个百分点之差落败于叶利钦。俄共的力量发展到巅峰，此后俄共开始逐步衰落。

1997 年

2 月 19 日　邓小平逝世，终年 93 岁。在中共中央、全国人大常委会、国务院、全国政协、中央军委发布的《告全党全军全国各族人民书》中称邓小平是"我国社会主义改革开放和现代化建设的总设计师，建设有中国特色社会主义理论的创立者"。

9 月 12 日—18 日　中国共产党第十五次全国代表大会在北京举行。江泽民代表第十四届中央委员会向大会作题为《高举邓小平理论伟大旗帜，把建设有中国特色社会主义事业全面推向二十一世纪》的报告。报告把邓小平建设有中国特色社会主义理论简称为邓小平理论，并指出邓小平理论是当代中国的马克思主义，是马克思主义在中国发展的新阶段。

10 月　古巴共产党召开五大，大会讨论并通过《经济决议》、《团结、民主和捍卫人权的党》等文件和修改后的党章，选出继续以菲德尔·卡斯特罗为首的新的中央委员会，明确经济改革将继续稳步进行下去，同时坚持从本国国情出发走自己的路。

2001 年

2 月 25 日   摩尔多瓦举行独立后的第三次议会选举，共产党人党以压倒性的 50.07% 的得票率赢得大选，党的领导人弗拉基米尔·沃罗宁当选总统，共产党人党取得执政地位，摩尔多瓦成为前苏联地区第一个由共产党重新执政的国家。

3 月   老挝人民革命党召开七大，提出了老挝今后经济与社会发展的战略目标、总任务与总的方针。

2006 年

4 月   越南共产党召开十大，指出 20 年来越南走出了经济危机，工业化、现代化与社会主义定向的市场经济快速发展，社会稳定，人民生活明显改善，国际地位显著提高，综合国力不断加强，奠定了越南发展的良好基础。

2008 年

2 月 24 日   塞浦路斯工人进步党党中央总书记、议会议长季米特里斯·赫里斯托菲亚斯在大选中以 53.36% 的得票战胜对手，当选为塞浦路斯总统。

4 月   重回议会道路的尼共（毛）在尼泊尔首届制宪会议代表选举中，以压倒性的优势获胜，成为执政党，党主席普拉昌达当选总理。

2011 年

1 月   越南共产党召开十一大，明确了越南要建设的社会主义社会的基本特征。

3 月   老挝人民革命党召开九大，审议并通过了老挝经济社会发展第七个五年计划（2011—2015），努力使老挝在 2020 年前摆脱不发达国家的行列，号召加强全国人民的团结和党内的统一，发挥党的领导作用和领导能力，开创革新事业新局面，沿着社会主义目标继续前进。

4 月 　　　古巴共产党召开六大，审议并通过大会中心报告、关于《党和革命的经济与社会政策纲领》等文件以及古巴未来发展五年计划，选举产生以劳尔·卡斯特罗为首的新一届中央领导集体，提出古巴要进行"经济社会模式更新"，以实现和完善社会主义。

2016 年

1 月 　　　越南共产党召开十二大。越共中央总书记阮富仲在大会政治报告中提出，要从道德、政治、思想、组织上把越共建设成为纯洁、强大的党。

1 月 　　　老挝人民革命党召开十大，提出要提升党的领导能力和发挥先锋模范作用，增强全民大团结，坚持有原则的全面革新路线，坚持和捍卫社会主义制度，推动国家可持续发展。

4 月 　　　古巴共产党召开七大，审议并通过大会中心报告以及《古巴社会主义发展的经济和社会模式概念化草案》等文件，选举产生继续以劳尔·卡斯特罗为首的新一届中央领导集体，强调坚定不移在社会主义旗帜下深化经济模式更新的进程。

5 月 　　　朝鲜劳动党召开七大。金正恩指出，金日成—金正日主义是伟大的金日成同志创立、伟大的金日成同志和金正日同志深入发展的主体思想及其阐明的关于革命和建设的理论与方法的统一体系。党的最高纲领是实现"全社会的金日成—金正日主义化"。

2018 年

4 月 20 日 　　朝鲜劳动党召开七届三中全会。金正恩提出，党的战略路线开始转向全党全国集中一切力量进行社会主义经济建设，向经济建设大进军。会议决定，停止核试验和洲际弹道导弹试射、废弃北部核试验场。

索　引

主题索引

W

人名索引

后　记

《马克思主义发展史》（十卷本）是由庄福龄教授于 2013 年暑期正式向中国人民大学主要领导倡议撰写的，得到了学校领导的高度重视和大力支持，被学校列为"重大规划项目"，马克思主义学院将之作为各项工作的"重中之重"给予大力支持。人民出版社始终高度重视和积极推动这项重大科研工程。其间因我分工负责学院科研工作的关系，始终积极参与了这项重大工程的酝酿、启动、组织和实施，从中受益良多。

本卷是《马克思主义发展史》（十卷本）中的第九卷，主要反映邓小平理论形成发展过程，以及苏东剧变中及之后世界马克思主义曲折发展的进程。本卷根据编委会划定的研究范围，在编委会提供的大纲基础上由笔者细化了全书的提纲，提出了全卷章节目的安排。经过多次讨论和反复修改，编委会最终同意和确定了现有的全卷框架。

本卷写作的具体分工情况如下：

卷首语、后记：侯衍社

第一章：张晓华、宋希永、侯衍社

第二章：王金磊

第三章：庄忠正

第四章：刘宏元

第五章：郗戈

第六章：汪亭友

本卷先后修改多次，由侯衍社最后修改定稿。参考文献、大事记、索引由宋希永整理初稿，侯衍社进行修改定稿。需要说明的是，本卷第六章是国家社科基金重点项目"世界社会主义发展的现状、主要问题与基本趋势研究"的阶段性成果,项目编号18AGJ005,李冬冬、杨戏戏、丁晨、裴亚男、吴深林搜集整理了部分资料。

本卷在撰写过程中得到了多位前辈学人和众多学界同行的教诲、指导、支持、鼓励和帮助,受益匪浅。特别感谢中国人民大学原党委书记靳诺教授自始至终对《马克思主义发展史》(十卷本)给予的高度重视、亲切指导和大力支持！十分感谢中国人民大学党委副书记兼纪委书记吴付来教授、党委副书记齐鹏飞教授、副校长王易教授给予的关心指导和大力支持！衷心感谢杨瑞森先生多年来的悉心指导和无私帮助！感谢陈先达先生,梁树发、郝立新、张新、张雷声、秦宣、张云飞、刘建军、陶文昭、黄继锋、郑吉伟、张秀琴、郇中建等专家学者在拟定本卷写作提纲和修改过程中提出的宝贵意见。特别感谢人民出版社毕于慧女士高度负责、精益求精、耐心细致的编辑工作。几年来,她为十卷本付出的心血智慧有目共睹,她的高度敬业精神令人钦敬。本卷依据国内外大量的权威文献开展研究,并大量吸收了学术界在这方面的相关成果,在此谨向学界同行们表示衷心的感谢！

在此我要深谢恩师庄福龄先生多年来的亲切指导、悉心关爱和殷切期望！虽然先生已驾鹤仙逝数年,但音容笑貌仍常常浮现在眼前,激励我勇于克服各种困难,在学术上不断砥砺前行。愿先生含笑于九泉！

书中肯定存在诸多错误和不足,敬请大家批评指正！

侯衍社

2022年7月28日于人大人文楼

编　后　语

马克思主义是不断发展的开放的理论，始终站在时代前沿，引领时代发展。总结自马克思主义诞生以来的发展史，是全部马克思主义理论研究者的一件大事，更是一件难事。中国人民大学作为我国马克思主义教学与研究高地，始终重视这项工作。从1996年《马克思主义史》（四卷本）出版，历经了27年的光阴，在新时代的呼唤下，这部《马克思主义发展史》（十卷本）终于呈现在各位读者面前。这是一部由中国人民大学组织编写、以推进马克思主义中国化时代化为主旨的巨著，具有科研启动时间早、参研人数多、设计体量大、理论难度高、持续时间长等显著特点。这部书得到了中央有关部门和领导同志的高度重视，先后入选国家出版基金项目和国家出版"十三五"规划项目，受到来自中共中央党校、中国社会科学院、北京大学、中央民族大学等高校和研究机构同人的鼎力相助，更有中国人民大学党委和人民出版社的全力支持。在一路关注和支持下，人大人践行着人民大学的优良传统和红色基因，以高度的理论使命感为指引，以扎实的马克思主义理论功底为支柱，敢于担当、求真务实、团结协作，以"一马当先"精神完成了这部鸿篇巨著。

以责任担当精神书写理论创新的辉煌篇章。时代是思想之母，实践是理论之源，理论之树常青是源于其始终随着实践的变化而发展。人大人想要承担起"十卷本"的编写重任，也一定能够承担起这项历史重任。自学校诞生之日起，一代代人大人紧扣时代脉搏，根据时代变化和实践发展，不断深化认识，不断总结经验，不断推动理论创新和实践创新的良性互动，用思想之力量发社会之先声。我们在2014年作出编写这部书的决定绝不是一个偶然，而是历史的必然。党的十八大召开，标志着中国特色社会主义进入新时代。一年多之后，编写这套丛书作为重大科研课题正式获批立项。这一年多的时间虽然短暂，但新时代的精神已经鲜明彰显。此后，一些新理念新思想新战略不断涌现，其中所蕴含着的一些重大而崭新的理论问题已深刻展现出来，我国的社会生活也在发生着深刻变化。特别是党的十九大明确提出习近平新时代中国特色社会主义思想，实现了马克思主义中国化新的飞跃，更加充分证明开展《马克思主义发展史》（十卷本）的编写工作是一项非常正确的决定。这是中国人民大学及其马克思主义理论学者对时代精神强力召唤的真诚回应，是所肩负的崇高历史责任的自觉担当。

以求真务实精神描绘人大学派的精神底色。习近平总书记曾寄语哲学社会科学工作者，要"自觉以回答中国之问、世界之问、人民之问、时代之问为学术己任"。人大人始终以"立学为民、治学报国"为学术追求，以实事求是、求真务实的精神直面"世界怎么了"、"人类向何处去"的时代之题，创作出了一大批经世济民、历久弥新的学术成果。《马克思主义发展史》（十卷本）便是这样一部回应时代需要和现实国情的学术巨著。一方面，习近平新时代中国特色社会主义思想是马克思主义中国化时代化的原创性成果，是马克思主义发展史上又一里程碑式的重大发展。为了推进理论的体系化、学理化，本书在编写过程中坚持"两个结合"，坚守好马克思主义魂脉和中华优秀传统文化根脉，新设专章，从学科角度重点研究阐释我们党提出的新理念新论断中的原理性理论成果，把握相互的内在联系，不断深化对党的理论创新的规律性认识。另一方面，将马克思主义发展史与党的百年历史、党的二十大接轨，充分彰显马克思主义在当代中国的理论进展和思想伟力，系统阐释马克思主义中国化理论在哲学、政治经济学和科学社会主义等相关学科的最新成果，呈现马克思主义理论在中华大地上的勃勃生机。

以团结协作精神汇聚著书立言的磅礴力量。时光荏苒，一瞬九载春秋，这个过程虽然"道阻且长"，但人大人"行则将至"。我们常说，讲团结就是讲政治，服从集体、凝心聚力；讲协作就是讲效率，术业专攻、高效落实。自课题立项之日起，时任中国人民大学党委书记、本书编委会主任靳诺教授就高度关注并全力支持本书的编写工作；年逾八旬的庄福龄教授首倡编写十卷本《马克思主义发展史》，亲自主持本书的筹划和编写大纲的制定，病榻上仍心系本书编写直至逝世；杨瑞森教授临危受命"挑起大梁"，特别是在第十卷的编撰中，亲自召集一批知名专家发挥专长、打磨书稿；更有一大批中青年马克思主义理论学者参与到本书的编写工作之中。中国人民大学党委作为团结协作的"领头羊"，统筹各方面工作，不忘著书立说的初心使命；各位总主编、各卷主编及作者服从安排、相互协作，尽心竭力、数易其稿，才使如此鸿篇巨著得以优质、高效地产出。正是一代代人大人讲团结、重协作，汇聚成了人才荟萃、名家云集的中国人民大学马克思主义理论教学与研究高地，凝结成了《马克思主义发展史》（十卷本）这部心血之作。特别需要提到的是，人民出版社高度重视、全力支持本书出版工作，毕于慧编审全程参与本书的编写、出版等工作，为这套十卷本的高效优质出版提供了重要保证。

本书的编写工作即将告一段落，我们力求将马克思主义发展至今的历程、观点、人物、事件等完整地呈现于此书。这部书立足中国特色社会主义新时代，整合近年来最新的马克思恩格斯著作手稿、马克思主义理论最新研究观点，以整体性的视野详述马克思主义 170 余年来形成、发展和在新的实践中不断深化的历史过程。这既是几代人大人的心血之作，也期待能够成为马克思主义发展史研究的扛鼎之作。新征程上，人大人将以坚持党的领导为根本统领，以传承红色基因为文化血脉，以扎根中国大地为发展根基，以加快建设中国特色、世界一流的社会主义大学为目标使命，继续发扬"一马当先"精神，充分发挥中国人民大学马克思主义理论研究底蕴深厚的优势，始终担当起人大马理学派应有的历史使命，踔厉奋发，笃行不怠，为不断推动当代中国马克思主义和二十一世纪马克思主义发展作出应有的贡献！

本书编委会
2023 年 10 月

项目统筹：毕于慧
责任编辑：毕于慧
封面设计：石笑梦
版式设计：周方亚

图书在版编目（CIP）数据

马克思主义发展史 . 第九卷，邓小平理论的形成发展与社会主义改革进程中的
　马克思主义：1978—21 世纪初 / 侯衍社　主编 . — 北京：人民出版社，2023.10
　（2025.7 重印）

ISBN 978 - 7 - 01 - 021767 - 3

I.①马… 　 II.①侯… 　 III.①马克思主义 - 历史 　 IV.① A81

中国版本图书馆 CIP 数据核字（2019）第 297574 号

马克思主义发展史（第九卷）
MAKESI ZHUYI FAZHANSHI (DIJIUJUAN)

——邓小平理论的形成发展与社会主义改革进程中的马克思主义（1978—21 世纪初）

侯衍社　主编　郗戈　副主编

人民出版社 出版发行
（100706　北京市东城区隆福寺街 99 号）

北京中科印刷有限公司印刷　新华书店经销

2023 年 10 月第 1 版　2025 年 7 月北京第 3 次印刷
开本：710 毫米 ×1000 毫米 1/16　印张：37.5
字数：634 千字

ISBN 978 - 7 - 01 - 021767 - 3　定价：170.00 元

邮购地址 100706　北京市东城区隆福寺街 99 号
人民东方图书销售中心　电话（010）65250042　65289539